汉寿年鉴

（2021）

HANSHOU NIANJIAN

汉寿县地方志编纂室　编

方志出版社
Publishing House of Local Records

图书在版编目（CIP）数据

汉寿年鉴. 2021 / 汉寿县地方志编纂室编. -- 北京:
方志出版社, 2021.10
ISBN 978-7-5144-4913-6

Ⅰ. ①汉… Ⅱ. ①汉… Ⅲ. ①汉寿县—2021—年鉴
Ⅳ. ①Z526.44

中国版本图书馆CIP数据核字（2021）第254669号

汉寿年鉴（2021）

编　　者：汉寿县地方志编纂室
责任编辑：李志瑜
出 版 者：方志出版社
　　　　　地址　北京市朝阳区潘家园东里9号（国家方志馆4层）
　　　　　邮编　100021
　　　　　网址　http://www.zgfzcb.cn
发　　行：方志出版社图书经销中心
　　　　　电话（010）67110500
经　　销：各地新华书店
印　　刷：桃源县长城印刷实业有限责任公司
开　　本：889×1194　　1/16
印　　张：27.25
字　　数：959千字
版　　次：2021年10月第1版　　2021年10月第1次印刷
印　　数：0001～1500册
ISBN 978-7-5144-4913-6　　定价：310.00元

《汉寿年鉴（2021）》编纂委员会

名誉主任委员：车世忠

主 任 委 员：周功表

副主任委员：朱正权　朱进友　佘　斌　熊　毅
何彦兵　喻志高　王　君　朱向宇
何　斌　杨　戊　周　平　曾　峰

委　　员：朱湘萍　郭立民　李　亚　邓　慧
胡卫东　彭绍峰　廖秀明　陈庆铭
张建军　王　浩　彭金明　金　伶
瞿　富　何英福　黄玉云　瞿群力
张　皓　刘　毅

《汉寿年鉴（2021）》编辑人员

主　　编：熊　毅

副 主 编：郭立民　邓　慧　陈庆铭　金　伶
黄玉云　瞿群力　刘　毅　胡　刚
陈　勇

执行主编：瞿群力

总　　纂：骆红勋

总　　校：童　琳

编　　辑：谢　平

推进产业提升
奋力建设宜居宜业

加速城乡跨越
宜游的环湖强县

數字汉寿

县域面积	2021平方公里
总户数	259044户
总人口（户籍人口）	813694人
男性人口	418882人
女性人口	394812人
男女性别比	106.1:100
城镇人口	287821人
乡村人口	525873人
出生人口	7109人
地区生产总值	316.29亿元
第一产业增加值	57.44亿元
第二产业增加值	110.75亿元
第三产业增加值	148.1亿元
三次产业构成比	18.2:35.0:46.8
城乡居民人均可支配收入	24956元
城镇居民人均可支配收入	34771元
农村居民人均可支配收入	19264元
耕地面积	98.92万亩
农林牧渔业总产值	101.41亿元
农林牧渔业增加值	60.67亿元
粮食作物播种面积	138.73万亩
粮食总产量	57.83万吨
油料播种面积	60.47万亩
油料总产量	8.14万吨
棉花播种面积	4.87万亩
棉花总产量	0.38万吨
蔬菜播种面积	28.43万亩
蔬菜总产量	55.97万吨
水果总产量	9.46万吨

出栏生猪	51.01万头
出笼家禽	594.18万羽
水产品产量	7.95万吨
农业机械总动力	114.94万千瓦
工业增加值	80.54亿元
规模以上工业	151家
规模以上工业产值	297.1亿元
规模以上工业增加值	61.2亿元
园区规模以上工业增加值	50.6亿元
规模以上工业销售产值	288.8亿元
规模以上工业销售收入	289.6亿元
资质建筑企业建安产值	37.23亿元
500万元以上固定资产投资中的房地产开发投资	25.7亿元
房地产开发企业	34个
商品房销售面积	59.04万平方米
商品房销售额	28.87亿元
社会消费品零售总额	119.28亿元
引进内资	75.79亿元
引进外资	11280万美元
引进2亿元以上境内项目	12个
进出口总额	14.77亿元
交通运输、仓储、邮政业增加值	16.86亿元
公路里程	2334公里
省道里程	179公里
县道里程	313公里
乡道里程	804公里
村道里程	1038公里

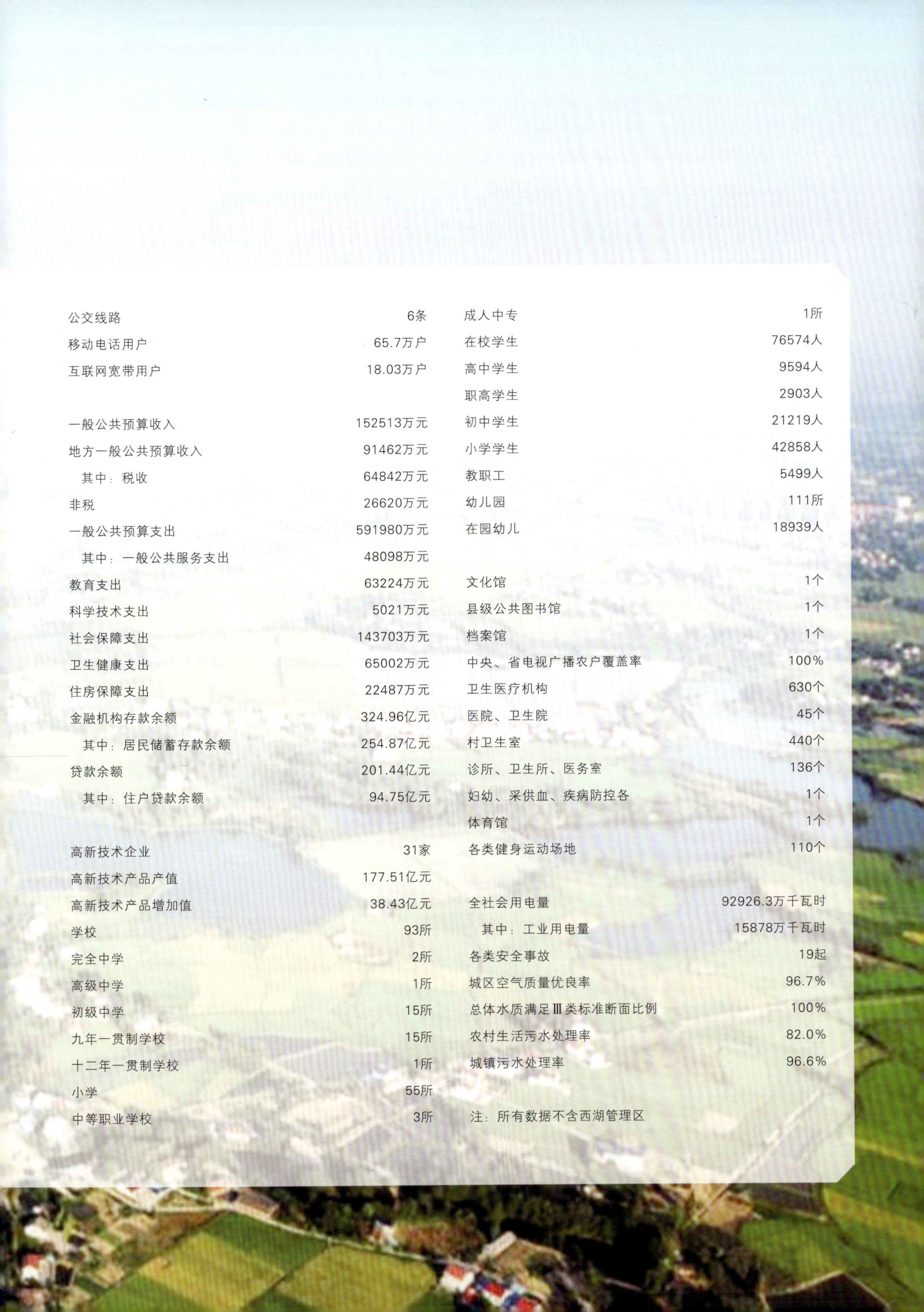

公交线路	6条
移动电话用户	65.7万户
互联网宽带用户	18.03万户
一般公共预算收入	152513万元
地方一般公共预算收入	91462万元
其中：税收	64842万元
非税	26620万元
一般公共预算支出	591980万元
其中：一般公共服务支出	48098万元
教育支出	63224万元
科学技术支出	5021万元
社会保障支出	143703万元
卫生健康支出	65002万元
住房保障支出	22487万元
金融机构存款余额	324.96亿元
其中：居民储蓄存款余额	254.87亿元
贷款余额	201.44亿元
其中：住户贷款余额	94.75亿元
高新技术企业	31家
高新技术产品产值	177.51亿元
高新技术产品增加值	38.43亿元
学校	93所
完全中学	2所
高级中学	1所
初级中学	15所
九年一贯制学校	15所
十二年一贯制学校	1所
小学	55所
中等职业学校	3所

成人中专	1所
在校学生	76574人
高中学生	9594人
职高学生	2903人
初中学生	21219人
小学学生	42858人
教职工	5499人
幼儿园	111所
在园幼儿	18939人
文化馆	1个
县级公共图书馆	1个
档案馆	1个
中央、省电视广播农户覆盖率	100%
卫生医疗机构	630个
医院、卫生院	45个
村卫生室	440个
诊所、卫生所、医务室	136个
妇幼、采供血、疾病防控各	1个
体育馆	1个
各类健身运动场地	110个
全社会用电量	92926.3万千瓦时
其中：工业用电量	15878万千瓦时
各类安全事故	19起
城区空气质量优良率	96.7%
总体水质满足Ⅲ类标准断面比例	100%
农村生活污水处理率	82.0%
城镇污水处理率	96.6%

注：所有数据不含西湖管理区

荣誉汉寿

2019年

- 湖南省公安厅授予汉寿县公安局法制大队“2018—2019年度全省公安法制工作成绩突出集体”
- 湖南省公安厅授予汉寿县公安局太子庙派出所“2018—2019年度全省公安机关执法示范单位”
- 国家林草局授予罐头嘴镇福兴村、朱家铺镇林场村“国家森林乡村”
- 全国供销合作总社授予汉寿县供销社“2019年度百强县级社”
- 司法部授予汉寿县社区矫正工作局“全国司法行政系统特赦实施工作中作出突出贡献的集体”
- 湖南省委办公厅授予汉寿县委办“2019年度全省党委督查工作先进单位”“2019年度全省党政机要密码工作先进单位”
- 湖南省人民政府办公厅授予岩汪湖镇“2019年度省安全生产示范乡镇（街道）”
- 湖南省财政厅授予汉寿县财政局“2019年度行政事业单位国有资产年度报表编报工作通报表扬县级财政局”“2019年度市县财政部门预算绩效管理工作先进县市区财政部门二等奖”“2019年度市县财政日常管理工作绩效评价A级县市区”“2019年全省财政税政法制工作绩效评价先进单位”
- 湖南省人民检察院授予汉寿县检察院“2019年度全省检察机关信息工作表现突出集体”
- 湖南省人社厅授予汉寿县人社局“2019年全省人社系统宣传调研工作先进单位”“2019年仲裁工作优秀县市区”“2019年度全省城乡居保经办管理服务工作优秀单位”
- 湖南省消防救援总队授予汉寿县消防大队“2019年度全省消防救援队伍先进单位”
- 湖南省民政厅授予太子庙镇太子社区“2019年度‘省级示范儿童之家’”
- 湖南省公安厅授予汉寿县公安局“打击假币犯罪‘秋风行动’工作成绩突出的单位”
- 湖南省公安厅授予汉寿看守所“全省公安监管部门在疫情防控期间表现突出集体”
- 常德市委办授予汉寿县委办“2019年度全市党委办公室工作优秀单位”“2019年度全市全面深化改革工作优秀单位”
- 常德市委办授予汉寿县发改局“2019年度全市项目推进工作优秀单位”
- 常德市委办授予常德市生态环境局汉寿分局“2019年度全市生态环境保护工作优秀单位”
- 常德市委办授予汉寿县交通运输局“2019年度全市交通跨越大会战二等奖”
- 常德市委办授予岩汪湖镇“2019年度全市脱贫攻坚一类乡镇（街道）综合评价为好的乡镇(街道)”
- 常德市委办授予蒋家嘴镇、太子庙镇、株木山街道“2019年度全市脱贫攻坚二类乡镇（街道）综合评价为好的乡镇(街道)”

- 常德市委办授予洋淘湖镇“2019年度全市脱贫攻坚三类乡镇（街道）综合评价为好的乡镇(街道)”
- 常德市政府办授予汉寿县政府办“2019年度全市政府系统办公室工作综合优秀单位”“2019年度全市政府系统保密工作优秀单位”“2019年度全市政府系统电视电话会议系统管理工作优秀单位”“2019年度全市政府系统督查工作优秀单位”“2019年度全市政府系统市长热线工作优秀单位”“2019年度全市政府系统值班工作优秀单位”“2019年度市人民政府真抓实干：高质量发展监测评价排名靠前，推动高质量发展成效明显地区”
- 常德市政府办授予汉寿县财政局“2019年度全市财政工作优秀单位”“2019年度市人民政府真抓实干：加强财政管理工作，财税质量提升成效明显的地区”
- 常德市政府办授予汉寿县城管执法局“2019年度全市城市管理工作优秀单位”
- 常德市政府办授予汉寿县发改局“2019年度全市公共机构节能工作优秀单位”“2019年度市人民政府真抓实干：推动项目建设力度大，固定资产投资和重点工程建设成效明显的地区”
- 常德市政府办授予汉寿县工信局“2019年度市人民政府真抓实干：优化园区产业布局，推动主导、特色产业发展及军民融合改革和发展成效明显的地区”
- 常德市政府办授予汉寿县科技局“2019年度全市科技创新工作优秀单位”
- 常德市政府办授予汉寿县科技局“2019年度市人民政府真抓实干：加大全社会研发投入，新增高新技术企业、推进科技成果转移转化成效明显地区”
- 常德市政府办授予汉寿县林业局“2019年度全市林业工作优秀单位”
- 常德市政府办授予汉寿县农业农村局“2019年度全市农业农村工作优秀单位”“2019年度市人民政府真抓实干：打造全域美丽乡村，农村人居环境整治工作成效明显的地区”
- 常德市政府办授予汉寿县市场监管局“2019年度全市商事制度工作优秀单位”
- 常德市政府办授予汉寿县水利局“2019年度全市河湖长制工作优秀单位”“2019年度市人民政府真抓实干：全面推进河长制湖长制工作措施得力、成效明显的地区”
- 常德市政府办授予汉寿县统计局“2019年度全市统计工作优秀单位”
- 常德市政府办授予汉寿县自然资源局“2019年度全市自然资源管理工作优秀单位”
- 常德市政府办授予龙阳街道、坡头镇、洋淘湖镇“2019年度市级安全生产示范乡镇”

荣誉汉寿

2020年

- 中国科协办公厅授予汉寿县科协“2020年科普中国信息员队伍建设优秀单位”
- 农业农村部、应急管理部授予汉寿县农机中心“2020年度全国‘平安农机’示范县”
- 全国总工会授予汉寿县自然资源局工会委员会“全国模范职工之家”
- 国家发改委办公厅授予汉寿县发改局“第二批国家农村产业融合发展示范园”
- 湖南省委办公厅授予汉寿县委办“2020年度全省小康补短板推进工作先进县”
- 湖南省委办公厅授予汉寿县扶贫办“2020年度全省脱贫攻坚评价为好的县”
- 湖南省委办公厅授予汉寿县畜水中心“省真抓实干激励奖励退捕禁捕工作成效明显的市县”
- 湖南省委办公厅授予汉寿县交通运输局“省真抓实干激励奖励普铁安全环境整治工作成效明显的县区”
- 湖南省委宣传部授予汉寿县委宣传部“2020年度《湖南日报》发行工作先进单位”“2020年度《新湘评论》发行工作先进集体”
- 湖南省委组织部授予汉寿县委组织部“2020年度全省‘一门式’服务工作先进单位”“2020年度全省非公有制经济组织和社会组织管理工作先进单位”“2020年度全省组织系统调研工作先进单位”
- 湖南省司法厅、民政厅授予罐头嘴镇福兴村“2020年度第九批‘湖南省民主法治示范村（社区）’”
  湖南省财政厅授予汉寿县财政局“2020年度财政资环工作先进单位”“2020年度全省财政监督工作先进单位”
- 湖南省妇联办公室授予汉寿县妇联“2020年度‘湘女E家’最佳创新奖”“2020年度湖南省二星级‘网上妇女之家’“2020年度湖南省妇联舆论宣传阵地建设表现突出单位”
- 湖南省工业和信息化厅授予汉寿县工信局“2020年度全省工业数据云建设先进单位”“2020年湖南省中小企业‘上云上平台’工作先进单位”
- 湖南省人社厅、生态环境厅授予常德市生态环境局汉寿分局“2020年度省生态环境保护工作先进集体”
- 湖南省教育厅授予汉寿县教育局“2020年湖南省‘终身学习品牌项目’：和爱家教”
- 湖南省科协授予汉寿县科协“2020年湖南省科普信息员科普信息传播竞赛活动组织单位优胜奖”
- 湖南省林业局授予汉寿县林业局“2020年全省禁食野生动物工作先进集体”“全省整合优化工作先进集体”
- 湖南省农业农村厅、应急管理厅授予汉寿县农机中心“2020年度全省‘平安农机’示范县”
- 湖南省农业农村厅、应急管理厅授予沧港镇、罐头嘴镇、蒋家嘴镇、毛家滩回维乡、坡头镇、太子庙镇、岩汪湖镇、酉港镇、朱家铺镇“2020年度全省‘平安农机’示范乡镇”
- 湖南省农机事务中心授予汉寿县农机中心“2020年度全省农机事务工作先进单位”
- 湖南省农业农村厅授予汉寿县农业农村局“2020年农业社会化服务项目实施成效显著区县”
- 湖南省商务厅授予汉寿县商务局“2020年电商扶贫专项行动二类优秀县”
- 湖南省知识产权局授予汉寿县市场监管局“2020年度湖南省知识产权建设强县”
- 湖南省医疗保障局授予汉寿县医保局“2020年医疗保险基金监管工作绩效考核优秀县市区”
- 湖南省人社厅授予蒋家嘴镇、坡头镇“2020年度省级充分就业乡镇”
- 湖南省财政厅授予军山铺镇财政所、坡头镇财政所“2020年度省级星级乡镇财政所”
- 湖南省总工会授予岩汪湖镇“2020年湖南省百佳乡镇（街道）工会”

- 湖南省卫生健康委授予汉寿县卫健局“依法行政示范县市区”
- 常德市委办授予汉寿县政法委“2020年度平安建设工作优秀区县（市）”
- 常德市委办授予百禄桥镇、罐头嘴镇、毛家滩回维乡、坡头镇、太子庙镇“2020年度平安建设工作优秀乡镇（街道）”
- 常德市委办授予汉寿县交警大队“2020年度平安创建平安交通县”
- 常德市委办授予汉寿县第二中学“2020年度平安学校”
- 常德市委办授予汉寿县农业农村局、汉寿县自然资源局“2020年度平安创建平安单位”
- 常德市委办授予汉寿县商务局“2020年度商贸流通工作优秀单位”
- 常德市委办授予汉寿县应急局“2020年度安全生产和消防工作优秀区县（市）”
- 常德市委办授予军山铺镇、坡头镇、洋淘湖镇、西港镇“2020年度安全生产和消防工作优秀乡镇（街道）”
- 常德市委办授予龙潭桥镇月亮塘村、聂家桥乡武峰村“2020年度安全生产和消防工作优秀村（社区）”
- 常德市委办授予聂家桥乡“2020年度平安创建平安边界乡镇”
- 常德市委办授予西港镇、毛家滩回维乡“2020年度平安创建平安乡镇（街道）”
- 常德市委办授予蒋家嘴镇南区社区“2020年度平安创建平安村（社区）”
- 常德市政府办授予汉寿县政府办“大力优化营商环境，全市优化营商环境评估排名靠前的地区”“抓好省12件重点民生实事，市续办、新办17件重点民生实事成效明显的地区”
- 常德市政府办授予汉寿县司法局“2020年度法治政府建设示范单位”
- 常德市政府办授予汉寿县财政局“防范化解风险措施得力，财政管理工作成效明显的地区”
- 常德市政府办授予汉寿县发改局“推进开放强市产业立市战略，‘常德品牌·中国品质’行动等工作成效明显的地区”“着力抓好项目建设，固定资产投资和重点工程建设成效明显的地区”
- 常德市政府办授予汉寿县工信局“推进工业经济做大做强，新增规模工业企业及规模工业增加值、工业投资、工业税收增长成效明显的地区”
- 常德市政府办授予汉寿县行政审批局“进一步深化‘放管服’改革，‘一件事一次办’改革成效明显的地区”
- 常德市政府办授予汉寿县科技局“推进创新型城市建设，加大全社会研发投入，新增高新技术企业、科技成果转移转化与产学研合作成效明显的地区”
- 常德市政府办授予汉寿县农业农村局“深入推进乡村振兴战略成效明显的地区”
- 常德市政府办授予汉寿县商务局“稳外贸、稳外资、促消费措施得力，招商引资工作排名靠前的地区”
- 常德市政府办授予汉寿县市场监管局“切实加强市场监管，深化商事制度改革、落实事中事后监管措施有力，质量、食品安全、知识产权等工作成效明显的地区”
- 常德市政府办授予汉寿县水利局“河湖长制工作推进力度大、任务完成好，在上级检查考核中成绩优秀，水利建设、小水电清理整治成效明显的地区”
- 常德市政府办授予汉寿县文旅广体局“加快推进文化产业发展，完成现代公共文化服务体系建设三年行动计划等工作成效明显的地区”
- 常德市政府办授予汉寿县自然资源局“促进节约集约用地，城乡建设用地增减挂钩和‘空心房’整治等重大工作推进有力、成效明显的地区”
- 常德市政府办授予辰阳街道、毛家滩回维乡“2020年度市级安全发展工作示范乡镇（街道）”

编辑说明

一、本卷年鉴以马克思列宁主义、毛泽东思想、邓小平理论、“三个代表”重要思想、科学发展观、习近平新时代中国特色社会主义思想为指导，坚持辩证唯物主义和历史唯物主义的立场、观点和方法，真实记载汉寿县2020年度自然、政治、经济、文化、社会事务等各个领域主要活动情况。所载内容以2020年1月1日至2020年12月31日为时限。个别条目的背景材料，内容涉及年度之前的，为方便读者了解内容的完整性，本年鉴仍予以记载。

二、《汉寿年鉴（2021）》是汉寿县人民政府主办、汉寿县地方志编纂室承编的综合性年鉴。

三、本卷年鉴设特载、大事记、汉寿概况、中国共产党汉寿县委员会、汉寿县人民代表大会、汉寿县人民政府、中国人民政治协商会议汉寿县委员会、纪检·监察·巡察、法治、军事、群众团体、工业信息化·高新技术产业园区、城乡建设与管理、综合监督管理、商业贸易·招商促进、农业·水利·林业、交通·邮政·通信、财政·税务、金融·保险、教育·科技、文化广电体育·融媒体、旅游、卫生健康、乡镇街道、人物、资政文选、绩效评估、文献辑要、索引等29个部分。

四、凡涉及全县经济和社会发展全局的数据，均以县统计局编印的《汉寿统计年鉴》为依据。县及县直单位、乡镇街道（区）领导名录由中共汉寿县委组织部提供，中央、省、市直管单位的领导名录由各相关单位提供。

2020年4月28日，常益长高速铁路全线首榀箱梁在二标段中铁十二局汉寿制梁场完成架设，汉寿县委书记车世忠致辞

2020年11月11日，汉寿县委副书记、县长周功表在“湘遇汉寿 品牌汉蔬”——中国·汉寿第五届蔬菜节开幕式上致辞

2020年8月24日，汉寿县委副书记刘静（左一）调研走访重点企业

2020年2月7日，汉寿县人大常委会主任袁佑清（右三）检查春节期间安全生产工作

2020年11月26日，汉寿县政协主席刘毅翔（前排右三）带领汉寿县政协委员到汉寿高新区视察工作

2020年4月29日，县委书记车世忠（前排左六），县委副书记、县长周功表（前排右六）等县领导为20名首届县级劳动模范和先进工作者、50名“五四奖章·十佳青年”颁奖

2020年8月8日，汉寿县第一中学异址新建项目举行开工仪式。县委书记车世忠，县委副书记、县长周功表，县领导刘静、袁佑清、刘毅翔、朱正权、熊毅、宋万林、杨戊参加

2020年12月7日，第十一届洞庭湖国际观鸟节（常德分会场）暨西洞庭湖青山湖候鸟苑开园仪式在汉寿举行

中国·汉寿第五届蔬菜节开幕式

湖南汉寿同发野生动物世界完成主体建设

汉寿甲鱼

国家地理标志保护产品

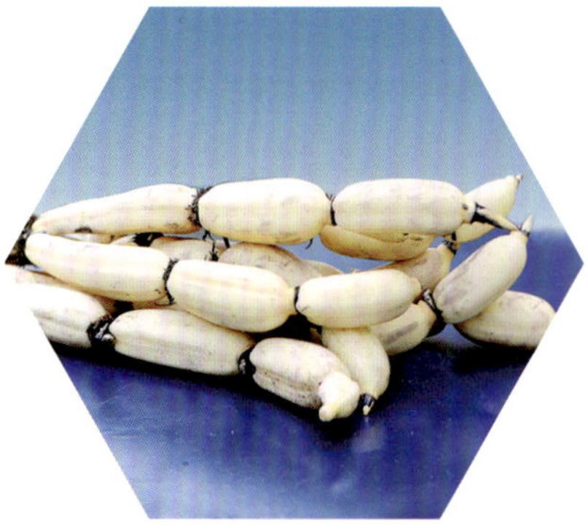

汉寿玉臂藕

目　录

特　载

大事记

汉寿概况

中国共产党汉寿县委员会

汉寿县人民代表大会

汉寿县人民政府

中国人民政治协商会议汉寿县委员会

纪检·监察·巡察

法 治

军 事

群众团体

工业和信息化·高新技术产业园区

城乡建设与管理

综合监督管理

商业贸易·招商促进

农业·水利·林业

交通·邮政·通信

财政·税务

金融·保险

教育·科技

文化广电体育·融媒体

旅 游

卫生健康

乡镇街道

人 物

资政文选

绩效评估

文献辑要

索　引

特　载

奋进新征程　展现新作为
加快建设宜居宜业宜游的环湖强县

——在县委经济工作会议上的讲话（摘录）

中共汉寿县委书记　车世忠

（2021年2月2日）

刚刚过去的2020年，是极其特殊、极为艰难、极不平凡的一年。面对新冠肺炎疫情的严重冲击和错综复杂的外部形势，面临实现“十三五”规划圆满收官和决胜全面建成小康社会的繁重任务，全县上下坚持以习近平新时代中国特色社会主义思想为指导，认真落实中央、省市各项决策部署，统筹推进疫情防控和经济社会发展，坚决打赢战疫情、稳增长、促改革、惠民生等一场场硬仗，办成了一系列大事要事难事，在关键时刻体现了关键担当，在非常之年展现了非凡作为。全年实现地区生产总值316.3亿元，增长4.3%，排名全市第4；完成固定资产投资249.6亿元，增长20.9%，排名全市第1；实现规模工业增加值61.2亿元，增长7.0%，排名全市第2；完成社会消费品零售总额119.3亿元，排名全市第2；实现地方一般公共预算收入9.15亿元，增长9.6%，排名全市第3；居民人均可支配收入达到24956元，增长7.0%，排名全市第1；金融机构各项存贷款余额分别达324.96亿元和201.44亿元，分别增长11.5%和24.7%，存贷比达到61.9%，同比提高6.4个百分点。各项主要经济指标稳居全市一二方阵，这是近年来最圆满的期末考、最漂亮的成绩单。

过去的一年，在抗疫防汛中经受的大考验、凝聚的向心力前所未有。经受了疫情防控大考验。面对突如其来的新冠肺炎疫情，全县上下联防联动、群防群治，9天实现确诊病例零新增，25天实现确诊病例全治愈，坚持常态化疫情防控，确保连续11个多月无新增确诊病例，筑起了打不垮的“钢铁长城”。打赢了汛情连防大硬仗。面对罕见的夏秋连汛，广大干群不惧风雨，昼夜奋战，实现了不溃一堤一垸、不垮一库一坝、不死伤一人的目标，搭起了冲不毁的“红色堤坝”。凝聚了众志成城大合力。在危难关头，83万汉寿儿女勇于担当、同舟共济，凝聚了团结一心、守护家园的强大合力，为建设汉寿、加快发展，立起了压不倒的“精神丰碑”。

过去的一年，在跨越赶超中交出的成绩单、受到的好评度前所未有。真抓实干善作善成。禁捕退捕、普铁安全环境整治、乡村振兴、工业高质量发展、特色园区、河湖长制、“放管服”及“一件事一次办”改革等10项工作获省市真抓实干表扬激励。争先创优有为有位。获得全国全域土地综合整治试点县、省新型工业化装备制造产业示范基地、省农产品质量安全示范县、省平安农机示范县、省电商扶贫专项行动优秀县、省知识产权建设强县、省禁食野生动物退养工作先进单位等10余项国省荣誉。工作成效可圈可点。多位省市领导来汉视察指导，给予了充分肯定。禁捕退捕工作在人民日报头版刊发，西洞庭湖湿地生态修复、蔬菜产业发展等经验被央视点赞，农村集体产权制度改革等工作入选国省改革创新案例。在人民日报、新华社、湖南日报等主流媒体宣传推介汉寿报道多达214条（篇），贡献了汉寿经验、积攒了汉寿人气、形成了汉寿影响。

*过去的一年，在产业提升中跑出的加速度、赛出的高质量前所未有。*产业提升有力度。中联配套产业园加快推进，12家配套企业成功落户，装备制造产业产值突破100亿大关，实现了历史性跨越。全年实现工业税收3.68亿元，增长37.3%。园区建设有温度。投入3000万元加快园区路网、管网、电力、标准厂房等基础建设，增强了园区承载能力。项目攻坚有强度。争取上级各类资金43.8亿元，增长33.8%，效果为历年最好。全年实施重点项目135个，开工建设98个，完成投资185亿元，中镆科技、亿奉冷弯型钢、梅百华食品等一批重大产业项目竣工投产。招商引资有热度。引进千万元以上项目41个，其中亿元以上工业项目33个，引进内资75.79亿元，到位外资1.13亿美元。靠前服务有深度。用真情、出实招，与企业同甘苦、共患难。16个部门进驻园区靠前服务企业，全年为园区企业减税降费2746.2万元、争取各类项目资金2427万元、促成本土企业产品签约5.3亿元。

*过去的一年，在经营城市中体现的精细化、增强的辐射力前所未有。*城市环境更加优化。强力推进城区综合秩序整治，建立健全志愿服务常态化机制，集中整治交通问题顽瘴痼疾，打造“最美城市客厅”，市容市貌焕然一新。城市“四位”更加完备。西湖小学、启智小学开学招生，新一中开工建设，芙蓉学校实现封顶；人民医院、中医院实现整体搬迁，县妇幼保健院门诊综合大楼、县疾控中心业务大楼投入使用；华府路农贸市场抓紧建设；新建临时停车场15个，新增停车位12750个。城市配套更加完善。万达广场完成主体工程，拉通了八角西路，开工建设青阳北路、芙蓉东路、岭湖路等城市道路，改造大西湖排水明渠等3处黑臭水体，完成龙阳大道等4个片区雨污分流改造。城市旅游更快发展。汉寿同发野生动物大世界完成主体建设，青山湖候鸟公园建成使用，“三园一线”城市精品旅游线路雏形初现。成功举办第五届蔬菜文化节、第十一届洞庭湖国际观鸟节、中国旅游日暨汉寿旅游消费周。宜居宜业宜游的城市日新月异，集聚度、辐射力不断增强，拉动房产销售面积达到61.03万平方米，同比增长33.5%，在全市首屈一指。

*过去的一年，在夯实基础中形成的新支撑、成就的好格局前所未有。*财源支撑开辟了新渠道。金石垸采砂，开启了矿产资源反哺县域经济的新时代，完成产值7.34亿元，实现利润3.5亿元；土地高效征拆、增减挂钩、有序流转，开启了土地高质量增收的新时代，实现土地收益6.12亿元；农村集体资源清理，开启了农村集体经济板块增收的新时代，增加农村集体经济收入3500万元。乡村振兴取得了好成效。中央一号文件贯彻落实情况得到中央督察组高度肯定，蔬菜公园入选第二批国家农村产业融合发展示范园，德汉大道乡村振兴示范片初见成效，聂家桥乡、沧港镇军刘村入选全省美丽乡村示范镇、示范村。基础建设迈入了快车道。投入5.2亿元，提升交通、水利、电力等基础设施水平，推进了农村公路提质改造，加快了电网改造升级，实施了马家铺电排新建等水利工程。常益长高铁及站场建设全速推进，益常高速复线设计初步完成，“一桥一路”取得重大进展，洞庭湖汉寿特大桥挤进国省“十四五”规划“笼子”，G319太子庙集镇改线完成前期工作。基础建设的大提速，推动了区位优势大提升。

*过去的一年，在改善民生中实施的硬举措、拥有的获得感前所未有。*三大攻坚战决战决胜。全面开展脱贫质量“回头看”和“空城行动”，深入实施问题整改“清零行动”，剩余2073名贫困人口实现全面脱贫，历史性地消除了绝对贫困，全面建成小康社会胜利在望。坚持动态跟踪监控，严控政府债务风险，化解债务6.78亿元，牢牢守住了“三保”底线。中央、省环保督察以及“2020夏季攻势”交办65个问题全部整改销号，推进了城区污水处理提质增效，实现了乡镇污水处理厂全覆盖，保护区内黑杨全部清零，围堤湖珍珠退养全面完成。社会保障筑牢筑实。民生投入达到34.65亿元，完成省市重点民生实事27项；社会保障扩面提质，征缴社保基金6.09亿元，发放社保待遇14.06亿元；特困、低保、残疾人等救助标准全面提高，医保参保率稳定在95%以上。社会大局安全安定。扫黑除恶“破难决胜”，“黑不生、恶不出、乱不长”的土壤更加厚植，安全生产形势持续向好，信访积案化解成效显著，综治民调成绩稳居省市前列。社会事业提标提质。教育事业爬坡过坎，高考成绩再创新高，2人被北大录取，600分以上人数实现翻番，教育基金突破6800万元，跻身全市前三。241个村级卫生室全面达标，县乡村三级医疗防疫服务体系不断完善。完成县文化馆、图书馆总分馆和县级一站

式公共数字文化服务平台建设，文化惠民工作成效显著。第七次人口普查顺利推进。

过去的一年，在党建引领中彰显的高站位、提升的精气神前所未有。加强了党的全面领导。党“把方向、谋大局、定政策、促改革”的能力和定力显著增强。全力支持人大、政协、各民主党派和社会各界围绕中心、同向同行。强化练兵备战，军民融合、国防教育、兵役征集、“双拥”工作取得新成效，党管武装迈上新台阶。接受了巡视的政治体检。自觉接受省委巡视监督，坚持对反馈问题立行立改，提高了站位，转变了作风，完善了机制，化解了积案。夯实了党的基层基础。全面落实省委“1+5”文件精神，基层党支部“五化”建设全部达标，“一门式”全覆盖扎实推进，村（社区）“两委”换届圆满完成，基层运转经费和干部待遇持续增加。守牢了意识形态阵地。有序推进意识形态“十进”工作，管网用网能力显著增强，意识形态领域持续向上向好。扎实开展新时代文明实践全国试点工作，志愿服务项目在全国志愿服务成果展中获得推介。省级文明县城成功保牌，复检成绩全市第一。坚持了全面从严治党。一体推进“不敢腐、不能腐、不想腐”体制机制建设，保持惩治腐败高压态势，扎实开展形式主义、官僚主义整治，党风政风和干部作风明显好转。激发了干事创业活力。树立重实干、重实绩、重担当的用人导向，选优配强干部队伍，用活用足职级并行政策，提拔重用了一批在三大攻坚、疫情防控、项目建设等工作中表现突出的干部，营造了干事创业的良好氛围。

“艰难困苦，玉汝于成”。在新冠肺炎疫情重大冲击、经济下行压力持续加大、国际经贸摩擦传导影响、新旧动能艰难转换、政府债务风险防控从严的背景下，我们以超常规、超负荷的努力，赢得了超预期、超想象的成绩。这

2021 年 2 月 2 日，中共汉寿县委经济工作会议

样一份年度答卷，可圈可点，实属不易，值得珍惜。这些成绩的取得，是习近平新时代中国特色社会主义思想掌舵领航的结果，是中央、省委、市委坚强领导的结果，是县委统筹驾驭有力有序的结果，是全县上下精诚团结、负重奋进的结果。这些成绩的取得，确保了“十三五”规划的圆满收官，为加快建设宜居宜业宜游的环湖强县，筑牢了基础基石，坚定了信念信心。

在总结成绩的同时，我们更要清醒地看到问题与不足：一是拉动不快。经济持续较快增长的拉动力不够，实体经济发展面临的困难增多。二是结构不优。产业结构、税收结构、城乡结构、人才结构等方面都还存在不少问题，发展受到束缚、活力难以激发。三是效率不高。一些难点问题的破解乏力，重点工作推进的效率和力度还不够，主动为企业发展、项目建设排忧解难的实效还不够。四是担当不够。部分干部思想不解放，创先争优的意识不强，担当作为、高效落实的水平还需提升等等。我们一定要高度重视，认真研究解决。

汉寿县人民代表大会常务委员会工作报告

——在汉寿县第十七届人民代表大会第六次会议上(摘录)

汉寿县人民代表大会常务委员会主任　袁佑清

（2021年4月27日）

2020年是全面建成小康社会和“十三五”规划的收官之年，是实现第一个百年奋斗目标的决胜之年。一年来，县人大常委会坚持以习近平新时代中国特色社会主义思想为指引，全面贯彻党的十九大和十九届二中、三中、四中、五中全会精神及习近平总书记考察湖南重要讲话精神，在县委的坚强领导下，认真履行宪法法律赋予的职责，为促进全县经济社会发展、推进民主法治建设作出了积极贡献。全年共召开常委会会议8次，主任会议10次，听取和审议专项工作报告46个，组织开展执法检查1次、集中视察1次，作出决议、决定3项，交办审议意见书12份，县十七届人大五次会议确定的各项工作任务全面完成。

一、坚持与政治同向，在落实党委决策上坚定坚决

“党政军民学，东西南北中，党是领导一切的”。常委会党组带领各级人大代表和人大干部，始终牢记人大及其常委会是党领导下的政治机关，牢固树立县委目标导向就是人大努力方向、县委工作中心就是人大工作重心的理念，始终保持正确的履职方向。

*在举旗定向中突出政治引领。*一年来，常委会认真学习贯彻习近平新时代中国特色社会主义思想和党的十九大及十九届二中、三中、四中、五中全会精神，增强“四个意识”，坚定“四个自信”，做到“两个维护”，严守党的政治纪律和政治规矩，切实把党的路线方针政策、中央、省委、市委、县委重大决策部署不折不扣地落到实处、见到实效。特别是认真学习、深入贯彻落实习近平总书记关于湖南工作的重要指示、批示精神，聚智聚力推动了汉寿高质量发展。坚持把党的领导贯穿人大工作始终，先后就优化经济发展环境工作评议、十七届人大五次会议筹备、省市县人大代表视察等重大事项向县委请示报告，并根据县委的指示和决定办理落实。自觉坚持每年向县委报告人大工作，积极完成县委部署和交办的各项工作任务。县委对人大工作高度重视，定期研究协调解决常委会履职行权过程中的困难和问题，选优配强人大干部，为做好人大工作提供了组织保障和强力支持。积极配合省委巡视组、县委巡察组工作，认真整改县委巡察组交办问题9条。

*在依法行权中增强政治认同。*围绕经济社会发展大局，精心选取46个重点议题列入常委会会议听取审议，以实际行动确保县委决策部署落实落细、见行见效。坚持党管干部和人大依法任免相结合，全年共任免国家机关工作人员34人次，均满票或高票通过，实现了党的主张与人民意志的有机统一。

*在服务大局中强化政治担当。*常委会班子成员积极参与“三大攻坚战”、防汛救灾、招商引资、乡村振兴等县委中心工作，并派1名干部驻村帮扶，2名干部协调帮扶。新冠疫情期间，常委会主任会议成员全部坐镇乡镇（街道），机关干部全员参与社区疫情防控，选派干部全脱产参与企业疫情防控和复工复产等工作。广泛动员各方力量累计捐款捐物约433.9万元，其中，全县各级人大代表捐款捐物约393万元，机关党员和离退休党员捐款共8837元，海外侨胞捐赠抗疫物质约40万元，贡献了人大智慧和力量。

工作千万条，党的领导第一条。只要我们自觉讲党性，始终以党的旗帜为旗帜，以党的方向为方向，以党的意志为意志，人民代表大会制度就能焕发出无限生机，人大工作就能在新时代发展的进程中迸发出不竭动力。

二、坚持与发展同力，在建设美丽汉寿上共推共为

一年来，常委会围绕经济社会发展大局，通过依法监督、正确监督、有效监督，助推全县经济社会高质量发展。

紧盯“政府钱袋子”抓监督。认真落实中共中央、国务院《关于全面实施预算绩效管理的意见》，听取和审议“同级审”、全县国有资产管理等工作情况报告，审查批准县级财政决算、县级预算调整方案。着眼经济高质量发展，听取和审议国民经济发展计划执行和2021年国民经济和社会发展计划（草案）、“十四五”规划纲要（草案）编制、农机技术推广、开放型经济发展等工作情况报告。充分发挥预算联网监督事务中心作用，逐步实现对财政预算监督从周期性监督向实时监督，从结果监督向全过程监督的转变。听取和审议审计查出问题整改工作情况报告，督促整改问题27个。

聚焦“司法公信力”抓监督。以司法公正为主题，打造“三评”联动的司法监督模式。评“庭”。先后组织3次听庭评议活动，共有20名省市县人大代表参与。庭审结束后，听庭的人大代表对法官、检察官的庭审表现进行现场评议。评“案”。制定出台《汉寿县人大常委会关于开展民事、行政案件质量专项评查活动工作方案》，监督支持县人民检察院评查了2018年以来县人民法院办理的民事、行政案件100件，并向县人民法院发出10份检察建议，进一步促进了司法行为的合法、规范。评“官”。督导“两院”对9名员额法官和4名检察官进行履职评议和满意度测评。

围绕“合法性审查”抓监督。坚持有件必备、有备必审、有错必纠的原则，接受并审查县人民政府报送备案的规范性文件10件。认真开展《常德市城乡生活垃圾管理条例》执法检查，配合市人大开展《中华人民共和国野生动物保护法》执法检查，配合市人大开展《土壤污染防治法》《常德市西洞庭湖国际重要湿地保护条例》等法律法规贯彻实施情况调研，积极配合省市人大常委会开展《湖南省洞庭湖保护条例（草案）》《常德市农村村民住房建设管理条例（草案）》《常德市大气污染防治若干规定（草案）》等法规立法调研。注重运用法治思维和法治方式做好信访工作，一年来，共受理人民群众来信20件，接待群众来访103人次，通过积极协调处理，帮助群众解决了一些实际问题。

发展是一个永恒的主题，宪法和法律是社会公平正义的坚实保障。只要人大工作与党心民意同频共振，与“一府一委两院”合力推进，汉寿就能实现更高质量、更有效率、更加公平、更可持续的发展。

三、坚持与人民同心，在促进民生改善上重实重效

一年来，常委会牢固树立“以人民为中心”的发展思想，坚持把民生冷暖、民心忧乐作为人大履职的方向标，真抓实干解民忧、纾民意、暖民心，人民群众获得感、幸福感、安全感更加充实、更有保障、更可持续。

汉寿县第十七届人民代表大会第六次会议第一次全体会议（开幕式）

着眼回应群众关切。围绕乡村振兴战略，听取和审议县人民政府关于落实《县人大常委会对农村人居环境整治工作审议意见》研究处理情况报告，农村人居环境得到明显改善；围绕人民群众关心的身体健康，听取和审议县人民政府关于落实《县人大常委会对医疗保障工作审议意见》研究处理情况报告、艾滋病防治工作情况报告，全民健康已引起县政府高度关注；围绕社会稳定和人民安居乐业，听取和审议县“一府两院”关于开展扫黑除恶专项斗争工作情况报告，汉寿扫黑除恶在查办案件、“打伞破网”等方面取得了较好成效；围绕推动全县经济高质量发展，听取和审议2019年城乡规划实施等工作情况报告，全县经济得到健康可持续发展；围绕人民群众对美好生活环境的新期待，听取和审议2019年环境状况和环境保护目标完成工作情况报告，全社会参与环境保护的良好氛围逐步形成；围绕以人民为中心的发展思想，听取和审议养老事业发展、县城区物业管理、公共文化服务保障等工作情况报告，人民群众的幸福感、获得感、安全感得到进一步提升。

着力深化“五行”活动。环保世纪行。围绕“美丽中国，我是行动者—推进垃圾分类处理，共建生态文明汉寿”主题，组织开展“6·5”世界环境日集中宣传活动，持续推进“蓝天、碧水、净土”保卫战。农产品质量安全行。积极参与农产品质量安全监督检查活动，捍卫群众舌尖上的安全。农民健康行。认真开展“加强传染病防治宣传，保障人民身体健康”主题活动，并以艾滋病防治为突破口，在全县范围内进行广泛宣传。民族团结进步行。围绕“决战决胜脱贫攻坚，民族团结共同繁荣”活动主题，开展扶贫助学公益活动，并为40名少数民族贫困学生发放助学金4万元。司法公正常德行。督促组委会成员单位深入开展“治理能力提升年”系列活动，全力助推县域经济社会健康有序发展。

着重优化发展环境。认真开展优化经济发展环境工作评议。坚持上下联动，围绕“聚力优化营商环境，人大代表在行动”这一活动主题，对县人民政府及县财政局等28个政府工作部门优化经济发展环境工作进行评议。突出问题导向，把目光聚焦到发现问题上、把重点放在解决问题上、把工作定位在形成长效上。一年来，共收集、整理、交办问题81条，形成了人大抓评议、部门抓整改、大众得实惠的良好局面。

不忘来路，方得始终。我们由人民选举产生，只有对人民负责，为人民尽责，才能不负重托；我们受人民监督，只有依法履职，担当作为，才能不负众望。

四、坚持与代表同行，在推动环湖强县上聚智聚力

一年来，常委会充分尊重代表主体地位，注重发挥代表作用，不断增强代表履职效能，代表履职行权的频度更高、维度更广、力度更强。

*服务保障更加到位。*精心指导市、县代表小组开展活动，全年各代表小组组织集中学习、视察调研、扶贫帮困、防控疫情等活动80余次。定期邀请乡镇人大主席、街道人大工委主任列席县人大常委会会议，邀请各级人大代表参与常委会组织的视察调研。为县人大代表免费订阅《人民之友》，让代表掌握人大工作动态。严格落实代表履职保障经费，将代表联系群众工作平台运行经费按15000元/个、县人大代表经费按1000元/人的标准拨付到乡镇（街道），代表误工补贴落实到位。进一步规范乡镇、街道人大代表联系群众工作室的建设和运行，稳步推进人大代表活动阵地向村（居）延伸，目前，每个乡镇、街道至少有1个村（居）设立了人大代表联系群众活动室，发挥了活动阵地“接地气、听民意、聚民智、解民忧”的作用。

*履职监督更加严格。*全面推进代表述职工作，2名市人大代表向常委会进行述职，77名县人大代表向原选区选民进行述职。进一步完善代表履职管理档案，代表依法履职更加主动、更加务实。大力宣传代表事迹，张敏、马永瑛等8名代表的优秀事迹先后被国省市媒体刊载，徐电明的事迹在市人大组织的“讲好人大代表故事，向七一献礼”活动中展出，钟学斌等6名县人大代表的事迹被录制成专题片，并组织代表在预备会上集中观看，代表形象更加生动，代表工作更具活力。

*建议督办更加务实。*坚持既要答复率、见面率，更要满意率、解决率，健全代表议案建议办理工作机制。对68件建议认真进行分类整理，并向县人民政府进行交办，选取5件重点建议由主任会议成员领衔督办、县政府分管领导领衔主办，听取和审议县政府关于办理工作情况报告，截止目前，县十七届人大五次会议所提代表建议全部答复，解决率逐年提高，一批问题得到有效解决。

千变万变，主体不变。常委会将始终尊重代表主体地位，努力找准差距，补齐短板，不断改进方法，改善服务，为代表依法履职创造条件，激发代表履职热情，让代表动起来、干起来、火起来。

五、坚持与时代同频，在提升人大形象上善作善成

一年来，常委会主动适应新形势、新任务、新要求，继续推进“两个机关”建设，在提升依法履职水平中展现常委会机关的良好形象。

*以联系指导为主线。*修改和完善《乡镇（街道）人大工作考核办法》，并将考评结果纳入县绩效考评范畴。督导乡镇、街道认真贯彻落实《湖南省乡镇人民代表大会工作条例》。指导罐头嘴镇、沧港镇实施民生实事项目人大代表票决制工作，有效形成了民生实事项目“群众提、党委审、代表决、政府办、人大督”的良好局面，实现了“为民作主”到“由民作主”的转变，赢得了代表和群众的充分肯定。

*以规范管理为主导。*常态化开展中央八项规定学习、警示教育及“两同时”谈心谈话。充分运用“智慧党建”系统，落实“三会一课”制度，强化党员管理。狠抓意识形态工作，认真做好汉寿人大网站的维护和管理。

*以提升形象为主题。*坚持县乡联动抓宣传调研，我县新闻舆论和人大制度理论研讨工作在省、市跃上了一个新的台阶，全年共有185篇文章在《湖南日报》《人民之友》《人民代表报》《常德日报》《常德人大》、湖南人大网等主流媒体上刊载。全市人大办公室系统工作联系会议、全市监察和司法委员会工作联系会在我县胜利召开。先后配合省、市人大常委会开展视察、调研、执法检查12次。

此外，坚持“会前学法”制度，组织常委会组成人员先后集中学习《中华人民共和国环境保护法》《中华人民共和国老年人权益保障法》等12部法律法规，常委会审议做到依法依规、有的放矢。

自身建设只有进行时，没有完成时，更没有休止符。常委会只有坚持“秉守初心，砥砺前行”，把加强自身建设作为依法履职行权，彰显有为有位的基础工作来抓，才能始终把握人大工作的规律性，体现人大工作的时代性。

政府工作报告

——在汉寿县第十七届人民代表大会第六次会议上(摘录)

中共汉寿县委副书记、县长 周功表

（2021年4月26日）

“历经天华成此景，人间万事出艰辛”。2020年，面对疫情冲击等复杂严峻形势，我们坚持以习近平新时代中国特色社会主义思想为指导，在县委的坚强领导下，在县人大、县政协的监督支持下，团结依靠全县人民，统筹疫情防控和县域发展两个战场，以实施园区、城区“双轮驱动、双轮牵引”为抓手，扎实做好“六稳”工作，全面落实“六保”任务，抓住了机遇、战胜了挑战、推动了发展，较好地完成了县十七届人大五次会议确定的目标任务。

这一年，我们收官圆满，稳住了经济基本盘。全年实现地区生产总值316.3亿元，增长4.3%，排名全市第4；完成固定资产投资249.6亿元，增长20.9%，排名全市第1；实现规模工业增加值61.2亿元，增长7.0%，排名全市第2；完成社会消费品零售总额119.3亿元，排名全市第2；实现地方一般公共预算收入9.15亿元，增长9.6%，排名全市第3；居民人均可支配收入达到24956元，增长7.0%，排名全市第1；金融机构各项存贷款余额分别达324.96亿元和201.44亿元，分别增长11.5%和24.7%，存贷比达到61.9%，同比提高6.4个百分点。主要经济指标稳居全市一二方阵。

这一年，我们经受大考，奏响了同心应战曲。面对凶猛来袭的新冠肺炎疫情，我们构筑了风雨同舟、守望相助的坚固防线，用9天实现确诊病例零新增、25天实现确诊病例清零，为全市打好打赢疫情防控总体战、阻击战，做出了汉寿贡献，展现了汉寿担当。县血防医院被评为全省抗击新冠肺炎先进集体，县公安交警大队被评为全省新冠肺炎疫情防控学雷锋志愿服务工作先进单位，3名同志被评为全省抗击新冠肺炎先进个人。在持续暴雨高洪严峻考验下，1.1万名干群众志成城、坚持到底，有效应对10次强降雨袭击，顺利迎战5次江河高洪和水库溢洪，取得了防汛抗灾全面胜利。

这一年，我们聚力交卷，决胜了三大攻坚战。债务风险总体可控，县本级专项支出压减20%，化解债务6.78亿元，牢牢守住了“三保”底线。脱贫任务如期完成，792户2073名剩余贫困人口顺利脱贫，取得了脱贫攻坚决定性胜利。污染防治力度空前，整改销号中央、省环保督察回头看交办任务15项，完成“夏季攻势”整治任务49项，建成乡镇污水处理厂17座，实施水环境整治项目292个，保护区欧美黑杨全面清零，被誉为全省杨树清理工作中“态度最坚决、清理最彻底、推进最快速”的县，退养珍珠2.4万亩，禁食野生动物人工繁育主体退出77家，1225户退捕渔民稳定上岸，62万亩禁捕水域实现“四清四无”，国控、省控水质断面达到年度考核要求，空气质量优良率达到96.7%。

这一年，我们深耕细作，迈稳了产业提升路。项目建设成效显著，实施重点项目135个，完成投资185亿元；“一桥一路”、西湖灌区续建配套等一批重大项目成功挤入国省“十四五”规划笼子；全年引进2000万元以上项目41个，内资93.26亿元，到位外资1.13亿美元；完成进出口总额2.38亿美元；兑现财源奖补项目23个、资金1.13亿元；争取上级各类资金44.22亿元，增长36.08%；启动征拆项目24个，实现土地收益6.12亿元。工业经济企稳回升，组建装备制造、生物医药两大产业协会，新引进、新开工、新投产亿元工业项目分别达到30个、12个、10个，新增规模工业企业22家，规模工业产值和上缴税金分别增长7%、37.3%。现代农业加快推进，新增绿色农产品认证15个、省级龙头企业3家，清理整改农村资产资源8631处，增加农村集体收入3500万元。三产驱动效应明显，旅游周、消费节、“激情广场”促销火热，新增电商21家，交易额突破16亿元，新增限上商贸企业9家，销售房产61.03万平方米，清水湖野生动物园、万达广场完成主体工

汉寿县第十七届人民代表大会第六次会议全体会议会场

程，青山湖候鸟公园3个月建成开园，“三园一线”旅游线路已成雏形。

这一年，我们突破瓶颈，打出了改革组合拳。园区体制改革有为，区划调整逐步完善，园镇实现深度融合，财政扶持资金达到3000万元，部门靠前服务、政企餐叙会、汉寿人用汉寿造、关爱企业家等暖企惠企活动如火如荼，解决各类问题116个，减免税费2746万元，行政审批时限缩短至3天；投入3.98亿元，提质改造园区道路5公里、污水管涵3.8公里，新建公租房527套。融资平台转型有序，3家公司优化为2家，实现自营收入5.3亿元。财政资金监管有效，政府投资项目评审起评线由10万元提高到40万元，对2000万元以上的重点工程，由财评初审转交审计复审再出具报告，财政资金使用效益不断提高。砂石经营管理有力，完成产值7.34亿元，实现利润3.5亿元、税收8213万元。

这一年，我们祛除顽疾，提升了城乡新颜值。城市品质明显提升，深入推进城区综合秩序整治，疏通堵点17处，新建临时停车场17个，新增停车位17730个，投放共享电单车400辆；完成棚改733户，改造老旧小区1290户，新增公厕套垃圾中转站6座，改造黑臭水体3处，拉通了八角西路、岭湖路等城市路网，完成龙阳大道等4个片区雨污分流改造。基础设施不断完善，投入1.09亿元，完成自然村通水泥路77公里、危桥改造3座、窄加宽38公里、安防工程390公里，建成东仓铺至大南湖公路、阎金口至官兴障战备公路，长益常高铁及站场建设全速推进；投入4.2亿元，除险加固小型水库78座，改造机埠86座，新增排涝装机8960千瓦；投入1.8亿元，新建110千伏新城变电站，改造农网43个村，新架10千伏线路105公里。乡村振兴全面推进，德汉大道乡村振兴示范片初见成效，取缔马路市场10个，改造农村危房1222户，完成改水改厕16543个。聂家桥乡成功创建省级全域美丽乡村示范乡，沧港镇军刘村成功创建省级美丽乡村，龙潭桥镇莲荷塘村、朱家铺镇林场村、罐头嘴镇福兴村成功创建国家森林乡村，岩汪湖镇金盆岭村荣获全国乡村治理示范村镇。

这一年，我们夙愿实现，成就了万家幸福梦。民生投入持续加大，完成省重点民生实事11项、市重点民生实事16项。社会保障扩面提质，发放社保待遇14.06亿元；新增城镇就业4530人；医保参保率稳定在95%以上，退役军人优抚优待政策有效落实。社会事业巩固提升，承载多年愿景的新一中开工建设，芙蓉学校5个月实现封顶，西湖小学、特教学校建成招生，公办幼儿园在园幼儿占比达到50.15%，高考600分以上人数实现翻番，2名学生被北京大学录取，课后延时服务得到家长好评，教育基金突破6800万元；县人民医院、中医院完成整体搬迁，县妇幼保健院门诊综合大楼、县疾控中心业务用房投入使用，241个村级卫生室全面达标；县图书馆、文化馆总分馆和一站式公共数字文化服务平台建成使用，开设湘西北第一家户外24小时自助图书馆，帅孟奇故居被评为省级爱国主义教育基地。安全形势稳定向好，杜绝了较大生产安全事故的发生，连续18年实现食品安全零事故，信访总量下降16%，打掉涉黑涉恶团伙9个，保持了19年现行命案全破战绩，实现了县域风险防控“五个不发生”目标。

这一年，我们干群合力，树立了实干风向标。坚持绩效导向，干部职工绩效人均达到1.8万元；村干部待遇人均增长15%，社区干部待遇人均增长20%。同时，对真抓实干获得国家、省激励支持的单位，在绩效考核中直接评为先进单位，单位和个人绩效分别增加30%、10%。坚持依法行政，严格执行“三重一大”决策制度，认真落实“六步工作法”，自觉接受县人大及其常委会的法律监督、工作监督和政协民主监督，高质量办理人大代表建议68件、政协提案89件。坚持提升效能，基层公共服务“一门式”全覆盖全市先行先试，形成了“汉寿模式”；66个下沉村级事项实现“网上办、刷脸办、就近办”。坚持改进作风，驰而不息反“四风”，持续优化环境，营造了风清气正的良好政风；加大典型案件曝光力度，行政执法执罚案件办结率和公开率达99.3%。

这一年，我们荣耀戴冠，赢得了各界好口碑。长江禁捕退捕、普铁安全、乡村振兴、河湖长制等18项工作获得省市真抓实干表扬激励，市级奖项全市第一。荣获国省市荣誉105项，园区改革发展、长江禁捕退捕、农村电商物流体系建设、农村生活垃圾治理等多项工作被省市典型推介，成功举办第五届汉寿蔬菜节、第十一届洞庭湖国际观鸟节等节会，扩大了汉寿影响，赢得了良好口碑。

2020年的胜利收官，为“十三五”画上了圆满句号。

回顾过去的五年，我们走过的路非常艰辛、十分不易，但迈出的步伐扎实稳健、铿锵有力，交出了一份让党放心、让人民满意，经得起历史检验的合格成绩单。

过去五年是我们砥砺奋进，经济社会快速发展的五年。小康实现程度比 2015 年提高了 16.5 个百分点，全面达到小康标准。地区生产总值、一般公共预算收入和地方一般公共预算收入年均分别增长 7.9%、11.5% 和 8.4%；城乡居民可支配收入分别是 2015 年的 1.5 倍和 1.53 倍。

过去五年是我们激流勇进，改革创新全面深化的五年。政府机构改革、“放管服”改革、农村综合改革等重点改革取得重大突破，农村集体产权制度改革创建“汉寿模式”，湿地保护管理体制机制改革被评为全省第三批生态文明体制改革创新案例。认定高新技术企业 31 家，高新技术产业增加值达到 40 亿元，创新能力不断增强。

过去五年是我们兼程前进，发展动能持续增强的五年。实施重点工程 380 个，引进 2000 万元以上项目 248 个，利用外资 3.6 亿美元，出口创汇 5.7 亿美元；净增规模工业企业 40 家；粮食生产“十六连增”，新增粤港澳大湾区“菜篮子”基地 9 个、“三品一标”认证 87 个，培育新型经营主体 4602 个；新增限上商贸企业 47 家。实施土地开发整理项目 39 个、增减挂钩项目 19 个，储备优质后备资源近 100 亿元。

过去五年是我们统筹并进，城乡建设日新月异的五年。投入 52.3 亿元，实施城建项目 85 个，改造棚户区 17793 户，新建改造城区主干道 18 条，城镇化率提高了 11 个百分点。投入 23.8 亿元，建成德汉大道等一批重点交通干道，完成自然村通水泥路 342 公里，提质改造农村公路 317 公里，拉通断途路 400 公里。投入 18.7 亿元，完成重点水利项目 310 个。投入 7.9 亿元，新建改造变电站 8 座，新架线路 153 公里。

过去五年是我们克难求进，幸福指数不断提升的五年。民生投入 158.16 亿元，办成省市重点民生实事 76 件。33 个贫困村全面退出，12159 户 40285 名贫困人口全部脱贫，历史性消除了绝对贫困；投入 10 亿元，解决生态环境问题 370 个；投入 17.45 亿元，教育卫生三年攻坚圆满收官，化解中小学校债务 2.1 亿元；公共文化服务体系基本建成，群众体育蓬勃发展。全面落实安全生产责任制，深入推进无访村创建。与此同时，我们统筹加大其他事业投入，实现了审计、统计、司法、广电、国防、消防、人防、气象、保密、文联、工会、残联、工商联、妇女儿童、史志档案、民族宗教、外事侨务、对台事务等工作的与时俱进、创新发展。

过去五年是我们融合共进，行政效能明显好转的五年。深入实施行政执法“四项制度”，认真办理人大代表建议 444 件、政协提案 604 件。建成县、乡、村“三位一体”政务服务体系，行政审批服务便捷度不断提升。认真履行党风廉政建设责任制，深入开展“两学一做”学习教育和“不忘初心、牢记使命”主题教育，持续反四风、转作风，“三公”经费持续下降，树立了廉勤有为的政府形象。

相关名词解释

1. “四清四无”：“四清”指清船、清网、清江、清湖，“四无”指无捕捞渔船、无捕捞网具、无捕捞渔民、无捕捞生产。

2. “三园一线”：指以中国·汉寿国际旅游度假区为龙头，清水湖野生动物园、青山湖候鸟公园、蔬菜公园为主体的精品旅游线路。

3. “三重一大”：指重大事项决策、重要干部任免、重大项目投资决策，大额资金使用。

4. 行政执法“四项制度”：指行政执法公示、执法全过程记录、重大执法决定法制审核、执法决定说明理由四项制度。

5. “三高四新”：“三高”指着力打造国家重要先进制造业高地、具有核心竞争力的科技创新高地、内陆地区改革开放高地，“四新”指在推动高质量发展上闯出新路子、在构建新发展格局中展现新作为、在推动中部地区崛起和长江经济带发展中彰显新担当、奋力谱写新时代坚持和发展中国特色社会主义的湖南新篇章。

6. “一稳两增”：指稳政策，增产量、增面积。

7. “两区”“两链”：“两区”指城区和园区，持续实行“双轮驱动、双轮牵引”；“两链”指中联配套产业链、碧桂园供应链。

8. “355”工程：指园区 3 年内税收翻番，5 年内实现产值、工业增加值翻番，5 年内确保 3 家企业主板上市

9. “一桥一路”：指洞庭湖汉寿特大桥、G319 太子庙集镇改线。

10. “一线、三环、四节点、五产业”：“一线”即德汉大道沿线，“三环”即友谊桥—军刘村环线、北美村环线、凰山村环线，“四节点”即友谊河桥节点、青泥湖和刘家湖连接段节点、德汉大道沧浪河桥节点、老鹳树村部段节点，“五产业”即玉臂藕湘莲产业、糖橙产业、“稻+”产业、休闲垂钓产业、休闲餐饮产业。

11. “六大强农”：指品牌强农、特色强农、人才强农、产业融合强农、科技强农、开放强农。

12. “两品一标”：指绿色食品、有机农产品和农产品地理标志。

13. “四个不摘”：指摘帽不摘责任、摘帽不摘政策、摘帽不摘帮扶、摘帽不摘监管。

14. “三类500强”：指世界500强、中国500强和民营500强三类企业。

15. “三名工程”：指名院、名所、名校。

16. “两山”理论：指绿水青山就是金山银山。

17. “三集中三到位”：“三集中”指县级行政机关的审批事项向一个股室集中，行政审批股室向县政务服务大厅集中，审批事项向网上办理集中，“三到位”指事项进驻到位，审批授权到位，电子监察到位。

18. “三嵌入一纳入”：嵌入生产、生活、工作，重点人员、进口冷链食品闭环管理纳入安全生产考核。

中国人民政治协商会议
汉寿县第九届委员会常务委员会工作报告

——在政协汉寿县第九届委员会第六次会议上(摘录)

汉寿县政协主席 刘毅翔

（2021年4月25日）

2020年，是全面建成小康社会、决战脱贫攻坚和“十三五”规划的收官之年，也是应对严峻复杂的全球疫情和世界经济形势的挑战之年。在中共汉寿县委的坚强领导下，县政协常委会全面贯彻中央、省委和市委政协工作会议精神，牢牢把握专门协商机构的性质定位，紧紧围绕全县大局，扎实履行政协职能，各项工作取得了新进展新成效，为夺取疫情防控和经济社会发展双胜利、建设宜居宜业宜游的环湖强县作出了积极贡献。

一、加强党的领导，在强化政治引领上达到了新高度

坚持党的领导。深入学习贯彻党的十九届四中、五中全会精神，深入学习贯彻习近平总书记考察湖南重要讲话精神，全面贯彻落实中央、省委、市委政协工作会议精神，推动了全县政协工作的创新发展。严格执行重大事项请示报告制度，就政协党的建设、年度工作要点、重要履职成果、外出考察培训方案等及时向县委请示报告，始终做到在县委领导下主动负责、步调一致开展工作，使政协工作任务更明、思路更清、底气更足。

强化党的建设。以党的政治建设为统领，认真学习贯彻《党委（党组）落实全面从严治党主体责任规定》，坚定不移压实管党治党主体责任。自觉贯彻民主集中制原则，全年召开16次党组会议，重点就加强思想政治建设、政协委员和干部队伍建设、重点协商议政工作、重要制度建设等进行研究部署，政协党组把方向、管大局、保落实的作用得到有力发挥。认真落实党建工作责任制，重视意识形态和党风廉政建设工作，主动接受县纪委监委派驻监督，积极配合省委巡视组、县委巡察组的工作，扎实开展巡视、巡察问题整改，始终保持了全面从严治党的良好势头，为推动政协事业发展提供了坚强保障。

深化理论学习。坚持党组理论学习中心组学习制度，全年组织党组会议、常委会议、主席会议学习活动40多场次，组织委员以专委会、界别组、联络处集中学习120多次，组织33名新任委员赴井冈山红色文化研究院开展业务培训和党性教育，引导政协干部和政协委员更好地用党的创新理论武装头脑、指导实践，切实把思想行动统一到党委的决策部署上来，不断巩固共同思想政治基础。积极开展政协理论研讨，《新时代加强和改进县级政协协商工作研究》在市政协理论研讨会上作了交流发言，有2篇被评为全市政协系统优秀理论研究文章一、二等奖。

二、聚焦主业主责，在履行政协职能上取得了新成绩

围绕大局开展协商。一年来，组织召开了1次全会、3次常委会议、7次主席会议协商。在政协全会上，委员们围绕农村三资清理、园区人才保障、食品小作坊整治、家风建设和城区停车难、如厕难等主题进行协商发言，得到了书记、县长的高度重视，相关单位的扎实办理。特别是充分吸纳政协建议，在县城区新建了6座公厕，利用棚改空置土地建设了17个简易停车场，新增各类停车位17730个，较好化解了城区停车、如厕难题，为建设宜居汉寿添上了靓丽的一笔。围绕规划建设高铁新区、增强乡镇卫生院基本公共卫生服务能力、“十四五”规划等主题开展了调研协商；根据省市政协统一安排，开展了乡村人才队伍建设、美丽乡村建设的调研与协商。在省政协召开的“加强乡村人才队伍建设”课题调研视频会议上，作为全省5个代表县之一，视频汇报了我县乡村人才队伍建设调研成果。

突出重点进行监督。为了助力农村集体产权制度改革和珍珠退养工作，向县畜牧水产事务中心、县农村经营管理站、县生态环境分局、洲口镇、沧港镇5个单位派驻了民主监督小组，35名监督员通过问卷调查、分组座谈、实地调研等多种形式，开展了丰富扎实的监督活动。围绕基层公共服务全覆盖、城市管理、老旧小区改造、重点项目建设等工作开展了主席会议专题视察。协同省市政协开展了深化供销社综合改革、洞庭湖生态环境治理、饮水安全等调研视察，为助推相关工作落实落地、创新发展，发挥了积极作用。

心系民生参政议政。着力用好提案、社情民意、微建议三大载体议政建言。九届五次全会以来，共收到提案121件，立案97件，10件提案得到了书记、县长的签批。创新提案征集、交办、办理、督办工作，开展了重点提案办理视察，提案工作实效进一步彰显。切实加大反映社情民意工作力度，《关于疫情防控对春耕生产的影响和对策建议》被全国政协采用，《关于做好洞庭湖沿岸关停企业转型升级的建议》等9篇社情民意被省政协采用，其中2篇受到省委副书记乌兰批示，有6篇被市政协采用。继续被评为全市政协系统社情民意信息工作先进单位一等奖。着力加强和改进微建议工作，引导政协委员围绕群众关注的热点问题，提交微建议43条，组织开展微协商、微监督、微评议，微建议“网上提出、网下办理、网上回复”的制度日益成熟，一大批事关民生的小事得到了较好办理。

存史资政服务发展。加强文史征集工作，编辑出版了12.5万字的《汉寿方言·谚语·歇后语》。积极参与全国政协和省市政协举行的抗击新冠肺炎疫情、“走过60年·我们的文史资料”、《常德古建之韵》传统文化丛书等资料征集活动，有效推介了汉寿的先进典型和传统文化，发挥了“存史、资政、团结、育人”的独特作用。

三、着力凝聚力量，在服务中心大局上展现了新作为

积极投身疫情防控。面对突如其来的新冠疫情，在县委的统一领导下，县政协发挥组织优势、人脉优势、资源优势，广泛动员广大政协委员，与全县人民一道，同心战役、共克时艰。全体县政协委员积极投身服务保障一线，医卫界委员始终战斗在抗击疫情的最前线；徐铁军、童梓、袁良才等文艺界委员创作了近200件抗疫文艺作品，分别在人民日报、湖南日报、学习强国等主流媒体发表；周文财、舒丽、黎达勇等委员及委员企业积极筹措防疫物资，捐款捐物110余万元，委员企业迅速复工复产、复工转产，在“双战双赢”中生动诠释了为国履职、为民尽责的深厚情怀。人民政协报以《湖南省汉寿县政协人抗疫在路上》为题报道了我县政协助力疫情防控和复工复产的做法和成效。

政协汉寿县第九届委员会第六次会议会场

积极助推脱贫攻坚。按照省政协部署，着力实施“政协人助力巩固脱贫成果万户帮扶行动”，组建87个帮扶小组，结对帮扶87户贫困家庭，实现上门走访全覆盖，实施帮扶巩固行动全覆盖，积极开展脱贫攻坚“空城行动”，进一步巩固了脱贫成果。组织委员开展金秋助学、慰问敬老院、走访孤寡老人等活动，落实帮扶资金200多万元，为打赢脱贫攻坚战贡献了政协力量。特别是珠三角活动组联合广东省汉寿商会，组织了两次大型慰问活动，慰问了33户贫困户和七家敬老院的200多位老人。

积极助力教育事业。响应县委号召，县政协委员和政协干部积极参与教育捐赠工作，捐款370余万元。政协委员爱心基金捐款100万元，在县教育基金会设立“爱心基金教学贡献奖”，奖励全县高考教育教学成绩突出的教师。

积极参与中心工作。按照县委的统一安排，县政协参与了“一桥一路”、高铁、清水湖野生动物园、棚改等重点项目建设工作，参与了联乡村、联社区、联企业，在支持参与全县中心工作中展现了新作为。发挥委员联系面广的优势积极招商引资，收集招商信息8条，引进了投资5000万元的新方盛集团总部经济转移项目。

四、注重固本强基，在推动提质增效上迈出了新步伐

优化委员履职服务。按照“懂政协、会协商、善议政”要求，加强委员学习培训，强化委员履职管理。邀请县政府通报工作情况，组织驻乡镇（街道）委员围绕基层公共服务全覆盖、乡镇特色亮点工作开展异地视察，为委员知情参政创造条件。健全主席会议成员、专委会、处组多层次联系委员制度，全面开展委员走访活动，帮助委员解决生产生活困难，让委员们充分感受到政协大家庭的关怀与温暖，激发了履职尽责的热情与活力。

加强履职平台建设。用好用活政协云，引导政协委员和政协干部运用政协云学习履职，政协云活跃度继续保持全省前列。精心组织6名委员围绕加强生态文明建设、规范农民建房管理、发展开放型经济等主题开展线上值班活动，点击量、评论数分别达到 1314 次、582 条，得到了省市政协领导的充分肯定。深入推进委员工作室规范化建设，着力打造服务基层群众的新载体、践行协商民主的新平台，聂家桥委员工作室被评为全省示范性委员工作室。走访民盟、九三等活动小组，加强与民主党派的联系，搭建了民主党派小组通过政协参政议政的平台，促进了民主党派小组的工作，民盟汉寿活动小组被民盟中央授予“2020 年度民盟思想政治建设和宣传工作先进集体”的荣誉称号。

加强干部队伍建设。牢牢把握政协机关的政治属性，坚持对机关干部从严教育、从严要求、从严管理、从严监督，营造风清气正的机关政治生态。建立健全政协机关办文办会、外出考察、财务管理等规章制度，形成效率更高、作风更优、服务更实的干事创业氛围。践行“文经我手无差错，事交我办请放心”的工作理念，加强岗位练兵、业务培训，扎实践行社会主义核心价值观，积极开展机关特色文化活动，提高了机关干部业务能力和服务效能。

回顾过去一年的工作，我们清醒看到与新时代人民政协工作的新要求相比，与委员和群众的期盼愿景相比，我们的工作还存在一些差距和不足，比如，如何进一步提高履职谋划精准度，如何进一步强化委员履职能力建设，如何进一步提升调查研究水平，如何进一步提高机关服务保障水平等。这些都需要我们在今后工作中予以认真研究，切实改进。

大事记

1月

3日　汉寿县委副书记、县长车世忠带队到毛家滩回维乡、丰家铺镇等地开展安全生产检查。副县长、县公安局局长郭民忠参加。

7日　汉寿县公安局抽调100多名警力，兵分4路，分赴长沙、常德、北京、汉寿等地同步开展抓捕，抓捕以邓某元为某的网络开设赌场案犯罪嫌疑人14名，该案涉案金额3亿余元，涉及全国各地参赌人员30多万人。

9日　汉寿县委常委、县委组织部部长王君看望慰问省劳模、抗战及南下老干部，县人大常委会副主任彭天喜参加。

10日　车世忠主持召开县政府2020年度第一次常务会议。县领导丁克刚、吴杰、彭天喜、宋万林、钟黎、杨戊、郭民忠、宋化丽、刘启明等参加会议。会议听取关于汉寿县砂石堆场相关工作的情况汇报，听取关于县人民政府对同发集团复函的情况汇报，听取关于锦阳丰瑞项目有关遗留问题的情况汇报，听取关于2019年度土地开发和增减挂钩项目资金的情况汇报。

10日　汉寿县委政法委组织全县各政法机关相关负责人及乡镇（街道）区政法书记召开2020年汉寿政法系统创建学习型单位动员大会，县委常委、政法委书记朱进友出席会议并发表讲话。

11日　车世忠到金石垸采区调度河道采砂工作，县领导刘毅翔、袁佑清、解以刚、曾群、李功文参加。

12日　车世忠调研湖南汉寿野生动物园项目建设情况，县委常委、常务副县长丁克刚，副县长钟黎参加。

16日　汉寿县召开2020年第一次党政联席会议。车世忠主持会议，县领导刘毅翔、袁佑清、解以刚、曾群、丁克刚、朱进友、熊毅、李裕军、喻志高、王君、朱向宇、李功文、宋万林、钟黎、杨戊、宋化丽，高新区党工委书记、太子庙镇党委书记吕孝胜参加会议。会议传达学习省委十一届九次全会、省委和市委经济工作会议精神，传达省市“两征两退”改革暨2020征兵工作电视电话会议精神。听取关于区县（市）和市直行业系统党组织书记抓基层党建暨落实意识形态工作责任制述职评议会议精神及贯彻落实建议的汇报；关于2020年1月中下旬全县主要工作重要活动预安排情况汇报；关于2019年度县绩效评估相关工作情况汇报；关于2019年度市级、县级文明单位（文明乡镇、文明村、文明社区、文明校园）推荐及复查情况汇报；关于2019年度全县平安建设工作考核评估结果情况汇报；关于汉寿县2020年“迎老乡、回故乡、建家乡”招商引资推介会筹备情况汇报。

16日　车世忠一行慰问工业企业。刘毅翔、丁克刚、熊毅、吕孝胜，高新区管委会主任刘先开参加。

17日　车世忠主持召开创建生态文明建设示范县专题辅导暨县委理论学习中心组2020年第一次集中学习。县委理论学习中心组全体成员参加。

17日　汉寿县召开离退休老干部2020年新春团拜会。车世忠出席会议并讲话，县委副书记刘毅翔主持会议，县领导袁佑清、解以刚、曾群、丁克刚、朱进友、熊毅、喻志高、王君、朱向宇及部分离退休老干部代表参加。

19日　车世忠走访慰问公安干警、消防官兵、部队官兵等，县领导刘毅翔、袁佑清、解以刚、丁克刚、朱进友、熊毅、喻志高、郭民忠参加。

19日　车世忠走访慰问一线交警、环卫工人，县领导朱进友、熊毅、宋万林、郭民忠参加。

20日　车世忠检查春节前安全生

产工作，县领导丁克刚、郭民忠、宋化丽参加。

20日　车世忠走访慰问低保户、困难党员、老干部，为他们送去慰问物资和新春祝福。

21日　车世忠主持召开县政府2020年度第二次常务会议。县领导丁克刚、吴杰、李功文、宋万林、钟黎、杨戊、郭民忠、宋化丽、刘启明等参加会议。会议传达市政府第43次常务会议精神，听取关于春节期间大气污染防治暨禁炮工作的情况汇报，听取关于做好全县新冠肺炎防控工作的情况汇报，听取关于贯彻落实森林防火工作会议暨春节期间森林防火工作的情况汇报。

22日　汉寿县在县工人文化宫大礼堂隆重上演“情涌洞庭 大美汉寿”2020年迎新春文艺晚会。车世忠等全体在家的县级领导现场观看演出。

23日　车世忠主持召开新冠肺炎疫情联防联控工作调度会，安排部署相关工作，钟黎、郭民忠参加。

26日　车世忠主持召开汉寿县新冠肺炎疫情联防联控工作调度会，安排部署当前防控工作。县领导刘毅翔、袁佑清、解以刚、丁克刚、朱进友、熊毅、朱向宇、钟黎、杨戊、郭民忠参加会议。

28日　常德市委常委、市委统战部部长陈华到汉寿县督导疫情防控工作，车世忠、丁克刚、李裕军、钟黎、吕孝胜参加督导或出席座谈会。

31日　车世忠到高新区、洲口镇、坡头镇督导疫情防控工作，宋化丽、吕孝胜参加。

2月

1日　车世忠到沧港、聂家桥、太子庙等乡镇督导新冠肺炎疫情防控工作。吕孝胜参加。

3日　常德市委副书记、市长曹立军到汉寿县督导疫情防控工作。副市长龚德汉，市政府秘书长李正才，汉寿县车世忠等领导参加。

4日　车世忠主持召开县委常委（扩大）会议。会议传达学习2月3日中共中央政治局常务委员会会议精神、国务院关于复工复产的部署要求、2月3日省委常委会和全省市州委书记视频会议以及2月4日市委常委（扩大）会议等会议精神。对全县当前疫情防控工作进行再部署。

5日　车世忠开展春节后走访活动。县领导刘毅翔、熊毅参加。车世忠一行先后走访了县委统战部、县委办、县纪委监委、县委政法委、县委宣传部、县委组织部、县政府、县人大、县政协机关。

6日　车世忠调研企业复工和疫情防控工作。宋化丽、吕孝胜、刘先开参加调研。

12日　车世忠督导隔离点鑫广国际大酒店、思泉大酒店、信诚宾馆的疫情防控工作。县卫健局、县疾控中心负责人参加。

15日　车世忠到龙阳街道、县应急管理局、县交通指挥中心、沅水大桥等地督导突发极端天气灾害防御及疫情防控工作。

16日　车世忠到聂家桥乡、军山铺镇、太子庙镇等地慰问疫情防控服务点值班值守人员，钟黎参加。

17日　汉寿县召开2020年第二次党政联席会议。车世忠主持会议并讲话。会议听取关于习近平总书记在京调研重要讲话以及中央政治局常委会等中央、省委有关会议精神汇报，关于2020年2月中下旬全县主要工作重要活动预安排情况汇报，关于全县乡科级干部职级套转情况汇报，关于2020年国、省劳动模范及先进工作者推荐人选情况汇报，关于全县财政运行和政府债务化解情况汇报，关于全县重点项目推进和争资引项工作情况汇报，关于全县2020年重点招商引资项目进展情况汇报，关于工程建设项目审批制度改革工作情况汇报，关于全县污染防治攻坚战暨创建省级生态文明示范县有关情况汇报，关于传达学习中央、省、市脱贫攻坚重要精神与2020年全县脱贫攻坚思路情况汇报。

19日　车世忠到西湖小学、常益长铁路汉寿制梁场、金科集美郡、清水湖野生动物园、常德市东部生活垃圾焚烧发电项目建设现场、高新区企业督导企业复工复产工作。朱进友、钟黎、宋化丽参加。

20日　常德军分区政委董亮到汉寿县督导基干民兵“双联双产”活动开展情况。车世忠、喻志高、吴杰、吕孝胜等参加。

25日　常德市委常委、市委政法委书记黄清宇到汉寿县督查监所新冠肺炎疫情防控工作，车世忠、朱进友、郭民忠参加。

27日　常德市副市长汤祚国到汉寿县督导疫情防控、复工复产工作。车世忠、宋化丽、吕孝胜、刘先开参加督导。汉寿在做好疫情防控工作的同时，帮助企业解决实际问题，落实“一企一人”驻点企业跟踪指导，确保疫情防控、复工复产两手抓、两不误。截至2月23日，全县141家规模工业企业中有127家复工复产，返岗人数达到7061人，复工复产率达到90%。其中高新区76家规模工业企业复工复产率达到95%，员工返岗率达到88%。

3月

2日　省委副书记、省长许达哲到益阳、常德调研脱贫攻坚、防汛备汛、春耕生产和“三农”工作。许达哲在汉寿高新区考察中联重科智慧农机产业园的生产经营、研发创新等情况，观看企业新下线的高速有序抛秧机演示作业。许达哲希望企业继续提升产品性能、控制成本，提供更多质优价廉的农机，为全省农业现代化、机械化贡献力量。许达哲还考察了汉寿蔬菜产业园等地。

4日　汉寿县召开2020年第三次党政联席会议。车世忠主持会议并讲话。会议传达学习中央政治局常委会等中央省市有关会议精神、省市对台工作会议精神及许达哲省长到常德调研重要指示精神，听取关于2020年3月全县主要工作重要活动预安排情况汇报，听取关于全县新冠肺炎疫情防控工作情况汇报，听取关于支持重点项目建设有关情况汇报，听取关于优化营商环境工作情况汇报，听取关于推进党政协同办公平台建设与管理工作情况汇报，听取关于2020年信访工作有关情况汇报。

5日　车世忠主持召开县生态环境保护委员会2020年第一次全体会议。县领导丁克刚、李功文、宋万林、宋化丽、黄启顺，县生态环委会成员单位及县直有关单位主要负责人，各乡镇（街道、区）乡镇长（主任）参加会议。

6日　汉寿县举行第一季度重点项目集中开工仪式。该次集中开工的3个重点项目分别是智能终端5G配套产业园（二期）建设项目、国家级农业产业融合示范园建设项目、康普药业水针车间建设项目，总投资32亿元。

10日　车世忠主持召开县政府2020年度第三次常务会议。会议听取关于2020年实施乡村振兴战略有关工作和关于抓好2020年粮食生产工作的情况汇报，听取关于调整马路市场安全隐患专项整治工作机构的情况汇报，传达全省自然资源工作会议精神，听取汉寿县农村房地一体确权登记工作的情况汇报，听取关于推进汉寿县装备制造产业发展及示范基地建设的情况汇报，听取关于长益常高铁汉寿南站站场扩容协议的情况汇报，听取关于筹备全省春季农业生产暨农机装备产业转型升级推进会的情况汇报，听取关于《汉寿农村集体经济组织资源管理办法（试行）》送审稿拟定情况的汇报、关于中联重科湖南基地农业机械项目产业发展所需支持的相关情况汇报。

11日　车世忠调研2020年城建项目，协调解决项目推进过程中遇到的困难和问题，县领导曾群、王君、饶杰、宋万林、黄启顺等参加。

11日　车世忠调研全县防汛备汛、水环境综合治理工作。丁克刚、李功文参加调研。

13日　汉寿县召开2020年脱贫攻坚暨农村工作会议。车世忠出席会议并讲话，刘毅翔主持会议，全体在家的县级领导参加会议。

17日　湖南省委常委、省委政法委书记李殿勋到汉寿县调研社会治理创新、脱贫攻坚工作。曹立军，黄清宇，副市长、市公安局局长李忠，车世忠、朱进友、李功文、郭民忠等市县领导参加调研。

19日　车世忠主持召开2020年度第四次党政联席会议，县领导刘毅翔、袁佑清、解以刚等参加会议。会议传达学习李殿勋到常德调研重要指示精神；听取关于传达贯彻全市党委系统工作会议精神、组织工作、脱贫攻坚等工作的情况汇报。

19日　中国邮政集团有限公司湖南省分公司党组书记、总经理方志鹏，中国邮政储蓄银行湖南省分行党委书记、行长刘宏海到汉寿县调研惠农项目。车世忠、刘毅翔、李功文、副县长杨戊参加调研。汉寿作为中国邮政惠农项目首批试点示范县，是全省规模最大的专业蔬菜生产基地和全国蔬菜重点县之一，有蔬菜播种面积43万亩，所产玉臂藕和甲鱼是“国家地理标志保护产品”。有种植专业合作社565家，养殖专业合作社247家，家庭农场583家。

24日　车世忠调研西洞庭湖湿地候鸟小镇项目。丁克刚、李功文参加。近年来，汉寿县积极贯彻新发展理念，不断加大对西洞庭湖国家级自然保护区自然资源的保护和管理，开展河湖洲滩专项整治和湿地生态修复，生态环境日趋改善。恢复退化湿地面积8万亩，每年到该地栖息、越冬的候鸟种群数量稳定并超过3万只。

25日　曹立军到汉寿县开展“三走访三签字”调研活动。李正才、车世忠、刘毅翔、丁克刚、李功文参加调研。

26日　常德市委副书记朱水平到汉寿县调研农业农村工作。车世忠、刘毅翔参加调研。

26日　汉寿县举行招商引资3月份集中签约仪式。车世忠、袁佑清、解以刚、丁克刚、熊毅、杨戊、宋化丽出席签约仪式。该次集中签约项目共6个，涵盖医疗、食品、装饰、铝业、商贸、服装制造等行业。

27日　汉寿县召开2020年脱贫攻坚暨粮食生产工作专题调度会。车世忠出席会议并讲话，刘毅翔主持会议，县领导曾群、丁克刚、王君、李功文、钟黎参加会议。

30日　车世忠主持召开县政府2020年度第四次常务会议。县领导丁克刚、彭天喜、李功文、宋万林、钟黎、杨戊、郭民忠、宋化丽、刘启明参加会议。会议听取关于落实省市交通问题顽瘴痼疾集中整治行动有关情况的汇报，听取关于司法行政工作和法治政府建设的情况汇报，听取关于汉寿县贯彻落实湘江流域和洞庭湖生态保护修复试点攻坚行动的情况汇报，听取关于提请县政府出台《汉寿县农民集体所有土地管理暂行办法》和《汉寿县农民集体所有土地管理工作考核办法》的情况汇报，听取关于汉寿县污染防治攻坚战“夏季攻势”有关情况的汇报。

31日　常德市政协主席、市文旅康养专项领导小组组长李爱国，市委常委、副市长涂碧波到汉寿县调研督导湖南汉寿·清水湖国际旅游度假区项目建设。车世忠、解以刚、朱进友、钟黎、刘启明参加调研或座谈。

4月

2日　车世忠主持召开2020年第五次党政联席会议。县领导刘毅翔、袁佑清、解以刚等参加会议。会议传达学习中央、省委有关会议和文件精神，全省防汛抗旱工作电视电话会议精神，曹立军到汉寿开展“三走访三签字”活动指示精神。听取2020年4月全县主要工作重要活动预安排情况汇报，听取防汛准备和大中型泵站管理工作情况汇报，听取县委党内规范性文件第二次集中清理工作情况汇报，听取开展“五四奖章·汉寿十佳青年”评选表彰工作情况汇报，听取全国“两会”期间信访服务保障工作有关情况汇报。

3日　车世忠到朱家铺、丰家铺、军山铺等镇调研脱贫攻坚“三走访三签字”、森林防火、春耕生产工作。李功文参加调研。

8日　湖南省人大常委会委员、省人大农业与农村委员会副主任委员詹晓安带领调研组到汉寿县调研农村饮用水安全、采砂管理情况。常德市人大常委会党组成员、副主任戴君耀，汉寿县车世忠、袁佑清、彭天喜、饶杰、李功文参加调研。

9日　汉寿县召开十七届人民政府第三次全体会议暨全县政府系统工作会议。车世忠主持会议并讲话。县领导丁克刚、李功文、宋万林、钟黎、杨戊、郭民忠、宋化丽先后就2019年各自分管工作进行了总体评价，并安排部署2020年主要工作安排。

15日　车世忠调度中国·汉寿国际旅游度假区项目建设，县领导丁克刚、朱进友、宋万林、钟黎等参加。

16日　常德市委常委、市委组织部部长梁仲到汉寿县调研智慧党建、脱贫攻坚工作并走访慰问贫困户。车世忠、丁克刚、王君参加调研。

16日　李爱国到汉寿县挂牌督战脱贫攻坚工作。县领导车世忠、刘毅翔、解以刚、朱向宇参加。

17日　车世忠主持召开2020年第六次党政联席会议。县领导刘毅翔、袁佑清、解以刚等参加会议。会议传达学习中央、省委、市委有关会议精神，全省春耕生产暨农机装备产业转型升级现场推进会议精神，全市意识形态领域形势分析研判会议精神；听取关于《汉寿县人大常委会2020年评议县人民政府优化经济发展环境工作方案（草案）》的情况汇报，听取省市“一门式”全覆盖工作精神汇报，听取扫黑除恶专项斗争有关工作情况汇报，听取当前自然资源工作情况汇报，听取全县自然保护地整合优化工作情况汇报。

17日　车世忠到罐头嘴镇福兴村督导脱贫攻坚工作。县政府办、县审计局、罐头嘴镇主要负责人参加督导。

22日　汉寿县召开全县领导干部大会，宣布省委、市委关于调整汉寿县委、县政府主要领导的决定。经省委、市委研究决定，车世忠任中共汉寿县委书记，提名免去其汉寿县人民政府县长职务；提名周功表为汉寿县人民政府县长候选人。

23日　汉寿县委书记车世忠调度复学复课工作，并主持召开全县疫情防控工作调度会。县委副书记、县长候选人周功表，县领导刘毅翔、熊毅、杨戊参加。

24日　周功表到行政审批服务局调研相关工作。

26日　车世忠主持召开县委经济工作务虚会暨全县一季度经济形势分析会。周功表及全体在家的县委常委、县人大常委会主任、县政协主席、在家的县政府副县长，相关部门主要负责人参加会议。

27日　车世忠主持召开2020年第六次县委常委会会议。周功表及全体在家的县委常委会组成人员出席会议，相关县级领导列席会议。会议传达学习中央、省委、市委有关会议精神，听取关于2020年5月全县主要工作重要活动预安排，关于党风廉政建设和反腐工作，关于第一次汉寿县劳动模范和先进工作者评选推荐、“五四奖章·汉寿十佳青年”评选表彰工作情况的汇报。

27日　汉寿县召开脱贫攻坚问题整改暨防汛抗旱动员、河长制工作会议。车世忠出席会议并讲话，周功表主持会议并讲话。

28日　汉寿县举行2020年二季度重点建设项目集中开工仪式暨万达广场建设项目开工庆典。车世忠宣布项目开工，周功表致辞，刘毅翔主持开工庆典。该次集中开工的5个项目分别是万达广场建设项目、鸭了么酱卤制品生产厂建设项目、翔盛农副产品加工生产厂项目、西洞庭湖环境修复建设项目、长江经济带岸线码头整治建设项目。其中产业项目3个，社会民生项目2个，总投资23.6亿元。主会场设在万达广场建设项目开工庆典现场。

28日　汉寿县召开第十七届人大常委会第二十九次会议。会议决定接受车世忠辞去汉寿县人民政府县长职务的请求；任命周功表为县人民政府副县长，决定周功表为代理县长。

29 日　汉寿县在工人文化宫召开 2020 年劳动模范和先进工作者暨“五四奖章·汉寿十佳青年”表彰大会。车世忠出席表彰大会并作重要讲话，全体在家县级领导出席会议。大会表彰 20 名劳动模范和先进工作者及 50 名五四奖章·十佳青年。

30 日　汉寿县委副书记、代县长周功表到防汛重点区域、堤段和电排泵站等地检查指导防汛工作。李功文参加检查。

30 日　汉寿县举行东莞众之医疗科技有限公司投资建设医疗及个人防护品生产基地项目签约仪式。周功表、杨戊、宋化丽、吕孝胜出席。

5月

6 日　汉寿县召开县人武部党委第一书记任职大会，常德军分区政委董亮宣读常德军分区党委关于车世忠任汉寿县人民武装部党委第一书记的决定。

6 日　周功表调研采砂工作，李功文参加。2019 年来，县委、县政府对砂石资源实施统一领导、统一管理、统一经营，牢固树立安全、廉洁、环保、共赢的理念，确保砂石生产安全有序，取得了较好的经济和社会效益。从 2019 年 11 月 8 日试采至 2020 年 4 月底，共生产砂石近 400 余万吨，累计收入近 2 亿元，产品销往重庆、江浙、安徽、湖北、湖南等地。

7 日　汉寿县在高新区孵化器大楼举行装备制造产业协会、医药化工产业协会成立暨揭牌仪式。车世忠出席揭牌仪式并讲话，周功表揭牌、致辞。

7 日　车世忠调研县中医医院新址新建项目和县人民医院异址新建项目建设工作。周功表、刘毅翔、熊毅、王君、杨戊参加。

8 日　车世忠到岩汪湖、洋淘湖、蒋家嘴等镇开展脱贫攻坚“三走访三签字”工作，调研基层党建工作。县委常委、县委办主任熊毅，李功文参加调研。

8 日　车世忠到高新区调研项目建设工作。周功表、丁克刚、吕孝胜、刘先开参加。

9 日　周功表代表汉寿县人民政府与中国电信常德市分公司、中国移动常德市分公司、中国联通常德市分公司、中国铁塔常德市分公司分别签约。根据协议，四家公司将在汉寿投入 5.09 亿元，推进 5G 建设发展。

11 日　车世忠主持召开县委第七轮巡察工作汇报会。周功表，刘毅翔，县委常委、县纪委书记、县监委主任曾群，王君参加会议。2019 年 9 月至 11 月，县委 5 个巡察组对县教育局、县审计局、县司法局、县自然资源局等 18 个单位开展常规巡察，县委农村集体资源专项巡察组对全县 22 个乡镇（街道）、高新区开展农村集体资源专项巡察，共发现各类问题 159 条，涉嫌违纪违规线索 15 条。

12 日　周功表主持召开汉寿县 2020 年县政府第五次常务会议。县领导丁克刚、李功文、宋万林、杨戊、郭民忠、宋化丽、刘启明、吴杰参加会议。会议传达全省 2020 年污染防治攻坚战暨“夏季攻势”推进会议精神、全市第一季度经济形势分析会议精神、全市金融工作会议精神；省政府关于交通运输领域、教育领域、科技领域与市县财政事权和支出责任划分改革文件精神；关于许达哲到常德调研经济社会发展工作时的指示精神。议听取进一步明确县政府议事规则有关具体事项的情况汇报，听取进一步落实省市交通问题顽瘴痼疾集中整治行动有关情况的汇报，审议《汉寿县争资争项工作考核办法（草案）》《汉寿县 2020 年争资争项任务分解表》，审议《2020 年汉寿县项目推进年工作方案（草案）》《2020 年关于推进产业立市三年行动专项小组责任分解的通知（草案）》，听取部门靠前服务园区、切实提高行政审批效率的情况汇报。

13 日　汉寿县生态环境保护委员会召开 2020 年第二次全会。周功表主持会议并讲话。县领导丁克刚、饶杰、李功文、宋万林、宋化丽、黄启顺参加会议。

14 日　车世忠主持召开县扫黑除恶专项斗争领导小组工作推进会并讲话，周功表、刘毅翔、曾群、朱进友、熊毅、朱向宇、郭民忠参加。

14 日　车世忠主持召开县委全面依法治县委员会第二次会议并讲话，周功表出席会议，刘毅翔、曾群、朱进友、熊毅、喻志高、朱向宇、饶杰、郭民忠、刘启明参加会议。

14 日　汉寿县委书记、县委全面深化改革委员会主任车世忠主持召开县委全面深化改革委员会 2020 年第一次会议。周功表、刘毅翔、县人大常委会主任袁佑清、解以刚、曾群、丁克刚、朱进友、熊毅、李裕军、喻志高、朱向宇出席会议。

15 日　车世忠主持召开 2020 年第八次县委常委会会议。周功表等在家的县委常委会组成人员出席会议，相关县级领导列席会议。会议听取关于部门靠前服务园区、提高行政审批效率工作情况，关于 2020 年汉寿县“开放强市、产业立市”和项目推进年及基层党建工作的汇报。会议原则通过《2020 年汉寿县“项目推进年”工作方案》《关于推进产业立市三年行动专项小组责任分解的通知》。

15 日　车世忠主持召开汉寿县第一中学新建工程建设工作调度会。周功表参加。汉寿县第一中学新建工程选址在汉寿大道西侧，沧浪街道岭湖社区（纬十五路以南、纬十六路以北、沧浪大道以西、经十八路以东）。征地275.7亩，办学规模90个教学班，招收学生4950人。建筑总面积约110000平方米，总投资约5.7亿元。已完成用地预审、立项、环评、土规调整、土地报批等工作。

18日 周功表调研安置小区建设工作。丁克刚、宋万林参加调研。

19日 湖南省副省长吴桂英到汉寿县调研农村学校建设三年行动计划项目建设情况。曹立军、涂碧波、车世忠、周功表、杨戊等市县领导参加。全市农村学校建设三年行动计划（2019—2021），是为全面改善农村办学条件，解决农村教师住房和学生食堂达标问题，实现“一乡镇一塑胶运动场”而实施的三年攻坚行动。其中，投资约800万元的汉寿县第五中学塑胶运动场、学生食堂建设项目均在其列，已基本完工。

19日 汉寿县委书记、县委财经委主任车世忠主持召开县委财经委员会2020年第一次会议。县委副书记、代县长、县委财经委副主任周功表参加，县领导刘毅翔、熊毅、李功文、宋化丽及县委财经委成员单位主要负责人参加会议。

19日 汉寿县委书记、县委外事工作委员会主任车世忠主持召开县委外事工作委员会第二次全体会议，县委副书记、代县长、县委外事工作委员会副主任周功表参加，县领导刘毅翔、丁克刚、熊毅、李裕军、朱向宇、郭民忠参加会议。

20日 省政府秘书长王群到汉寿县调研西洞庭湖湿地建设、候鸟保护与观鸟路线规划工作。龚德汉、车世忠、丁克刚、熊毅参加调研。

20日 省文化和旅游厅厅长陈献春到汉寿县督导防汛和文旅行业安全生产。涂碧波、车世忠、周功表、杨戊等市县领导参加。

21日 朱水平到汉寿县督导防汛抗旱、河道采砂工作。市政协副主席彭孟雄，车世忠、刘毅翔、解以刚、熊毅参加。

21日 周功表带领县工信局、县招商中心负责人到安徽芜湖，考察中联农业机械有限公司，对接招商项目。

22日 周功表拜会中联重科副总裁、中联农业机械有限公司董事长熊焰明，双方就相关项目交流意见。杨戊、吕孝胜及市工信局散墙办、市政府驻北京产业招商服务中心负责人参加。

25日 车世忠主持召开2020年第9次县委常委会会议，周功表等在家的县委常委会组成人员参加会议，相关县级领导列席会议。会议传达学习中央、省委、市委有关疫情防控、深化改革、复工达产、安全生产、绩效评估等工作会议精神和吴桂英、朱忠明、王群到汉寿调研工作要求；听取关于全县2019年度绩效考核评估，县委经济工作会议、县“两会”有关事项，汉寿县2019年财政预算执行和2020年财政预算（草案），脱贫攻坚工作情况汇报；听取关于《汉寿县2019国民经济和社会发展计划执行情况及2020年计划（草案）》的报告。

25日 汉寿县召开推动智慧党建暨基层公共服务（一门式）全覆盖工作会议。车世忠出席会议并讲话。周功表主持会议。县政协主席候选人刘毅翔，王君参加会议。2017年以来，汉寿县坚持党务、政务、服务“三务”合一，全力推进智慧党建工作。通过建设县、乡、村站点和打造党员手机APP，建成覆盖全县1541个基层党组织、3.5万名党员的智慧党建平台，实现“党务一网覆盖、政务一窗受理、服务一站链接”。

25日 车世忠主持召开青山湖候鸟公园项目建设调度会，周功表参加会议。青山湖候鸟公园项目将重点实施引鸟工程，吸引半边湖观鸟示范基地的部分栖息鸟类到青山湖区域，将青山湖集中打造成为一个集湿地观鸟、教研、旅游于一体的大型湿地科普旅游公园示范基地。

25日 车世忠主持召开全县医保基金运行情况汇报会。周功表参加会议。

25日 周功表主持召开全县中联农机抛秧机推广工作调度会，李功文、杨戊参加会议，中联农机相关负责人参加会议。

26日 汉寿县第十二届纪委召开第五次全体会议，车世忠出席会议并讲话，周功表主持会议。会议全面贯彻落实中央、省、市纪委有关会议精神，总结部署全县全面从严治党、党风廉政建设及反腐败工作。

26日 车世忠主持县委理论学习中心组（扩大）2020年第四次集中学习，重点学习农村集体资产管理相关知识。周功表参加。省农业农村厅政策与改革处副处长欧阳月祥以《深化农村集体产权制度改革、助推乡村振兴战略实施》为题，解读中央农村集体产权制度改革层面政策。

27日 汉寿县委召开经济工作会议。车世忠讲话总结2019年工作，分析当前经济形势，安排部署2020年经济社会发展工作。周功表主持会议，具体部署2020年经济工作任务。

27日 汉寿县召开党委系统工作会议，车世忠出席并讲话。周功表主持会议。

28日 政协汉寿县第九届委员会第五次会议开幕。解以刚代表政协汉寿县第九届委员会常务委员会作工作报告，县政协委员施满红、金伶、徐嘉伟、张立芳、汪勇等作大会协商发言。

28日 汉寿县第十七届人民代表大会第五次会议在县工人文化宫开幕。周功表向大会作政府工作报告。

29日 在政协汉寿县第九届委员会第五次会议选举大会上，刘毅翔当选政协汉寿县第九届委员会主席。

29日 周功表主持召开汉寿中联农机智慧产业园建设调度会。李功文、杨戊参加会议，中联农机相关负责人参加会议。

30日 汉寿县第十七届人民代表大会第五次会议召开第三次全体会议。经过投票，周功表全票当选汉寿县人民政府县长；骆韶宏、陈彦当选县十七届人大常委会副主任；黄荣耀当选县十七届人大常委会委员。

6月

1日 车世忠到太子庙镇开展脱贫攻坚“三走访三签字”工作，熊毅、吕孝胜参加。

1日 汉寿县安全生产委员会召开2020年第三次全体（扩大）会议。县委副书记、县长、县安委会主任周功表出席会议并讲话。

2日 车世忠主持召开常德文化旅游节暨野生动物园开园调度会。周功表、朱进友、熊毅、朱向宇、李功文、杨戊参加调度会。

2日 车世忠到高新区和株木山街道督导脱贫攻坚质量“回头看”问题整改清零、基层党建工作。熊毅、王君、吕孝胜参加。

2日 周功表主持召开汉寿县2020年县政府第六次常务会议。会议传达学习近期国务院、省、市政府常务会议精神、全省全市公安局长会议精神、全市教育改革发展重点交账任务调度会精神，以及省政府办公厅《关于进一步规范财政管理硬化预算约束的通知》《应对新冠肺炎疫情影响进一步做好稳就业工作十六条措施》和《常德市优化营商环境2020版》文件精神；研究推进真抓实干积极争取上级督查激励、2020年政府工作报告主要目标任务分解、引进共享电单车、促进全县生猪稳产保供等工作。县领导丁克刚、王立芬、李功文、宋万林、杨戊、郭民忠、宋化丽、刘启明参加会议。

3日 湖南省总工会副主席刘鸿翔到汉寿县调研长益常高铁建设项目。朱水平、谭弘发、车世忠、周功表及熊毅、周政怀、宋化丽等市县领导参加调研。长益常高铁汉寿段里程46公里，穿越沧港、毛家滩、沧浪、株木山等8个乡镇（街道）24个村（社区），征地总面积1989亩，建设工期48个月。

3日 周功表到军山铺、百禄桥、蒋家嘴等乡镇调研脱贫攻坚“三走访三签字”工作。县政府办、县扶贫办负责人参加调研。

4日 湖南省农业农村厅副厅长刘益平到汉寿县调研农业生产社会化服务试点工作。车世忠、周功表、熊毅、李功文参加调研。

4日 周功表调研省级文明县城复检测评和城市道路治堵工作，朱向宇、宋万林参加。

5日 车世忠主持召开2020年第10次县委常委会会议。周功表等在家的县委常委会组成人员参加会议，相关县级领导列席会议。会议传达学习习近平总书记在专家学者座谈会上的重要讲话精神；听取关于2020年6月全县主要工作重要活动预安排、2020年度督查检查考核工作计划、省级文明县城文明程度指数测评迎检工作、汉寿县污染防治攻坚战“夏季攻势”、推进真抓实干积极争取上级督查激励工作、乡镇街道机构改革工作情况的汇报。

8日 车世忠调研省级文明县城测评工作，县领导熊毅、朱向宇、宋万林参加调研。

8日 车世忠到沧浪街道、毛家滩回维乡等乡镇开展脱贫攻坚“三走访三签字”工作，调研基层党建工作。熊毅参加调研。

12日 车世忠主持召开2020年第11次县委常委会会议。周功表等在家的县委常委会组成人员参加会议，相关县级领导列席会议。会议传达学习“全省贫困县县委书记抓党建促决战决胜脱贫攻坚培训班”有关精神；听取关于贯彻落实《湖南省安全生产专项整治三年行动实施计划》的情况汇报。

12日 车世忠主持召开全县重点产业项目建设调度会。周功表及全体在家的县委常委、副县长参加会议。重点调度康普药业水针车间建设项目、中联智慧农机配套产业园、万达广场建设项目等15个重点项目推进情况。

12日 车世忠主持召开全县珍珠退养工作调度会。周功表、曾群、朱进友、熊毅、李功文参加会议。汉寿县自2018年9月开始，将全县547处79097亩珍珠养殖面积分三年（2018—2020）全面退养，引导农户转型生态养殖。

14日 周功表现场督导城区内涝排渍和防汛搞涝工作。

15日 车世忠到蒋家嘴镇、百禄桥镇调研督导投肥养殖退养整治、河湖治理工作，县领导熊毅、李功文参加调研。

15日 周功表主持召开汉寿高铁站场建设推进会。县领导解以刚、丁克刚、宋万林、宋化丽等及相关单位主要负责人参加会议。常益长高铁汉寿段三个标段工程进展顺利。常益长高铁汉寿南站设在株木山街道鸭东社区，站场规模为2台4线，站房面积已扩容至1万平方米。

15日 周功表主持召开汉寿县行政执法作为工作调度会。丁克刚、郭民忠、相关单位主要负责人和执法队长参加会议。

16日 汉寿县委书记、县委审计

委员会主任车世忠主持召开县委审计委员会2020年第二次会议。县委副书记、县长、县委审计委员会副主任周功表，县领导曾群、熊毅、陈彦参加。

16日 车世忠主持召开县委网络安全和信息化委员会2020年第一次会议。周功表出席会议并讲话。县领导朱进友、熊毅、喻志高、朱向宇、郭民忠、宋化丽参加会议。

16日 周功表调研城建项目建设工作。丁克刚、宋万林及相关县直单位负责人、街道办主要负责人参加。

17日 车世忠到崔家桥镇、丰家铺镇开展脱贫攻坚“三走访三签字”工作，调研基层党建工作。

17日 周功表主持召开西洞庭湖湿地保护区项目建设调度会。李功文、西洞庭湖保护区管理局党组书记钟丽琴、局长黄强，相关单位主要负责人参加会议。西洞庭湖保护区启动建设的项目有3个，分别是西洞庭湖国家级自然保护区岸线、洲滩及缓冲区、实验区生态修复工程，西洞庭湖国家重要湿地及周边区域湿地保护与恢复工程建设项目，西洞庭湖国家级自然保护区三汊障及周边区域生态环境突出问题整改项目。

17日 周功表主持召开中国·汉寿国际旅游度假区项目建设调度会。县领导朱进友、宋万林、杨戊、刘启明，相关县直单位主要负责人以及湖南同发集团相关负责人参加会议。

18日 车世忠主持召开高新区重点项目建设调度会。周功表、丁克刚、熊毅、李裕军、王君、杨戊、郭民忠、宋化丽、吕孝胜、刘先开参加会议。

18日 汉寿县中医医院新院举行开业揭牌仪式。车世忠、周功表、袁佑清、刘毅翔、熊毅、杨戊出席仪式。汉寿县中医医院始建于1959年。新址位于龙阳中路659号，占地面积53亩，建筑面积3.6万平方米，开设床位430张。医院现有职工310人，设有内科、普外科、泌外科、妇产科、五官科等28个临床科室，是一所集教学、科研、预防、保健、培训、诊疗于一体的二级甲等综合性医院。

19日 周功表主持召开易地扶贫搬迁项目紧急调度会。曾群及相关单位主要负责人参加会议。

19日 汉寿县召开益常高速复线设计方案汇报会。车世忠主持会议并讲话，周功表、袁佑清、刘毅翔、解以刚、宋万林、宋化丽参加会议。该项目初步设计路线起于益阳市，与长沙至益阳扩容工程笔架山互通相接，自北绕过益阳城市规划区，经过百禄桥南侧与南益高速交叉之后西延经龙潭桥镇、汉寿县城以南，终点在芦获山互通接二广高速（常德东环）。项目为双向六车道高速公路，设计速度120千米/小时，全长93.9千米。

19日 湖南省发改委党组成员、湘西办主任杜中华率联席办督导检查组一行，到汉寿县督导易地扶贫搬迁问题整改“回头看”工作。周功表、丁克刚陪同。“十三五”期间，汉寿县共实施易地扶贫搬迁2124户7659人，涉及全县20个乡镇（街道）、区156个村（社区）。

19日 汉寿县召开城区综合秩序整治工作调度会。周功表出席会议并讲话，宋万林主持会议，县直相关单位、城区街道办事处及相关社区负责人参加会议。

23日 车世忠主持召开2020年第12次县委常委会会议。周功表等在家的县委常委会组成人员参加会议，相关县级领导列席会议。会议听取关于省委、市委有关会议精神，关于修订《中共汉寿县委常委会工作规则（送审稿）》有关情况，关于汉寿县政协常务委员会2020年工作要点（草案）情况的汇报，听取关于2020年7月全县主要工作重要活动预安排情况的汇报。

23日 汉寿县举行芙蓉学校建设项目开工仪式。车世忠、周功表、袁佑清、刘毅翔、丁克刚、熊毅、杨戊出席仪式。芙蓉学校建设项目总投资1.8亿元，占地102亩，新增学位2820个。学校建成后，将进一步丰富县域教育资源，园区及周边学生就近入学将更加便利。

23日 汉寿县人民政府与农发行常德市分行签订战略合作协议。周功表出席并讲话。丁克刚、杨戊，农发行常德市分行党委书记、行长李红涛，农发行常德市分行党委委员、副行长李国六，农发行汉寿支行行长彭勇等参加签约仪式。根据合作协议，双方将分别运用各自的优势，在推动中小企业复工复产、农业农村基础设施建设、公共卫生体系建设等重点领域，建立战略合作伙伴关系。从2020年开始，三年内，农发行将为汉寿县提供不少于50亿元信贷资金支持，其中新增贷款不少于40亿元。

24日 汤祚国到汉寿县督导马路市场整治工作。周功表、丁克刚、郭民忠参加。

24日 周功表开展防汛工作检查。李功文参加。

28日 车世忠到百禄桥镇、龙潭桥镇开展脱贫攻坚“三走访三签字”工作，调研基层党建。熊毅、王君参加调研。

28日 周功表主持召开河道采砂和砂石市场管理整治工作调度会。县级领导丁克刚、李功文、郭民忠、钟丽琴、徐胜利参加会议。

29日 车世忠调研重点项目建设情况。周功表、丁克刚、朱进友、熊毅、宋化丽参加。车世忠一行先后实地察看了人民医院易址新建、新一中建设项目征拆、野生动物园建设项目征拆、康普水针车间建设等项目现场。

29日 周功表主持召开全县珍珠退养工作调度会。李功文、宋万林、钟丽琴，相关县直单位主要负责人，相关乡镇（街道）党（工）委书记、乡镇长（主任）参加会议。截至28日，全县累计退养38427.6亩，共涉及16个乡镇（街道）。

30日 汉寿县开展庆“七一”“三重三讲”集中活动。车世忠出席并讲授专题党课，周功表主持视频会议，袁佑清等全体党员县级领导参加活动。“三重”是指，重学党的历史、重温入党誓词、重温入党申请书；“三讲”是指，讲党课、讲体会、讲先进事迹。党课开始前，王君带领全县党员重温了入党誓词。

30日 汉寿县召开中联重科产业链招商洽谈会。中联重科建筑起重机械有限责任公司党委书记滕明友及中联重科工程起重设备、混凝土机械站类设备、智能农机等公司高管到汉考察并参加洽谈会。周功表、李裕军、杨戊、宋化丽、吕孝胜参加。

7月

1日 常德市召开庆祝建党99周年座谈会。车世忠、周功表等在职党员县级领导及直属机关党委负责人通过智慧党建平台在汉寿分会场集中收看座谈会实况，缅怀党的光辉历史，回顾党的辉煌成就。县直各单位、乡镇（街道、区）、村（社区）全体党员通过智慧党建平台在各自会场收看。汉寿县岩汪湖镇金盆岭村党总支书记、村委会主任张祖爱作题为《党建引领厚实集体家底》的发言。

1日 车世忠专题调度高温下疫情防控工作，县领导熊毅、朱向宇、郭民忠参加。车世忠一行先后到县人民医院发热门诊、疾控中心、集中隔离点（思泉大酒店）、人民医院新址传染楼等地，了解发热门诊规范运行、核酸检测、集中隔离等方面情况。

1日 周功表带领县政府办、县自然资源管理局、县招商促进事务中心负责人到湘潭雨湖高新区湖南柏屹创新园区发展有限公司考察项目。杨戊、吕孝胜参加。

3日 汉寿县举行“稳企业·保就业”政银企战略合作洽谈暨签约仪式。国家开发银行湖南省分行副行长于新杰、车世忠出席并讲话，杨戊主持会议，宋化丽、刘先开参加。

3日 周功表主持召开县政府2020年度第七次常务会议，县领导丁克刚、骆韶宏、李功文、宋万林、杨戊、宋化丽、刘启明参加会议。会议传达学习近期国务院、省政府常务会议精神，全国、全省脱贫攻坚普查电视电话会议精神，全省推进乡镇污水处理设施建设现场会议精神，全省长江保护修复攻坚战推进暨水生态环境保护工作电视电话会议精神，全市污染防治攻坚战“2020年夏季攻势”工作推进会精神，全市耕地保护督查问题整改工作督导情况反馈会精神，全市脱贫攻坚普查领导小组全体会议精神，全市扶贫领域腐败和作风问题专项治理工作调度会精神；通报县政府2020年度第六次常务会议研究工作的落实情况；研究优化营商环境、争资争项、退役军人事务、扫黑除恶及打击治理跨境突出犯罪、洞庭湖汉寿特大桥和G319改线、蒋家嘴镇断面污水综合整治、推进二次供水管理、招商引资等工作；审议《汉寿县2020年优化营商环境公开测评方案》，听取全县1—6月向上争资争项的有关情况汇报，听取扫黑除恶工作及打击治理跨境突出犯罪工作情况的汇报，听取蒋家嘴断面污染综合整治的情况汇报。

3日 汉寿县召开传达市委新冠肺炎疫情防控工作领导小组（扩大）会议精神专题会议。周功表主持会议并讲话。县领导丁克刚、骆韶宏、李功文、宋万林、杨戊、宋化丽、刘启明出席会议。相关县直单位主要负责人、各乡镇（街道）乡镇长（主任）参加会议。

5日 车世忠到一线大堤、渡口、码头等地督导检查防汛、安全生产工作。县领导曾群、熊毅、李功文、杨戊参加。

6日 车世忠督导2020年高考考点准备工作。周功表、熊毅、陈彦、杨戊、郭民忠、李明桂参加。

6日 周功表调研督导县城区综合秩序整治工作。县领导朱向宇、宋万林、郭民忠以及相关单位负责人参加。

6日 周功表主持召开高新区一体化改革工作推进会。宋化丽、吕孝胜、刘先开及相关单位负责人参加会议。

7日 车世忠主持召开农口项目建设调度会。周功表、熊毅、李功文、李明桂及相关单位主要负责人、部分乡镇（街道）党（工）委书记参加会议。会议听取围堤湖蓄洪垸第二期“打非拆违”项目进展、蔬菜公园和两市场一中心项目建设、青山湖候鸟公园项目建设情况汇报。

7日 周功表主持召开防汛会商会。李功文及县防汛抗旱指挥部成员单位负责人参加会议。

8日 车世忠主持召开2020年第13次县委常委会会议。周功表等在家的县委常委会组成人员参加会议，相关县级领导列席会议。会议传达学习省委、市委有关会议精神，下发污染防治攻坚战重点任务清单；听取关于深化派驻机构改革和向乡镇（街道）派出监察办公室相关工作，全县1—6月向上争资争项有关工作，扫黑除恶、新时代县域警务及打击治理跨境突出犯罪工作等情况汇报，审议《汉寿县2020年招商引资工作实施方案（送审稿）》。

8日　车世忠调研城建项目。周功表、丁克刚、熊毅、宋万林、黄启顺参加。

8日　车世忠主持召开益常高速复线设计方案汇报会。周功表、袁佑清、刘毅翔、熊毅、宋化丽参加。

8日　车世忠到一线大堤、六角山分指等地督导检查防汛工作。县领导曾群、熊毅、宋万林、杨戊汇报工作或参加检查。

8日　周功表巡查督导西湖垸防汛工作。朱进友、刘启明参加督导。

9日　涂碧波到汉寿县检查防汛工作。车世忠、周功表、袁佑清、曾群、熊毅、饶杰、李功文、杨戊参加。

9日　车世忠主持召开防汛工作调度会。周功表、熊毅、李功文参加会议。

9日　湖南省委台办主任肖祥清一行到汉寿县调研荣祺食品加工产业园暨特色农业产业园项目。市委常务副秘书长、市委台办主任胡祖国，汉寿车世忠、熊毅等参加调研。中国台湾荣祺食品加工产业园暨特色农业产业园项目总投资约1.2亿元，其中食品加工产业园选址高新区，用地面积约63亩，建成投产后预计可实现年产值1.2亿元，解决就业300余人；特色农业产业园选址聂家桥乡，流转土地1800多亩，建成后预计可实现年产值约2000万元，解决就业1500余人。

9日　周功表到沅南垸一线分指、围堤湖垸分指督导防汛工作，县领导袁佑清、曾群、杨戊参加各分指督导。

10日　车世忠到西湖垸分指挥部一线防洪大堤督导检查防汛工作，县领导朱进友、熊毅、刘启明参加检查。

10日　车世忠督导检查沅南垸、六角山防汛工作熊毅参加。

10日　梁仲一行到汉寿县调研基层党建、脱贫攻坚等工作，汉寿车世忠、王君参加。梁仲一行先后到圣迪服装“扶贫车间”、聂家桥乡堤北社区综合服务平台，在详细了解基层公共服务（一门式）全覆盖工作进展情况，现场观摩智慧党建政务系统服务操作流程。

10日　周功表到沅南一线大堤盘湖硚翻沙鼓水险情处置点，察看险情会商除险。县领导曾群、杨戊参加。

11日　常德市委副书记、市政府党组书记、市长候选人邹文辉到汉寿县督导检查防汛工作，龚德汉、李正才、车世忠、周功表、袁佑清、曾群、李功文、宋万林、杨戊参加督导。在新兴嘴盘湖硚翻砂鼓水险情处置点、围堤湖蓄洪垸分洪闸现场，邹文辉实地查看沅水水情，详细了解防汛措施落实和险工险段处置情况，部署防汛抗灾工作。

11日　周功表前往沅南一线阁金口至蒋家嘴防洪大堤、蒋家嘴泵站、六角山垸一线防洪大堤等地督导防汛工作。

12日　周功表到县翻水口水利枢纽工程、沧港镇新兴社区高铁桥建设施工现场督导防汛工作。

13日　常德市委书记、市人大常委会主任周德睿到汉寿县调研督导防汛抗灾、河道整治、产业发展等方面工作。市委常委、市委秘书长罗先东，龚德汉，汉寿县领导车世忠、周功表、熊毅参加。周德睿一行先后到沧港镇盘湖硚高铁桥、盘湖硚翻砂鼓水险情处置点、金石垸河砂采区、中联重科汉寿工业园，通过实地查看和听取汇报，详细了解汉寿县的防汛抗灾、河道整治、产业发展等方面工作情况。2020年7月9日，在距沧港盘湖硚堤段内脚320米处的排水渠道内，防汛人员在巡查过程中发现一处翻砂鼓水险情，汉寿县迅速组织人员、机械设备，经过5个小时的奋战，有效控制了险情。

14日　车世忠调度湖南汉寿野生动物园项目建设。朱进友、熊毅、朱向宇等县领导参加。

14日　周功表调度“两市场一中心”项目，县领导李功文、宋万林、李明桂以及相关部门负责人参加。“两市场一中心”项目位于汉寿大道以西、沿江南路以南、纬西路以北，规划总用地面积319亩。

14日　周功表主持召开高新区重点项目建设现场调度会。宋化丽、吕孝胜、刘先开以及相关部门和企业负责人参加。

15日　车世忠主持召开中国·汉寿国际旅游度假区项目调度会。周功表、朱进友、熊毅、杨戊、刘启明、吕孝胜及相关单位主要负责人参加会议。

15日　车世忠主持召开生物质能源综合利用项目调度会。熊毅、王君参加。

17日　周功表主持召开汉寿县部门靠前服务园区工作调度会。宋化丽、吕孝胜、刘先开以及相关县直单位负责人参加会议。

18日　副省长陈飞到汉寿县督导检查防汛工作。周德睿、罗先东、汤祚国、车世忠、熊毅、李功文等市县领导参加督导检查。陈飞一行先后到新兴嘴盘湖硚、岩汪湖堤防，查看管涌险情处置情况、西洞庭湖汛情，检查堤防巡查值守情况。

20日　水利部总工程师刘伟平一行到汉寿县检查督导防汛抗洪工作。省洞庭湖水利事务中心党委书记、主任沈新平，龚德汉、周功表、李功文等市县领导参加。

20日　周功表主持召开县城区综合秩序整治工作调度会。朱向宇、宋万林及相关县直单位主要负责人、城区三个街道办党工委书记参加会议。

21日　常德市乡镇污水处理设施建设现场观摩暨工作调度会在汉寿召开。副市长尹正锡出席会议并讲话，市政府副秘书长彭家明主持会议，车世忠、省住建厅相关负责人现场观摩或出席会议。与会人员参观洋淘湖、岩汪湖污水处理厂及管网建设，听取汉寿县乡镇污水处理厂及管网建设的情况汇报。汉寿县2020年前计划完成乡镇（街道）污水处理厂建设20座，已建成10座，在建10座。全县乡镇污水处理设施建设项目预计总投资4.5亿元，污水处理总规模达2.49万吨/日，配套主管网总长约120千米。截至7月，汉寿已投入运营和试运营污水处理规模1.75万吨，配套污水主管管网71.2千米，支管网42千米，化粪池改造约3200户。

21日　常德市副市长杨成英到汉寿县调研市场监管工作。周功表、杨戊陪同调研或参加座谈。

22日　车世忠调研县融媒体中心建设，协调调度有关部门及时解决存在的问题和困难，确保县融媒体中心建设尽快完成并顺利通过省、市验收。周功表、丁克刚、熊毅、王君、朱向宇、杨戊及相关单位负责人参加。

22日　车世忠主持召开高新区基础设施建设及重大项目工作调度会。周功表、袁佑清、曾群、熊毅、宋万林、杨戊、宋化丽出席会议。

23日　车世忠主持召开2020年第15次县委常委会会议。周功表等在家的县委常委会组成人员参加会议，相关县级领导列席会议。会议传达中央、省、市有关会议和省市领导到汉寿调研主要精神；听取汉寿县妇女儿童发展规划实施情况、洞庭湖汉寿特大桥项目和G319太子庙集镇改线项目情况汇报。

23日　车世忠主持召开2020年度汉寿县委常委议军会议，周功表等在家的县委常委会组成人员参加会议。

23日　车世忠到洲口镇、沧港镇、朱家铺镇调研脱贫攻坚“三走访三签字”、基层党建工作。熊毅参加调研。

24日　周功表主持召开2020年县政府第八次常务会议。县领导丁克刚、骆韶宏、李功文、宋万林、杨戊、郭民忠、宋化丽、刘启明参加会议。会议传达学习近期国务院、省、市政府常务会议精神，全省防汛视频调度会议精神、全省打击侵权假冒工作电视电话会议精神、全市防汛抗灾视频调度会议精神、全市长江流域重点水域禁捕退捕工作推进视频会议精神、全市工业园区环境整改工作调度会精神、全市自然资源规划重点工作推进会会议精神、全市乡镇污水处理设施建设现场观摩暨工作调度会会议精神、全市食品安全委员会全体（扩大）会议暨落实市人大常委会执法检查审议意见专题会议精神、全市开放型经济工作调度会会议精神、全市公安机关项目建设推进会会议精神、全市公安机关县域警务工作视频调度会精神、全市区县市产业办主任半年工作调度会会议精神，以及《湖南省人民政府关于〈推进全省产业园区高质量发展的实施意见〉》《常德市安全生产专项整治三年实施行动方案》文件精神，通报县政府2020年度第七次常委会议研究工作的落实情况。会议研究了安全生产、省级农产品质量安全县创建、创建省级“平安农机”示范县、早稻收购、禁食陆生野生动物人工繁育主体退出补偿和处置、贴心服务企业等工作。会议审议《汉寿县安全生产专项整治三年行动实施方案》，听取全县2020年早稻收购工作的情况汇报，听取贴心服务企业有关情况的汇报。

24日　中联重科副总裁、中联农机CEO熊焰明一行到汉寿县考察。周功表、杨戊、宋化丽、吕孝胜等参加考察洽谈会。

27日　车世忠到山丘区防汛抗旱分指挥部督导防汛工作。县领导王君、骆韶宏、李功文、叶新华参加督导。

27日　周功表督导山丘区水库防汛工作，县领导王君、王立芬、李功文、叶新华参加。

28日　车世忠现场督导军山铺镇乌龟塘水库除险加固工作。县领导熊毅、王君、王立芬参加。乌龟塘水库是一座小（2）型水库，水库背水坡发生滑坡险情，县防汛抗旱指挥部接到险情报告后，火速派出水利专家赶到现场，军山铺镇党委政府紧急部署，调集劳力近100人，耗用卵石近600立方米。险情得到有效控制。

28日　周功表主持召开汉寿县水环境整治工作调度会。县级领导李功文、宋万林、钟丽琴、刘先开参加会议。

29日　汉寿县召开2020年规划管理委员会第五次例会。车世忠出席会议并讲话，周功表主持会议。县领导饶杰、宋万林、杨戊、黄启顺，县消防大队大队长刘水军、县一中党委书记李明参加会议。会议听取汉寿县第一中学建筑规划设计方案、三堤两港A2地块规划调整论证报告及控规图则、银水西路东侧（西竺山中学南侧）地块控规图则、恒大·御府二期规划设计方案情况汇报。

30日　汉寿县召开专题会议，传达学习市政府七届九次全体会议精神。周功表主持会议并讲话。县政府全体在家县级领导出席会议，相关县直单位主要负责人、各乡镇（街道）乡镇长（主任）参加会议。

31日　车世忠、周功表、袁佑清、熊毅、喻志高、郭民忠等看望慰问驻汉部队官兵。

31日　周功表到龙阳街道、沧浪街道走访慰问退役军人。县政府办、县退役军人事务局等相关单位负责人参加。

8月

3日　周功表主持召开2020年度

县政府第九次常务会议。县领导骆韶宏、李功文、杨戊、郭民忠、吴金、刘启明参加会议。会议传达学习国务院联防联控机制严防聚集性疫情做好秋冬季防范工作电视电话会议精神，全国、全省安全生产电视电话会会议精神，全省长江流域打击非法捕捞工作视频调度会会议精神，全市公安机关绩效评估调度会会议精神，全市规范城市养犬工作调度会会议精神以及《应急救援领域中央与地方财政事权和支出责任划分改革方案》文件精神。会议研究城区污水治理提质三年行动、人防建设、城市管理等事项，安排部署招商引资、珍珠退养、黑杨清理、“四大电排”环境整治等具体工作。

3 日　周功表主持召开长江流域禁捕退捕工作座谈会，了解禁捕退捕工作进展，听取渔民的意见建议。相关县直部门主要负责人、捕捞队队长、渔民代表、养虾户代表参加座谈。截至 8 月，全县退捕渔民退捕协议签订率 100%、权证回收率 100%、渔船拆解率 100%，销毁网具 408 吨；采取刑罚措施 3 人，查获违法捕捞船只 11 条、收缴钓鱼竿 116 支，扣押收缴“三无”（无船名船号、无船舶证书、无船籍港）船舶 213 艘、网具 3746 张。

5 日　朱水平到汉寿县召开脱贫攻坚问题整改专题调度会。车世忠、周功表、县委副书记刘静、李功文参加会议。截至 2019 年年底，汉寿县 33 个贫困村全部如期退出，农村贫困人口由 2014 年的 56770 人减少到 2091 人，贫困发生率由 8.73% 降至 0.31%，“三保障”问题得到有效解决。

5 日　朱水平到汉寿县调研粮食储备、退捕禁捕工作。周功表、刘静、李功文参加。

5 至 6 日　湖南省副省长隋忠诚到汉寿县调研禁捕退捕、粮食收储工作。常德市委副书记、代市长邹文辉，朱水平、龚德汉，汉寿车世忠、周功表、李功文等领导参加调研。

6 日　车世忠主持召开 2020 年第 16 次县委常委会会议。周功表等在家的县委常委会组成人员参加会议，相关县级领导列席会议。会议传达学习中央、省、市有关会议精神，以及省市领导来汉调研指示精神；听取关于 2020 年 8 月全县主要工作重要活动预安排，关于省委组织部“排查整顿农村发展党员违规违纪问题”汉寿试点工作，关于做好《习近平谈治国理政》第三卷学习宣传使用工作，关于转业士官安置工作，关于终止省粮食集团秸出板材项目合同及收回项目地块，关于长江流域重点水域禁捕退捕工作等情况汇报。

6 日　邹文辉到汉寿县调研经济社会发展情况。车世忠、周功表、刘静、袁佑清、刘毅翔等县领导参加。在中联重科汉寿工业园，邹文辉实地查看农机车间、站类车间、工起车间，详细了解抛秧机、机制砂设备、搅拌站、汽车起重机等设备的基本情况和生产情况。

7 日　李红涛一行到汉寿县对接项目融资工作，并召开座谈会。县领导朱正权参加座谈会并讲话，县领导吴金主持座谈会。县高新投、城建投、农业投公司负责人分别汇报项目情况。

7 日　汉寿县举行县第一中学异址新建项目开工仪式。车世忠、周功表、刘静、袁佑清、刘毅翔、朱正权、熊毅、宋万林、杨戊等县领导参加。

8 日　汉寿县举行县人民医院新院区揭牌仪式。车世忠、周功表、刘静、袁佑清、刘毅翔、朱正权、熊毅、杨戊出席仪式。汉寿县人民医院是一所享誉湘西北，集医疗、教学、科研、预防、保健为一体的三级综合医院，是长沙医学院附属医院、湖南省助理全科医师培训基地，中南大学湘雅医院定点指导及双向转诊医院。医院占地面积 212 亩，建筑面积 14.3 万平方米，开放床位 1600 张，设置临床医技科室 48 个，其中省、市重点专科 12 个。有湖南省县级医院一流洁净层流手术室、中心 ICU、医学影像中心、现代化检验中心、胸痛中心、卒中中心、危重孕产妇救治中心、危重儿童和新生儿救治中心、远程医疗中心、120 急救指挥中心等沅水流域一流的医疗中心。配备有 64 排 128 层 CT、3.0T 核磁共振、直线加速器、大平板数字减影血管造影机、3D 数字乳腺机、飞利浦彩超、ECT、DR 等高端设备。

汉寿县人民医院积极探索“医共体”发展新模式，充分发挥汉寿县龙头医院优势，将全县 29 个乡镇卫生院全部纳入人民医院管理，有效整合了医疗卫生资源，形成了 1+1>2 的效应。

11 日　常德市委常委、军分区司令员李兴刚到汉寿县检查指导征兵工作。车世忠、刘静、喻志高、宋磊鑫参加。

12 日　中国邮政集团湖南省分公司党委书记、总经理杜卫红一行到汉寿县调研，车世忠、杨戊、刘先开参加。

13 日　车世忠调研老干工作，县领导刘静、熊毅、宋万林参加调研或座谈会。

13 日　车世忠主持召开重点水域退捕禁捕工作调度会，县领导刘静、朱正权、熊毅参加。自 2020 年 1 月 1 日 0 时起，全县水生生物保护区水域禁止天然渔业资源生产性捕捞，违者将依法依规严厉查处。截至目前，采取刑法措施 3 人，查获违法捕捞船只 11 条、收缴钓鱼竿 116 支，扣押销毁“三无”船舶 213 艘、网具 3746 张。

13 日　湖南省商务厅党组副书记谭平、一级巡视员罗双锋一行到汉寿县调研新时代文明实践中心建设试点工作。车世忠、刘静、熊毅、朱向宇、吴金参加。自汉寿县确定为第二批全国新时代文明实践中心建设试点县以来，县委、县政府高度重视，积极推进中心、所、站的机构建设、阵地建设、队伍建设、平台整合，构建起文明实践工作的基石。全县设立1个新时代文明实践中心，22个新时代文明实践所，281个新时代文明实践站，建立1655支志愿服务队，注册志愿者人数近12万人，开展文明实践活动2000余场次。

14日 周功表到蒋家嘴镇调研渔民禁捕退捕工作，刘静参加座谈会。

14日 周功表到辰阳南路、岩汪湖等地实地调研水环境治理工作。县领导朱正权、宋万林参加。

16日 汉寿县召开乡镇（街道）党（工）委书记工作例会。车世忠主持会议并讲话，周功表参加会议并讲话。县领导刘静、朱正权、熊毅、何彦兵、喻志高、王君、朱向宇、何斌参加会议。

16日 周功表主持召开全县安全生产委员会第四次全体（扩大）会议。郭民忠及相关单位负责人参加会议。

18日 周功表在清水湖管理处会议室主持召开中国·汉寿国际旅游度假区建设工作调度会。县级领导朱正权、朱进友、宋万林、钟黎、刘启明参加会议。有关部门通报整体项目推进情况。

19日 汉寿县召开2020年半年度经济运行形势分析会，分析总结上半年经济社会发展情况，安排部署后段工作。车世忠出席会议，周功表主持会议并讲话。刘静、袁佑清、刘毅翔等全体在家的县领导参加会议。会议分析半年度经济指标完成情况、各单位争资争项暨产业项目建设、全县工业经济情况；汇报全县农业、财政等情况；通报各单位污染防治工作任务落实、全县扶贫工作推进、全县珍珠退养和禁捕退捕等工作情况。

26日 车世忠主持县委理论学习中心组（扩大）2020年第七次集中学习并讲话。周功表，刘静、袁佑清、刘毅翔等全体在家的县级领导参加学习。省委宣传部理论宣讲工作处处长田辉以《深刻把握〈习近平谈治国理政〉第三卷的丰富内涵》为题，从重大意义、丰富内容、主要创新点、怎么读懂等方面作专题辅导；并就认真落实意识形态工作责任制及工作中存在的问题作专题阐述。市扶贫办党组书记、扶贫办主任徐兴庭从脱贫攻坚当前形势、相关政策、突出问题、整改措施等方面作专题辅导。

26日 车世忠主持召开汉寿县扫黑除恶专项斗争工作调度会。朱进友，熊毅，县委常委、县纪委书记何彦兵，郭民忠，县检察院检察长黄艳霞等县级领导出席会议，县纪委监委、县委办、县人大办、县政府办、县政协办、县委组织部、县委宣传部、县委政法委等22个县扫黑除恶专项斗争领导小组有关成员单位主要负责人及县扫黑办全体工作人员参加会议。

27日 汉寿县召开信访维稳暨民调创满工作推进会，车世忠出席会议并讲话，周功表主持会议，刘静、袁佑清、刘毅翔等全体在家的县级领导参加会议。车世忠就涉稳涉访突出问题化解和重点问题稳控工作进行了现场交办。

27日 周功表主持召开县政府2020年度第十次常务会议。县领导朱正权、骆韶宏、李功文、宋万林、钟黎、杨戊、郭民忠、吴金、刘启明参加会议。会议传达学习习近平总书记关于统计工作的重要思想论述和中央关于统计工作意见办法规定的有关精神，习近平总书记对制止餐饮浪费行为的批示精神，国务院常务会议精神，国务院第三次廉政工作会议及湖南省政府廉政工作电视电话会议精神，省政府常务会议精神，省委、省政府印发《关于贯彻落实〈新时代爱国主义教育实施纲要〉的实施意见》，省委、省政府印发《关于贯彻落实〈新时代公民道德建设实施纲要〉的实施意见》，隋忠诚副省长到汉寿调研相关精神，《常德市政府系统推进工作落实“六步工作法”实施办法（草案）》文件精神，全市第七次全国人口普查工作推进会会议精神，全市重点建设项目和粮食收购工作推进会会议精神，全市学生防溺水工作调度会会议精神，全市农业农村重点工作调度会会议精神，中联重科农机产品在常产业发展有关问题调度会会议精神，全市交通重点工作调度会会议精神，常德市委退役军人事务工作领导小组第二次全体（扩大）会会议精神，全市2020年第三次安全生产委员会全体（扩大）视频会议精神，全市金融生态建设工作推进会会议精神。会议听取西洞庭国家级自然保护区杨树清理工作的情况汇报，听取脱贫攻坚工作有关情况的汇报，审议《中联重科汉寿配套产业园招商项目引进奖励办法（送审稿）》。

27日 政协汉寿县第九届委员会常务委员会召开第十六次会议。周功表受邀出席会议并作政情通报。

28日 车世忠调研县纪委县监委工作，周功表、熊毅、何彦兵参加。

28日 汉寿县第十七届人大常委会召开第三十三次会议。袁佑清、周政怀、王立芬、饶杰、骆韶宏、陈彦出席会议。周功表、李功文、宋万林、钟黎列席会议。会议决定接受曾群辞去汉寿县监察委员会主任职务，决定免去丁克刚、宋化丽的汉寿县人民政府副县长职务；决定任命朱正权、吴金为汉寿县人民政府副县长，决定任命何彦兵为汉寿县监察委员会代理主任。

30至31日 车世忠到广东考察招商引资项目，县委常委、县委统战部部长何斌，吴金参加。

31 日　周功表调研土地出让工作，县领导朱正权、宋万林参加。2020 年，全县计划供应经营性储备地 14 宗，面积为 530.82 亩。

31 日　周功表主持召开落实市委疫情防控督查整改精神调度会。县领导朱正权、钟黎参加会议。

31 日　周功表主持召开汉寿县“洞庭清波”专项行动调度会。县领导朱正权、何彦兵、李功文、宋万林、钟丽琴、吕孝胜参加会议。

9月

1 日　汉寿县召开政府廉政工作会议。周功表出席会议并讲话，县委常委、常务副县长朱正权主持会议，县领导何彦兵、李功文、宋万林、钟黎、杨戊、郭民忠、吴金参加会议。

3 日　车世忠主持召开 2020 年第 17 次县委常委会会议。周功表等在家的县委常委会组成人员参加会议，相关县级领导列席会议。会议传达学习习近平总书记对制止餐饮浪费行为作出的重要指示暨中央、省、市有关会议精神，习近平总书记关于统计工作重要论述和中央关于统计工作《意见》《办法》《规定》有关精神；听取关于 2020 年 9 月全县主要工作重要活动预安排《全县 2020 年绩效评估实施方案（草案）》、县新时代文明实践中心试点建设工作、县融媒体中心建设、开展教育捐赠活动暨召开 2020 年教师表彰大会、脱贫攻坚、污染防治攻坚、《中联重科汉寿配套产业园招商项目引进奖励办法（送审稿）》等方面工作情况汇报。

4 日　车世忠到坡头镇、洲口镇调研基层党建、扫黑除恶专项斗争、禁捕退捕、珍珠退养、农村集体“三资”管理等工作。县领导何彦兵、王君、李功文、郭民忠参加。

4 日　周功表调度太白湖水环境整治工作，县纪监委，县政法委，县公安局，环保分局等单位相关负责人参加，县领导宋万林参加现场调度及会议。

5 日　车世忠到岩汪湖镇、沧港镇调研基层党建、扫黑除恶专项斗争、禁捕退捕、珍珠退养、农村集体“三资”管理等工作。县领导熊毅、何彦兵、李功文参加。

6 日　周功表一行到江苏常州、江西南昌等地考察招商。吴金、吕孝胜，县招商中心主要负责人参加考察。

7 日　车世忠与洲口镇乌龙港社区渔民座谈。熊毅参加。

9 日　梁仲到汉寿县专题调研基层党建示范点工作，车世忠、王君参加调研。调研组一行先后到龙阳街道天济城小区、护城社区，详细了解小区党建、“一门式”服务和“省级基层党建工作示范点”建设进展情况，听取全县基层党建工作和示范点联系点建设工作中取得的成效、发现的问题、急需上级解决的难点堵点等情况。

9 日　周功表主持召开城市建设项目工作调度会。朱正权、宋万林参加会议。

11 日　周功表到龙阳街道城东社区、张家湖社区走访退捕渔民。

14 日　车世忠主持召开汉寿县重点水域禁捕退捕工作调度会。周功表、刘静、朱正权、熊毅、何彦兵、李功文参加。截至 9 月，全县共签订退捕协议 1264 份，签订率 100%；回收权证 1212 本，回收率 100%；拆解渔船 1821 艘（33 艘从事内湖养殖未拆），销毁网具 408 吨；发放船网补偿资金 3250 万元。采取刑罚措施 13 起 18 人，查获违法捕捞船只 11 条、收缴钓鱼竿 116 支，扣押收缴“三无”船舶 465 艘、网具 5313 张。

14 日　汉寿县召开城区综合秩序整治工作座谈会。周功表出席会议并讲话，宋万林主持会议。

15 日　车世忠主持召开城建重点项目建设调度会。周功表、朱正权、熊毅、王君、饶杰、宋万林、黄启顺参加。2020 年城建项目建设按照“规范程序、接续推进，统筹布局、分步实施，坚守底线、杜绝红线，注重绩效、体现形象”的原则和要求，拟计划实施城建项目 53 个。

15 日　朱正权调研第三季度集中开工项目。吕孝胜参加部分调研及座谈。县政府办、高新区、县发改局等单位及部分企业代表参加座谈会。

16 日　车世忠主持召开 2020 年第 18 次县委常委会会议。周功表等在家的县委常委会组成人员参加会议，相关县级领导列席会议。会议传达学习中央、省、市有关会议精神，中央、省委领导关于长江禁捕退捕工作重要指示、批示精神，研究加快推进县域社会治理现代化暨病犯收监收押工作，传达学习习总书记训词精神，研究汉寿县“坚持政治建警全面从严治警”教育整顿工作，研究纪检监察工作，研究脱贫攻坚工作。

16 日　周功表主持召开县政府 2020 年度第十一次常务会议。县领导朱正权、吴杰、李功文、宋万林、钟黎、杨戊、郭民忠、吴金、刘启明参加会议。会议传达学习国务院常务会议精神，《国务院办公厅关于支持多渠道灵活就业的意见》文件精神，国务院安委会 2019 年度省级政府安全生产和消防工作考核巡查反馈问题整改工作交办视频会议精神，全省 2020 年土地例行督察动员部署电视电话会议、全省农村乱占耕地建房问题整改工作动员部署电视电话会议、湖南省交通问题顽瘴痼疾集中整治行动调度推进会议精神，常德市重点生态环境问题整改推进调度会议精神。会议通报县政府 2020 年度第十次常务会议定工作落实情况，研究河长制湖长制、农村村民住房建设管理、渔民禁捕退捕、病犯收监收押暨“坚持政治建警全面从严治警”教育整顿等工作，听取河长制湖长制工作有关情况汇报，听取农村村民住房建设管理工作的情况汇报，听取渔民禁捕退捕工作的情况汇报，听取病犯收监收押暨“坚持政治建警全面从严治警”教育整顿工作情况。

17日　周德睿到汉寿县督导防汛抗灾工作。龚德汉、车世忠、周功表、熊毅等市县领导参加。

18日　常德市人大常委会组成人员到汉寿县视察重大交通项目建设。汤祚国、车世忠、周功表、袁佑清等市县领导参加。

18日　车世忠到洋淘湖、蒋家嘴、军山铺、高新区等地督导重点项目建设和渔民禁捕退捕工作。熊毅参加。

18日　车世忠前往沅南垸新兴嘴沅水一线防洪大堤督导检查防汛工作，县领导熊毅、何彦兵、饶杰等参加。

18日　周功表主持召开汉寿县新冠肺炎疫情防控工作调度会，研究部署秋冬季疫情防控工作。钟黎及县疫情防控指挥部相关成员单位负责人参加会议。

21日　车世忠主持召开县委常委会（扩大）会议。周功表等在家的全体县级领导，相关单位主要负责人，各乡镇（街道）党（工）委书记、太子庙镇镇长、洋淘湖镇镇长参加会议。车世忠传达学习习近平总书记在湖南考察调研时的重要讲话精神、省委领导干部大会精神和市委常委会（扩大）会议精神；周功表传达习近平总书记在全国抗击新冠肺炎疫情表彰大会上的重要讲话精神。

22日　邹文辉到汉寿县调研禁捕退捕、河长制工作。龚德汉、车世忠、周功表等市县领导参加。

23日　车世忠到太子庙镇和高新区马嘶桥社区督导脱贫攻坚“空城行动”，走访贫困户。吕孝胜参加。

24日　车世忠到高新区左家庵社区、太子庙镇涂家段村督导脱贫攻坚“空城行动”，并走访贫困户。熊毅、吕孝胜参加。

24日　周功表到龙阳街道张家湖社区开展脱贫攻坚“空城行动”，并走访慰问贫困户。

24日　周功表主持召开汉寿县“十四五”规划编制工作推进会。县领导朱正权、钟黎、杨戊、郭民忠参加会议。

25日　汉寿县举行新时代文明实践中心新址揭牌暨文明实践云平台上线启动仪式。市委常委、市委宣传部部长康重文，省商务厅机关党委专职副书记刘德林，汉寿县车世忠、周功表、朱向宇等领导参加。康重文、刘德林、车世忠、周功表等领导为汉寿县新时代文明实践中心新址揭牌，并启动新时代文明实践中心云平台上线。

25日　康重文到汉寿县调研，车世忠、周功表等领导参加。

25日　车世忠到太子庙镇排形村督导脱贫攻坚“空城行动”，并走访贫困户，熊毅参加。

25日　周功表调度清水湖征拆工作。朱正权、朱进友参加。

26日　车世忠开展脱贫攻坚“空城行动”走访，巩固扶贫成效。熊毅、吕孝胜参加。

28日　车世忠主持县委理论学习中心组（扩大）2020年第八次集中学习并讲话。周功表、刘静、袁佑清、刘毅翔等全体在家的县级领导参加学习。刘静传达学习习近平总书记在湖南考察调研时的重要讲话精神以及省、市相关会议精神。省自然资源厅督察四处副处长陈亚赞以《贯彻落实习近平总书记土地管理重要论述及国家法律法规政策精神系列工作措施》为题，讲授政策法规课，传达上级关于自然资源管理的新政策，详细解读新时期关于自然资源管理的新法规。市委巡察办副主任丁俊辉以《坚持三位一体，推动市县巡察工作高质量发展》为题作专题阐述。省民宗委党组成员、副主任曹承明详细讲解民族宗教政策及《统战工作条例》。县委理论学习中心组成员何斌等就如何做好新时代统战工作作中心发言。

28日　周功表主持召开渔民禁捕退捕工作紧急调度会。县领导朱正权、何彦兵、李功文参加会议。

29日　车世忠到太子庙镇永兴村督导脱贫攻坚“空城行动”，走访慰问贫困户，熊毅、吕孝胜参加。

29日　汉寿县举行2020年第三季度重点建设项目集中开工。车世忠、周功表、刘静、袁佑清、刘毅翔、熊毅、杨戊、吕孝胜参加开工仪式。此次集中开工的项目共10个，分别是中联智能装备配套产业园建设项目、梅百华食品加工扩建项目、湖南阳泰线缆铜材生产及辐照中心建设项目、汉寿一中异址新建项目、芙蓉学校建设项目、高新区中小企业创业园（二期）公租房建设项目、青阳北路建设项目、芙蓉东路建设项目、辰阳南路雨污分流及调蓄池盖板景观项目、汉寿县万达广场城市综合体配套基础设施建设项目（一期），总投资51.6亿元。

29日　汉寿县举行新型工业化产业示范基地项目签约仪式。车世忠出席仪式并讲话，周功表主持仪式，刘静、袁佑清、刘毅翔、熊毅、何斌、杨戊、吴金、吕孝胜参加签约仪式。此次签约项目共7个，总投资约10亿元，分别是江苏世泽车业科技有限公司投资建设中联工程机械储罐生产项目，湖南庆芳精密机械有限公司投资建设中联起重机部件生产项目，长沙市正一物流有限责任公司投资建设中联机械制造生产及物流配送服务项目，中国台湾宏寰乐器有限公司、广州市泰源乐器有限公司、惠州市铭仕电子制品有限公司新建乐器制造产业园项目，汉寿华可食品有限公司建设口味王食品加工项目，中油路之星新材料有限公司、湖南润艺科技有限公司USP道路环保材料生产基地项目，深圳市协和诚电子有限公司建设电子产品生产基地项目。

29日　汉寿县召开安全生产暨疫情防控工作会议。周功表出席会议并讲话。朱正权主持会议。钟黎、郭民忠参加会议。

30日　国家第七个烈士纪念日。汉寿县在县烈士陵园广场举行烈士纪念日公祭活动，深切缅怀纪念烈士，弘扬烈士精神。车世忠、周功表及县委、县人大、县政府、县政协、县人武部五大家领导参加活动。周功表主持活动。

30日　车世忠到洲口镇开展中秋、国庆节前走访慰问退捕渔民活动，熊毅参加。

10月

1日　周功表督导检查国庆、中秋节假日期间安全生产及疫情防控等工作。

2日　周功表督导“两节”假期疫情防控和安全生产工作。杨戊参加。

5日　车世忠到高速公路汉寿收费站、汉寿火车站、319国道汉寿段，督导检查国庆中秋“双节”假期安全生产、疫情防控、交通保畅工作情况。熊毅参加。

9日　车世忠主持召开2020年第19次县委常委会会议。周功表等在家的县委常委会组成人员参加会议，相关县级领导列席会议。会议传达学习中央和省委有关会议、省纪委监委领导干部培训班、全省基础教育工作现场会精神，听取10月份全县主要工作重要活动预安排、“中国·汉寿第五届蔬菜文化旅游节”、配齐配强乡镇（街道、区）政法委员、扫黑除恶专项斗争有关工作、县城投公司申请发行企业债券等情况汇报。

9日　车世忠到围堤湖蔬菜产业园调度“中国·汉寿第五届蔬菜文化旅游节”筹备情况以及珍珠退养和精养鱼塘尾水处理工作。县领导刘静、熊毅、李功文参加。

9日　汉寿县组织集中观看全省追授黄诗燕“全国脱贫攻坚模范”称号大会暨黄诗燕先进事迹报告视频会。车世忠、周功表、刘静、熊毅、王君、陈彦、李功文参加。

10日　车世忠到沧港镇、聂家桥乡、毛家滩回维乡、沧浪街道调研乡村振兴示范片，周功表、刘静、袁佑清、刘毅翔、朱正权、熊毅、王君、李功文、吴金参加。

10日　车世忠到高新区、太子庙镇调研督导重点建设项目。熊毅、王君、杨戊、吕孝胜参加。

10日　车世忠主持召开汉寿县重点水域禁捕退捕迎接国务院大督查工作调度会。周功表参加会议并讲话，县领导刘静、何彦兵、周政怀、李功文、吴金、叶新华参加。

11日　车世忠到洋淘湖镇、蒋家嘴镇开展调研督导工作。县领导熊毅、何彦兵、王君、郭民忠参加。

11日　周功表调研“三无”船舶管理工作并走访退捕渔民。县政府办及相关单位负责人参加。

12日　车世忠到罐头嘴镇调研指导工作，县领导熊毅、何彦兵、郭民忠参加。

12日　车世忠主持召开全县重点水域禁捕退捕工作调度会。周功表出席会议并讲话，县领导袁佑清、刘毅翔、朱正权、熊毅、何彦兵、李功文、钟黎、吴金、叶新华参加会议。

12日　车世忠督查西洞庭湖禁捕退捕工作，县领导熊毅、何彦兵参加。

13日　车世忠主持召开县委书记专题会议，听取县委第八轮巡察工作情况汇报，安排部署下阶段巡察工作。周功表、刘静、何彦兵、王君参加会议。

13日　周功表主持召开汉寿县水环境整治问题销号工作调度会，李功文、宋万林、杨戊参加会议。

14日　车世忠到西港镇调研指导工作，何彦兵参加。

14日　周功表到高新区调研相关企业及重点项目建设进展情况。杨戊、吕孝胜参加。

15日　湖南省政协党组副书记、副主席戴道晋一行到汉寿县调研指导深化供销社综合改革工作。朱水平、李爱国、车世忠、周功表、刘静、刘毅翔、李功文等市县领导参加。

15日　周功表主持召开6号大道延伸线建设工程调度会，宋万林参加会议。

15日　周功表主持召开城区综合秩序整治工作调度会，宋万林参加会议。

16日　车世忠主持召开2020年第20次县委常委会会议。周功表等在家的县委常委会组成人员参加会议，相关县级领导列席会议。会议传达学习习近平总书记重要讲话、省委十一届十一次全会和省委副书记乌兰来常调研指示精神；听取关于省生态环保督察“回头看”有关工作情况以及部分乡镇（街道、区）村（社区）区划调整工作情况的汇报。

16日　周功表主持召开汉寿高新区重点项目工作调度会。杨戊、吕孝胜，相关后盾单位、企业负责人、施工单位参加会议。

17日　车世忠主持召开珍珠退养工作调度会。周功表、刘静、何彦兵、李功文、宋万林参加。会议研究决定成立围堤湖及天然湖泊珍珠退养领导小组，由县领导牵头负责，多部门紧密协作，统筹抓好资金保障，以最严厉的措施倒逼责任落实，有效推进与防止反弹相结合，以坚定的决心、科学的方法、强大的合力，坚决打赢珍珠退养攻坚战。

19 日　汉寿县召开围堤湖垸珍珠退养工作调度会。周功表出席会议并讲话，县领导熊毅、何彦兵、李功文、宋万林参加会议。

20 日　民革中央副主席、湖南省主委，副省长何报翔以省人大代表身份到汉寿县参加省代表小组活动，听取人大代表对推动重大产业项目，促进经济平稳增长的建议。省政府副秘书长陈献春，省人大常委会联工委副主任刘文新，市人大常委会副主任王先蒙，市政协副主席、民革常德市委主委陈位明，汉寿车世忠、袁佑清、周政怀、杨戊参加。

20 日　自然资源部调研组到汉寿县开展湿地资源调研。周功表、宋万林、钟丽琴参加。

21 日　汉寿县人大常委会组织省、市、县三级人大代表开展集中视察活动。王先蒙、车世忠、周功表、刘静、袁佑清、周政怀、王立芬、饶杰、陈彦等市县领导参加考察或参加座谈，钟黎陪同视察。

21 日　周功表主持召开县政府2020 年度第十二次常务会议。县领导李功文、宋万林、钟黎、杨戊、郭民忠、吴金、刘启明参加会议。会议学习《习近平谈治国理政》第三卷第十二专题《提高保障和改善民生水平》，传达学习国务院、省政府、市政府常务会议精神，2020 年全国脱贫攻坚先进事迹巡回报告视频会议精神，全国秋季森林草原防灭火工作电视电话会议精神，全国农产品地理标志登记专家评审会议精神，全省长江流域重点水域禁捕退捕工作推进电视电话会议精神，全省追授黄诗燕“全国脱贫攻坚模范”称号大会暨黄诗燕先进事迹报告视频会议精神，全省秋冬春季农田水利基本建设工作会议精神，全省推进禁食野生动物后续工作会议精神，全省老旧小区改造工作现场推进会精神，《湖南省实施〈中华人民共和国公共文化服务保障法〉办法》，《中共湖南省省委办公厅湖南省人民政府办公厅印发〈关于加强文物保护利用改革的实施意见〉的通知》，全国中秋国庆与秋季安全生产电视电话会议精神，全省国庆中秋假期交通安保工作紧急调度会议精神，常德市粮食安全省长责任制工作推进会精神，常德市第七次人口普查领导小组扩大会议、常德市市直机关单位办公用房权属统一登记工作会议、2020 年全域土地综合整治试点推进暨培训会、常德市工程建设项目审批制度深化改革工作第三次推进会议、常德市 2020 年蓝天保卫战特护期动员大会、常德市农村乱占耕地建房问题整改工作电视电话会议精神。

22 日　车世忠主持召开 2020 年离退休干部政情通报会。周功表、熊毅、王君参加。

22 日　隋忠诚到汉寿县调研禁捕退捕暨粮食生产工作。朱水平、龚德汉、车世忠、周功表、李功文等市县领导参加。

22 日　汉寿县召开 2020 年县委党建工作领导小组第一次会议。车世忠出席会议并讲话，刘静主持会议。县领导熊毅、何彦兵、王君参加。

23 日　汉寿县召开迎省第四生态环境保护督察组督察常德市“回头看”工作动员会。车世忠出席会议并讲话，周功表主持会议，刘静、袁佑清、刘毅翔等全体在家的县级领导参加会议。

24 日　汉寿县召开 2020 年教师表彰暨教育捐赠大会。车世忠出席会议并讲话。周功表主持会议。刘静、袁佑清、刘毅翔等全体在家的县级领导出席会议。会议对获得“十佳高考功臣”“十佳师德标兵”“十佳班主任”“十佳教学能手”“十佳教育管理骨干”“高考绩效奖”“高考名校奖”和“教育捐赠先进单位”“ 捐资助学功臣”“教育捐赠突出贡献奖”的个人、单位、企业进行了表彰。

26 日　汉寿县委理论学习中心组（扩大）开展 2020 年第九次集中学习。车世忠及全体在家的县级领导参加学习。市委常务副秘书长、市委办常务副主任胡祖国作常德市党政协同办公平台的学习使用专题辅导；市委党校副校长杨亚妮传达学习习近平新时代中国特色社会主义思想相关内容、《中国共产党党校（行政学院）工作条例》；市委组织部部务委员、部直属机关党委书记徐东远解读习近平总书记在湖南考察调研时的重要讲话精神。县委理论学习中心组成员何彦兵等作《深入学习贯彻习近平总书记在湖南考察调研时的重要讲话精神》专题中心发言。

26 日　汉寿县召开争资争项暨项目建设工作调度会。车世忠出席会议并讲话，周功表主持会议并讲话。全体在家的县级领导，县直及驻县有关单位主要负责人，各乡镇（街道）党工委书记、太子庙镇镇长、洋淘湖镇镇长，项目建设甲方、乙方，共计170 人参加会议。

27 日　车世忠调研重点项目建设情况。周功表、朱正权、朱进友、熊毅、宋万林、钟黎参加。

27 日　周功表到县征拆办调研指导工作并召开座谈会，宋万林参加。

28 日　车世忠到蒋家嘴镇、龙潭桥镇调研。熊毅、李功文参加。

28 日　汉寿县召开“一桥一路”项目建设推进会。周功表主持会议并讲话。县领导刘毅翔、朱正权、杨戊等参加。"一桥一路"是指汉寿洞庭湖特大桥、G319太子庙集镇改线。

28日　周功表到县高铁指挥部调研。县政协二级巡视员、县高铁建设指挥部副指挥长解以刚，杨戊参加。

29日　常德市委常委、市纪委书记、市监察委主任罗翠林到汉寿县调研督导"洞庭清波"、禁捕退捕工作。车世忠。周功表、何彦兵、李功文、宋万林参加。

29日　车世忠到毛家滩回维乡调研指导工作。县领导熊毅、何彦兵、何斌、李功文、郭民忠参加。

30日　中共汉寿县委召开十二届七次全体（扩大）会议。车世忠出席会议并讲话，周功表主持会议。县领导刘静、袁佑清、刘毅翔等参加会议。刘静传达学习习近平总书记考察湖南重要讲话精神、省委十一届十一次全会精神和市委七届八次全会精神。

11月

1日　周功表到广东顺德市、惠州市、深圳市等地考察招商。吴金参加考察。

2日　车世忠督导2020年全市流动现场会汉寿观摩点筹备工作。县级领导朱进友、熊毅、何彦兵、杨戊、吕孝胜、刘先开参加。

3日　车世忠参加第七次全国人口普查登记，并督导普查登记现场工作，朱正权参加。

3日　汉寿县22名乡镇政法委员正式履职，朱进友对他们进行了任前履职谈话。

4日　车世忠主持召开县委常委会（扩大）会议，专题学习贯彻党的十九届五中全会精神。周功表、刘静、袁佑清、刘毅翔、朱进友、熊毅、何彦兵、喻志高、何斌、宋万林、钟黎、杨戊、吴金、吕孝胜参加。

4日　汉寿县召开新冠肺炎疫情防控工作领导小组（扩大）会议暨脱贫攻坚乡镇考核问题交办会。车世忠出席会议并讲话，周功表主持会议。刘静、袁佑清、刘毅翔、朱进友、熊毅、何彦兵、喻志高、何斌、宋万林、钟黎、杨戊、吴金、吕孝胜参加。

4日　车世忠督导省级环保督察"回头看"群众信访举报件整改落实情况，县领导熊毅、宋万林参加。

4日　周功表主持召开汉寿县农村乱占耕地建房问题整治、生态保护、珍珠退养、西洞庭湖湿地黑杨砍伐等工作专题调度会，李功文、宋万林参加。

5日　车世忠主持召开2020年第21次县委常委会会议。周功表等在家的县委常委会组成人员参加会议，相关县级领导列席会议。会议传达学习党的十九届五中全会等中央、省委、市委有关会议精神，集中学习习近平总书记对统计工作的重要指示批示精神和国家、省重要文件精神，传达省纪委《关于规范政商交往推动构建亲清新型政商关系的意见》文件精神。听取2020年11月全县主要工作重要活动预安排，农村乱占耕地建房问题整治，贯彻落实《中国共产党（行政学院）工作条例》（以下简称《条例》），村（社区）"两委"换届及城市社区专职工作者有关工作等情况汇报。

5日　车世忠主持召开县委全面深化改革委员会2020年第二次会议。周功表出席会议。县领导刘静、袁佑清、刘毅翔、朱正权、朱进友、熊毅、何彦兵、喻志高、王君、何斌等参加会议。

5日　周功表主持召开汉寿县野生动物世界暨新一中项目建设调度会，县领导刘静、朱正权、朱进友、钟黎参加。

6日　周功表到龙阳街道护城社区督导第七次全国人口普查登记工作，并现场参加人口普查登记。

9日　周功表主持召开突出生态环境问题整改工作交办会。县级领导朱正权、何彦兵、李功文、宋万林、杨戊、钟丽琴参加。

10日　梁仲到汉寿县专题调研基层党建示范点工作。车世忠、周功表、王君参加调研。在龙阳街道护城社区和天济城小区，梁仲查看小区党支部阵地建设、老年活动中心、幼儿活动中心、党建文化走廊，详细了解社区党组织、基层党建、"一门式"服务等工作情况。

11日　周功表主持召开县人民政府党组（扩大）会议，学习贯彻党的十九届五中全会精神。会议传达学习中共十九届五中全会精神，领学《中国共产党党章》《中国共产党中央委员会工作条例》《中华人民共和国经济和社会发展第十四个五年规划纲要》和《中华人民共和国预算法》。

11日　湖南同发集团与奥飞娱乐IP授权许可暨战略合作签约仪式在汉寿长龙国际酒店举行。周功表出席签约仪式并讲话。县领导朱进友、钟黎、吴金等出席签约仪式。

11日　"洞庭天下水，天下汉寿菜"。由湖南省蔬菜协会、中共汉寿县委员会、汉寿县人民政府共同主办的"湘遇汉寿 品牌汉蔬"——中国·汉寿第五届蔬菜节在汉寿野生动物世界盛大开幕。市委副书记朱水平，省农业农村厅副厅长唐建初，市委常委、市委宣传部部长康重文，副市长龚德汉，县委书记车世忠，省农业科学院副院长余应弘，中国邮政集团有限公司湖南分公司党委委员、副总经理唐成文，周功表，中国蔬菜协会副会长曹曙明等领导和嘉宾共同为中国·汉寿第五届蔬菜节开启大幕。

湖南梅百华休闲食品种植基地项

目、湖南康尔佳千弘中药材种植基地项目、湖南鸭了么集团休闲食品种植基地项目、深圳市德保集团蔬菜购销协议、湖南乐享餐饮甲鱼购销协议等11个项目现场签约，签约项目总投资13.3亿元。

12日　车世忠督导“散乱污”及樟脑油提取企业整治工作，熊毅、杨戊、吕孝胜参加。

12日　常德市文旅康养专项小组到汉寿县调研清水湖野生动物园项目。李爱国，副市长、市文旅康养专项小组副组长周代惠，车世忠，刘毅翔，朱进友，钟黎等市县领导参加。

12日　汉寿县召开禁捕退捕领导小组工作会议。刘静主持会议并讲话，李功文、县政协副主席叶新华参加。

13日　尹正锡到汉寿县调研督导污染防治攻坚战工作。周功表及宋万林参加。

13日　周功表到朱家铺镇调研石煤矿山退出工作。宋万林参加。

14日　车世忠主持召开河道采砂阶段性总结暨工作推进会。周功表出席会议并讲话。县领导刘静、朱正权、熊毅、何彦兵、王君、李功文、宋万林、郭民忠参加。

17日　车世忠主持召开2020年第22次县委常委会会议。周功表等在家的县委常委会组成人员参加会议，相关县级领导列席会议。会议听取关于开展2020年排查整顿农村发展党员违规违纪问题认定处理工作的情况汇报，听取关于聂家桥乡村（社区）党组织换届选举书记候选人预备人选的情况汇报。

18日　汉寿县召开政府系统工作会议。周功表出席会议并讲话，朱正权主持会议，县级领导熊毅、李功文、宋万林、钟黎、杨戊、郭民忠、吴金、钟丽琴、刘先开、邓扬虎参加。会议传达学习十九届五中全会精神、习近平总书记对“十四五”规划的重要指示精神、习近平总书记到湘考察重要指示精神和习近平总书记关于渔民禁捕退捕工作的重要指示精神，通报全面小康建设情况和绩效考核情况。

19日　梁仲到汉寿县聂家桥乡基层党建联系点进行调研，市委组织部副部长、市委“两新”工委书记董建华，王君参加调研。

20日　车世忠主持召开2020年第23次县委常委会会议。周功表等在家的县委常委会组成人员参加会议，相关县级领导列席会议。会议传达学习习近平总书记在浦东开发开放30周年庆祝大会、全面推动长江经济带发展座谈会、中央全面依法治国工作会议上的重要讲话精神，听取关于全县2021年党报党刊发行工作的情况汇报。

20日　车世忠主持召开落实中央一号文件迎检工作调度会。周功表、刘静、熊毅、骆韶宏、李功文、吕孝胜参加。会议领学中央一号文件《中共中央、国务院关于抓好“三农”领域重点工作确保如期实现全面小康的意见》。

22日　经济日报社副总编辑张曙红一行到汉寿县调研采访现代农业、西洞庭湖治理等方面工作。康重文、车世忠、朱向宇等市县领导参加调研采访活动。

23日　车世忠主持召开2020年第24次县委常委会会议。周功表等在家的县委常委会组成人员参加会议，相关县级领导列席会议。会议听取学习习近平总书记关于巡视工作的重要论述，以及党章和党内有关法规的情况汇报。会议听取关于配合省委巡视组巡视汉寿县工作方案（草案）的情况汇报。会议听取关于县委工作汇报材料起草说明的情况汇报。

23日　汉寿县委理论学习中心组开展2020年第十次集中学习。车世忠主持学习活动并讲话。周功表、刘静、袁佑清、刘毅翔及全体在家的县委常委参加学习。朱进友传达学习《中国共产党政法工作条例》，并作专题中心发言；王君传达学习《中国共产党机构编制工作条例》，并作专题中心发言。

23日　汉寿县政府召开党组会议，周功表主持会议并讲话，朱正权、李功文、宋万林、钟黎、杨戊、郭民忠、吴金、县政府办主任邓慧等县政府党组成员参加。会议学习习近平总书记关于巡视工作的重要论述及到湘考察时的重要讲话精神，落实意识形态工作责任制资料汇编，《中国共产党章程》《中国共产党廉洁自律准则》《关于新形势下党内政治生活的若干准则》《中共中央关于加强党的政治建设的意见》《中国共产党纪律处分条例》《中国共产党党内监督条例》《中国共产党巡视工作条例》《中国共产党问责条例》《党委（党组）落实全面从严治党主体责任规定》等主要内容，以及扫黑除恶有关精神。

23日　周功表主持召开汉寿县当前突出环保问题整改工作调度会。县级领导朱正权、李功文、宋万林、郭民忠、钟丽琴参加。

23日　汉寿县召开当前突出信访问题紧急调度会。周功表出席会议并讲话，朱正权主持会议，朱进友、宋万林、钟黎、杨戊、郭民忠、吴金、钟丽琴参加会议。

26日　车世忠调研项目建设情况。吕孝胜、刘先开参加。

26日　汉寿县召开省委第二巡视组巡视汉寿县工作动员会。省委第二巡视组组长杨春林、省委第二巡视组副组长梁晖及有关人员、罗翠林出席会议。汉寿县委常委，县人大常委会、县政府、县政协党组领导班子成员，县人民法院、县人民检察院党组主要负责人员出席会议；其他副处级以上领导干部，2017年以来退休的副处级以上领导干部，县纪委监委和县委组织部领导班子成员，县委巡察办主任和巡察组组长，县直单位主要负责人员，各乡镇、街道党（工）委书记等列席会议。

会前，杨春林主持召开与车世忠和周功表的见面沟通会，传达中央和省委关于巡视工作的指示精神。杨春林就即将开展的巡视工作讲话，罗翠林对配合做好巡视工作提出要求。车世忠主持会议并作表态讲话。

29日　汉寿县举行湖南中镁科技有限公司开业庆典。彭家明出席庆典并讲话，车世忠宣布公司开业投产，周功表致辞，朱正权主持。杨戊、吕孝胜、刘先开参加。

30日　汉寿县开展学习贯彻党的十九届五中全会精神集中宣讲会暨县委理论学习中心组（扩大）2020年第十一次集中学习。车世忠、周功表、刘静、袁佑清、刘毅翔等全体在家的县领导参加学习。省委宣讲团常德分团成员、市委政研室主任张见明围绕习近平总书记在十九届五中全会上的重要讲话精神等为与会人员作全面深刻的宣讲报告。

30日　车世忠主持召开“十四五”规划编制工作推进会，周功表参加会议并讲话。刘静、刘毅翔、朱正权、朱进友、熊毅、何彦兵、喻志高、何斌、宋万林、钟黎、郭民忠、吴金、吕孝胜参加。

12月

1日　车世忠主持召开2020年第25次县委常委会会议。周功表等在家的县委常委会组成人员参加会议，相关县级领导列席会议。会议传达学习全国劳动模范和先进工作者表彰大会主要精神，省委、市委常委会会议主要精神。传达学习杨春林、罗翠林同志在省委第二巡视组巡视汉寿县工作动员会议上的讲话精神。传达学习《中共中央办公厅关于〈党委（党组）落实全面从严治党主体责任规定〉》文件精神。听取关于《汉寿县推进党委（党组）落实全面从严治党主体责任清单化管理制度工作方案（草案）》的情况汇报，听取关于2020年12月全县主要工作重要活动预安排情况汇报，听取关于2020—2021年冬春水利建设情况汇报，传达学习全省抗击新冠肺炎疫情表彰大会会议精神，听取全县疫情防控工作情况汇报。

1日　常德市委常委、常务副市长罗毅君到汉寿县调研重点项目建设和产业发展状况。车世忠、周功表、朱正权、吕孝胜参加。

1日　车世忠主持召开疫情防控工作调度会。周功表等在家的县委常委会组成人员参加会议，相关县级领导列席会议。

3日　国家统计局调查总队党组成员、副总队长王建春到汉寿检查指导汉寿调查工作。

3日　周功表督导全市产业立市流动现场会项目现场筹备工作。杨戊、刘先开参加。

4日　周功表到罐头嘴镇福兴村调研“一门式服务”工作。

7日　汉寿举行第十一届洞庭湖国际观鸟节（常德分会场）暨西洞庭湖青山湖候鸟苑开园仪式。周功表致辞，县级领导刘静、骆韶宏、李功文、叶新华、钟丽琴参加。

7日　汉寿县召开重点争取上级真抓实干督查激励奖励工作调度会，朱正权主持会议并讲话。

9日　周德睿、邹文辉率领常德市“开放强市 产业立市”流动现场会与会人员到汉寿高新技术产业园区参观产业项目建设推进情况。车世忠、周功表等市县领导参加。周德睿、邹文辉一行先后参观考察亿奉机械冷弯型钢建设项目、梅百华食品加工项目、耐美特智能烘干设备生产项目，听取相关负责人情况介绍，深入车间参观企业的生产线，到企业的产品展示厅观看企业的主要产品展示，全面了解企业的生产销售等情况。

10日　车世忠主持召开2020年第26次县委常委会会议。周功表等在家的县委常委会组成人员参加会议，相关县级领导列席会议。会议传达学习中央政治局常委会会议、省委十一届十二次全会、许达哲在推动长江经济带发展调研座谈会上的讲话、全市开放强市产业立市流动现场会主要精神，听取关于村（社区）“两委”换届工作的情况汇报。

11日　湖南省商务厅徐湘平、罗双锋一行到汉寿县调研新时代文明实践中心试点建设及“两稳一促”工作。车世忠、朱向宇、吴金参加调研或座谈。

11日　车世忠到太子庙镇调研基层党建工作。熊毅、王君、吕孝胜参加调研。

11日　周功表主持召开突出生态环境问题整改会议。朱正权、宋万林参加。

11日　周功表主持召开2020年安全生产委员会第五次全体（扩大）会议。朱正权、郭民忠参加。

15日　汉寿县召开禁捕退捕工作调度会。周功表主持会议并讲话。郭民忠参加会议。

16日　汤祚国带队到汉寿县开展征求《市政府工作报告》和《“十四五”规划纲要》意见，车世忠、周功表、袁佑清、刘毅翔、杨戊、余淑娴、吕孝胜参加座谈。

17日　车世忠主持召开农业农村和城建工作务虚座谈会。周功表参加会议并讲话。县领导刘静、熊毅、李功文、宋万林、钟丽琴参加。

18日　汉寿县召开民生和社会事

业工作务虚座谈会。车世忠主持会议并讲话。周功表、熊毅、钟黎、吴金参加会议并讲话。

18日 汉寿县召开村（社区）“两委”换届工作推进会。车世忠出席会议并讲话，刘静主持会议。何彦兵、王君、吕孝胜参加会议。

18日 周功表主持召开县人民政府2020年度第十四次常务会议。朱正权、骆韶宏、李功文、宋万林、钟黎、郭民忠、吴金、刘启明参加会议。会议传达学习中央政治局常委会、国务院常务会议、省政府常务会议精神；全国根治欠薪冬季专项行动动员部署电视电话会议，全国安全生产工作电视电话会议，全国煤矿安全生产工作紧急视频会议，中央、省交办突出环境问题整改销号工作调度会会议精神；省委十一届十二次全会、湖南省抗击新冠肺炎疫情表彰大会、湖南省学校安全工作视频会议、湖南省村（社区）“两委”换届工作电视电话会议、湖南省商务厅领导到汉寿调研新时代文明实践中心试点建设及“两稳一促”工作座谈会议、全省交通问题顽瘴痼疾集中整治行动年度总结部署会议、省纪委监委“洞庭清波”专项行动督导检查反馈问题交办会议、省自然资源厅印发《关于完善建设用地使用权转让、出租、抵押二级市场的建设方案》的通知精神；全市突出生态环境问题整改及安全生产工作电视电话会议、常德市2020年蓝天保卫战特护期调度会会议精神；常德市烈士纪念设施保护工作调度会会议，常德市移风易俗工作现场经验交流会会议，常德市烟草、酒类和成品油市场专项执法行动视频会议精神；习近平总书记近期重要讲话、许达哲在推动长江经济带发展调研座谈会上的讲话、邹文辉在全市开放强市产业立市流动现场会上的讲话精神。

21日 财政部农业农村司副司长姜大峪带领长江禁捕退捕工作专班到汉寿县开展禁捕工作陆上大督查。湖南省政府副秘书长欧阳煌、朱水平、龚德汉、车世忠、周功表等领导参加督查。

21日 汉寿县召开2020年真抓实干工作调度会。周功表参加会议并讲话。朱正权主持会议，宋万林、钟黎、郭民忠、刘先开参加会议。

22日 周功表主持召开禁捕退捕相关工作落实会议，李功文参加。

23日 车世忠主持召开2020年第28次县委常委会会议，周功表等在家的县委常委会组成人员参加，相关县级领导列席。会议传达学习中央经济工作会议精神，听取县人大常委会、县人民政府、县政协、县人民法院、县人民检察院党组工作汇报；研究部署了村（社区）“两委”换届等工作。

23日 车世忠主持县委理论学习中心组2020年第十二次集中学习并讲话，周功表等全体在家的县委常委会组成人员参加学习。刘静传达学习市委七届九次全会精神，并作《深入学习贯彻省委十一届十二次全会、市委七届九次全会精神》专题中心发言。何彦兵传达学习习近平生态文明思想和习近平总书记先后三次关于长江经济带发展座谈会上的讲话精神，并作《深入学习贯彻习近平生态文明思想和习总书记在长江经济带发展座谈会上的讲话精神》专题中心发言。县委理论学习中心组其他成员围绕《深入学习贯彻省委十一届十二次全会、市委七届九次全会精神》作讨论发言。

25日 车世忠主持召开党务工作务虚座谈会并讲话。周功表、刘静、朱进友、熊毅、何彦兵、王君、何斌参加会议。

26日 车世忠主持召开工交财税工作务虚座谈会。周功表参加会议并讲话。刘静、朱正权、熊毅、杨戌、吕孝胜参加会议。

28日 周功表调研大堤除险加固工程建设情况，李功文参加。

29日 车世忠到部分乡镇督导村（社区）“两委”换届工作。王君、吕孝胜分别参加。

30日 汉寿县举行第四季度重点项目集中开工活动。车世忠宣布汉寿县2020年第四季度重点项目暨世泽车业科技有限公司集中开工。周功表致辞。刘静、袁佑清、刘毅翔、朱正权、熊毅、喻志高、宋万林、杨戌、刘先开出席集中开工仪式。参加集中开工活动的项目共7个，总投资12亿元。分别是：机械零部件制造、工程机械储罐生产线建设项目，塔式起重机部件生产线建设项目，中联塔吊标准节生产线建设项目，机械制造生产线和物流配送服务、运输服务建设项目，华府路农贸市场建设项目，龙池路东段建设项目，县域城镇化建设一期六号大道连接线建设项目。其中，产业项目4个，总投资10.8亿元，占比90%；社会民生和城市提质项目3个，总投资1.2亿元。

30日 车世忠到财税、金融系统调研慰问，周功表、朱正权、熊毅、吴金参加。

30日 汉寿县召开2020年年终关账工作调度会。车世忠、周功表出席会议并讲话，刘静、袁佑清、刘毅翔、朱正权参加。

30日 周功表督导县城区综合秩序整治工作。宋万林及相关单位主要负责人参加。

30日 周功表到企业、加气站、市场等重点消防场所开展安全生产检查。郭民忠参加。

31日 车世忠主持召开2020年第29次县委常委会会议。周功表等在家的县委常委会组成人员参加会议，相关县级领导列席会议。会议传达学习省委、市委经济工作会议精神，听取2021年1月份全县主要工作重要活动预安排、中共汉寿县委十二届八次全体（扩大）会议方案（建议稿）情况汇报，研究讨论《中共汉寿县委关于制定汉寿县国民经济和社会发展第十四个五年规划二〇三五年远景目标的建议（讨论稿）》。

31日　车世忠主持召开县委全面深化改革委员会2020年第三次会议并讲话。周功表、刘静、袁佑清、刘毅翔、朱正权、朱进友、熊毅、何彦兵、喻志高、王君、何斌、曾峰参加会议。会议听取关于《汉寿县红十字会改革方案（草案）》的情况汇报。

汉寿概况

地理

【位置】汉寿县位于湖南省西北部、常德市东南、洞庭湖西滨、沅澧水尾闾。县域东西长58.65千米，西起东经111°42′59″的朱家铺镇将军村，东至东经112°18′的百禄桥镇孔家湖村。南北宽56.25千米，南起北纬28°36′的丰家铺镇顺理村，北至北纬29°6′45″的柳林嘴芦苇场。东靠益阳市沅江市，东南抵益阳市资阳区、桃江县，西、西北与常德市鼎城区毗邻，东北与益阳市南县、常德市安乡县隔河相望。

【面积】全县面积2021平方千米，约占全省的1%、全市的11.2%。其中，农用地205.96万亩，建设用地35.36万亩，未利用地61.80万亩，耕地98.92万亩（其中水田79.85万亩、水浇地132.75亩、旱地19.05万亩），园地6.44万亩，林地63.79万亩，建制镇3.95万亩，村庄25.14万亩。

【野生植物资源】县内共有维管束植物113科291属436种。其中，蕨类植物有15科18属20种，裸子植物3科5属6种，被子植物95科268属410种。国家Ⅰ级重点保护野生植物有3种，分别为银杏（Ginkgobiloba）、南方红豆杉（Taxus chinensis）、水杉（Metasequoia glyptostroboides，栽培种）；国家Ⅱ级重点保护植物有9种，即香樟（Cinnamomum camphora）、野大豆（Glycine soja）、野菱（Trapa incisa）、楠木（Phoebezhennan）、黄心夜合（Michelia martinii）、花榈木（Ormosia henryi Prain）、粗梗水蕨（Ceratopteris pteriodoides）、水蕨（Ceratopteris thalictroides）、三裂狐尾藻（Myriophyllum ussuriense）。

【野生动物资源】县内有脊椎动物5纲35目97科375种。其中，哺乳纲7目14科26种，鸟纲15目50科205种，爬行纲3目8科20种，两栖纲1目5科13种，鱼纲9目20科111种。

哺乳动物中，属国家Ⅰ级重点保护的1种，即麋鹿（Elaphurus davidianus），属国家Ⅱ级重点保护的有3种，即小灵猫（Viverricula indica）、河麂（Hydropotes inermis）、穿山甲（Manis pentadactyla）。此外，还有12种哺乳动物属“国家保护的有益的或者有重要经济、科学研究价值的陆生野生动物”，有14种哺乳动物属于湖南省地方重点保护陆生野生动物。

鸟类中，属国家Ⅰ级重点保护的有4种，即白鹤（Grus leucogeranus）、白尾海雕（Haliaeetus albicilla，偶见种）、黑鹳（Ciconia nigra）和东方白鹳（Ciconia boyciana）；属国家Ⅱ级重点保护的有22种，即小天鹅（Cygnus columbianus）、白额雁（Anser albifrons）、鸳鸯（Aix galericulata）、小鸦鹃（Centropus bengalensis）、褐翅鸦鹃（Centropus sinensis）、白枕鹤（Grus vipio，偶见种）、灰鹤（Grus grus）、鹗（Pandion haliaetus）、鸮（Strigiformes）、鹊鹞（Circus melanoleucos）、白腹鹞（Circus spilonotus）、白尾鹞（Circus cyaneus）、苍鹰（Accipiter gentiles）、雀鹰（Accipiter nisus）、普通鵟（Buteo buteo）、大鵟（Buteo hemilasius）、灰背隼（Falco columbarius）、游隼（Falco peregrinus）、红隼（Falco tinnunculus）、阿穆尔隼（Falco amurensis）、白琵鹭（Platalea leucorodia）和卷羽鹈鹕（Pelecanus crispus）。列入IUCN：近危（NT）的

有罗纹鸭（Anas falcata）、白眼潜鸭（Aythya nyroca）和黑尾塍鹬（Limosa limosa）3种，濒危（EN）的有青头潜鸭（Aythya baeri）和东方白鹳2种，易危（VU）的有花脸鸭（Anas formosa）、小白额雁（Anser erythropus）、白枕鹤（偶见种）和卷羽鹈鹕4种，极危（CR）的有白鹤和黑鹳2种。列入CITES附录Ⅰ的有白鹤、白枕鹤（偶见种）、白尾海雕（偶见种）、东方白鹳4种；列入CITES附录Ⅱ的有鹗、游隼、白琵鹭和黑鹳4种。列入中国濒危物种红皮书：稀有的有棉凫（Nettapus coromandelianus）、鹗和游隼3种，濒危的有白鹤、黑鹳和东方白鹳3种，易危的有小天鹅、鸳鸯、小鸦鹃、褐翅鸦鹃、白枕鹤（偶见种）和白琵鹭6种。

爬行动物中，有20种爬行动物属于“国家保护的有益的或者有重要经济、科学研究价值的陆生野生动物”，同时有20种爬行动物为湖南省地方重点保护陆生野生动物。列入《濒危动植物种国际贸易公约》附录Ⅱ的有舟山眼镜蛇（Naja atra）1种，列入《濒危动植物种国际贸易公约》附录Ⅲ的有乌龟（Chinemys reevesii）1种。在《中国物种红色名录》中，濒危等级的有乌龟1种；易危等级的有中华鳖（Pelodiscus sinensis）、王锦蛇（Elaphe carinata）、黑眉锦蛇（Elaphe taeniura）、乌梢蛇（Zaocys dhumnades）、银环蛇指名亚种（Bungarus multicinctus multicinctusBlyth）、舟山眼镜蛇和短尾蝮（Gloydius brevicaudus）7种。

两栖动物中，虎纹蛙（Hoplobatrachus rugulosus）属于国家Ⅱ级重点保护野生动物，其余12种两栖类均属“国家保护的有益的或者有重要经济、科学研究价值的陆生野生动物”，同时也是湖南省地方重点保护陆生野生动物。列入《濒危动植物种国际贸易公约》附录Ⅱ的有虎纹蛙1种；在《中国物种红色名录》中，虎纹蛙被列入易危等级；黑斑侧褶蛙（Pelophylax nigromaculatus）被列入近危等级。

鱼类中，属国家Ⅰ级重点保护的有中华鲟（Acipenser sinensis）1种；属国家Ⅱ级重点保护的有胭脂鱼（Myxocyprinus asiaticus）1种。

人 口

【概况】 年末，全县总户数282742户，含西湖管理区，总人口864588人，男性444068人，女性420520人，男女性比为105.6∶100；在总人口中，乡村人口565877人，城镇人口298711人；出生人口7558人，期内人口出生率为8.7‰。

年末，全县总户数259044户，不含西湖管理区，总人口813694人，男性418882人，女性394812人，男女性比为106.1∶100；在总人口中，乡村人口525873人，城镇人口287821人；出生人口7109人，期内人口出生率为8.7‰。

行政区划

【概况】 2020年，汉寿县辖15个镇、2个乡、4个街道办事处。

行政区划表

	村、居委会个数（个）	其中：村委会（个）	区域面积（平方千米）	折合：亩
龙阳街道	15		24.38	36570
辰阳街道	10		51.97	77955
沧浪街道	13		37.94	56910
株木山街道	15		68.40	102600
岩汪湖镇	22	19	153.34	230010
沧港镇	15	13	109.21	163815
坡头镇	17	15	103.94	155910
西港镇	12	11	91.55	137325
洲口镇	17	15	111.28	166920
罐头嘴镇	10	9	74.04	111060
聂家桥乡	8	6	48.27	72405
毛家滩回维乡	8	6	53.05	79575
朱家铺镇	8	7	81.31	121965
丰家铺镇	19	16	145.91	218865
太子庙镇	16	13	115.45	173175
崔家桥镇	22	19	151.10	226650
军山铺镇	9	8	70.86	106290
龙潭桥镇	18	16	132.19	198285
百禄桥镇	8	7	49.88	74820
蒋家嘴镇	13	8	63.55	95325
洋淘湖镇	6	5	34.27	51405

环境质量

【概况】2020 年，县域空气质量优良率为 96.7%，PM_{10}浓度为 38 微克/升，$PM_{2.5}$浓度为 32 微克/升，下降率全市排名第二。综合指数全市排名第三，全省排名 44 名。国控断面水质蒋家嘴除总磷外其他指标达到了Ⅲ类，总磷浓度为 0.060 毫克/升，小于 0.1 毫克/升，满足国家考核要求。蒋家嘴断面 11 月、12 月总磷浓度分别为 0.05、0.029 毫克/升，达到了Ⅲ类标准，同比上年水质趋向好转；坡头为Ⅱ类，水质达到了国家考核要求。省控断面水质新兴嘴、白鹤洲为Ⅱ类，安乐湖水质为Ⅲ类，均达到省考核目标要求。

【降水监测】 1 至 12 月份逢雨必测。全年降雨个数为 96 个，总量为 829 毫米，pH 值范围 5.68—6.03，pH 平均值为 5.91，酸雨出现率为 0。2020 年降雨个数与上年相比不变，但总量与上年相比增加 110 毫米。降水最多的月份为 6 月 163 毫米，pH 平均值和上年相比下降了 0.03。

【大气监测】汉寿城区大气监测点设在汉寿二中教学楼楼顶，监测项目为 PM_{10}、SO_2、NO_2、CO、O_3、$PM_{2.5}$。2020 年城区年平均值 SO_2为 7 微克/升，NO_2为 10 微克/升，PM_{10}为 43 微克/升，CO 为 0.68 毫克/升，O_3为日最大 8 小时平均 72 微克/升，$PM_{2.5}$为 29 微克/升。

2020 年共监测 366 天，超标 12 天（轻度污染 12 天），达标天数 354 天（优 197 天，良 157 天）。空气质量达标率为 96.7%。综合指数 3.97%。县城区大气环境质量相较于上年明显好转，6 个参数的平均浓度都上年有所下降，城区环境空气质量在全省 90 个县市 102 个点位排名位列第 44 位，常德市位列区县排名第 3 位。

【城区噪声监测】 城区噪声分为区域噪声和交通噪声，区域噪声设点 107 个，交通噪声设点 15 个。2020 年城区环境噪声等效声级平均值 48.3dB，较标准 55dB 低 6.7dB，城区环境噪声总体达标。

2020 年城区主要道路的交通噪声等效声级平均值为 69.7dB，平均车流量为 790 辆/小时，其中轻型车平均车流量为 368 辆/小时，重型车为 422 辆/小时。交通噪声最高的是照相馆 73.5dB，城区交通噪声等效声级较标准 70dB 低 0.3dB。

气候特征

【概况】 2020 年，气温偏高，降水量偏多，日照时数偏少。年内出现了低温雨雪、强冷空气、寒潮、暴雨、雾霾、高温热害、寒露风等灾害性天气，对交通、工农业生产及人体健康等造成了一定程度的不利影响，总体而言，根据气候对国民经济影响评价，2020 年度汉寿气候年景评定为正常。

【气温】 年平均气温为 17.8℃，较历年平均 17.0℃偏高 0.8℃，年极端最高气温为 37.6℃，出现在 8 月 5 日，年极端最低气温为-2.0℃，出现在 12 月 31 日。

【降水量】年总降水量为 1742.8 毫米，较历年平均 1415.9 毫米偏多 326.9 毫米，年雨日 168 天，日降水量≥50 毫米的日数有 6 天，年一日最大降水量 73.7 毫米，出现在 7 月 19 日。

【日照时数】 年日照总时数为 1245.4 小时，较历年平均 1579.3 小时偏少 333.9 小时，年日照百分率为 28%。

【高温日】7 月 31 日—8 月 9 日连续 10 天、8 月 12—19 日连续 8 天出现日最高气温≥35℃的高温期，均达轻度高温热害灾害天气标准。

【中等强度冷空气】 4 月 17—19 日、5 月 4—6 日、10 月 2—4 日、12 月 29—31 日：前 48 小时内的最低气温的最大值与 4 月 19 日、5 月 6 日、10 月 4 日、12 月 31 日当日的日最低气温之差分别为 6.3℃、6.8℃、6.5℃、6.1℃，达中等强度冷空气标准。

【强冷空气】 3 月 26—28 日、12 月 8—30 日：前 48 小时内的最低气温的最大值与 3 月 28 日、12 月 30 日当日的日最低气温之差分别为 13.4℃、8.2℃，达强冷空气标准。

【寒潮】 2 月 14—15 日：2 月 14 日与 15 日的日最低气温之差为 12.1℃，且 15 日日最低气温为 1.3℃，达到寒潮标准。

【寒露风】 9 月 14—17 日连续 4 天日平均气温≤21℃，影响雨日 4 天，20—23 日连续 4 天日平均气温≤21℃，影响雨日 3 天，25—29 日连续 5 天日平均气温≤21℃，影响雨日 5 天，分别达湿冷型中度寒露风标准。

水 文

7 月 10 日，盘湖硚出现最高水位 38.71 米（警戒水位 37.50 米）；7 月 10 日，周文庙水文站出现最高水位

37.36米（警戒水位36.00米）；7月27日，朱家铺水文站出现最高水位42.50（警戒水位43.00米）；7月28日，南阳嘴水文站出现最高水位35.50米，（警戒水位34.50米）。

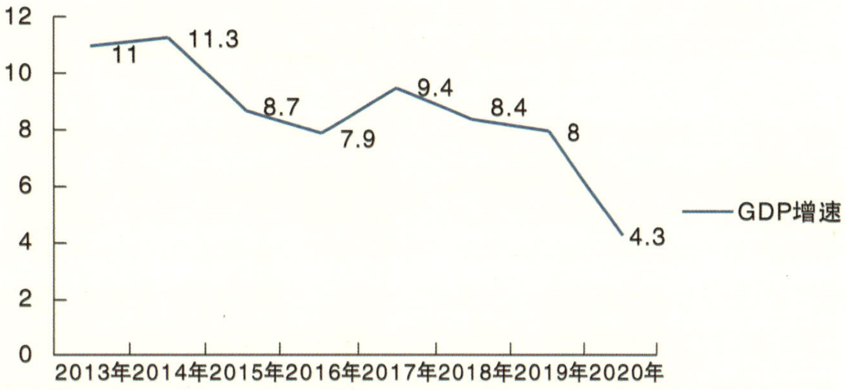

2013年至2020年GDP年增速表

经济社会发展

【概况】 2020年是极不平凡的一年。面对新冠肺炎疫情严重冲击和罕见汛情，在县委、县政府的坚强领导下，全县上下坚持以习近平新时代中国特色社会主义思想为指导，认真贯彻习近平总书记考察湖南重要讲话指示精神，全面落实上级各项决策部署，坚持稳中求进工作总基调，众志成城抗击疫情，率先启动复工复产，扎实做好“六稳”工作，全面落实“六保”任务，统筹疫情防控和经济社会发展，取得了显著成效，全县经济呈现增速稳步回升、结构持续优化、质效不断改善的良好态势，规模工业增加值、固定资产投资总额、社会消费品零售总额、一般公共预算收入等主要指标增速位居全市前列，为全面开启“十四五”新征程，奋力建设宜居宜业宜游环湖强县打下了坚实基础。

初步核算，全县实现地区生产总值316.29亿元，增长4.3%。其中，第一产业增加值57.44亿元，增长3.6%；第二产业增加值110.75亿元，增长6.1%；第三产业增加值148.1亿元，增长3.0%。三次产业构成比为18.2∶35.0∶46.8。含西湖管理区，地区生产总值333.49亿元，增长4.3%。

工业增加值增长6.3%，占地区生产总值的比重为25.5%；高新技术产业增加值增长16.9%，占地区生产总值的比重为12.2%。第一、二、三产业对经济增长的贡献率分别为12.8%、52.6%和34.6%。其中，工业增加值对经济增长的贡献率为41.9%。

2020年，汉寿县承担省、市重点民生实事项目27项40个指标，全县18个牵头责任单位积极主动作为，在密切联系群众、改善民生需求方面真抓实干，较好的完成了年度工作任务。共投入4.47亿元，其中国家投入0.58亿元，省级投入0.83亿元，市级投入0.16亿元，县级投入0.92亿元，其他投入1.98亿元。

【农业】 年末耕地面积98.92万亩。全年实现农林牧渔业总产值101.41亿元，增长3.8%，其中农业产值43.96亿元，增长4.5%，林业产值2.49亿元，增长8.7%，牧业产值37.11亿元，增长0.2%，渔业产值12.43亿元，增长7.5%，农林牧渔服务业产值5.42亿元，增长6.6%。农业增加值60.67亿元，增长3.8%，其中农林牧渔服务业增加值3.22亿元，增长6.6%。

粮食作物播种面积138.73万亩，总产量57.83万吨。油料播种面积60.47万亩，增长0.05%，总产量8.14万吨，增长2.5%。棉花播种面积4.87万亩，增长7.7%，总产量0.38万吨，增长5.6%。麻类播种面积0.26万亩，增长8.3%，总产量0.04万吨，增长10.0%。蔬菜播种面积28.43万亩，下降0.7%，蔬菜总产量55.97万吨，增长0.2%。水果总产量9.46万吨，增长16.1%。全年出栏生猪51.01万头，增长6.1%，出售和自宰肉牛1.38万头，增长14.1%，出售和自宰肉羊3.49万头，增长5.1%，家禽出笼594.18万羽，增长17.0%，禽蛋产量3.43万吨，增长19.1%。生猪存栏37.5万头，增长19.9%，其中能繁母猪3.08万头，增长101.3%。家禽存笼402.06万羽，增长13.3%。水产品产量7.95万吨，增长6.1%。农机机械总动力114.94万千瓦，增长2.0%。

【工业和建筑业】 实现工业增加值80.54亿元，增长6.3%。151家规模工业完成产值297.1亿元，实现增加值61.2亿元，增7.0%。园区规模工业实现增加值50.6亿元，增长12.0%，占全县规模工业增加值的82.7%。规模以下工业实现增加值19.34亿元。

规模工业实现销售产值288.8亿元，增长8.9%，产销率为97.2%。完成出口交货值2.58亿元。规模工业实现销售收入289.6亿元，增长10.9%。

资质建筑企业完成建安产值37.23亿元，增长10.8%，施工面积179.83万平方米，下降7.9%，竣工面积107.33万平方米，增长48.7%，年末建筑从业人员1.18万人。

【固定资产投资和房地产】 500万元以上固定资产项目及房地产投资总额增长20.9%。500万元以上固定资产投资中，房地产开发投资25.7亿元，增长30.52%。第一产业投资增长128.6%，第二产业投资增长21.7%，第三产业投资增长14.5%。

房地产开发企业34个，施工面积239.1万平方米，增长42.4%，其中住宅184.68万平方米，增长50.8%。商品房屋销售面积59.04万平方米，增长65.3%，商品房销售额28.87亿元，增长28.3%。

表1　2020年汉寿县固定资产投资增长速度表

指标名称	增幅
固定资产投资总额(不含农户)	20.9
一、按经济类型分	
国有投资	28.4
非国有投资	16.8
民间投资	21.7
二、按隶属关系分	
中央项目投资	550.6
地方项目投资	18.3
三、按产业分	
第二产业投资	21.7
第三产业投资	14.5
四、按投资方向分	
涉农项目投资	5.8
工业投资	21.7
高新技术产业投资	-13.3
民生工程投资	-11.9
生态环境投资	-0.2
基础设施投资	15.8
房地产开发投资	30.5
五、按结构分	
建筑工程	22.1
安装工程	-4.4
设备工器具购置	103.2
其他费用	-9.2

【贸易、引资和对外经济】 全年社会消费品零售总额119.28亿元，下降1.7%，其中批发业销售增速5.3%，零售业销售增速2.5%；住宿业营业额增速—17.1%，餐饮业营业额增速—4.1%。实现批发零售贸易增加值38.56亿元，增长1.1%，住宿、餐饮业增加值7.57亿元，下降5.8%。

实际引进境内资金75.79亿元。实际利用外资11280万美元，引进2亿元以上境内项目12个。进出口总额14.77亿元，增长7.1%，其中出口额14.74亿元，增长12.5%。

【交通、邮政和通信】 全县完成交通运输、仓储和邮政业增加值16.86亿元，增长1.1%。全县公路里程2334千米，其中省道179千米、县道313千米、乡道804千米、村道1038千米。公交车线路6条。年末移动电话用户65.7万户，增长14.3%。年末互联网宽带用户18.03万户，增长24.0%。

【财政和金融】 全县一般公共预算收入完成152513万元，增长11.0%。地方一般公共预算收入91462万元，增长9.6%。其中，税收收入64842万元，增长9.6%，非税完成26620万元，增长9.6%。一般公共预算支出591980万元，增长16.2%。其中，一般公共服务48098万元，增长21.6%，教育63224万元，与上年持平，科学技术5021万元，增长106%，社会保障和就业143703万元，增长26.8%，卫生健康65002万元，与上年持平，住房保障22487万元，与上年持平。

表2　汉寿县2020年一般公共预算收支情况表

指　　标	绝对额(万元)	增速(%)
一般公共预算收入	152513	11.0
一、地方一般公共预算收入	91462	9.6
(一)税收收入	64842	9.6
(二)非税收入	26620	9.6
一般公共预算支出	591980	16.2
其中:一般公共服务	48098	21.6
公共安全	18076	40.7
教育	63224	0.0
科学技术	5021	106.0
文化体育与传媒	4088	4.7
社会保障和就业	143703	26.8
卫生健康	65002	0.0
环境保护	19212	0.0
城乡社区事务	23457	229.4
农林水事务	116495	1.6
交通运输	21686	12.7
商业服务业等事务	2824	35.3
住房保障支出	22487	0.0
其他支出	3380	160.4

年末金融机构各项存款余额324.96亿元，比年初增加33.57亿元，其中居民储蓄存款余额254.87亿元，比年初增加34.44亿元。各项贷款余额201.44亿元，比年初增加39.88亿元，其中住户贷款余额94.75亿元，比年初增加14.16亿元。

表 3　2020 年末汉寿金融机构本外币存贷款余额及新增额统计表

指标	年末余额（万元）	比年初新增额(万元)
一、各项存款	3249596	335650
1. 住户存款	2548731	344431
2. 政府存款	404378	25530
3. 非金融企业存款	295397	-34853
4. 非存款类金融机构存款	549	548
5. 境外存款	540	-7
二、各项贷款	2014391	398835
1. 住户贷款	947522	141610
2. 非金融企业机关团体贷款	1066781	257201

【科学技术和教育】　高新技术企业 31 家，完成高新技术产品产值 177.51 亿元，实现增加值 38.43 亿元，增长 16.9%。授权专利 339 件，其中发明专利 19 件。

全县有检验监测机构 1 个，法定计量检定机构 1 个，强制检定计量器具 2029 台件。特种设备生产单位 1 个，特种设备 1956 台。重点工业产品质量监督抽查 112 批次，抽查合格率 91.1%。

教育系统共有各级各类学校 93 所。其中，完全中学 2 所，高级中学 1 所，十二年一贯制学校 1 所，普通初中 30 年（其中初级中学 15 所，九年一贯制学校 15 所），小学 55 所（不含 15 个小学教学点），中等职业学校 3 所，成人中等专业学校 1 所。在校学生 76574 人，其中，高中学生 9594 人，职业高中学生 2903 人，初中学生 21219 人，小学生 42858 人。有教职工 5499 人（其中专任教师 5134 人），其中：小学 1558 人，初级中学 743 人，九年一贯制学校 1594 人，完全中学 541 人，高级中学 313 人，十二年一贯制学校 523 人，中职教育 220 人。幼儿园 111 所（其中公办园 45 所，民办园 66 所），在园幼儿 18939 人，幼儿园教职工 2185 人。

【文广、卫生和体育】　有县级文化馆 1 个，电影公司 1 家，县级公共图书馆 1 个，档案馆 1 个。艺术表演团体 7 个。省级非物质文化遗产目录 1 个。

中央、省台电视农户综合覆盖率为 100%，中央、省台广播农户综合覆盖率为 100%。

年末有各类卫生医疗机构 630 个，医院、卫生院 45 个（乡镇卫生院 28 个），村卫生室 440 个，诊所、卫生所、医务室 136 个，妇幼保健医院、采供血机构、疾病预防控制中心各 1 个。卫生技术人员 5851 人，其中执业（助理）医师 3152 人，注册护士 2006 人。医疗机构床位 5639 张。

年末有体育馆 1 个，运动场 110 个，游泳池 12 个，各类训练房 60 个。

【人民生活和社会保障】　城乡居民人均可支配收入 24956 元，名义增长 7.0%。城镇居民人均可支配收入 34771 元，增长 4.9%。其中，工资性收入 14965 元，经营收入 8355 元，转移性收入 9222 元，财产性收入 1809 元。城镇居民人均消费支出 20031 元，人均住房面积 51.7 平方米。农村居民人均可支配收入 19264 元，增长 9.2%。其中，工资性收入 6684 元，经营收入 7596 元，转移性收入 4284 元，财产性收入 700 元。农村居民人均消费支出 16684 元，人均住房面积 81.6 平方米。

参加城镇基本养老保险职工人数 10.07 万人，其中在职职工 6.46 万

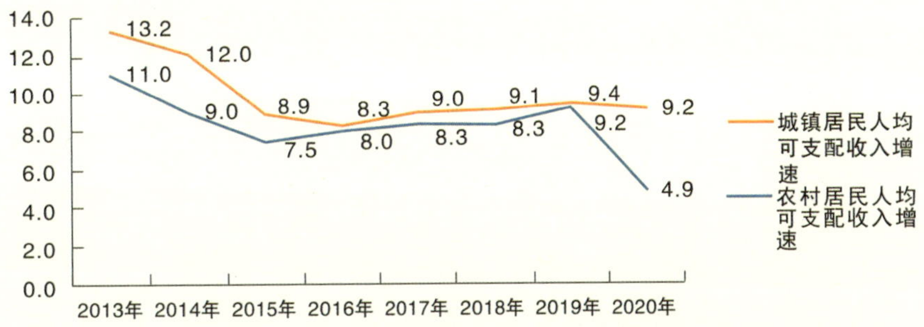

2013 年—2020 年城乡居民可支配收入增速情况表

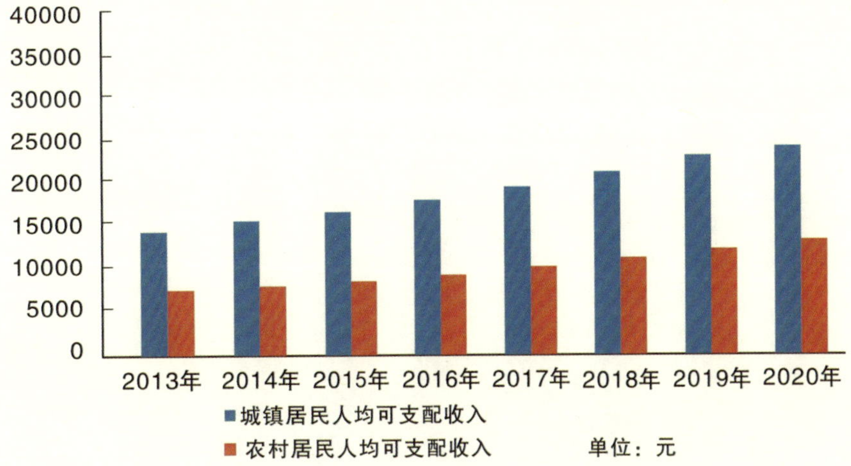

2013 年—2020 年城乡居民可支配收入情况表

人，离退休3.61万人。城乡居民基本养老保险登记参保人数49.25万人。城镇职工基本医疗保险参保人数3.99万人，基本医疗保险参保人数73.86万人。参加失业保险职工人数2.03万人，参加工伤保险职工人数3.88万人，参加生育保险职工人数2.78万人。

【安全生产和资源环境】 单位规模工业增加值能耗变动率增速—6.3%。全社会用电量92926.3万千瓦时，增长6.0%，其中工业用电量15878万千瓦时，增长3.0%，城乡居民生活用电量48770.7万千瓦时，增长3.1%。

全年共发生各类安全事故19起（其中道路交通事故18起），死亡21人（其中道路交通事故20人）。亿元GDP生产安全事故死亡0.066人。

城区空气质量优良率96.7%，总体水质满足Ⅲ类标准的断面比例100%，农村生活污水处理率82.0%，城镇污水处理率96.6%。

县及县直单位副科级以上领导干部和驻汉寿单位负责人名录

县委

书记　车世忠(2020.4任)
副书记、县政府县长
车世忠(2020.4免)
周功表(2020.4代县长)
(2020.5任县长)
副书记　刘毅翔(2020.5免)
刘　静(2020.7任)
常委、副县长(常务)　丁克刚(2020.7免)
朱正权(2020.7任)
常委、政法委书记　朱进友
常委、县委办主任　熊　毅
常委、县纪委书记、县监察委员会主任
曾　群(2020.7免)
常委、县纪委书记、县监察委员会代理主任　何彦兵(2020.7任)
常委　喻志高
常委、组织部部长、县直机关工委书记
王　君
常委、宣传部部长　朱向宇
常委、统战部部长
李裕军(2020.7免)
何　斌(2020.7任)

县人大常委会

党组书记、主任　袁佑清
党组成员、副主任、县总工会主席
周政怀
党组副书记、副主任
彭天喜(2020.5免)
副主任(无党派)　王立芬
党组成员、副主任
陈武俊(2020.5免)
饶　杰
骆韶宏(2020.5任)
陈　彦(2020.5任)

县人民政府

县委副书记、县长　车世忠(2020.4免)
周功表(2020.4代县长)
(2020.5任县长)
县委常委、副县长(常务)
丁克刚(2020.7免)
朱正权(2020.7任)
党组成员、副县长　李功文
宋万林
杨　戊
党组成员、副县长、县公安局党委书记、局长　郭民忠
党组成员、副县长　钟　黎(2020.12免)
宋化丽(2020.7免)
吴　金(2020.7任)
党组成员、副县长候选人
曾　峰(2020.12任)

县政协

党组书记、主席　解以刚(2020.5免)
刘毅翔(2020.5任)
党组副书记、副主席　刘启明
副主席(兼)、县人力资源和社会保障局局长(无党派)　黄启顺
副主席(无党派)　李明桂
副主席(兼)、县工商联主席(民建)　余淑娴
党组成员、副主席　叶新华

县纪委县监委

县委常委、书记、县监察委员会主任
曾　群(2020.7免)
县委常委、书记、县监察委员会代理主任　何彦兵(2020.7任)
副书记、县监委副主任　郭辉勇
副书记、县监委副主任　李先进
副书记、县监委副主任提名人选　李群华
常委、县监委委员　肖　灿　刘腾方
肖约力
常委(试用期一年)　文　艺　胡　颖
县监委委员　周　臻
县监委委员提名人选　赵建新
组织部部长　周　玲
宣传部部长(试用期一年)　黄立伟
案件审理室主任　叶淑云
案件监督管理室主任(试用期一年)　袁滨湖
纪检监察干部监督室主任(试用期一年)
毛芳莉
党风政风监督室主任(试用期一年)
黄　英
信访室主任(试用期一年)　罗　康
第一纪检监察室主任(试用期一年)
李明勇
第二纪检监察室主任(试用期一年)
曾献忠
第三纪检监察室主任(试用期一年)
卓钲越
第四纪检监察室主任(试用期一年)
刘新龙
第五纪检监察室主任(试用期一年)
黄格峰

县委巡察工作领导小组办公室

主任　朱湘萍
副主任　梅　敏
副主任(试用期一年)　彭焕喜

县委第一巡察组

组长　周国旗
副组长　汪维孝

县委第二巡察组

组长　范　杰
副组长(试用期一年)　徐贻生

县委第三巡察组

组长　李　灿
副组长　贺维初

县委第四巡察组

组长　胡建红

县委第五巡察组

组长　郭学斌

县委办

县委常委、主任　熊　毅
常务副主任　黄　杰
副主任、县档案局局长(兼)　金　伶
副主任、县委机要局局长(兼)　李　忠
副主任　李红辉　王　卫
县纪委监委驻室纪检监察组组长　童　斌
督查专员、督查室主任(兼)　黄立龙
督查专员　杨　蓉

县委全面深化改革委员会办公室

专职副主任　陈　政

县委保密委

专职副主任　胡　刚

县保密局(挂牌机构)

副局长　谭　刚

县采砂办

主任、县委办公室副主任　李红辉
副主任、蒋家嘴镇副镇长(无党派)　杨　恒
副主任、县供销社党组成员、理事会副主任　谭昌宏
副主任、县纪委监委驻县委办公室纪检监察组组长　童　斌
副主任、酉港镇副镇长　徐先军
副主任、沅南水利会副主任　贺备战

县委党史研究室(县地方志编纂室)

党支部书记、主任　瞿群力
副主任　王先政
副主任(试用期一年)　童　琳

县档案馆

馆长　张　皓
副馆长　熊　因　周　敏

县接待服务中心

党支部书记、主任　刘应军

县委组织部

县委常委、部长、县直机关工委书记　王　君
常务副部长、县公务员局局长(兼)　万成斌
副部长(兼)、县人力资源和社会保障局党组书记(主持工作)　刘凡夫
副部长、县委非公有制经济组织和社会组织工委书记　方正中
副部长、县委离退休干部工委书记(兼)、县委老干部局局长(兼)　徐龙前
部务会成员、县纪委监委驻部纪检监察组组长　彭凌云

县委组织部党员教育中心

主任　杨　丰

县委非公有制经济组织和社会组织工委

书记、县委组织部副部长　方正中
专职副书记　邹　玲
副书记(兼)、县市场监督管理局党组成员、副局长　周　来
副书记(兼)、县民政局党组成员　周星海
副书记(兼)(试用期一年)、县工商联党组成员、副主席　代岳轩

县直机关工委

县委常委、县委组织部部长、书记　王　君
纪工委书记(试用期一年)　梁　蓉

县委老干部局

局长(兼)、县委离退休干部工委书记(兼)、县委组织副部长　徐龙前

县老干部活动中心

主任、县委离退休老干部工委副书记(兼)　周红艳

县委机构编制委员会办公室

党支部书记、主任　彭金明
副主任　李传富　邓丕红　余晓明

县机构编制事务中心

主任　李明波

县委宣传部

县委常委、部长　朱向宇
常务副部长　刘少华
副部长　何　静　王　愚

县委政法委

县委常委、书记　朱进友
常务副书记　李桂先
副书记　邱少萍　陈根云
县纪委监委驻委纪检监察组组长　刘　斌
委员　李正坤　王艳萍
政工室主任　徐扬洋

县社会治理指挥中心

主任(试用期一年)　刘昕鸣

县委统战部

县委常委、部长　何　斌
常务副部长　郭建湘
副部长、县民族宗教事务局局长(兼)　黄玉云

副部长、县工商联党组书记 徐 琳
部务委员 丁 毅

县委党校

常务副校长 廖传美
校务委员、副校长 粟宗权 钟志高
校务委员、教育长 蔡明浩

县人大办公室

县人大常委会党组成员、主任 陈庆铭
副主任 朱爱英 李 亚 徐 灿

县选举任免联络工作委员会

主任 胡章领
副主任 曾丽琴

县人大监察和司法委员会

主任委员 刘国华
副主任委员 李 华

县人大教育科学文化卫生委员会

主任委员 张吉忠
副主任委员 陈 杰

县人大民族华侨外事委员会

主任委员 刘运华
副主任委员 龚思思

县人大财政经济委员会

主任委员 黄荣耀
副主任委员 徐小军 张 玲

县人大环境与资源保护委员会

主任委员 李仁广
副主任委员 蔡少波

县人大社会建设委员会

主任委员 龚玉彪
副主任委员(民盟) 郭 芳

县人大农业和农村委员会

主任委员 刘术刚
副主任委员 刘 妮

县政协办公室

县政协党组成员、秘书长、主任 胡卫东
副主任、县政协副秘书长 董 理 刘龙凤
副主任、县政协副秘书长(试用期一年) 廖海斌

县政协提案委员会

主任 徐隆祥
副主任(无党派) 聂 辉

县政协农业农村和人口资源环境委员会

主任 毛耀信
副主任(无党派) 杨美丽

县政协委员学习联络委员会

主任 贺正春
副主任(试用期一年) 李晓霞

县政协社会法制和民族宗教委员会

主任 管启伟
副主任 曾小平

县政协经济科技和外事委员会

主任 郭 辉
副主任 杨建成

县政协文教卫体和文史委员会

主任 冷建军
副主任 任智慧

县政协云服务中心

主任 刘富贵

县人民法院

党组书记、院长 熊利波
党组成员、副院长 匡建军 杨恒胜
党组成员、执行一局局长 张茂兴
副院长 涂 朦
党组成员、县纪委监委驻院纪检监察组组长 夏战新
党组成员、政治部主任 陈 彬
审判委员会专职委员 罗建军 丁 涛
执行二局局长 王志强

县人民检察院

党组书记、检察长 黄艳霞
党组成员、副检察长 谢永远
副检察长(无党派) 彭小龙
党组成员、副检察长 陈运亚
党组成员、政工室主任 邓雪松
检察委员会专职委员 胡 滨 王立德

县总工会

主席、县人大常委会党组成员、副主任 周政怀
党组书记、副主席 黄忠文
党组成员、副主席 周国民 肖红梅
副主席(挂职)、县人力资源和社会保障局党组成员、副局长 韩加林
副主席(兼职) 彭春燕

共青团汉寿县委员会

副书记(主持工作) 熊慧玲
副书记(试用期一年) 黄志华
副书记(挂职) 郭志刚
副书记(挂职)、百禄桥镇人大副主席 邓雅丹
副书记(兼职) 付 强

县妇女联合会

党组书记、主席 何 为
副主席(无党派) 龙必军
党组成员、副主席 彭 琼
副主席(挂职)、军山铺镇人大副主席 黄晓慧
副主席(兼职) 舒 丽 邓纪艳 徐 蓓

县科学技术协会

党组书记 周胜宏
主席(无党派) 孟振中
党组成员、副主席 朱世平 吴婉艺
副主席(兼职)、县农业农村局党组成员、总农艺师 丁立君
副主席(兼职) 范 彭 艾镇南

县工商业联合会

主席(民建)、县政协副主席(兼) 余淑娴
党组书记、县委统战部副部长 徐 琳
党组成员、副主席、县委非公有制经济组织和社会组织工委副书记(兼)(试用期一年) 代岳轩
副主席(无党派) 黄林霞
副主席(兼职) 吴明星 李跃忠

县归国华侨联合会

主席 童力勇
副主席 胡 金

县文学艺术界联合会

主席 胡 君
副主席 周世娥

县残疾人联合会

党组书记、理事长 周达武
党组成员、副理事长 蔡 维 刘 强

县政府办

党组书记、主任、县政府党组成员 邓 慧
党组副书记、副主任 唐迪平
党组成员、副主任 黄愈强
党组成员、副主任、县金融办主任 万建军
副主任(无党派) 卢鹏飞
党组成员、副主任 黄明新 周 波 邓方明 易湘海 王利民
副主任(兼)、县信访局党组书记、局长 高志刚
党组成员、县纪委监委驻室纪检监察组组长 曾 理
督查专员、督查室主任(兼) 熊 飞
督查专员 肖文波

县金融发展服务中心

主任(试用期一年) 陈 勇

县机关事务服务中心

主任 龙 维

县金融工作办公室(挂牌机构)

主任、县政府办党组成员、副主任 万建军

县金诚城市建设投资经营有限公司

党支部书记、董事长 廖永红
总经理 罗玉真

县现代农业投资开发有限公司

董事长、县远达鹏程交通开发建设有限公司董事长 肖 敏
总经理 肖广锋

县发展和改革局

党组书记、局长 彭晋华
党组成员、副局长 姚昌福 黄启向 陈德华 何 立 朱德才 盛 战
党组成员、工会主席 王 青

县重点建设项目事务中心

主任 刘正和

县教育局

党委书记、局长 雷常元
党委副书记、副局长 冯爱国
党委委员、副局长 胡 敏 曾 健
党委委员、县纪委监委驻局纪检监察组组长 薛 斌

县第一中学

党委书记 李 明
党委副书记、副校长(试用期一年) 胡 浩
副校长(试用期一年) 廖海兵 陈爱国
纪委书记(试用期一年) 黄锦钢

县第二中学

党委书记、校长 肖文敏
副校长(试用期一年) 熊伟君 宋艳华 伍正波
纪委书记(试用期一年) 何英浩

县职业中等专业学校

党总支书记、校长 杨明华
副校长 陈德胜 雷有龙

县詹乐贫中学

党委书记、校长(试用期一年) 刘利飞

县第五中学

党总支书记、校长(试用期一年) 龚加友

县科学和技术局

党组书记、局长 周 勇
党组副书记、副局长 周笑勤
党组成员、副局长 唐 谊

县特种水产科学研究所

所长　夏新波
副所长　杨子健　李　明
副所长(试用期一年)　胡　强

县工业和信息化局

党组书记、局长　周立文
党组成员、副局长　张建国　席建明
党组成员　邓宜华
总经济师(无党派)　万晓菊

县中小企业服务中心

主任　袁　武

县公安局

党委书记、局长、县政府党组成员、副县长　郭民忠
党委副书记、政委　徐南林
党委副书记、副局长　李宏权
党委委员、副局长　邓友佬　刘智刚
党委委员、县纪委监委驻局纪检监察组组长　万　鹏
党委委员　胡吉华
党委委员、政工室主任　彭　敏

县公安局交通警察大队

党总支书记、大队长　周金旺
教导员　周圣怡
副大队长　梅新才　刘习忠　张　琛
纪检员　童　辉
工会主席　傅功奇

县民政局

党组书记、局长　张晓静
党组副书记、副局长　聂一平
党组成员、副局长　朱诗平　陈　峰　杨　辉
党组成员、县委非公有制经济组织和社会组织工委副书记(兼)　周星海

县社会救助事务中心

主任　彭忠科

县司法局

党组书记、局长　成晓燕
党组成员、副局长　任全新
副局长(无党派)　史美辉
党组成员　黄跃辉
党组成员、政工室主任　邹远祥

县社区矫正工作局

局长　杨海娟

县依法行政指导服务中心

主任(试用期一年)　王　伟

县财政局

党组书记、局长　杨剑波
党组副书记、副局长　曾昭好
党组成员、副局长　余克富　刘　刚　刘　辉　廖海波
党组成员　王志东
党组成员、县纪委监委驻局纪检监察组组长　徐曼红
党组成员、总会计师　王　皓

县国资经营管理中心

主任　黄国庆
副主任　李文凡　周子奎

县国库集中支付核算中心

主任　肖文利

县财政事务中心

主任　贾　勇

县财源建设办公室

主任　丁文杰

县乡镇财政服务中心

主任　罗海斌

县财政局高新区分局

局长　邱德佳

县人力资源和社会保障局

党组书记(主持工作)、县委组织部副部长(兼)　刘凡夫
局长、县政协副主席(兼,无党派)　黄启顺
党组成员、副局长、县总工会副主席(挂职)　韩加林
副局长(无党派)　蔺爱政
党组成员、副局长　张　峰　杨志林
党组成员、总经济师　刘慧蓉

县人力资源开发交流服务中心

党支部书记、主任　王　见

县就业服务中心

主任　谢　锋

县社会保险服务中心

主任　余碧霞

县工伤保险服务中心

主任　杨　懿

县劳动人事争议仲裁院

院长　周莉颖

县自然资源局

党组书记、局长　王　浩
党组副书记、副局长　李大勇
党组成员、副局长　黄桂喜　席方文
党组成员、总工程师　肖　健
党组成员、县纪委监委驻局纪检监察组组长　曾　航

县土地开发整理中心

主任　曾立志

县自然资源局执法监察大队

大队长　金梦君
教导员　杨登辉

县国土资源储备中心

主任　李佳伟

县自然资源局高新区分局

局长　李剑波

县不动产登记中心

主任　陈书先

县自然资源事务中心

主任(试用期一年)　唐　毅

市生态环境局汉寿分局

党组书记、局长　曾献平
党组副书记、副局长　杨　凯
副局长(无党派)　袁雪原
党组成员　许后顺
党组成员、总工程师　曹伟平

县住房和城乡建设局

党组书记、局长、县人民防空办公室主任　陈勇军
党组副书记、副局长　陈　强
党组成员、副局长　刘　斌　周金淦　戴学明
党组成员　莫文彬
党组成员、县纪委监委驻局纪检监察组组长　刘立新
党组成员、总工程师　刘赞时
党组成员、县人民防空办公室专职副主任　刘　球

县自来水公司

党总支书记(主持工作)　刘　立

县住房保障服务中心

党总支书记、主任　郭　军
副主任　肖立新　何　洪　刘国稳
纪检员　李明波
工会主席　彭小军

县国有土地上房屋征收与补偿工作办公室

党支部书记、主任　袁　嘉

县交通运输局

党组书记、局长　徐纪桂
党组成员、副局长　彭全贵　余大炼　刘文辉
党组成员、总工程师　张建清

县道路运输服务中心

主任　铁　军

县交通建设质量安全监督站

站长　喻铭龙

县水运事务中心

主任　刘家龙

县公路建设养护中心

党支部书记(主持工作)　左光华
主任(无党派)　袁永泉
副主任　曾丽娟　肖　科
纪检员　吴　波

县沅水大桥管理所

所长　谢永锋

县农业农村局

党组书记、局长　王众豪
党组成员、副局长　徐智刚　曾爱平　毛顺典　周振宇
党组成员、县委农村工作办公室副主任　胡明中
党组成员、县纪委监委驻局纪检监察组组长　吴笃义
党组成员、总农艺师、县科协副主席(兼职)　丁立君

县农业综合行政执法局

专职副局长　汪全孝　卢建华

县耕地质量监测保护中心

主任　叶长青

县农村能源服务中心

党支部书记、主任　邓湘志

县农民素质教育办公室

主任　戴　俊

县水利局

党组书记、局长　徐　政
党组成员、副局长　李顺贵　崔新华　邓世荣
党组成员、总工程师　彭九华

县库区移民事务中心

主任　胡绪明

县水旱灾害防御事务中心

主任　黄武岭

县机电排灌管理总站

、站长　高　旭

县西湖水利会

党总支书记、主任　杨小兵
副主任　罗　强
副主任(试用期一年)　丁立勇　李勇波

县沅南水利会

党总支书记、主任　袁海宽
副主任、工会主席　肖秀峰
副主任　周　辉　丁秀娥　贺备战

县岩马灌区管理局

主持工作　曹丽君
副局长　胡　玮　刘　飞
纪检员　刘跃军

县西湖灌区管理局

党支部书记、局长　何贤骏
副局长　张　伟　陈　敏
纪检员(试用期一年)　傅　坤

县林业局

党组书记、局长　余仁和
党组成员、副局长　余耀先　陈小文　陈　燕
党组成员、总工程师　欧阳红星

县林权管理服务中心

党支部书记、主任　秦漫江

湖南汉寿息风湖国家湿地公园管理处

主任　李戈锐
副主任　曾　科
副主任(试用期一年)　成晨阳

湖南汉寿竹海国家森林公园管理处

主任　刘明亮
副主任　邓新权

副主任(试用期一年)　李　佳

县森林公安局

局长　孙国武
政委　文觐君
副局长　肖卫中　胡国安

县商务局

党组书记、局长　熊宗毅
党组副书记、副局长(主持县南荻科研所工作)　王运先
党组成员、副局长　涂守定　魏一行
副局长(无党派)　石静欢

县招商促进事务中心

主任　唐平恒
副主任　王爱华　周红娟

县南荻科研所

主持工作、县商务局党组副书记、副局长　王运先
副所长(试用期一年)　陈智勇

县市场服务中心

党总支书记、主任　郭龙振
副主任　邱德强　王　勇　梅欣春
工会主席　肖广红

县文化旅游广电体育局

党组书记、局长　刘春初
党组副书记、副局长　邓　文
党组成员、副局长　李明德
副局长(无党派)　郭建梅
党组成员、副局长　杨冬英
党组成员、总工程师　曾实秋

县全民健身服务中心

主任　王先齐

县文化市场综合行政执法局

专职副局长　周朝阳　陈　剑

县青少年业余体校

校长　韩　龙

县融媒体中心

主任、县广播电视台台长(兼)　章　力
县广播电视台总编辑　刘　安
县广播电视台副台长　彭庭毅　盛　勇　全海波
县广播电视台工会主席　陈　勇
县广播电视台总工程师　瞿　志

县卫生健康局

党委书记、局长　彭绍峰
党委副书记、副局长　刘道平
副局长(民盟)　黄　静
党委委员、副局长　肖忠利　李建武　伍加富
党委委员、县纪委监委驻局纪检监察组组长　黄　镇

县卫生计生综合监督执法局

局长　刘锡初

县计划生育协会

副会长　严静毅

县红十字会

副会长　戴金辉

县疾病预防控制中心

党支部书记、主任　戚家军
副主任、工会主席　周凤梅
副主任　梁菊祥
副主任(试用期一年)　熊汉辉

纪检员 周新贵

县医院共同发展中心

主任、县人民医院党委书记 袁从文
副主任 胡建军 刘景美
副主任(兼)、县妇幼保健计划生育服务中心党总支书记 章红赞
副主任(兼)、县中医医院院长 张先冬
副主任(兼)、县血防医院院长 熊明祥

县人民医院

党委书记、县医院共同发展中心主任 袁从文
党委副书记、院长 范春生
党委副书记 曾纪爱
党委委员、副院长(试用期一年) 盛 名
党委委员、纪委书记(试用期一年) 曾臂勇

县中医医院

院长、县医院共同发展中心副主任(兼) 张先冬
副院长 周井来 刘 玲
副院长(试用期一年) 王伏民
纪检员、工会主席 刘孟梅

县血防医院

院长、县医院共同发展中心副主任(兼) 熊明祥

县妇幼保健计划生育服务中心

党总支书记、县医院共同发展中心副主任(兼) 章红赞
主任(县妇幼保健院院长)(试用期一年) 卢永祥

县审计局

党组书记、局长 毛启平
党组副书记、副局长 符 杰
副局长(无党派) 杨腊春
党组成员、总审计师 胡绪高
党组成员、县经济责任审计工作联席会议办公室主任(试用期一年) 陈 顺

县退役军人事务局

党组书记、局长 李轶蓉
党组副书记、副局长 全建国
党组成员、副局长 李秋生

县统计局

党组书记、局长 李亚明
党组成员、副局长 唐 帆
副局长(无党派) 胡 丽
党组成员、总统计师 曾宇平

县应急管理局

党委书记(主持工作) 丁跃中
局长(九三学社) 陈晓华
党委委员、副局长 吴志明 郭作孝 刘席元
党委委员、政工室主任 费 晖

县地震局

局长 谢国安

县市场监督管理局

党组书记、局长 曾跃坤
党组副书记、副局长 曾庆久
党组成员、副局长 杨 益 王明星
党组成员、副局长、县委非公有制经济组织和社会组织党工委副书记(兼) 周 来
党组成员、副局长 李 华 向 海 许世伟
党组成员、总工程师 毛贞敏

县市场监管综合行政执法局

专职副局长 张益平

县城市管理和综合执法局

党组书记(主持工作) 陈精忠
局长(九三学社) 邓丕德
党组成员、副局长 高益华 邹革强 袁定保

县行政审批服务局

党组书记、局长 何英富
党组成员、副局长 颜宗杰 李 锋

县政府政务服务中心

主任 李振君

县信访局

党组书记、局长、县政府办副主任(兼) 高志刚
党组成员、副局长 胡清明 吴文启

县扶贫开发办公室

党组书记、主任 李 进
党组副书记、副主任 蔡跃齐
党组成员、副主任 肖 毅

县医疗保障局

党组书记、局长 曾建波
党组成员、副局长 万臣豪 熊淑琼

县医疗保障事务中心

主任 郭乃峰

县供销合作社联合社

党组书记、理事会主任(试用期一年) 郭 治
党组成员、监事会主任 杨国清
党组成员、理事会副主任、县采砂办副主任 谭昌宏
党组成员、理事会副主任 柏远发 聂云军

县农机事务中心

党总支书记(主持工作) 王绪峰
主任(无党派) 何桂英
副主任 李　丹 周明科 蒋永胜

县畜牧水产事务中心

党总支书记、主任 郭志刚
党总支副书记、副主任 刘家祥
副主任(无党派) 王　敏
副主任 曾　斌 王　杰
纪检员 廖翠军

县农村经营服务站

党支部书记、站长 王湘生
党支部副书记、副站长 刘　忠
副站长 李　娟
纪检员 帅　波

西洞庭湖国家级自然保护区管理局

党组书记 钟丽琴
党组成员、副局长 李跃飞 谢弦攸 聂仁少
党组成员、纪检组组长(试用期一年) 刘　毅
旅游管理科科长(试用期一年) 刘海林
宣传教育科科长 蔡教慧
财务科科长 李　霜
资源保护科科长 彭平波
办公室主任 丁　浩

西洞庭湖国家级自然保护区管理局综合行政执法大队

大队长 郭　灿
副大队长 曹　锋 李文波
副大队长(试用期一年) 李志伟

西洞庭湖国家级自然保护区管理局岩汪湖分局

局长 解朝华
副局长 邹长贵

西洞庭湖国家级自然保护区管理局蒋家嘴分局

局长 阳　俭
副局长(无党派) 彭波涌

汉寿高新技术产业园区

党工委书记、太子庙镇党委书记 吕孝胜
党工委副书记、管委会主任、企业党委书记(兼) 刘先开
党工委副书记、副主任 袁先海
党工委委员、副主任 田勇军
党工委委员、副主任(试用期一年) 曾鹏志
党工委委员、纪工委书记(试用期一年) 李俊保
企业党委专职副书记 李　勇
办公室主任(试用期一年) 尹明辉
招商合作局局长 王　斌
产业发展局局长(试用期一年) 龚　希
规划建设局局长(试用期一年) 滕耀耀
社会事务管理局局长(无党派) 王国华

县清水湖旅游景区管理处

党组书记(主持工作) 刘光新
主任(民盟) 粟显波
党组成员、副主任 曾立学
党组成员、副主任(试用期一年) 龚浩然 郭志斌

国家税务总局汉寿县税务局

党委书记、局长 鄢　宇
党委副书记、副局长 王小明(2020.7免)
党委委员、副局长 周志明 谭剑虹 王成名 张浩洋 汪明宏 李　彬 贺先利 高立志
党委委员、纪检组组长 孙　勇

国网汉寿县供电公司(电力局)

党委副书记、总经理 朱黎军(2020.3免) 杨　洪(2020.3任)
党总支书记、副总经理 张业锋
党委委员、纪委书记 熊贤哲
党委委员、副总经理、工会主席 阳章清(2020.3免) 曹　翀(2020.3任)
党委委员、副总经理 刘　波

中国人民银行汉寿县支行

党支部书记、行长 彭述新
副行长 曾云祥 蒋孝平
纪检组组长 何业军

中国银行股份有限公司汉寿县支行

党支部书记、行长 余代宏
纪检委员、副行长 欧阳照熙
副行长 祝学明 肖　清

中国农业发展银行汉寿县支行

党支部书记、行长 彭　勇
党支部委员、副行长 罗胜波(2020.1免) 从鹏飞(2020.1任) 张　雷(2020.12任)
党支部委员、风险合规专员 黎泓辰(2020.12任)

中国农业银行股份有限公司汉寿县支行

党委书记、行长 陈勇军
党委副书记、副行长 王　艳
党委委员、副行长 李　静 龙　伟
党委委员、纪委书记 周　炜

中国建设银行股份有限公司汉寿县支行

党支部书记、行长 彭一鸣
纪检委员、副行长 缪彐晴
副行长 何治兴 宁继勇

中国工商银行股份有限公司汉寿县支行

党支部书记、行长　欧阳自干
党支部委员、副行长　易　军　邓晓辉　戴红亮

中国邮政储蓄银行股份有限公司汉寿县支行

党支部书记、行长　张　兵
党支部委员、副行长、工会主席　覃一明

汉寿农村商业银行股份有限公司

党委书记、董事长　汪　涛
党委副书记、行长　程　健
纪委书记、监事长　刘德军
党委委员、副行长　唐方亮　袁　丽

华融湘江银行股份有限公司汉寿县支行

党支部书记、行长　聂志澎
副行长　吕杨硕　李宇芳

中国人民财产保险股份有限公司汉寿县支公司

党支部书记、经理　刘　浩
党支部委员、副经理　马文桃　曾　翔　陈　舒　曹　丹

中国人寿保险股份有限公司汉寿县支公司

党支部书记、经理　杨　建
党支部委员、副经理　白　帆　彭劲松

中华联合财产保险股份有限公司汉寿县支公司

党支部书记、经理　黄正君
副经理　周　颖　赵永祥

县气象局

党委书记、局长　丁泽宇
副局长　张永乐
副局长、纪检监察员　蔡卫国

县烟草专卖局

党委书记、局长、经理　彭石祥
党组成员、纪检组组长　戚天宏
党组成员、副经理　王先富
党组成员、副局长　杨　帆

新华书店有限责任公司汉寿县分公司

党支部书记、经理　代　利
纪检组组长、副经理　杨　辉

国家统计局汉寿调查队

党支部书记、队长　蒋四如
纪检监察员　黄丛华
副队长　蹇　毅

中国邮政集团有限公司湖南省汉寿县分公司

党委书记、总经理　赵　杰
党委委员、副总经理　杜　超　朱振华
党委委员　刘　琳

中国电信股份有限公司汉寿分公司

党委书记、总经理　覃基鹏
副总经理　张海波(2020.5免)　张立秋　刘胜锡　江　蟠(2020.5任)

中国移动通信集团湖南有限公司汉寿分公司

党支部书记、经理　杨国民
党支委委员、副经理　吴　明
党支委委员　戴道瀚

中国联通有限公司汉寿分公司

党支部书记、经理　陈　操
副经理　黄立峰

县住房公积金管理部

党支部书记、主任　郝　珉
副主任　邱咏枝　蔡　静

县水文局

局长　张静辉

中国共产党汉寿县委员会

综 述

【概况】 2020年，汉寿县委辖基层党委55个，其中乡镇党委17个；基层党支部1228个，其中农村党支部597个；党员35793名，其中农村党员20668名。2020年，在市委、市政府的坚强领导下，县委、县政府坚持以习近平新时代中国特色社会主义思想为指导，认真落实中央、省市各项决策部署，统筹推进疫情防控和经济社会发展，坚决打赢战疫情、稳增长、促改革、惠民生等一场场硬仗，办成了一系列大事要事难事。

【产业发展】 全年实现地区生产总值316.3亿元，增长4.3%，排名全市第4。各项主要经济指标稳居全市一二方阵。产业提升有力度。中联配套产业园加快推进，12家配套企业成功落户，装备制造产业产值突破100亿元大关，实现了历史性跨越。全年实现工业税收3.68亿元，增长37.3%。

园区建设有温度。投入3000万元加快园区路网、管网、电力、标准厂房等基础建设，增强了园区承载能力。项目攻坚有强度。争取上级各类资金43.8亿元，增长33.8%，效果为历年最好。全年实施重点项目135个，开工建设98个，完成投资185亿元，中镆科技、亿奉冷弯型钢、梅百华食品等一批重大产业项目竣工投产。招商引资有热度。引进千万元以上项目41个，其中亿元以上工业项目33个；引进内资75.79亿元，到位外资1.13亿美元。靠前服务有深度。用真情、出实招，与企业同甘苦、共患难。16个部门进驻园区靠前服务企业，全年为园区企业减税降费2746.2万元、争取各类项目资金2427万元、促成本土企业产品签约5.3亿元。

10月10日，汉寿县委书记车世忠（前排左四）到高新区、太子庙镇调研督导重点建设项目，县委常委、县委组织部部长王君（前排右二），副县长杨戊（前排右三），高新区党工委书记、太子庙镇党委书记吕孝胜（前排左二），高新区管委会主任刘先开（前排右一）参加

【争先创优】 禁捕退捕、普铁安全环境整治、乡村振兴、工业高质量发展、特色园区、河湖长制、“放管服”及“一件事一次办”改革等10项工作获省市真抓实干表扬激励。获得全国全域土地综合整治试点县、省新型工业化装备制造产业示范基地、省农产品质量安全示范县、省平安农机示范县、省电商扶贫专项行动优秀县、省知识产权建设强县、省禁食野生动物退养工作先进单位等10余项国省荣誉。禁捕退捕工作在人民日报头版刊发，西洞庭湖湿地生态修复、蔬菜产业发展等经验被央视点赞，农村集体产权制度改革等工作入选国省改革创新案例。

【城市建设】 城市环境更加优化。强力推进城区综合秩序整治，建立健全志愿服务常态化机制，集中整治交通问题顽瘴痼疾，打造“最美城市客厅”，市容市貌焕然一新。城市“四位”更加完备。西湖小学、启智小学开学招生，新一中开工建设，芙蓉学校实现封顶；人民医院、中医院实现整体搬迁，县妇幼保健院门诊综合大楼、县疾控中心业务大楼投入使用；华府路农贸市场抓紧建设；新建临时停车场15个，新增停车位12750个。城市配套更加完善。万达广场完成主体工程，拉通了八角西路，开工建设青阳北路、芙蓉东路、岭湖路等城市道路，改造大西湖排水明渠等3处黑臭水体，完成龙阳大道等4个片区雨污分流改造。城市旅游更快发展。汉寿同发野生动物大世界完成主体建设，青山湖候鸟公园建成使用，“三园一线”城市精品旅游线路雏形初现。成功举办第五届蔬菜文化节、第十一届洞庭湖国际观鸟节、中国旅游日暨汉寿旅游消费周。

【财源支撑】 金石垸采砂，开启了矿产资源反哺县域经济的新时代，完成产值7.34亿元，实现利润3.5亿元；土地高效征拆、增减挂钩、有序流转，开启了土地高质量增收的新时代，实现土地收益6.12亿元；农村集体资源清理，开启了农村集体经济板块增收的新时代，增加农村集体经济收入3500万元。

【社会民生】 三大攻坚战决战决胜。全面开展脱贫质量“回头看”和“空城行动”，深入实施问题整改“清零行动”，剩余2073名贫困人口实现全面脱贫，历史性地消除了绝对贫困，全面建成小康社会胜利在望。坚持动态跟踪监控，严控政府债务风险，化解债务6.78亿元，牢牢守住了“三保”底线。中央、省环保督察以及“2020夏季攻势”交办65个问题全部整改销号，推进了城区污水处理提质增效，实现了乡镇污水处理厂全覆盖，保护区内黑杨全部清零，围堤湖珍珠退养全面完成。社会保障筑牢筑实。民生投入达到34.65亿元，完成省市重点民生实事27项；社会保障扩面提质，征缴社保基金6.09亿元，发放社保待遇14.06亿元；特困、低保、残疾人等救助标准全面提高，医保参保率稳定在95%以上。社会大局安全安定。扫黑除恶“破难决胜”，“黑不生、恶不出、乱不长”的土壤更加厚植，安全生产形势持续向好，信访积案化解成效显著，综治民调成绩稳居省市前列。社会事业提标提质。教育事业爬坡过坎，高考成绩再创新高，2人被北大录取，600分以上人数实现翻番，教育基金突破6800万元，跻身全市前三。241个村级卫生室全面达标，县乡村三级医疗防疫服务体系不断完善。完成县文化馆、图书馆总分馆和县级一站式公共数字文化服务平台建设，文化惠民工作成效显著。第七次人口普查顺利推进。

【党的建设】 加强了党的全面领导。党“把方向、谋大局、定政策、促改革”的能力和定力显著增强。全力支持人大、政协、各民主党派和社会各界围绕中心、同向同行。强化练兵备战，军民融合、国防教育、兵役征集、“双拥”工作取得新成效，党管武装迈上新台阶。接受了巡视的政治体检。自觉接受省委巡视监督，坚持对反馈问题立行立改，提高了站位，转变了作风，完善了机制，化解了积案。夯实了党的基层基础。全面落实省委“1+5”文件精神，基层党支部“五化”建设全部达标，“一门式”全覆盖扎实推进，村（社区）“两委”换届圆满完成，基层运转经费和干部待遇持续增加。守牢了意识形态阵地。有序推进意识形态“十进”工作，管网用网能力显著增强，意识形态领域持续向上向好。扎实开展新时代文明实践全国试点工作，志愿服务项目在全国志愿服务成果展中获得推介。省级文明县城成功保牌，复检成绩全市第一。坚持了全面从严治党。一体推进“不敢腐、不能腐、不想腐”体制机制建设，保持惩治腐败高压态势，扎实开展形式主义、官僚主义整治，党风政风和干部作风明显好转。激发了干事创业活力。树立重实干、重实绩、重担当的用人导向，选优配强干部队伍，用活用足职级并行政策，提拔重用了一批在三大攻坚、疫情防控、项目建设等工作中表现突出的干部，营造了干事创业的良好氛围。

（蔡佳奇）

办公室工作

【概况】 2020年，中共汉寿县委办公室有在编人员30人，内设县委值班室、秘书组、督查室、综合调研组、信息组、绩效管理组、机要保密组、外事和港澳台事务组、深改组、财经组、政工室、机关事务管理组共 12 个组室。

【政治学习】 理论学习常抓不懈。始终把深入学习贯彻习近平新时代中国特色社会主义思想作为首要政治任务，集中学习习近平总书记重要讲话指示精神 55 次。组织生活不打折扣。支部“五化”建设全部达标。高质量召开领导班子民主生活会。县委主要领导以普通党员身份参加组织生活会，并带头开展批评与自我批评。民主评议党员公平公正公开，激发了党组织的生机活力。党性锤炼常态开展。组织到林伯渠故居等革命教育基地开展实地参观学习，集中观看《半条棉被》革命教育影片，接受红色教育，传承红色基因。开展七一“三重三讲”系列活动，组织到帅孟奇生平事迹陈列馆重学党的历史、重温入党誓词、重读入党申请书，并结合“忆初心、明职责、当先锋”为主题讲体会、讲党课、讲先进事迹，进一步强化政治意识，坚定理想信念。疫情防控工作期间，组织全体党员干部投入疫情防控阻击战，参与综合协调、督促检查、摸排防控等工作。

【调查研究】 参政设谋参在点子上、关键处。专题调研聚焦重点。根据县委意图，重点协调组织了壮大园区“两主两辅”产业、发展蔬菜甲鱼产业、开发“三园一线”精品旅游线路、规划建设高铁站场、优化城市空间布局、引进培育各类人才、激发基层活力等专题调研，形成一批高质量的调研成果，为县委科学决策提供参考。文稿起草质量较高。对于县委全会、县委经济工作会议等重要工作报告，坚持深入开展调查研究，及时掌握实际情况，充分吸纳各方面意见建议，反复推敲打磨，撰写出一批领导评价高、基层反响好的优质文稿。经验推介成效显著。积极推介“汉寿模式”“汉寿方案”，《产权改革盘活农村“沉睡”资产——汉寿县积极探索农村集体产权制度改革新路》被省委《工作情况交流》推介，《着力破解难题加快复工复产》和《“三项服务”助推工业经济复苏跑出“加速度”》被市委《内参》采用。

2020 年 5 月 27 日，汉寿县召开党委系统工作会议

【督促检查】 督查事项规范。按照党委总揽、归口管理的原则，坚持对督查检查考核事项实行清单化管理，年初制定《2020 年汉寿县督查检查考核年度计划详单》，并严格督促执行。在 2019 年同比精简 78% 的基础上，2020 年再次压减县级层面督查检查考核事项 10.5%。督查重点突出。围绕上级督办事项、领导交办事项、县委重大决策部署等工作，先后开展了新冠肺炎疫情防控、脱贫攻坚、禁捕退捕、污染防治、巡视交办问题整改等工作督查。督查实效显著。坚持明查暗访与蹲点调研相结合，不护短、不偏颇，原汁原味通报督查情况。对县委常委会议定事项落实情况进行专项跟踪督查，坚持不落实不销号。对上级和县委领导交办事项，件件现场核查，坚决督促落实到位。深化整治形式主义、官僚主义，教育减负经验被省教育厅和市委督查室推介。

【统筹协调】 日常调度规范有序。坚持每月召开县五大家办公室主任联席会议，讨论拟定全县每月重要活动预安排，提交县委常委会会议议定后印发。加强对重大活动的协调，确保全省 2020 年春季农业生产暨农机装备产业转型升级现场推进会、全市开放强市产业立市流动现场会汉寿视察等重大活动的成功。坚持推行县委办工作一月一调度机制，确保各项工作任务落细落实落地。省委第二巡视组进驻汉寿以后，按照县委安排全力抓好具体协调联络工作。办文办会把关严格。继续实行发文计划管理和限额管理，大力推行会议合并，办文办会数量总体呈现下降趋势。2020 年，以县委、县委办名义发文在 2019 年大幅下降基础上，同比再减少 23.19%；全县性会议同比减少 13.04%。党政协同办公平台推广有力。党政协同办公平台覆盖全县 117 家党政机关和企事业单位，基本实现了全县非涉密文件、资料网络传输和网上办理，在提高办公效率的同时降低了行政成本。深化改革工作成果丰硕。在完成“规定动作”的同时，积极推介汉寿改革工作亮点。一年来，新华社内刊、《农民日报》、湖南经视、《经视观察》先后对汉寿县农村集体产权制度改革进行专题报道，罐头嘴镇福兴村集体产权制度改革入选全国农村集体产权制度改革十大经典案例，并被《人民日报》宣传推介；汉寿县农村土地经营权抵押贷款改革入选“湖南基层改革探索100例”，连续五年获评全市改革先进区县（办）。全面小康成色较好。发挥小康办协调作用，各项考评指标呈现较好态势，预计总体实现程度在97%以上，夺得全省“全面小康先进县”奖牌。绩效考核精准有效。对内，结合汉寿实际，加大争资争项、禁捕退捕、珍珠退养、集体资产清理等中心工作的分值权重，有效发挥绩效考核“指挥棒”作用；在上，积极搞好精准对接，及时协调相关部门补齐短板，努力争先创优。

【队伍建设】 抓好教育管理，提升队伍能力。积极组织保密、信息、党政协同办公等业务培训，邀请市委办有关科室负责人到汉寿授课，选派干部到市委办信息科跟班学习，大大提升全县党办干部的业务能力。创设学习平台，激发队伍活力。创新开展青年干部大讲堂，组织35岁以下青年干部每月就业务工作讲课，每次2—4名青年干部上台开讲，不断提高青年干部业务水平和授课能力。开展文明创建，聚集队伍合力。坚持全面发动、全员参与、全情投入，弘扬中华传统文化，凝聚人心力量，成功创建省级文明单位。

【党风廉政】 压实治党责任。全面贯彻落实新时期党的建设总体要求，严格落实党要管党、从严治党和“一岗双责”要求。进一步健全《党风廉政建设制度》《财务管理制度》《工会经费使用管理办法》等内部管理制度，明确班子成员对分管组室抓党建的直接责任。加强意识形态管理，建立健全意识形态工作责任制，全年专题研究意识形态4次，向县委专题汇报意识形态工作2次。开展警示教育。组织集中观看《用铁的纪律管党治党》视频党课，邀请县纪委监委负责同志上廉政党课，以身边违纪违法犯罪案例开展警示教育。开展“谭本仲案”以案促改工作，全年没有发生一起违纪违规事件，守住了防腐拒变底线。狠抓日常监管。定期开展谈心谈话，发现苗头性倾向性问题及时提醒帮助；及时传达学习上级关于纪律作风相关规定，教育引导干部增强廉政意识，树立良好形象。

（姚　娟）

组织工作

【概况】 2020年，汉寿县委组织部现有干部职工33人。内设办公室（研究室、组宣组）、干部一组（干部信息中心）、干部监督组（干部二组）、基层组（驻村办）、公务员办、党管办（机关工委）、党员教育中心（智慧党建办）、两新办、老干办（老干活动中心）共9个组室。

【政治建设】 坚持理论学习。始终坚持以习近平新时代中国特色社会主义思想为指导，把提高党员干部政治觉悟、政治能力贯穿教育培训全过程，推动党员干部增强“四个意识”，坚定“四个自信”，做到“两个维护”，补足精神之钙。

【党性教育】 充分利用智慧党建视频会议系统，县委书记为全县3万多名党员干部上党课；充分利用帅孟奇党性教育品牌，组织开展“三重三讲”活动，重学党的历史、重温入党誓词、重读入党申请书，讲党课，讲体会，讲先进事迹，全县党员思想灵魂得到进一步净化，党性作风得到进一步提纯，初心使命得到进一步强化。

【考察选拔】 将政治建设考察与干部选拔选用、评先评优等深度结合。截至2020年年底，49名在政治建设考察中反映优秀的乡科级班子成员得到提拔重用。探索形成政治建设考察、干部考察和班子考察“三考齐下、一体运用”的长效机制。

【党的建设】 抓实基层打基础。以大抓基层、建强支部为鲜明导向，持续用力抓好省委全面加强基层建设“1+5”〔湖南省委出台《关于全面加

2020年6月30日，县委召开“三重三讲”视频会议，组织全县党员重温入党誓词，图为县委常委、县委组织部部长王君领誓

强基层建设的若干意见》及《规范乡镇（街道）职责权限实施方案》等5个配套文件，简称“1+5”文件〕文件落地生根，加大投入保障力度，激活基层一池春水。全面布局村级换届。及早谋划、及早摸底、及早选人，从5月开始择优选拔906名村级干部后备人选跟班培养，完成村（社区）财务清查和村（社区）组织成员任期经济责任审计。严格执行“两推一选”（党员推荐、群众推荐）、部门联审等程序，圆满完成聂家桥乡换届试点工作，全县279个村（社区）党组织换届圆满实现组织意图，实现“一肩挑”，村干部平均年龄下降6.5周岁。村（居）民委员会换届工作正稳步推进，整体形势稳定。扎实推进“一门式”（指从跑多个部门，走多个流程简化为在一个中心或窗口，简化流程，简洁办事）服务。聚焦“全市领先，全省一流”的工作目标开展课题攻坚，整合公安、民政、人社等23家部门600多万条专网数据，研发出便民服务信息查询系统，为群众提供市、县、乡、村“四级通办”及常德市域内“同城通办”的“一门式”服务。截至2020年，107个事项下沉到乡、村，实现“刷脸办理”“无证明办理”和“不出门办理”。大力整顿软弱涣散党组织。2020年，共确定软弱涣散党组织5个，严格按照“拿一套整顿方案、定一名党员县级联点领导、派一支工作队伍、配一名第一书记、选一批帮扶项目、建一个坚强班子”的“六个一”要求，有针对性地开展整顿工作，分类施治、对症下药，全部整顿到位。引导壮大村级集体经济。联合财政、农业、农经等部门形成联合调研组深入村（社区）调研，针对村级集体经济薄弱、创收手段匮乏等原因，协助镇村两级积极争取8个省级扶持村集体经济发展项目，并对项目实施全过程进行监督、资金监管，完成验收工作。

紧盯重点抓落实。坚持“抓重点、找差距、补短板、强弱项”的工作思路，着力提升基层党建工作质量，全力擦亮汉寿党建工作品牌。全力推进党支部“五化”建设。编印《汉寿县党支部“五化”建设制度体系汇编》，按照“夯实基础、巩固提升、全面达标、分步实施”的总体要求，对村、社区、机关和两新组织分别制定任务清单。积极开展“基层党建区域品牌创建”活动，打造319国道、德汉大道、汉寿大道沿线“两纵一横”党建工作示范带和聂家桥乡党建示范片，全县基层党支部“五化”建设达标率100%。从严排查整顿农村发展党员违规违纪问题。按照“程序一个不少、培训一个不落、对象一个不漏、问题一个不放”的“四不”要求，对党的十八大以来农村新发展和转入的1880名党员进行全覆盖审查。共查处“四类”问题（带病入党问题、弄虚作假问题、徇私舞弊问题、严重违反入党程序问题）党员167人，对276名相关责任人给予纪律处分和组织处理，在此基础上，制定出台《汉寿县发展党员工作负面清单暂行66条》等制度，为全省其他区县提供违规发展党员整顿工作的“汉寿样板”。率先开展社区党员培训。成功举办全省社区党员轮训示范班，示范带动全省社区党员轮训，引导社区党员深入学习贯彻习近平新时代中国特色社会主义思想，坚定信仰，增强党性，提高素质。汉寿社区党员轮训被省委组织部作为标杆，全省推介。严防机关党建“灯下黑”。调整规范县直单位党组织设置和基层党组织设置与管理工作，全面实行教育卫生系统书记负责制，确保党组织发挥把方向、管大局、作决策、促改革、保落实的领导作用。全面发力两新党建。在“大组建、全覆盖”的基础上，全面实施两新组织党建“标杆引领”计划，积极推进“红色讲堂”和县非公经济综合党委等五个综合（行业）党委书记述职制度，建立30个示范点，并在各个业务部门普遍设立党员示范岗。在新冠疫情期间，两新组织积极为抗疫一线捐献价值390余万元的口罩、酒精、中药汤剂等紧缺物资，展现出新时代两新党组织风貌。

强化引领促发展。积极探索党建引领基层治理的新理念、新方法，建强基层堡垒，促进社会和谐稳定发展。推广小区党建新模式。通过将党支部建到小区、党小组建到楼栋，打造以小区党支部为主导，业主委员会、业主监事会、物业服务企业等共同参与的多方联动小区治理新架构。截至2020年，在10个小区建立功能性党支部，组织开展“律师进小区”“医生进小区”等公益服务类活动50余次，惠及居民近2万名，相关经验被全省推介。推行网格治理促和谐。引导农村（社区）党员“建立微网格、践行微承诺、打造微平台、掌握微民情、实施微考核”，每名党员联系10—20户家庭，构建“乡镇（街道）党（工）委—村（社区）党组织—微网格—党员”的四级联动全覆盖体系，全县共建立15006个网格，有25693名党员直接联户，担任微网格长，在疫情防控、复工复产、脱贫攻坚、项目建设等各项工作中发挥了示范带动作用。推选先进典型树标杆。组织开展“庆七一”“三重三讲”系列活动，推选岩汪湖镇金盆岭村党支部书记张祖爱在全市“庆七一”视频会议上做典型发言；持续推进教学资源片《党员积分管理 激活乡村振兴》《候鸟》等剧本撰写和拍摄、制作工作；大力宣传汉寿党建组工方面的工作成效、经验做法，特别是在疫情期间，深入发掘党员“水电五兄弟”驰援雷神山、村党支部书记“百里寻药”等先进典型和感人故事，向省、市媒体推介。

【选贤任能】 班子结构配优配强。突出政治标准，坚持重担当、重基层、重实绩、重公认的用人导向，调整异动干部10批379人次，晋升职级15批390人次。重基层。2020年提拔的4名乡镇长中有3名从乡镇基层产生，10名新任乡镇（街道）党（工）委副书记全部从乡镇基层产生，乡镇（街道）副科级干部满足晋升条件的均晋升为三级主任科员，进一步激励了广大乡镇基层干部扎根基层主动担当作为。重实干。坚持从干事创业一线选人用人，尤其是对在疫情防控、脱贫攻坚等急难险重任务一线表现突出的干部优先选拔使用。如疫情防控工作的先进典型彭晋华和脱贫攻坚优秀干部黄娇等被提拔重用。重培养。进一步加大年轻干部培养。2020年着重提拔重用了一批年轻干部充实乡镇（街道）党政领导班子，为乡镇换届做好人才储备。年内，提拔重用90后任副科级领导干部29人，重用90后任副书记5人。

干部管理从严从实。注重提升干部素质。组织开展两期科级干部岗位培训班，一次全县两新组织党务工作者培训班，切实提升干部队伍的综合素质。严格选任和日常监督。加强出国（境）证照管理，联合公安部门开展特定身份人员指纹采集工作，清理“吃空饷”、违规借调（借用）人员，处理信访举报13起，其中历史遗留问题5起、选人用人举报8起。开展档案“清淤行动”。围绕“专项审核全面覆盖、审核认定依规依据、档案管理严格规范”的要求，复核科级干部档案972本，专项审核新进干部档案124本，任前审核职级晋升和提拔重用干部档案524本，接收干部档案材料5119份。运用现代信息化手段，完善科级干部信息库，将覆盖面延伸到全县公务员、村干部及党建联络员群体。

关怀激励落实落地。进一步完善干部待遇保障制度，细化落实关心关爱干部的具体措施。开展职务与职级并行。完成全县行政单位和参公单位公务员职级套转后续工作，共套转四级主任科员及以上389人。完善机构改革人员转隶。坚持“编随事走，人随编走”和“先易后难，分步推进”的原则，在2019年完成第一批涉改单位的人员转隶工作后，启动第二批53人的人员转隶工作。规范年度考核考评。坚持平时考核和年终考核相结合，客观公正开展公务员2019年度考核，记二等功的人员10名、三等功人员83名、嘉奖人员419名，兑现了奖励措施，干事创业热情进一步激发。完成新公务员考录。2020年，全县共录用公务员86人，其中县直单位27人，公检法9人，乡镇（含选调生）50人。提高基层干部待遇。在全市层面第一个兑现乡镇工作补贴待遇，按照高于县直机关事业单位同职级人员15%的标准，每年增加财政预算2470余万元，为4292名乡镇工作人员落实补贴，并争取将比例逐步提高到20%。

人才引进增资增色。开展“百名引才”（现场面试、校园招聘会和社会推荐等方式引进至少100名高层次人才）专项行动，分四个小组前往北京师范大学、湖南第一师范学院、华中师范大学等高校，引进高层次人才，有37名高层次人才达成就业意向，其中硕士9名。在此基础上，采取超常举措，起草人才新政，在人才创新创业、用编入编、生活津贴、购房补贴、子女入学、医疗保健等方面给予更优惠政策；对全县60名优秀专家进行春节慰问，对36家单位、118人次发放人才工作奖励津补贴，切实做到引得来人才、留得住人才。

【自身建设】 聚焦能力过硬强学习。开展组工干部轮训，丰富组工干部文化底蕴，推动业务骨干和年轻干部上讲台、打擂台，让比学赶超成为常态。加强轮岗、交流力度，选派组工干部参与脱贫攻坚、疫情防控等重大任务锤炼本领，推行结对帮带，促推业务水平的整体提升，真正做到提笔能写、开口能说、遇事能办、问策能对。

聚焦作风过硬优制度。落实“四不两直”调研方式，推行马上就办、一抓到底的工作落实机制，带头整治形式主义、官僚主义，为基层减负增效。全面梳理组织系统和部门现有规章制度，针对新修订出台的相关规定，进一步完善部机关制度22项，汇编成册，做到按章办事、有章管事。建立全员岗位廉政风险防控机制，开展廉政承诺自查，强化监督管理，确保风清气正。

聚焦素质过硬创标兵。在美化、亮化、优化办公环境的基础上，高标准开展道德讲堂、志愿服务、我们的节日等活动，营造健康向上、催人奋进的文化环境，提高干部政治理论素养和工作执行能力，提升综合管理实力和整体文明素质。

【县直机关工委工作】 组织建设。优化组织设置。根据管理归口、方便高效的原则，在县直机关工委下一级设立22个直属机关党委，对各机关党支部情况进行摸底、核查和调整，撤销合并机关党支部37个，组织设置更加合理。配强队伍力量。直属机关党委班子中均配备35岁以下年轻同志和妇女同志担任党委委员，机关各党支部均有1名以上35岁以下后备力量通过选举担任支部委员，队伍结构更加优化。实行网络管理。在全国党员信息系统和常德智慧党建系统中同步建立党组织结构树，党组织信息维护更新、党员信息录入和变更、组织关系转接、党费收缴等工作全部网上完成，党务管理更加便捷。

培训指导。通过培训强业务。编印下发《党建业务知识汇编》，每年对机关党支部书记集中培训1次以上，党务工作人员培训2次以上，分期分批举办入党积极分子培训班、发展党员培训班，开展机关党务业务知识竞赛，有效提升机关党建业务水平。通过督导明责任。坚持县委书记带头抓党建、联点县级领导分块抓党建的思路，采取“四不两直”方式，开展随机、蹲点、解剖麻雀式调研和督导，进一步压实机关党建工作责任。县委组织部干部实行“全员抓党建”，每名干部联点4—6个县直机关单位，对党建工作进行全方位指导。通过考核看成效。优化机关党建考核方式，制定并下发《述职评议考核办法》《党支部“五化”建设实施办法》等文件，各机关单位对标落实，党支部“五化”达标率100%。

示范引领。找准薄弱项“对症下药”。制定机关党建“灯下黑”问题整治清单，找准薄弱环节，尤其是针对部分单位党组织活动开展不经常、党员发展质量不高、党员模范作用发挥不突出等问题，逐项为基层支部开好“整改处方”，便于“对症下药”。确定突破口“精准施策”。对标党支部“五化”建设标准，对照问题清单以及自身不足和短板，确定工作“突破口”。党员县级领导、机关党组织书记带头参加双重组织生活；利用互联网等现代化设备，实现“党课网上讲”“理论网上学”“党费网上交”；组建机关党员志愿服务队110多个，每年开展各类志愿服务活动530多场次；机关党员在脱贫攻坚、文明创建、信访综治等工作中，勇当政策宣传员、交通引导员、矛盾调解员，党员先锋模范作用得到发挥。创建示范点“激发活力”。确定22个工作基础较好、班子战斗力强、特色亮点较突出的单位为机关党建示范点，通过以点带面，县自然资源局“行走的党建知识点”、县民政局“红色走廊”、县档案馆“帅孟奇党性教育陈列馆”等一批优秀典型脱颖而出，为其他单位提供了可学可参考样板，有效激发了机关党建活力。

【重要活动】 1月28日，常德市委常委、市委组织部部长梁仲到汉寿县聂家桥乡堤北社区，对新型冠状病毒感染的肺炎疫情防控工作进行督导检查。

2月1日，武汉因疫情防控封城，汉寿县崔家桥镇彭勇志、刘定伟、彭宪有、彭宪立、严八老五人通过劳务公司联系中建三局奔赴武汉，助力雷神山医院顺利建成。其事迹被人民日报、新华社等媒体报道，并被形象地称作“水电五兄弟”。

6月30日，汉寿县开展庆“七一”“三重三讲”集中活动。县委书记车世忠出席并讲授专题党课，县委副书记、县长周功表主持视频会议，全体党员县级领导参加活动。县委常委、县委组织部部长王君在党课开始前带领全县党员重温入党誓词。“三重”是重学党的历史、重温入党誓词、重温入党申请书，“三讲”是讲党课、讲体会、讲先进事迹。

9月2日，由常德市委组织部和汉寿县委组织部共同承办的全省社区党员轮训示范班在汉寿开班。

11月15日，韶山干部学院县处级干部党性修养专题培训班全体学员到汉寿学习，县委副书记刘静参加。学员参观帅孟奇纪念馆、工人文化宫，观看获得湖南省精神文明建设“五个一”工程奖的常德高腔大戏《帅孟奇》，感受无产阶级革命家帅孟奇坚守信念、忠贞不屈、大爱无疆、高风亮节的传奇一生。

【重要经验】 汉寿县“三抓”举措推进“一门式”全覆盖。 汉寿县坚持以党建引领基层治理，以“群众办事便捷、基层工作减负”为工作目标，全力推进基层公共服务“一门式”全覆盖工作落地生根，取得实效。

基层公共服务“一门式”即“事项一单下沉、流程一简到底、办事一图导引、群众一窗申请、系统一网通达、数据一库共享、业务一站流转、管理一套标准、服务一支队伍、好差一键评定”。全县累计投入3亿元，完成21个乡镇和281村的平台建设，配备281名村级政务服务专员。截至2020年10月底，通过“一门式”服

汉寿“水电五兄弟”驰援武汉雷神山

务平台，全县累计办件4.2万件，受到群众的普遍欢迎，群众实实在在享受到了家门口的优质服务。

汉寿县农村集体产权改革拓新路。近年来，汉寿县坚持党建引领，以农村集体产权制度改革为契机，充分发挥基层党组织的战斗堡垒作用，助推村级集体经济发展壮大。一“清”资产。把重点放在账外资产清查、政府及相关部门历年来投入村级的实物资产清理和债权债务核实上。共清理核实资产6.67亿元，核减债权2640.19万元。二“查”资源。引入第三方现场测绘和指界，清理未承包到户的集体耕地、水面，按村制成表图，建档入库。共清理未承包到户集体耕地、水面32.64万亩，未承包到户资源性资产比清查前统计上报数核增14.05万亩。三“理”关系。将集体资源尤其是“四荒地”、山塘、水库、沟港渠道等，纳入集体经济组织统一管理，统一建立登记、管护、使用、处置制度。四“辨”合同。针对集体资源性资产因廉价发包、面积不实发包及超长年限发包，造成集体资产流失的问题，对发包合同逐一认定。共认定不规范合同1738份，认定涉及环保整治不合法不合规的无效合同267份。五“定”权属。全面摸清县、乡、村资源性资产权属基础信息，逐块确权。全县确定资源性资产权属165宗，其中天然水面及河湖33宗，由乡镇经营明确为县属国有，委托乡镇经营管理。然后公开发包，公正执法，公示确权。截至2020年，全县278个村（社区）全部完成清产核资等改革任务，村级集体经营收入3万元以上的村达220个，占村级总数的79.2%，全年村集体经济年总收入、固定资产分别较上年增加1830万元、2000万元以上。

（杨 逸 邱 戈 李文泽）

宣传工作

【概况】 2020年，县委宣传部有行政编制11人。所属3个事业单位：汉寿县互联网新闻宣传管理办公室、汉寿县网络安全和信息化事务中心、汉寿县新时代文明实践中心。内设6个职能组室：办公室（研究室）、意识形态和理论教育组、新闻办、宣传文艺组（出版与版权组、行政审批服务办公室、县“扫黄打非”领导小组办公室）、县文明办、县委网信办秘书组。加挂汉寿县新闻出版局（汉寿县版权局）、汉寿县精神文明建设指导委员会办公室、汉寿县互联网信息办公室牌子。

【意识形态工作】 一是从严落实全面领导责任。2020年，县委常委会会议专题研究意识形态工作3次，召开全县意识形态工作分析研判会2次。建立健全意识形态工作督查考核机制，将意识形态工作纳入县委年度绩效考核，与经济工作同部署、同安排、同考核，定期开展督查并全县通报。将各级党组织落实意识形态工作责任制纳入县委巡察监督的重要内容，由县委宣传部牵头成立专项检查组，在巡察期间同步开展专项检查。二是筑牢网络意识形态主阵地。加强阵地建设和管理，大力推进网信机构、队伍和新媒体建设。加强舆情管控，及时做好宣传、解释和疏导工作，有效化解负面舆情。健全和完善网络监管机制，加强网评员队伍管理，形成主流声音突出、正面引导有力的舆论氛围。选派县直部门参加并顺利通过市委网信办组织开展的“网安2020”关键信息基础设施网络安全应急演练。

【理论教育】 一是强化理论武装。加强党委（党组）理论中心组学习规范化、制度化建设，全年组织开展12次县委理论中心组学习。编印《习近平总书记在湖南考察重要讲话精神学习资料汇编》，下发《汉寿县党委（党组）理论学习中心组专题学习重点内容安排》，全县各级党组织严格按照“每月一次、上下同题”的要求开展集中学习。二是强化平台使用。继续巩固“学习强国”县、乡、村三级学习组织体系，激活人数35111人，活跃人数居全市第一方阵。评选“学习强国”学习达人、先进单位、先进个人、先进通讯员，发放“学习强国”学习使用倡议书，号召全县所有党员和广大群众积极参与学习，全面践行学、思、用贯通，知、信、行统一。通过“学习强国”学习平台通讯站，积极报送践行习近平新时代中国特色社会主义思想、加快推动县域经济社会发展的典型经验。三是强化学用结合。向党员发放《习近平谈治国理政》第三卷24000本，党员干部广泛参与网上网下学习宣传活动，掀起学习热潮；联合县委党校成立县委学习党的十九届五中全会精神宣讲团，组织开展集中宣讲活动130余场；丰富学习活动，在全县征集“战疫密码：中国之治”主题微宣讲视频37个，征集决战脱贫攻坚理论文章58篇，征集学习宣传贯彻全国两会精神微宣讲15个，征集学习宣传贯彻党的十九届五中全会精神理论文章64篇，进一步营造良好舆论环境、凝聚强大精神力量。

【新闻宣传】 一是加强对上联络，新闻“四上”创佳绩。定期走访重点央媒、省媒，提前掌握上级发稿计划，有针对性地做好重点线索申报对接。积极邀请央媒、省媒领导到汉寿调研，形成多级媒体关注汉寿发展、报道汉寿经验、打造汉寿样板的宣传声势。全年，市级以上主流媒体上稿625篇。

其中，央级媒体中央电视台上稿8条、人民日报上稿4条、新华社上稿12条、新华每日电讯2条、经济日报1篇、农民日报2篇、科技日报1篇、北京日报1篇、央视频1条、央广网1条、人民日报客户端53篇、新华网8篇、光明网2篇、中国科技网1篇、中国新闻网1篇、新华社海外版1篇、人民日报（海外版）1篇；省级媒体湖南日报71篇、湖南卫视40条、湖南经视13条、湖南省广播电台4条；市级媒体《常德日报》头版头条采用10篇，常德电视台《新闻联播》上稿6000多秒。二是强化中心宣传，服务大局有影响。围绕上级报道重点、县委中心工作、群众关注热点，积极开展特色选题策划，推出“学习宣传贯彻党的十九届五中全会精神”“奋力建设宜居宜业宜游环湖强县”“疫情防控常态化”“决战决胜圆梦小康”“不文明出行曝光台”“交通顽瘴痼疾整治进行时”等专栏专题，邀请各级媒体前来报道宣传。CCTV1综合频道播出《推动蔬菜产业发展 助力乡村振兴》、CCTV13新闻频道播出《为扶贫车间纾困解难》《湖南汉寿：防疫生产两不误 新一茬蔬菜已开种》、CCTV17频道播出《保护生态环境在行动：举行专场招聘 助力退捕鱼民就业》；《人民日报》头版刊登《洞庭人家 幸福转身》；《经济日报》推出《同江同湖“湘当”给力》；新华社推出《“水电五兄弟”驰援雷神山》。《湖南日报》头版推出《危机时刻勇担当 众志成城战洪流》；湖南卫视播出《湖南特色小镇带动乡村振兴》等中心工作报道，全景式展示汉寿发展新形象。三是推进媒体融合，健全机制增质效。顺利通过省级融媒体改革验收，以新的湖南省级平台为依托，将县级融媒体平台打通，在县域媒体调度、新闻发布、建强机制等方面发力，全面理顺新闻外宣工作流程，打造“一个口子进、多个口子出”的高效、权威发布机制，提升融媒体融合报道传播力影响力。带动“汉寿新闻频道”“新湖南汉寿频道”“汉寿融媒”“今点汉寿”“汉寿新闻网”“92.6电台”“汉寿人民网”等主流媒体和自媒体发布网文2000余篇，打造了电视、报纸、广播、“两微一端”、网站互通互融新格局。

【网络舆情】 守住阵地。建立抖音号“汉寿融媒”、微博“汉寿故事”等网络新媒体宣传矩阵。与人民网、今日头条、百度百家等重点网络媒体建立长期宣传推广关系，积极抢占主流舆论阵地。在人民网、新华网、光明网等央级主流网络媒体推出报道130余篇，阅读量达500多万次。组织网评员共转发、评论网评文章8000多次，转发评论20万多条。稳控舆情。全年共交办“汉寿县网络舆情快报”近500期，主要反映扫黑除恶、扶贫领域、环保养殖等经济社会事件及民生诉求。

【精神文明建设】 一是汇聚新时代文明实践的磅礴力量。标准化建成1个县级新时代文明实践中心、22个乡镇实践所、281个村实践站，组建1655支志愿服务队，开发文明实践云平台，推出“湖水守望”“守护田间绿色”“傍晚课堂”等品牌项目。新时代文明实践成效在全国志愿服务项目成果展示中获得推介，得到中宣部副部长傅华同志的高度肯定；“湖水守望”项目获得湖南省2020年最佳文明实践志愿服务项目。二是深植厚培文明城市创建中的文明细胞。大力开展城区综合秩序整治，把公职人员违章停车纳入文明单位管理考核、综治考核和绩效考核，车辆违停现象明显改观。开展交通秩序、市容市貌、市场秩序、社会治安、志愿服务等整治行动，以全市第一的成绩顺利通过省级文明县城复查。全县各级各类文明单位创建热情高涨。湖南中联重科机械站类设备有限公司荣获第六届全国文明单位。自然资源局等2家单位获评省级文明单位，县委组织部等3家单位获评市文明标兵单位、县纪委监委等8家单位获评市文明单位，聂家桥乡等2个乡镇被评为市文明村镇，罐头嘴镇福兴村等11个村（社区）被评为市文明村（社区），获评数量创历史新高。同时，评选出11个县级文明单位、64个文明村（社区）。持续开展文明家庭、好媳妇好婆婆、湖南好人等各类

2020年9月25日，汉寿县举行新时代文明实践中心新址揭牌暨文明实践云平台上线启动仪式，县委书记车世忠（左二），县委副书记、县长周功表（右一）等领导为中心揭牌

道德典型人物的评选，县交警大队荣获湖南省新冠肺炎疫情防控学雷锋志愿服务工作先进单位，驰援武汉雷神山的水电五兄弟、孝子滕德付、拾金不昧的保洁员张良顶等先后入选2020年湖南好人，2户家庭获评市文明家庭，增强了示范引领，形成了社会反响。三是牢牢把握公民思想道德建设的前进方向。积极推进“一条例两纲要”进机关、进乡村、进学校、进企业、进家庭等“五进”活动，全县通过“党课开讲啦”“微网议事”屋场会等方式开展十九届五中全会精神宣讲1150场次，参与党员35788名，覆盖党组织1227个，覆盖率达100%。围绕“育新人”主题深化未成年人教育实践活动，组织各学校开展“学习雷锋，争做优秀少年”“争做新时代好少年”“我们的节日”主题活动、培育和践行社会主义核心价值观活动。移风易俗工作深入人心。健全长效机制，下发《关于进一步加强移风易俗工作的通知》，明确乡镇街道、单位、干部群众违规赈酒问责办法。定期开展移风易俗督查暗访。

2020年5月12日，县委常委、县委宣传部部长朱向宇（前排右一）带队到崔家桥镇连家坝社区开展“扶贫路上我们同行”为主题的送技术、送政策、送文艺下乡活动

【文化产业】 一是文化市场逐步繁荣。产业体系逐步形成，文化服务业主体地位日益明显。逐步形成以广告传媒、文化艺术培训、演出娱乐、网吧、广播电视、文化旅游、文化产品批零业等为主的文化服务业和以印刷复制、美术品制造等为辅的文化产品制造业，全县有较大规模图书零售店3家、印刷包装企业15家、文化娱乐业12家，网咖1家。电影行业成为新生力量，已建成华耀影城、有美影城2家影院。主题游乐园成为文化市场经济新增长点，龙珠湖恐龙乐园接待游客数量逐步增多；蔬菜主题公园成为中小学校实践拓展基地、亲子游玩重要场所。全民健身促进健身行业逐步兴起，全县建有4家健身机构。二是文化基础设施不断夯实。为加快构建现代公共文化服务体系，完成三年行动计划考核目标，共收集审核上传15大项53小项目标工作任务，其中审核乡镇、村级“七个一”建设情况及活动图片3141张，审核修改补充活动方案860篇、简讯818篇。整合资金311万元建成县级一站式公共数字文化服务平台，并对接省级公共数字文化服务综合平台。建成文化馆、图书馆两个总馆，乡镇（街道）综合文化站文化馆图书馆分馆各10个，建成24小时自助图书室，为老百姓提供方便快捷的读书环境。三是促进文旅融合发展。推进项目品质提质。清水湖野生动物园主体建设基本完工，配套建筑进入扫尾阶段；帅孟奇故居游客服务中心装修工作基本完成，配套服务功能基本具备；同时确定了候鸟小镇的思路，全力将西洞庭景区化，让观鸟经济热起来；促进文化旅游复苏。复工复产后，游客数量不断增加，1—5月，已接待游客146万人次，其中，龙珠湖游乐园游客人数达60万人次，帅孟奇故居人数增加到5万人次，同比增长8.37%，旅游总收入同比增长13.04%；不断提升整体服务水平，促进文旅经济发展。

【队伍建设】 一是建强队伍稳基础。配齐配强宣传文化工作队伍，印发《关于进一步明确全县宣传思想工作队伍职责的通知》，要求全县县直单位、各乡镇（街道）明确分管宣传负责人，并明确一名宣传干事专职负责宣传文化方面工作，夯实宣传思想文化队伍人才基础。二是强化培训提素质。围绕提高宣传思想干部“四力”，采取邀请教授讲课、集中培训等方式加强业务培训，组织召开全县宣传思想工作会议、全县宣传思想业务培训班，举办“学习强国”主题教育知识竞赛，着力提升宣传战线干部队伍政治素质和业务水平；组织学习全县党建、宣传思想文化工作会议精神，研讨并谋划2020年全县宣传思想文化工作要点，编制《县委宣传部2020年宣传思想工作汇编》。三是强化考核保质量。在干部考核管理方面，县委宣传部会同县委组织部共同负责本级宣传文化系统领导干部管理和领导班子建设；健全宣传部对本系统各单位重要岗位干部的管理，实行中层干部年度考核制、任用试用制、后备干部选拔培养等制度。在绩效考核方面，讲求过程管理，考核指标量化、具体化，做到日常督查、年中评估、年末考核有机结合，干部绩效考核在工作绩效考核基础上加入综合评价、民主测评的考核项目。

（郭少华）

统战工作

【概况】 2020年，汉寿县委统战部有干部职工9人。内设办公室、民族宗教侨务组、党外人士工作组共3个组室。下辖1个事业单位新的社会阶层人士服务中心。

【党的建设】 聚焦党建引领，政治导向更加鲜明。邀请省民宗委副主任曹承明在县委理论学习中心组集中学习活动上讲授统一战线、民族宗教方面知识。组织统一战线各界人士认真学习党的十九届五中全会精神、习近平总书记考察湖南重要讲话精神、关于加强新时代民营经济统战工作的意见，统一思想认识，凝聚发展共识。持续开展交友谈心、走访慰问等活动，统一战线“同心一圆”更大，“向心力”更强。

【统战服务】 聚焦中心大局，服务成效更加凸显。面对疫情的严峻挑战，面对复工复产、招商引资、脱贫攻坚、珍珠退养等艰巨任务，汉寿统战界人士挺身而出，冲锋在前。一是疫情防控有担当。全县统一战线累计捐款220.5万元，捐赠普通医用口罩2.1万个、N95口罩1.25万个、医用手套1.35万双。县侨联向海外华侨、侨胞发出捐赠防疫物资助力抗疫的倡议，全县海外华侨踊跃捐款捐物，有力地支持了疫情防控工作。二是招商引资有实效。发挥工商联作用，新成立汉寿县福建商企联合会；由统战部牵头调度的梅百华食品加工厂项目竣工投产，牵头联系的4个招商引资亿元项目有序推进；“万企大走访”促复工复产、“迎老乡、回故乡、建家乡”等活动取得实效。三是脱贫攻坚有作为。由县委统战部牵头的军山铺镇老鸦塘村作为代表村之一，高质量通过扶贫省检验收。四是其他工作有亮点。按照县委、县政府统一部署，第一时间完成珍珠退养任务；积极参与新一中项目建设、平安创建、城区综合秩序整治、优化营商环境等工作。

【民宗工作】 聚焦团结稳定，民宗基础更加夯实。提高政治站位，切实守好统战工作防风险阵地，维护全县宗教和顺、民族团结的良好局面。严格落实民族宗教工作政策，强化三级网络两级责任制，突出思想引领，加大宗教法规宣教，严格宗教活动审批，加强宗教出版物监管，加快宗教工作信息化建设，积极开展宗教活动场所消防安全专项治理，及时化解矛盾隐患，确保宗教和顺稳定。实施“两个暂停”，加强疫情常态化防控，确保宗教活动场所和民间场所零感染。助推区划调整，平稳有序将太子庙8个村整体划入毛家滩回维乡；在罐头嘴镇、毛家滩回维乡开展两次“民族团结进步行”活动，夯实了民族工作基础。

【争先创优】 聚焦争先创优，品牌创建更加出彩。县委统战部被市委评为全市统战工作优秀单位；汉寿县统战人士展演的《天鹅归来》，以湿地生态保护与恢复为主线，在全市统一战线“讲述常德故事”比赛中荣获一等奖，由全国政协副主席郑建邦颁奖；为6名来自新疆的少数民族务工人员的子女解决就学问题、助力少数民族企业复工复产得到省委常委、省委统战部部长黄兰香两次赞同批示；民盟汉寿活动小组被全国民盟中央评为政治思想建设和宣传工作先进集体；毛家滩回维乡马润村成功申报第四批中国少数民族特色村寨；毛家滩回族维吾尔族乡教门岗村党总支书记史志忠被授予全省民族团结进步模范个人称号；向学胜美术学校的湘西北民俗文化（非遗）博物馆成功申报市级新的社会阶层人士统战工作实践创新基地；丰家铺镇笔架村成功申报市级同心美丽乡村；株木山街道韩文社区成功申报市级同心社区等。

2020年9月12日，汉寿县福建商企联合会在厦门市召开成立大会。县人大常委会主任袁佑清（左五），县委常委、县委统战部部长何斌（左三），副县长吴金（右六），县政协副主席、县工商联主席余淑娴（右五）参加

【统战队伍建设】 聚焦固本强基，统战建设更加有力。一是党外干部座谈制度化。定期召开党外干部队伍能力建设座谈会，围绕加强党外干部“五种能力”建设畅谈履职体会。二是党外干部提拔年轻化。2020 年提拔 2 名乡镇党外副职，交流 1 名乡镇副职到科局任职。三是党派活动特色化。民建开展“不忘初心，寻根重庆”活动；汉寿民盟小组创办常德市首家“民盟书屋”；九三学社汉寿小组提交 4 篇高质量建议。县委统战部机关通过完善管理制度、加强业务学习，成功创建市级文明单位。

2020 年 11 月 5 日，省政协副秘书长、民盟省委专职副主委胡颖（前排右四）一行到汉寿开展“洞庭湖生态环境治理”民主监督调研活动。常德市政协副主席、民盟常德市委主委傅绍平（前排右三），汉寿县委常委、县委统战部部长何斌（前排左四），县政协副主席李明桂（前排右二）参加

【民族宗教事务管理】 汉寿县是省、市宗教工作重点县，设有一个少数民族回维乡，全县有少数民族人口 1.7 万人。有宗教团体 4 个：县佛教协会、县基督教三自爱国会、县天主教爱国会和县伊斯兰教协会。

抓好民族宗教法律法规宣传培训。联同县人大民侨外委、县司法局等多个部门集中到乡镇开展民族团结进步宣传活动，广泛宣传党和国家的民族宗教方针政策，提升民族宗教工作的影响力和执行力。邀请市宗教科专家和各宗教团体到县市民广场及毛家滩回维乡开展宗教及相关知识宣传。将民族宗教政策知识纳入县委党校主体班教学内容，各乡镇党委也将习近平总书记关于宗教工作重要论述和批示精神纳入理论学习中心组学习计划。

依法依规管理宗教事务。抓宗教团体和宗教场所的规范化建设。强化宣传培训，积极开展“五进五好”主题评选活动。在宗教活动场所和宗教教职人员中积极开展“五进五好”主题评比活动，组织教职人员和信教群众集中学习《中华人民共和国宪法》、党的宗教方针政策、新修订的《宗教事务条例》，督促宗教场所完善学习、安全、卫生、消防、财务等管理制度，不断提高宗教场所规范化管理水平。极推进宗教信息化平台建设工作。指导和督促全县宗教团体及各宗教场所持续推进大数据、智慧化、信息化在宗教事务管理中的运用，用信息化手段推动全县宗教工作提质增效。督促宗教团体协会，完善各项制度，加强管理，切实发挥桥梁纽带作用，加强宗教团体领导班子建设。抓宗教活动的审批。严格执行村、乡、县三级审批程序，对各个宗教活动场所开展宗教活动进行规范管理，对开展宗教活动的主体、内容、形式、规模进行社会稳定风险评估，对存在隐患或不符合要求的活动坚决制止，对合法、合理的活动开展情况进行指导。按照上级部门要求，疫情常态化防控期间县域所有宗教活动场所均未举行大型宗教活动。规范宗教出版物的管理。制定《汉寿县民宗局“打黄扫非”工作方案》，成立领导小组，对全县宗教场所开展非法出版物清理整顿检查工作。

抓牢“新型肺炎”疫情防控工作。严格落实防控措施。按上级要求，签订《宗教活动场所疫情防控工作责任状》，配合各级管理部门开展疫情防控宣传工作。发动募捐工作。全县各宗教团体积极响应号召，克服自身困难，发动各宗教场所及全县信教群众为武汉捐款 5 万多元。

【九三学社工作】 助力复工复产。筹集 3000 个医用口罩相继发放至湘北通程、湘汉中宇、骏业混凝土、绿博农业、汉寿海创等企业。

积极建言献策。小组有省人大代表 1 人、市政协委员 1 人、县政协委员 3 人，围绕县委“建设宜居宜业宜游环湖强县”的目标以及群众关心的热点、难点等问题，履行参政议政职能，多次参加省人大、市政协、县委统战部组织的调研活动，在省人大会议期间提交《湖南省加快城市管理执法体制改革建议》《西洞庭湖湿地生态保护与产业发展》等建议意见；参加县人大组织的《常德市城乡生活垃圾管理条例》执法检查，提出《汉寿县城乡环卫一体化建设》的建议意见；为打好“碧水保卫战”，全力保障人民群众饮用水源安全，6月中旬，九三学社汉寿县小组在一级水源保护地江东市水库开展饮用水源保护专题调研活动，为县委、县政府在保护群众饮水安全方面提供决策依据；组织小组社员参加生活垃圾焚烧发电项目建设考察活动，为常德市东部生活垃圾焚烧发电项目在汉寿的顺利推进提供有利指导。

开展社会服务。持续资助沧浪街道红旗社区、太子庙镇龙津村、丰家铺镇楼背村4名贫困学生，鼓励他们要积极向上，保持乐观心态，完成学业回报社会。

完成小组换届。2020年5月19日，召开换届选举会议，会议根据《九三学社章程》，按程序以投票方式选举产生九三学社汉寿县小组。

【民主同盟工作】 在自身建设上争用实功。每季度定期召开盟务例会，研究部署季度工作，逐项完善相关建制，以规章制度推动盟务工作规范化、程序化。为努力打造学习型基层盟组织，提升盟员履职能力，成立常德市首家“民盟书屋”。推荐盟员参加各类学习培训，先后推荐2名新盟员参加省、市举办的各类盟员培训班。

在参政议政上力求实效。全体盟员在立足本职工作的同时，深入调研，积极参政议政，认真履行参政党职能，为经济社会发展献计出力。盟员粟显波在2020年省政协十二届三次全会上撰写提交的《关于将湖南汉寿野生动物园纳入湖南省精品旅游线路的提案》《关于将汉寿西湖岩马灌区纳入国家“十四五”规划的提案》，被省政协立案，引起社会广泛关注。盟员朱能毅2020年上半年撰写的《建议将1月20日设定为感染性疾病预防日》《建议2020年清明节暂停群聚性祭扫活动》《关于发展中药材产业培植区县经济新亮点的建议》等社情民意均为省政协采用。盟员廖桃生撰写的《关注学生心理健康刻不容缓》《关于适当增设城区外学校中考考点的建议》分别被市、县两级政协采用。盟员郭芳撰写的《小学一年级新生课桌椅不规范，亟待改进》被盟省委采用。

社会服务上争创实绩。发动全体盟员立足本职，积极关注民生、服务社会，坚持“把好事做实，把实事做好”。2月7日，民盟汉寿活动小组携手汉寿县朗诵协会、汉寿龙阳阅读会联合举办别开生面的“众志成城、抗击病毒”空中诵读会，全县2000余名诗歌朗诵爱好者一起在线上参与互动，传递正能量。全体盟员向野生动物园捐赠5万余元的防疫和生活物资，用实际行动彰显“隔疫不隔爱”，助力汉寿该一项目安全有序复工。

（严志富）

机构编制工作

【概况】 中共汉寿县委机构编制委员会办公室，简称县委编办。负责全县行政管理体制与机构改革及机关事业单位职能配置、机构设置、人员编制、领导职数和事业单位登记管理工作。2020年，县委编办及二层机构共有人员编制14名，现有在编工作人员12名。机构内设3个职能组：综合组、业务组和事业单位登记管理组（行政审批服务办公室）。机构直属事业单位1个：汉寿县机构编制事务中心，为县委编办管理的副科级公益一类事业单位。

【行政执法改革】 全面梳理市场监管、生态环境保护、交通运输、农业、文化市场、城市管理六大领域分散在各部门以及部门内各个内设机构的执法职能，研究分析各领域近3年来的执法情况和实际运转情况，全面启动“五大领域”综合行政执法改革。召开改革推进会议，下发综合行政执法改革实施方案，完成五大领域机构挂牌和相关“三定”规定；配强执法机构领导干部，并根据人员结构及转隶条件，有序推进人员转隶工作。

【事业单位改革】 一是做好事业单位“三定”工作。按照市委编办的工作部署，同步推进汉寿县副科级事业单位机构改革和“三定”工作。县自然资源事务中心、县接待服务中心等21个副科级以上县直事业单位的“三定”文件正式印发。二是做好县直事业单位机构调整工作。对全县事业单位机构编制情况进行全面清理摸底，拟定《汉寿县事业单位改革机构编制调整方案》，对部分小弱散事业单位进行撤并整合。2020年来，共撤并机构33个（副科级以上12个，正股级21个），上收机构2个。三是做好事业单位分类改革工作。完成全县456家分类改革工作，其中公益一类399家、公益二类51家、暂缓分类6家。

【乡镇（街道）机构编制资源配置】 继续深化乡镇（街道）机构改革和经济发达镇行政管理体制改革。落实省委1+5文件精神，推进审批服务便民化改革，落实中央关于推进基层整合审批服务执法力量的指导意见，推进管理服务资源整合下沉。落实省、市关于规范乡镇（街道）机构设置和加强机构限额管理的要求，进一步优化乡镇（街道）机构设置，对乡镇（街道）有关机构编制提出调整优化方案。按照省委要求的6+3+1模式调整机构设置，乡镇（街道）统一设置党政机构6个、事业单位3个（退役军人服务站不占机构个数）、执法机构1个。

【贯彻落实《中国共产党机构编制

工作条例》】 一是深入开展学习宣传中共中央印发的《中国共产党机构编制工作条例》。10月，县委编办即制定《关于贯彻落实中国共产党机构编制工作条例的实施方案》，采取免费赠送读本、上门宣讲等方式，深入学习宣传《条例》，将《条例》作为县委理论中心学习组和党校主体培训班必学内容。2020年第一次县委编委全会对《条例》进行专题学习，11月举办党政机关政工人事干部学习《条例》专题培训班。县委编办多次集中学习、研讨《条例》，切实增强各级领导班子和领导干部遵守《条例》的自觉性和运用《条例》水平。二是修订完善《条例》配套制度。结合实际，围绕“动议、论证、审议决定、组织实施”等关键环节，修订完善县委编委议事流程、县委编办审批服务流程、县直部门间职责划分协商协调办法等相关配套制度。完善机构编制事项审批和服务工作流程，跟踪评估落实情况，及时优化相关内容。三是做好规范性文件备案工作。对照《条例》要求，逐步建立完善合法合规性备案制度。

【机构编制资源利用】 一是盘活用好编制存量。严格执行干部人事和机构编制管理纪律禁令，落实“严控总量、盘活存量、统筹使用、科学增减”方案。坚持“瘦身”与“健身”相结合，加大机构编制精简优化力度。推进事业编制挖潜创新，加强重点领域重点部门机构编制保障。加强机构编制运行评估和动态管理，统筹、盘活、用好沉淀和低效配置的编制资源，优先保障基础教育、医疗卫生、应急保障等重点民生领域。全年，通过人才引进、定向师范生培养、公开招聘、选调外地教师等形式新聘中小学教师用编300名，保证引进人才用编322名。二是探索建立编制周转制度。为进一步优化人才引进政策和人才引进环境，搭建事业单位人才干事创业平台，有效发挥人才对建设宜居宜业宜游环湖强县的智力支撑作用，根据上级精神结合汉寿县实际，建立县级“人才编制池”，在县本级存量事业编制范围内调剂50名编制，用于事业单位引进高层次人才和急需紧缺人才，实行单列管理，专编专用。

【编制监督检查】 加强与纪检监察、巡察机构、组织、审计等部门衔接，推动机构编制监督检查与巡察、经济责任审计、选人用人专项检查，加大专项检查和日常监督成果运用。2020年9—10月，在全县范围内开展机构编制监督检查工作，对存在牌子、印章不规范等问题的27家单位下发整改通知书，并督促限期整改到位。

【区划调整改革】 为让高新技术产业园区管理机构从繁杂的社会事务管理工作中解脱出来，全力聚焦工业产业发展，力求从区划调整的根本上解决问题，将原园区管理的5个社区划入园区所属地太子庙镇管理，同时统筹考虑乡镇承接的实际情况，将原太子庙镇管理的8个村（社区）划入毛家滩回维乡管理。按照区划调整情况，重新测算乡镇规模类别，对相关乡镇机构编制进行合理调整，为园区发展提供体制机制保障。

【事业单位登记管理工作】 依法开展机关群团统一社会信用代码赋码和事业单位登记管理工作。疫情防控期间，通过网络、邮寄等方式，对事业单位法人年度报告公示工作实行“不见面”办理，这一经验被省委编办网站推介。2020年，共完成72个行政机关、8个群团机关和4个垂管单位的社会信用代码赋码工作。及时为15个党政机关、群团机关、垂管机关变更单位名称和法人。县本级符合登记条件事业机构450个，实际登记450个，登记率100%，其中新设立登记2个，变更登记103个，注销登记9个，网上公示率100%。

2020年4月26日，汉寿县委编办党员干部到桃源县翦伯赞故居开展“追思革命先辈、传承红色基因”主题党日活动

【扶贫工作】 明确一名副主任专抓扶贫工作，常驻株木山街道茶家园村。主任办公会每月研究一次扶贫工作。每月集中扶贫日，主要负责人都亲自带领帮扶责任人前往结对贫困户家中走访慰问，详细了解他们的生产生活情况和需求，帮他们协调解决一些力所能及的问题。落实“两不愁、三保障”政

策，进行“回头看、回头查、回头帮”。为村里办实事，多方筹措资金 5 万元，为村里疏浚渠道近 2000 米。

【文明创建与综治民调】 按照县文明创建办的工作部署，切实开展各项文明创建工作。组织单位志愿者先后参与疫情防控、县城区街道路口执勤、植树造林等活动。开展“我们的节日”主题活动和道德讲堂活动，传承中华优秀传统文化。综治民调工作稳步推进，定期开展平安创建活动，及时下到联系点村开展民调工作宣传，取得了较好的工作实效。

【信息调研】 全年共向省、市、县各级媒体报送稿件 47 篇，其中在省级媒体上稿 5 篇，市级上稿 10 篇，县级上稿 43 篇。

（胡慧颖）

老干部工作

【概况】 2019 年 8 月机构改革后，县委老干部局划归县委组织部，县委组织部内设老干办，负责老干部工作，老干部活动中心为县委组织部下属副科级事业单位。

【党建工作】 一是认真研究部署 2020 年工作。把握省市党建工作重点，结合县老干工作实际，制定并下发《2020 年全县老干部工作要点》《全县离退休干部党建工作要点》《关于离退休干部党建工作评估事项的通知》等一系列文件，从政治建设、精准服务、作用发挥、品牌建设、阵地建设等方面，全方位部署安排汉寿县老干部工作。二是扎实推进“美在金秋”老党员之家建设。积极开展离退休干部党建工作调研，在全县范围通过考察老干部作用发挥和阵地建设情况，决定以老干活动中心（老年大学）为主要阵地，在县直单位（水利局、检察院、自然资源局）、乡镇街道（株木山街道）、社区（龙阳街道护城社区）三个层面选取六个示范点，全力落实“美在金秋”老党员之家的建设要求和功能定位。三是完善制度体系建设。成立离退休干部党工委，制定一系列制度，进一步明确离退休干部工委职责，确定成员单位职责，强化组织体系建设，做到分工协作、共同推进。四是加强党建业务培训。为进一步规范支部“五化”建设，提高老干支部书记的业务水平，9 月，组织召开全县离退休干部党支部书记和政工负责人培训会议。

【政治学习】 受疫情影响，2020 年的政治学习主要采取线上方式进行。一是组织线上学习。通过线上方式组织老干部重点学习讨论全国离退休干部“双先”表彰大会和全国老干部局长会议精神；转发王少峰在《全省离退休干部党建工作推进会上的讲话》和龚建《在全省离退休干部党建工作推进会上的报告》，要求老干部和老干工作者学习讨论；组织各单位关注“离退休干部工作”“三湘老干 e 家”和“常德老干部”公众号，收看网上专题报告会，让老同志第一时间掌握老干工作动态，知晓老干工作政策方针。二是读原著，悟原理。向各单位下发学习《习近平谈治国理政第三卷》的通知，组织离休干部、处级退休干部和各老干协会学习《习近平谈治国理政第三卷》内容，召开座谈会分享读书心得体会。

【精准服务】 不断强化服务管理，争取老同志满意。一是落实两项待遇。组织开展春节座谈、春节慰问、特困帮扶、重阳节慰问等活动，落实生活待遇。全县各单位全面落实老干部七个节日慰问、生日慰问、住院慰问、去世吊唁等基本服务。严格按照上级文件精神，及时落实离休干部交通费提标、离休干部无固定收入遗孀、配偶生活补贴提标、“506”退休干部生活照顾标准提标以及“一人一策”服务管理等政策，同时组织离退休干部健康体检和异地看望走访，做到“平时有人访、病时有人看、难时有人帮”。8 月，县委召开县委常委扩大会议，专题研究老干工作，解决老干活动中心建设、门球场建设、老干部待遇落实等相关问题。10 月，召开全县离退休干部政情通报会，组织全县离休干部、处级退休干部、享受副处级待遇退休干部及乡局级一把手退休干部近 200 人，参观重大项目建设工程，传达县委、县政府对老同志政治上的尊重和思想上的关怀。全县各单位组织老干部举办“庆七一”“我看脱贫攻坚新成就”、重阳节“老干部座谈会”、参观考察、政情通报等活动，对老干部做到政治上关心、思想上沟通、生活上照顾，落实政治待遇。二是改善活动环境。为给老干部创造更加优良的活动条件，异址新建老干活动中心。县老干活动中心（老年大学）项目已完成第六层主体建设，预计 2021 年 3 月底完成主体工程，10 月竣工。由于一中门球场拆迁，县委、县政府考虑到老干部活动需要，重新选址新建两个门球场，总投资约 150 万元，已经完成立项、方案设计和资金预算，正在进行资金评审。

【老干活动】 引导广大老干部积极参与到党的中心工作中贡献“银色”力量。一是号召老干部积极参与疫情防控。在新冠肺炎疫情防控期间，对全县离退休干部发出“做好疫情防控、贡献自身余热”的号召，全县三千多名老党员，第一时间响应，为疫情防控捐款达38万余元。县老科协各分会也积极分发宣传资料，用诗歌、曲艺战疫情。二是引领老干部助力脱贫攻坚。县农机局退休干部、省劳模彭进先创办的奇天下食品有限公司，解决周边乡镇200多名贫困户的就业问题，助力贫困户脱贫致富；县水利局退休老干部吴尚元配合参与水利局扶贫攻坚联系点的工作，定期组织老专家为点村的水利建设出谋划策、修建水埠、争取项目支持，解决点村长期因旱涝而导致的贫困问题，为当地扶贫工作攻克一个大难题。三是依托社会团体拓宽正能量发挥渠道。2020年，县关工委积极开展“失亲儿童”结对帮扶活动，让全县的孤儿得到有力资助；深入开展“学习抗疫英雄、争做最美少年”主题教育宣讲活动和“科普进校园”活动，坚持为青少年进行科普讲座，加强青少年思想道德建设，培育时代新人。老年保健协会深入乡镇（街道）传授保健知识，邀请市、县老年保健专家现场授课10多场次，探索居家养老模式和老年服务体系建设，创新“形式多元，服务多样”的居家关系体系。老年网宣协会用笔杆子采写大量工作通讯，在网络空间为县委政府决策唱赞歌。老体协通过开展各类活动，不仅丰富了老年人的生活，而且影响了一大批老同志的积极参与，形成“我运动，我健康，我快乐”的良好氛围。老年文化艺术交流协会积极弘扬传统艺术文化，开展书法、诗词、民俗、京剧等艺术交流活动，传承国粹文化。

（杨逸 邱戈 李文泽）

党校工作

【概况】 中共汉寿县委党校是县委直属的乡科级全额拨款的参公管理事业单位，主要职能为全县党员领导干部教育培训提供服务。内设六个部室：办公室、教学教研部、组织人事部、财务部、国资后勤部和培训宣传部。共有干部职工24人。

【教学教研】 打造精品课程。2020年，成立课题小组，以本土红色人物帅孟奇、詹乐贫的感人事迹为切入点，多次进行实地调研，精心打造《牢狱两度 忠诚一生——帅孟奇两次坐牢的故事》《投身革命即为家——女共产党人帅孟奇的家国人生》《改名立志投革命 舍生忘死保国家——詹乐贫三次换名的故事》三堂红色精品课程。其中，杨敏的党性教育课被评为全省第一批党性教育精品课，刘瑾的党性教育课获得省委组织部“党课开讲啦”三等奖。两堂课程同时被县委组织部选为韶山干部管理学院处干班党性修养专题党课，在常德市委党校行政学院系统第15次教学比赛中取得三等奖。在校委会领导下教学教研团队集体备课、试讲20余次，打造《擘画新蓝图 奋进新征程——学习中国共产党十九届五中全会精神》、学习《习近平谈治国理政》（第三卷）等23堂专题课程。

突出主业主课地位。根据《中国共产党党校工作条例》和全国省、市党校校长会议指示精神，县委党校始终把干部教育培训作为主要工作。2020年，举办主体班次二期，培训各级干部达百余人次；举办入党发展对象培训班二期，培训500人次；举办入党积极分子培训班一期，培训400人次，班次和受训人次比上年继续增加。在课程设置上加强习近平新时代中国特色社会主义思想教育，紧扣党的十九届五中全会精神，开设党性教育、党史、国史等课程，所有主体班次的党性教育和理论教育比例皆超过70%。此外，在保证干部培训任务的基础上，着眼提高干部培训质量而不断开拓创新：一是加强教学管理。年初出台《中共汉寿县委党校教学管理制度》，对教师集体备课、新课试讲以及教学质量测评做出严格规定，确保教师从备课到课堂内容讲授理论观点正确、政治立场鲜明。对教师外出讲课实施备案审查、签署承诺书，对外请教师来校讲课实施备案审查，要求授课教师遵守政治纪律。二是加强班级管理，逐步加强党员领导干部在党校学习期间的规范性和纪律性，保证学习时间和质量。三是创新教育手段，在传统授课方式发挥主体作用基础上，现场教学、多媒体教学、互动式教学、案例教学等教学手段不断得到运用。

加强科研咨政。注重结合县委、县政府的重大战略部署，聚焦社会热点难点问题展开调研，围绕推进精准扶贫、湿地保护、园区发展等多项内容积极申报科研课题。2020年，共完成市级课题一项；向省委党校申报《新发展理念下汉寿高新技术产业园区运行现状及发展路径研究》和《基于生态经济背景下西洞庭湖湿地可持续发展研究》2个课题，并成功立项。

加强师资培训工作。一是专兼职教师经常性开展新课试讲活动。全年共组织20余次试讲评课，每次试讲评课达3小时以上。通过反复试讲和提修改意见打磨课程，培训新教师。主体班本校有三位兼职教师首次站上科干班的讲台，顺利完成授课任务，极大锻炼了教学能力；二是通过教师外训提高教学水平。三位专职教师分别参加省委党校6月底和11月底举办的师资研讨班培训；6名专兼职教师参加市委党校《习近平谈治国理政》（第三卷）师资培训班。

【意识形态工作】 严格落实主体责任。制定《中共汉寿县委党校意识形态工作责任制实施方案》，成立意识形态工作领导小组，形成“一把手”

负总责、分管领导具体抓，相关部室密切配合的意识形态工作格局。2019年校新任班子成立以来，校委会研究部署意识形态工作8次，支委会研究意识形态工作7次，党员大会讨论意识形态相关内容8次。此外，制定党建工作责任制清单，明确党支部意识形态工作主体责任，细化党支部书记第一责任人责任、分管领导直接责任和党校班子成员“一岗双责”责任，并把意识形态工作作为领导班子民主生活会、年度述职报告和党支部书记抓党建述职重要内容。校委中心组学习也将理论学习作为首要学习内容来统一安排，学习贯彻中央和省、市委、县委关于意识形态工作的决策部署及指示精神，牢牢把握正确的政治方向。

积极开展对外宣讲。党校积极参与汉寿意识形态阵地建设。党校作为理论宣讲志愿服务队牵头单位，坚持把党的政策理论宣讲作为重要的政治任务，充分运用“用学术讲政治”的手段，发挥自身优势，丰富宣讲题材、创新宣讲形式。一是成立理论宣讲团队。校委高度重视，组织骨干教师成立13人宣讲团队。《坚持以人民为中心的根本立场》《培育社会主义核心价值观》《中国共产党党史》等近20个理论宣讲专题，每年到县直机关、乡镇单位宣讲20余次。二是精心选题备课。在十九届五中全会召开之前安排资深教师筹备相关宣讲课程；在《习近平谈治国理政》（第三卷）出版之初，安排资深教师筹备相关学习课程。两位教师完成《擘画新蓝图 奋进新征程——学习中国共产党十九届五中全会精神》、学习《习近平谈治国理政》（第三卷）两堂专题课程。其中十九届五中全会专题课程正在全县各科局、乡镇（街道）进行集中宣讲，干部反响热烈。三是创新宣讲方式。2020年，创新推出“红广播”志愿服务项目，将时事政策、党的政策理论以及红色故事等文字内容

2020年9月，汉寿县2020年第二期科干班学员在中国工农红军第二方面军长征出发地纪念馆前留影

制成音频，依托农村“村村响”广播进行宣讲，确保党的理论“飞入寻常百姓家”。全年完成3期内容制作，在全县278个村（社区）进行播出，基本实现全县覆盖。

【党建工作】 紧紧围绕干部教育培训工作，从加强学习教育、强化内部管理和完善制度机制入手，转变工作作风，狠抓工作落实，切实加强党建工作，提高党员的整体素质，扎实推进各项工作。党建工作抓在日常，主题党日活动、“三会一课”、党员志愿者活动与业务工作相结合，严格落实党员积分管理，强化党性教育，规范资料整理，注重党员素质的提高。全年党建半年核查等级在党群系统排名前列，真正体现了党校党建工作特色。

【作风制度建设】 2020年，对二层骨干进行岗位调整，进一步理顺工作分工，明确工作职责，按照“一岗双责”的要求，依托“三会一课”，通过组织学习、观看廉政教育影视片等多种方式，筑牢全体教职工的思想防线。贯彻落实党员领导干部述职述廉、谈话诫勉等有关廉政制度，从“一把手”自身做起，要求大家牢记身份、摆正位置、严禁打领导旗号谋私利。8月，2位班子成员严格按照程序按期转正。一年来，党校未发生一起违法违纪事件，工作中呈现一股风清气正、严谨有序的气氛。

【县委关于党校的六个决议】 2020年11月5日，汉寿县委常委会议专题听取和研究党校工作，形成六个决议：一是同意出台汉寿县贯彻落实《中国共产党党校工作条例》重点任务清单责任分解方案。县委研究决定当前要解决党校保生存、保运转的问题；2021年年底，党校要保证达标评估考核验收基本达标；五年内，党校要实施全面改造，整体功能配套。二是同意将党校建设与发展纳入汉寿县经济与社会发展“十四五”规划。三是要求突出解决党校当前保生存和运转的问题。年底，县政府对党校一次性追加工作经费60万元，2021年充分预算。四是严格按《条例》规定制定和完善领导干部进课堂的制度和计划。五是进一步落实干训计划，加强领导干部培训力度。六是党校要在教学科研上积极探索，要增加调研经费和专项财政预算。同时将县委党校人才引进纳入重点人才引进计划，原则上每

年引进两名硕士政治专业研究生。

（李　蓉）

接待工作

【概况】 2020年，共接待来宾100余批1500余人。其中，省、市及以上领导20余批500余人；客商80余批次1000余人。

【重点服务】 疫情期间，紧跟省、市疫情防控部署，因地制宜制定疫情特殊时期接待工作措施。3月以来，省委主要领导许达哲、省委副书记乌兰、省委政法委书记李殿勋，副省长隋忠诚、吴桂英、陈飞等领导先后到汉寿县调研农业生产、脱贫攻坚、退捕禁捕、社会综合治理等工作，中心从人员进驻、餐宿、出行的每一个细节着手，进行一系列的精心准备和安排，接待工作得到上级领导的高度肯定。

【专项服务】 5月省委组织部脱贫攻坚干部考察组到汉寿考察、11月省委第二巡视组巡视汉寿，中心配合省委考察、巡视，既把控标准底线，又贴心做好周到安排，确保上级领导在汉工作高效、顺利和舒心。

【团队服务】 6月、11月，韶山干部学院培训班两批次100余名学员到汉寿学习。中心精心制作宣传汉寿的《接待手册》，准备具有汉寿特色的餐饮服务，让每一位到汉寿的客人感受到热情周到的服务。

（涂玉琪）

档案工作

【概况】 2020年，汉寿县档案馆现有内设机构3个（综合部、编研展览科技信息部、征集接收保管利用部），定编12人，现有在编人员9名。

【党建工作】 注重学习培训，全面加强思想建设。一是完善学习制度，深入推进“两学一做”学习教育常态化制度化。通过全体党员会议集中学习和平时自学，深入学习贯彻习近平新时代中国特色社会主义思想和党的十九大精神、《中国共产党党章》《习近平谈治国理政》第三卷及省、市、县委决策部署精神，全面提高党员政治理论素养。二是根据印发的《2020年汉寿县党委（党组）理论学习中心组专题学习重点内容安排》的通知（汉宣发〔2020〕2号）文件精神，及时制订本馆落实方案及专项学习计划，全年开展十次专项学习，力争学懂弄通做实习近平新时代中国特色社会主义思想。三是进一步抓好党员经常性教育工作，引导全体党员树立正确的世界观、权力观、事业观，教育引导党员干部牢固树立“四个意识”，特别是核心意识和看齐意识，切实增强“四个自信”。一年来，全馆党员干部集中学习12次。

加强组织建设，发挥组织龙头作用。一是年初详细制订党建工作计划，提出具体措施，完善工作制度。馆党支部将组织建设纳入档案工作目标中，列入重要议事日程，做到与档案业务工作同安排、同部署。定期召开党建专项会议，研究党建工作，解决重大问题，进一步转变“重业务、轻党建”的现状，树立抓好党建是最大的政绩意识。三是严肃党内组织生活制度，落实好“三会一课”制度，全年召开党员大会4次，召开巡察整改专题生活会和民主评议党员1次，支部书记上党课4次，完善组织生活，所有党员100%参加组织活动，抓好主题党日活动，每月都正常开展；按照上级部署落实好规定动作，学习贯彻十九大精神、党章、党规党纪等文件精神，按月交纳党费、给党员过政治生日、推进党务公开等事项；结合本馆实际落实好文明县城创建等自选主题活动。四是积极落实县委巡察反馈意见整改工作。6月，县委对档案馆进行了巡察，10月16日进行问题反馈，针对县委巡察反馈的三个方面、14类、28个具体问题，馆党支部高度重视，做到真认账、不推诿，真反思、不敷衍，真整改，坚决把落实问题整改作为一项重大政治任务抓实抓好，专题研究制定整改方案，进一步梳理具体整改措施，做到立行立改，即知即改，11月4日召开巡察整改专题民主生活会，查问题、明原因、促整改，共制定整改措施43项，已基本完成整改28个问题，开展提醒谈话5人次，完善健全规章制度17项。

加强作风建设，开展党建创新项目。一是健全完善制度，加强日常工作管理。二是部署开展党建创新项目，以档案查阅服务中心为平台，创建党员示范岗，以创建活动，提升档案查阅中心窗口服务水平、服务质量、服务成效，完善接待首问负责制，一次性办结制等举措，全力提供档案利用一站式服务，打造档案利用绿色通道，提高办事效率，确保服务对象满意率100%。三是利用馆网站、宣传栏等载体，开展组织建设工作，弘扬主旋律、传播正能量，从中吸收借鉴先进地区、先进单位做法和经验，为服务全馆中心工作提供了组织保障。四是落实上级党组织部署的各项工作，完成扶贫等各项工作。开展档案业务培训，进机关、进乡村、进企业开展档案业务指导；部署安排“三重”档案收集、整理、归档进馆；积极参加文明创建活动，组织党员进社区开展卫生保洁、路口执勤等活动，全年进社区10次，通过各项活动教育引导广大党员进一步发挥先锋模范作用，立足岗位多贡献，尽心尽力为地方经济发展、社会事业进步提供高效优质服务。

掌握舆情动态，抓好意识形态工作。馆党支部把意识形态工作当大事、要事来抓，明确班子成员及各部室责任，要求班子成员旗帜鲜明地站在意识形态工作第一线，带头抓意识形态工作，带头管阵地，带头批评错误观点和错误倾向，做到重要工作亲自部署、重要问题亲自过问、重大事件亲自处置，推动意识形态各项工作落实。一是传达学习上级关于意识形态工作的重要部署，要求全体干部职工深刻学习领会相关文件精神，坚决做到在思想上、行动上同党中央和省、市、县委保持高度一致。全年馆党支部开展中心组意识形态领域学习共 10 次，上传到双向反馈平台。二是充分利用门户网站，旗帜鲜明讲政治，加强新闻宣传，积极传播党的政策、方针。三是积极引导全馆干部职工学习和宣扬公民道德、文明礼仪、文明创建知识。同时，加强机关文化建设，在机关办公楼制作社会主义核心价值观、道德模范等内容的正能量宣传版面。组织全体党员为新冠疫情防控工作进行捐款，共计 1700 元。

坚持从严从实，抓好党风廉政建设。一是以抓好巡察整改为契机，全面落实好党风廉政建设责任制。二是强化廉政教育，以帅孟奇生平事迹陈列室廉政文化教育基地为载体，推进廉政文化建设活动开展。通过走出去进行廉政文化教育，4 月 3 日，党员到县烈士陵园祭奠革命先辈；7 月 2 日，组织馆党员到临澧县林伯渠故居进行了爱国主义、廉政文化教育；9 月 15 日，组织党员到市博物馆开展“纪念抗战胜利 75 周年”活动。三是开展机关效能建设。以开展“干部作风建设年”活动为抓手，坚决纠正“四风”，整治门难进、脸难看、事难办、“慵懒散”等侵害群众利益行为，进一步规范窗口服务行为，营造全馆风清气正、充满活力的工作氛围。

【档案业务工作】 发挥档案业务优势，加强对全县各档案室的档案业务指导，对重点工作档案进行全程跟踪服务，使全县档案业务水平有较大提高，档案管理逐步走向法制化、规范化、信息化。按照市委、市政府的安排部署，配合县委办（县档案局）对全县 100 多个行政事业单位及乡镇、街道开展了档案业务指导和档案行政执法检查，各单位及镇、场、街道都建成了档案室，建档率达到了 100%，并逐步完善了纸质档案整理、数字化。

【档案“三个体系”建设】 一是重启档案馆新馆建设项目。项目选址在县沧浪街道办事处，已于 12 月 1 日正式破土动工。二是档案利用服务更加优质高效。围绕县委、县政府工作中心和经济社会发展大局，主动介入，创新档案服务方式，拓展档案服务领域，提高档案服务工作水平。围绕基层档案工作需要，主动跟进，逐步规范基层档案工作，提升基层档案工作管理水平；不断完善软硬件设施，打造优良的服务环境；充分利用档案信息化网络平台，逐步实现网上互联互通和查询利用，满足广大群众对档案的利用需求。县档案馆全年接待档案利用者 1152 人次，查阅档案 1350 卷，提供复印证明 932 份，为政策落实、调解纠纷、核实工龄、工作调动、户口迁移等方面提供大量翔实的第一手档案资料。三是积极打造省级爱国主义教育基地服务平台。围绕全县“不忘初心、牢记使命”主题教育活动对帅孟奇纪念馆进行升级改造，共接待市、县前来参观的机关单位、社会组织、企业、学校等 125 个单位共计 3792 人。四是制定科学预案，确保档案安全。制定安全防范预案，进一步健全各项安全管理制度，落实安全管理责任人。5 月，邀请消防专家开展安全防火知识讲座，进行防火预案处置演练，提高工作人员防火意识和应对突发事件的处置能力。6 月，对馆内系统进行网络安全自查，确保档案馆库系统的安全。

【档案宣传工作】 加大档案宣传力度。为庆祝第 13 个“6・9”国际档

2020 年 6 月 9 日，县档案馆举办“档案见证小康路，聚焦扶贫决胜期”宣传活动

案日，6月9日—12日，配合县委办（县档案局）举办以“档案见证小康路 聚焦扶贫决胜期”为主题的宣传活动，共展出板报10多块，发放宣传册页500余份，接待前来咨询档案问题群众100余人次。利用电视、微信公众号、广场显示屏进行播放宣传，全面展示全县脱贫攻坚工作开展以来取得的巨大成就和档案事业的发展。

（熊　因）

史志工作

【概况】 2020年，汉寿县委党史研究室（汉寿县地方志编纂室），属县委直属公益一类事业单位，编制6人。

【党史工作】 做好党史资料征集编纂。加快《中国共产党汉寿历史》第三卷编纂进度。抓好《汉寿红色先驱》资料征编工作和“汉寿抗击新冠肺炎”专题资料征集；编纂《中共汉寿县委工作大事记》2020年卷；与县老区建设促进会共同编纂出版《汉寿县革命老区发展史》。

深化党史宣传教育。在中小学校，以赠书、授课等形式弘扬爱国精神，教育引导青少年学生珍惜美好生活；在城区和乡镇2所中小学校及2个行政村、社区开展“办好一个橱窗、上好一堂党史课、赠送一批书籍”等活动。向《湘潮》杂志社投稿，全年上稿3篇。开展“不忘初心，以史铸魂”主题宣讲活动。

开展党史联络组活动。完成县委党史联络组人员补充调整工作，组织开展党史联络活动。一季度召开一次党史研讨会，半年开展一次参观调研活动。一年参加一次党史书刊评审。

【方志工作】 编好《汉寿年鉴》2020年卷。《汉寿年鉴》编纂出版紧密结合全县机构改革情况调整栏目，加大图片资料收集力度，进一步提质提速，做到了公开出版发行；整理和重印《龙阳县志》《汉寿县志》（1993年版）；推进第二轮部门志书编纂收尾工作。加快6部部门志书的修改和评审进度，确保其按期出版；加大《汉寿发展实录（回忆录）》的编撰进度；积极向《常德古今》投稿。充分调动和发挥汉寿地情专家的作用，年内投稿20篇；加强网络媒体宣传，做好史志工作动态和宣传信息的采编、发布和报送工作，进一步加大“常德史志网”“常德史志公众号”“常德史志微博”“汉寿微政务”“新湖南”“龙阳先锋”等网络媒体宣传力度。发挥汉寿县史志编纂室工作交流微信群作用，加强县志业务工作指导和培训力度。

【队伍建设】 加强党建工作标准化建设，严格落实“三会一课”制度，做到有规划、有部署、有检查、有奖惩；认真开展好民主评议党员和“主题党日”等活动；加强党风廉政建设。建立健全党风廉政建设责任制，签订党风廉政建设责任状；落实“一岗双责”，认真开展“两同时”谈话；全年组织四次反腐倡廉学习和一次警示教育活动；遵守中央八项规定，加强财务管理，执行各项规章制度，杜绝任何违规违纪问题发生；加强业务培训。年内举办二次“史志讲坛”，外请专家授课；参加省市党史研究室、省市方志委组织的业务培训；组建了一支2至3人的史志宣讲队伍，精心选题，外出授课，提升干部业务水平，扩大史志工作社会影响力。开展各项文体活动和慰问活动，增强单位干部的活力和凝聚力；积极配合县委办市级文明单位创建。围绕创建省级文明单位目标，明确工作责任，丰富创建活动，创新管理，优化服务，确保继续成功纳入县委办创建省级文明单位；服务中心提质增效。进一步增强政治意识、大局意识、服务意识，紧紧围绕县委、县政府的统一部署，努力抓好脱贫攻坚、平安创建、创建省级文明县城、社会综合治理等中心工作，为“建设生态宜居的大湖经济强县”战略作出积极贡献。

2020年，汉寿县委党史研究室被评为“全市先进单位”。

（谢　平）

《龙阳县志》和《汉寿县志》

汉寿县人民代表大会

综 述

【概况】 汉寿县人民代表大会常务委员会是汉寿县国家权力机关汉寿县人民代表大会的常设机构。县人大常委会设有办公室和选举任免联络工作委员会两个工作委员会，县人大下设监察和司法委员会、社会建设委员会、财政经济委员会、农业与农村委员会、民族华侨外事委员会、环境与资源保护委员会、教育科学文化卫生委员会等专门委员会，联系指导17个乡镇人大主席团及4个街道人大工委工作。

2020年，共召开人民代表大会1次，举行县人大常委会9次，召开主任会议10次。听取和审议专项工作报告32项，形成审议意见书10份。县人大常委会任免国家机关工作人员34人，作出决议、决定5项。组织省、市和县部分人大代表集中视察1次，视察代表60人次。进行专题调查研究12次，并撰写有价值的调查报告12份。通过全面有效地行使职权，切实保障宪法和法律的贯彻实施，推进全县社会主义民主法治建设，推动了县域经济社会又好又快发展。

【听取审议重大事项】 常委会先后听取和审议了县人民政府关于2019年全县环境状况和环境保护目标完成情况的报告、县人民政府关于社区和居家养老工作情况的报告、县人民政府关于艾滋病防治工作的情况报告、县“一府两院”关于开展扫黑除恶专项斗争工作情况报告、县人民政府关于农机技术推广工作情况报告、县人民政府关于县城区物业管理工作情况报告、县人民政府关于公共文化服务保障工作情况报告、县人民政府关于2019年城乡规划实施情况报告、县人民政府关于开放型经济发展情况报告、“两官”履职评议，县人民政府工作部门关于县十七届人大五次会议及闭会期间代表建议，批评和意见的办理工作，县人民政府关于国有资产管理工作情况的报告，贯彻落实《常德市城乡生活垃圾处理情况》工作情况并作出相关审议意见。听取和审议了2019年国民经济社会发展计划执行情况和2020年国民经济社会发展计划（草案）、2019年财政预算执行情况和2020年财政预算（草案）、县人民政府关于2020年年度预算调整方案的报

汉寿县第十七届人民代表大会第六次会议全体会议闭幕式

告，依法审查1—9月财政预算调整方案和年度预算调整方案，促进了国民经济社会发展和财政预算的有效执行，对县人民政府优化经济发展环境工作开展评议，有效地促进和保障了县域经济发展环境的优化。

【重要决定决议】 2020年6月29日，汉寿县第十七届人民代表大会常务委员会第31次会议：听取县财政局局长杨剑波受县人民政府委托所作的《关于2019年决算（草案）的报告》和县审计局局长毛启平受县人民政府委托所作的《关于2019年财政预算执行情况和其他财政收支情况的审计报告》。经过审议，会议同意县人民政府《关于2019年财政决算（草案）的报告》，决定批准2019年县财政决算。

2019年10月27日，汉寿县第十七届人民代表大会常务委员会第34次会议：听取县财政局局长杨剑波受县人民政府委托所作的《关于2020年1—9月财政预算调整方案（草案）的报告》。经过审查，同意县人大财政经济委员会提出的审查结果报告，会议决定，批准县人民政府提出的2020年1—9月财政预算调整方案。

【人事任免】 坚持党管干部和人大依法任免干部的有机统一，全年共依法任免机关工作人员34人次，确保县委人事安排意图的顺利实现，为全县经济社会发展提供有力组织保障。

【执法检查】 2020年，常委会组织开展了对《常德市城乡生活垃圾管理条例》实施情况的执法检查，印发了汉寿县人民代表大会常务委员会关于汉寿县《常德市城乡生活垃圾管理条例》执法检查工作情况报告的审议意见，意见认为还存在《条例》知晓率和普及程度不高、生活垃圾分类工作推进不平衡等问题，并提出相应解

2020年10月21日，汉寿县人大常委会组织省、市、县三级人大代表开展集中视察活动。市人大常委会党组副书记、副主任王先蒙（前排左二），县委副书记刘静（前排右二），县人大常委会主任袁佑清（前排左一）参加视察

决意见。

此外，常委会还积极配合市人大开展《中华人民共和国野生动物保护法》实施情况的执法检查。贯彻市县两级党委要求，县人大常委会连续三年对县人民政府优化经济发展环境工作开展评议，促进县域经济发展环境持续优化。加强司法和法律工作监督，开展“两官”履职评议，使“两官”人员增强依法履职的责任感和使命感，努力提高公正司法水平。继续开展“司法公正常德行”活动，组织人大代表参加法院庭审旁听和“两院”司法公开日活动，进一步强化对“两院”工作的监督。

【人大代表视察活动】2020年，驻汉省、市人大代表和部分县人大代表在全县范围内开展视察活动1次，就重点项目、重点产业和民生工程进行视察，在县域经济社会发展中积极贡献人大代表力量。

办理人大代表议案、建议、批评和意见。2020年，县人大常委会坚持把督办代表建议作为激发代表履职热情的重要途径，主任会议成员牵头督办，相关工作机构集中督办，对群众反映强烈和久拖不结的重点建议进行跟踪督办等多项措施，共收到代表的建议、批评和意见73件，经过多方努力，已全部办结，办理回复率、见面率均达100%，代表满意度很高。

【人大新闻宣传工作】 县人大常委会办好机关门户网站，发挥县电视台等媒体作用，及时对“三会”和重要活动、重要工作进行全面宣传报道。同时，积极组织人大宣传通讯员向上级媒体投稿，2篇文章被湖南省人大常委会《人民之友》杂志社评为年度优稿，1篇文章获市人大理论研讨文章特别奖，1篇文章获市人大理论研讨文章一等奖，2篇文章获市人大理论研讨文章二等奖，3篇文章获市人大理论研讨文章三等奖；投稿作品广泛刊登在省市人大刊物，其中《人民代表报》8篇、《人民之友》4篇、《常德人大》8篇、《湖南日报》2篇、湖南人大网33篇、常德人大网51篇，有力传播人大声音，生动讲好人大故事。

【汉寿县第十七届人民代表大会第五次会议】 2020年5月28日，召开

汉寿县第十七届人民代表大会第五次会议，会议应到代表274名，实到261名。大会听取和审议县人民政府工作报告；审查和批准汉寿县2019年国民经济和社会发展计划执行情况与2020年国民经济和社会发展计划（草案）的报告，批准汉寿县2020年国民经济和社会发展计划；审查和批准汉寿县2019年预算执行情况与2020年预算（草案）的报告，批准汉寿县2020年预算；听取和审议汉寿县人民代表大会常务委员会工作报告；听取和审议汉寿县人民法院工作报告；听取和审议汉寿县人民检察院工作报告；补选汉寿县人民政府县长；补选汉寿县第十七届人民代表大会常务委员会副主任；补选汉寿县第十七届人民代表大会常务委员会委员；通过汉寿县第十七届人民代表大会财政经济委员会主任委员名单。大会收到代表建议、批评和意见73件。

【汉寿县第十七届人民代表大会常务委员会会议】 2020年共举行9次常委会。听取和审议“一府两院”的专项工作报告18项。根据县情，对财政预算、国民经济计划、国有资产、卫生健康、公共服务、环境保护、城市管理、城乡规划、开放型经济、农机技术等事关全县经济社会发展全局的重大问题进行审议决策，有力地推动了县域经济社会健康快速发展。会议期间还通过有关人事任免事项。

（易倩倩）

汉寿县人民政府

综 述

【概况】 2020年，汉寿县辖15个镇、2个乡、4个街道办事处、1个国家级高新技术产业园区。

全县实现地区生产总值316.3亿元，增长4.3%。其中，第一产业增加值57.4亿元，增长3.6%；第二产业增加值110.7亿元，增长6.1%；第三产业增加值148.1亿元，增长3.0%。三次产业构成比为18.2∶35.0∶46.8。完成一般公共预算收入15.25亿元，增长11.0%，其中地方一般公共预算收入9.15亿元，增长9.6%。

【农业经济】 全县农林牧渔业总产值101.4亿元，增长3.8%，新增绿色农产品认证15个、省级龙头企业3家，汉寿甲鱼荣获农业农村部地理标志产品，完成“绿化龙阳”营造林23万亩，承办全省春耕生产暨农机装备产业转型升级现场推进会，入选第二批国家农村产业融合发展示范园。

【工业经济】 完成规模以上工业产值297.1亿元，增长7.1%，实现规模工业增加值61.2亿元，增长7.0%，新增规模工业企业22家，总数达到151家。园区规模工业实现增加值50.6亿元，增长12.0%，占全县规模工业增加值的82.7%。获评全省新型工业化装备制造产业示范基地、全省工业数据云建设先进单位。

【社会消费】 完成社会消费品零售总额119.3亿元，增长-1.7%；引进内外资总额82.89亿元，增长13.7%，其中，外资到位11280万美元，引进省外境内资金63.5亿元。拥有国家AAAA级景区清水湖旅游度假区、AAA级景区西洞庭湖国家城市湿地公园、汉寿竹海国家森林公园和息风湖国家湿地公园、帅孟奇故居等星级景区景点，清水湖野生动物园、万达广场完成主体建设，青山湖候鸟苑开园，承办第十一届洞庭湖国际观鸟节，“三园一线”旅游线路初见雏形。

【固定资产投资】 实施重点项目建设135个，争取上级各类资金44.2亿元，完成固定资产投资249.6亿元，增长20.9%。

2020年11月7日，汉寿县委副书记、县长周功表（左一）到辰阳街道围堤湖督导珍珠退养工作

【交通建设】 全县完成交通运输、仓储和邮政业增加值16.9亿元，增长1.1%；陆上交通可通过石长铁路、319国道、224省道和长常、长张、长吉、常岳、二广5条高速，南到两广，北达京冀，西至成渝，东抵沪杭。水路可通过沅澧二水直达重庆、上海。空中交通可依托毗邻不足30分钟车程的常德桃花源机场，直飞北京、广州、深圳、上海、昆明等地。全县公路里程2334千米，其中省道179千米、县道313千米、乡道804千米、村道1038千米。

2020年7月14日，汉寿县委副书记、县长周功表（前排左二）到高新区调度重点项目建设

【高新产业】 全县高新技术企业31家，完成高新技术产业投资23.6亿元，实现高新技术产业增加值39.17亿元，增长17.63%。

【三大攻坚战】 聚力风险防控，化解债务6.78亿元，实现了“三保”目标，守住了资金不断链、不发生系统性风险的底线。聚力脱贫攻坚，792户2073名剩余贫困人口顺利脱贫，已脱贫人口无一返贫，取得脱贫攻坚的决定性胜利。整改销号中央、省环保督察回头看交办任务15项，完成“夏季攻势”整治任务49项，实施水环境整治项目292个，西洞庭湖保护区内欧美黑杨全部清零，改良和修复湿地9万亩，退养珍珠2.4万亩，关停“散乱污”企业16家，国控、省控水质断面达到年度考核要求，空气质量优良率96.7%。

【典型经验】 *汉寿县禁捕退捕工作获省真抓实干表扬激励。* 汉寿县以习近平总书记“共抓大保护、不搞大开发”思想为统领，认真贯彻落实中央、省、市部署要求，紧盯“退得出、稳得住、能致富”目标，精心部署，攻坚克难，强力推进禁捕退捕工作。从2020年1月1日0时起，在全县水生生物保护区水域，禁止天然渔业资源生产性捕捞。最终审定退捕渔民1225户1515人。其中，持证专业渔民253户490人，无证专业渔民11户18人，持证兼业渔民49户95人，其他持证渔民830户830人，提前退捕渔民82户82人。退捕协议签订率、权证回收率100%。共回收拆解持证渔船1178艘，销毁渔具917吨，渔船拆解率100%。共处置“三无”船舶4649艘，其中：回收拆解858艘、打击销毁1031艘、标识登记及GPS监管2760艘。

汉寿县推进园区改革发展工作获市真抓实干表扬激励。 2020年，汉寿县深入推进“开放强市、产业立市”战略，帮扶园区企业发展，激发园区发展活力，为县域经济高质量发展提供了强力支撑。建立了部门靠前服务园区机制，16个部门力量下沉、责任下沉、服务下沉，为园区企业提供“保姆式、保镖式、保安式”服务。深入推进“汉寿人用汉寿造”，每月举行一次本地企业产品推介会，政府性采购率增加50%，以政府采购带动消费本地产品。积极推行政企餐叙会、关爱企业家等惠企暖企活动，提升企业家获得感。全面实施园区一体化改革，完善了区划调整，推动园镇深度融合。园区规模工业产值、规模工业增加值分别达到241.19亿元、50.57亿元，分别增长13.06%、12%，增速均排名全市第一方阵；园区规模工业企业入库税金2.76亿元，同比增长46.9%。在全省园区综合评价中跃升至第58名，排名前进30名。

（李勇波）

办公室工作

【概况】 2020年，县政府办按照“干在实处，走在前列”的要求，聚力真抓实干，狠抓执行落实，较好地完成了各项目标任务，为全县经济社会高质量发展作出了积极贡献。

【政治思想建设】 政府办始终牢记初心使命，在实践中强化党性锤炼和政治历练。主要做到了“三个始终”。一是始终恪守绝对忠诚。增强“四个意识”，坚定“四个自信”，做到“两个维护”，坚决贯彻落实习近平总书记重要指示批示精神，从严落实党中央国务院、省委省政府、市委市政府、县委县政府的决策部署，县委、县政府提倡的坚决响应，县委、县政府决定的坚决执行，县委、县政府禁止的坚决不做。二是始终做到深学笃行。全年共开展集中学习22次，深入学习习近平新时代中国特色社会主义思想，全面领会党的十九届五中全会精神实质和习近平总书记考察湖南重要讲话精神，准确把握省委“三高四新”战略和市委“一个中心”“两个枢纽”“三个基地”发展要求，在学思践悟中不断提高政治理论水平和贯彻落实能力。三是始终加强队伍建设。以党的政治建设统领政府办队伍建设，坚持高标准、严要求，坚持以上率下、带头示范，切实办好关键小事、民生实事，以“钉钉子”精神推进各项工作取得实质成效，切实打造维护力强、引领力强、担当力强、服务力强的政府办队伍。

【履职服务】 紧紧围绕全县发展大局，从参政设谋、综合协调、督促检查等方面入手，不断提升服务经济社会发展的能力和水平。一是服务群众有温度。县长热线办热情解答群众来电，全年共受理单位工单数量3103封，有效来电接通率98.34%，在线办结率80.33%，按时办结率98.66%，回访满意率100%；县长值班室共接待来访群众1360人次，接听来电咨询1835次，主动回应群众关切热点问题；城镇组协调化解房地产信访突出问题，涉及项目18个，解决了近5000户由于历史遗留问题无法办理不动产证书的问题。二是参谋辅政有深度。围绕县委、县政府年度工作重点，深入开展调查研究，提出针对性参考意见，为领导决策提供有效依据。重点围绕产业发展、项目建设、乡村振兴、生态环保等领域，撰写了一批有价值的调研报告，很多成果进入了领导的决策层面。三是办会办文有精度。办会进一步规范，全年组织48次省、市领导到汉寿考察调研活动，举办会议410次，其中，由县政府主要领导召开的全县性的各类会议66次，组织上级政府系统视频会议90次，举办疫情防控和防汛专题应急会议33次，组织各类专题调度会221次。办文进一步精简，以县政府和县政府办名义制发的规范性文件208件，同比2019年211件减少1.44%。四是督促检查有力度。对政府常务会议、县长专题调度会及其他重要会议的议定事项进行紧密跟踪督办，及时汇总各责任单位的落实情况。全年办理主要领导批示件31件，并及时向领导反馈办理情况，下发《政府督查》24期，有力地推动了各项工作的落实。

县委常委、常务副县长朱正权（右三）到沅泉大水厂调研指导工作

【真抓实干】 坚持闻令而动、听令而行，扎实开展疫情防控、扫黑除恶、脱贫攻坚等重点工作。一是全力做好疫情防控。疫情发生后，坚持人民至上、生命至上，抽调精干力量到疫情防控指挥部工作，很多干部发扬冲锋在前的无畏精神，从大年三十开始坚守岗位，值班室、督查室、热线办、综合组等组室连轴运转，为打赢疫情防控阻击战作出了积极贡献。二是全力开展扫黑除恶。每季度召开一次党组会，对开展“扫黑除恶”专项斗争工作进行专题研究，对下阶段具体工作进行专题部署，推动“扫黑除恶”专项斗争各项指令性工作落实到位。每周对涉黑涉恶线索梳理一次，采取实地走访和实地检查的方式，深入摸排线索。向全体干部职工及家属宣传扫黑除恶专项斗争的重要性和参与方式，公开举报方式和奖励规定，有效提升了扫黑除恶效果。三是全力推进脱贫攻坚。积极开展入户调查工作，深入了解64户贫困户基本信息，全面核查帮扶对象家庭生活情况、收入情况。结对帮扶干部每月坚持到贫困户家中走访两次，充分利用各项资源，解决贫困户生产生活实际困难，为贫困户陈兰英解决危改资金2万元。深入开展驻村工作，向村民宣传光伏扶贫、金融扶贫等相关政策，帮助村民利用小额信用贷款发展扶贫项目，取得了较好成效。

【机关管理】 始终把纪律规矩挺在前面，确保各项工作有法可依、有章可循。主要做到了“四个严”。一是严肃党内生活。坚持党建工作与经济工作同研究、同部署、同落实，充分发挥党组把方向、管大局、促落实的作用，认真履行党组管党治党责任，严格落实“三会一课”制度，开展民主评议党员、“双述双评”、主题党日等活动，推动全面从严治党不断深入。二是严守议事规则。着力完善工作规则，从严规范行政行为，在重大问题决策、重要项目安排、大额资金使用上，严格执行“三重一大”集体决策制度，实行集体领导、民主集中、个别酝酿、会议决定，切实提高服务经济社会高质量发展的能力和水平。三是严格依法行政。持续推进法治政府建设，全力督导行政执法四项制度落实，积极跟踪督办政府系统各单位建议提案办理工作。一年来，政府系统各单位高质量办理人大代表建议 68 件、政协委员提案 97 件。四是严抓廉政建设。落实党风廉政建设责任制，严格履行“一岗双责”，严格执行中央八项规定及省市县作风建设要求，驰而不息纠“四风”。牢固树立过“紧日子”思想，压减一切不必要的行政开支，坚决整治损害群众利益的不正之风。加强政府办系统廉政教育，建立健全廉政谈心谈话制度，开展谈心谈话 213 人次。

（李勇波）

发展和改革工作

【概况】 汉寿县发展和改革局为县人民政府工作部门，加挂汉寿县粮食和物资储备局牌子，为正科级单位。2020 年，全局共有在职职工 56 名，其中行政编制 20 人，事业编制 44 人；离退休职工 119 名。全局有内设股室 11 个、局直属事业单位 7 个（重点项目建设事务中心、产业发展事务中心、以工代赈办、价调办、价格认证中心、粮食经营指导办、粮油质量监测站），其中，重点项目建设事务中心、产业发展事务中心为副科级单位。

2020 年 3 月 6 日，县委书记车世忠（左三）和县领导刘毅翔（右四）、袁佑清（左一）、解以刚（右三）、熊毅（右二）、宋化丽（右一）等出席智能终端 5G 配套产业园（二期）建设项目开工仪式

2020 年，发改局扎实推进争资争项、重大项目建设、产业发展、“十四五”规划编制、粮食安全优产、价费服务等重点工作，获得第二批国家农村产业融合发展示范园 。

【投资运行】 投资运行监测督导有力。2020 年，全县固定资产投资增速 20.9%，全市排名第一方阵。1—12 月，累计在库项目（房地产项目除外）242 个，总投资 446.85 亿元，其中 5000 万元以上的项目 107 个，总投资 394.9 亿元，2020 年新入统 5000 万元以上项目 62 个，总投资 229.49 亿元，一批大项目支撑作用明显增强。

【争资争项】 根据年初制定的《汉寿县争资争项考核办法》，分解下达全年争资争项任务 34.4758 亿元，全县共到位上级资金 38.76 亿元。全县争取项目资金过亿元的单位 3 家，分别是县发改局 3.28 亿元、县农业农村局 3.54 亿元、县水利局 2.4 亿元；争资额度在 3000 万元以上的项目 6 个，分别是高标准农田建设项目（两批）8939 万元，保障性安居工程配套基础设施建设项目（五批）7330 万元，沅澧涝区、沅南涝区项目 6253 万元，长江流域重点水域禁捕过渡期补助资金 4885 万元，洞庭湖生态环境专项整治资金 3292 万元，水库除险加固工程 3053 万元。第三产业发展逐步恢复。对符合条件的企业鼓励入规，共组织了 16 家企业在县统计局入规，仅有 1 家通过国家初审，后段将持续发力，预计有 10 家以上通过审核。

【产业发展】 深入贯彻落实市委、市政府“开放强市、产业立市”战略，以产业发展“百日攻坚”行动为契机，推动产业发展全面落实。

对应“两主两辅一特色”产业，成立 5 个专门招商领导小组，每个小组均由 1 名县级领导牵头，开展招商引资活动。元月至 11 月，到北京、上海、广州、深圳、长沙等地开展招商引资活动 30 余次，成功签约亿元以上产业项目 25 个，其中 10 亿元以上项目 1 个。对已签约项目实施贴身服务，确定责任单位及责任人，在项目现场设立项目建设指挥部，促进项目尽快落地开工。1—11 月，全县共有亿奉高标准冷弯型钢建设项目、鸭了么酱卤制品生产厂等 32 个亿元产业项目开工建设，斯托德医疗器械、博溥立二期等23个亿元产业项目竣工投产。靠前服务。建立部门靠前服务园区长效机制，16个涉及政策、资金、审批等工作的职能部门，派出1名班子成员、2—3名工作人员入驻园区，集中办理园区事务，每半个月召开一次部门靠前服务园区工作例会，每月对部门靠前服务工作实行一次测评。

【项目建设】 重点建设项目加快推进。2020年继续实施“项目推进年”活动。全县重点建设项目累计完成投资150亿元，有中联智能装备配套产业园建设项目、青阳北路建设项目、芙蓉学校建设项目、汉寿一中异址新建项目、亿奉高标准冷弯型钢建设项目、鸭了么酱卤制品生产厂建设项目、万达广场建设项目等95个项目开工建设。全县共组织了三次集中开工，共有18个项目集中开工，总投资107.2亿元。其中，产业项目9个，总投资69.5亿元，占比64.8%。中联智能装备配套产业园建设项目、汉寿一中异址新建项目、万达广场建设项目、智能终端5G配套产业园（二期）建设项目、康普药业水针车间建设项目、国家级农业产业融合示范园建设项目等重点项目开工。2020年纳入市考核的重点建设项目17个，年计划投资54.7亿元，实际完成投资61.7亿元，占计划的113%。2020年，全县着力推进的50个重大前期项目，共有23个项目提前开工建设，剩余的27个项目中，有15个具备开工条件；纳入市考核的重大前期项目7个，均达到预期工作目标。

【“十四五”规划编制】 “十四五”规划编制按时序推进。多次召开专题会议研究“十四五”规划重大项目库和重点专项规划，对于“三个重大”征求各方意见，反复论证可行性。通过积极向省、市发改委对接政策方向，经广泛调研和讨论，初步形成《纲要》文本初稿和重大项目库，共谋划“十四五”规划项目450个，总投资2457.73亿元，其中申报纳入省“十四五”规划的重大项目合计63个，总投资1112.67亿元；申报纳入市“十四五”规划的重大项目合计200个，总投资2061.80亿元。重点对接洞庭湖汉寿特大桥、安乡至汉寿高速公路（七号大道）、河湖连通工程、西湖灌区续建配套与现代化改造等一批项目，为全县“十四五”社会经济发展积蓄后劲。2020年年底，按程序提交县委、县政府会议审议。

【粮食安全】 粮食购销、调控与储备。2020年，全县粮食购销总量约60万吨，其中粮食收购约30万吨，粮食销售约30万吨。全县有粮食企业45家，粮食库存约18万吨，其中省级储备粮6.1万吨、县级储备粮4500吨、商品粮约5万吨、其他粮6万多吨，粮食库存处于历史最低水平。加快粮食产业发展。大力发展订单生产，新增优质特色粮油订单生产基地10万亩。指导农户科学种粮，加大优质粮食科学种植技术的推广力度。制定控制技术规程，建立“好粮油”全程可追溯体系。着力推进粮食产业转型升级和产品结构优化，全县粮油工业保持良好发展态势。加强产销协作，拓宽优质粮食销售渠道。加强粮食监督检查。加强全县各类政策性粮食的收购和出库监管，杜绝重金属超标粮食流入口粮市场，保障食品安全。开展问题整改“回头看”专项行动、全省政策性粮食库存数量和质量大清查发现问题整改“回头看”等专项检查，对发现的问题对标对表督导企业整改，确保企业整章建制、规范经营。

【易地扶贫搬迁】 加强对搬迁入住、拆旧、复垦复绿扫尾工作的督导，搬迁入住、拆旧、复垦复绿率均达到100%，2124户搬迁户发证到户。完成对分散安置户的基础设施配套建设，分散安置户受益率达100%，生产生活条件大大改善。开展搬迁项目地质灾害隐患、住房质量安全问题排查和整改，整改合格率达100%。全面落实后续产业及就业帮扶，一是加强对产业帮扶发展项目的资金监管，督促企业及时发放搬迁户入股分红资金，全县2124户7659人搬迁对象人均分红700元，入股分红率100%；二是统筹做好技能培训、就业创业引导、公益岗位安排等就业帮扶，全县搬迁对象在扶贫车间务工121人、县内就业677人、外出务工人员县外省内702人、省外就业1148人、灵活就业992人、公益岗位就业56人、其他形式就业30人，自主创业的户数73户。无零就业家庭。全面提升安置点管理服务水平，在全县26个集中安置区开设各类公共服务窗口和悬挂公示牌，强化政策宣传和业务指导，全面开展党建、物业管理、治安维稳、矛盾调解、心理辅导等工作，确保搬迁群众办事有地方、议事有组织、纠纷有人管、困难有人帮。

【洞庭清波专项整治】 2019年3月，全市长江经济带生态环境问题清单公布，汉寿县有个性问题11个，全部完成整改销号。蒋家嘴断面水质问题于2020年10月17日完成整改，10月20日整改销号资料报送至市发改委申请办结销号，市委、市政府同意销号并上报省突出环境问题整改工作领导小组办公室。安乐湖片区综合治理于2020年9月25日完成整改，并于当日将整改销号资料报送至市生环局申请办结销号。

【公车改革】 按照市公务用车制

度改革领导小组对车改工作的要求，县车改办通过前期摸底、分类、统计，确定全县事业单位（含机关本级和机关所属二级单位及股室）418家，共9632人参与车改，292家单位2301人可发放车补，126家单位889人采用据实报销交通费用，全年共发放车改补贴1600万元左右。事业单位共79台车辆，县属国有企业10家，14台车辆，涉及车改人员35人；其他部门所属国企7家，12台车，涉及车改人员19人，全年发放交通补贴42.47万元。制定汉寿县事业单位和国有企业公务用车改革方案。

【价格服务管理】 按照上级指示和要求，为支持企业复工复产，阶段性降低非居民用气成本，在现行价格基础上下降0.4元/立方米，对化肥生产企业终端价格下降5%，为企业减费近100万元；阶段性降低企业用电成本，除高耗能行业用户外，大工业电价的电力用户，按到户电价水平的95%结算，为企业减费近400万元。主动推进了价格调控、价格成本调查、价格监测、价格认证等价格服务工作，为政府开展价格管理提供了依据，为全县经济社会发展营造了良好的价费秩序。

（黄 黎）

信访工作

【概况】 汉寿县信访局为正科级单位，核定公务员编制8人，内设局办公室、网信股、督查股（政策法规股）。下设二层事业单位汉寿县信访接待中心，核定事业编制6人。

2020年，全县信访形势持续平稳向好，呈现“四降一升一好转”良好态势。全县信访总量同比下降16%，信访秩序进一步好转。县里成功脱掉了“全省重点管理县”帽子，龙阳街道、罐头嘴镇、太子庙镇等3个单位成功退出“全市重点调度乡镇（街道）”行列。

【信访新模式】 2020年，全县受理、办理、转送、交办的各类信访件按期办结率100%。

推行新模式。大力推行“互联网+信访”新模式，提高移动端信访普及率、网信占比率，与2019年相比上升8.4%，网信占比率达到74.4%，网信占比率明显提升；2020年群众满意度与2019年持平，达到97.5%。新模式有效减少重复信访，提升了工作效率、公信力和群众满意度。2020年，汉寿县被纳入“最多访一次”案件共4件，均已按期办结，办结率100%。

【建设法制信访】 坚持以依法“双向”规范化建设为总原则，守住底线，加强信访工作法治化建设。一是加强信访法治宣传教育。5月和6月，采取集中宣传和送法下乡相结合的方式，大力开展信访法治宣传月活动。活动期间，全县共悬挂横幅标语近1000条，举办集中宣传活动3场，开展送法下乡活动4次，印发各类宣传资料1500份。二是加强信访基础规范化建设。深入推进访诉分离、依法分类处理、访调对接、律师参与信访矛盾化解等工作，确保信访工作依法合规、不越红线、不触底线，确保问题处理和矛盾化解经得起历史和人民的检验。三是狠抓信访秩序的规范与整治。依法处置规模集访，进行教育训诫，真正做到教育转化和依法处理相结合。

（彭 轩）

人力资源和社会保障工作

【概况】 汉寿县人力资源和社会保障局是主管全县人力资源和社会保障行政事务的县人民政府工作部门。下辖5个具有管理职能的副科级事业单位：就业服务中心、社会保险服务中心、工伤保险服务中心、人力资源开发交流服务中心、仲裁院。4个正股级二级单位：监察大队、城乡居民养老保险管理服务中心、教育培训中

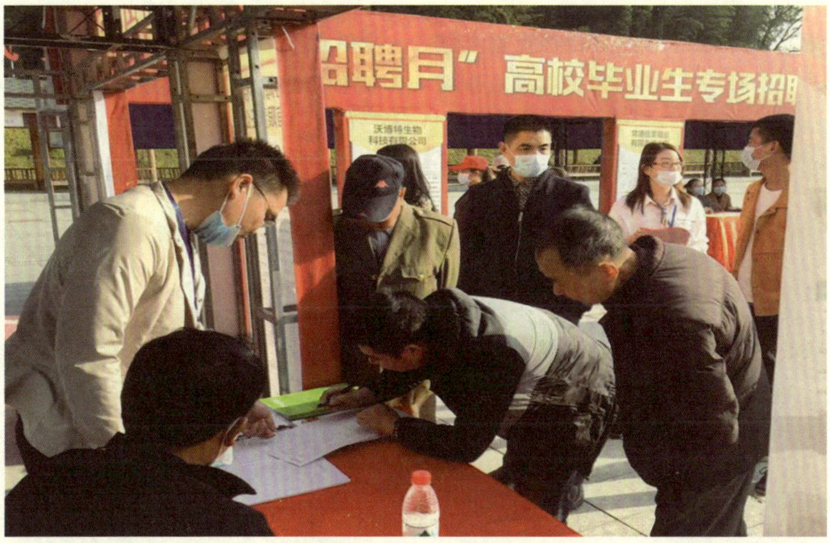

2020年9月12日，汉寿县在市民广场举办2020年“高校毕业生、退捕渔民、贫困劳动求职和服务高新区企业用工”四合一专场招聘会

心、统计信息中心。局机关内设10个职能股室：办公室、政工人事股、财务股、事业单位人员管理股、工资福利股、专业技术人员管理股、就业促进与失业保险股、养老保险股、工伤保险股、劳动关系股。主要负责全县机关企事业单位基本养老保险、工伤保险、失业保险、城乡居民养老保险、就业和职业技能培训、劳动监察和劳动争议仲裁、专业技术人员队伍的管理、人事制度改革和工资分配制度改革、人才市场建设、国内外智力引进、行政奖惩等工作。

2020年，汉寿县人社局被人社部办公厅评为《中国劳动保障报》新闻宣传工作做得好的单位；在全市创新创业大赛创业组荣获一等奖，创新项目组荣获二等奖；被湖南省城乡居保管理服务中心评为2020年度城乡居保经办管理服务工作优秀单位。

【就业创业】 2020年城镇新增就业人数4530人，占年任务的101%，其中失业人员实现就业人数2322人，占年任务的102%；就业困难人员实现就业人数821人，占年任务的102%；“零就业”家庭成员就业率为100%，城镇登记失业率控制在4%以内。新增农村劳动力转移就业4790人，占年任务的100%。共发放创业担保贷款97笔，贷款金额3220万元，个体工商户创业担保贷款91户，贷款金额1585万元，小微企业6户，贷款金额1635万元。直接扶持152人成功创业，带动1475人就业。推选的沃博特生物科技有限公司获得常德市创业大赛创业组第一名，并代表常德参加全省的创业大赛，获得优胜奖。技能培训扎实开展。2020年开办各类培训班131个，培训6015人，其中技能培训班115期，共有5535人参与；创业培训班16期，培训480人。完成“两后生”技能培训77人。

【社会劳动保险】 2020年全县参加城镇职工基本养老保险的单位626家，参保在职人数50900人，实际缴费人数32496人。征收养老保险基金28000万元（实收23200万元，中小微企业减免4800万元）。全县有28057名企业退休人员享受养老金待遇，累计发放养老金77923万元，发放丧抚金3348万元。全面完成离退休人员人脸建模工作，共计认证27833人，认证率达99%。完成养老保险改革的后续工作，从2021年1月1日起，企业职工基本养老保险由税务部门统一征收。截至2020年年底，汉寿县社保中心共为446家企业（大型企业8家、中小微企业438家）8500人减免社会保险费4800万元。核查退役士兵，为其办理养老保险关系接续，征缴基金。

汉寿县城乡居民基本养老保险政策宣传活动

【机关事业单位养老保险】 截至2020年年底，全县参加机关事业单位基本养老保险的单位233家，在职参保人数12979人，退休8026人，发放养老金41552万元。机关养老保险征缴基金19224万元。上解省中心职业年金10071万元，其中本年征缴职业年金4360万元。“中人”应计发2817人，已正式计发2801人，占应计发人数的99%。职业年金应发放2817人，已发放2784人，占应发放人数的98%。

【城乡居民养老保险】 2020年，全县城乡居民参保人数49.25万人，征收保费8000万元；待遇领取134364人，发放养老金17318.62万元，发放率达100%。代发独生子女、被征地农民、乡村中老年医生、民办老师、电影放映员生活补助7116人次，累计发放1892.63万元。

【工伤保险】 2020年，全县参保单位605个，参保人数38600人，完成年度任务37000人的104%；征缴工伤保险费811万，完成年度任务征缴1462万元的55%；新增参保单位83个，新增参保人数5865人；建筑施工项目新增参保22个，新增参保人数3673人。全年支出工伤保险基金1443万元，基金滚存结余1800万元。

【失业保险】 2020年失业保险基金征缴540万元，参保人数20285人。新增扩面单位50家，发放失业金558万元。发挥失业保险稳定就业功能，为企业平稳发展保驾护航，对36家单位发放稳岗补贴52万元，稳定就业岗位2772个。

【劳动保障监察】 通过开展“定期监察”“人力资源市场专项整治”“企业诚信等级评价”“三年治欠保支”等专项行动，广泛宣传劳动保障法律法规，发放宣传资料1500多份。为解决用人单位拖薪欠薪问题，维护群众的合法利益不受侵害，深入用人单位及建筑工地发放宣传图册300多份，利用窗口接待、电话回答咨询，解答劳动者或用人单位问题近300余条。严格执行农民工工资保证金制度，全年缴存农民工工资保证金200万元，累计缴存1400万元，实现房产开发项目全覆盖。劳动监察大队共立案拖欠工资案件19件，涉及工资1517.2万元，涉及人数751人。其中，移送公安机关5件，涉及工资651万元。法定期限内结案率100%，体现了快立案、快协调、快解决的处理原则，及时消除了不安定因素。全年未发生政府投资项目欠薪问题。

【劳动人事争议仲裁】 坚持先调解后仲裁的原则，从争议焦点入手，有效化解矛盾。2020年，共处理劳动人事争议案件113件，案件受理量较上年略有上升，其中调解结案98起，裁决结案13起，以其他方式结案2起，结案率为99%，调解率为88%。从类型看，以经济补偿和工伤保险待遇纠纷居多。审理结案的案件全部整理归档，案件整理归档率为100%。

【人才引进与专技人员管理】 2020年，共计引进各类人才243人，其中硕士21名，211类全日制本科毕业生14名，一般类全日制本科毕业生208人，预计发放各类津补贴及慰问经费150余万元，涉及10余个项目，近100人次。全县通过评定和考试获得初、中、高级专业技术职称551人，其中新晋高级职称133人、中级职称418人。

【事业单位人事管理】 严格根据各单位空岗情况，进行事业单位岗位动态管理，规范事业单位专技人员聘用审核登记备案工作，完成县司法局、水利局、财政局、教育系统、乡镇下属等事业单位岗位异动审批，坚持事业单位进人“凡进必考”原则，招聘教师和“三支一扶”等工作人员276名。

【工资福利工作】 杜绝“吃空饷”。针对全县机关事业单位调出县外、解聘、辞职、双开、在编不在岗的问题，及时督促单位，办理报停工资待遇手续，共报停370人次。完成事业单位工作人员年度晋薪9768人次，机关工作人员晋级、晋档98人次，报停工资待遇370人次，办理乡镇工作补贴异动1450人次，办理机关事业单位到龄退休手续300人次，办理抚恤金计发100人次。办理企业职工正常退休1085人，特殊工种提前退休21人，病退56人。

【人力资源管理与开发】 开展“311”就业服务。对未实现就业且有就业意愿的贫困劳动力提供“311”就业服务。通过上门上户、微信公众号等渠道，及时发布招聘、创业担保贷款政策等优惠政策信息，每年至少推荐3次岗位信息，提供1次职业指导、1次免费技能培训信息，并实行痕迹化管理服务，每次服务情况都录入公共就业服务信息管理平台，强化跟踪服务，在岗位推荐两周内及时地进行跟踪。优化职介服务稳就业，应对新冠疫情不利影响，利用职介平台、微信公众号等平台开展线上招聘活动，全年线上发布招聘信息40期，为170多家企业发布招聘信息1000多条，1650人通过线上招聘找到了理想的就业岗位。根据企业用工需求，全力满足抗疫医疗企业的人力资源需求，2020年共举办各类招聘活动7场，145家企业参与现场招聘活动，提供就业岗位6477个，3111名求职人员参加现场应聘，1109人达成初步就业意向。为退捕渔民建立就业台账，每个渔民都签订了一式四份的就业承诺书，组织退捕渔民到园区实地参观，先后组织了6场专场招聘会，提供就业岗位4457个，初步达成就业意向864人。

（李　进　尹　钟）

民政工作

【概况】 2020年，汉寿县民政局实有46名在职干部职工，设置8个内设机构，下属事业单位8个。

【争取资金】 按照“保运转、保稳定、保民生”的工作目标，2020年，向上争取各项民政专项资金11881.81万元，其中困难群众救助资金10372万元（城市最低生活保障金支出1914万元、农村最低生活保障金支出5070.84万元、社工站政府购买服务支出207.4万元、城市特困人员救助供养支出430.22万元、农村特困人员救助供养支出4287.35万元、临时生活救助支出410.04万元、孤儿救助资金168万元、流浪乞讨人员救助50万元。用于社会福利的彩票公益金支出406.6万元、老年福利81.3万元、残疾人两项补贴710.5万元、殡葬60万元、社会服务兜底工程195万元、其他56.41万元、预内资金4986.89万元），共计16852.41万元，民政社会保障能力不断加强。

【养老服务和“三留守”人员工作】 一是高龄老人补贴、孤儿和事实无人抚养儿童基本生活费及时发放。

汉寿县民政局调研村（社区）“两委”换届选举工作

2020 年，高龄老人补贴发放 300.59 万元，孤儿基本生活费发放 58.8495 万元，事实无人抚养儿童基本生活费发放 85.4168 万元。二是积极申报“汉寿县社会养老院”建设项目。为切实缓解全县养老服务机构床位紧张的问题，应对人口老龄化增长趋势，在辰阳街道杨旗社区建设汉寿县社会养老院项目，占地 20 亩，建筑面积 13350 平方米，设置床位 300 个，计划投入资金 3000 万元。三是抓实养老服务和改革创新试点工作。2020 年，政府下拨社会福利事业的彩票公益金 228 万元用于支持发展养老服务。辖区内失能、半失能特困人员集中供养率达到 52.3%，养老机构护理型床位占比达到 59.2%，居家和社区养老服务改革试点任务落实到位，社区养老服务设施覆盖率达到 91%，村级养老服务设施覆盖率达到 51%，养老机构 100% 符合《养老机构服务质量基本规范》，养老护理员上岗培训率 100%。截至 2020 年，全县共有养老机构 180 家，其中农村敬老院 29 家、农村五保之家 12 家、农村幸福院 60 家、社区日间照料中心 18 家、居家养老示范点 40 家、农村互助幸福屋 10 家、城乡医养健康屋 4 家、城市宜老自助屋 2 家、公建民营社会福利中心 1 家、社会力量筹办养老机构 5 家。共有养老床位 7166 张，按全县老年人口 16.6451 万人计算，每千名老年人养老床位达到 43 张。形成以县社会福利中心（常德市嘉佑养老服务有限公司）、锦源老年医养中心、东润花园老年公寓、汉寿县回族维吾尔族养老院、汉寿县鑫梦缘养老院等五家养老机构为支撑，街道、乡镇社区以社区日间照料中心为依托，村（居）以居家养老为示范点，农村以“三屋”建设为基础的养老服务体系。

【社会兜底保障政策落实】 深入推进低保制度与扶贫开发政策有效衔接、精准施策，确保特殊困难贫困人口通过政策性兜底实现稳定脱贫，努力让民政社会兜底保障工作实现“全面、精准”双兜底、双保障。城市低保保障 32694 人次、资金 1242.34 万元，农村低保保障 154418 人次、资金 3396.98 万元，特困人员保障 63266 人次，资金 3082.32 万元。以上三类人员发放物价补贴 896.3 万元。

社会救助水平得到提高。进一步加强农村低保制度与扶贫开发政策有效衔接，实现农村低保标准与扶贫标准“两线合一”。2020 年，城市低保保障标准提高到 560 元/月人、农村低保保障标准 390 元/月人、农村特困供养标准 6000 元/年人、城市特困供养标准 8760 元/年人。与此同时，全面落实临时救助制度，突出临时救助“救急难，补短板”的功能。民政局印发《关于建立临时生活救助备用金的通知》，对各乡镇（区）、街道办下拨 1 万—2 万元的临时救助储备金，有效解决城乡困难群众突发性、紧迫性、临时性生活困难。

2020 年，临时救助 2089 人，发放临救资金 346.1 万元。

【矽肺、精减退职、起义投诚对象保障】 全县共有矽肺人员 291 人。其中一期 195 人、二期 79 人、三期 17 人，补助金每年分别按 10%、15%、20% 递增。一期每人每月 452 元、二期每人每月 730 元、三期每人每月 1151 元；全县共有精减退职人员、起义投诚人员 106 人，救助补贴均按照政策发放到位。

【残疾人两项补贴政策落实】 规范残疾人管理。为落实扶贫关于残疾人办证和惠残政策的要求，2020 年，通过广泛政策宣传和集中上门评残等方式协助残疾人便捷办理相关手续，符合条件的残疾人办证人数增加，全县有残疾人 21936 人，其中一二级重度残疾 14678 人、三四级残疾 7258 人，2020 年新增加残疾人 3293 人，其中重度残疾人一级 238 人、二级 1602 人、三四级 1453 人，增长率 18%；残疾人两项补贴按照标准发放到位。根据常德市民政局、财政局、扶贫开发办公室《关于提高全市城乡低保、特困供养及残疾人“两项补贴”标准》（常民发〔2020〕11 号）的通知，从 2020 年 1 月 1 日起，县域困难残疾人生活补贴和重度残疾人护理补贴标准统一由 2019 年的人均 65 元/人/月提高到 70 元/人/月，目标完成率 100%。全县残疾人两项补贴对象共 1.9 万人，累计发放资金 1471 万元。

其中，重度残疾人护理补贴对象12240人、发放140969人次、发放资金986.19万元，困难残疾人生活补贴对象6729人、发放69376人次，发放资金485.34万元。

【园区体制改革】 按照“园镇合一”改革方案，将高新区所在的5个社区统一划转到太子庙镇。为贯彻执行国家、省、市加快新型城镇化进程的决策部署，根据行政区划调整的相关规定，对省民政厅起草并形成《汉寿县人民政府关于撤销我县太子庙镇设立太子庙街道和岩嘴乡的请示》（汉政〔2020〕27号），对市民政局起草形成《汉寿县人民政府关于撤销我县太子庙镇设立太子庙街道和岩嘴乡的函》（汉政函〔2020〕15号）。对本次区划调整所涉及的乡镇、街道以及村（社区）负责人集中到毛家滩回维乡政府进行区划调整业务培训。

【殡葬事务管理】 一是规范工作行为。2020年出台《汉寿县城区城乡居民基本丧葬服务费用免除和节地生态安葬奖励实施细则》《关于进一步规范人口死亡医学证明和信息登记管理工作的通知》《违规墓地专项整治成果巩固提升行动方案》等规范性文件。二是切实减轻群众负担。对具有本地户籍的城乡低保对象、城镇“三无”人员、农村五保对象、优抚对象以及土葬对象自愿火化的，免收基本殡葬服务费。同时，对全县具有本地户籍的城乡居民，只要遗体在县殡仪馆火化的，对遗体接运、遗体冷藏、遗体火化、骨灰寄存进行惠民殡葬免费，最高可减免到1420元/具。三是推进农村公益性公墓建设。2020年西港镇农村公益性公墓已先后完成申报、立项、审批等各项工作，建设项目初步形成规模，累计投资达130万元。丰家铺农村公益性公墓在筹备中。

【社会工作与慈善事业】 一是督导汉寿慈善事业发展。对疫情期间县红十字会、慈善总会和县防疫指挥部的款物捐赠收支情况进行监督，全年全县共接收捐赠资金172.01万元，物资折合131.8748万元，全部用于疫情防控。二是社会工作强有力推进。加强全县社会工作人才队伍建设，与人社部门沟通社会工作专业人才岗位设置事宜，对事业编制社会专业岗位人才薪资待遇予以落实。在全县范围内组织社工培训，开展社工站督导，举办县首届社工案例大赛、公益创投大赛、片区交流会。三是加强志愿服务。按工作目标要求（志愿者注册人数年底达到本地人口的13%，约合11万余人）加强志愿者注册管理，组织志愿者在敬老、关爱孤儿、脱贫攻坚方面开展活动达12场次。开展“合力爱护、相伴成长”关爱孤儿活动，全县15个机关单位采取结对帮扶形式参加，共帮助到25名16岁以下失去双亲的儿童。开展社会组织参与脱贫攻坚结对帮扶兜底贫困户志愿活动，动员18家社会组织走访60余户贫困户，帮扶资金84250元，捐赠物资折价6340元。

【社会救助中心事务】 2020年共接收来站求助流浪乞讨人员170人次（其中送返人员8人次），接收其他省、市、县送来本县流浪乞讨人员23人次。

【社会组织管理】 2020年共登记社会组织32家，其中社会团体2家、民办非企业单位30家；新变更社会组织28家，其中社团8家、民办非企业20家；注销社会组织13家（正在办理注销登记的社会组织1家）。加大“两新”组织党建工作，发挥党支部、党员的先进性作用，使全县社会组织成为了助推县域经济发展的生力军。

【疫情防控】 一是配合做好社区疫情防控。贯彻落实湘民电〔2020〕7号《湖南省民政厅关于加强联防联控扎实做好村（社区）新冠肺炎疫情防控工作的通知》精神，联合县建设银行将民政部与中国建设银行共同研发的用于防控工作的免费软件，分批次普及推广到全县各村（社区），为社区防控工作提供信息技术支撑，提高社区防控工作的信息化、智能化水平。二是做好中福在线的每日消毒和保洁工作。每天将投注终端机、柜员一体机等设备开启烤机一次，每天开启烤机时间不少于4小时，保持视频监控系统，安保系统、USP和网络设备24小时正常运转，做好设备维修维护、防雷、防潮等工作。在福彩投注站复工复市前，组织宣传车在城区和乡镇进行复市宣传，分两次为全县所有站点发放了84消毒液、洗手液、抗菌液、额温枪、口罩等疫情防控物品，督促福彩投注站及时做好门面清洁、消毒及疫情防控工作。安排市场管理员对全县福彩投注站进行设备保养及部分站点出现故障的投注机及时维修，确保开机率达到百分百，保证了福彩领域的疫情防控期间的安全与稳定。三是加强养老机构疫情防控。全县34家养老机构严格按照全省民政“八个严格”措施、“六字诀”操作做实做细疫情防控，确保了乡镇养老服务机构各项工作安全稳定运行，入住人员安全渡过疫情。向养老机构发放疫情物资：84消毒（络合碘）150桶、酒精1142瓶、哈爱士抗菌液1509瓶、中药药包310个、艾条6400根、医用口罩1300个。开展养老机构疫情防控和复工复产检查及慰问入住老人、工作人员，为他们送去大米、食用油、面条等慰问品。同时，落实《应对疫情影响支持民营养老机构发展的若干措施》通知精神。为减轻疫情对民营养老机构的影响，提前发放养老机构运营补贴339450元（其中：对疫情防控期间实行全封闭的民营养老机构给予一次性疫情防控补助100元/人）。

（李 娜）

行政审批服务

【概况】 汉寿县行政审批服务局是县政府工作部门，正科级。下属汉寿县政务服务中心作为县行政审批服务局管理的副科级公益一类事业单位，主要职责是负责执行政务服务标准和规范，并组织业务部门集中入驻县政务服务大厅；负责县政务服务大厅的日常管理和运行维护，受理和处理服务投诉；负责省、市“互联网+政务服务”一体化平台的运转维护和应用推广，促进与各级各部门政务服务系统的互联互通。

2020年，汉寿县在推进行政审批制度改革和提供优质政务服务上成绩突出，被常德市人民政府确定为2020年度“放管服”和“一件事一次办”改革工作（汉寿县行政审批服务局负责工作）真抓实干督查激励表彰县。汉寿县政务中心窗口2020年被市文明办评定为市级文明窗口单位。

【疫情防控】 面对年初突如其来的新冠疫情，响应县防指指令，迅速成立疫情防控工作领导小组，细化责任分工，启动审批服务事项网上办理为主、实体大厅办理为辅工作模式，发布网上办事倡议书，严控办事场所人员出入，确保非常时期工作“不打烊”，服务“不断档”。设立“复工复产政策兑现”专门窗口，发放相关宣传资料，提供优质服务，助力企业复工复产。每天做好政务服务大厅消毒工作，督促工作人员做好必要的防护措施，对进入大厅的办事群众进行健康码查询、身份登记、体温检测、劝戴口罩，全力确保政务大厅疫情“零输入”。

【基层公共服务（一门式）全覆盖】 贯彻落实《湖南省赋予乡镇（街道）经济社会管理权限指导目录》和全省《公共服务事项目录》，牵头组织相关部门进一步加大简政赋权力度，对接落实镇、村（社区）依法自治事项清单、协助政府工作事项清单、负面事项清单，持续推动各职能部门把与群众密切相关的服务事项审批权限下放到乡镇（街道）、受理权限下放到村（社区）。以智慧党建为引领，以信息技术为支撑，全面打通全县178个村（社区）网络通道，推动乡镇（街道）公共服务纳入省市一体化平台，并延伸到村（社区）便民服务平台，打通服务群众“最后一百米”。

【“一件事一次办”改革】 一是固化制度成果。开展全流程办理环节标准化规范化建设，建立“一次告知、一次表单、一次联办、一次送达”全闭环操作规范，建立健全“一件事一次办”专窗管理运行规范；持续推行“四减”，不断优化网上政务服务流程。2020年全县各类政务服务事项办理时限、办理环节、申请材料分别再压缩了20%以上。二是推进跨域通办。按照“先易后难、逐步突破”原则，对两批200件“事”先从本县入手一件一件推进，做到成熟一个，推出一个，并逐步开设“一件事一次办”跨域办理窗口，及时发布跨域通办目录清单和办事指南，最终实现县与县之间跨域办理、异地可办。

【政务公开标准化建设】 规范公开格式。根据上级有关文件精神，2020年首次采用《中华人民共和国政府信息公开工作年度报告格式（试行）》中的格式模板，编制并发布县政府、以及37个县直部门和22个乡镇区（街道）的年度政府信息公开工作报告。加大宣传力度。印发《政府公报》12期5000余份，下发到各乡镇（街道）、村（社区）。为贯彻落实《优化营商环境条例》，以及国家、省、市和县全面推进政务公开标准化建设的决策部署，5月15日，在市民广场开展“政务公开日”大型宣传活动，发放各类宣传资料1万余份，重点宣传复工复产和精准扶贫等有关政策、26项重点领域需公开事项等，取得良

2020年7月7日，衡山县派员到汉寿考察学习推动基层公共服务（一门式）全覆盖工作

好的社会反响。强化执法公开。组织全县各行政执法部门对本单位2020年以来行政执法履职情况进行全面自查，汇总整理各类案件6357件；发布了7期办案情况通报和74期典型案例曝光；督促各行政执法部门进一步规范执法行为公开化、标准化，并形成每月通报制度。

【优化发展环境】 以持续推进“放管服”改革、创造优良营商环境为抓手，扎实做好“六稳”工作，落实“六保”任务，以便企利民为导向，推进政务服务模式创新，持续深化“一件事一次办”改革，积极推行“前台综合受理”，后台流转限期办结，综合窗口统一出件的“受办分离”集成服务模式。强化政策兑现“最后一公里”，推动政务服务便利度、企业群众满意度逐步提升。

【衡山县到汉寿县考察学习】 7月7日，衡山县委组织部副部长、县委“两新”工委书记彭君带领衡山县相关负责同志到汉寿县考察智慧党建暨推动基层公共服务（一门式）全覆盖工作。

（丁小波）

医疗保障工作

【概况】 汉寿县医疗保障局是县政府正科级工作部门，主要贯彻落实中央、省委、市委关于医疗保障工作的方针政策和决策部署。2020年，县医保局紧扣工作目标任务，坚持稳中求进的工作总基调，全面推动了医疗保障领域各项政策措施落实到位，确保了医保基金有序、平稳、安全运行，提升了参保群众的获得感。

【队伍建设】 县医保局现内设4个股室及1个中心（医疗保障事务中心），局机关行政编制7个，事务中心事业编制44个。在编在岗人员36人，退休人员8人。全年组织开展专题业务培训10余次，全面提升医保业务水平，重点深入了解基金监管的相关法律法规，规范监管权限、程序、处罚标准等，2020年有10余人考取“湖南省行政执法证”，占全局工作人员的30%，近两年内，全局行政执法人员持证率达100%，逐步充实行政执法队伍，坚持执政为民，全面推进依法行政。

【内控管理】 严格执行廉政纪律和财经纪律，加强内控制度建设，坚决纠治政务服务中“吃拿卡要”、办事效率低等问题，逐一排查经办机构的形式主义、官僚主义问题并督促整改落实。为加强医保局内部的管理，一是建立“双岗双审”制度。对19项医保报销经办流程进行了修改和完善，堵塞漏洞，做到相互制约，相互监督；二是全面梳理医疗保障政务服务事项清单44项，精简证明材料，规范办事流程，简化办事程序，实施“好差评”制度，让群众办事更加透明高效。三是做好宣传引导。正确把握舆论导向，保障作风建设工作顺利实施。上各级网站、报刊、微信公众号等载体的宣传报道共计60余篇。同时积极回应社会关切，全年接到网络舆情及县长热线交办单共计45件，都积极展开调查并妥善的进行了沟通与解决。

【稳定提高参保率】 逐步完善和建立全民医疗保险体系，以常住总人口人数为基数，城镇职工基本医疗保险、城乡居民基本医疗保险参保率稳定在95%以上，2020年县基本医疗保险参保73.8万人，参保率达98.05%，较2019年70.2万人增长了5.1%。

【基金运行】 全年基本医疗保险共征缴6.86亿元，其中城镇职工医疗保险参保人数3.99万人，征缴1.27亿元，全年支付1.2亿元；城乡居民医疗保险参保698773人，征缴5.59亿元，全年支付5.5亿元。全年基本医疗保险基金收支平衡，略有节余。

【待遇保障】 县内共有定点医疗机构45家，零售药店123家，全部实现了联网结算，并全面推广省级及跨省异地联网结算平台的实施。政策待遇落地。一是最高支付限额提升，城镇职工基本医疗保险达30万元，城镇居民达45万元。二是落实42个特殊病种门诊补偿，在最高支付限额以内的门诊医疗费用报销70%。三是“两病”门诊保障，在协议基层医疗卫生机构就诊专项用药时，不设起付线，按照70%比例支付，高血压患者每年最高支付限额360元，糖尿病患者每年最高支付限额600元。四是药品、耗材集中带量采购见效。县医保局通过预付医保基金，加强督导检查，将带量采购工作纳入年度考核，协调协调部门支持等措施，取得较好成效，第一轮带量采购工作完成计划采购总量进度192.42%，第二轮带量采购工作完成计划采购总量进度160.82%，抗菌药物采购工作完成采购总量进度153.8%。疫情联防联控，新冠肺炎疫情期间对县城内50余家协议零售药店的服务行为进行了不定时检查，防止协议零售药店借机哄抬物价。县医保局预付资金140万元到定点救治医院，确保不因支付政策影响新冠病人的救治。结合汉寿县实际于4月开展阶段性减征及缓缴职工基本医疗保险费的相关工作，协助企业复工复产，全年共完成减征企业179家，减征人数4963人，减征费用达123.38万元。

【健康扶贫】 一是健全贫困人口

参保台账。贫困人口动态核查清零，建档立卡贫困户40285人、边缘户804人全部参保，参保率达100%。二是开通便捷通道。全面实现贫困人口基本医疗、大病保险、特惠保、医院减免、医疗救助、财政兜底县域内“一站式”即时结算。全年县域内补偿3.4万人次，住院总费用约1.3亿元，总补偿金额约1.17亿元，县域内实际补偿率为90%。县域外33种重大疾病住院人数近180人次，总费用约410万元，总补偿金额约330万元，实际补偿率可达80%。

【基金监管】 一是完善医保协议管理。执行全市统一的协议文本，建立定点医药机构准入与退出机制，规范医疗服务行为，对协议履行情况进行绩效评估，考核结果与预留金挂钩。二是开展打击欺诈骗保专项行动。一方面协议医疗机构自查自纠，梳理问题10项22条；另一方面县医保局共计开展稽查行动50余次，查实违规例数14例，处罚116.46万元，对14家定点药店终止医保协议1—3个月，对1家医疗机构终止医保协议。同时配合市审计组和市飞检组查处违规行为11例，处罚108.75万元。三是建立医保违规曝光制度。开展县内定点医药机构医保违法违规行为专项治理“回头看”工作，建立举报奖励制度，公示投诉举报电话，积极鼓励社会监督。2020年核查省市医保局交办投诉案件5例、曝光案例14例。

（曾爱美）

退役军人事务

【概况】 汉寿县退役军人事务局内设办公室（计划财务股）、思想政治和权益维护股、安置就业股、拥军优抚股，下属事业单位3个：汉寿县退役军人服务中心、汉寿县军队离退休干部管理所、汉寿县烈士陵园服务中心。核定行政编制7名、事业编制25名。

【党建工作】 全面推行党建工作目标管理，坚持以退役军人事务工作为中心，把党建工作落实到各项工作中，不断推动党员干部“悟初心、守初心、勇作为、践使命”。疫情期间，全县退役军人在局党组的带领下，参与到疫情防控一线，全县退役军人在局党组的调度下，分别在21个乡镇（街道）成立抗疫突击队，坚守于防疫一线履职尽责、任劳任怨，以实际行动践行社会责任与担当。同时，发动退役军人捐款捐物10多万元，为全县打赢疫情防控战贡献退役军人力量。

2020年9月，县退役军人事务局组织当年退役士兵参观高新产业园区就业基地——沃博特高塔肥料公司

【管理体系】 一是服务阵地建设网。坚持示范引领，投入资金启动乡、村服务站规范化建设，打造辰阳街道、太子庙镇、护城社区和陈军堤村等乡镇、街道、村、社区四类功能完善、设施齐全、运行规范的示范站，并以此为依托组织召开全县示范现场观摩会，以点带面、逐步推进，推动基层服务站办公条件实现全面改善。二是人员资金保障网。全县21个乡镇（街道）设立退役军人服务站，核定64名编制，278个村（社区）明确专干。上级资金足额拨付，县本级资金足额配套，乡级专项经费也有安排，为退役军人工作的顺利推进奠定坚实基础。

【待遇政策】 一是信息管理全覆盖。扎实开展退役军人和其他优抚对象信息采集工作，为每个对象建档立卡，做到底数清、情况明。截至2020年，全县所有退役军人均建立了完整的信息台账，并严格落实动态管理制度。二是优待安置全覆盖。落实上级各项年度抚恤、军休待遇、生活补助，审核通过部分退役士兵社会保险补缴工作，为符合补缴条件的退役士兵办理办结缴费。三是就业帮扶全覆盖。想方设法拓宽就业创业渠道，形成“政府部门主导、社会组织协助、企业积极参与”的退役军人就业创业新格局。全年共组织大型就业招聘会3场，提供就业岗位2000多个，达成就业意向138个，开展退役军人技能培训100人。

【拥军帮扶】 制定《常态化联系退役军人制度》，建立困难退役军人信息台账，乡镇（街道）退役军人服务站对信息进行适时更新，县局审核并及时安排资金走访慰问。2020年开展了春节、“八一”、中秋慰问等活动，全体县级领导带头参加帮扶活动。强化激励感召。全县上下拥军爱军的氛围浓厚。挂“光荣之家”牌，为157名立功军人送去喜报，发放军功奖金，慰问边海防现役军人家庭，提升军人和军属的荣誉感；隆重举行清明祭扫和“9·30”大型烈士公祭日纪念活动，进一步营造“弘扬先烈精神，传承英雄品格”的浓厚社会氛围。

（杨　庆）

统计工作

【概况】 汉寿县统计局是县人民政府主管全县统计工作，管理全县经济、社会等方面重要数据统计和国民经济核算工作，管理县情县力信息资料的行政部门。全局编制17名，在编在岗14名，其中行政编制7人，事业编制7人，局内设办公室（法制股、政工股）、业务股（统计执法监督股）、财务股3个职能股室，下设普查中心、电子计算站2个二层机构。

【统计服务】 紧贴中心当参谋。多次深入企业、乡镇开展调查研究，每季度召开一次部门联席会议分析全县经济形势，力求全面准确地把握经济运行脉搏，形成经济形势分析报告。全年共撰写信息（含统计分析）55篇，被市、县采用40篇。坚持“贴近热点、贴近政策、贴近需求”的原则，为全县经济社会发展提供科学的决策依据。

紧贴民意搞服务。充分利用联网直报平台积极为调查对象提供更多行业经济信息、宏观经济信息以及国际经济信息，以更热情周到的服务赢得调查对象的支持配合。加大统计资料的编辑开发力度，不断创新统计产品的载体，丰富产品内容。编印《汉寿统计分析》《统计公报》《统计年鉴》等资料，提供给服务对象。全年累计回复公众电话咨询数据180余次。

紧贴需求防疫情。一是推动企业复工复产。每季度通过实地调查、电话、微信、QQ等方式，对全县规上企业及部分个体户进行问卷调查，了解企业生产经营情况及存在的困难问题，用工、水电煤气等保障情况，并以此估算疫情对全县经济的影响，进行预警预判，提出工作建议。开展相关政策解读工作。二是坚持疫情防控常态化。强化全体干部职工的责任意识，充分发挥党员干部的模范带头作用，加大疫情防控宣传力度，加强对干部职工、企业人员的思想教育，禁止造谣、传谣，切实履行好疫情防控工作的职责。执行日报表制度，做好信息收集、汇总和及时上报，不谎报、不瞒报、不漏报，动态更新信息，积极配合县委、县政府工作，切实把各项工作落到实处，确保全面打赢疫情防控人民战争、总体战、阻击战。

紧贴数据严把控。一是全面完成省、市布置的年报、定期报表，扎实做好各项常规统计调查，全部调查单位年报和定报上报率均达到100%。严格执行统计调查制度，组织实施农业、工业、能源、资源环境、建筑业、房地产开发业、规模以上服务业、互联网经济、固定资产投资、贸易、人口就业、劳动力、劳动工资、社会科技、文化产业、企业景气等统计调查，进一步提高源头数据质量，加强数据评估审核和数据生产全过程质量控制，确保数据完整、及时、准确。二是扎实做好全面建成小康社会统计监测工作。为全面、真实、准确地反映汉寿县全面建成小康社会建设进程，从三个方面着手，确保小康社会统计监测工作圆满完成。落实工作责任。将2020年全面建成小康社会工作目标任务精准分解到各相关部门。健全工作机制。建立每季度“一测算、一讲评、一通报”工作机制，及时掌握实现程度，确保对标达标。加强分析研究。收集整理12篇统计分析整理成册，为县委县政府科学决策提供参考。

【数据质量】 大力推进统计业务工作规范化建设。严格执行《湖本省统计业务流程规范及质量控制办法》，加强数据评估审核和数据生产全过程质量控制，进一步完善《汉寿县统计局数据管理制度》，坚决守住统计工作四条红线。

大力推进基本单位名录库建设。及时更新名录信息，做到新增单位及时入库，变更单位及时调整，注销单位及时剔除。开展“一套表”调查单位大清查和建档立卡工作，确保单位名录的真实性和单位信息的准确性。全年全县共申报一套表调查单位42家，省、市终审通过率达100%。

大力推进统计法治建设。一是实现“全覆盖”普法目标。县委、县政府分别在2020年8月27日的第10次政府常务会、2020年9月3日第17次县委常委会、2020年11月5日第12次政府常务会、2020年11月5日第21次县委常委会先后四次对习总书记关于统计工作的指示、批示、意见、办法、规定组织专题学习。全县统计干部队伍均进行专题培训学习。二是强化统计法治队伍建设。持续推进统计法律法规教育进党校，利用统计开放日、国家宪法日、《中华人民共和国统计法》颁布日等时间节点广泛开展统计法治宣传，累计发放宣传资料600余份，营造了良好的统计法治氛围。

2020年11月3日，汉寿县委书记车世忠（左二）、县委常委、常务副县长朱正权（左一）一行深入城东社区七人普登记现场，了解入户登记情况，慰问奋战在一线的普查员

全年共组织培训和讲座10余次，培训人员3000余人次。三是强化统计执法检查。10—12月，抽取全县23家各类统计单位和企业进行执法检查，通过统计执法检查和查处统计违法案件，达到了查处一件、教育一片的目的。

【汉寿县第七次全国人口普查】 一是强化组织领导，构成整体合力。县政府印发《汉寿县关于切实做好全县第七次人口普查工作的通知》，成立由常务副县长任组长的人口普查领导小组，抽调全县21个科局的骨干任成员，全面领导和指导全县的普查工作。二是广泛宣传落实，群众用心参与。在全县的人普宣传中，做到了电视有图像，广播有声音，随处有标语，单位有行动，做到了七人普工作家喻户晓。三是组建普查队伍，加强业务培训。七人普工作开展以来，先后4次组织乡镇指导员进行培训，在9月的两员培训中，县局利用党建平台采用线上线下直接培训全县3000多两员的经验被省市及国家人普网站做经验推广，培训模式既达到了预期效果，又得到上下一致好评。四是严把数据质量，工作成效显著。工作进度较快。在建筑物标绘阶段，汉寿县进度全市第一，普查区域划分和地图绘制工作质量排名全市第二，入户摸底纸质表填报工作，全市进度阶段性排名第一，按时高质量完成了行业编码工作；数据质量较高。城乡结构进一步优化，根据摸底数据初步汇总，汉寿县常住人口城镇化率达49.6%，较2019年高6个百分点。人口流动趋势符合经济社会发展实际，摸底数据显示，龙阳街道、沧浪街道、太子庙镇等县域经济中心区均为县内人口净流入地区。全县流出市外人口7万左右，客观反映了汉寿县实际情况。

【队伍建设】 一是党建引领，稳步推进全面从严治党纵深发展。全面推进党建工作的总体部署，以增强党组织的战斗力、创造力、凝聚力为目的，激发组织活力。深入学习贯彻习近平新时代中国特色社会主义思想和党的十九大精神，强化党对统计事业改革发展的引领作用，加强全局党员干部思想政治建设。结合统计工作实际，重温统计人和统计事业的初心使命，检视统计工作存在的问题不足，以党建工作推进现代化统计体系建设，促进统计事业改革发展，提升统计业务能力水平。

二是强化意识，持续推进党风廉政建设。每季度召开一次党员大会，认真学习贯彻党风廉政建设会议精神，本着防微杜渐的原则，对局班子成员每月均与干部谈心谈话一次以上，一些苗头性、倾向性问题进行提醒加强统计局党员干部职工政治思想教育，围绕2020年度工作要点，制定《汉寿县统计局2020年度干部岗位责任制》，细化干部职责。结合效能建设要求，进一步完善其他管理制度，做到工作有目标、有具体内容、有完成时限、有保障措施、有责任领导、有责任股室和责任人，为统计事业健康发展提供坚实的基础保障。

三是创新形式，切实提升统计队伍形象。依托文明机关复查工作，提升文明意识。组织开展“七大传统节日”主题活动，传承中华民族传统节日文化的精神内涵；组织开展“道德讲学”活动，从公民中汲取精华、获得力量；组织开展慈善募捐、贫困慰问、敬老助残、植树造林等一系列志愿服务活动，回馈社会，塑造统计部门良好社会形象。深入学习，着重能力培养。不断擦亮“全市学习型党组织”招牌，全局24名党员干部“学习强国”人均学分1.5万分（截至12月10日）参学率稳居全县前5名；编撰《统计调查与研究》；结对帮扶精准扶贫，助力全面小康。按照县扶贫规划要求，县统计局高度重视，深入点村——岩汪湖镇木子树村和西港镇神凤村进行调查研究，与乡、村负责人和帮扶户共商发展规划，筹措资金6万元，支持村级基础建设，全局17名干部与木子村26户贫困户结对，每月按时走访慰问，为贫困户量身打造有力的帮扶措施。

（陈　慈）

国家统计局汉寿调查工作

【概况】 国家统计局汉寿调查队在编在岗队员8名，下设4个股室，办公室、调查业务股、专项监测股，综合执法股。2020年，汉寿调查队承担的调查主题有居民收支、农民工监测、劳动力、农产品生产者价格、集市贸易价格、农户投资、农作物抽样调查、粮食播面产量全面统计、粮食畜牧业全面统计、中间消耗、畜禽监测、新设小微企业、工业生产价格等13个。2020年，在全队干部的共同努力下，汉寿调查队各项工作取得了较好成绩。2020年5月，该队被中共汉寿县委、汉寿县人民政府评为2019年度“绩效考核优秀单位”。

【居民收支调查】 2012年，国家统计局对城乡居民收入调查进行了一体化改革，改革后的调查点为13个，其中：农村点8个，城镇点5个，分布在全县10个乡镇的13个村社区。每点抽选10户居民记账，登记每天的现金收支和实物收支情况。每点聘有一名辅助调查员，负责10户记账户的记账辅导，月底负责收集10户的记账页交县队包点干部。县队干部将130户记账户的住户记账资料收齐后进行编码录入，每季度办理一次季报，年底办一次年报。根据随机抽样原理，这130户记账户的收入情况基本代表了全县居民收入的平均水平。2017年，住户调查进行了五年一次的样本轮换，并开启住户调查电子记账。轮换后新抽选了13个村社区130户记账户，每点聘请了1名辅助调查员，从12月开始正式记账。住户调查季（年）报包括居民收支季（年）报、农民工监测季（年）报、农产品生产者价格季（年）报以及农户投资年报、劳动力月报。季报和年报数据审核汇总后直接上报国家统计局湖南调查总队。国家统计局把各调查总队提供的住户季（年）报数据汇总后作为每年向媒体及居民发布全国城乡居民人均可支配收入数据的唯一依据。

【农业调查】 包括以省为总体的农作物抽样调查和以县为总体的粮食监测调查。2013年，国家统计局在全国各产粮大县正式启动粮食监测调查工作。汉寿共抽选以县为总体的粮食监测调查点20个，其中以省为总体的农作物调查点13个，分布在全县15个乡镇的20个行政村，每个村调查1个村民小组，每个组聘请了一名辅助调查员。2016年，按照国家统计局统一部署，调查队需承担三农普农作物面积遥感测量工作，并对调查网点（包括粮食监测点）进行了轮换，轮换后以县为总体的粮食监测调查点20个，其中以省为总体的农作物调查点13个，分布在全县12个乡镇及街道办事处的20个村社区，每个村社区随机抽选5个样方（每个样方面积为200米×200米）开展三农普遥感测量和对地调查，全县共计100个样方，每个村聘请了一名辅助调查员。2017年，按照国家统计局统一部署，以县为总体的粮食监测调查点减少为15个，其中：以省为总体的农作物调查点13个，分布在全县10个乡镇及街道办事处的15个村社区，每个村社区随机抽选3个样方（每个样方面积为200米×200米）开展三农普遥感测量和对地调查。农业调查的主要任务是：负责调查上报早稻面积，中稻和一季晚稻、玉米及其他春播粮食作物面积，双季晚稻及其他秋收粮食作物面积，棉花面积，秋冬播作物面积；开展三农普遥感测量；开展早稻、中稻、晚稻、棉花、春夏收及秋收粮食产量预产及实测。辅助调查员按要求深入每个样方逐丘核实、登记、上报每个品种农作物播种面积数据，县队干部则按照包点负责制要求，将辅助调查员登记上报的数据资料进行整理、录入、汇总，上报国家统计局湖南调查总队。此外，辅助调查员还须按季节对早稻、中稻、晚稻以及棉花单产进行预计，通过县级系统软件自动抽取3个田块进行单产实割实测，棉花调查5户进行户测，以此推算出全县早稻、中稻、晚稻以及棉花的单产水平，春夏收及秋收粮食产量则采取上户调查5户的方式获取数据，然后上报国家统计局湖南调查总队。

【畜禽监测调查】 畜禽监测调查包括猪、牛、羊、禽四个品种。调查大户、中小规模户及散养户三种类型。对大户实行全面调查、联网直报，对中小规模户及散养户实行抽样调查。第一轮畜禽监测调查网点于2008年运行，当时汉寿不是国家生猪调出大县，大户、中小规模户实行全面调查，散养户在全县只调查9个小区的所有农户，每个小区聘请有一名辅助调查员，第一轮畜禽监测调查网点于2011年年底终止。第二轮畜禽监测调查网点于2012年1月运行，因2011年汉寿被国家认定为生猪调出大县，故新一轮畜禽监测调查网点，大户、中小规模户调查范围没有变化，散养户调查从上一轮的9个小区增加到20个村民小组，每个村民小组聘请有一名辅助调查员。2015年年底，畜禽监测调查网点发生变革，万头猪场实行全面调查，中小规模户在全县调查18个村，散养户从20个村民小组减少到10个村民小组。2019年畜禽监测调查样本进行了轮换，猪、牛、羊、禽大户全部调查，全县共有15个乡镇有调查任务；中小规模户和散养户在15个抽中村社区开展调查。报表上报方式为：生猪报月报，牛、羊、禽报季报，基本情况表报年报。

【农户投资调查】 农户投资调查包括农户建房投资调查与农户购置固定资产投资调查。按照调查方案规定，农户投资调查数据从居民收支调查年报中取得。报表上报方式为年底报年报。

【劳动力调查】 从2015年开始，汉寿县正式启动劳动力调查。劳动力调查网点在10个国家住户调查点中进行，每个点每月调查4户，每户连续调查2个月，调查户实行交替退换。劳动力调查上报月报。2018年进行劳动力样本优化，调查4个网点，每个点每个月调查16户，每户连续调查2个月，调查户实行交替退换。2019年12月，增加了分市州劳动力调查。

【中间消耗调查】 2020年县中间消耗调查品种全县共5个，即早稻、晚稻、棉花、生猪，调查农户共12户，分布在各调查点，除生猪每年调查上报两次外，每个品种每年调查上报一次。

【集市贸易价格调查】 集市贸易价格调查主要是采集农产品及畜产品集市贸易价格。汉寿县集市贸易价格调查共调查31个品种，县城银鑫大市场确定有一个固定监测点，同时在农业调查点和住户调查点各确定有一个补充监测点，用以弥补银鑫大市场固定监测点调查品种的不足。每月25日前，县队负责集市贸易价格调查的队员深入市场监测点，现场采集国家规定的农产品及畜产品价格，于25日前利用手机终端上报国家统计局及湖南调查总队。

（夏　榕）

中国人民政治协商会议汉寿县委员会

综 述

【概况】 中国人民政治协商会议汉寿县委员会（以下简称县政协），内设办公室，委员学习联络委员会、提案委员会、经济科技和外事委员会、农业农村和人口资源环境委员会、文教卫体和文史委员会、社会法制和民族宗教委员会6个专门委员会和政协云服务中心。县政协办公室下设政协委员工作联络办公室。县政协下设党群组、农业组、工交组、财贸组、教育组、新闻文体组、医卫组、祖国统一组、社会福利民族宗教组、计划建设组、高新区组、珠三角组、长三角组、长株潭组、南宁组15个界别活动组和21个乡镇（街道）联络处。共有县政协委员274人，其中常务委员54人。

2020年8月28日，汉寿县政协召开九届34次主席会议，专题视察基层公共服务（一门式）全覆盖工作。图为县政协主席刘毅翔（前排右一），副书记、副主席刘启明（左一），副主席黄启顺（后排右二），余淑娴（后排右一），叶新华（后排左二）等在聂家桥乡堤北社区视察

【调研协商】 县政协聚焦年度协商计划和县委交办课题，开展调研协商。2020年，组织召开了1次全会、2次常委会议、11次主席会议进行协商，协商意见综合形成3期《建言献策》，为县委、县政府决策提供参考。在政协全会上，委员们围绕农村“三资”清理、家风建设、整治食品小作坊、解决城区“停车难、如厕难”、园区发展人才保障五个主题进行大会协商发言，引发与会人员广泛共鸣，得到县委、县政府主要领导批示和答复。围绕“规划建设高铁新区”“增强乡镇卫生院保障、强化基本公共卫生服务能力”进行协商。接待省市政协到汉寿县开展“加强饮用水安全监督”等调研视察，完成省政协农业农村委、市政协经科外事委交办的关于加强乡村人才队伍建设、美丽乡村建设的配合调研任务。3月27日上午，在省政协召开的“加强乡村人才队伍建设，推动乡村振兴”调研课题视频会议上，通过视频汇报汉寿县乡村人才队伍建设调研成果。

【民主监督】 汉寿县是全国农村集体产权制度改革第二批试点县，同时2020年是珍珠退养的最后一年。为助力县委、县政府推进两项重点工作，县政协以珍珠退养和农村集体资源清理为主要内容，向县畜牧水产事务中心、县农村经营管理站、市生态环境局汉寿分局、洲口镇、沧港镇等5个单位派驻民主监督小组，扎实开展形式多样的视察监督。并专题视察了基层公共服务（一门式）全覆盖、城市管理、老旧小区改造等工作。

【提案工作】 县政协九届五次会议期间，广大政协委员、政协各参加单位和专门委员会积极运用提案参政议政、建言献策。大会收到提案115件，经审查，立案112件。其中，有关经济建设方面的提案11件，占立案总数的9.8%，内容涉及农村“三资”清理、特色小镇建设、甲鱼养殖、农民工返乡创业、壮大村集体经济等方面；有关政治建设方面的提案8件，占立案总数的7.1%，内容涉及“一件事一件办”审批改革、基层农村党建、基层干部教育培训、提高村（社区）党建联络员待遇等方面；有关文化建设方面的提案9件，占立案总数的8%，内容涉及重视家风建设、推进全民阅读、加强帅孟奇故居建设、加强农村广播“村村响”维护与管理等方面；有关社会建设方面的提案62件，占立案总数的55.4%，内容涉及整治食品小作坊、解决城区“停车难、如厕难”、加强外卖食品安全监管、完善农村留守儿童关爱保护机制、加强师德师风建设、整治农村马路市场、老旧小区提质改造等方面；有关生态文明建设方面的提案22件，占立案总数的19.6%，内容涉及农村生活垃圾处理、垃圾分类处理、推进河（湖）长制、农村人居环境整治等方面。县委、县政府高度重视提案办理工作，落实了县委、县政府领导领办、主席会议成员督办、承办单位主办的提案办理工作机制，确保了提案办理实效。

【社情民意】 顺应人民群众对美好生活的新期盼，组织委员广泛收集反映社情民意和微建议，抓住民生领域重要问题资政建言。进一步加大反映社情民意工作力度，《关于疫情防控对春耕生产的影响和对策建议》被全国政协采用，《关于做好洞庭湖沿岸关停企业转型升级的建议》等9篇社情民意被省政协采用，其中2篇得到省委副书记乌兰批示，6篇被市政协采用。继续被评为全市政协系统社情民意信息工作先进单位。进一步加大微建议工作力度。2020年，云服务中心共收到微建议40条，交办23条，办结17条，一大批群众关心关注的民生问题得到有效解决。特别是李秋生提交的“关于加强临时停车场保洁”的微建议，由龙阳街道政协联络处主任曾爱华第一时间领办，得到省政协第一季度微建议工作情况的表彰通报。

【理论研究】 坚持把学习贯彻习近平总书记关于加强和改进人民政协工作的重要思想作为首要政治任务，实现了党组中心组、机关党支部和政协委员学习的全覆盖。组织30余名机关干部和政协委员到井冈山参加政协履职培训，全年收集上报理论研究文章5篇。积极开展政协理论研讨，《新时代加强和改进县级政协协商工作研究》在市政协理论研讨会上作了交流发言，有2篇被评为全市政协系统优秀理论研究文章一、二等奖。

【文史宣传】 省政协举行的“走过60年·我们的文史资料”征集活动，县政协积极推选出《诗韵汉寿》《汉寿赋》《故事汉寿2》参与评选。加强文史征集工作，编辑出版12.5万字的《汉寿方言·谚语·歇后语》。完成市政协《传统文化——常德古建之韵》资料征集工作。并加强县政协网站建设和政协云信息宣传，认真做好政协云工作，政协云二期启动后，通过线上线下沟通、领导调度、委员走访月活动等形式，持续督促委员用好政协云，并对全体委员进行“云豆计分”操作培训，部分委员开通了云上委员工作室功能，汉寿县政协云活跃度基本保持在全省区县前30名。“政协云”汉寿版块共发布资讯动态510条、上传文件资料238篇、更新结对帮扶动态400余条、开展线上履职活动21次、设置热点关注话题8个，收到微建议113条，办复99条。微建议办理工作获《湘声报》3次专题报道。

【中心工作】 继续推进“双助双行动”“湖南政协人助力巩固脱贫成果万户帮扶行动”，完成好省市政协和县委交办的各项工作任务，持续做好新冠疫情的防控工作。一是参与脱贫攻坚。按照省政协部署，持续发动委员持续参与精准扶贫“三个一”行动，275名政协委员结对帮扶357名贫困户，各委处组开展金秋助学、慰问敬老院、走访孤寡老人等活动，落实帮扶资金200多万元，帮助贫困户解决就业、就学、就医等一批实际问题。扎实开展“湖南政协人助力巩固脱贫成果万户帮扶行动”，学习联络委对委员联系贫困户情况进行摸底后，与县政协机关干部和乡镇（街道）联络处主任按地域就近、界别就近的原则，组成2—4人的帮扶小组42个，帮扶130余户贫困户。其中，县政协珠三角活动组委员会同广东省汉寿商会会员奉献爱心，筹集资金20余万元，分别慰问33户贫困户和7家敬老院的200多位老人。2020年3月，成立“双助双行动”领导小组，明确由委员学习联络委牵头，开启“委员走访月”和“三个一”扶贫大回访活动。历时两个月，实现县政协机关走访县内委员全覆盖、县政协委员走访结对帮扶对象全覆盖，较为全面地掌握委员帮

2020年11月6日，汉寿县政协召开九届38次主席会议，专题视察提案办理情况。县政协主席刘毅翔（左一），副书记、副主席刘启明（左二），副主席黄启顺（右二）参加

扶工作动态、帮扶对象脱贫情况，还以政协云平台为依托，搭建动态帮扶网络。根据县委安排，2020年9月，县政协机关积极开展脱贫攻坚“空城行动”，结对帮扶干部们对照“一超过两不愁三保障”的脱贫标准，深入走访，询困解难，全面核实帮扶对象和困难群众当前的生产生活、家庭收入和扶贫政策落实等情况。二是投身疫情防控。面对突如其来的新冠疫情，在县委的统一领导下，县政协发挥组织优势、人脉优势、资源优势，广泛动员广大政协委员，与全县人民一道，同心战役、共克时艰。全体县政协委员积极投身服务保障一线，医卫界委员始终战斗在抗击疫情的最前线；徐铁军、童梓、袁良才等文艺界委员创作了近200件抗疫文艺作品，分别在《人民日报》《湖南日报》“学习强国”等主流媒体发表；周文财、舒丽、黎达勇等委员及委员企业积极筹措防疫物资，捐款捐物价值110余万元，委员企业迅速复工复产、复工转产，在“双战双赢”中生动诠释了为国履职、为民尽责的深厚情怀。人民政协报以《湖南省汉寿县政协人抗疫在路上》为题报道了汉寿县政协助力疫情防控和复工复产的做法和成效。三是助力教育事业。2020年，政协委员爱心基金捐赠100万元，在县教育基金会设立“爱心基金教学贡献奖”，用其投资收益，奖励全县高考教育教学效果突出的教师。县政协委员和政协干部参与教育捐赠工作，共捐款370余万元。四是积极招商引资。广泛收集招商信息8条，成功引入投资5000万元的新方盛集团有限公司总部经济转移项目。

【队伍建设】 县政协始终坚持党的领导、积极争取党委支持、以党的建设为引领，筑牢履职坚实根基。2020年，常态化开展中心组学习、“三会一课”、主题党日等党建活动，完善党组、党总支、机关支部体系，推进党员委员管理全覆盖，建立起党组成员联系党员常委、党员常委联系党员委员机制，加强各类会议等活动中党的领导，发挥党员委员在建言献策、凝心聚力、脱贫攻坚中的先锋作用。制定《县政协党组成员联系党员委员、党员委员联系党外委员实施办法》《2020年党建工作要点》等文件，使各项工作有章可循、有规可依。全面落实党组主体责任，发挥党员委员在疫情防控、文明创建、抗洪防汛等活动中的先锋作用。扎实开展“委员走访月”活动，深入了解委员学习、工作和生活情况，对收集的意见建议进行研究办理。加强阵地建设，发挥委员工作室作用，为委员开展丰富多彩的履职活动搭好平台。完善政协内设机构设置，扎实推进机关文明创建工作，组织开展形式多样的文体活动、工会活动、节日活动和志愿服务活动。

6月，县委第三巡察组对县政协党总支开展为期两个月的集中巡察，提出《巡察反馈意见》及问题整改清单，政协党总支认真研究形成整改方案，一一整改到位。

【政协汉寿县第九届委员会第五次会议】 2020年5月27—29日，中国人民政治协商会议汉寿县第九届委员会第五次会议在汉寿县城召开。会议应到委员274人，实到256人。会议期间，县委书记车世忠、县长周功表等县级领导同志出席会议，与委员共商改革发展大计。委员们以饱满的政治热情和强烈的使命担当，围绕改革发展的重大问题和群众关切的实际问题，通过提案、大会发言、小组讨论等形式，深入协商议政，积极建言献策。委员们围绕农村“三资”清理、家风建设、整治食品小作坊、城区“停车难、如厕难”、人才保障等方面进行的协商发言，得到县委书记车世忠的逐一批示和县长周功表的诚挚答复。大会收到提案115件，审查立案112件。

会议听取、协商并赞同周功表所作的政府工作报告，协商并赞同县人民法院、县人民检察院工作报告及其他报告。会议审议批准解以刚代表政协汉寿县第九届委员会常务委员会所作的工作报告，审议批准刘启明代表政协汉寿县第九届委员会常务委员会所作的提案工作情况报告，选举了政协汉寿县第九届委员会主席和常务委员。

【政协汉寿县第九届委员会常务委员会会议】 2020年，县政协共召开2次常委会会议。

2020年4月22日，政协汉寿县第九届委员会常务委员会召开第15次会议，协商县高铁新区规划建设。县政协主席解以刚主持会议，副县长宋化丽，县政协副主席黄启顺、李明桂、叶新华，秘书长胡卫东出席会议。会议听取县政协调研组关于规划建设汉寿高铁新区的调研报告。县自然资源局、县交通运输局、县发改局等8家职能单位及株木山街道的负责人逐一发言，就各单位配合推进高铁新区规划建设工作情况进行汇报，并围绕高铁新区的定位、规划、资金、配套等多方面提出意见建议。会议还协商县政协常务委员增补事项，通报了县政协委员爱心基金捐赠和注销事项。

2020年8月27日上午，政协汉寿县第九届委员会常务委员会召开第十六次会议。县委副书记、县长周功表受邀出席会议并作政情通报，县政协主席刘毅翔主持会议，县政协副主席刘启明、黄启顺、李明桂、余淑娴、叶新华，政府办主任邓慧，县政协秘书长胡卫东参加会议。周功表就全县2020年上半年经济社会运行情况和后段工作安排作政情通报。23名政协常委依次围绕政情通报的情况，就教育、医疗、文化、环境、交通等方面，积极建言献策，并对政府工作提出意见建议。会议还协商了有关人事事项。

【政协汉寿县第九届委员会主席会议】 2020年，县政协共召开11次主席会议。

2020年3月17日，县政协召开2020年第2次党组会议暨九届29次主席会议。县政协主席解以刚，副主席刘启明、黄启顺、李明桂、余淑娴、叶新华，秘书长胡卫东出席会议。会议传达市开放强市产业立市大会和县脱贫攻坚暨农村工作会议精神，审议《县政协机关人员分工调整方案》《县政协常务委员会2020年工作要点（修改稿）》《县政协2020年委员走访月活动方案》，部署疫情防控下的协商监督、脱贫攻坚等工作。

2020年4月1日，县政协召开2020年第3次党组会议暨九届30次主席会议。县政协主席解以刚，副主席刘启明、黄启顺、李明桂、余淑娴、叶新华，秘书长胡卫东出席会议。会议审议《县政协党组成员联系党员委员、党员委员联系党外委员制度（草案）》《县政协2020年党建工作要点（草案）》《县政协2020年工会活动计划（草案）》《县政协2020年民主监督工作实施方案（草案）》《县政协2020年文史资料征集编辑方案（草案）》《县政协九届15次常委会议方案（草案）》，对县政协九届五次会议提案进行了初步审查。

2020年5月6日，县政协召开年度第4次党组会议暨九届31次主席会议。县政协主席解以刚，副主席刘启明、黄启顺、李明桂、余淑娴，秘书长胡卫东出席会议。会议审议《政协汉寿县委员会关于加强2020年乡镇（街道）联络处、界别活动组工作的意见（草案）》，听取关于机关党支部5月主题党日活动安排、《汉寿方言、谚语、歇后语》编辑工作情况、注销政协委员爱心基金情况、旅外委员走访活动安排等方面情况汇报，研究脱贫攻坚、文明创建等方面具体工作，并就有关人事事项进行了协商。

2020年6月8日，县政协召开年度第5次党组会议暨九届32次主席会议。会议由县政协主席刘毅翔主持，县委常委、常务副县长丁克刚，县政协副主席刘启明、黄启顺、李明桂、余淑娴、叶新华，秘书长胡卫东出席会议。会议分为两个阶段举行，第一阶段，会议审议《县政协九届五次会议重点提案督办方案》，交办九届五次会议提案；会议第二阶段，县政协委员学习联络委主任贺正春领学中共中央办公厅颁布《党委（党组）意识形态工作责任制实施办法》，各委室（中心）主任汇报2020年所做的工作和下段工作计划、对政协工作提出意见与建议，委办副主任对本室工作计划作了补充发言、对县政协工作提出了意见与建议，各位副主席就分管领域工作作讲话，对县政协工作提出意见与建议。

2020年7月1日，县政协召开2020年第6次党组会议暨九届33次主席会议。县政协主席刘毅翔主持会议，副主席刘启明、黄启顺、李明桂、余淑娴、叶新华，秘书长胡卫东参加。会上，相关负责人汇报7月党建工作安排及主题党日活动方案、上半年政协工作和微建议工作情况；审议《县政协九届16次常委会议方案》《县政协主席会议视察基层公共服务“一门式”全覆盖工作方案》《关于“增强乡镇卫生院保障、强化基本公共卫生服务”调研方案》《县政协主席会议协商河湖长制工作方案》以及《2020年民主监督工作方案》《县政协2020年派驻民主监督小组启动会方案》。各委室（中心）汇报7月工作计划安排。会议还审议了有关人事事项。

2020年8月28日上午，汉寿县政协九届34次主席会议专题视察基层公共服务（一门式）全覆盖工作。县政协主席刘毅翔，县委常委、常务副县长朱正权，县政协副主席刘启明、黄启顺、李明桂、余淑娴、叶新华，秘书长胡卫东参加视察和座谈会。与会人员到聂家桥乡、株木山街道，视察了政务服务中心标准化、规范化建设及智慧党建指挥中心建设情况，视察了堤北社区、鸭东社区便民服务中心，了解承接政务下沉情况，体验办事流程。在随后召开的座谈会上，县行政审批服务局负责人汇报了全县推进基层公共服务（一门式）全覆盖工作开展情况。县委组织部、县医保局、县残联、株木山街道等相关单位负责人依次就如何开展基层公共服务（一门式）全覆盖工作作汇报发言。

2020 年 9 月 7 日上午，县政协召开 2020 年第 10 次党组会议暨九届 35 次主席会议。县政协主席刘毅翔，副主席刘启明、黄启顺、李明桂、余淑娴、叶新华，秘书长胡卫东出席会议。会上，相关负责人汇报了关于驻乡镇（街道）委员异地视察活动方案；到井冈山举办委员履职能力提升培训班方案；县政协九届六次全会协商发言的选题等内容。随后，党组理论学习中心组进行了集中学习，学习《党组织落实意识形态工作责任制干部职工应知应会》及《习近平谈治国理政》第三卷。

2020 年 10 月 12 日上午，县政协召开 2020 年第 12 次党组会议暨九届 36 次主席会议。县政协主席刘毅翔，副主席刘启明、黄启顺、余淑娴、叶新华，秘书长胡卫东出席会议。会上，相关负责人汇报了关于全县信息化工作推进会等会议精神、2021 年政协报刊征订原则方案、提案办理视察方案；审议了县政协九届六次全会协商发言选题。

2020 年 10 月 29 日下午，县政协召开九届 37 次主席会议，专题协商增强乡镇卫生院保障、强化基本公共卫生能力。会议由县政协主席刘毅翔主持，县委常委、常务副县长朱正权，县政协副主席刘启明、黄启顺、李明桂、余淑娴、叶新华，秘书长胡卫东出席会议。会议听取了县卫健局局长彭绍峰关于提升基层卫生服务水平、助推基层卫生事业健康发展的汇报。县政协文教卫体和文史委主任冷建军代表专题调研组汇报了专题调研情况。县政府办、县人民医院、县医保局负责人分别汇报了增强乡镇卫生院保障、强化基本公共卫生能力所作的工作，就如何提升基层卫生服务水平、助推基层卫生事业健康发展提出建议。调研组成员围绕调研专题进行协商发言。

2020 年 11 月 6 日上午，汉寿县政协九届 38 次主席会议召开，专题视察提案办理情况。县政协主席刘毅翔主持会议并讲话，县委常委、常务副县长朱正权受邀出席。县政协副主席刘启明、黄启顺，县政协秘书长胡卫东参加会议。在烟草局旁临时停车场、“天然居”小区改造、县城区新建公厕及垃圾中转站、岩汪湖镇旅游公路及洋淘湖镇青山湖候鸟公园花堤、阁金口慢行道改造、青山湖水文水利候鸟监测站项目建设现场，视察组实地视察 12 号“关于建设洋淘湖镇候鸟小镇的提案”、13 号“关于加速推进西洞庭湖生态旅游小镇建设的提案”、32 号“顺应民生诉求，解决城区停车难、如厕难”、57 号“关于对县城旧小区进行提质改造的提案”办理落实情况。会上，洋淘湖镇、县农业投、县城管执法局、县城投公司、县住保中心负责人分别汇报了提案办理情况；与会人员作协商发言。

2020 年 11 月 16 日上午，县政协召开 2020 年第 15 次党组会议暨九届 39 次主席会议。县政协主席刘毅翔，副主席刘启明、李明桂、余淑娴、秘书长胡卫东出席会议。会议审议了《关于落实县委第三巡查组反馈意见的整改方案》、县政协 2020 年度评先表彰工作方案；相关负责人汇报了关于电子政务内网建设工作及委员风采人员名单。

（董　理　胡　洋）

纪检·监察·巡察

纪检·监察

【概况】 汉寿县纪委监委机关内设机构13个，下设事业单位（信息中心）1个，有12个派驻纪检监察组。

【党风廉政】 始终把党的政治建设放在首位，忠实履行党章和宪法赋予的职责，坚定不移带头做到“两个维护”，积极协助县委履行全面从严治党主体责任。2020年，县委常委会议先后8次专题研究党风廉政建设和反腐败工作。建立党委（党组）全面从严治党、党风廉政建设主体责任清单化管理制度，督促各党委主体责任、书记第一责任、班子成员“一岗双责”落到实处。

严格落实谈心谈话制度，抓好谈话提醒。2020年，全县处级干部开展谈心谈话571次，涉及2265人；科级干部开展谈心谈话8701次，涉及19192人。建立领导干部廉政档案，对全县1143名科级干部廉政资料进行归档整理，加强对领导干部的日常监督和考核管理。严把党风廉政意见回复关，针对干部调动、提拔重用、考察座谈等工作，对2026人出具廉政审查意见。

【执纪监督】 不断强化政治监督，重点围绕疫情防控、“六稳”“六保”“三大攻坚战”、村级两委换届纪律等开展监督检查，护航重大决策部署在汉寿落地落实见效。2020年，紧盯疫情防控纪律和复工复产开展疫情督查32次，追责问责69人次，其中立案查处2人，诫勉谈话6人，约谈57人，通报批评12人；65名党员干部因扶贫、污染防治等工作中履职不力、作风不实被问责；2020年12月，紧盯村（社区）“两委”换届工作开展监督，派出21个换届督导组，对全县21个乡镇（街道）的281个村（社区）开展“一对一”换届指导和风气监督。

履行监督基本职责、第一职责，把监督抓在日常、严在经常，推动正风肃纪。紧盯重要节点、关键部门，通过明察暗访常态化开展作风督查检查，全年开展作风督查、公务用车、餐饮浪费专项检查等15次，对未按规定使用公车的7家单位进行提醒。针对“四风”隐形变异，开展“五个一”专项督查，发现问题74件，责令整改68件。

坚持问题导向，紧盯重点领域，聚焦突出问题，稳步开展各项专项治理。一是扎实开展扶贫领域腐败和作风问题专项治理。通过巩固拓展“一季度一专题”集中治理、开展城市社区腐败和作风突出问题专项治理和聚焦基本民生保障专项治理，集中整治群众反映强烈的突出问题，全力保障脱贫攻坚决战决胜。2020年立案查处扶贫领域腐败和作风问题70件，结案43件，退还群众资金179.7万元。开展扶贫领域“微腐败”问题治理“回头看”，采取“四不两直”方式对33个贫困村“一对一”开展入村督查及“回头看”，共发现问题及群众意见诉求116件，并全部整改到位；“回头看”新发现问题26件，均已立行立改，整改到位。二是强力护航“洞庭清波”专项行动。紧盯“洞庭清波”专项行动中主体责任和“一岗双责”落实情况，加大监督检查和执纪问责力度。问责工作推进不力的相关责任人共46人，其中组织处理39人，党纪处分7人。三是有力推进其他专项整治。人防系统腐败和作风问题专项整治中，共抽查项目个数133个，发现问题线索6件，全部处置到位，未缴资金 27.2 万元已全部追缴到位，并严格按照上级要求提出整改建议 8 个。工程建设项目招投标突出问题专项整治中，共自查项目数 467 个，发现问题 17 件，已全部纠正到位；发现问题线索 7 件，立案 1 人，组织处理 2 人；对上级大数据分析移交问题线索迅速按要求启动核查，5 条线索均已查否办结。农村乱占耕地建房问题整治中，完成对国家、省级下发的疑似问题的摸排工作，进度质量位居全省前列。

在全县集中开展干部作风建设整顿月活动，对全县 78 家县直单位和 21 个乡镇（街道）和高新区开展明察暗访，实地检查 19 个为民服务窗口，下发督促整改函 4 份，处理相关责任人员 6 人；集中查办公职人员参与赌博案件，党纪政务处分 24 人；快查快办 2 起违规“赈酒”案件、1 起拉票贿选案件，干部作风建设进一步抓严抓实。

【纪律审查】 始终抓紧抓牢审查调查工作不放松，在上半年因疫情原因案件查办各项指标数滑坡的情况下，积极研判形势、综合施策，采取整合力量集中攻坚、分析研判明确重点、适时调度压实责任等举措强力推进案件查办工作。建成 22 个乡镇纪委和派驻纪检监察组的标准化谈话室，进一步筑牢县乡一体化办案基础。2020 年，县纪委监委共受理问题线索 336 件，已办结 168 件，立案 178 人，其中科级干部 11 人，采取留置措施 2 人。重点查处凌某江案、蔡某华案等典型案例，形成较强震慑。

深化以案促改，针对监督检查、审查调查中发现的突出问题，发出监察建议书 18 份，敦促案发单位落实整改、整章建制、堵塞漏洞。做好审查调查“后半篇文章”，对 2019 年所有受处分的 62 名公职人员处分执行情况进行专项检查，发现 16 例问题，均已整改到位，开展回访教育 3 次，涉及党员干部 17 人。

【组织宣传工作】 一是强基础。2020 年，通过省公务员考试招录派驻纪检组干部 10 名。对全县乡镇（街道）纪（工）委、各派驻纪检监察组及成员进行政治建设考察，同时用好提名权。二是强本领。开展为期三天的全员培训，针对党内法规概要、案件检查、案件审理、巡察等多方面工作业务，以专家和业务骨干进行授课的方式给纪检监察干部“充电”，着力解决“本领恐慌”和能力不足的问题。坚持以考促学，全年抽考 4 次来检验和巩固学习效果。三是强激励。坚持严管厚爱结合，在 2020 年的人事调整中，委机关内部提拔干部 15 名，向外推荐提拔重用 3 名，乡镇纪委书记中 6 人提拔到正科级岗位或副书记岗位。

强化正面引领，协助推动帅孟奇故居提质升级改造，并持续组织开展好以此为阵地的廉政教育活动。强化以案明纪，选取违纪违法典型案例，通过主流媒体通报、剖析的方式，加强警示教育。选取近年来查处的 20 个典型案例编印《警示录》，组织开展旁听庭审活动，引导党员干部进一步筑牢拒腐防变思想防线。

【信访工作】 夯实基础建设，检举举报处置子平台在县纪委监委机关开通并运行，检举举报平台基层版已在 22 个乡镇（街道、区）和 12 个派驻纪检监察组完成前期部署。坚持力量下沉，主动变“上访”为“下访”，通过领导办案、带案下访、重点约访、专题接访等方式，有效化解信访矛盾。同时采取市、县挂牌督办，发“提示函”提醒，定期跟踪通报等措施提高办信办访质效。2020 年，共收到信访举报 343 件，其中检举控告 233 件，已办结 120 件。起底的 19 条扶贫领域问题线索，实行领导包案，已全部办结，立案查处 8 人，组织处理 10 人。

【中国共产党汉寿县第十二届纪律检查委员会第五次全体会议】 2020 年 5 月 26 日，中国共产党汉寿县第十二届纪律检查委员会第五次全体会议召开。汉寿县委书记车世忠出席会议并讲话，县委副书记、代县长周功表

2020 年 5 月 26 日，中国共产党汉寿县第十二届纪律检查委员会第五次全体会议召开。汉寿县委书记车世忠出席会议并讲话，县委副书记、代县长周功表主持会议

2020 年 8 月 28 日，汉寿县委书记车世忠（前排左二）调研县纪委县监委工作，县委副书记、县长周功表（前排右二），县委常委、县纪委书记、县监委主任何彦兵（前排左一）参加

主持会议。会议深入学习贯彻习近平新时代中国特色社会主义思想，贯彻落实中央、省、市纪委全会精神，总结并部署全县纪检监察工作。

会上，县委常委、县纪委书记、县监察委主任曾群代表纪委常委会作《勇担职责使命 提升监督效能 为决胜全面建成小康社会提供坚强保障》的工作报告。

【车世忠调研县纪委县监委工作】 2020 年 8 月 28 日上午，汉寿县委书记车世忠调研县纪委县监委工作，县委副书记、县长周功表，县领导熊毅、何彦兵参加。

车世忠一行到监控室、谈话室、县委巡察办、县纪委县监委各内设室部等地，实地察看县纪委县监委办公环境；听取了县纪委县监委上半年工作开展情况及后段工作计划、农村集体资源专项巡察工作情况、"洞庭清波"专项整治情况的汇报。

【罗翠林到汉寿调研"洞庭清波"专项行动、禁捕退捕工作】 2020 年 10 月 29 日，市委常委、市纪委书记、市监委主任罗翠林到汉寿调研"洞庭清波"专项行动、禁捕退捕工作。汉寿县委副书记、县长周功表，市纪委常委万长华，县领导李功文、宋万林参加调研。

（伍　辉）

巡察工作

【概况】 2020 年，县委巡察办、县委巡察组开展了第八、第九两轮常规巡察，两轮村级巡察，一轮农村危房改造"点穴式"巡察，一轮农村集体资源专项巡察问题整改工作。截至 2020 年年底，该届县委全覆盖单位 187 个党组织，已巡察 177 个（不含村、社区），全覆盖率达 95%；281 个村级党组织已全部巡完，全覆盖率 100%。

【常规巡察】 2020 年 5 月，第七轮常规巡察共反馈被巡察单位整改问题 158 条，完成整改 157 条。5—7 月，对县委办、县政府办等 19 个单位开展第八轮常规巡察，对县住房保障服务中心、县自然资源局等 2 个单位开展巡察"回头看"，共收集整改各类问题线索 268，其中立行立改 7 条，移交县纪监委 10 条，反馈被巡察单位整改 251 条。集中整改时限为 3 个月，至 2021 年 1 月底完成整改任务。10 月下旬，对县卫生健康局、高新区等 29 个单位开展第九轮常规巡察，巡察情况进入整理报告阶段。

【村级巡察】 2020 年 6 月—12 月，共开展两轮村级巡察，对未完成的 116 个村（社区）党组织实现巡察全覆盖。截至 12 月，第一轮村级巡察已巡 76 个村（社区），共收集整改各类问题线索 350 条，其中拟移交县纪监委 3 条，拟反馈被巡察村（社区）整改问题 347 条；第二轮村级巡察已进入收尾阶段。同时，县委巡察组重点针对脱贫攻坚、项目建设、集体资源的管理和产业发展等方面突出问题，对株木山街道清水湖社区开展巡察"回头看"，巡察期间，向县纪监委移交立巡立办问题线索 4 条，立案 2 人。

农村危房改造"点穴式"巡察。2020 年 3 月，巡察办从县纪监委、县住建局、县民政局等单位抽调 66 名干部，设立 5 个专项巡察组，对全县 22 个乡镇（街道、区）开展农村危房改造"点穴式"巡察。用 4 天时间就核减房屋等级认定不准确、住房有保障、重复申报、身份不符、死亡、自愿放弃等对象共 66 户，向县纪监委移交线索 6 条，立案 1 人，组织处理 3 人。

农村集体资源专项巡察问题整改工作。在 2019 年对全县 22 个乡镇（街道、区）开展农村集体资源专项巡察，发现"经营失控""合同期内延包"等 11 大类重要问题，移交"低价承包高价转包""国家公职人员及村干部经营集体资源资产牟利"等七大类违纪线索的基础上。2020 年 5 月，县委将农村集体资源专项巡察问题整改作为县委、县政府一项重要的中心工

2020 年 10 月 13 日，十二届汉寿县委第八轮巡察工作汇报会

作，举全县之力开展集中整治。截至 12 月，全县共 247 宗、8194 亩集体资源资产通过平台挂牌成交，成交金额 855.48 万元，完成整改总任务的 85%，增加集体经济总收入 4053.34 万元。12 月 21 日，湖南省委办公厅向全省推介汉寿县关于“产权改革盘活农村‘沉睡’资产”的做法和经验。

【巡察成果运用】 2020 年 9 月，县委巡察工作领导小组出台《巡察整改日常监督责任分解表》，整合县纪监委、县委组织部、县委巡察办、县委巡察组多部门力量，将巡察整改纳入日常监督重要内容，明晰责任、各司其职，共同推动巡察整改工作。同月，县委巡察办在开展巡察“回头看”时，发现西港镇存在虚假整改的问题，将该问题线索移交县纪监委，该镇分管巡察整改的党委副书记瞿某受到党内警告处分、村社区书记黎某受到严重警告处分。第七轮巡察整改，整章建制 90 条，追缴违规发放津补贴 21.04 万元，挽回经济损失 42.39 万元，提醒谈话 54 人次，约谈 128 人次、诫勉谈话 4 人次。通过整改，夯实了党组织建设，组织生活和党员管理更加严格；改善作风纪律，公务用车和公务接待更加规范，化解廉政风险，财务管理和报销程序更加严谨。县委巡察工作领导小组召开前七轮巡察整改“再监督”督办会，对未按期整改销号的 28 个相关单位主要负责人进行集中约谈提醒，并后续对其中 4 个整改不力的单位进行全县通报，并限期整改销号。针对前八轮巡察后发现的违规发放津补贴问题，共收罚 612.89 万元，彰显了巡察“利剑”作用。

【巡察队伍建设】 县委巡察机构先后出台《关于进一步建立健全巡察工作协作配合机制的意见》《县委巡察人才库管理办法》《县委巡察工作后勤管理办法》《巡察办、巡察组岗位责任制考核考评办法》等多项规章制度，保证巡察机构规范化运行。坚持每轮巡前更新编印《巡察工作手册》，高质量扎实做好抽调巡察干部业务培训。通过组织巡察干部开展日常业务培训，召开组办会商会、业务交流会，分层次分批次参加上级组织的集中业务培训班，派员参加省委巡视，市委交叉巡察“以干代训”，不断提升巡察干部业务能力和水平。将《纪检监察干部监督执纪“十不准”》《巡视工作人员“六条禁令”》《保密工作十严禁》等纪律要求与巡察业务知识、工作制度编印成册，发到全体巡察干部手中，时刻绷紧纪律弦，确保巡察干部队伍风清气正，纪律严明。

（李立娟）

法 治

县委政法委员会

【概况】 中共汉寿县委政法委员会是受县委领导管理政法工作的职能部门，主要负责检查政法部门执行法律法规和落实党的方针政策的情况，结合实际研究制定严肃执法、落实党的方针政策的具体措施。

2020年，汉寿县政法工作紧紧围绕“平安汉寿”建设的总体要求，全力推进社会治理创新工作，开展扫黑除恶专项斗争，强化社会治理和维稳领导责任制，夯实政法基层基础，全面加强政法队伍建设，维护了全县社会大局持续稳定。

【扫黑除恶】 2020年是扫黑除恶专项斗争收官之年，三年来，成功侦办并打掉涉黑涉恶犯罪团伙案18个，协助常德市破获“5·27”涉嫌黑社会性质组织案，现在侦涉黑涉恶专案1个。摸排重点线索393条，破获涉黑恶案件103起，刑拘涉黑恶犯罪嫌疑人201名，逮捕182人，投案自首34人，起诉123人，判决103人，收缴涉黑涉恶枪支20支，查封、冻结、扣押涉黑涉恶资产近5000万元。高标准地完成了央督交办9个方面问题以及央督“回头看”反馈5个方面15个具体问题的整改任务。

2020年6月16日，县委常委、县委政法委书记朱进友（右二）在洲口防汛大堤调度防汛抗旱工作

【维稳护安】 风险源头防控。全年牵头组织重要领域的重大事项社会稳定风险评估42项，开展实施近40多次省、市主要领导到汉寿视察、调研等重要活动和重大节庆期间的秩序维护工作，防范化解各类不稳定因素189个，吸附稳控500余人次。特别是在2020年新冠肺炎疫情防控中没有发生一起群体性事件，赢得了社会好评。

涉稳隐患排查。2020年，共排查出各类矛盾纠纷562起，成功化解507起，化解率90.2%；

处置突发事件。2020年，及时有效处置各类突发事故33起。

【综治民调】 2020年测评成绩综合得分93.18分，超上年1.54分

汉寿县召开"无上访村（社区）"创建工作推进会

(2019年民调得分91.64分)，高于市平均分0.24分，排名全市第4；高于全省平均分1.19分，排名全省30名以内。

【治安防控】 搞好三治共融。围绕自治、法治、德治，着力开展"三联"（县级领导联乡镇〔街道〕、县直单位及乡镇街道领导联村〔社区〕、一般干部职工联网格）、"三访"（下访民情、查访矛盾、走访特殊群体）、"三帮扶"（心理帮扶、法律帮扶、生活帮扶）等活动，加快构建以法治为保障、以德治为引领、以群众自治为核心的汉寿特色基层社会治理体系。

强化网格平台。推动大事一网联动、小事一格解决。全县划分行政网格614个，配备网格力量达到3674人，建立平安网格微信群达到1033个，发展成员28万余人，利用平安网格微信群处理问题1700余个。

完善综治平台。建成并投入使用1个较高标准的社会治理指挥中心和县级监控平台、22个乡级监控平台、278个村级监控平台，联网接入监控视频探头7946个，并全部接入到市，基本建立以"村为主"的技防模式，实战功能逐步显现。

【阳光司法】 深化政法改革。围绕司法责任制等11项改革重点任务，继续优化机制和提高质效，保证司法体制改革工作有条不紊地开展，着力提升执法司法规范化水平。

加强案件评查。对近三年案件进行全面梳理，纠正判处实刑未执行罪犯6名和犯罪嫌疑人、被告人或罪犯13名；对涉黑涉恶重点案10件进行评查，共指出具体问题17个；对监所进行专项督查2次，提出建议2个。

推动诉源治理。陆续在龙阳街道等4个乡镇设立诉源治理工作站，安排1位员额法官每周定期驻点，开展法律咨询、纠纷化解等工作，加大诉调、访调、警调对接，推动年诉讼案总量下降。

优化服务措施。积极开展一批救助资金申报核发工作，将司法救助资金30万元纳入县级财政预算，为维护困难群众合法权益争取了财政保障。

【队伍建设】 突出政治导向。根据《中国共产党政法工作条例》要求，17个乡镇、4个街道办事处、1个高新技术产业园区全部配齐配强政法委员，并召开任前谈话会，集中学习《乡镇（街道）政法委员职责任务规定》，明确乡镇（街道）政法委员11个方面的工作职责，乡镇（街道）政法委员的责任更明、干劲更足。

突出实干导向。以基层一线领导干部和业务骨干为重点，加大专业培训力度，提升干警综合能力水平。

突出廉政导向。持续开展集中教育整训活动，坚持刀刃向内，依法惩治违规违纪政法干部1人，对政法系统起到教育震慑作用，营造了全面从严治警浓厚氛围。

（黄彦臣）

公 安

【概况】 2020年，汉寿县公安局有局属二层机构共50个，其中派出所25个，机关单位25个。

2020年，立刑案977起，破刑案319起，查处治案1089起，刑事拘留420人，逮捕200人，起诉581人，强制戒毒35人，治安拘留557人，追捕逃犯39人，发生火灾109起，交通事故死亡100人、受伤1198人。

【创造平安稳定的社会环境】 严防政治安全领域风险。聚焦政治安全主线，强化网上网下情报信息搜集研判，均取得明显成效。教育转化工作经验被省厅推荐至中央政法委。查处涉网络政治谣言13人次，行政拘留1人，落地核实散播网络政治谣言和有害信息的网络人员23人。

严防社会治安领域风险。围绕社会治安大局，紧盯"两会""两节""国庆""十九届五中全会""八一"建军节、"进博会"等重大节点及敏感日，全力防范化解各类风险隐患。

严防公共安全领域风险。以安全防控为己任，新冠肺炎疫情期间，全员取消休假，日夜奋战抗击新冠肺炎疫情。日均出动警力300余人次，24小时轮班值守各大交通卡口、集中隔离点，密集开展巡逻防控、清查排查，舆情监控等各项工作。共查控车辆7万余台，落地核查高危人员、车辆信息数万条，巡查、封堵涉疫舆情信息26条，查处虚构事实扰乱社会秩序案件9起，警示谈话教育13人。加强重点场所部位、重点物品的安全监管，县域内易制爆化学品、烟花爆竹、剧毒化学品使用单位等均运行良好。创新“净身入所、拒物于外、统一配物”三大安全管理举措，疫情期间全面落实监所全员封闭式管理制度，确保监所的绝对安全。

【打造安定有序的治安环境】 一是打好专项领域攻坚战。全力推进扫黑除恶。局领导挂帅，集结优势警力67人组成9个专案组，按照一案一册要求，集中火力，限期突破，全力攻坚。2020年，侦破黑社会性质组织案1个、恶势力集团案6个、恶势力团伙案2个，抓获犯罪嫌疑人68人。

全力打击非法捕捞。组成10个巡查小组，坚持每晚对西洞庭湖及沅澧水汉寿水域开展联合巡查，涉渔的15个派出所对辖区77个村（社区）逐一召开宣传动员会议，对责任内的161户渔民逐一包联到户到人。在全县沿江大堤设置宣传牌，逐村张贴省、市《禁捕通告》《致广大渔民的一封信》等宣传资料共3000余份，给全县居民发送禁止非法捕捞公益短信，将非法捕捞案例制作成微信短片进行宣传。年内破获非法捕捞刑事案件21起，采取刑事强制措施47人，移送起诉43人，打击非法捕捞工作经验在全市工作推进会上作交流发言。

紧盯重要风险点，强力整治电信网络诈骗突出犯罪。2020年，先后打掉“2020·1·1”等电信网络诈骗团伙，查询涉案银行账号68次，查询第三方支付公司涉案账号672余次，止付涉案银行账号189个，止付涉案资金280.7万余元，为50余名受害群众挽回损失300余万元。年内，刑拘电诈犯罪嫌疑人43人，完成率达268.75%；起诉电诈案件254起，完成率达1411%，决定起诉目标任务百分比在全市均排名第一。市局下发的604名涉电诈重点人员，已完成指纹录入421人、DNA录入418人（其中已查明羁押人员77人，滞留境外99人），完成声纹信息录入332人，本人或家属签订承诺书570份，涉电诈重点人员均已管控到位，全部限制出境，7名外流逃犯全部抓获归案。

二是打好热点领域主动战。铁腕整治砂石市场，取缔非法码头62个、碎石场5个，和相关部门一道，共同建好规范性砂石码头6个，专门抽调13人常驻砂石办，对河道、码头开展定期不定时的巡逻巡查，会同相关部门开展常态化砂石治理。年内移送涉嫌非法采矿犯罪嫌疑人25人，扣押非法吸砂船5条、运砂船3条、砂石3000多吨，切实维护了全县海晏河清、朗朗乾坤。

三是打好传统领域持久战。持续推进“黄赌毒”治理，开展打击惩治“黄赌毒”违法犯罪专项行动，先后破获涉案金额500余万元的网上传播淫秽物品案（该案被公安部列为部督案件），涉案3.2亿元的网络开设赌场案（扣押资金3800多万元，扣押车辆14台，查封房产29套）和“20190904”省督毒品目标等大要案件。全年破获涉赌刑案10起，刑事拘留18人，逮捕15人；查处涉赌行政案件39起，行政拘留111人。破获涉黄刑案6起，刑拘12人，逮捕8人；查处涉黄行政案件10起，行政拘留21人。破获涉毒刑事案件52起、刑事拘留80人，移送起诉93人；查处涉毒行政案件22起，行政处罚130人（其中强制隔离戒毒44人）。

持续保持对“盗抢骗”违法犯罪的高压态势，将盗窃、诈骗、抢夺、掩饰隐瞒犯罪收益罪等一系列影响群众满意度、社会安定和谐的传统违法犯罪列为工作重点，紧盯团伙犯罪和跨区域案件，坚持打早打小，露头就打，从根本上遏制多发性侵财案件的高发势头。全年共破获侵财类案件121起，刑拘侵财类犯罪嫌疑人96人，决定起诉120人。

【改变脆弱落伍的基础环境】 一是基础建设有新面貌。克服经费严重短缺的实际困难，多方争取资金，县局新业务用房、株木山派出所主体工程全面完工，内装工作正在抓紧进行；新建的洲口派出所投入使用，龙阳、丰家铺派出所的改扩建竣工完成。

二是警务保障有新提升。县政府第六次常务会形成决议，为汉寿县域警务工作解决财政预算经费50万元、增加30个县财政保障的辅警计划，3台执法执勤车辆计划经费。

三是“放管服”改革有新举措。持续推进“放管服”改革，配合相关部门加强“放管服”工作，创优“只跑一次”的办事环境，最大限度为广大群众提供便利。出入境大队11项业务全部进驻政务中心，派出所的“一门式”服务融入各乡镇、街道，全县21个乡镇（街道）派出所均已开通身份证受理点，群众在“家门口”就可以办身份证。同时简化户口办理迁移手续，推行户政和出入境业务网上办理，居民身份证异地受理，“特殊”人群上门办证服务，出入境证件自助办理和加急服务。2020年，人境大队共受理二代居民身份证1.8万余张，受理各类出入境申请1870人次，受理前往港澳定居2人次，上门为高龄老人、卧床病人等“特殊”人群办证50次，惠及5000余人次，相关服务举措多次被省、市、县各级主流媒体宣传推介。

四是执法能力有新跨越。依托岗前培训、执法讲座、案件评查和开门评警等活动，积极组织各单位参与日常的执法专题培训，抽调法制部门力量积极参加了县委政法委组织的案件评查，在局内部自主评查案800余起，对各实战单位规范执法的公诉率进行考评，规范执法公诉率排名全市前列。积极推进行政案件快速办理，做到精简分流，减轻基层民警压力，全年，行政案件快速办理机制处罚108人，适用行政案件快速办理机制的处罚人数占行政处罚人数比例为28.6%，远高于市局下达的6%的目标任务。

【打造风清气正的从警环境】 一是政治建警彰显新担当。深入推进“不忘初心、牢记使命”“坚持政治建警全面从严治警”教育整顿等主题教育，出台《汉寿县公安局政治建警管理制度》，开展“致敬·缅怀·前行”清明祭扫活动、组织“迎五四·党在我心中”征文比赛（共收集民辅警各类征文77篇，优秀选刊20篇），邀请26名市、县监督员开展开门评警等活动，强化对全局民辅警的党性洗礼。强化辅警管理，以编制化、制度化为抓手，将各二层单位自行聘请辅警归口为县局统一招录，由政工部门统一管理，出台《汉寿县公安局辅警人员管理制度》等系列规范性文件，使辅警招录程序逐步规范，管理体制逐步理顺，职责职能逐步明晰。为增强辅警归属感，将辅警纳入二层单位党团支部，公开评选2019年度“十佳辅警”“警务辅助工作先进个人”30名、“新中国成立70周年安保维稳工作先进个人”19名、“新冠肺炎疫情防控工作先进个人”15名，在2020年全县公安工作会议上大力表彰，进一步激发辅警干事创业的热情。

二是素质强警显现新成效。按照公安部全警实战“大练兵”部署，紧贴实战需要，研究制定《汉寿县公安局2020年度全警实战大练兵实施方案》《练兵大纲》《考核标准细则》等系列方案制度，构建完善实战练兵体制，以“七个推进机制”推动落实，确保大练兵工作落地生效。开设汉警讲坛，对办案技能、常用法律定期授课，采取跟班培训、实战磨砺、精准指导，推动苦练基本功向纵深发展，全面提升警务实战技能，切实提高了履职能力。有3名民警通过法律职业资格考试，13名民警取得高级执法资格，125名民警被评选为主办侦查员，魏霆、王亮、周劲松因专业技能突出被市局聘请为兼职教官。

三是从优待警增添新动力。完善民辅警抚恤优待措施，落实警察伤亡特殊补助金发放政策，按期为民辅警购买意外伤害保险。同时加强特困民警、辅警家庭和患重大疾病民辅警的帮扶救助工作，不仅县局慰问，还为6名困难民辅警子女争取到全县慈善助学金，极大地温暖了警心，年度体检、工休假制度、心理健康服务工作、优抚慰问等各项从优待警举措，均逐项落实到位。以公安改革为契机，县局落实两个职级序列改革政策，启动四级高级警长以上职级晋升工作，一级警长以下职级晋升工作已经完成，四级高级警长及以上晋升工作正在进行。疫情期间，紧急采购口罩19000余个，消毒液300公斤，医用手套2000箱，全部优先配备至一线，在全县率先推广食用中药包，精心调制3800个中药包送至一线，同时启动战时激励机制，对疫情防控期间8名表现优异的民警火线提拔为副职，坚持表彰在一线，1人获省厅嘉奖，1人获市局三等功，市局嘉奖4人、战时慰问14人，县局慰问10个二层单位，表彰66名先进个人，激励全警奋勇争先、担当履职。加大干部交流力度，推荐3名年轻民警到外单位工作，为干部成长破解了老瓶颈，打开了新通道，让年轻民警看到新希望，激发民警新活力。

四是从严治警展现新形象。成立以副县长、县公安局党委书记、局长郭民忠为组长的从严管党治警领导小组，全面落实政治、业务“双督察”机制，落实全面从严治党“两个责任”和领导干部“一岗双责”。坚持刀刃向内，正确运用好监督执纪“四种形态”，关口前移，监督在先，挺纪在前，创新开展了“局长政委带头督、分管领导日常督、专门警种专项督”的立体督察工作机制，对民警管理抓早抓小、防微防渐。2020年，发督察通报31篇，开展谈心谈话800余人次，让“零容忍”成为常态。全警上下形成知敬畏、存戒惧、守底线，凝心聚力、风清气正的警营氛围。

（陈德媛）

道路交通安全管理

【概况】 汉寿县公安局交通警察大队是全县道路交通安全管理部门，受常德市公安局交通警察支队和县公安局双重领导。2020年底，交通警察大队管辖国道59.4千米、省道338.4千米、县乡村公路2518.6千米。全县包括49.3千米高速公路在内，共有通车里程2965.7千米。

【驾驶人管理】 驾驶员分为学习驾驶员、实习驾驶员、正式驾驶员。学习驾驶员必须经正规培训学习转为实习驾驶员，实习一年后再转为正式驾驶员。2020年，全县共有大小汽车驾驶人20.8万人，摩托车驾驶人11.9万人。办理驾管业务18542起。其中，本地初次领证1188起，增驾申领654起，转入489起，换证10057起，补证1108起，满分学习1346人，注销登记121起，驾证转出203起，其他3376起。

【车辆管理】2020年，全县共有在册机动车15.1万辆。办理车管业务30100起。其中，注册登记6209起，转移登记3965起，变更登记621起，抵押登记3405起，注销登记1086起，转入业务1739起，校车登记733起，补换牌证合格标志1126起，补换登记证书299起，档案更正3起，被盗抢记录1起，临时号牌1140起，核发检验标志8767起，受托检验471起，锁定业务523起，转出/注销恢复12起。

【交通秩序管理】全力打好疫情防控保卫战。自启动疫情战时勤务机制以来，组织检查车辆91170台、人员145191人；劝返车辆146台，劝返人员224人；发现发热异常人员9人。通过媒体辟谣196次；回复与道路交通有关的各类业务咨询468人次。发布路况和出行信息968条，回复与道路交通有关的各类业务咨询498人次。同时，主动改进服务方式，办理交管应急业务1500多起，有力保障了城乡公路通行顺畅、保障了群众平安出行。

全力打好顽瘴痼疾整治战。开展交通问题顽瘴痼疾集中整治行动是省委省政府部署的一项重要工作。交警大队牵头，全县17个职能部门和22个乡镇（街道、区）通力合作，围绕重点顽疾，掀起整治高潮。排查整改农村道路安全隐患91处，国省道隐患110处，高风险隐患路段3处，道路维护问题2处；取缔“马路市场”10处；处理非法营运突出问题16个，客危车辆隐患9个，校车隐患29个；报废、注销、补检存在安全隐患的变型拖拉机187辆。秋季开学以来，定人员、定时间、定路段、定责任，抽调20名民辅警，组成4个执法小分队，开展为期半个月的护学整治行动，查处校车违法271起。

全力打好城区整治攻坚战。5月以来，切实改善城区通行条件，全力以赴停车秩序大整治，摩托车和电动车大整治，客货运车辆大整治，公交车和出租车大整治，非法营运大整治，行人和非机动车大整治，不文明交通行为大整治。整治中，无证驾驶机动车的，一律行政拘留；报废车辆上路行驶，一律强制报废；机动车无牌无证、假牌套牌、故意污损遮挡号牌上路行驶，一律暂扣车辆再依法处理；摩托车和电动车非法加装伞具，一律暂扣车辆，收缴非法装置；客货运车辆多次交通违法，一律强制清零，并抄告其所在企业或主管部门；违停和闯禁车辆，不听劝阻或驾驶员不在车内的，一律强制拖离；公职人员交通违法次数多或情节严重的，一律公开曝光，并依法依规报送纪检监察部门；拒绝和阻碍执法人员依法执行职务的，一律行政拘留或追究刑事责任。通过整治，发布违停曝光28期，查处交通违法5万起，县城的大街小巷，乱点少了，堵点通了，秩序好了，呈现出了“出行有道、行车有德、停车有序”的良好交通环境。

2020年7月21日，汉寿县公安交警大队与应急、运管、消防等单位及客运企业联合举办客运车辆和校车安全应急演练

【交通事故防控】以“降风险、提能力”为主线，坚持问题导向、坚持科学系统治理，弥补县域道路交通安全风险短板，着力提升县域道路交通安全风险防控能力。报经县委、县政府同意，建立“政府主导、乡村包保、部门监管、企业自律、群众教育、责任追究”六项工作机制。特别是通过开展“零酒驾”创建活动，打造一批“零酒驾”创建示范单位，强化出行安全保障。在“一盔一带”守护行动中，累计印发倡议书10万份，播放“一盔一带”宣传片200场次，开展大型劝导活动30多次，曝光典型案例35起，查处不戴安全头盔违法行为2891起，不系安全带违法行为5537起，群众安全文明意识提升。

2020年，全县道路交通事故接处警总数8506起，死亡100人，受伤181人，直接财产损失719.57万元。侦破发交通肇事逃逸案37起。在交通事故“四项指数”中，事故总数、财产损失略有增加，其余均有所下降。交通事故死亡人数，与2019年相比，下降了11.3%。

【交通违法处罚】2020年，全县

2020 年 12 月 2 日，汉寿县 2020 年"全国交通安全日"主题活动启动仪式在该县詹乐贫中学隆重举行

交通违法现场查处总量 28997 起，非现场执法查处总量 82000 起。交通违法一般程序处罚 5842 起，分别有酒驾毒驾 727 起，客车超员 73 起，货车违法 866 起，涉牌涉证 1836 起，其他违法 2343 起。交通违法简易处罚 27533 起，分别有国省道违法 4564 起，农村道路违法 6784 起，电动车违法 4383 起，其他违法 11802 起。公路防控体系应用查处违法 257 起。拖曳违停车辆 1379 辆；行政拘留 23 人，刑事立案 77 人。

【交通安全教育】 做好新时代交通安全宣传工作，在各级各类媒体发表新闻 1200 篇次；在县电视台综合频道和影视频道播放交通安全公益广告 46200 次。在交警窗口、城区广场、城乡车站、公路道口等公共场所，垂挂宣传横幅 2.8 万张，宣传标志标语 4.9 万条，摆放宣传挂图 4.2 万套，播放宣传光盘 800 场次。在全县 185 所中小学和幼儿园，开展丰富多彩的"安全带 生命带"主题活动及秋季开学第一课"知风险 会避险"主题教育活动，上交通安全教育课超过 380 课时。在交通问题顽瘴痼疾集中整治行动中，用电子显示屏滚动播放整治宣传标语 10.98 万次，设立宣传橱窗 187 块，悬挂宣传横幅 1980 条；全县村社设立宣传展板 278 块，悬挂固定宣传标语 838 条，张贴海报 2100 幅。顽瘴痼疾整治新闻，三次在《人民日报》刊登。

（聂神佑）

检 察

【概况】 汉寿县人民检察院内设机构 8 个，即办公室、政治部、第一检察部、第二检察部、第三检察部、第四检察部、第五检察部、第六检察部。

【服务经济社会发展】 主动服务新冠疫情防控工作。严格按照县委和上级检察机关部署，全面落实联防联控各项举措，坚持疫情防控和依法履职两手抓。疫情期间，根据最高检《关于防控新型冠状病毒肺炎期间刑事案件办理有关问题的指导意见》要求，突出打击电信诈骗、网络赌博等领域刑事犯罪，共依法批准逮捕犯罪嫌疑人 16 件 55 人，起诉 69 件 106 人。加强与公安机关、看守所的协调，监督配合监管场所做好疫情防控工作。闻令而动，深入联点新街社区参与一线联防联控；选派干警前往联点民营企业，开展驻企防疫，助力复工复产；完善应急处置机制，抓好机关自身疫情防控。

【服务三大攻坚战】 积极投入防范化解重大风险攻坚战。严守金融安全司法防线，依法重点打击组织领导传销活动、集资诈骗、非法吸收公众存款等涉众型经济犯罪，批准逮捕 3 件 3 人，提起公诉 6 件 11 人。积极服务精准脱贫攻坚战。根据国家司法救助要求，向因案致贫因案返贫家庭发放司法救助金 7.5 万元。作为扶贫责任单位和后盾单位，共为洲口镇西脑湖社区和小河村争取扶贫资金 30 余万元。特事特办为贫困户余某解决房屋修缮资金。组织全院干警消费扶贫并到扶贫点村（社区）植树造林，总投入 4 万余元。全面落实帮扶政策，确保了结对贫困户全部脱贫摘帽。积极参与污染防治攻坚战。依法打击污染环境、非法占用农用地、非法捕捞、非法采矿、滥伐林木等破坏环境资源犯罪案件 10 件 24 人。通过依法办理刑事、公益诉讼案件，有效运用"补植复绿""增殖放流""货币补偿"等生态修复方式，督促行为人履行生态修复义务。

【服务民营经济发展】 深入学习贯彻习近平总书记关于民营经济发展的重要指示和在湖南考察时的重要讲话精神，落实省检察院《关于充分发挥检察职能依法服务和保障民营企业改革发展的指导意见》要求，依法批捕起诉侵害企业利益犯罪案件 7 件 8 人；牢固树立依法平等保护理念，准

2020年9月1日，涂某等35人组织、领导、参加黑社会性质组织案在汉寿县法院开庭，汉寿县人民检察院派员出庭支持公诉

确把握法律政策，对涉罪民营企业人员，可捕可不捕的不捕，可诉可不诉的不诉。鉴于认罪认罚等从宽情节，共对18名涉及民营领域的犯罪嫌疑人，依法作出不批准逮捕、不起诉决定，最大限度减少对企业的负面影响。完善服务民营企业机制，会同县工商联共同举办以“服务‘六稳’‘六保’护航民企发展”为主题的检察开放日活动，与受邀参加活动的13名县域工商民营企业界代表座谈，全面宣讲涉企检察职能，引导企业依法经营，自觉防范生产经营中的法律风险。

【决胜扫黑除恶专项斗争】 进一步提高政治站位，严格按照扫黑除恶专项斗争“六清”行动要求，依法高效办结检察环节涉黑涉恶案件。专项斗争开展以来，共批准逮捕黑恶势力犯罪嫌疑人171人，提起公诉169人。依法办理石门县“10·29”涂某等41人组织、领导、参加黑社会性质组织案，周某某等12人强迫交易涉恶案等一批有影响力的案件，并开展提前介入，为公安机关在明确侦查方向、追捕人员等方面提出工作建议。坚决把好案件事实关、证据关和法律适用关，做到不拔高、不凑数、不放过。对未以涉黑恶移送的，依法认定2件。纠正漏捕34人，纠正漏诉20人，追诉漏罪13条。注重“打伞破网”，共向县扫黑办、县纪委监察委移送线索4条。经指定管辖，依法对石门县公安局原党委委员、副局长蔡某某提起公诉，最终蔡被判处有期徒刑十三年六个月。强化“打财断血”，出台《关于在办理黑恶势力犯罪案件中协作配合查处涉案财物的工作方案》，及时引导侦查机关准确、全面清查涉黑涉恶财产；依法监督司法机关查封、扣押、冻结、追缴、没收等措施。共向侦查机关提出补充完善涉财证据等工作建议25条；向审判机关提出涉案资产处置意见5条。着力“行业清源”，结合办案，针对县域涉众金融、沙砾矿产资源、典当寄卖、废旧回收、校园安全、电游娱乐等易滋生黑恶势力的重点行业存在的问题，共发出并被采纳社会治理、行业监管检察建议12份。如在办理周某某等人强迫交易涉恶案件时，针对行业主管部门存在的监管漏洞问题，依法向县畜牧水产事务中心发出检察建议，要求健全跨部门屠宰监管联合执法机制，积极推进执法规范化建设，努力提升联合监管合力。在办理赵某等人寻衅滋事涉恶案件时，针对校园安全管理不严格等问题，依法向县教育局发出检察建议，要求健全全县中小学和职业学校校园安全管理制度，会同属地公安派出所建立校园周边治安状况联动机制，加强对学生的法治教育，切实促进校园安全建设。在扫黑除恶专项斗争工作中，1名干警记二等功，2名干警记三等功，先后有4名干警被评为省市扫黑除恶专项斗争工作先进个人，在全省检察系统扫黑除恶总结表彰大会上，该院被评为全省检察机关扫黑除恶专项斗争先进集体。

【平安汉寿建设】 切实维护社会和谐稳定，从严打击影响恶劣的刑事犯罪。依法履行审查逮捕、审查起诉等职责，全力营造良好的社会治安环境。全年共受理各类审查逮捕、审查起诉案件597件980人，其中批准逮捕或决定逮捕242人，提起公诉557人。根据全县治安形势，严厉打击故意杀人、放火、绑架、强奸等严重刑事犯罪，批准逮捕4件4人，提起公诉8件8人。突出打击“两抢一盗”、电信网络诈骗、涉黄、涉毒、涉赌等多发性犯罪，共批准逮捕77件147人，提起公诉121件253人。依法快速批捕起诉涉案金额达2亿多元人民币的邓某等16人网络开设赌场案，反响良好。

【未成年人司法保护】 依法严厉打击各类侵害未成年人刑事犯罪，共受理审查逮捕未成年人案件9件17人，不批准逮捕6件14人，受理移送起诉9件20人，不起诉4件9人。完善未成年人检察工作模式，联合公安、法院、教育、团委、妇联等部门，共同打造未成年人保护社会支持体系。结合办案，向县教育局、省内外学校发出检察建议11份，均已被采纳并整改到位。先后派员前往县洲口中学、崔家桥中学、崔家桥镇姚家村、龙阳街道南郊社区等地，组织开展女童保护安全教育和以“闪亮青春、绿色无毒”为主题的法治宣讲11场次，参与人数达5000余人，全面宣传未成年人权益保护理念，持续推动“一号检察建议”落地见效。

【化解社会矛盾纠纷】 落实“少捕、少押、慎诉”司法理念，坚持运用刑事和解机制，对轻微刑事案件适用宽缓刑事政策，释法说理化解双方矛盾，促进社会和谐。依法作出不批准逮捕90人，相对不起诉50人，刑事和解11人。巩固深化“群众信访件件有回复”工作，依托12309检察服务中心，坚持检察长接待日制度，妥善办理群众来信7件次，接待来访群众12人次。完善律师参与化解和代理涉法涉诉信访案件工作机制，努力实现案结事了人和。依法办结司法救助案件5件。在办案中，发现一名7岁男童母亲被害、父亲患病，家庭生活极其困难，为此，为其申请本县最高额度司法救助金3万元，同时对其进行心理疏导，让其感受到“检察温度”。

【刑事诉讼监督】 加强对刑事立案和侦查活动监督。强化对公安机关侦查取证的引导，适时提前介入，有效提升侦查监督效果。全年共督促公安机关刑事立案13件，对不应当立案而立案的，督促公安机关撤案27件。对应当逮捕而未提请逮捕的，追加逮捕12人，对应当移送审查起诉而未移送的，追加起诉24人。监督纠正侦查活动违法情形33件次，发出检察建议15份。强化刑事审判监督，依法向审判机关提出刑事量刑建议353份，提出刑事抗诉1件。检察长常态化列席法院审判委员会，不断加强与法院良性沟通，共同维护司法公正。

【刑事执行监督】 监督纠正看守所刑罚执行和监管活动中的违法情形9件。监督纠正社区矫正执行不当情形29件次。向有关单位发出纠正违法通知书、检察建议41份，均被采纳并整改到位。开展羁押必要性审查，发出纠正违法通知书、检察建议并被相关单位采纳11件。监督剥夺政治权利等附加刑执行情况，发出并被采纳监督意见10件。扎实参与集中开展病犯收押、收监专项清理整治行动，依法监督配合做好对7名病犯收押收监工作。

【行政检察监督】 学习贯彻实施民法典，依法履行民事检察监督职责，保障当事人合法民事权利。共办理各类民事检察监督案件23件，行政检察监督案件16件，发出检察建议28份。针对农民工、老年人、未成年人等弱势群体请求给付劳动报酬、抚养费、赡养费等情形，加大支持起诉力度。共办理7件民事支持起诉案件，为农民工追讨劳动报酬4万余元；成功办理支持朱某追讨赡养费和李某抚养费案，依法保障弱势群体的合法权益。

【公益诉讼检察】 树立双赢多赢共赢理念，履行“公共利益代表”检察监督职责。全年共办理涉及生态环境和资源保护、食品药品、国有财产保护、国有土地使用权出让等领域公益诉讼案件94件，其中办理刑事附带民事公益诉讼18件，向行政机关发出诉前检察建议76份，相关行政机关均依法履职并按期回复。成功办理常德市首例涉珍贵、濒危野生动物保护的公益诉讼案件。该案一审判处鄢某某有期徒刑一年六个月，同时判令鄢某某、蔡某某分别和共同承担各类资源损失和费用25万余元。该案被评为全省公益诉讼检察优秀案件和全省公益诉讼检察十大典型案例。针对国有土地使用权出让领域存在的问题，向相关行政机关发出诉前检察建议，督促行政机关收回国有出让土地一宗、解除国有土地出让合同一份，涉及金额233万元、面积15.09亩。聚焦国有财产领域公益诉讼监督开展公共租赁住房清理整顿专项监督活动，督促相关行政机关收回或清退公共租赁住房34套，督促收回欠缴、应缴公共租赁住房租金50余万元。着力生态环境领域公益诉讼监督，督促相关责任人增殖放流鱼苗50万尾、补种林木近5000棵，挽回国家级公益林2.5亩，督促缴纳生态修复资金30余万元。

【内设机构改革】 根据扁平化管理和专业化建设的要求，严格按照省检察院、省编办内设机构改革方案，按时完成内设机构改革。改革后，县检察院内设机构总数由原有的12个压缩至8个，司法资源力量向办案一线集聚；按案件类型重塑刑事检察机构，实行捕诉一体办案机制，侦查监督职能从“前后脱节”向“无缝衔接”转变；分别设置民事行政、公益诉讼检察机构，检察职能履行更加全面、协调、充分。中层骨干平均年龄下降10岁，年龄、知识结构得到有效优化。

【落实认罪认罚从宽制度】 坚持以高度的政治自觉、法治自觉、检察履职自觉，切实承担检察机关落实认罪认罚从宽制度的主导责任，既尊重犯罪嫌疑人程序选择权，又积极听取被害人意见，采取有效措施，积极促成犯罪嫌疑人认罪悔罪、与受害人和解。共受理审查起诉638人，适用认罪认罚从宽制度611人，占受理总人数的95.77%，位居全市基层检察机关前列。同时不断提高确定刑量刑建议适用率，全年确定刑量刑建议适用率为97.7%，同比上升10.81%。

【执行“案件比”质效评价标准】 根据上级《关于稳步降低刑事案件“案件比”的实施意见》，坚持把降低“案件比”作为案件质量管理的抓手，把责任传导、压实到每个办案检察官身上，用求极致的精神把每个办案环节做好，同时健全退侦和延期审核监督机制，防止、减少程序空转，推动刑事案件效率提升。全年刑事检察“案件比”为1.595，同比下降73.3%，减少了不必要的办案环节。

【规范检察建议】 出台《汉寿县人民检察院检察建议工作实施细则》，从15个方面有效规范检察建议的制发。成立以检察长为组长的检察建议落实工作分析督导小组，定期督促检查、分析研判；形成承办人拟制、部门负责人与负责法律政策研究的第六检察部审核、检察长审定的检察建议内部审批流程；设置宣告室，通过现场宣告送达及重大检察建议检察长宣告送达的方式，让检察建议的公信看得见。规定制发检察建议要及时向市检察院备案的同时，需将检察建议、回复情况报送县人大监察和司法委员会备案，切实提升检察建议刚性。

【加强机关党的建设】 进一步抓牢党的政治建设。准确把握检察机关的政治属性，严格执行民主集中制、“三会一课”等制度，持续巩固“不忘初心、牢记使命”主题教育成果。通过学习研讨、教授上党课等形式，组织干警深入学习党的十九届五中全会精神和习近平总书记在湖南考察时的重要讲话精神，激励干警践行初心使命，有效提升干警理论水平和党性修养。全年干警运用“学习强国”APP参学率在全县名列前茅。深入推行党支部“五化”建设，丰富主题党日活动内容，不断增强党支部的凝聚力、战斗力。

进一步抓实队伍素能建设。着眼新时代检察工作要求，加大业务骨干人才培养。开展各类业务岗位练兵活动，认真组织干警参加上级网络课堂、视频讲座培训616人次；先后选派干警参加上级实体培训9人次，参训人员均在返岗后将培训所学在本院“传学讲学”。充分利用全国检察业务交流平台“检答网”，促进检察人员检察理论与实践融合发展。以创建文明单位为契机，定期开展检察文化活动，发挥典型示范作用，激发正能量，不断提升全体检察人员综合素养。

进一步抓严党风廉政建设。牢记党风廉政建设“两个责任”，坚持把党风廉政建设和检察业务工作同部署、同推进、同检查、同考核。严格落实党风廉政建设主体责任清单，层层传导压力，组织对领导班子成员及内设机构负责人落实“一岗双责”情况进行检查。充分发挥派驻纪检监察组的监督执纪作用，强化对司法办案的监督，落实过问干预司法办案“三个规定”记录报告制度，全面确定岗位廉政风险点，筑牢司法廉洁“防火墙”。持之以恒开展警示教育，定期向全体检察人员传达上级关于违纪违法案件通报精神，坚持开展谈心谈话和“以案促改”专项整治工作，做到警钟长鸣。

【自觉接受监督】 自觉接受人大及其常委会监督。主动接受县人大及其常委会监督，严格执行县人大及其常委会的决议、决定。先后3次向县人大常委会专题报告检察工作。制定常态化联络机制，精准化联络，走访全县各乡镇、街道人大主席（主任）21次，赠订《人民监督》等刊物，加强与人大代表联系，邀请人大代表视察检察工作，参加调查走访，参加检察开放日等各类活动70余人次。根据《汉寿县人民代表大会常务委员会关于司法机关重要文件报送、重要案件备案和重大事项报告的规定（试行）》的规定，做好报告、报送和报备工作。向县人大常委会报送了不批准逮捕决定书、不起诉决定书、检察建议书等法律文书。

推进“司法公正常德行活动”。按照市县两级人大常委会统一部署，紧紧围绕“提高依法治理能力，助推经济社会发展”主题，分步骤扎实开展“司法公正常德行”暨检察官履职评议工作。其间，主动邀请市县人大常委会领导视察指导。常德市人大副主任戴君耀一行50余人到汉寿县检察院视察指导，组织观看了活动宣传廊、公益诉讼宣传片等。公益诉讼工作得到了一致好评。组织开展了对4名检察官的履职评议，结合案件评查暨走访调查综合评议意见，现场进行履职情况民主测评，4名被评议检察官综合评价都达到优秀等次。

虚心接受民主监督和社会监督。不断增强接受民主监督的主动性，深化委员联络工作，赠订《检察日报》，邀请政协委员、人民监督员及社会各界代表视察检察工作或参加检察开放日、公开听证、公开宣告等活动30余人次，诚挚听取意见建议。依法向社会公开重要案件信息24条、程序性信息733条、法律文书422份。通过“两微一端”、今日头条等新媒体及时推送检察资讯，制作推送“正e汉检”微信86篇，门户网站发布检察动态信息256条，推介检察宣传稿件150篇，被省级以上媒体采用76篇，其中《检察日报》《湖南日报》《常德日报》采用22篇。

【湖南省人民检察院扫黑除恶专项斗争督导组到汉寿督导】 2020年4月22日，湖南省人民检察院扫黑除恶专项斗争督导组杨忠平、许服膺、荣磊及市检察院扫黑办何明惠、张春枝一行5人，到汉寿县以座谈形式对汉寿县人民检察院的扫黑除恶专项斗争工作进行专项督导。汉寿县人民检察院党组书记、检察长黄艳霞，党组成员、副检察长谢永远，以及部分扫黑办成员参加。湖南省人民检察院督导组认真听取了汉寿县人民检察院“10·29”专案办理情况、扫黑除恶专项斗争情况汇报，并就下一步的工作开展方向提出了指导意见。

【汉寿县开庭审理非法猎捕、运输、出售珍贵、濒危野生动物，非法狩猎刑事附带民事公益诉讼案】 2020年9月24日上午，由湖南省人民检察院挂牌督办，汉寿县人民检察院提起诉讼的鄢某某、蔡某某非法猎捕、运输、出售珍贵、濒危野生动物、非法狩猎刑事附带民事公益诉讼案在汉寿县人民法院公开开庭审理。汉寿县人民检察院党组书记、检察长黄艳霞以公诉人和公益诉讼起诉人双重身份出庭支持公诉、提起附带民事公益诉讼，汉寿县人民法院党组书记、院长熊利波担任审判长。这是常德市首例涉珍贵、濒危野生动物保护的公益诉讼案件，还是常德市首例实施诉前财产保全的公益诉讼案件，也是2020年常德市首例由检法“两长”出庭的公益诉讼案件。部分人大代表、政协委员、人民监督员、被告人家属及群众代表、新闻媒体等旁听了庭审活动。该案被评为全省公益诉讼检察优秀案件和全省公益诉讼检察十大典型案例。

【汉寿县人民检察院举办以“服务‘六稳’‘六保’护航民企发展”为主题的检察开放日活动】 2020年12月10日，为深入学习贯彻习近平总书记关于民营经济重要讲话和指示精神，更好地为民营经济发展提供优质检察产品和法治保障，汉寿县人民检察院举办以“服务‘六稳’‘六保’护航民企发展”为主题的检察开放日活动。邀请该县部分民营企业家和经营者，民营企业界和在工商联任职的人大代表、政协委员共13位嘉宾走进检察机关，感受检察，建言检察，凝心聚力护航民营经济健康发展。

（米 姣 徐嘉璐）

法院

【概况】 汉寿县人民法院设有立案庭（诉讼服务中心）、刑事审判庭、民事审判一庭、民事审判二庭、综合审判庭、执行局、政治部（机关党委）、综合办公室、审判管理办公室（研究室）、司法警察大队等10个内设机构及蒋家嘴人民法庭、罐头嘴人民法庭、太子庙人民法庭、西湖人民法庭、毛家滩人民法庭等5个派出法庭。

2020年，共受理各类案件（含旧存）6008件，审（执）结各类案件（含旧存）5882件，结案率97.90%，29名员额法官人均结案202件。

【惩治刑事犯罪】 牢固树立总体国家安全观，充分发挥刑事审判职能。新收一审刑事案件共298件（不含旧存7件），结案301件579人，案件平均办理时间20.7天，给予556人刑事处罚，全力维护社会稳定。重拳打击严重暴力及侵财型犯罪，审结危害公共安全、故意伤害、两抢一盗等严重刑事犯罪案件56件，让人民安居乐业、社会安定有序。快审严惩“黄赌毒”，审结涉“黄赌毒”案件81件155人，加大惩处力度，其中对犯贩卖毒品罪的被告人判处有期徒刑五年以上的23人，最高判处有期徒刑十五年。落实宽严相济刑事政策，对370名认罪认罚的被告人依法从宽处理，依法保障被告人诉讼权利，为53名被告人指定法律援助律师。

【开展扫黑除恶】 认真落实党中央关于扫黑除恶专项斗争统一部署，审结涉黑涉恶案件11件82人。严格落实罪刑法定原则，准确把握黑恶犯罪认定标准，依法认定黑恶犯罪分子77人，判处有期徒刑五年以上刑罚26人。院庭长带头办理重大、复杂涉黑恶案件4件41人，有效推进扫黑除恶专项斗争工作的深入开展。成立“10·29”涉黑专案组，选派4名刑事业务骨干提前介入，主动了解案情，审查证据，“10·29”涉黑案的组织者、领导者被判处有期徒刑二十四年六个月，其他34名被告人被判处有期徒刑二十四年至一年不等。注重协同办案，坚持县委政法委统领协调，加强与公安、检察等部门沟通配合，参加会商研判案件20次，邀请检察长列席审判委员会3次，对重点督办涉黑案件要求提前介入，提前研判，确保每一起案件经得起法律和历史的检验。深入“打财断血”，共判处财产刑676.6万元，加大“黑财清底”力度，彻底铲除黑恶势力滋生土壤和经济基础。

【强化民生保障】 全面落实“六稳”“六保”，促进社会和谐发展，共审结民事案件3419件。发挥司法裁判的指引示范作用，维护市场规则，倡导公序良俗，审结曾某某与洲口镇人民政府拍卖合同纠纷案，让不讲诚信者付出代价；审结罗某某与中国建筑第五工程局有限公司公共场所管理人责任纠纷案，让守法者不担其责；审结离婚、抚养、继承等婚姻家庭案件745件，维护婚姻家庭关系和谐稳定；审结涉劳动就业、教育医疗、社会保障、损害赔偿、劳动争议等案件454件，为弱势群体撑起法律保护伞；依法为16名困难当事人发放司法救助金33.5万元，减免缓诉讼费14.6万元，让更多困难当事人感受到了司法的人文关怀。

【执行攻坚】 完善执行工作长效机制，切实解决执行难，共执结各类案件2087件，结案率达98.07%，执行到位金额5.22亿元。织牢强制执行天网，用足拘传、拘留、追究刑事责任等手段，严惩抗拒、规避执行行为，公开曝光失信被执行人名单和照片82人，先后司法拘留40人次、罚款12人次、涉嫌拒执移送公安机关侦查案件8件，让老赖网上有名、脚下无路。完善执行联动机制，充分利用网上点对点、总对总查控系统，与多家单位联动执行，依法查处被执行人存款、房屋及车辆等财产，累计冻结存款1.66多亿元，查封房产98处、车辆92辆，全面挤压被执行人转移隐匿财产的空间。首创网银对接机制，银行金融服务提前介入，为有意参加拍卖人解决资金问题，提高部分土地、厂房等大型拍卖标的物的成交率，执行拍卖成交额3834.94万元。加强跨区域司法协作，促进异地执行工作的同城效应，执行局干警16天辗转3省多地跨越一万千米，圆满完成涉工程机械专项执行任务，维护当事人胜诉权益。

【服务营商环境】 发挥服务经济社会发展的司法职能，审结组织、领导传销活动和电信网络诈骗等涉众型经济犯罪案件17件，涉案金额5089万元；对标汉寿县营商环境评价指标，主动服务“执行合同”“办理破产”“保护中小投资者”三大指标，切实优化司法程序，降低营商成本。加强破产案件审判，新收破产案件4件、破产衍生案件24件，积极参加府院联席会议，破解协同处置难题，依法处置“僵尸企业”，优化社会资源配置。开展服务企业专项活动，深入辖区高新产业园区，为企业提供法律咨询服务。针对新冠肺炎疫情影响，提倡善意文明执行，依法慎用查封、扣押、冻结等强制措施，帮助受影响企业纾难解困，疫情期间特事特办，依法作出裁定解冻账户，帮助汉寿县机械制造重点企业及时恢复生产，支援疫情防控。

【强化环境保护】 坚决贯彻“绿水青山就是金山银山”理念，把环境公益诉讼审判工作作为重点，开展“常德法院 ·环保沅澧行”专项行动，共审结环境资源保护一审刑事案件23件，判处罪犯51人。强化生态环境案件中的损害赔偿和生态补偿，不断加大对生态环境和野生动物的保护力度。首次组成7人合议庭公开开庭审理刑事附带民事公益诉讼案，判处鄢某某有期徒刑一年六个月，与附带民事公益诉讼被告蔡某某连带赔偿国家野生动物资源和生态环境损失、承担生态修复费用并在省级以上新闻媒体向社会公众公开赔礼道歉，加大震慑力度。及时裁定常德市环境保护局汉寿分局申请执行恒晖机械有限公司环境保护行政处罚案准予执行，为环保行政执法机关打击环保违法行为提供了有力司法保障。

【化解矛盾纠纷】 搭建人民调解平台，吸收社会力量参与诉前调解，建立在线纠纷多元化解机制，特邀优秀调解员在线解纷止争，凝聚纠纷化解合力。大力推进诉源治理，主动将法院调解工作融入党委领导的社会治理大格局之中，着力构建“社会调解优先、法院诉讼断后”的递进式矛盾纠纷分层过滤体系，努力从源头上减少诉讼增量。新收案件在连续十年持续上升的情况下出现拐点，首次呈现下降趋势，诉源治理效果初显。坚持需求导向，在龙阳街道、蒋家嘴镇、罐头嘴镇、太子庙镇设立诉源治理工作站，与乡镇、街道一体化矛盾纠纷调处中心对接，开展法律咨询、多元解纷、司法确认、诉调对接等工作，把司法服务送到百姓家门口。大力开展案件“繁简分流”与“速裁快审”工作，速裁团队新收案件1094件，结案1094件，结收比100%，速裁案件的一审服判息诉率达96.70%。

【参与平安创建】 发挥法治在平安汉寿建设中的引领与保障作用，有效防范化解重大风险，营造安定有序的法治环境。畅通申诉信访渠道，制定院领导值班接访制度，加强涉诉信访信息系统应用，对来访来信逐一录入、统一管理、全程留痕，共登记受理群众来信来访62件次，用法治化方式解决群众合法诉求。延伸少年审判工作，将普法与预防未成年人犯罪工作相结合，保障未成年人健康成长，帮助失足未成年人早日回归社会。针对司法实践中发现的问题，发送司法建议5份，促进公共决策和社会治理的不断优化。参与社会治安综合治理，开展平安创建活动12次，积极参与全县文明创建，常态开展爱心助残、文明交通、普法宣传等志愿服务活动，强化司法文明形象。

【智慧法院建设】 一是便民服务现代化，进一步强化服务意识，投入197万元采购智能云柜、自助立案机等智能化设备，全面提升诉讼服务中心智能化、信息化水平，方便当事人诉讼。完成诉讼服务中心功能改造，提供律师咨询、材料收转、邮政专递、母婴休息、在线调解等一站式诉讼服务，尽力让当事人当场办、少跑腿。深化案件“当场立、自助立、网上立、就近立”改革，实现数据网络流转，当事人通过互联网即可进行自助立案、材料递交、案件查询、法律咨询、在线缴费等，推动诉讼服务向移动终端的跨越，实现诉讼高效便捷。通过网上立案241件，跨域立案20件，通过“人民法院调解平台”远程调解案件704件，调解成功率92.17%，满足当事人足不出户即可参与调解，化解纠纷。二是审判执行智能化，积极应对疫情常态化防控形势下审判执行工作新问题，大力推进互联网、大数据、云计算、人工智能等科技创新成果与司法工作高度融合，确保疫情防控和审判执行两不误。在2月疫情防控非常时期，通过云法庭线上庭审10天结案14件，通过电话沟通、微信调解和网上执行，曾1天就执结案件5件。通过远程视频方式开庭审理案件199件，实现部分案件“开庭不用跑”，为当事人减轻诉累。通过电子送达、短信送达诉讼通知类文书8452份，极大地节约了送达成本，提高了司法效率。执行指挥中心管理平台助力解决异地执行难，通过单兵设备实时传输现场画面并同步录音录像，实现执行工作的远程指挥与全程留痕。三是信息公开实质化，审判流程、庭审直播、裁判文书和执行信息四大公开平台更加完善。已建成16个高清数字法庭和1个看守所科技法庭，充分满足开庭需要，所有庭审均可实现每庭必录，自主直播。1511件案件网上庭审直播，6340份裁判文书上网公布，涉诉资产均实现网拍，通过网站、短信平台等多种渠道推送案件受理、开庭、宣判等流程节点信息5100条，流程信息公开率99.8%，节点告知制度全面落实，充分保障人民群众的知情权。

【队伍建设】 打牢政治基础。深入践行习近平新时代中国特色社会主义思想，学习贯彻党中央《关于加强党的政治建设的意见》，切实把政治建设放在首位，增强“四个意识”，坚定“四个自信”，做到“两个维护”，确保人民法院工作正确的政治方向。坚持党的绝对领导，贯彻落实《中国共产党政法工作条例》，深入开展“两个坚持”专题教育，坚定不移走中国特色社会主义法治道路。深入强化政治理论，加强政治理论培训，巩固深化“不忘初心、牢记使命”主题教育成果，着力推进主题教育常态化制度化。抓实意识形态工作，严格落实意识形态工作责任制，健全落实干警思想动态分析制度、领导干部与干警谈心谈话制度，开展谈心谈话近200人次，准确把握干警思想脉搏，及时开展思想纠偏。

深化司法体制综合配套改革，逐步落实法官单独职务序列配套保障政策和法官权益保障机制。全面落实司法责任制，强化院庭长审判监督管理权责，健全完善以员额法官为主体的各类人员绩效考核机制，确保放权不放任、监督不缺位。加强审判团队建设，不断细化法官、法官助理、书记员等职责清单，增强团队合力。建立程序严格的惩戒机制，落实责任倒查追究，真正实现“让审理者裁判，由裁判者负责”。完善案件质量评查机制，把常规评查、重点评查、专项评查有机结合，全年评查案件969件，发布通报66期，防止司法行为失范。加强政治能力和业务水平的学习，组织参加上级法院举办的政治理论、审执业务培训班878人次，民法典实施培训15期次，督促干警准确把握民法典新精神、新规定、新条文，提高理解和适用民法典的能力水平，为审务工作打下了坚实基础。

坚持全面从严治党、从严治院，召开党风廉政建设和反腐败工作会议，制定领导班子成员党风廉政建设责任分解清单，将党风廉政建设责任制落实情况纳入岗位目标与绩效考评办法。开展干预、过问案件的“三个规定”落实情况专项整治和执行案件“一案双查”活动，促进公正执法；开展虚报冒领补助和司法作风问题专项整治，查摆问题15条，促进内部管理水平提升。强化廉政警示教育，紧盯审执工作廉政风险点，确保干警公正廉洁执法。成立机关纪委，与派驻纪检监察组协同配合，坚决支持派驻纪检监察部门依法依规履职，刀刃向内，严肃执纪问责，形成强大的监督态势。

【接受监督】 接受政治巡察监督。自觉接受县委第四巡察组的巡察，主动配合完成巡察任务。依照巡察工作要求做好党组工作、党组落实意识形态工作等汇报，客观真实提供情况、实事求是反映问题，全力支持巡察组各项工作。针对巡察反馈的13个问题

2020年8月26日，常德市人大监察和司法委员会领导到汉寿县人民法院视察工作

照单全收，并逐项制定整改措施，明确责任部门和责任人、整改时限，实行销号管理，抓好整改落实，确保党的路线方针政策贯彻到位，推动巡察成果转化为该院创新发展和司法公信力提升的不竭动力。

接受人大及其常委会监督。坚决落实人大常委会重要工作部署，扎实开展“司法公正常德行”活动，严格组织法官履职评议工作，9 名员额法官就依法履职、遵守职业道德、接受监督、廉洁自律等情况形成履职报告，在县人大常委会的监督下接受履职评议。年内向人大常委会专题报告扫黑除恶工作和法官履职评议工作，并严格按照审议意见抓好整改落实。办理县人大常委会及专门委员会交办、督办件 2 件，办结率、回复率、满意率均为 100%。

接受民主及社会监督。开展“千名代表委员走进法院零距离监督”专项活动，主动邀请代表委员视察法院、见证执行、旁听庭审 94 人次。运用各类媒体平台推送法院工作报道、司法改革动态、案件介绍、党建等各类信息 1300 余条，及时发布重大案事件信息，接受舆论监督，通过红网、百姓呼声等论坛收集并及时处理网络舆情 4 起，畅通民意表达渠道。微信公众号疫情期间更新司法战役专题十四期，《湖南汉寿：“云服务助力战疫情”》获得人民日报推介，《涂某等 17 人涉黑案在汉寿法院一审开庭审理》等多个短视频在各大平台累计播放量达百万余次，营造更加清朗的人民法院舆论环境。

【戴君耀到汉寿县人民法院视察】 8 月 26 日，常德市人大常委会副主任戴君耀率全市人大监察和司法系统一行 50 余人到汉寿县人民法院视察，全面了解近年来汉寿在“扫黑除恶”专项斗争工作、执行攻坚工作、一站式多元解纷和诉讼服务体系建设、司法公正常德行工作以及特色审判等方面的重点工作成果，参观法院诉讼服务中心、少年法庭、在线调解室、执行指挥中心、信访接待室，通过实地体验零距离感受法院信息化建设成果。汉寿法院一直在不断推进高效审执，努力为解决当事人诉累提供更多便利，为推动汉寿县经济发展、法治建设、奋力建设宜居宜业宜游环湖强县作出贡献。

汉寿县人民法院首次组成七人合议庭审理刑事附带民事公益诉讼案件

【汉寿县人民法院对涂某等 35 人涉黑案一审宣判】 9 月 14 日，汉寿县人民法院对涂某等 35 人组织、领导、参加黑社会性质组织等罪案一审公开宣判。该犯罪组织人数众多，结构严密，规约严格，层级分明，分工明确，多年来大肆进行聚众斗殴、故意伤害、寻衅滋事等严重暴力犯罪及开设赌场、敲诈勒索、非法经营、非法持有枪支弹药等犯罪活动 50 余起，造成 4 人重伤、2 人轻伤，极大地破坏了当地正常的经济秩序和社会生活秩序。黑社会性质组织的组织、领导者涂某被判处有期徒刑二十四年六个月，其他 34 名被告人被判处有期徒刑二十四年至一年不等，从严从重惩处，有效维护了社会经济秩序，让人民群众切实感受到专项斗争带来的新气象新面貌。

【汉寿县人民法院首次组成七人合议庭审理刑事附带民事公益诉讼案件】 9 月 24 日上午，汉寿县人民法院首次组成七人合议庭，公开开庭审理一起非法运输、出售珍贵、濒危野生动物、非法狩猎案件。被告人鄢某某的行为破坏了国家野生动物资源和生态环境，损害了国家和社会公共利益，依法应承担民事责任，附带民事公益诉讼被告人蔡某某明知夜鹭系非法狩猎而来仍然进行收购，其行为与生态资源损害之间有法律上的因果关系，应当在其收购夜鹭造成的生态资源损害范围内承担连带责任。法院依法判处鄢某某有期徒刑一年六个月，与附带民事公益诉讼被告蔡某某连带赔偿国家野生动物资源和生态环境损失、承担生态修复费用并在湖南省省级以上新闻媒体上向社会公众公开赔礼道歉，加大了震慑作用，不断提升了新时代生态环境保护的司法服务和保障水平。

【汉寿县人民法院四家诉源治理工作站陆续挂牌成立】 2020 年 9 月以来，汉寿县人民法院陆续在汉寿县龙阳街道、蒋家嘴镇、坡头镇、太子庙镇设立诉源治理工作站，形成县域内诉源治理南北纵向覆盖式布局，主动融入社会矛盾多元预防调处化解工作机制，参与基层社会治理创新。诉源治理工作站的设立是对原有诉调对接工作的一次全面提档升级，法院将诉源治理工作主动下沉，积极与乡镇、街道对接，着眼纠纷源头化解，努力将矛盾纠纷化解在萌芽、诉前阶段，从源头上减少、避免矛盾纠纷的发生，为群众提供更加便捷的法律服务。汉寿法院诉源治理工作站自9月陆续揭牌运行以来，全面开展法律咨询、纠纷分流、调解指导、多元解纷、司法确认、诉讼服务等工作，积极参与基层社会治理创新，为广大群众提供更加高效便捷的“一站式”服务。通过诉源治理工作站引入基层组织、司法所、法庭、信访工作人员参与调解，既节约了司法资源，又减少了当事人的诉累，取得了良好的法律效果和社会效果。

（章　丹）

汉寿县人民法院四家诉源治理工作站陆续挂牌成立

司法行政

【概况】 汉寿县司法局机关设有五股二室一组一局一中心：县委依法治县办秘书组（普法与依法治理股）、办公室、政工室、装备财务保障股、规范性文件管理与合同审查股、行政复议应诉股、人民参与促进法治股（人民陪审员和人民监督员选任管理办公室）、县社区矫正工作局（副科级）、依法行政指导服务中心（副科级）、公共法律服务管理股，下辖法律服务中心、公证处，21个司法所，其中县社区矫正工作局和依法行政指导服务中心为副科级。全县有龙阳、辰龙、周建新3个律师事务所，龙阳司法鉴定所，6个基层法律服务所。

2020年，县司法局立足基层依法治理，推进民主法治建设，筑牢了司法行政的坚实基础。司法行政工作全省民意测评92.10分，高于全省平均成绩1.56分，排名全市第二，被评为全国人民调解宣传工作先进单位，被全市评为法治政府建设示范单位。杨海娟、张先国先后被司法部、全国妇联评为先进个人。11月，在全省司法所规范化建设大会上作典型发言，系全市唯一县级单位。

【全面依法治县】 2020年5月，县委筹划召开县委全面依法治县委员第二次会议，部署法治政府建设、法治乡村建设等工作，把依法行政、法治政府建设工作作为硬指标纳入全县绩效评估体系，全面吹响依法治县的冲锋号。

8月，召开县委全面依法治县委员会守法普法协调小组第一次会议，县委常委、县委政法委书记朱进友，副县长、县公安局局长郭民忠出席会议。会议学习贯彻中央、省委、市委相关会议精神及决策部署，传达学习习近平总书记相关重要指示要求，审议通过《县委全面依法治县委员会守法普法协调小组工作细则》和《县委全面依法治县委员会守法普法协调小组成员单位工作职责》，成立汉寿县守法普法工作办公室，全面部署“七五”普法验收工作。

【法治政府建设】 立法调研工作。配合完成《常德市农村村民住房建设管理条例（草案）》《河道采砂管理条例》《湖南省洞庭湖保护条例（草案一审修改第一稿）》《常德市人民代表大会常务委员会监督司法工作的若干规定（修订稿草案）》等7部法律、法规修订草案的立法调研和意见征集工作。对全县农村集体资源合同、珍珠退养合同和《汉寿县商业发展资金管理暂行办法》的出台，给出综合性意见。

规范性文件与合同审查工作。县政府建立法律顾问制度，常年聘请法律顾问，现有县级法律顾问4名，省级法律顾问律师团2个。为进一步拓展法制审核的工作效益，在做好全县规范性文件和重大合同审查的同时，积极参与全县村规民约法制审核工作，有针对性地进行“问诊把脉”，在全市率先完成全县278个村（社区）村规民约的法制审核工作。2020年，共审查各类文件、合同、会议纪要154份（其中包括10份规范性文件，均已发

2020年6月8日，汉寿县召开全面依法治县暨司法行政工作会议

布），有效规范了政府决策行为，避免了法律风险。

行政执法监督工作。全面推行行政执法“四项制度”，6—9月，县司法局牵头，各行政执法单位参加，对全县26家行政执法单位报送的2314项行政事项进行全面清理，确认行政执法职权2308项，其中1941项行政执法权限法律依据现行有效，284项行政执法权限法律一律部分废止或修订，83项行政执法权限法律依据全部废止。并将清理结果及时公布在政府门户网站公示。对全县36家行政执法单位1000余名行政执法人员执法证件进行换发和培训，组办1次行政执法人员电子化资格考试。

行政复议应诉工作。2020年，共收到行政复议申请16起，不予受理8起，审结7起，法定期限内结案率达到100%。代表县政府出庭应诉26件，其中审结25件。指导、协调乡镇人民政府、街道办事处、县直执法单位应诉案件7起，为县域经济发展起到保驾护航作用。相比2019年度，收到行政复议申请数量有所上升，县政府为被告的行政应诉案件数量有所下降，行政机关内部化解行政争议能力得到增强，依法行政水平不断提高。

【法治宣传】 高质量部署普法依法治理。为切实做好“七五”普法终期验收工作，县政府第四次政府常务会议专题研究此项工作，安排60万元工作经费，着重培育和打造涉及村（社区）、企业、学校、单位等各具特色的7个验收示范点，确保“七五”普法终期验收合格。成功推荐罐头嘴镇福兴村为全省第九批“民主法治示范村”，推荐罐头嘴镇为全省“法治政府建设示范乡镇”。

高标准唱响普法最强音。为切实做好“七五”普法宣传工作，结合新法律法规的出台和实施，在全县范围内部署新法新规学习方案，要求各单位各部门要通过“法律六进”和“法律进企业”等活动，广泛宣传《民法典》《刑法修正案》《优化营商环境条例》等新的法律法规和政策。组织成立专门的法治宣传志愿服务队，结合新冠肺炎疫情形势开展“抗击疫情、法治同行”疫情法律知识宣传活动，编印《新冠肺炎疫情防控法律知识简明读本》2万多册。借助全县农村法治宣传月活动，联合县直政法各单位、县人大办、县委统战部、县农业农村局、县信访局等15家单位开展“提高依法治理能力，助推经济社会发展”的送法下乡宣传活动，营造出浓厚的法治氛围。为进一步提升法治宣传力度，组织全县社区矫正工作者开展《社区矫正法》学习业务培训、知识技能比武、专题教育学习等活动，制作下发单行本和宣传册共计3万余份。据统计，全县共开展专题法治宣传活动31场次，法治宣传讲座15场次，发放宣传资料13万余份，现场解答法律咨询300人次。

【公共法律服务】 县法援中心共有3名法援律师。2020年完成57名黑恶案件被告人的指定辩护工作，其中石门涂某一案从全市范围内组织31名律师，共同完成辩护任务。全年办理法律援助案件219件，其中，办理民事法律援助案件113件（涉及农民工案件32件，完成讨薪96万元），刑事法律援助案件106件。无一援助案件质量投诉。

县公证处有执业公证员4名，其中1名公证员具有涉外公证员资格。全年办理公证事项1004件，其中国内民事公证662件，涉外公证342件，业务性收费共26万余元。

全县有律师事务所3家，注册社会律师15名，公职律师13名，公司律师1名，实习律师4名。3家律师事务所共办理刑事案件44件，民事案件201件，行政案件1件，劳动仲裁案件5件，担任法律顾问105家〔其中村（社区）法律顾问75家〕。全县律师事务所联合成立了中共汉寿县律师行业联合党支部，党支部设湖南辰龙律师事务所。

全县有基层法律服务所6家，注册基层法律工作者38名，办理民事案件1011件，行政案件65件，劳动仲裁案件15件，担任法律顾问237家〔其中村（社区）法律顾问206家〕。对管理不规范的3家法律服务所给予暂停执业两个月的处罚，1家因执业瑕玼引发当事人缠访的法律服务所给予警告处罚。

全县仅有1家司法鉴定所，设置在汉寿县人民医院，有7名司法鉴定人员，其中拥有高级职称4人。全年办理鉴定303件，无一质量投诉。

【人民调解】 因地制宜开创“司法所+”联调模式，各司法所探索实践“司法所+法庭、司法所+部门、司法所+基层调委会+法律顾问+村（社区）”的联动联调模式，通过建立网格微信群，结合“平安常德580”微信公众号，实行线上线下“多种渠道、多种方式”开展矛盾化解工作，确保矛盾纠纷隐患处置高效、及时。6月，蒋家嘴司法所运用“司法所+法庭”的联动模式，成功调处六年级学生何某在校受伤这一有社会影响的矛盾纠纷。8月，龙阳司法所运用“司法所+县卫健局、医共体”的联动模式，快速化解一起扬言抬尸闹事的医疗纠纷。2020年，全县通过该模式化解矛盾纠纷355件。按照“家里的事，门口解决；小区的事，院内解决；村里的事，村口解决；城区的事，立马解决”思路，以司法所为枢纽节点，探索建立农村“和事佬”工作室、城区“警司联调人民调解室”、物业小区“网格员调解室”等调解平台，把有能力、有阅历、有威信的村（社区）老支部书记和人大代表、政协委员吸纳到“三室”队伍中，着力延伸和强健服务手臂。年内，全县共受理矛盾纠纷2927件，调处成功2910件，调处成功率达99.42%。

【社区矫正】 用“智慧”加持社区矫正。依托“智慧矫正一体化”平台等信息化手段，科技助力刑罚执行，采取电话报告、网上巡查、核查和网上教育为主开展日常矫正监管。2020年2月17日，通过视频通话的方式对违规的2名社区矫正对象进行“线上”诫勉谈话。

用“法治”实现严管监控。2020年7月1日，《社区矫正法》实施日，县矫正局与全县21个司法所签订《社区矫正工作委托书》，明确社区矫正工作主体，进一步规范完善考核奖惩制度，严格按照有关程序和要求依法依规处理违法违规情形。2020年，对1名社区矫正对象给予书面警告；对2名社区矫正对象向原裁判人民法院提出撤销缓刑建议书；对2名社区矫正对象给予训诫处分。

用“爱心”助力安置帮扶。开展“小海豚成长计划”联合帮扶活动和“法润三湘·情暖高墙”微善风助学行动，发放慰问金、学习用品等2万多元。与县民政局衔接，积极为特困刑满释放人员发放临时生活救助金共计96800元。

2020年9月2日，汉寿站“法润三湘 情暖高墙”微善风助学行动爱心见面会

【中心工作】 发力珍珠退养。抽调精干力量组成专班，参与围堤湖垸珍珠退养“清零攻坚战”，通过多方工作，以最快的速度完成140亩退养任务。助力脱贫攻坚。指导、协调毛家滩、洋淘湖等乡镇完成扶贫小额贷款诉讼案，收回贷款资金715万元，为全县类案办理打造了范本。合力禁捕退捕。落实到坡头镇群英渔场开展上岸渔民的走访包联工作，在机关选派20名机关干部，负责包保走访94户渔民，全面摸排退捕渔民政策落实、社会保障、转产就业等情况，确保退捕渔民安置保障各项政策落实到位。着力争资增项。2020年，完成上级争资增项182万元，完成率113.75%。

【中共汉寿县委全面依法治县委员会第二次会议】 2020年5月14日，中共汉寿县委全面依法治县委员会召开第二次会议。县委书记、县委全面依法治县委员会主任车世忠主持会议并讲话，县委副书记、县长、县委全面依法治县委员会副主任周功表出席，县领导刘毅翔、曾群、朱进友、熊毅、喻志高、朱向宇、饶杰、郭民忠、刘启明以及其他委员会委员参加会议。

会议传达学习中央、省委、市委关于全面依法治理的主要工作精神，听取全面依法治县工作有关情况汇报，审议《关于全面推进依法治县若干问题的意见（审议稿）》《关于加强法治乡村建设的实施意见（审议稿）》《县委全面依法治县委员会2020年工作要点（审议稿）》《关于推进严格规范公正文明执法 为依法防疫和经济社会发展提供法治保障的工作方案（审议稿）》《关于全面深化司法责任制改革加强司法规范化建设的工作方案（审议稿）》《汉寿县关于“七五”（2016—2020年）普法终期验收的工作方案（审议稿）》。

【湖南省司法厅、水利厅《湖南省河道采砂管理条例》立法调研小组到汉寿调研】 5月9日，湖南省司法厅、省水利厅《湖南省河道采砂管理条例》立法调研小组到汉寿县调研。省司法厅副厅长傅莉娟主持座谈会并讲话。县委副书记刘毅翔、副县长李功文参加调研或座谈。

座谈会上，调研小组听取相关单位负责人关于河道采砂管理的情况汇报，并就《湖南省河道采砂管理条例（征求意见稿）》广泛征求意见，深入探讨工作中存在的问题和下阶段立法规范、强化管理的建议。

【汉寿县召开全面依法治县暨司法行政工作会议】 6月8日，汉寿县召开全面依法治县暨司法行政工作会议。县委常委、县委政法委书记、县委全面依法治县办主任朱进友，副县长、县公安局局长郭民忠，县人大监察和司法等委员会负责人出席会议。全体司法行政人员、法律服务所所长、律师事务所主任、司法鉴定中心主任、全县行政执法单位法制工作分管负责人等123人参会。

会议表彰《2019年度全县司法行政系统先进单位》和《2019年全县依法行政先进单位和先进个人》。

（高采薇）

军事

地方武装

【概况】 2020年，汉寿县人民武装部被省军区表彰为正规化建设先进单位，被常德军分区表彰为先进人武部、军事训练先进单位。

【党管武装工作】 县委、县政府和人武部把党管武装工作摆在突出位置，坚持军地协调、合力推进。一是政治站位有高度。党政领导深入学习贯彻习近平强军思想，不断强化爱武装、管武装、建武装的政治自觉，把武装工作纳入党委、政府工作统一部署，把国防教育纳入全面教育计划统一实施，把人武部基础设施纳入城镇总体规划统一建设，把武装工作成效纳入全县绩效考评体系统一考核，确保武装工作规范有序推进。二是工作落实有制度。落实好军地双重领导、双向兼职、党委议军、书记述职、军事日活动、党管武装绩效考评等制度，实现党管武装工作的制度化、常态化。5月6日，召开人武部党委第一书记任职大会，军分区首长明晰了第一书记“五管五第一”职责任务。7月23日，召开县委常委议军会，对党管武装绩效考评、民兵调整改革、基层武装部星级达标创建等工作进行部署，并组织党政军领导过“军事日”活动，进一步浓厚了爱武兴武良好氛围。三是服务保障有力度。坚持办好办成拥军惠军好事实事，关心关注退役军人安置、随军家属就业、军人子女入学等实际问题，切实将“参军光荣、军人尊崇”落在实处。5月，武警新疆总队现役军人高浩被评为“汉寿十佳青年”，弘扬了崇军拥军的社会风尚。

【党委班子建设】 一是突出制度建设。落实党委统一集体领导下的首长分工负责制，紧紧围绕把班子建好、把队伍带好、把工作任务落实好，抓住重大建设、重要集训、重点工作，严格按章议事，坚持集智攻关，落实责任分工，坚决做到抓一事成一事。二是突出纪律约束。严守政治纪律和政治规矩，重点抓好新政新规的学习贯彻，党委导向作用和领导干部示范作用发挥明显。在审计巡察中，部领导敢于刀刃向内，带头检视反思，自觉查纠问题。三是突出模范带头。党委一班人始终把事业摆在第一位，带头稳心定神、脚踏实地干工作，较好地发挥了表率作用。

【思想政治工作】 贯彻政治建军方略，大力加强思想政治建设，为单位全面建设发展提供坚强政治保证。一是抓好理论武装。深入推进习近平新时代中国特色社会主义思想、习近平强军思想学习贯彻。按要求抓好《习近平谈治国理政（第三卷）》和十九届五中全会精神学习，每季集体交流、半年学习讲评、年度考核验收等机制，干部职工理论水平和思维层次不断提升。二是抓好思想政治教育。开展“对表一流标准、规范工作运行”教育活动，深挖驻地红色资源，组织官兵参观帅孟奇纪念馆；结合抗日战争胜利75周年开展相关配套教育活动；为党员干部上党课、开设主题教育读书班、组织主题教育研讨交流等；结合民兵集训和执行任务等时机，开展思想政治教育授课和讨论交流；组织开展“民兵活动日”活动，并在市首届“民兵活动日”比赛活动中，荣获团体第二名的好成绩。9月份组织的第二十个全民国防教育日骑行宣传活动引起了强烈反响。三是加强国防教育宣传力度。抓住民兵集训演练、参建参治、征兵宣传等时机，在中国民兵微信平台、湖南国防、新湖南等媒体平台上发表稿件60余篇，大力宣传优秀军人事迹典型和拥军优属政策，助力军人成为全社会尊崇的职业。结合国防教育日活动、文明创建、脱贫攻坚、慰问走访、指导基层党建等工作开展专题教育，组织讨论交流。

【练兵备战】 围绕习主席训令要求，以提高实战化训练水平为抓手，适应改革调整新特点、职能定位新要求，狠抓战备训练落实。一是修订完善方案预案。树牢战备意识，及时修订完善国防动员、专项任务、非战争军事行动等方案预案，确保应对突发紧急情况有章可循、有案可依。二是抓严抓实军事训练。严密组织各类集训比武活动，组织现役干部、文职人员在职训练和基干民兵轮训，第十二期基干民兵森林灭火专业集中轮训在清水湖民兵训练基地展开；6月份选拔1名优秀射手作为常德市唯一代表在省领导“军事日”活动中进行汇报表演。6月，完成基干民兵冲锋舟编队航行省市两级拉动点验任务，极大提升了陌生水域长途航行和搜索救援的实战能力。12月在全市专武干部比武集训中，取得一个综合第三、两个单项前三的较好成绩。高标准完成“沅水—2020”冲锋舟编队航行和道路抢通等演练任务，得到各级高度评价。三是加强战备值班备勤。结合重大节日、重要敏感期和自然灾害高发期加强战备值班备勤。2020年新冠肺炎疫情突袭，人武部加强战备值班，发动广大民兵投入抗疫一线，较好地完成了支援地方值班执勤、巡查排查、消灭灭疫等任务。结合辖区防汛抗洪任务重的实际，常态化组织应急分队拉动点验和装备物资器材补充，确保一旦有任务，能拉得出、起作用。

【民兵调整改革】 按照“建强组织、夯实基础、严格标准、提质增效、聚焦问题、狠抓落实”的工作思路，推进民兵调整改革工作落地落实。一是加强军地协作，搞好统筹推进。与县委、县政府各部门密切配合，通过召开军地联席会议，组织联合发文等形式筹划部署和成立联合督查组督导检查，实行乡镇（街道）民兵调整改革工作一把手负总责机制，把民兵调整改革列为乡镇（街道）党管武装工作述职和年度绩效考评的主要内容，形成军地齐抓共管的良好局面。二是严格标准要求，优化编组质量。坚持基础与重点相结合的原则，按照破解“两个问题”，紧盯“三个防止”，坚持“四个拓展”，达到“五个比率”的要求，落实基干民兵的编组任务，确保编组方向匹配、结构布局更加合理，新质力量更具含金量。三是规范组织建设，抓好末端落实。加强基干民兵预建党组织管理，落实了连有党支部、排有党小组、班有党员和排以上民兵干部是中共正式党员的硬性要求。

2020年，汉寿县第二期基干民兵集中轮训动员大会

【国防动员建设】 一是规范国动委组织机构建设。紧跟军地深化改革进程，研究调整国动委成员单位及人员组成，优化办事机构设置，探索国动委机构实体办公机制，推动国动委系统规范化建设。年初，按要求规范“一综七专”办公室设置，调整落实相应成员。10月，结合修订《汉寿县专项任务国防动员方案》，进一步明确军地各级各部门职责任务，增强时效性、针对性。二是抓实国防动员潜力调查统计。按照整体筹划、统一组织、军地联动、分工负责的原则，依托“国防动员潜力信息系统”，集中开展全县国防动员潜力统计调查，深入分析各领域潜力分布结构特点和作战支撑能力，突出重点潜力数据采集，全面掌握国防动员潜力底数；着眼联合作战军事需求，及时修订完善各类国防动员计划和实施预案，确保方案计划体系动态更新、完善配套。三是做好兵役征集工作。围绕“确保兵员质量、确保考评优秀、确保走在前列”目标，严格落实征集任务和征集要求。

【正规化建设】 落实省军区、军分区正规化建设现场会、推进会精神，推动单位全面建设规范发展。一是抓好人武部正规化建设。依据《军队基层建设纲要》和省军区“两个规范”，采取建、调、改、配等方法，建立健全工作基本制度和秩序，制定《人武部“四个秩序”规范（试行）》，2019年7月份承办军分区正规化建设现场会，形成“一套战备方案、一套工作规范、一套建设画册、一份抓建经验材料、一套工作资料汇编”的建设成果，为军分区正规化建设提供汉寿经验。二是抓好“星级武装部”创建。2019年，作为全省第一批试点单位率先进行探索抓建，2020年，采取示范引领、以点带面、共同推进的方式，全面推介试点经验，探索形成一套基层武装部工作规范、建成一个可信可学可用的武装阵地、打造一支想干事能干事会干事的武装干部队伍。6月，拍摄制作经验汇报片，在全省基层人武部星级达标建设推进现场会上播放，受到一致好评。在基层武装部星级达标年度考评中，1个基层武装部被评为“五星级”，3个被评为“四星级”。三是抓好安全教育管理。始终紧盯重点，坚持安全形势分析、隐患排查整治、风险评估等制度，扎实开展安全大检查、保密专项清查、“条令月”和“百日安全”活动，逐级签订责任书，确保安全稳定工作落实有成效。完善各类应急预案，经常开展法纪常识和安全法规教育，定期组织防护技能、紧急避险和自救互救训练，增强预防事故、规避风险和应急处置能力。注重安全设施建设，2020年以来投入资金更新监控系统、改造老旧电路、补充安防器材，通过完善技防手段，降低了安全风险隐患。

【“五星”基层人武部授牌仪式】 12月22日，常德军地联合举行“五星”基层人武部授牌仪式，为穿紫河街道人武部、汉寿县岩汪湖镇人武部等11个单位颁授“五星”标牌。市委常委、军分区司令员李兴刚，军分区政委张冬果，副市长周代惠出席仪式。县委副书记刘静，县委常委、县人武部部长带领岩汪湖镇人武部主要负责人参加本次授牌仪式。

（雷　兰）

武装警察

【概况】 中国人民武装警察部队汉寿中队，前身为中国人民解放军公安部队汉寿县中队，驻地汉寿县。

2020年，中队官兵紧紧扭住“听党指挥、能打胜仗、作风优良”的强军目标，紧随改革强军步伐，积极投身多样化军事实践，牢记使命，苦练本领，忠于职守，勤奋工作，圆满完成上级赋予的各项任务。2020年被评为“四铁”先进单位，获常德支队“精武强能”军事训练比武竞赛暨“创破记录”体育运动会团体第二名。

【政治教育】 紧跟时代前沿、紧贴形势任务、紧扣思想脉搏开展思想政治教育，牢固树立政治工作首位意识，着力培育“四有”革命军人。扎实开展“传承红色基因，担当强军重任”主题教育，认真组织课后讨论，教唱革命歌曲，培塑身边典型，引导官兵坚定理想信念，争当强军先锋。注重用习主席讲话精神武装头脑，用上级党委决策明确方向，着力夯实忠诚精锐的思想根基。坚持把学习贯彻党的十九大精神和习近平新时代强军思想作为首要任务，进一步强化“听习主席的话、做习主席的好战士”的政治自觉，有力推动了党的创新理论在基层扎根。

【执勤训练】 聚焦执勤战备工作，紧盯中心任务，狠抓常态执勤，加强实战化训练，提高履职执勤能力，以打赢三场维稳战役为牵引，以敏感期为重点，教育官兵牢固树立“危险就在身边，战斗随时打响”的意识，修订完善战备方案，落实战备制度，圆满完成全年战备执勤工作。深入贯彻执行《新军事训练与考核大纲》和《武警部队军事训练“八落实”标准》，坚持按纲施训，科学组训，有效提高训练水平。

【严格管理】 以贯彻习主席依法治军从严治军指示要求为根本，持续开展以“学法规、用法规、守法规”为主题活动，利用抓部队作风、抓礼节礼貌、抓生活秩序、抓军容风纪等手段稳步提升正规化、精细化管理水平，打牢建队基础。狠抓经常性基础性工作的落实质量，对大到库室设置、小到穿衣戴帽、细到物品摆放都进行具体规定，量化标准，细化要求，提升中队内涵式发展水平。

【后勤保障】 始终以官兵是否满意为工作的出发点和落脚点，围绕服务大局、服务中心开展工作，不断提升后勤保障综合效益，狠抓后勤制度建设，搞好后勤经费物资管理，落实账目及财务公开，树牢“小而精”的理念。同时结合中队人员饮食习惯，精心调剂，每周定期收集伙食意见，不断改善伙食，更新口味，做到粗菜细做、细菜精做，力求官兵最高满意率。

（黄　宁）

人民防空

【概况】 2020年，县人防办深入开展人防宣传培训工作，将“三防”资料发放到各个学校、企业、机关、社区、工地，利用横幅、户外电子显示屏、墙报等各种载体开展人防法律法规宣传活动。坚持“以收促建，以建为主”的原则，严把“结建”审批关，审批项目15个，收取易地建设费200多万元。同时，对2013年以来所有结建工程和易地建设项目进行排查，补缴易地建设费。严格落实防空地下室配建要求，监督指导使用、管理单位做好人防工程维护管理。着力完善人防机动指挥系统，配备了专业的人防指挥车辆和海事卫星电话，进一步扩大县城区防空警报覆盖面，县城区警报音响覆盖率、鸣响率达100%。

（熊　辉）

群众团体

工会

【概况】 2020年，汉寿县总工会下属事业单位有法律保障工作办公室、工人文化宫和职工学校。法律保障工作办公室属县总工会管理的正股级事业单位；工人文化宫属自收自支事业单位；职工学校属差额拨款事业单位。

【组织建设】 严格落实“党建带群建、群建壮党建”工作机制，彰显党群共建合力。一方面，对暂未建会的，抓好企业工会组建宣传动员工作，制定明确的推进时间表，积极推动；另一方面，通过“送帮扶、送培训、送关爱”等普惠性活动，推进工会组建工作。2020年，全县新增工会组织61家，新增会员数8650人。其中，新增快递、物业、保险等八大群体工会组织27家，新增会员数1789人。基层工会组织覆盖面进一步扩大。年末全县共有基层工会组织315家，会员48620名。加强基层工会规范化建设。2020年，县自然资源局被授予全国模范职工之家荣誉称号，崔家桥镇信用社工会小组被授予湖南省职工小家荣誉称号，岩汪湖镇工会联合会被评为“湖南省百佳街道工会”，康尔佳制药有限公司、汉寿煤矿机械有限公司、湖南金牛粮油实业有限公司被市总工会评为规范化建设示范点。

【劳模工作】 2020年，成功推荐湖南省劳动模范3名（肖敏、李戈锐、聂习龙）；获评市五一劳动奖章6名（含2名直接认定），市五一劳动奖状1个（县血防医院），市工人先锋号1个（华乐食品有限公司机电组）。4月29日，召开汉寿县第一届劳动模范和先进工作者表彰会，对20名县劳模进行表彰，联合县融媒体中心对先进模范进行宣传；推荐市劳模创新工作室1家（康尔佳聂惠君劳模创新工作室），劳模助力乡村振兴示范基地1家（陈必红凯龙稻虾养殖专业合作社）；大力开展劳模工匠师徒“结对子”活动，年内完成20对目标任务。通过培育典型，为汉寿的产业发展提供人才。开展国省劳模的工资收入情况及生活状况调查，为困难劳模争取上级资金近20万元，为54名市劳模落实低收入补助金287340元。2020年春节期间，走访慰问劳模53人，发放慰问金49900元。

【劳动竞赛】 围绕市委、县委重大决策部署，完善重点工程、工业企业、生态建设、服务行业竞赛格局，广泛深入开展各类劳动和技能竞赛。组织职工参加市总工会组织的焊工、钳工、钢筋工技能竞赛活动并获得焊工二等奖2名、三等奖2名，钢筋工2等奖1名、三等奖2名、优胜奖1名；与县住建局联合开展汉寿县建筑业职业技能大赛。

【素质提升】 动员全县女职工参与第八届“书香三八”读书活动，全县广大女职工积极参与，撰写多篇优秀文稿，推荐上报98篇优秀作品，共有20篇（幅）作品荣获县级奖项，5家基层工会被评为县优秀组织单位，8篇（幅）作品荣获市级奖项，县总工会被市总工会评为优秀组织单位；动员全县女职工参与“湘悦读·工力量”读书分享活动，20名职工的读书分享视频获省奖并被省总工会在新浪微博、喜马拉雅等平台上分享，龙阳中学易璇获省芙蓉悦读者荣誉。

【干部培训】 组织工会干部先后参加省、市总工会举办的工资集体协商模拟谈判、基层工会组织规范化建

2020年2月12日，市人大常委会党组成员、市总工会主席谭弘发（左二）到汉寿慰问口罩生产企业。汉寿县委书记车世忠（右二），市总工会党组副书记、副主席童成振（左一），县人大常委会党组成员、副主任、县总工会主席周政怀（右一）参加慰问

设、社会化工会工作者等内容培训班5期，邀请市总工会财务资产部部长就工会经费的使用进行专题培训，累计培训干部300人次，有效提高工会干部的理论水平和业务能力。

【工会“四送”品牌】 与县人社局联合开展“春风行动月”暨“推进产业立市 服务企业用工”新春专场招聘会活动；7月30日，开展“夏送清凉”活动，为650名奋斗在一线的户外劳动者发放6.5万余元的防暑物资；开展金秋助学行动，为全县16户贫困学子发放助学金3万元；2020年元旦及春节期间，为全县260余人送去13万余元的慰问金。

【医疗互助】 为扩大参互范围，对新成立工会的企事业单位及往届没有参加职工医疗互助的单位进行宣传发动，全年有186个基层工会12817人参与医疗互助，新增参互基层工会3家，非公有企业参互数增至3家。共筹集互助金897190元，年度累计受惠会员近1000人次。

【劳动关系】 健全劳动争议预防和调处机制，推进以职代会为基本形式的厂务公开民主管理，落实职工群众的知情权、参与权、选举权和监督权，推动基层工会民主化建设；开展劳动关系领域涉政治安全和职工队伍稳定险患的调研排查化解工作，防范敌对势力在劳工领域的渗透破坏活动，维护劳动关系领域政治安全。

【困难帮扶】 开展疫情期间送温暖活动，为129名职工发放帮扶资金10.5万元；提前帮扶受疫情影响生活困难的职工30人，共计发放帮扶资金1.48万元，其中省级资金帮扶困难职工12人，发放帮扶资金4.8万元；国家级帮扶资金帮扶困难职工18人，发放帮扶资金10万元；积极深入联点贫困村入户摸底，为贫困户办实事、解难事。

【疫情防控】 疫情期间，县总工会积极做好舆情宣传工作，坚持传统媒体和新媒体相结合，做好防疫常识的宣传引导，做好恐慌心理的消除引导；引导群众树立正确的就医、购物观念，维护良好社会秩序。

广大工会干部带头下沉社区，进驻企业，积极参与疫情防控和援企稳岗工作，帮助企业和职工克服困难，促进全面复工复产、复市复业。县总工会机关安排专人到2家企业、2个小区进行值守；为口罩生产企业、一线医护人员、卡口执勤人员送去慰问金15万元；向抗疫一线企事业单位、小微型企业赠送消费券53万余元；贯彻落实省总工会9号、10号文件精神，积极动员全县基层工会以电子消费券的形式提前发放2020年的节日物资，全县共计发放电子消费券1000余万元，有力地推动了三产业的发展。

【基层工会规范化管理】 2020年12月，对全县工会规范化管理开展专项整治，下发《关于明确基层工会组织规范化管理有关具体问题的通知》《关于开展全县工会管理自清自查自改的紧急通知》，要求各基层工会迅速开展工会管理自清自查自改工作，由单位“一把手”亲自把关确认，加盖党委（党组）公章。全县各基层工会通过自清自查自改工作，及时发现未坚持工会主席“一支笔”审批、未按规定向会员收取会费、工会管理制度不健全等问题并迅速进行整改。全县各基层工会以此为契机，组织各单位会员集中学习工会相关管理制度，有效扭转工会管理不规范的现象，形成良好的氛围。

【工会阵地建设】 4月20日，县总工会及工人文化宫整体搬迁至新办公楼。共提供会议服务95场次、演出服务11场次，组织播放电影80场，惠及职工、学生1.2万余人，累计创收50余万元。投入30万元为5家非公企业修建职工文体场所。

【工会经费审计】11月12日，组织基层工会干部培训班，对《湖南省基层工会经费收支管理实施细则》进行解读。2020年度，县总工会经审会组织对县总工会本级2019年度经费收支决算、2020年度经费收支预算及2020年上半年经费收支预算执行情况进行了审计，对23家基层工会经费收支情况、30家企业工会计提拨缴、总工会本级帮扶资金、劳模资金、职工业务资金等各项专项资金使用情况进行了专项审计。

（肖培淞）

共青团汉寿县委员会

【概况】 共青团汉寿县委员会是参照公务员管理单位，下设办公室和青年志愿者服务平台。

【思想教育】一是开展“五四”表彰，弘扬身边正能量。精心筹办“五四奖章·汉寿十佳青年”评选表彰活动，50名优秀青年受到县委表彰，进一步树立标杆榜样，浓厚创先争优的氛围。二是举行主题活动，引导青年价值观。先后开展“全民阅读·书香龙阳”“浪漫七夕”等活动，引导广大青少年学习中华优秀传统文化，自觉培养和践行社会主义核心价值观。三是落实青年学习，引领青年政治观。持续开展“青年大学习”活动，充分利用“青年之家”“青年读书会”、微信公众号等平台，面向团员青年开展有特色、接地气的学习活动，引导广大青少年自觉学习，切实增强“四个意识”、坚定“四个自信”、坚决做到“两个维护”。

【关爱成长】 一是对接专业服务，关爱留守儿童健康成长。与广州市蓝信封留守儿童关爱中心合作，在全县25所农村中学开始一对一书信往来项目，关注留守儿童心理健康问题。联合县教育局、司法局开展“法制教育进校园”宣讲活动，提高青少年学生的法制意识和自护能力。二是链接社会资源，关注弱势群体需求。开展各类助学帮困活动，助力青少年健康成长。10月15日，联系汉寿青年企业家在沧浪小学、朱家铺中学等学校开展爱心助学活动，帮助贫困青少年30名。协助完成“芙蓉学子”“湘窖学子”等希望工程助学资助12名。三是开展各类培训，提升青年就业能力。举办创业培训班、公考培训班、实用技能培训班等提升青年就业能力。协助人社等职能部门做好就业工作，开展专场招聘会，解决青年就业创业需求。四是强化部门联动，助推联席工作会议落地见效。11月24日上午召开第一次联席会议，共同谋划营造有利于青年健康成长的健康环境。

“青春志愿行 温暖回家路”志愿活动

【社会服务】 一是疫情防控，青年先行。疫情期间，积极组建青年突击队、青年心理咨询团等志愿服务队伍，宣传发动团员青年在做好防护的同时参与各项防控工作。微信公众号开设“全民战疫·汉青有为”宣传专栏，发布报道60余篇，宣扬疫情防控重点知识和身边典型，传播正能量。二是脱贫攻坚，青春同行。发挥团属组织和青年社会组织的作用，助力精准脱贫。重点开展青企协结对帮扶贫困学子、希望工程助学、关爱农村留守儿童等工作。三是服务中心，志愿助力。结合重要节日、中心工作和重要活动，号召志愿者亮身份、有行动，为各项工作开展贡献志愿者力量。开展“全民战疫 汉青有为”“青春志愿行 温暖回家路”“青春护航爱在高考”“文明创建青年践行”等志愿活动。在县城区综合秩序整治中，团县委开拓抖音宣传、整合志愿服务，多次受到县委、县政府肯定。

【从严治团】 一是强化基层团组织。召开重点工作会议3次，落实党建带团建。做到278个基层团组织全面覆盖所有村（社区），动员部署村（社区）团组织换届，确保农历年前全部完成换届。二是坚持全团抓思想。打造汉寿青年传播“一体两翼”新媒体矩阵。截至2020年年底，“汉寿青年”微信公众平台关注人数达1468人，“青春汉寿”抖音号已获粉丝

2205 人。三是落实“全团带队”。举办学校团、队干部培训班，对各县属学校、乡镇（街道）中学、民办学校团委负责人及少先队辅导员进行系统培训，提高团、队干部队伍素质。

【2020 年汉寿县劳动模范和先进工作者暨“五四奖章·汉寿十佳青年”表彰大会隆重召开】 4 月 29 日上午，2020 年汉寿县劳动模范和先进工作者暨“五四奖章·汉寿十佳青年”表彰大会隆重召开。20 名县级劳动模范和先进工作者、50 名十佳青年接受表彰。县委书记车世忠出席会议并讲话。县委副书记、代县长周功表主持会议。县委副书记刘毅翔，县人大常委会主任袁佑清、县政协主席解以刚等全体在家的县级领导参加。

此次受到表彰的县级劳动模范、先进工作者和十佳青年，是全县工人阶级、劳动群众、有志青年的杰出代表。他们来自不同岗位，为汉寿经济社会发展作出了突出贡献。

（邓雅丹）

妇女联合会

【概况】 汉寿县妇联内设办公室，下设二层机构汉寿县妇女儿童发展中心。

【学习宣传教育活动】 一是组织大学习活动。汉寿县妇女联合会微信公众号致力于当好政府的“小喇叭”，及时传递“红声音”，被省妇联评为“湖南省妇联系统宣传工作先进单位”，成功创建二星“网上妇女之家”，并作为区县市妇联代表在全省妇联系统“湘女 e 家”总结大会上作典型发言；二是进行大宣讲活动。坚持“党建带妇建”，加强对乡镇（街道）以及村（社区）基层妇联干部的培训，开展“送课下乡”专题讲座近 30 场。9 月，组织女童保护讲师志愿者进入学校讲授开学第一课，完成 10 所学校 4—6 年级女童防性侵知识讲座；三是开展大评比活动。为表彰在疫情期间作出突出贡献的女性，2020 年“三八红旗手”（集体）单列疫情防控的个人和集体。经过单位推荐、多部门联审、县委常委会议审定等程序，评选出 25 名“三八红旗手”和 10 个“三八红旗集体”。

【巾帼行动】 一是积极推动“乡村振兴巾帼行动”。开展“美家美妇她行动”，倡议和引导广大妇女特别是执委在“最美庭院”“移风易俗”活动中当表率，在农村人居环境整治中当先锋，为“美丽乡村”建设贡献巾帼力量；二是全情投入服务中心大局。助力城区综合秩序整治和防汛抗旱，为实现县委、县政府打造“最美客厅”的目标，县妇联组织巾帼志愿者执勤值守，广泛宣传，“最美客厅”初具成效。各级妇联干部和妇女同胞乘风破浪，坚守防汛一线，彰显飒爽英姿，全国妇联官微女性之声对志愿者们进行了宣传；三是精准发力“脱贫攻坚巾帼行动”。以“户帮户亲帮亲 互助脱贫奔小康”活动为载体，乘着“出手吧，姐姐”活动的东风，大力宣传推广汉寿扶贫产品和地理标志产品。罐头嘴镇妇联主席李佳源视频带货，为贫困村福兴村的黄桃带来源源订单，夺得全市成品成交量最高的桂冠；四是用心谋划促进巾帼就业。联合县人社局等职能部门开展以“推进产业立市 服务企业用工”和“疫情无情人有情，精准服务促就业”专场招聘会，通过微信公众号开展网上云招聘；结合女性就业能力的现实情况，联合县人社局开展育婴员、茶艺师、西式面点师和电子商务技能培训班，培训妇女 312 人，其中建档立卡贫困妇女 57 人，增强广大妇女脱贫致富的本领，帮助 800 多名妇女实现就业。五是暖心助力“疫情防控巾帼行动”。各级妇联干部和巾帼志愿者们主动请缨，坚守一线，做好“守门员”、当好“宣传员”，组织女企业家们捐赠 20 吨蔬菜和近 3 万元的防疫物资；全县派出近 30 名女干部进驻企业，助力疫情防控，促进复工复产；开展“抗击疫情，从心开始”心理志愿服务专项活动，为消除恐慌、科学防护和缓解疫情造成的心理影响起到积极作用。

【家庭创建活动】 一是建设好家庭。联合县文明办广泛开展“最美家庭”“文明家庭”等各具特色的家庭创建活动；成功申报陈晓华等市级最美家庭 8 户；汤金香家庭申报全国文明家庭，形成爱国爱家、相亲相爱、向上向善、共建共享的家庭文明新风尚；二是传播好家教。5 月起，组织各单位妇委会开展“守护成长”家庭教育分享会近 30 场，全县家庭教育理念显著提升；2019 年 5 月，联合县教育局向省教育厅申报的规划课题《县域互联网+家庭教育指导的实践研究》2020 年 9 月通过中期评审。疫情期间，课题组的巾帼志愿者们停课不停学，《防控疫情宅在家，正是成长好时节》《孩子拖拉，父母妙对》等网课被称为“及时雨”；三是传递好家风。城区电子显示屏滚动播放家风家教宣传片；在聂家桥堤北社区、坡头镇陈家湾村等示范点制作家风家教宣传牌；把印有“注重家庭”“注重家教”“注重家风”、防溺水、禁毒等知识的扇子发到广大妇女姐妹手中；县委党校志愿者讲师团开展“红广播”系列志愿活动，宣传帅妈妈红色家风故事，弘扬优良家风，营造见贤思齐的社会氛围。全国妇联官微“女性之声” 全国“最美家庭”贺谷英进行了专题报道。

【妇女儿童工作】 一是推动规划全面实施。充分发挥县妇儿工委办公室的协调作用，聚焦《汉寿县妇女儿童发展规划（2016-2020年）》实施中的重点难点，抓住妇女儿童事业发展不平衡不充分的问题，确保规划目标如期达标。7月23日，县委常委会第14次会议专题听取两个规划实施情况汇报，明确县妇儿活动中心设在县妇幼保健院五楼，力争2021年5月完成建设。县政府督查室对妇儿工委成员单位及各乡镇（街道）两个规划实施情况进行专项督查，并将妇女儿童工作纳入每年县政府督查范畴；二是完善维权服务机制。利用“三八”节等特殊时间开展维权大宣传。2020年，共张贴《中华人民共和国反家暴法》海报3000余张，发放宣传资料一万多册，提高了广大妇女的维权意识；县妇联持续做好婚姻调解工作，共接待来访当事人265人次，在线解答法律咨询98人次；共受理婚姻家庭纠纷69件，成功化解61件，其中调解和好49对，调解离婚9对，调解离婚后子女的抚养纠纷3件。申请人身安全保护令1份，告诫书1份，化解了婚姻家庭矛盾，保护了妇女同胞的合法权益；三是用心办好惠民实事。推动城镇低保妇女、农村适龄妇女“两癌”免费检查和救助等民生项目实施，9月10日完成农村适龄妇女“两癌”免费检查任务16338人（任务数16000人），为76名贫困妇女争取“两癌”救助金76万元；开展“情暖家庭”系列活动，对33户贫困家庭和妇联干部家庭进行走访慰问，还长期结对帮扶2名孤儿，给予物质和精神上的关爱；疫情期间，县妇联送出“娘家暖心箱”80余箱，并送去部分防疫物资。

【汉寿妇联开展“守护成长，放飞梦想”庆“六一”系列活动】 为了让孩子们留下温暖的“六一”回忆，在确保家长和孩子们安全的前提下，汉寿县妇联在本土爱心企业湘北通程公司捐资10万元的助力下，开展不“疫”样的“六一”系列活动，采取线上亲子互动，线下分散开展活动的方式，鼓励家长陪孩子度过一个快乐又有意义的儿童节。通过读书分享会、有奖知识问答、才艺展示、暖心慰问等活动倡导科学教子观念，鼓励父母放下手机陪伴孩子学习，参与孩子成长。

5月15日，县文明办、县妇联在遇见亲子共享会所联合举办“守护成长”家庭教育读书分享会，邀请湖南省教育厅家庭教育讲师团讲师万晓玲现场互动教学，分享阅读《如何说孩子才会听，怎么听孩子才会说》。

5月15—25日，县妇联开展线下作品征集活动，包括才艺展示视频和“爸爸（妈妈），我想对您说”家书。5月29—31日，汉寿县妇联在官方微信平台开展“快乐陪伴、共同成长”云端互动过“六一”儿童活动，通过有奖知识问答，让孩子掌握生活中息息相关的消防安全、意外伤害、防拐骗、防性侵、校园霸凌、禁毒、维权等方面的小知识、小常识，鼓励家长陪孩子一起参与，既让孩子学习相关知识，提高自我保护意识和自我保护能力，又拉近亲子关系。“六一”期间对全县82名贫困儿童、医护人员子女、品学兼优的学生送去慰问金10.8万元。

汉寿县妇联开展“守护成长 放飞梦想”庆“六一”系列活动

【汉寿县妇联举办“缘聚园区 浪漫七夕”青年联谊活动】 为贯彻落实“六稳、六保”要求，搭建一个青年朋友们相互认识、相互交流的平台，为园区发展吸引和留住人才，鼓励青年将理想融入“推进产业提升，建设宜居宜业宜游的环湖强县”的发展之中，8月24日下午，由县文明办指导，高新区、县妇联、团县委联合主办“缘聚园区、浪漫七夕”青年联谊活动。来自园区企业管理人员和县内机关事业单位100多名青年参加此次活动。此次活动的举办为园区的单身职工送去了温暖与关怀，为他们提供了自我展示的机会，搭建了相知、相识、相恋的平台，引导广大青年男女树立健康向上的婚恋观、生活观，为青年人才走进汉寿、建设汉寿、扎根汉寿创造“心”的理由。

（黄晓慧）

科学技术协会

【概况】 2020年，科协积极推进《全民科学素质纲要》的实施；积极深化科协改革，科协基层组织建设更加健全；探索联系科技工作者的新渠道，加强与科技工作者的联系；全员参与结对帮扶，扶贫工作取得实效。在省第41届青少年科技创新大赛中，选送的《丛林火警》《走近汉“蔬”》等两件作品获评一等奖，《丛林火警》被省科协推荐参加国赛。

【科技工作】 优质完成中国科协《纲要》实施情况评估验收。8月28日，县科协代表常德市迎接中国科协《纲要》实施情况第三方评估验收，中国科协全民科学素质行动实施情况第三方评估小组到汉寿龙阳街道护城社区，城南社区，洲口镇小港村，丰家铺镇楼背村进行全民科学素质普查，测评效果好，检查组对县科协所做的工作给予高度肯定。在贯彻落实《纲要》方面，抓好科普基础设施建设，加强科普人才队伍培养，促进科普资源开发共享，为助力全民科学素质的提升作出很大贡献。

【党建工作】 严格按照县委工作安排和部署，按照“抓党建、带队伍、促业务”的思路，履职尽责，扎实开展基层党建工作。一是着力抓好领导班子政治学习。每年制订实施党组中心组学习计划，集中开展以党的十九大以及习近平新时代中国特色社会主义思想等为重点的各类学习活动；二是抓基层组织活动。落实“三会一课”和民主评议党员制度，积极开展党支部“五化”建设和主题党日活动。

【扶贫工作】 2020年，县科协牵头联系3500余人的朱家铺镇罗坪村，多措并举推进该村扶贫工作，做到驻村帮扶常态化和结对帮扶全覆盖。全年从科协办公经费中挤出8万元用于支持点村扶贫工作。罗坪村69户贫困户、231人全部脱贫。

【汉寿县科协举办2020年全国科普日活动】 9月18日，县科协在县市民广场开展全国科普日活动。活动中展出包含环境与卫生、农业农村知识、生活健康、食品安全、文明建设、新冠病毒防疫防控、网络防诈骗等内容的10多件科技知识展牌，现场发放科普知识问答、宣传手册发放等近2万份。此次活动，科技志愿服务“智惠行动”全面融入科普日活动，充分调动科技和科普工作者积极性，广泛开展以科技惠民、科学普及等为主要内容的科技志愿服务，满足群众对新时代科普服务的需求，激发全体公民学科学、爱科学、用科学的热情，为中国科普活动的可持续发展提供不竭源泉和动力。

【汉寿县科协被中国科协评为基层科普中国信息员队伍建设优秀组织单位】 为全面贯彻落实国家、省、市、县科协系统深化改革工作要求，为提高全县科普信息化水平，提高全民科学素质，激发科技创新活力，构建全覆盖的基层科协组织体系，汉寿县在21个乡镇（街道）和25个企业建立基层科协组织，组建近500人的科技志愿者队伍和1.8万余人的科普信息员队伍，完善中国科协信息管理系统数据采集，实现科协信息管理系统数据全覆盖。汉寿科协基层组织建设工作排名全省第五，获得省科协通报表扬。被中国科协评为科普中国信息员队伍建设组织优秀单位。

（吴宛艺）

2020年9月18日，汉寿县科协举办2020年全国科普日活动

工商业联合会

【概况】 2020年，汉寿县工商业联合会（汉寿县总商会）共有会员1204名（企业会员840名），乡镇（街道、区）分会22家。2020年，工商联围绕全县工作重心，充分发挥六大作用，创新服务理念，贴近企业需求，坚持政治建会、团结立会、服务兴会、改革强会，认真履职，扎实工作，为促进非公经济健康发展、非公人士健康成长作出一定贡献。2020年，被评为市级文明单位。

【学习教育】 2020年11月2日至6日，县工商联组织非公经济企业家代表20余人，到海南培训考察，深入非公企业开展异地商会组建等调查研究。先后参观考察了海南省常德商会会长企业海口经济学院、海南省常德商会执行会长企业石山互联网小镇、火山石斛园等企业，重走习近平主席考察路线，认真开展经贸交流。帮助企业家掌握先进运营理念，提高企业管理能力，促进非公经济健康发展、非公经济人士健康成长。县工商联党组主动作为，扎实有效开展基层党建工作，组织非公经济人士开展理想信念教育实践活动，多次深入企业开展走访座谈，宣传学习党的政策，交流了解企业党建引领生产经营的情况和存在的困难，协同企业规范建立管理体制，培育典型，实现党建促发展，发展促党建的良性循环。

【参政议政】 汉寿县工商联紧紧围绕县委、县政府的中心任务，结合实际，组织工商界人大代表、政协委员撰写建议、提案20多件，对全县非公有制经济现状、发展规划积极建议献策。坚持会长办公会和常委会制度，按期召开会议，研究工作。经常深入基层、深入企业、深入商户，听取各方面的意见建议，帮助他们解决各类问题，向县委、县政府等有关部门反映异地商会组建难、企业防疫物资紧缺、招工难、复工复产难等各类问题。

【组织建设】 汉寿县工商联以会员发展为主要抓手，着力加强组织建设，积极组建异地商会。9月12日，汉寿县福建商企联合会在厦门市召开成立大会。此次会议成功选举出福建商会领导班子成员，充分展现汉寿县良好的经济活力，为汉寿县招商引资拓宽新渠道。

【担当社会责任】 一是开展百企联村，服务乡村振兴。汉寿县工商联积极引导非公人士参与“百企联村、共同发展”活动，投身脱贫攻坚和乡村振兴战略。组织康普、华乐、康尔佳、芙蓉林业等全县非公企业与村对接，建立高标准示范基地，投入资金及物资，帮助贫困村脱贫。县金湾超市以“万店千乡”项目带活乡村商贸，带富流通行业从业人员，为贫困人群创造岗位200多个，完成“微心愿”100多个。二是开展“户帮户亲帮亲，互助脱贫奔小康”活动，真情关爱帮扶。依托“万企帮万村”精准扶贫行动平台，发动商会、民营企业开展“万企帮万户”活动，动员民营企业出资人、高管、员工主动联系乡村组织或驻村工作队，深入群众，了解帮扶对象需求，对贫困对象进行有针对性捐资帮扶。广东省湖南汉寿商会开展“真情关爱帮扶·助力脱贫攻坚”走访慰问酉港贫困户活动，共慰问精准扶贫户33户，捐赠大米、食用油、电饭煲等物资及电风扇300多台，总价值8万元。三是开展捐资助学，常怀桑梓情怀。8月，海南省常德商会汉寿捐资助学共发放助学金21万元，资助汉寿县42名贫困大学生、中学生、小学生每人5000元。广东湖南汉寿商会教育捐赠68万元，深圳汉寿商会教育捐赠302.4万元。四是开展疫情防控，彰显社会担当。防控新冠肺炎战“疫”打响后，汉寿县工商联第一时间向全县非公经济人士发出倡议，募集资金和医用物资，国内外企业及爱心人士纷纷响应。汉寿籍柬埔寨湖南商会名誉会长邓丕兵紧急联系，从泰国采购近七万元N95口罩，通过省侨联发往汉寿；广东汉寿商会和深圳汉寿商会向家乡捐赠三批次医用物资；北京、上海汉寿分会的口罩等紧缺医用物资先后发至汉寿；福建汉寿商会一夜间募集3万多元并采购物资发往家乡；成都商会筹备组利用企业涉医多的优势，为汉寿乃至湖南提供大量真实可靠的货源信息。县企业家协会会长单位康普公司在疫情突袭而至以后，一次性捐赠药品177万元，后续还开展多次捐助行动；浏阳河集团通过湘商公益金捐款10万元；汉星机械直接汇入武汉红十字会捐款账户1万元；金湾超市、龙宏船舶等20家本土企业和两位境外不愿意透露姓名的爱心人士共向县红十字会捐款6.96万元，用于疫情防控。

【优化会员服务】 一是推动复工复产。三月，汉寿县工商联联手县产业办、县招促中心等部门走访宏达家电、金湾超市、汉星机械等民营企业，了解疫情防控和复工复产等情况，有的放矢，助力企业复工复产。宏达家电异址新建需金融扶持，县工商联协调长沙银行贷款300万元，主动对接人社局等部门争取县财政三年贴息政策。金湾超市“停车难”，协调交警、城管等部门主要负责人实地考察，增派警力疏导，平整出可容纳近300台车的临时停车场，向社会免费开放。二是健全政企平台。精心搭建企业用工、法律维权平台。为维护企业的合法权益，汉寿县检察院、汉寿县工商联于12月10日联合举办以“服务‘六稳’‘六保’护航民企发展”为主题的检察开放日活动，积极邀请民营企业家和工商联界人大代表、政协委员等参加，走进检察机关，感受检察，建言检察，凝心聚力护航民营经济健康发展。

【精准扶贫】 县工商联作为脱贫攻坚工作组组长单位进驻点村朱家铺镇断堤村，结合断途路、危桥多，引水系统崩溃导致双季稻只能插一季稻的基本村情，详细制订帮扶工作计划。注重培养党员和后备干部，引进本村致富带头人在村成立龙灵农业科技公司，发展生态稻、白茶、花卉苗木等产业。重点争取乡村道路建设、水利建设，水、电、宽带、文化，卫生建设等基础设施建设项目资金，全面完成村内到组到户公路硬化，完善水利设施，提高群众生活质量。村内基础设施基本完善，村道整洁亮化，文化、卫生及服务中心齐全，整村退出贫困序列，全部贫困人口高质量如期脱贫，年人均收入超过8000元。多次接受国家、省、市县实地检查，均得到领导和群众的肯定与好评。

【汉寿县福建商企联合会成立】 9月12日，汉寿县福建商企联合会在厦门市召开成立大会。县人大常委会主任袁佑清，县委常委、县委统战部部长何斌，副县长吴金，县政协副主席、县工商联主席余淑娴参加。

会议宣读了商会筹备工作报告、成立批复文件和汉寿县福建商企联合会第一届一次会员大会选举结果及名誉会长、顾问聘任名单。

【汉寿县优秀企业家培训班在海南开班】 11月3日，汉寿县优秀企业家海南培训班在海南省海口市开班。海南创新创业研究院院长、海南大学教授李伟铭，县政协副主席、工商联主席余淑娴出席开班仪式。学员代表曾培安、吴明星、曾勇等发言。全县非公经济代表人士、优秀企业家及联系非公经济部门相关负责人20余人参加培训。

该次培训为期5天，培训期间，李伟铭讲授《新时代变革与管理创新》，康普制药有限公司董事长曾培安结合全球新冠肺炎疫情的背景，以《健康知识讲座》为题与大家开展经验交流。培训班学员还到海口经济学院、石山互联网小镇、火山石斛园等地现场考察学习。

【重要会员企业】 *汉寿县周文庙龙宏船舶有限公司*。是一家经湖南省国防科技工业局和国家船检部门及相关单位认可和批准，具有钢质一般船舶二级Ⅰ类生产资质的造船企业。公司也是集研发、设计、制造、服务于一体的高科技船舶生产企业。占地面积13.62万平方米，厂房面积1.2万平方米，设有船体车间、轮机车间和电气车间、材料仓库、设备仓库和办公场所。有员工80人，其中专家教授及工程技术人员16人；有船模等成套机械设备48台（套）。公司是湖南省船舶工业行业协会副会长单位，是常德市企业家协会、企业联合会副会长单位，是常德市军民融合产业会员单位之一，是国防科技大学、武汉理工大学新材料、新技术研发的实验基地。

公司开发制造快艇、公务船艇、冲锋舟等船舶，研发生产用于沿海部队的特种工程船舶，经主管部门检验合格，得到军方的高度评价。公司正在发展推进LNG船舶，既节能又环保，投产后可实现年产值3000万元，年税收280万元，可再提供100个就业岗位，为发展区域经济、振兴船舶工业做出应有的贡献。

汉寿县芙蓉林业园林有限责任公司。成立于2007年1月，注册资本1000万元，取得住房和城乡建设部颁发的“城市园林绿化企业资质证书”和湖南省质监局颁发的“湖南省标准实施证书”。公司系“市林业产业化龙头企业”“市农业产业化头企业”“市园林协会副会单位”“市景园林学会会员单位”“省林业产业化头企业”“省农业产业化头企业”“省十佳造林模范单位”，是一家以培育杨树速生丰产林和园林绿化、景观设计、施工、养护、科研为一体的林业开发公司，拥有独立的科研机构——汉寿县芙蓉珍稀林木研发中心。

公司现有员工225人，其中高级园林、林业工程师15人，聘请省林科院、中南林业科技大学等院校的林学专家18人作为公司技术顾问。公司现有杨树速生丰产林基地8000亩，绿化花卉苗木生产基地2000多亩，其中科研基地200亩，培育绿化大苗42万多株，拥有挖掘、洒水、运输等机械设备60多台套，小型养护设备70多台套，公司总资产达5000多万元。

汉寿骏业混凝土有限公司。创建于2010年3月，注册资金1400万元，是汉寿县一家专业生产和销售预拌混凝土三级资质的绿色环保企业。公司位于汉寿县沧浪街道麻园坝社区，占地面积约90亩，紧靠省道224，地理位置优越，交通便利。

公司总投资约6000万元，于2011年10月完成了工程建设项目并正式投产运营，并配备了混凝土性能检测专项实验室，拥有两条HZS180全电脑控制的混凝土搅拌生产流水线，混凝土搅拌运输车15台。预拌混凝土

2020年9月12日，汉寿县福建商企联合会成立。县领导袁佑清、何斌、吴金、余淑娴等参加

年供应能力可达100万立方米，综合配套能力完全能满足县境内及周边地区各类工程对预拌混凝土的需求。

公司现有职工40余人，其中初、高级技术职称11人，大中专以上学历占70%以上，相关技术管理人员具有多年商品混凝土生产技术管理工作经验，从生产、运输、运送、浇筑、养护进行一条龙服务，在产品质量和专业技术上提供了强有力保障，能生产从C10-C55等所有标号的预拌混凝土。曾参与建设的项目有：中建五局常德雨润、湘润项目、湖南高尔夫旅游职业学院、天湖御景、锦阳丰端、银谷国际、金山国际、碧桂园、新人民医院、汉公馆等一大批大型工程项目，并受到了客户的一致认可和好评。

湖南德久文化传播有限责任公司。2015年10月18日在常德市成立，注册资本500万元，是一家集图书产品研发、具备发行资格的图书公司，主要立足于与北京、山东、河北、河南、湖北、江苏以及湖南省各大型文化传播公司及出版社合作，为社会提供优质图书。

公司"旗下有2个实体店，"德久三味书城"和"德久教育书店"。"德久三味书城"是一家集销售各类图书、办公用品、学习用品、电教产品以及团购零售于一体的专业零售实体店，是常德市实体图书文化用品销售的地标店，具有满足广大师生的"一站式购物"需求的特色。

湖南宗辉建设有限公司。是一家集建筑工程施工总承包贰级、市政公用工程施工总承包贰级、建筑装修装饰工程专业承包贰级、公路工程施工总承包叁级、机电工程施工总承包叁级、地基基础工程专业承包叁级、起重设备安装工程专业承包叁级、钢结构工程专业承包叁级、环保工程专业承包叁级、房地产开发、建筑劳务为一体的综合性骨干企业。公司注册资金12800万元，职工216人，信用评价等级为A级。2020年，实现产值8.003亿元，向国家缴纳税金2300万元，连续三年被评为"汉寿县纳税大户"，并被评为市纳税十强企业。

公司在企业发展与自我提升的同时不忘回报社会，多次参与关爱孤寡老人、扶贫帮困、抗冰救灾、教育捐资助学等多项社会公共事业及慈善事业，2019年被中共汉寿县委、汉寿县人民政府评为"汉寿县教育捐资助学功臣"；2018年、2019年连续两年被汉寿县住房和城乡建设局、汉寿县建筑业协会评为铲雪除冰工作中"先进单位"。2020年年初，新冠疫情发生后，全体职工积极响应党中央及政府号召，以强烈的责任意识投身到疫情防控阻击战中，累计捐款33.17万元。同年九月，为弘扬关心教育、支持教育的良好社会风尚，全体职工在教育捐赠活动中共捐赠资金64万元，荣获2020年度教育助学"先进单位"。

汉寿县通程百货商贸。成立于2016年，主要经营名优特产、烟酒、零食。公司旗下名优特产连锁超市诚小臣，在汉寿已发展四家门店。

湖南湘北通程有限公司。起步于1993年成立的汉寿县宇锋路基土方施工队，2012年12月更名为湖南湘北通程有限公司，公司注册资金89958万元，拥有国家公路工程施工总承包壹级资质、国家市政公用工程施工总承包贰级资质，公路路面、公路交通工程、桥梁等专业承包贰级资质，公路养护作业一类甲级、路面甲级、交安甲级资质。历经近三十年的砥砺奋进，湘北通程现有总资产约30亿元，年施工能力达50亿元，跻身成为国内知名的专业化路桥建设施工企业。公司现有正式员工518人，其中各类专业技术人员289人（国家一级注册建造师30人、国家一级造价工程师2人、高级工程师12人、工程师120人），拥有各类型先进施工设备700多台（套），价值约6亿元。随着市场业务的拓展转型，湘北通程的业绩遍及全国各省市，所承建工程均达到国家行业标准，多次受到主管部门嘉奖，获得了社会各界及行业专家的一致好评，并连续6年在湖南省公路施工企业信用评价中评为AA级，连续4年在全国公路从业单位信用评价中评为AA级。

湖南正弘房地产开发有限公司。成立于2013年8月，是经湖南省汉寿县工商局注册的民营企业。公司位于汉寿县龙阳街道新街社区，有办公场地500平方米，注册资金5000万元，具有经湖南省住房和城乡建设厅核准的地产开发资质，是具有较强实力的房地产开发企业，主营房地产开发与经营。

（王　毅）

文学艺术界联合会

【概况】 汉寿县文学艺术界联合会为参照公务员管理系列的独立科局级单位，管理的文艺类社会组织10个，分别是县作协、县书协、县美协、县音协、县摄协、屈原学会、京剧戏迷协会和青年美协、知青文化交流协会、悦读朗诵协会。

【队伍建设】 强化政治意识，切实履行党管意识形态责任。强化协会意识形态建设，持续深入向协会引导意识形态责任，用正面的政治引导，来强化意识形态意识。年度内组织协会负责人全面深入学习十九届五中全会、习近平总书记考察湖南的重要讲话精神，学习县委宣传部《关于加强各类意识形态阵地管理的通知》《关于进一步加强全县内部资料性出版物管

汉寿县文联文艺创作采风活动

理的通知》等有关意识形态方面的文件。

【文艺创作活动】 启动并实施"汉寿人写汉寿"主题文艺活动，为期半年；推出"汉寿文艺"微信公众号，刊发"汉寿人写汉寿"主题文艺作品24期；10月11日《常德日报》（第三版）整版刊发汉寿县作者专写汉寿的文学作品。

【专题文艺活动】 1月15日，县音协举办迎春音乐会；5月22日，2020年"到人民中去"第七个中国文艺志愿者服务日湖南文艺志愿服务团小分队走进汉寿专场培训活动在县举行，词曲作家肖正民、国家一级作曲家江晖，为40余音协会员授课。县摄影家协会组织"抗击新冠肺炎专题影展"活动。配合湖南观鸟节，组织"镜抒湿地"刘汉华摄影作品展，展出主题作品200余幅。

【抗击新冠肺炎疫情文艺创作活动】 根据省、市文联《关于开展"抗击新型冠状病毒感染的肺炎"主题文艺作品创作活动的通知》精神，紧急部署，组织文艺家们利用音乐、曲艺、摄影、书画、漫画等各种文艺创作形式，为打赢疫情防控阻击战提供文艺力量。全县共征集文艺作品161件，其中徐铁军的漫画作品获省文联阻击新冠肺炎主题文艺创作优秀作品奖。

【参加首届常德艺术节】 由市委宣传部、市文学艺术界联合会、市文化旅游广电体育局共同举办的常德艺术节文艺活动中，汉寿县有29件作品获得艺术节表彰。分别是美术类：非专业类一等奖胡思思《疫痕4》（水彩）；专业类三等奖徐铁军《最美逆行者》（漫画）；专业类优秀奖彭远凉《咏柳》（国画）、余丽霞《以读攻毒》（色粉画）、刘敏《秋高气爽》（国画）、刘思华《静谧》（油画）、何英《老人》（水彩）、廖翠明《竹报平安》（国画）。书法类：特邀郑文栋；专业类二等奖袁良才；专业类优秀奖刘立安；非专业类优秀奖梅昌学、段志刚、王勇、毛君秋、侯建国；非专业类入选奖刘家才、易凤莲、李建平、童跃新、杨杰。摄影类：专业类三等奖张杰《湖光鹭影》、曾明山《盛事》、陈爱民《湖光云影》、贺先利《鹿溪人家》、张万祥《收获》；非专业类三等奖冯海雁《汉寿考点》；非专业类优秀奖尚园园《秋色》；入选类戴栋之《汉寿之夜》。

（胡君）

残疾人联合会

【概况】 汉寿县残疾人联合会为群团组织，归口政府管理，为正科级机构。内设五个股（室）：办公室、康复股、群宣股、维权股、组联股。二层事业机构二个：残疾人康复服务指导站、汉寿县残疾人劳动就业服务所。2020年，全县持证残疾人21941人，其中一、二级重度残疾人14683人，建档立卡贫困残疾人4528人，低保A类544人，五保户2254人。

【康复工作】 2020年，汉寿县有残疾人22601人，有康复需求的残疾人8559人，已服务7179人，康复服务率83.88%；有辅助器具需求的4351人，已服务4088人，适配率93.96%。一是康复救助应救尽救。残疾儿童抢救性康复救助是省重点民生实事项目，残联认真抓好这一项目的落实，对全县164名0—6岁残疾儿童分别进行听力、语言、智力、肢体等康复训练，完成率154.4%，比上年提高60多个百分点，有效率达95%以上。二是康复需求应享尽享。适配助听器150副，适配低视力患者助视器116副，安装假肢49例，装配矫形器13件，支持免费完成白内障复明手术1050例，贫困精神病服药384人，免费住院18人；发放轮椅570辆，供应其他用品用具4088件。为汉寿县籍在外就读的大学生适配较高档次的助听器、助视器7副。在龙阳街道护城社区、西港镇鼎山社区建设康复示范站2个。

【群宣工作】 一是教育助学应助

尽助。按政策对353名高中以上残疾人学生和贫困残疾人家庭子女提供教育资助，资助金额85.1万元，资助人数增加近300人。二是就业创业应扶尽扶。为就业创业残疾人发放扶持金24万元，免费为170名残疾人进行种养、电商等创业培训，为90户残疾人家庭免费发放生产资料，为残疾人提供按比例就业岗位73个。疫情期间，为全县全部10家盲人按摩院发放房租补贴2万元。

【维权工作】 一是无障碍设施应改尽改。对非危房残疾人家庭完成无障碍设施改造163户，住建部门结合危改完成残疾人家庭无障碍设施改造800余户。二是燃油补贴应发尽发。落实国家对残疾人机动三轮车燃油补助工作。在办理登记，审核等环节上严格把关，全年完成378人，打卡发放资金9.8万元。

【组联工作】 一是残疾人证应办尽办。近两年，根据扶贫工作要求，严格按照国家残疾等级评定标准，与县扶贫、卫健、人民医院等单位开展四次下乡集中评残活动，评定残疾人3100多人次，为残疾人减负100余万元。二是“两项补贴”应补尽补。全县享受困难残疾人生活补贴和重度残疾人护理补贴的残疾人18969人。三是“两项保险”应保尽保。重度困难残疾人免缴城乡居民最低缴费档次养老保险8045人，免缴城乡居民医疗保险2557人。

为落实“两项补贴”和“两项保险”工作，主动与县扶贫、财政、医保、人社、民政等部门信息系统比对、筛查，主动到乡进村督办、抽查，确保国家惠残政策百分之百落实到每一个符合条件的残疾人，没有遗漏一人。

2020年，较好完成残联深改、点村扶贫、城区综合秩序整治、渔民退捕、政务下沉等中心工作。残疾人群体总体稳定，没有发生到市赴省进京上访案例。与省市残联沟通顺畅。省市残联相继到县指导工作，充分肯定汉寿县残疾人工作和事业发展的举措和成效。

（童艳玲）

汉寿县委副书记刘静（左二）调研贫困残疾人脱贫攻坚工作

工业和信息化·高新技术产业园区

工业和信息化

【概况】 汉寿县工业和信息化局设7个内设机构，分别为：办公室、军民融合股、经济运行股、信息产业与信息化推进股、人事股、中小企业服务股、节能与资源综合利用股，下设4个直属单位，中小企业服务中心（副科级）、电力执法大队、墙改办、节能办，单位编制数：行政13人，事业9人。现有在职人数36人，退休人数100人。

【工业经济】 总体规模及布局。截至2020年年底，拥有规模工业企业152家，主要分布在“一区两园四个工业集中区”（一区：高新区；两园：龙阳镇工业园、蒋家嘴镇工业园，四个工业集中区：军山铺工业集中区、聂家桥工业集中区、罐头嘴工业集中区、沧港工业集中区）。

产业结构及比重。全县工业已形成五大支柱产业、四大特色产业并举的格局。五大支柱产业包括：机械装备制造（龙头为中联站类、中联工起、中联农机，骨干企业有煤矿机械、恒晖机械、子明机械、耐美特、亿奉机械等）、生物医药（龙头为康普制药、康尔佳，骨干企业有康利来、康怡、安和寿等）、纺织服装（龙头企业为广源、骨干企业有圣迪服装、鑫达、宏鑫、隆源、裕兴等）、农副产品加工（龙头企业为华乐农业，骨干企业有金牛、荣祺、立成饲料等）、精细化工（龙头企业为沃博特，骨干企业有太子化工、正阳生物、博溥立等）；四大特色产业包括：建筑建材业（金江水泥、亿真混凝土、骏业混凝土、恒伟混凝土、宗辉门窗、小枰水泥等）、林木造纸业（周记工贸、林钰王等）、电子信息产业（徕木电子、阳泰、星晨照明等）、新型能源（昊晖光伏、中晖光伏等）。

主要工业经济指标完成情况。2020年，全县规模工业企业累计完成产值297亿元，同比增长7%；规模工业增加值增长率7%；全县累计完成工业固定资产投资115亿元，同比增长21%；全县工业企业累计实缴税金3.68亿元，同比增长47%；全县新增规模工业企业22家。

抓高质量发展，提升工业水平。1至12月，全县规模工业企业增加值增速7%，排全市第二。全县工业企业全年上缴税收增速47%，排全市第一。全县全年新增规模工业企业22家，净增

2020年6月23日，县委书记车世忠宣布县装备制造产业和医药化工产业协会成立

2020年6月28日，副县长宋化丽主持“汉寿人用汉寿造”建材装饰企业产销推介会

11家，排全市第三。全县全年新开工亿元工业项目12个，排全市第二。全县全年新投产亿元工业项目10个，排全市第三。全县工业用电量增速8.5%，排全市第三。

抓项目建设，夯实发展基础。加大招商引资力度，强化项目建设督导服务，一批重点项目陆续投产，为来年工业经济的发展打下良好基础。重点项目中镆科技建筑铝模板、斯托德精密不锈钢毛细管及针管、冷弯型钢、博溥立1万吨纳米陶瓷基高温防氧化材料、梅百华食品等项目已投产。

抓联企服务，破解发展难题。全力推进惠企政策落地。2020年，落实国家《关于支持金融强化服务做好新型冠状病毒感染肺炎疫情防控工作的通知》文件精神，疫情期间，帮助11家疫情防控重点保障企业贷款1.02亿元；兑现2019年26家企业电量奖补资金66.3万元，另向市申报20家企业电量奖补资金36.32万元；为16家企业向省财政厅争取技术改造税收增量奖补资金193.04万元；帮助17家企业向市争取疫情期间用电用气补助8.8万元，帮助52家工业企业争取国、省、市项目资金4869.08万元；按照行业特点，先后举办医药企业产品洽谈会、建材行业产品展销会、林纸企业产品对接会、特色农产品推介会、碧桂园家具产业园产品购销对接会等活动，为企业牵线搭桥，让更多的汉寿名优产品进商超、进学校、进医院、进企业，累计达成各类产销合同21个，合同金额5.3亿元。县委、县政府用心服务，为企业负责人免费发放健康体检卡、就医绿色通道卡、机场景区VIP卡等，截至2020年年底，已为全县规模工业企业负责人发放健康体检卡、就医绿色通道卡、机场景区VIP卡等卡396张。

2020年，汉寿县被湖南省工信厅评为湖南省工业数据云建设先进单位，被常德市评为工业高质量发展先进单位；湖南汉寿高新技术园区被湖南省工信厅评为湖南省新型工业化产业示范基地——装备制造基地（工程机械、农机），被常德市评为特色园区。

【企业服务】 推动部门靠前服务。建立部门靠前服务园区长效机制，派驻16个涉企部门共32人在高新区集中办公，积极为企业提供优质、快捷、周到的服务。对中央、省、市各项惠企政策进行梳理汇编，由分管副县长和园区负责人分别带队，工信、人社、电力、税务、金融等单位参与，到规模工业企业逐一走访，向企业负责人面对面宣传惠企政策。疫情期间，共减免工业企业税费2078万元，免收电费340万元，企业贷款利率下调0.45个百分点。

推动驻企联络员疫情防控服务。为确保疫情防控和复工复产工作“两不误、两促进、两必胜”，县委、县政府第一时间挑选141名优秀干部作为驻企防疫联络员，开展联企服务工作。从2月12日起，141名驻企联络员分别派驻到全县所有工业企业和重点建设工地，负责指导驻点企业防疫和复工复产。为企业免费送去医用口罩7万只、消毒液1600公斤、医用酒精1200公斤、体温枪160只、中药汤剂3万多袋。及时协调解决中联重科、沃博特、康怡药械等企业原材料运输困难等问题27个，督导企业员工健康码推广率达100%。

推动暖企服务。县委、县政府主要领导亲力亲为，每月安排4个科局主要负责人，邀请10个企业老板，开展餐叙活动，与企业老板探讨企业发展，现场解决问题。全年开展餐叙活动12次，受邀企业120家，现场解决各类问题43个。

及时跟进全县黏土砖厂、停产整顿苎麻企业、原国企改制遗留问题等信访事件，成立各信访事件工作小组，随时掌握涉稳苗头，积极应对，确保全县工业企业大局稳定。

【安全环保工作】 每月组织开展特派员活动，每季度组织开展专业队伍活动，深入企业开展安全生产隐患排查和环保督查工作。全年组织开展特派员活动15次，查排企业163家，发现隐患71处，及时处理37处，下达整改通知书77份，全年全县规模工业企业均未发生较大安全生产事故和环保事故。

【主要产业】 2020年，装备制造产业企业39家，占全县规模工业企业比28.26%；实现产值103.4亿元，占全县规模工业产值比 34.68%；上缴税收 1.48 亿元，占全县规模工业税收比 51.21%。生物医药产业企业 5 家，占全县规模工业企业比 3.6%；实现产值 17 亿元，占全县规模工业产值比 5.72%；上缴税收 9793 万元，占全县规模工业税收比达 33.91%。农产品加工产业企业 33 家，占全县规模工业企业比达 23.91%；实现产值 60.6 亿元，占全县规模工业产值比达 20.4%；上缴税收-340 万元。电子信息产业企业 5 家，占全县规模工业企业比达 3.6%；实现产值 7.38 亿元，占全县规模工业产值比达 2.48%；上缴税收 481 万元，占全县规模工业税收比达 1.66%。精细化工产业企业 19 家，占全县规模工业企业比达 13.77%；实现产值 48 亿元，占全县规模工业产值比达 16.16%；上缴税收 1518 万元，占全县规模工业税收比达 5.25%。建材产业企业 11 家，占全县规模工业企业比达 8%；实现产值 13.77 亿元，占全县规模工业产值比达 4.64%；上缴税收 1099 万元，占全县规模工业税收比达 3.8%。

【名品名牌】 湖南林钰王科技环保有限公司“林钰王”商标获国家驰名商标称号，湖南华乐食品有限公司“华乐王”商标获马德里（国际）商标称号，湖南太子化工涂料有限公司获评全省制造业“单项冠军”称号。

【重点企业】 中联重科股份有限公司汉寿工业园。中联重工科技发展股份有限公司创建于 1992 年，2000 年 10 月在深交所上市（简称“中联重科”，股票代码 000157），是中国工程机械装备制造领军企业，全国首批创新型企业之一。主要从事建筑工程、能源工程、交通工程等国家重点基础设施建设工程所需重大高新技术装备的研发制造。2009 年 7 月，中联重科正式与汉寿县人民政府签订汉寿工业园项目合同，2011 年 5 月正式投入生产。2019 年，中联重科股份有限公司汉寿工业园业务分成三个板块，湖南中联重科混凝土机械站类设备有限公司、湖南中联重科工程起重设备有限责任公司、中联重科智能农机公司。2020 年，湖南中联重科混凝土机械站类设备有限公司实现产值 19.6 亿元，上缴税收 6959 万元；湖南中联重科工程起重设备有限责任公司实现产值 32 亿元，上缴税收 6962 万元；中联重科智能农机公司实现产值 1.78 亿元。

康普药业股份有限公司。成立于 1991 年，由其前身湖南康普制药有限公司整体变更设立。康普药业注册地位于湖南汉寿高新产业园，注册资本 7500 万元。经历 20 多年的发展，成为集科研、生产、销售于一体的独具特色的现代中西药制造企业。康普拥有注册产品批文两百多个，拥有“康普”“新快康”“郎力夫”“孢克”等品牌的化学药和“喜来乐”牌中成药系列产品。产品涉及治疗消化系统疾病类、心脑血管疾病类、肝肾疾病类、抗微生物感染类、补益营养和辅助类、原料药等类别。“康普”“喜来乐”“新快康”被认定为湖南省著名商标，拳头产品奥美拉唑肠溶胶囊、补肾益寿片、阿归养血颗粒等多个产品被授予“湖南名牌产品”称号。奥美拉唑肠溶胶囊、肝复乐胶囊等 59 个产品被列入国家医保目录，专利新药乙酰谷酰胺注射液、裸花紫珠分散片、杜仲降压片、阿归养血颗粒等多个品种新增进入湖南省医保目录。奥美拉唑肠溶胶囊、苯磺酸氨氯地平片等 30 多个品种进入国家基本药物目录。2020 年实现产值 8.6 亿元。

湖南康尔佳制药股份有限公司。成立于 2012 年 6 月，注册资金 9602 万元，是一家集药品生产、药品批发、药品零售连锁于一体的大型综合性制药企业。公司旗下有湖南康尔佳药业有限公司、湖南康尔佳医药有限公司、湖南康尔佳制药有限公司等 9 家子公司。

近年来，公司狠抓产品质量、设备升级改造、节能降耗、销售等工作，内挖潜力、外拓市场，先后投入 2.7 亿元，新建颗粒剂车间、科研综合楼、综合固体制剂楼、后勤服务综合楼、综合液体制剂车间和中药饮片车间，对生产线全面技术升级。通过运用现代新技术、新工艺、新设备，实现了药品生产规范化、标准化和现代化，产品达到安全、有效、稳定、可控的现代标准。相继研究和开发了六味地黄胶囊、新生化颗粒、九味肝泰胶囊、小建中颗粒、五味安神颗粒等 83 个中西药品种，产品辐射全国各省市。研发团队长期致力于中药产品研发及质量控制技术的研发，研发经验丰富，具有合理的专业结构和年龄结构。管理和技术人员具有较强的专业知识、研发经验和组织能力，优秀的人才队伍为公司完成本项目奠定了坚实的基础。2020 年实现产值 5 亿元。

湖南太子化工涂料有限公司。成立于 1999 年 4 月，是一家专业从事涂料研发、生产、销售、涂装于一体的高新技术企业。公司年生产能力突破 20000 吨，是湖南省大型涂料生产基地之一。公司整合武汉大学、南开大学、中山大学等高校最先进的环保树脂合成技术，配备完善的创新研发体系，拥有先进的检测仪器和生产设备，在行业内处于领先地位。公司现有博士 6 人，硕士 8 人，教授、研究员 6 人。通过科技创新工作的开展，公司近五年取得了可喜的工作成绩。销售收入、上缴税收保持稳步增长。

公司获得“国家高新技术企业”“环保涂料功能树脂与助剂湖南省工程技术中心”“常德市新型环保涂料工程技术研究中心”“湖南省新材料企业”

“湖南省科技进步奖”“湖湘青年英才”“消费者信得过单位”等荣誉。2020年实现产值4.3亿元。

湖南华乐食品有限公司。始建于2015年，是全国唯一一家对新加坡生熟猪肉食品全方位出口注册的企业；是国家级农业产业化重点龙头企业、国家高新技术企业，湖南省养猪协会副会长单位。公司位于汉寿县S224西侧株木山街道鸭东村，占地面积100亩，注册资金为10869.56万元，是一家集生猪繁育、养殖、屠宰、加工、出口贸易于一体的肉制品深加工企业。

公司拥有“华乐”“华王乐”著名商标和品牌，主要生产冻肉制品、熟肉制品、酱卤制品以及烤肉制品四大系列产品，远销新加坡、中国香港、中国澳门等地。

2019年，公司征地5000亩，投资6.5亿元，兴建华乐国家级农业产业融合示范园，打造生态环保型生猪养殖小区，吸纳贫困农户参与园区经营，打造标准化、规范化、生态化、立体化的产业扶贫示范园区。2020年实现产值2.9亿元。

湖南金牛粮油实业有限公司。成立于2004年，是一家集粮食种植、收购、储存、加工（含油脂，政策允许的农副产品加工）及销售于一体的国有控股股份制省级农业产业化龙头企业。公司注册资本8750万元。占地286.3亩（未含新征），现有仓容15万吨，年加工大米生产能力为5.8万吨。公司产品2009年荣获中国中部（湖南）国际农博会“金奖”产品荣誉称号，2012年被中国绿色食品发展中心认定为“绿色食品A级产品”。2020年实现产值4亿元。

湖南徕木电子有限公司。隶属于上海徕木电子股份有限公司（A股上市，股票代码603633）。公司专注于为中国及全球汽车、通信电子等行业提供系列精密接插件（连接器）、注塑、屏蔽五金件、冲压部件以及相关电子元器件/零部件。公司将努力加强技术创新，争创“徕木”品牌，赶超国际先进技术，填补国内空白，推向国内外市场。2020年实现产值1.37亿元。

常德子明机械制造有限公司。成立于2010年12月，注册资本1000万元，位于湖南汉寿高新区，现有职工80人，其中专业技术人员10名。公司主要为中联重科混凝土公司生产搅拌站零部件，2020年实现产值2.4亿元。

汉寿县恒晖机械有限责任公司。位于湖南汉寿高新区，成立于2010年12月，注册资本9800万元。公司为中联重科的定点配套工程机械供应商，生产的主要产品为混凝土机械和进口油漆贸易。2020年实现产值1.58亿元。

沃博特生物科技有限公司。成立于2016年，生产高塔系列复合肥、氨酸法系列复合肥、新型肥料系列产品、骏驰+碳酶系列套餐肥等。沃博特生物科技有限公司的高塔复合肥生产基地，塔高108米，直径18米，为湖南第一高塔复合肥生产线。高塔复合肥生产线日产复合肥1200吨，年产20万吨半料浆氨酸法生产线和有机肥料生产线也已开始生产。2020年，实现产值9.9亿元。

（袁　武）

电　业

【概况】　2020年，年初疫情发生后，公司落实防护措施，帮助医疗机构、防疫物资生产企业安装用电设备、抢建生产电源、开展设备巡视测温。复工复产后，班子成员带队上门服务，宣传用电优惠政策，对受疫情防控影响的企业实行用电政策优惠，优惠电费900多万元，推动企业复工复产。深入落实“以人民为中心”国网战略，全力服务客户、企业。班子成员带队“大走访”，走进企业110余人次，进村到户与群众座谈160户次，查处漠视侵害群众利益、优化营商环境等方面的问题，督促相关专业部门自查整改，解决客户提出的160多个问题。推行“三零”“三省”，优化客户办电程序。切实压缩接电时长，加快业务办理速度，“三零服务”客户1935户，减免金额200多万元。紧紧围绕少跳闸、少停电、少故障要求，全力抓线路设备治理，让客户体验最优质的供电服务。

【电力建设】　主网建设完成总投资1.1亿元，其中220千伏同心变增加1台180兆伏安主变，新建110千伏新城变顺利投产。对重载变电站和重载线路进行全面升级改造，35千伏沧港1号主变、西脑湖2号主变由6.3兆伏安增容至10兆伏安，110千伏马嘶桥变电站新增1台50兆伏安主变，35千伏三星变增加1台6.3兆伏安主变，花树嘴、丰家铺各自增加1台10兆伏安主变。沧港变电站#1、#2主变均增容成10兆伏安。配网建设方面：新建10千伏线路10条，改造线路10条，118.918千米，对41个村116个台区进行了改造，净增容量10.077兆伏安，新建改造低压线路207.064千米，新建改造接户线87.215千米，配网共投资7176万元。完成省政府交办为民办实事重点工程14个，完成市政府交办的19个。帮助扶贫攻坚村改造电网，总投资193万元，新增变压器7台/800千伏安。

全年完成售电量9.29亿千瓦时，同比增长5.97%；电费回收率100%，综合线损率6.94%，比计划降低0.46%，新零售业务完成76.45万元，同比增长 78%，占全年度的 103.79%；电能替代完成 1297.35 万千瓦时，完成全年任务的 117.94%。全年人身设备安全记录 9477 天，未发生人身、设备、电网和交通等方面的事故。

【扶贫攻坚】 作为扶贫攻坚后盾单位之一，帮助罐头嘴镇福兴村栽种黄桃树 3 万余棵，各类茶花树、罗汉松等风景树 8719 株。逐一上门走访 24 户结对贫困户，根据家庭实际情况制定助学帮扶、产业帮扶、就业帮扶方案，实施针对性精准扶贫。“教育助学”结对 4 户，医疗救助 3 户，危房改造 5 户，推荐享受低保政策 3 户。其余家庭帮助调整农业生产结构，帮助 9 户贫困户建立养殖鱼池、蔬菜大棚。发动 5 户贫困户养殖本地鸡、桃源黑猪等。为解决黄桃销售问题，邀请上级公司前往福兴村开展消费扶贫，将黄桃录入国网湖南电力精准扶贫驻点村农产品名录，开拓消费市场。积极发挥后勤、工会消费扶贫的主导作用，开展扶贫农产品进食堂、进工会慰问活动，组织员工到驻点村开展党团、工会活动，营造全员参与消费扶贫的良好氛围，共购买黄桃、猪肉、菜籽油、小龙虾等产品合计 20 余万元。公司结对 24 户贫困户全部脱贫，2020 年，全村黄桃实际销售收入 110 多万元。

【配网整改】 2020 年，公司集中人、财、物“向配网开战”，对 42 条 10 千伏线路进行统一整改，解决“配变停运、线路故障”等方面的问题，整改问题 1540 项。开展通道治理线路 58 条次、1817 千米，线路故障停运率同比下降 96.4%，线路故障率 8.27 次/百千米·年，低于年度目标 11.265 次/百千米·年 26.59%；配变平均停电时长 29.03 小时，低于年度目标 32.41 小时的 10.43%。

【党风廉政建设】 开展“转观念、抓作风、强落实”主题活动，班子成员坚持每月按照蹲点工作要求和安全生产要求，沉一线下现场进行工作督导与指导，完成现场把关作业近千次，实现同进同出。强化工作闭环落实，周例会、月度会工作部署向精、细发展，工作落实基本有回音。紧紧围绕中心工作开展“党建+”系列活动，勇担使命，推动公司品牌建设。开展“三走进”“主题党日活动”“联学联创”“三亮三比三无”等活动，督导各支部在“三个示范”“两降一控”“向配网开战”等中心工作中尽心竭力，推动指标的优化提升。严格落实党风廉政建设主体责任和监督责任，关键岗位人员签订书面廉政风险提醒书，组织“纪委书记+分管领导”廉洁巡讲，节日期间开展明查暗访，始终保持高压态势。

转移高压线路

【新技术运用】 3 月成立带电作业班，全年作业 200 多次，减少线路停电时长 600 小时以上。4 月，公司配电运维人员开展首次无人机巡线现场试训。为推进无人机技术使用，县供电公司在每个运行单位确定一名试飞操作人员并报省电力公司培训考证。已为输电班组、供电所配备无人机 4 台。无人机巡线将精准消除设备隐患，使线路供电更加安全稳定。

【电网改造助推群众家门口就业】 2020 年 5 月，投资商想在脱贫攻坚村汉寿县崔家桥镇荷花村旧小学校址建一制衣厂，拟购 30 台电机生产成衣，每台电机 800 瓦。而供电台区仅有一台 50 千伏安变压器，还要供给附近居民照明，供电能力明显不够。县供电公司了解这一情况后，向上级反映，得到市供电公司高度重视，公司专程到该村进行走访，实地了解情况，并现场确定更换一台 100 千伏安变压器。6 月新变压器投产，7 月制衣厂电机运转起来。荷花村党支部书记张万忠透露，有 30 多名妇女在家门口实现就业，月收入都在千元以上，厂里前三月工资最高的有 4000 多元，最低的也有 1600 余元，实现家庭增收脱贫。

【汉寿新城 110 千伏变电站送电成功】 7 月 27 日 16 点 18 分，汉寿新城 110 千伏变电站新建工程主变及配套设施调试合格，主变带电冲击完成，意味着该变电站顺利投运。汉寿新城 110 千伏变电站位于县沧浪街道沧浪河社区，变电站按照“两型一化”

“三通一标”标准设计，本期新建63兆伏安主变压器一台、110千伏出线2回、10千伏出线14回、4兆乏和6兆乏容性无功补偿装置2组。新城变电站的投运将有力提高县城区用电质量，减轻汉寿变、枫树变的供电压力，促进新城区建设。

（郭　俊）

高新技术产业园区

【概况】 2020年，全区规模工业企业完成工业总产值241.19亿元，入库工业税收2.76亿元，分别占到全县总数的81%和96%，已经成为汉寿名副其实的工业经济主战场。

【规划建设】 2020年，先后完成芙蓉学校、康普水针车间及二期、三牛智能装备、阳泰电缆二期、金康路、金鹏路、龙福路、太子庙污水处理厂、两康家园及天星和黄福安置小区扩容等项目征拆腾地600亩，拆迁房屋66栋。集中园区力量抓项目落地，实行一个项目一套班子，及时协调土地平整、工商注册、手续办理等事项，促成亿奉机械、梅百华食品、中镆铝模板、斯托德医械、博溥立材料、庆芳精密机械一期等9个项目建成投产，特别是亿奉机械从招商到投产仅用时5个月。园区有鸭了么食品、水针车间、世泽车业、亿奉二期、庆芳机械二期、活性炭等13个项目在建，总投资10亿元，将建成厂房15万平方米。

以超常措施推进园区雨污分流，逐家企业排查，逐个井盖打开，逐条管道追踪，有独立院落的企业已全部完成雨污分流改造，50多处混接点和漏点已全部处理。园区5项区域评估成果已获批，省发改委已公示，为提高审批效率、加快项目落地提供了保障；启动25平方千米地形测绘和规划编制工作，北京世纪千府国际设计院中标，规划初步方案已基本形成。

【产业布局】 装备制造产业。有规模工业企业34家，其中高新技术企业7家，2020年实现产值99.34亿元，占总量的42.06%；上缴税金1.61亿元，占总量的58.44%；投入研发经费2.5亿元，从业人员5204人。从数据来看，无论是企业数量、产业规模，还是规模工业产值、税收等，装备制造产业成为园区第一大支柱产业，以中联干混砂浆、工起、农机为龙头，恒晖、子明、国盛等企业为配套的装备制造产业集群初步形成。

医药化工。有规模工业企业22家，其中高新技术企业13家，2020年实现产值64.24亿元，占总量的26.63%；上缴税金1.12亿元，占总量的40.7%。投入研发经费3.04亿元，从业人员5742人。从主要数据来看，医药化工产业对于园区经济的贡献和带动作用，仅次于装备制造产业，特别是以康普、康尔佳等为龙头的医药产业，近几年发展十分迅猛，产品附加值高、高新技术企业数量多、研发投入大、税收贡献突出等特点较为明显。

电子信息及新材料。有规模工业企业6家，其中高新技术企业4家，2020年实现产值7.4亿元，占总量的3.1%；上缴税金566.2万元，占总量的2.04%。企业数量不多，但高新技术企业家数占比较大，充分表明该行业发展前景较好、产品附加值较高。

健康食品及农产品加工。有规模工业企业10家，其中高新技术企业1家，2020年实现产值26.51亿元，占总量的10.99%；上缴税金-1602万元（退税），占总量的-5.7%。投入研发经费0.92亿元，从业人员2587人。因荣祺食品、华乐农业等企业产品以出口为主，该行业主要在出口创汇、就业方面贡献较大。

【招商引资】 全年累计接待各类招商投资考察近300人次，引进项目22个，完成签约项目13个，投资额17.25亿元，其中6个项目正式投产，7个项目在建。截至2020年年底，投资1.7亿元的康普药剂生产项目的前期工作正有序推进；投资1.4亿元的酱卤肉制品等生产线项目主体已完成，冻库基础建设已完工；投资1.1亿元的高标准冷弯型钢项目已正式投产；投资1.5亿元的活性炭产业园项目正在进行新建厂房基础建设，已订购设备，预计年底竣工投产；投资1.2亿元的中国台湾荣祺食品加工产业园暨特色农业产业园项目已完成围墙修建，两栋原钢架结构厂房的拆改已完成50%，已订购第一条水果生产线设备。

【企业服务】 推行部门靠前服务，先后召开月例会、周调度会13次，共交办涉企问题128个，完成111个，特别是天一消防、太子新材、博溥立等一批多年未解决的问题得到彻底解决。累计为企业减费降税2746.2万元，帮助招工1200人，解决融资贷款1.5亿元，争取各类项目资金2400多万元、完成建设项目行政审批50多项，办理相关证件30本，赢得企业一致好评。

【社会事务】 园区管辖的5个社区已整体划转至太子庙镇，完成社会事务整体移交。区划调整后，园区围绕主责主业，及时调整机构设置和人员分工，在原有“六局一室”的基础上，增设“五办一中心”，即党群办公室、安全生产监管办公室、环境保护管理办公室、综治和维稳办公室、项目建设办公室、行政审批服务中心。

【在建企业项目】湖南鸭了么食品集团有限公司。湖南鸭了么食品集团有限公司是一家集生产、销售、研发、物流、仓储为一体的多元化集团有限公司，公司在职员工110人，年产值1亿元，厂房面积5000平方米。2020年，实现鸭了么汉寿生产基地投产，一期面积60亩，二期建设面积60亩。计划总投资超过1.4亿元，建成投产后，年产值超过5亿元，税收500万元，提供就业岗位300个以上。

梅百华食品加工产业园项目。由湖南梅百华食品科技有限公司投资建设，总投资约2.2亿元。项目建设用地63亩，规划总建筑面积53559.5平方米。其中休闲食品生产车间建筑面积7200平方米，仓库面积3120平方米；冷冻调理食品生产车间建筑面积15480平方米，仓库面积6450平方米。二期调味料车间建筑面积建筑11808平方米，仓库面积3510平方米。办公楼建筑面积2741.4平方米，配套综合楼、门卫、机房、污水处理场、泵房发电房、消防水池共计建筑面积3250.1平方米。密度50.9%，绿地率12%，停车位48个。容积率1.25。另投入休闲食品设备烘房二组、冷房二组、加工设备及-18℃冷库240平方米、-6℃冷库360平方米、0℃冷库1500平方米。该项目投产后，可完成休闲食品（果干、烘干类食品）年产量3000吨。调理冷冻食品（肉制品调理食品）1800吨。休闲食品年产值4700万元、调理食品年产值7000万元，总营业额1.17亿元，利税3000万元。就业人员150人，可带动超2万人的原材料产业，极大推动县域种植、养殖业多样化发展。内外销占比为内销70%、外销30%。

亿奉冷弯型钢建设项目。由湖南亿奉机械有限公司投资建设，总投资3.1亿元，占地面积60亩，建筑面积37452.4平方米，其中1#车间建筑面积18477.2平方米，2#车间建筑面积14551.8平方米，办公楼建筑面积2799.4平方米，附属用房建筑面积1500平方米，门卫、配电房建筑面积124平方米，同时配套基础设施建设及环保设施。该项目新建全自动冷弯方管生产线2条，年产冷弯方管产品20万吨。延伸中联标准节产品8万吨，项目全面投产后，预计实现年产值10亿元，年缴纳税收6000万元，解决就业人口300人。该项目第一条冷弯型钢生产线已于2020年9月10日竣工投产，刷新了汉寿县亿元项目年内招商、年内建设、年内投产的新速度。后续将增加各产品生产线1条，力争2025年成为全省冷弯型钢行业龙头企业。

建筑铝模板产业园建设项目。建筑铝模板产业园建设项目由湖南中镆科技有限公司投资建设，总投资5.5亿元，分两期建设。一期项目投资约2亿元，其中固定资产投资约8500万元，用地面积约85亩，新上2条建筑铝模板生产线，建设生产厂房16000平方米（一期8000平方米，二期8000平方米）。一期项目建成达产后，预计可实现年收入约3亿元，为当地200多人提供就业机会。二期项目拟投资约3.5亿元，用地约200亩，新上建筑铝模板生产线3条并配备上下游生产线3条。一期项目于2020年11月15日投产，可年产12万平方米建筑铝模板。

耐美特智能烘干工业设备生产厂（二期）建设项目。由湖南省耐美特智能烘干工业设备有限公司投资扩建，项目总投资1.2亿元，占地面积35.68亩，新建厂房12000平方米，写字楼1400平方米，宿舍700平方米，新增激光切割机、激光剪板机、激光折弯机等生产设备80余台。项目已于2020年1月投产，预计年产值可达1亿元。

湖南中天意成智能机械有限公司。成立于2017年10月30日。经营范围包括智能装备制造、销售；汽车零部件及配件制造（不含汽车发动机制造）；建筑工程用机械、机电设备、机器人的制造；机械零部件、机械配件的加工。项目位于汉寿县高新区，用地100亩。总投资1.2亿，新上智能装备制造、汽车零部件生产线，新建厂房8500平方米、办公楼2000平方米及配套设施。项目建设期为12个月。项目建成达产后，预计年产值可达3亿元，解决就业90人以上。

长沙蓝鹰实业有限公司。成立于

2020年9月29日，县委书记车世忠宣布高新区中联智能装备配套产业园建设项目开工

2020年10月14日，县委副书记、县长周功表（前排中）调研高新区重点项目，副县长杨戊（后排右一），高新区党工委书记、太子庙镇党委书记吕孝胜（前排右一）参加调研

1995年9月7日。经营范围包括汽车零部件及配件制造；机械零部件、机电设备、机械配件加工；机械配件、起重设备及配件、电子产品、电子产品及配件销售等。项目位于汉寿县高新区，用地50亩。总投资1.1亿元，新上机械零部件制造、工程机械储罐生产线，新建厂房1.2万平方米、办公楼2000平方米及配套设施。项目建设期为12个月。项目建成达产后，预计2023年产值可达3亿元，2025年产值可达6亿元，解决就业150人以上。

长沙市正一物流有限责任公司。2010年8月16日成立，注册资本2000万元。经营范围包括普通货运（凭许可证、审批文件经营）；仓储服务（限分支机构）；货运代理、货运信息配载服务；装卸服务；家政服务；汽车租赁服务；机电设备及配件、机械设备及配件、五金交电、包装材料的生产加工（限分支机构）及销售；土建工程、铁路工程的设计施工等。项目位于汉寿县高新区，用地37亩。总投资0.5亿元，新建生产车间8000平方米、办公楼1200平方米及配套设施。新上机械制造生产线和物流配送服务、运输服务。项目建设提高现代物流配送能力和水平。

江苏世泽东业科技有限公司。于2004年5月19日成立。公司经营范围包括车辆配件的技术研发；电动车、铁路机车车辆配件、机械零部件、模具、车辆灯具及配件、电子元件、五金件的制造、加工；自营和代理各类商品及技术的进出口业务。项目位于汉寿县高新区金鹰路，用地28亩。总投资1.1亿元，新上机械零部件制造、工程机械储罐生产线，新建厂房12000平方米、办公楼2000平方米及配套设施。项目建成达产后，预计年产值可达5亿元，解决就业100人以上。

亿奉机械中联塔吊生产项目。湖南亿奉机械有限公司于2020年02月18日成立。公司经营范围包括金属结构制造；金属结构销售；钢压延加工、销售；有色金属压延加工、销售；机电设备、机械设备及机械零部件、五金制品、电子产品制造、加工、销售及技术服务；金属表面处理及热处理加工；货物及技术进出口。项目位于汉寿县高新区，用地105.1亩。总投资5亿元。新上中联塔吊标准节生产线，新建厂房25000平方米、发货坪25000平方米及配套设施。该塔吊项目采用国内先进的生产、环保技术及设备。建成达产后，预计年产值可达6亿元，解决就业200人以上。

庆芳机械中联起重机部件生产项目。湖南庆芳精密机械有限公司于2020年4月20日成立。公司经营范围包括其他未列明制造业，机械设备制造、销售，五金、仪器仪表加工、销售，设备涂装，自动化设备制造、销售、安装。项目位于汉寿县高新区金鹰路，用地51亩。总投资1.2亿元，新上塔式起重机部件生产线，新建厂房1.5万平方米、办公楼2000平方米及配套设施。该项目计划建设工期为15个月，预计2021年11月建成。项目建成达产后，年产值可达6亿元，解决就业100人以上。

金晟机械中联装载机配件生产项目。晋江市金晟机械锻压有限公司于2010年1月29日成立。公司经营范围包括汽车配件、装载机配件（机械锻坯），货物或技术的进出口业务（国家限制或禁止进出口的货物或技术除外）。项目位于汉寿县高新区，用地50亩。总投资1亿元，新上汽车配件、装载机械配件生产线，新建厂房1000平方米、办公楼2000平方米及配套设施。项目建成达产后，年产值可达3亿元，解决就业60人以上。

（谢佳敏）

城乡建设与管理

城乡建设

【概况】 2020年，县住房和城乡建设部门克服新冠肺炎疫情的影响，围绕重点项目强化统筹调度，扎实做好“六保”工作，努力实现“六稳”目标，以“保基本民生”为重点，对标高质量发展要求，各项业务工作有序推进。

【污水处理】 完成乡镇污水处理设施建设任务20座。全面完成南郊明渠、大西湖明渠、一中后池塘的黑臭水体整治任务，于年底接受上级考核并完成环保销号。县政府印发《汉寿县城区污水处理提质增效三年行动实施方案2019—2021)》。实施辰阳南路雨污分流及调蓄板改造项目，实施龙阳大道、鸿运街片区、观音港北段片区的雨污分流改造项目，对城区主、次干道的雨污管进行清淤。坚持日常巡查与专项检查相结合，切实做好在建工程扬尘防治监督管理，开展城市文明创建活动。

【行业监管】 加强招标投标规范化管理，应招标项目的招标率、应公开招标项目的公开招标率均为100%。加强工程质量监管，2020年全县在建建筑工程32个（其中新开工项目17个），总建筑面积154.38万平方米，均按规定办理质量监督注册，相关信息及时录入监管信息平台。开展“打非治违”“打击转包违法分包”专项执法检查行动，使全县工程建设质量始终处于受控状态，一次性竣工验收合格项目13个，合格率100%。强化安全生产监管，开展建筑起重机械，深基坑、高支模、脚手架安全专项整治，整治燃气生产秩序，全县建筑行业安全生产形势平稳可控。

【民生工程】 加大农村危房改造工作力度，在全覆盖摸排和住房保障脱贫质量回头看的基础上，完成农村C、D级危房改造及漏风漏雨整改、厨房厕所配套共计2297户，补助资金通过惠农补贴一卡通系统，全部拨付到位。县住建局负责沧港镇菱湖村和崔家桥镇金马村的脱贫攻坚工作。驻村工作组切实抓好村级基层党建，开展治陋习、刹歪风的宣传工作，加强二次结对帮扶干部的培训，坚持每周一召开村支两委扶贫专干会议，落实上级精神。加大贫困人口动态管理，完善建档立卡贫困户信息。组织后盾单位为村里购买大量的防疫物资，协助村里做好防疫工作。开展产业帮扶，多次与莱根香、明波生态稻虾种养合作社联系，引导贫困户制订

2020年6月16日，县住建局开展安全宣传咨询日活动

生产计划、开展土地流转、扩大就业、调整产业结构等，有近30户贫困户从中受益。开展消费扶贫工作，帮助贫困户销售各种农副产品。募集资金8万多元，用于教育助学、大病扶助、节日慰问等。加强市政设施维管，日常维管做到常态化、精细化，及时办理城区道路、路灯、绿化设施整改修复问题980余件，确保城区环境的美化、绿化、亮化。落实贯彻《保障农民工工资支付条例》精神，组织业务骨干参加人社局举办的专题培训，搞好《条例》宣传周的宣传，强化源头防范治理，推行支付标准化管理，与人社局联合开展查处拖欠支付行为，维护社会大局的稳定。

落实落细惠企政策。由县住建局牵头，全面深化县工程建设项目审批制度改革。2020年3月1日后，房屋建筑和市政工程项目统一在“湖南省工程建设项目审批管理系统”中申报，县住建局全面梳理审批服务事项，精简施工监理合同备案、支付保函、开工条件审查等申报材料15项。印发行政审批流程图2类。原来分散审批的事项，改由行政审批办集中审批。全年办理各项许可业务75件(次)，均在规定时限内办结，受到服务对象的好评。加大服务项目力度，强化“人人都是服务主体”的意识，对高新技术产业园区工业项目，学校、医院建设以及清水湖野生动物园、万达广场、长益常高铁、老年大学等全县公益事业、民生工程、重点项目，主动做好超前服务、上门服务、跟踪服务。5月19日起，派驻1名副局长和2名干部在园区办公，开展靠前服务，落实各项惠企政策，确保园区项目顺利推进。积极引导企业资质升级增项，培育建筑市场，深入调研，及时掌握各项利企惠民措施的落实情况。县建筑行业得到长足发展，企业总数、效益水平达到新的高度，2020年实现建筑业总产值38.66亿元，新签合同值40.7亿元，完成税收1.1万元，全县建筑业新增企业2家，企业资质升级5家。

【汉寿县扎实推进农村危房改造工作】 2020年5月底全面完成农村危房改造，补助资金拨付到位，确保农村贫困人口实现“三保障”之一住房安全有保障的目标。全县所有建档立卡户(共12201户)住房保障信息于5月25日全部录入“湖南省农村危房改造脱贫攻坚三年行动信息检索系统”。11月6日，县农村危房改造工作接受省扶贫检查组为期三天的检查，顺利通过省级验收。

【常德市乡镇污水处理设施建设现场观摩会在汉寿县召开】 2020年7月21日，常德市乡镇污水处理设施建设现场观摩会在汉寿县召开。岩汪湖、洋淘湖镇负责人在会上作典型发言。

【工程建设项目审批制度改革受到好评】 在深化工程建设项目审批制度改革中，汉寿县住建局通过减材料、减前置、减环节，优化审批流程，确保施工许可5个工作日内办结，人防、消防、市政、燃气许可5—7个工作日内办结，使营商环境不断优化。2020年10月21日《中国建设报》和中国建设新闻网以“湖南汉寿优化审批流程提高服务对象满意度”为题进行了新闻报道。12月2日，省民生实事工作组到汉寿县开展检查，检查组详细了解汉寿县工程建设领域行政审批制度改革工作，对县局牵头开展的“工改”工作给予高度肯定。

【辰阳南路雨污分流及调蓄池改造项目进展顺利】 9月29日，县城辰阳南路雨污分流及调蓄池改造项目开工。该项目是汉寿县“十三五”收官之年重要的城建项目之一，项目涵盖调蓄池淤泥清理处置、池内雨污分舱、池顶盖板建设、污水舱除臭设备安装、管网分流改造、合流过街箱涵改造等工程。其中，调蓄池内淤泥清理处置1.05立方米，建污水舱820平方米，建盖板7000平方米，管网分流改造5.5千米，合流过街箱涵改造4处。

【汉寿县建筑企业主动作为彰显担当】 2020年，县住建系统在急难险重面前，积极承担社会责任，处理突发紧急事件反应迅速。1月27—31日，宗辉建筑公司昼夜施工，建成700平方米、可提供30张床位的隔离病房。2月中旬，17家建筑企业、28位企业界人士为抗击疫情慷慨解囊，捐款捐物折合85.57万元(其中现金62.94万元)。7月10日，昇晖市政公司、宗辉建筑公司抽调120名抢险突击队员，携带各类防汛器材，奔赴新兴盘湖硚，把40平方米涌水点围堰堆堵压实，成功化解险情。9月下旬，召开住建行业教育捐赠会议，湘北通程、广安、宗辉等住建系统40余家单位、企业为汉寿县教育事业捐款839万元。

(熊　辉)

城市供水

【概况】 汉寿县自来水公司是县公共服务行业之一，由县住建局归口管理，企业化经营，主要负责供水片区为南到撇洪河以北株木山，北至大杨镇太阳堤移民区，西到沧港镇，东至小南湖渔场以及全县城区企事业单位的安全饮水任务。城乡供水面积约200平方千米，供水人口约17.5万人。公司现有在职员工160人。当前生产运营水厂为龙阳大水厂和第三水厂，水厂设计日供水总量为9万立方米，用水高峰期实际供水总量达到5.5万立方米/日，城乡一体化供水普及率100%，全年出厂水水质合格率100%。

【经营管理】 2020年完成销售水

量1290万吨，上缴税费130万元，年底普查核实城区入网用户总量为69359户。

【水厂建设】 全年完成日产12万立方米新建红旗水厂选址论证报告，2021年计划启动项目前期工作。

【智慧水务】 9月，改造沧港加压泵房为无人值守智能泵房。

【用水市场普查】 2020年，公司投资300万元用于对大杨镇、移民片区用户水表、支管网等供水设施的改造工程，累计整改6000余户。

【二次供水管理】 8月，经县委、县政府批准成立汉寿县龙鑫二次供水有限公司，出台《汉寿县城市二次供水管理办法》，力争在两年内对全县二次供水设施推行一体化监管、精细化管理、信息化管理、专业化管理，提升城市供水服务保障水平。

（陈　璇）

城市管理行政执法

【概况】 汉寿县城市管理和综合执法局现有公务员13人，行政编制40人，事业编100人，人事代理12人，协管员79人。内设办公室、政工股、法制股、行政审批服务办公室、财务股、督查股、建筑垃圾管理办公室和农村环境综合治理考核协调办公室8个机构；下设市容市貌管理综合执法一、二大队，城市规划监察综合执法大队，太子庙城市管理综合执法大队4个执法大队。直属控违拆违办公室、城市规划管理测量大队2个事业单位，归口管理环境卫生管理所。

【县城区综合秩序整治】 2020年，按照县委、县政府"城市环境大整治、城市面貌大提升"的工作要求，城管执法局从城市管理执法工作实际出发，努力提高城市精细化管理水平，狠下"绣花"功夫，全力打造最美"城市客厅"，积极为广大市民营造安全、有序、通畅的市容环境，全局工作人员锐意进取、攻坚克难，城区面貌明显改观，市民反响普遍较好。一是着力改善市容环境秩序。大力开展城市综合秩序整治，截至年底，共锁车处理各类违停车辆18988台，对人行道违停机动车贴条抄牌2980辆。开展集中整治行动70余次，整治占道经营370余处，清理流动摊点230余处。拆除汉寿大道、汉德大道、龙阳大道等违规广告牌100多块、清理横幅1000余条、小广告15000多处。二是全面深化餐饮油烟治理。完成县城区3个火点以上的党政企事业单位、学校、餐饮门店油烟净化设施安装督导工作，定期开展使用情况检查。全面取缔露天烧烤摊位，县城区所有烧烤摊点均使用环保烧烤炉，并已全部进店经营。三是严格管控道路扬尘。依法对37处建设工地沿途遗撒、污染路面行为实施行政处罚，查处并纠正违规渣土运输车辆共80台次，查处各类擅自处置渣土行为3起，及时安排雾炮车、栏杆清洗车进行日常作业。四是全力开展全县禁炮工作。全面推行禁炮核心区、严控区、管控区三级管控，坚持严格执法，有效遏制违规燃放烟花爆竹的现象。2020年，共开展整治行动15次，明查暗访门店、超市、居民点100余家，对违规销售、储存烟花爆竹的62个门店、住户进行打击取缔，收缴销毁价值约100万元的烟花爆竹。五是不断完善公共设施。2020年，共施划机动车泊车位4361个，非机动车泊车位10805个，最大限度地满足市民停车需求。2020年7月，正式引进颁马出行共享电单车，已投入运行400辆。

【环境卫生管理】 实行环卫市场化运行模式，不断完善环卫基础设施，逐步提升环卫保洁水平。新增环卫保洁面积188.8万平方米，全县清扫保洁面积已达338万平方米，机械化清扫率达82%。在城区新建高标准垃圾中转

2020年5月20日，自来水公司免费为社区五保低保户改水，大杨镇社区向公司赠送锦旗

县城区开展综合秩序整治，打造最美城市客厅。图为城管局执法人员指导施划人行道停车泊位

站及公厕6个，对龙阳大道及新建路段更换增加垃圾收集容器500余个，建成运行一套垃圾渗滤液处理设备。春节及疫情期间，坚持对公用设施进行每日不少于2次的消杀作业，增设废弃口罩收集桶95个，对废弃口罩做到专车清运、集中处理，生活垃圾日产日清，及时与上级主管部门沟通协调，妥善解决春节期间生活垃圾成倍增长造成转运不及时的情况。

【规划监察执法】 作为规划执法的执法主体，坚决贯彻落实上级指示精神，实行执法重心下移。2020年，共派驻“四街一区一镇”执法人员20名，转业士官23人。在充实执法队伍的同时，强化制度建设，完善工作机制，根据实际情况，修改完善《汉寿县城区控违拆违工作管理办法》《汉寿县城区控违拆违工作考核细则》《汉寿县六号大道两厢控违拆违工作考核细则》，按照属地管理原则，建立严格的目标责任制，实行分片包干、网格巡查、精细化管理，进一步明确工作职责。2020年，共拆除违章建筑201处，拆除违章面积8162平方米，立案查处案件24起。协助相关部门对烈士陵园、公园世家、八角西路、恒大御府、新一中等重点项目开展清障行动。2020年7月，出台《全面清理整治住宅小区乱搭乱建的通告》，摸底排查出全县物业小区462处违法搭建的阳光房、钢架棚，已完成富贵园、子天鑫城、芙蓉公馆、紫晶城、汉公馆5个小区乱搭乱建情况的治理。

【生活垃圾管理】 提升生活垃圾分类和减量化、资源化、无害化利用水平，健全体制机制、加大资金投入、强化督导考核，推行“户分类、村收集、乡转运、县处理”的治理模式，初步形成“政府主导、部门牵头、试点带动、全民参与”的垃圾分类处理和资源化利用新格局，垃圾分类推广行政村已覆盖全县85%的行政村，生活垃圾无害化处理率已达100%。常德市东部生活垃圾焚烧发电项目已完成总工程量的75%，累计完成投资额1.6亿元，预计2021年6月点火运行。

【新冠疫情防控】 严格落实县疫情防控指挥部的各项指令，有序开展疫情防控工作，做到守土有责、守土担责、守土尽责。一是担起“战役”责任。县里启动重大突发公共卫生事件一级响应后，立即召开联防联控紧急调度会，传达学习上级有关精神，专题研究部署疫情防控工作，全员参与疫情防控工作，严格落实各类值班。二是筑牢“战役”防线。配合相关部门累计查控车辆75170台(其中湖北车辆76台)，查控人员145191人(其中湖北籍人员77人)，劝返车辆146台、劝返人员224人，送医9人。派出执法队员1026人次昼夜坚守集中隔离点思泉大酒店，出色完成县防控指挥部的工作任务。向商场、宾馆、酒店等单位发放服务行业延期开业通知300余份，关停不按防疫规定营业的各类门店120家，清运各类特殊垃圾

2020年10月29日，市委常委、市纪委书记、市监委主任罗翠林（前排左二）到汉寿县调研督导常德市东部生活垃圾焚烧发电项目建设情况。副县长宋万林（前排右二）参加

1.2吨。三是确保“战役”成效。响应疫情防控指挥部的指令，坚持重心下移、力量下沉，累计派出执法人员198人次，对包保小区南郊社区鸿运街逐栋逐户按计划排查登记、测量体温、宣传引导和思想教育等工作，排查306户775人次，发放通行证283张，登记外来进出人员390人次，均未发现异常情况。

【参加盘湖硚管涌抢险】 2020年7月9日20时28分，汉寿县新兴盘湖硚出现管涌险情，县城管执法局接县防指命令后，迅速集结100人的抢险应急队在20分钟内赶到出险现场。由于出险地点位于田间渠道，抢险车辆和机械设备根本无法通行，卵石、编织袋等抢险物资只能卸载在距离出险地点200多米的公路边。面对困难，城管突击队员们不等不靠、主动请缨，迅速投入紧张抢险工作，在短短3个小时里，装填转运卵石12000多袋，成功消除险情威胁。

【常德市城乡生活垃圾一体化管理工作交流会在汉寿召开】 2020年8月19日，全市城乡生活垃圾一体化管理工作交流会在汉寿县召开。与会人员先后察看汉寿县岩汪湖镇金盆岭村生活垃圾分类工作开展情况、环卫智慧指挥平台、城区汉南路公厕及垃圾中转站的运行情况、岩汪湖镇雷神庵村垃圾压缩中转站运转情况、城区芙蓉路车辆规范停放现场等。参会人员对汉寿县市容环境卫生综合整治工作给予高度评价，对城乡生活垃圾一体化管理、打造“最美城市客厅”工作给予充分肯定。

【常德市纪委书记罗翠林调研常德市东部生活垃圾焚烧发电项目】 2020年10月29日上午，常德市委常委、市纪委书记、市监委主任罗翠林到汉寿县调研督导“洞庭清波”工作。罗翠林到太子庙镇看常德东部生活垃圾焚烧发电项目进展情况，听取相关情况介绍。座谈会上，罗翠林充分肯定汉寿县落实“洞庭清波”工作。她要求，要积极贯彻习近平总书记在湖南考察时的重要讲话精神，进一步强化政治责任、强化组织领导、强化督促检查，全力推进整改，保质保量完成任务。

（彭自清）

住房保障

【概况】 汉寿县住房保障服务中心是汉寿县住房和城乡建设局所属的正科级公益一类事业单位。中心内设办公室（纪律检查部）、政工部、财务部、公租房建设部、老旧小区改造服务部、棚户区改造项目部、房屋租赁服务部、房地产开发服务部、数据信息部和物业服务部等10个部（室）。现有在编在岗干部职工61人。

【疫情防控】 面对突如其来的新冠疫情，县住保中心本着“管行业必管疫情防控”的工作原则，全员参与、全力抗疫。疫情防控宣传和管控排查在县城区80多个物业小区火速铺开，仅用半个月的时间，排查小区居民8.1万人次，摸排出湖北返乡及接触者215人次、湖北牌照车辆39台，在物业小区内查封隔离对象住房12户，确保新冠肺炎预防排查两不误。在人手不够的情况下，县住保中心在全县号召20多个大型物业小区成立防疫临时党小组，对此，湖南卫视作了“让党旗在防控疫情斗争第一线高高飘扬”的专题报道。

【物业管理】 积极响应县委、县政府开展县城区综合秩序整治的号召，建议有地下车库的小区暂时免费开放地下停车位。为避免小区车辆乱停乱放阻塞消防通道，在全县城区物业小区内，新增规划停车位1050个，施划禁停黄线2860米。为社区和物业提供车锁500把，为落实物业小区内锁车处罚奠定基础。为进一步巩固老旧小区改造成果，天然居、东润花苑公租房等六个实施改造的老旧小区，实现物业管理覆盖；天济城小区在全县物业小区中第一个成立党支部，并积极探索党支部+物业企业共同管理小区模式；12月2日县城综合秩序整治延伸至县城区物业小区；12月8日国家统计局常德调查队发表《数说物业满意度提升进程》——2020年常德市物业满意度调查报告，9个区县市满意度排名：汉寿县满意度为77.4%，排名全市第一。

【房地产开发】 疫情期间积极组织房地产企业复工复产。为做好“六稳”工作，落实“六保”任务，坚持房住不炒的市场定位。一方面通过加强社会信用体系建设，进一步严格商品房预售许可公示。另一方面通过加强预售资金监管，查处违规销售行为等措施，积极落实房地产调控政策。克服疫情对房地产市场的冲击，实现销售的逆势上扬，促进县房地产市场平稳健康发展。2020年，县房地产市场完成总投资25.7亿元，在建楼盘23个；销售面积62.89万平方米，比上年同期61.6万平方米增长2%；销售5031套，比上年增长2.4%；销售额30.73亿元，比上年下降0.4%；预售许可39.18万平方米，比上年下降59.6%，商品房去库存效果较明显，全年消化房地产库存23.1万平方米。

【住房保障】 开展公租房清理专项行动，通过系统比对对不符合条件的空置、闲置、转让、转租的房源进行集中清理，为急需保障对象储备房

2020年12月10日，副县长宋万林（中）在天湖御景小区调研县城区物业小区综合秩序整治情况

源。为缓解高新区部分公职人员的住房压力，计划新建公租房527套，全部开工，2021年6月可竣工。着力改善民生，建立多渠道保障体系，争取租赁补贴发放尽可能多、范围尽可能大的惠及保障对象。全年发放租赁补贴1801户，完成发放金额308.48万元。老旧小区改造重点是要解决在环境、基础设施、功能结构、管理机制等方面群众反映最强烈的问题。按照面要美观、线要规整、水要畅通、灯要明亮等要求，全年新改造老旧小区17个、76栋、1290户、10.7万平方米。2020年对已实施改造的老旧小区居民进行满意度调查，满意度达到98%。

【棚户区改造】 随着融资政策的收紧、棚改计划放缓、拆迁区域居民意见不一致等现实原因，给棚户区改造工作带来一定的困难。上级下达汉寿县2020年棚改任务数为733户，分为3个项目：连家坝改（扩、翻）建项目233户，改造面积20465平方米，总投资745万元；龙津改（扩、翻）建项目400户，改造面积31004平方米，总投资1220万元；零星危房货币化安置项目100户，改造面积11620平方米，总投资8951万元，项目分别集中在龙阳街道、辰阳街道。连家坝、龙津棚改项目基本完工，零星危房棚改项目已完工，如期完成年初确定的目标任务。

【中心工作】 2020年，在工作经费相对紧张的情况下，投入扶贫资金27万元；为全县物业小区送去消毒液2000公斤，体温枪100把，口罩5000只；大力推进物业小区实施“雪亮工程”；开展“守好钱袋子、护好幸福家”打击房地产领域非法集资宣传活动。党建责任进一步压实，真抓实干走在实处，创先争优全力推进，住房保障力度持续扩大，营商服务环境不断优化。

（王志刚）

综合监督管理

自然资源管理

【概况】 汉寿县自然资源局内设18个股室、机关直属副科级事业单位6个、派出事业单位21个。2020年，全县土地总面积2021平方千米，现有耕地总面积98.92万亩，其中基本农田76.89万亩，人均耕地1.19亩。

【保障发展】 2020年，省厅分配给汉寿县的农转用计划指标仅有300亩，而年初摸底全县实际需求在2000亩以上。为保障全县的建设用地需求，加强和省厅、市局的衔接汇报，多次跑省进市积极争取计划外用地指标。报批土地各类新增建设用地85批次，报批总面积5433.1亩，获批53个批次，批回面积3616.3亩，同比增长59.8%。进一步规范土地市场，共出让国有建设用地40宗，总面积1143.46亩，成交总价款14.599亿元，土地收益4.8452亿元，耕地指标交易实现纯收益1.308亿元，共实现土地收益6.1532亿元，超年度任务30.91%。储备入库土地916.53亩，超年度任务52%，进一步夯实政府储备土地的家底。继续深入开展“全国国土资源集约节约模范县”创建保牌工作，此项荣誉自2013年以来持续保持至今。

【保护资源】 2020年，继续强化耕地保护责任和占补平衡、日常巡查监管等措施，全县76.89万亩永久基本农田的划定全面完成，永久基本农田储备区划定工作已通过省厅审核，已报部审批；连续21年实现耕地占补平衡和耕地总量动态平衡，年末实际耕地保有量、基本农田保护面积均超过省政府下达的耕地保护责任目标任务。全县共补划基本农田4.1万亩。根据市委、市政府“三年行动”实施方案要求，汉寿县提前两年完成增减挂钩任务，实施增减挂钩项目5519亩，新增耕地指标4581亩。实施提质改造旱改水项目3232亩，新增耕地2700亩。项目建设总投资1.5亿元。为政府储备40亿以上的自然资源财富，为县域高质量发展预留空间，为全县的用地保障打下坚实基础，助推了全县乡村振兴战略实施。加强执法监察工作。全县土地违法势头得到有效地遏制。武汉督察局交办的2019年耕地保护督察限期整改任务40个全部整改到位；存量违法用地73宗整改到位67宗，整改率92.4%，位居全市第三，2020年14宗新增违法用地已全部整改到位。闲置土地处置面积3220.57亩，处置率99.89%，位列全省前10名，处置工作经验在全省交流推广。批而未供用地清理处置有力，处置26宗土地846.52亩，处置率61.56%，全市排名第二，全省第27名。卫片执法检查工作顺利通过上级检查验收，实现“零问责、零约谈”目标。

【服务民生】 一是农房一体确权登记工作全面完成。调查各类房地一体19.88万宗，符合发证条件的发证率达到95%以上，在全省率先汇交数据。二是着力推进集中化解问题楼盘办证工作。全面启动“交房即交证”改革试点，集中化解问题楼盘28个，颁发不动产证1800多本，解决近6000户居民因历史遗留问题无法办理不动产证书的问题。三是依法依规推进征地拆迁。启动征拆项目24个，征收土地面积3907.6亩，签订房屋拆迁补偿合同672户，拆迁房屋16.3万平方米，支付补偿款5.6亿元，既保障了一大批重点项目的顺利实施，又维护了人民群众的合法权益。四是进一步优化不动产登记服务。全面推进“放管服”“最多跑一次”改革，基本实现“一窗受理、一站办结”目标，一般登记、抵押登记5个工作日办结。2020年，不动产登记中心办结完成日常颁证业务18872件，其中办理不动产权证书3673本，办理不动产登记证明15199份。五是切实加强地灾防治。争取上级治理资金330万元，对6个地灾隐患点进行有效治理。对全县29个地灾隐患点进行精细调查和全方位排查，实现“零事故、零伤亡”。

2020年7月22日，娄底市考察组到汉寿学习考察房地一体化确权登记工作

【基础工作】 一是稳步推进国土空间规划编制工作。完成14个乡镇（街道）规划和215个村庄规划的编制，完成20个“多规合一”实用性试点村规划编制工作。12月中旬全面启动国土空间规划编制工作。二是非煤矿山关停到位。按照市委、市政府的要求，及时关停朱家铺镇石洞石煤矿，并已复垦复绿，按时完成生态修复任务。三是“三调”工作取得新进展。全面完成第三次国土调查工作任务，调查更新图斑2万余个，形成统一时点更新成果，顺利通过国家验收。四是切实强化测绘保障。全年共完成野外测绘面积1.56万亩，绘制图幅数1955幅，累计完成产值约270万元。先后为新一中、野生动物园、常益长高铁等130个重大项目提供优质高效服务。

【队伍建设】 2020年，全局上下以全市系统开展“双创双争”（创新创业、争先争优）和“全员学业务、全面强素质、全力促融合”主题教育活动为契机，全面加强党的建设，坚持从严治党，廉洁带队，加强廉政教育，坚持创先争优，着力打造“八有四业三家”的汉寿县自然资源系统优秀团队，各项工作任务完成，亮点纷呈。获评“全省自然资源系统信访先进单位”“全市真抓实干先进单位”“全市平安建设优秀单位”“全县安全生产和消防工作优秀单位”，局工会获得“全国模范职工之家”荣誉称号，成功创建“省文明单位”。优化经济发展环境、意识形态、基层党建、扫黑除恶、无偿献血、脱贫攻坚、不动产登记改革、廉政风险防控、建议提案办理等工作都走在全县前列。

【省自然资源厅调研组调研汉寿自然资源工作】 1月4日，省自然资源厅二级巡视员汪泽秋一行到汉寿调研自然资源工作，详细了解用地保障、水资源保护、国土生态整治、自然资源生态修复等情况。副县长宋万林陪同。近年来，汉寿县认真践行习近平总书记“绿水青山就是金山银山”的绿色发展理念，紧紧围绕市委、市政府“开放强市产业立市”和县委、县政府“一五五”发展战略，切实加大生态修复力度，全面推动生态环境综合治理。2019年以来，县自然资源局依法依规修复矿山，多措并举保护湿地，尽职尽责保护耕地，资源管理更加规范。2019年，共制止自然资源违法行为73起，立案查处土地违法案件32宗，矿产违法案件14宗，没收违法土地14184平方米，拆除违章建筑9100余平方米。

【省自然资源厅调研组调研汉寿全域土地整治试点项目】 3月13日，湖南省自然资源厅土地整治局局长罗铁军带领专家调研组实地调研汉寿县全域土地整治试点项目，副县长宋万林参加。

调研组一行到西港镇、辰阳街道全域土地综合整治试点区域，仔细查看耕地提质改造、农村建设用地和城乡建设用地增减挂钩、乡村生态保护修复等项目，详细了解项目规划建设、用地保障、生态修复、产业发展等情况。调研组高度评价汉寿土地整治工作，认为汉寿高度重视试点申报工作，建立政府领导、统筹协调、协同推进的工作机制，准备工作充分，资料翔实完善。调研组指出，开展全域土地综合整治工作是实施乡村振兴战略、实现自然资源精细化管理的重要手段。调研组要求，汉寿要以科学合理规划为前提，整体推进农用地整理、建设用地整理和乡村生态保护修复，优化生产、生活、生态空间格局，促进耕地保护和土地集约节约利用，改善农村人居环境，助推乡村全面振兴。要高质量如期完成试点工作，为全省提供全域土地综合整治工作经验。

2020年12月30日，副县长宋万林（前排左四）主持汉寿县"交房即交证"改革试点启动仪式

【省自然资源厅调研组调研汉寿县农村房地一体确权登记颁证试点工作】 3月27日，湖南省自然资源厅总规划师申志军带领调研组到汉寿，调研农村房地一体确权登记颁证试点工作。调研组到罐头嘴镇盘古村试点现场，询问试点工作开展情况，了解存在的问题，征求镇、村相关负责人的意见和建议。

为创新农村房地一体确权登记颁证方法，省自然资源厅确定在汉寿县朱家铺镇、罐头嘴镇开展试点工作。两个乡镇的试点工作于3月20日启动并全面铺开。

【省自然资源厅督察四处督察汉寿县违法用地整改及耕地保护工作】 4月27日，湖南省自然资源厅督察四处处长余少华率督察组到汉寿，就违法用地整改、闲置土地清理处置及耕地保护等工作开展督察。

2020年，汉寿县按照上级要求强力推进违法用地整改，尽职尽责保护耕地，自然资源管理得到进一步规范。召开卫片违法用地整改、闲置土地清理处置和耕地保护督察问题整改推进会，层层压实整改工作责任，强力推进违法用地及耕地保护问题整改和闲置土地清理处置工作，整改工作取得初步成效。截至年底，全县存量违法用地整改到位率86.13%；2019年新增违法用地整改到位率85.79%；闲置土地处置率70%；月度卫片违法用地已全部整改到位。

【娄底市考察组到汉寿学习考察农村宅基地和集体建设用地房地一体确权登记颁证工作】 7月22日，娄底市考察组到汉寿学习考察农村宅基地和集体建设用地房地一体确权登记颁证工作。

考察组先后到岩汪湖镇水果山村、陈军堤村，了解汉寿县农村宅基地和集体建设用地房地一体确权登记颁证工作情况。

汉寿县采取以乡村为主体的外业调查模式，充分发扬党的优良传统，进一步压紧压实基层组织主体工作责任，广泛动员干群积极参与，组织号召在家大学生参与社会实践，制定操作手册进行模板式调查，县自然资源局全体干部全员参与指导督导，通过一系列有力措施，取得较好的阶段性成果，截至7月中旬，全县共完成农房一体外业调查18.8万宗，基本结束外业调查工作；技术单位内业检查13.2万宗，占比70%；内业上图落宗11.28万宗，占比60%，可以按时完成上级下达的工作任务。

【自然资源部调研组调研汉寿县湿地资源保护工作】 10月20日上午，自然资源部调研组到汉寿开展湿地资源保护工作调研。汉寿县委副书记、县长周功表，副县长宋万林，西洞庭湖国家级自然保护区管理局党组书记钟丽琴参加。

该次调研旨在贯彻落实中央对湿地工作的重要批示精神，调研湿地资源调查监测工作开展情况及湿地资源调查保护存在的主要问题和相关案例。在西洞庭湖宣教中心，调研组一行观看鸟类科普宣传展示区、洞庭湖相关影像纪录片，体验人鸟互动大屏幕，了解湿地生态修复及湿地保护立法工作。

自然保护区宣教中心为做好日常监测，建立远程监控系统，对水域实行24小时不间断监测。在半边湖候鸟监测点，调研组一行详细了解了西洞庭湖国家级自然保护区湿地生态修复工程和鸟类栖息地修复工作。

西洞庭湖国家级自然保护区是中国淡水湿地生物多样性最丰富的区域之一，也是中国东亚候鸟的重要越冬地和长江流域淡水鱼类资源库。区内拥有河流、湖泊、沼泽、人工湿地等多种湿地生态类型，植物、动物及景观资源丰富，生物多样性在亚热带内陆湿地类型中具有典型的代表性，保护和科研价值极高。

【汉寿县举行新建商品房"交房即交证"改革试点工作启动仪式】 12月30日，汉寿县新建商品房"交房即交证"改革试点工作启动暨公园世家南院"不动产权证书"首证颁发仪式在公园世家售楼部举行。副县长宋万林参加。

据悉，“交房即交证”改革是党和政府深化改革结果的真实体现，是为民服务“最多跑一次”“一件事一次办”改革的再提速、再延伸、再深化，更是回应群众期盼、优化营商环境、助推产业发展的创新之举。“交房即交证”工作要求政府和相关部门在管理之中体现民本情怀，对企业更好地履行指导和监管的责任。

（童　坤）

生态环境保护

【概况】 2020年，全县生态环境保护以县生态环境保护委员会为总揽，县生环委各成员单位各负其责、各司其职，大力推进生态环境保护工作，突出抓好水环境整治、大气污染防治，全面整改中央、省级督察交办的环境问题，全县生态环境质量得到明显提升，县域空气质量优良率为96.7%，PM_{10}浓度为38微克/升，$PM_{2.5}$浓度为32微克/升，下降率全市排名第二，综合指数全市排名第三，全省排名44名。国控断面水质蒋家嘴除总磷外其他指标达到了Ⅲ类，总磷浓度为0.060毫克/升，小于0.1毫克/升，满足国家考核要求。蒋家嘴断面11月、12月总磷浓度分别为0.05、0.029毫克/升，达到Ⅲ类标准，同比上年水质趋向好转；坡头为Ⅱ类，水质达到国家考核要求。省控断面水质新兴嘴、白鹤洲为Ⅱ类，安乐湖水质为Ⅲ类，均达到省考核目标要求。

【污染防治攻坚战】 全县各级各部门上下一心，协同作战，全力打好污染防治收官之战。完成省、市下达污染防治攻坚项目49项，完成17处“千吨万人”饮用水水源地生态环境问题整改，完成8个行政村生活污水治理任务，完成工业窑炉整治8家。整改完成省生态环保督察“回头看”交办问题15件，中央、省级环保督察交办任务全部办结销号。清理西洞庭湖保护区欧美黑杨1.8万亩，实现西洞庭湖保护区内欧美黑杨“清零”。建成乡镇污水处理厂10座，实现乡镇污水处理设施全覆盖。整治完成县城区大西湖排水明渠、南郊明渠、一中后池塘黑臭水体3处。开展“散乱污”企业集中整治，关停“樟脑油”企业13家。完成三汊障垸环境问题整治，龙池湖、安乐湖周边24个精养鱼池全面完成退养整治，围堤湖区1.6万亩鱼塘尾水治理制定了整改方案，并通过专家论证，整治工作已全部完成。退养珍珠养殖面积2.4万亩，累计退养5.48万亩，完成总任务的69.61%。全面实施十年禁捕，拆除网箱7223口、矮围26处，签订退捕协议1264份，回收权证1212本，回收渔船1817艘，渔具408吨。全面落实退捕渔民安置保障政策，全县1225户渔民弃捕上岸，转产转业。

汉寿县紧急部署配合省生态环保督察“回头看”工作

【水环境整治】 为切实改善洞庭湖水质，2020年7月，汉寿县委、县政府启动蒋家嘴、岩汪湖、坡头、赵家河等排入洞庭湖“四大电排”汇水区域的水环境专项整治，突出整治岩汪湖电排汇水区域水环境。

摸清底数，制定整治对策。为切实完成洞庭湖水质改善目标任务，县生环办与各乡镇（街道）对“四大电排”汇水区域涉水污染源进行全面调查摸底，摸清全县涉水主要污染源，对区域内460个水环境问题建立污染源台账，制定《汉寿县“四大电排”汇水区域水环境专项整治实施方案》，对环保、水利、农业、畜水、发改、住建等14个部门责任单位明确责任要求，下发部门责任清单。重点对“四大电排”汇水区域城乡居民生活污水、水产养殖污染、农业面源污染、畜禽养殖污染、黑臭水体、涉水“散乱污”企业、河湖沟渠清淤及垃圾污染等八个重点领域292个项目开展专项整治，共投入整治资金4.9亿元。

加强监测，提供科学依据。县生环办对全县22个乡镇（街道、区）84个县级及乡级河湖库水质进行监测，共设考核监测断面106个，每月监测一次。围绕沅水汉寿段周边建设10个小微水质监测站，及时掌握水质状况，为全县水环境整治决策提供科学依据。

强化考核，确保整治成效。县水环境专项整治工作领导小组加强工作调度，实行一日一通报、一周一调度、一月一排名等工作机制，督促推进治理任务。县委督查室、县政府督查室、县生环办联合对水环境专项整治工作进行定期督查，下发水环境整治专报5期、水环境整治动态18次。全县上下各级各部门强化责任落实，坚持攻坚克难，采取有效措施，全面开展整治，取得较好成效。2020年年底，292个水环境整治项目全部实施完成，全县17处“千吨万人”饮用水水源地生态环境问题全部完成，17个乡镇污水处理厂建成投入使用，完成涉水“散乱污”企业整治8家，完成黑臭水体整治33条，解除天然水域承包合同31份，拆除网箱262处，完成农户改水改厕2133户，完成畜禽养殖污染整治59家。县域水环境质量得到大力提升，国控、省控水质断面达到国家和省考核标准。

【环保执法】 2020年，共立案查处环境违法行为31起，下达责令改正违法行为决定书23份，下达行政处罚决定书22份，共处罚款285.6万元。

【环境监管】 加大对企业排污、城乡污水污泥和垃圾处理等环境监管力度，特别是在企业方面，严格执行环境影响评价和“三同时”制度，实施总量控制，建立健全资源管护、国土开发保护、生态红线管控、“五小”存量企业限期退出、企业环境信用评价以及生态环境源头保护、损害赔偿、责任追究等一系列体制机制，确保从源头控制工业新污染源的产生。2020年，共环评审批建设项目31个，环评验收项目25个，环境信用评价企业26个，办理排污权交易91家，开展治污达标35家。

【环境投诉处理】 2020年，共受理来信、来电、网上投诉、县长热线、上级交办等环境投诉153起，主要涉及水污染、大气污染、噪声污染、固体废弃物污染等环境投诉，对所有环境投诉件，做到及时受理，及时调查处理，并按时回复当事人，处理率和办结率达到100%，较好地保障了群众的环境权益。

【环境监测】 水环境监测。共设国控断面2个，即沅水坡头断面、目平湖蒋家嘴断面，每月监测一次；省控断面3个，即新兴嘴断面、白鹤洲断面和太白湖断面，每月监测一次；市控断面4个，即目平湖西港段、岩汪湖段、象鼻嘴段和向阳河断面，每季度监测一次。与河长制相结合，对全县河流、湖泊、水库实行水质监测全覆盖。全县共设106个监测点位，聘请第三方监测公司每月或每季度监测一次，及时发布水质监测报告环境质量分析报告，为县委、县政府开展水环境治理提供科学依据和有力参考。

降水监测。1至12月份逢雨必测。县域全年降雨个数96个，总量1742.8毫米，pH值范围5.68—6.03，pH平均值5.91，酸雨出现率为0。降雨个数与上年相比不变，总量增加110毫米。降水最多的月份为6月163毫米，Ph平均值与上年相比下降了0.03。

大气监测。县城区共建有2座大气自动监测站，分别位于县二中和南湖渔场，与国家监测网络联网，24小时发布空气环境质量。汉寿二中大气监测点设在汉寿二中教学楼楼顶，监测项目为PM_{10}、SO_2、NO_2、CO、O_3、$PM_{2.5}$。2020年城区年平均值SO_2为7微克/升，NO_2为10微克/升，PM_{10}为43微克/升，CO：0.68毫克/升，O_3：日最大8小时平均72微克/升，$PM_{2.5}$：29微克/升。

2020年全年共监测366天，超标12天（轻度污染12天），达标天数354天（优197天良157天）。空气质量达标率为96.7%。综合指数3.97%。2020年县城区大气环境质量相较于上年明显好转，6个参数的平均浓度都比上年有所下降。汉寿县城区环境空气质量在全省90个县市102个点位排名位列第44位，常德市位列区县排名第3位。

城区噪声监测。城区噪声分为区域噪声和交通噪声，区域噪声设点全县107个，交通噪声设点15个。2020年城区环境噪声等效声级平均值48.3dB，较标准55dB低6.7dB，城区环境噪声总体达标。

2020年城区主要道路的交通噪声等效声级平均值为69.7dB，平均车流量为790辆/小时，其中轻型车平均车流量为辆368/小时，重型车为422辆/小时。交通噪声最高的是照相馆73.5dB，城区交通噪声等效声级较标准70dB低0.3dB。

（李明好）

湿地管理

【概况】 西洞庭湖湿地位于湖南省常德市汉寿县境内的沅、澧水尾闾，湿地面积40.44万亩，是江湖复合湿地生态系统的典型代表，是洞庭湖区江湖生态系统平衡的调节器，在国家防洪抗旱、生态安全保障、生物多样性保护、水产渔业资源发展上具有重要的战略地位。

西洞庭湖湿地内蕴藏着十分丰富的生物资源，现有维管束植物89科424种，鸟类16目51科226种，鱼类9目20科112种，底栖动物65种，两栖动物13种，爬行动物20种，哺乳动物26种。其中，珍稀、濒危保护物种有粗梗水蕨、水蕨、三裂狐尾藻、麋鹿、河麂、小灵猫、穿山甲、白鹤、东方白鹳、白尾海雕、黑鹳、小天鹅、

5月20日，省政府秘书长王群（右二）到汉寿调研西洞庭湖湿地建设、候鸟保护与观鸟路线规划工作。副市长龚德汉（右三）、县委书记车世忠（前排左一）、保护区管理局党组书记钟丽琴（右一）参加调研

白琵鹭、卷羽鹈鹕、虎纹蛙、中华鲟、胭脂鱼等40多种，且绝大多数为国家一二级保护物种。西洞庭湖湿地已成为长江中游生物多样性保护的重要区域之一。

保护区管理局内设5个科室（即办公室、财务科、资源保护科、宣传教育科、旅游管理科）、2个分局（蒋家嘴分局、岩汪湖分局），1个执法大队和1个公安派出机构（湖洲派出所）。

【重要资源保护】 一是实施“长江十年禁捕”工作，保护鱼类资源繁衍生息。保护区自2020年1月1日“长江十年禁渔”实施以来，按照县委、县政府统一工作部署，累计扣押涉渔“三无”船舶370艘，公开集中拆解销毁321艘（分三批）；收缴并公开销毁地笼、虾笼等渔具16125套。西洞庭湖保护区“三无”船舶拆除现场查获非法捕捞案件7起12人，全部移送公安机关。保护区范围实施“禁钓”，累计驱离违规垂钓人员万余人次。同时，规范“三无”船舶标识，确保管理有序有效。在如期实现禁捕退捕“四清四无”目标的同时，全力配合推进渔民顺利转产上岸，同时为后续的全面禁捕新阶段做好打持久战的准备，此次利生态、利民生、利长远的重大专项行动有效地缓解西洞庭湖生物资源衰退和生物多样性下降危机，切实改善渔民越捕越穷、资源越捕越少的恶性循环现状，西洞庭湖得以休养生息，生态安全得以保障。

二是加强生态矮围日常监管。保护区对西洞庭湖水域内保留的半边湖、游巡塘（天鹅湖）、长安湖、正喜障等四处生态矮围实施封闭式管理，防止人为破坏与干扰，24小时派人值守与监管，使其充分发挥“蓄水留鱼引鸟”功能。

三是完善管理机制，坚固生态安全屏障。随着2020年1月1日《常德市西洞庭湖国际重要湿地保护条例》的正式施行，西洞庭湖保护区“一区一法”工作走在了全国前列，在此基础上不断推进法制建设，创建湿地管护机制，确保监管无死角，为湿地生态安全建立坚固屏障。

四是加强日常巡护与监测。保护区管理局认真开展鸟类常规监测巡护工作，实行“逢8”监测（即每月8号、18号、28号），定时对西洞庭湖保护区的候鸟资源进行调查统计，记录越冬候鸟干扰因子，对越冬候鸟食物来源（如植被、鱼类等）进行监测，结合实时水文监测信息，密切注意极端气候等因素，掌握越冬候鸟的最新动态；在日常监测巡护过程中对发现的受伤候鸟及时进行救助。保护区在西洞庭湖湿地内修建多座监控塔，对重点区域实行视频监控。执法大队进行日常巡护执法工作，严厉打击破坏

汉寿县实施“长江十年禁捕”，西洞庭湖保护区“三无”船舶全部上岸拆除现场

西洞庭湖越冬候鸟

湿地和危害候鸟的行为。

随着一系列保护举措的推行，各类人为干扰活动减少，西洞庭湖湿地生态系统逐渐得到休养生息，生态环境有了明显改善。据监测，保护区内新纪录到鸟类 26 种，如白头鹤、大天鹅、草鸮、青脚鹬、白翅浮鸥、鹊鸭、赤腹鹰、灰脸鵟鹰、乌雕等。其中包括国家一级保护鸟类（白鹤、黑鹳、白头鹤、白尾海雕、东方白鹳）5 种，新纪录到鱼类 2 种（史氏鲟和团头亮鲃），洄游性鱼类种群数量明显增多，新纪录到湿地植被 10 种，黑鹳、白鹤、白琵鹭、小天鹅等珍稀濒危鸟类种群数量也明显增加，国家一级保护鸟类黑鹳高达 78 只，每年到西洞庭湖越冬的候鸟种群数量稳定并超过 3 万只。

【湿地治理】 一是推动“退养还湿”举措，开辟绿色转型新路子。2020 年，在三汉障问题整改工作取得阶段性成效的基础上，举一反三，全面排查，“退养还湿”实验区精养鱼塘 24 处 1327.5 亩，推进“健康养殖”1.16 万亩，开展“尾水治理”试点 4000 亩，实现尾水达标排放、循环利用。龙池湖、安乐湖周边 24 个精养鱼塘通过“退养还湿”的实施，水质得到明显改善，所有鱼塘水质稳定在Ⅲ类；围堤湖精养鱼塘在实现珍珠养殖“清零”的同时，进行其他水产品的养殖转型，同时通过实施尾水治理试点工程，实现养殖尾水“达标排放”“循环利用”目标。

二是实施修复项目，着力改善湿地生态环境。2020 年实施“湖南西洞庭湖国家级自然保护区岸线、洲滩及缓冲区、实验区生态修复工程”，采取“边清理边修复”方式进行黑杨砍伐迹地修复。截至 2020 年 11 月底，西洞庭湖自然保护区内 12.2 万亩黑杨砍伐迹地修复任务全面完成；西洞庭湖自然保护区完成岸线修复 14.5 千米，其中：2020 年完成岩汪湖镇临湖 2.02 千米大堤岸线整治复绿工程以及青山湖候鸟垸 5 千米岸线修复工程。

三是黑杨全面“清零”，促进生物多样性现新貌。欧美黑杨外号“湿地抽水机”，在保护区湿地上生长将严重损害生态，使得湿地日益陆地化，湿地生态功能逐步退化。近年来，保护区大力配合全县开展欧美黑杨清理工作，2020 年 11 月底配合全县全面完成保护区内黑杨“清零”，同时完成杨树砍伐迹地的清运清枝任务。欧美黑杨的全面清理为西洞庭湖湿地的鱼类繁育，鸟类栖息提供了生境保障，使得西洞庭湖生物多样性日益趋好。

通过一系列生态修复手段，保护区生态环境质量总体改善，生态系统服务功能稳定提高，不断促进生态文明建设水平与全面建成小康社会目标相适应。

【督查工作】 为进一步加快西洞庭湖保护区杨树清理，确保按时完成中央环保督察组反馈问题的整改，2020 年 9 月 4 日，汉寿县政府办、西洞庭湖国家级自然保护区管理局、县林业局相关负责人到罐头嘴、洲口、酉港、坡头、岩汪湖等乡镇开展杨树清理督查工作。督查小组详细了解了杨树清理工作中的资金补偿、管理流程以及木材买卖

西洞庭湖生态修复工程

2020 年 12 月 7 日，县委副书记、县长周功表参加青山湖鱼鸟类博物馆开馆仪式

合同等相关事宜，并要求各管理单位于 2020 年 11 月 30 日之前全面完成西洞庭湖国家级自然保护区杨树清理工作。12 月 15 日，通过省级现场核查，全面完成“清零”任务。

【第十一届洞庭湖国际观鸟节（常德分会场）暨西洞庭湖青山湖候鸟苑开园仪式活动成功举办】 2020 年 12 月 7 日，在汉寿县委、县政府的大力支持下，湖南西洞庭湖国家级自然保护区承办第十一届洞庭湖国际观鸟节常德分会场暨西洞庭湖青山湖候鸟苑开园仪式。该次活动以“保护观鸟胜地，建设大美洞庭”为主题，通过《黑鹳小西的一天》科普宣教动画片首发、观鸟大赛、户外鸟类标本展、鱼鸟博物馆展及湿地宣教文化和摄影作品展等一系列活动，全方位展示西洞庭湖生态文明建设成果。

（王巧珍）

市场监督管理

【概况】 根据机构改革统一安排，汉寿县市场监管局已完成局机关、综合行政执法局和派出机构的三定，设置 20 个内设机构、21 个派出机构、6 个执法队。2020 年 6 月，汉寿县市场监管综合行政执法局正式揭牌成立。实际在编在岗 186 人，其中取得行政执法资格 179 人。全局全员秉承“把服务作为本分、把监管作为责任”，以“六保”“六稳”为指导，建立了一系列管理办法，如县、乡、村、组四级食品药品监管体系、行政处罚案件办理程序规定、事权细化的意见、财务收支管理办法等。创新了一系列运行模式，如推行“保险+监管”“审批、监管、执法”三权分离、行政执法四项制度、健全和完善与公安、法院、检察院联合办案工作机制等。办好了一系列民生实事，如推进商事制度改革、实施跨部门“双随机、一公开”、推行“一次出动、全面体检”、守住四大安全底线，构建了能覆盖沅水流域检验功能齐全、检测设备完善的检验检测区域中心。荣获 2020 年度常德市政府市场监管真抓实干督查激励、2020 年度省级知识产权建设强县、2020 年度疫情防控期间湖南省市场监管系统疫情防控工作成绩突出单位、2019 年度商事制度改革工作优秀单位、2019 年全市药品不良反应监测工作先进单位等称号。

【单位运行】 一是监管覆盖广。调整县、乡食安委，完善定期会商联通机制。建立健全乡镇食品安全专干、村（社区）食品安全信息员和组食品安全协管员等队伍，完善“县、乡、村、组”四级监管网络模式，实现横向到边、纵向到底，覆盖生产、流通、消费等领域全链条、无缝隙监管格局。二是执法体系顺。建立以“双随机、一公开”为基本手段、以重点监管为补充、以信用监管为基础的新型监管机制。自主改革实施“一次出动，全面体检”，实行“局领导+股室队+基层所”的监管联合体。三是窗口服务优。按照要求，县局派专人深入园区靠前服务，为园区企业制作“汉寿县市场监督管理局靠前服务园区企业联系卡”。积极推进“多证合一”“证照分离”等改革，大力推行工商登记全程电子化和电子营业执照，对企业申请材料实行“秒批”。四是平台维权快。推进五条热线整合，实行“12315”一条热线对外。全年共接到消费者来电来访、来信来函投诉举报 545 件，日均受理 6 件，为消费者挽回经济损失 75.1 万元；仅疫情 I 级响应期间就受理 375 件。将消保股与投诉举报中心及消费者委员会合署办公，依托基层所建立 21 个投诉举报站。五是保障机制全。通过开展各类专项检查、专项整治，保障重点区域、重点部位、重点行业和重要节点的食品、药品、特种设备和重点产商品的市场安全。特别是在特种设备安全和食品安全监管领域，推行安全责任保险。一直坚持涉企检查备案制，取消一切行政事业性收费，全面停收个私协会费、消委捐赠费。

【安全稳定】 严格安全监管，全县没有发生食品、药品、特种设备、

汉寿县市场监管局开展市场安全检查

重点产商品方面的安全事件，特别是食品基本实现连续18年零事故。食品安全，深入推进创建国家食品安全示范城市，加大“三小”综合整治力度，整治小餐饮明厨亮灶完成180家，完成率100%，小作坊完成26家，完成率104%，各乡镇小摊贩已划行规市。药品安全，对全县150余家药店每天开展监督检查，并要求各药店落实疫情防控工作要求。重点加强有关世卫对中国疫苗监管体系评估的准备工作。特种设备安全，通过专项检查和不定期抽查相结合，对八大类特种设备进行安全大检查，与疫情防控结合进行宣传，签订承诺书，开展应急救援演练。产商品安全，以电取暖器具、电动自行车、烟花爆竹市场商品质量整治为重点进行专项整治。以化肥、农膜等产品为监管重点进行监督抽样。组织7家大型企业10人取得首席质量官证书，取证人数居全市首位。

【营商环境】坚决贯彻国务院《优化营商环境条例》和省政府、国家市场监管总局贯彻实施意见，全面落实省局《关于优化营商环境的若干意见》，出台落实优化营商环境具体措施。进一步深化商事制度改革，全力推行“一网通办”服务，压缩企业设立登记时间，对企业的申请材料原则上实行“秒批”。全面推广电子营业执照，优化印章刻制服务，提供企业档案“容e查”服务。全年共办理各类政务服务事项2392件。

【市场秩序】围绕敏感时间节点、监管整治重点、群众关注焦点，开展食品行业专项整治、农村假冒伪劣食品集中整治、产品质量专项抽检、合同格式条款集中约谈、公用企业行政告诫等多项专项检查，全年一般程序核发决定书182个，简易程序结案1054个。全面落实公平竞争政策，强化重点领域价格监管。加强网络和广告监管，加大消费者权益保护力度，全面推进综合执法，有效维护了市场秩序公平有序。

【质量基础】大力实施质量强县战略，推进对标达标提标创标行动，组织开展“质量月”“世界计量日”等宣传活动。实施标准引领建设，加强计量和认证认可工作，组织开展“计量惠民”大行动，覆盖全县集贸市场衡器、加油站、批发店、粮油店、农资店等领域，督促“民用三表”2万多件、轮换8000余件，检定出租车计价器105台件。推动知识产权“破零倍增”和“一企一策”，发明专利完成率和PCT专利申请量居全市首位。

【队伍建设】按照“把服务作为本分，把监管作为责任”的理念，持续抓好“逢周五必培训”“一月授一课”“一月一学法”，重点抓好习近平新时代中国特色社会主义思想的学深渐悟，建立“不忘初心、牢记使命”主题教育常态化机制；落实党风廉政责任制建设，坚持“一岗双责”、谈心谈话制度；加强干部业务培训考核，以适应新形势下市场监管事业发展的需要。

【中心工作】围绕服务全县大局，全局全员出动，在三大攻坚、疫情防控、长江禁捕退捕、平安建设、信访维稳、马路市场整治、交通顽瘴痼疾整治、“散乱污”企业治理等多项县域中心工作上履职尽责。特别是在疫情防控上，强化执法迅速稳定市场秩序，开通应急审批“绿色”通道，开展市场“三保”行动，加强冷链食品安全监管，保障防疫物资和民生商品供应实现管控精准，防控到位，复市有序；在长江禁捕退捕上，对农贸市场、餐饮行业、广告企业、渔具渔需店进行全覆盖检查，以“零容忍”的态度，抓好从源头到餐桌全链条的联合执法监管，努力实现“生产企业无加工，线上线下无销售，餐饮单位无供应，所有环节无广告”。

【汉寿县市场监管综合行政执法局

2020 年 6 月 29 日，副县长杨戊（中）主持县市场监管综合行政执法局揭牌仪式

揭牌仪式】 根据机构改革统一安排，2020 年 6 月 29 日上午 8 时 18 分，汉寿县市场监管综合行政执法局正式揭牌成立。汉寿县市场监管综合行政执法局的成立，是从中央到地方自上而下深化市场监管综合行政执法改革的统一部署，整合了工商、质检、食品、药品、物价、商标等领域的执法职责，建立了“局队合一”的基本框架。

【常德市副市长杨成英到汉寿调研市场监管工作】 2020 年 7 月 21 日，常德市副市长杨成英到汉寿调研市场监管工作。县委副书记、县长周功表，副县长杨戊，县市场监管局局长曾跃坤陪同调研。

杨成英副市长一行到康普药业股份有限公司、太子庙市场监管所、城区小餐饮吉当丹肉夹馍店、汉寿食品药品检验检测区域中心、华诚蔬菜专业合作社，通过听取汇报、现场查看等方式，实地调研商事制度改革、质量发展、知识产权、食品安全等真抓实干工作开展情况及全市市场监管工作会议、市场主体复工复产优惠政策贯彻落实情况。

（龙　凤）

审计监督

【概况】 汉寿县审计局，正科级，为县人民政府主管审计工作的工作部门。下设办公室、审理法规股、财政金融审计股、审计技术股、行政事业审计股、农业农村审计股、经济责任审计股、固定资产投资审计股八个内设机构，政府投资审计专业处为县审计局正股级下属事业单位。

2020 年，审计局全年完成审计项目 45 个，审计查出管理不规范金额 13.34 亿元，违规金额 424 万元，审计后挽回损失 745 万元，核减投资额 2759.61 万元，向纪检监察机关及有关部门移送案件线索 10 件，提出并被采纳审计建议 98 条，汉寿县水利局 2017 年度财政收支审计项目被评为省审计厅和市审计局 2020 年度优秀审计项目，切实做到为优化经济发展环境保驾护航。

【财政预算执行审计】 强化预算执行的审计监督，提升依法理财水平。树立“大财政”审计理念，进一步拓展县本级预算执行审计广度和深度。一是精心组织 2019 年度“财政同级审”，重点审计县本级财政预算安排及调整情况、财政收入组织情况、部门预算执行情况和财政改革等情况。查出预算管理不细化、资金拨付不及时等问题，提出完善预算管理、加大财政统筹、防范债务风险等审计建议。二是将县人社局、市场监管局、住建局、卫健局 4 家单位部门预算执行情况、扶贫政策落实、新冠疫情防控资金及捐赠款物审计情况等纳入财政同级审大格局范畴，进一步拓展“财政同级审”的深度和广度。

【政府投资审计】 强化政府投资的审计监督，提高资金使用效益。一是工程价款结算审计有成效。实施龙

2020 年 6 月 16 日，县委审计委员会召开第二次会议

阳大道立面改造、蒋家嘴水闸除险加固工程、汉寿县老城区供水管网改造建设工程、县妇幼保健院保健综合大楼工程决算审计等项目，督促建设单位立行立改，促进政府投资项目有序规范建设。

【经济责任审计】 强化经济责任的审计监督，规范权力运行机制。一是在组织开展离任审计、任中审计的同时，抓好经济责任审计与财政审计、专项资金审计的有机结合，实现资源共享，缓解人少事多的矛盾。二是把经济决策作为经济责任审计的重点内容；把财务管理规范程度作为经济责任审计的基本内容；把领导干部廉洁自律情况作为经济责任审计的关键内容，促进领导干部“守规守纪、尽责有为”。三是注重加强经济责任审计结果运用，把审计结果报告及审计整改报告抄送组织部门，并加强审计结果信息公开，发挥经济责任审计的监督效能。2020 年以来，完成了县住建局、县民政局、县自然资源局、龙阳街道等单位 8 名领导干部经济责任审计，提出 12 条审计建议，促进领导干部依法依规履职、守纪尽责。

【专项资金审计】 强化专项资金的审计监督，跟踪政策落实到位。围绕三农、扶贫、医保等社会热点，组织开展扶贫专项资金、易地扶贫搬迁、医保基金收支等审计项目，重点关注影响民生和群众利益的问题。1 月，市局统一组织全市扶贫专项审计，汉寿局审计组被安排开展安乡县 2019 年度扶贫专项审计工作。通过审计，揭示有关政策执行不到位、少数扶贫项目进展缓慢等问题，促进扶贫政策更好落实。开展的县医疗保障局医疗基金收支情况审计，审计查出审核把关不严、患者重复报销住院费用、医保基金开户银行少计存款利息等问题，提出审计建议 4 条。通过审计，更好地维护资金安全，确保医保（含农合）资金保障功能真正惠及人民群众。

【巡察整改】 细抓巡察整改工作。2020 年，针对市委县级交叉巡察组对县局党组开展政治巡察提出的 15 个问题，成立巡察整改领导小组，制定整改方案，建立整改清单销号制度，逐条逐项细致整改，巡察反馈的 6 个方面共 15 个问题已基本完成整改。巡察整改整章建制 10 项，谈话 15 人次，其中提醒谈话 10 人次，约谈 5 人次；清退资金 15007 元。通过整改促进了巡察成果的精准运用，从而使局党组的政治站位更高、责任担当更强、纪律作风更严。

2020 年 12 月 4 日，县审计局到汉寿金牛山开展登山活动。

【干部培训】 加大培训干部力度，打造高素质审计队伍。2020 年，局主要负责人积极参加审计署举办的市县局长培训班，业务分管领导参加审计署举办的领导干部自然资源资产离任审计、大数据审计培训班；在人少事多的情况下，选派 2 人参加省厅组织的计算机中级培训，10 人次参加审计署在线网络专题学习并顺利通过，按照审计署要求开展集中整训，审计干部增长了知识，提升了能力。

【脱贫攻坚】 2020 年，在脱贫攻坚战役中，为长期结对帮扶的罐头嘴镇福兴村积极争取项目，多方筹措资金，组织实施“两建设，一扶助”主题活动。一抓基础设施建设。经过争资争项，投入 350 万元新建村部、农村综合服务平台、党代表工作示范室；硬化罐西公路 1400 米，解决农民群众出行难、农副产品运输难的问题；疏通大小高、低水渠 4.8 千米，解决农田灌溉难题。二强产业建设引导。引导贫困户发展大棚蔬菜，每年可产生收益近 10 万元；新建光伏电站；在 19 千米河堤栽种锦绣黄桃树 3 万多株，昔日杂草丛生的河堤变成桃林风光带；筹集资金 13 万元，给建档立卡结对帮扶的贫困户配送桃源黑猪仔、子鸡，春耕生产时，送上农药化肥 500 多公斤，产业扶贫成效明显。开展消费扶贫，为了确保收入实现，驻村扶贫工作组发动后盾单位开展消费扶贫，打开了市场销路，求购信息不断，2020 年初次挂果 1 万多公斤黄桃全部销完，为贫困村实现了 20 多万元收入。

【中共汉寿县委审计委员会第二次会议召开】 6 月 16 日，县委审计委员会第二次会议召开，主要任务是学习贯彻习近平总书记关于审计工作的重要指示批示精神，落实上级审计委员会会议精神，审议相关文件，研究部署下阶段审计工作。县委书记、县委审计委员会主任车世忠主持会议，县委副书记、县长、县委审计委员会副主任周功表出席会议，县委审计委员会组成人员参加会议，县审计局班子成员列席会议。

会议审议通过《关于深入推进审计全覆盖的实施方案》《关于建立县经济责任审计工作联席会议制度的通知》《2020 年度审计项目计划》；听取关于 2019 年度县级预算执行和其他财政收支的审计报告及其他有关事项的报告。

（胡小平）

应急管理

【概况】 汉寿县应急管理局属县政府工作部门，正科级。加挂汉寿县安全生产委员会办公室、汉寿县突发事件应急委员会办公室、汉寿县森林防灭火指挥部办公室、汉寿县减灾委员会办公室牌子。负责督导全县应对安全生产类、自然灾害类等突发事件和综合防灾减灾救灾工作，协调指导全县消防、森林防灭火、水旱灾害、地震和地质灾害等工作。承担全县安全生产综合监管和危险化学品、烟花爆竹、非煤矿山、工贸企业的安全监管职责。

2020 年，汉寿县被评为常德市安全生产和消防工作优秀单位，坡头镇、西港镇、军山铺镇、洋淘湖镇同时被评为常德市安全生产和消防工作优秀乡镇，受到市委经济工作会议表彰。汉寿县应急管理局被市文明委评为全市文明单位。毛家滩回维乡、辰阳街道被命名为常德市安全发展工作示范乡镇。

县应急管理局慰问汉寿“蓝天救援”志愿服务队

【压实责任】 党政领导责任到岗到人。7 月 18 日，县委办、政府办印发《汉寿县县级党政领导干部安全生产责任清单》，将 11 位常委、6 位副县长所分管行业领域和联点乡镇的安全生产职责逐一进行明确。10 月 28 日，县政府办印发《关于调整汉寿县安全生产委员会组成人员的通知》，对县安委会 48 名组成人员重新进行调整。6 月 20 日县安委组建十个专业委员会。10 月 20 日成立汉寿县突发事件应急委员会，10 月 28 日成立汉寿县减灾委员会，12 月 1 日成立汉寿县森林防灭火指挥部。

部门监管责任到点到位。6 月 19 日，县安委制定《汉寿县安委会成员单位安全生产责任清单》，对 41 个县直部门单位的安全生产监管主要职责进行细化，对全县 3071 个生产经营单位和 1320 个重点场所、重点部位的安全监管任务重新进行界定。部门监管责任清单经过三轮征求意见后修订完善，厘清了部门之间责任边界，杜绝了推诿扯皮、履职不清的现象发生。

企业主体责任到厂到职。县安委办、县应急局编印《汉寿县工贸企业安全监管手册》，公布“五落实五到位”规定。重点抓好企业法人“十个一次”工作，全县 63 家规模以上企业主要负责人基本上做到每月带队检查一次，每季度开会研究一次，每年总结表彰一次，每周讲评一次，每年述职，签订责任状、上辅导课、组织知识竞赛、技能培训、开展应急演练各一次。

【行政执法】 3—12 月，市安委办系统每月“强执法”排名，汉寿县 8 月排名第一、6 月排名第二、4 月排名第三。

3—12 月，市应急系统每月“强执法”排名，汉寿县 4 月排名第一、6 月排名第一、7 月排名第三、8 月排名第三、12 月排名第一。

【专项整治】 5 月以来，全面启动安全生产专项整治三年行动。7 月 20 日，制定《汉寿县安全生产专项整治三年行动实施方案》，成立组织机构，从相关部门单位抽调 7 人，组建工作专班，召开动员会，出台问题隐患和制度措施“两个清单”，发布隐患清零管理办法，开展隐患排查整治行动。全县共排查隐患 973 处，立查立改 972 处，仅剩辰阳街道园林社区移民安置楼严重倾斜等质量安全问题正在整改中。市应急局网站曝光汉寿县的 23 处隐患整治任务全部按期完成，整改率达 100%。

9 月 4 日，市安委办对汉寿县三

年行动工作开展情况进行实地督查，督查组给予三个方面的中肯评价，即：领导重视、方案翔实、措施过硬，汉寿县的做法和经验值得推广。

12月11日，县安委组织召开汉寿县安全生产第五次全体（扩大）会议，县长周功表对安全生产“大检查大管控大整治”百日行动进行安排部署，提出隐患排查的具体要求，县乡两级同步开展安全生产大检查。5天之内，全县负有安全监管行政执法相关部门单位共排查安全隐患28处，整治28处，办理行政执法案件8起。

【预案管理】重新修订汉寿县应对突发事件总体预案1个，安全生产、自然灾害、地质灾害、社会公共安全类23个县直单位共43个专题预案；22个乡镇（街道、区）突发事件总体应急预案全部重新修订并建立各自的应急建设体系；全县危化企业备案的安全生产应急专项预案达80个。

5月8日，县应急办制订应急演练计划表，年内，全县按计划开展应急演练共55次。其中，专项预案演练5次，部门预案演练10次，乡镇政府综合预案、企业预案演练40余次。

【应急值守】 7月1日，县应急局正式开通24小时应急值班专线电话：0736—2888119，并及时上报县、市、省相关单位备案。

【应急救援】县应急局及时协调消防、公安、蓝天救援队开展应急救援6次，参与县委、县政府组织的大型活动安保执勤3次，完成了各项应急、安保工作任务。

【安全宣教】 疫情过后，县应急局组织乡镇（街道、区）及县直部门单位，先后开展“5·12”防灾减灾和“六月安全生产月”宣教活动，安全生产、应急普法进学校、进机关、进企业、进社区、进农村等“五进”活动，实现县、乡、村全覆盖。累计组织各类安全生产、普法宣传活动和避灾自救知识讲座65场次，印发宣传资料10万余份，培训生产经营单位安全管理员1000多人次，切实提升全社会突发事件应对处置的法律意识和自救能力。8月开展的第二届全国应急管理普法知识竞赛活动，全县应急系统积极主动作为、广泛宣传，短短一个月内吸引7万多名群众参与，取得常德市第1名的成绩，被市应急局授予组织奖。

（罗　敏）

消防救援

【概况】 汉寿县消防救援大队位于汉寿县辰阳街道芙蓉西路123号，现营院于2009年年底建成投入使用。2018年10月集体转制为国家综合性消防救援队伍，实行以市消防救援支队为主，县委、县政府双重领导体制。

【党组织建设】 严格执行加强党的政治建设的意见，健全党委中心组学习资料、学习考勤、学习交流、学习纪要等制度，分别制订集体和个人学习计划，坚持创新理论及时学、重要文件原文学、重大主题研讨学，共开展党委中心组学习14次，持续用党的科学理论武装头脑，切实增强“四个意识”、坚定“四个自信”、坚决做到“两个维护”。贯彻落实民主集中制，严格执行党委统一的集体领导下的首长分工负责制，严格执行党委议教、议管、议训、议防等“八议”制度，“三重一大”问题一律集体研究、集体讨论、集体决策，全年共召开党委会27次，研究重大议题121个，班子抓大事、谋大事、议大事的能力有效提升；严格执行“三不一末”制度，充分尊重班子成员意见建议，着力汇聚集体智慧，实现科学决策、民主决策、依法决策，党委班子把关定向、总揽全局作用发挥明显。

【消防安全治理】 紧扣消防工作责任链条，健全完善“党政同责、部门负责、单位主责、社会协同”工作新格局。以“消防安全专项整治三年行动”为契机，开展打通消防“生命通道”专项整治、两会安保、高层商业综合体、化危企业综合治理等专项工作，强化部门联动机制，向政府提交《关于小区物业标准化管理的建议》，争取政府支持，将“打通生命通道”纳入《县城区综合秩序整治》专项治理，率先完成全县44个小区“生命通道”标线设置。2020年，大队共检查单位401家，发现火灾隐患或违法行为279处，督促整改火灾隐患或违法行为272处，下发责令改正通知书239份，下发行政处罚决定书42份，下发临时查封决定书8份，责令“三停”单位6家，重大火灾立案14起。

【救援能力建设】 面对“全灾种、大应急”的职能任务拓展，牢固树立“战斗力”标准，推动各项工作向战斗力聚焦。坚持向专业化救援队伍要战斗力，按照建强国家队、做精专业队、壮大专职队、规范志愿队思路，着力构建“一专多能、专常兼备，辐射区域、形成网络”的应急救援力量实战体系，锻造应急救援的尖兵劲旅。坚持向全员化岗位练兵要战斗力，扎实开展冬夏两训，落实“真、难、严、实”要求，强化全员化、实战化、专业化训练，组织开展全员岗位大练兵活动，大队全体指战员实现体能、技能人人过关，全方位提高整体战斗力水平，在全市消防救援队伍夏训比武对抗赛中积分第一，三季度支队指挥调度岗位考试第二。2020 年，全县消防救援队伍共接警出动 213 起，出动车辆 310 车次，出动警力 1966 人次，抢救被困人员 36 人，疏散被困人员 123 人。全县共发生各类火灾起数 108 起，与上年相比，火灾起数（92 起）上升了 17.39%，未发生亡人火灾和较大以上火灾事故，出色地完成了汉寿“12·27”毛家滩飞友、御宴酒店家具厂火灾扑救等急难险重任务。

【基层基础建设】 在受疫情影响、地方经济下行、脱贫攻坚任务艰巨的情况下，争取地方消防经费预算总量连续 2 年实现增长。投入 258 万元采购配备消防车 1 辆。抢抓城市发展和乡村振兴发展机遇，推动高新区消防二站建设工作，完成消防执勤点选址、装修图纸设计工作。大队多次向县委、县政府进行专题汇报，经政府常务会议研究解决 5 个专职队消防车辆购置。积极协调 9 个乡镇投入经费 45 万元，完成 72 个村级志愿消防站建设工作。截至 2020 年，全县共建成 203 个村级志愿消防站，确保全县村级志愿消防站覆盖率达到 100% 以上；投入 16.5 万元解决 33 个社区微型消防站建设任务，协调市交警支队、县车管所完成 1 台专职队消防车上牌工作。

（李一炜）

减震救灾

【概况】 5 月 8 日、9 日，联合县教育局组织三所防震减灾科普示范学校（汉寿县株木山中学、生源实验学校、龙池实验中学）进行防震减灾知识竞赛。该次竞赛人数达 2000 人，以地震基础知识、地震应急避险技能、震后自救互救等知识为主要内容，增强了中小学生防震减灾意识，提高自救互救能力，并对竞赛中优秀组织者、成绩优异者颁发的荣誉证书与奖品。

5 月 12 日，全国防灾减灾日当天，在城区开展“提升基层应急能力筑牢防灾减灾的人民防线”为主题的防震减灾宣传，发放宣传资料 1000 余份，解答群众疑问 300 多次。通过宣传提升人民群众防震减灾意识。

6 月 16 日，参加县安委办组织的“汉寿县 2020 年安全生产宣传咨询日活动”，以增强群众防震减灾意识，提高防灾减灾救灾能力为目标，通过设置咨询台、发放宣传资料、展出宣传展板等形式进行宣传，现场发放宣传资料 500 多份，展出宣传板 5 块，现场解答咨询 100 余人次。

7 月 28 日上午，到杨旗嘴社区进行防震减灾知识宣传，在社区悬挂横幅设立咨询台，向居民发放宣传手册，解答居民疑惑。

10 月 13 日是第 31 个国际减灾日，在市民广场开展“加强应急能力建设，提高灾害风险治理能力”为主题的宣传活动。现场通过发放宣传手册、悬挂宣传横幅、树立宣传展板等方式，为群众讲解防震减灾知识。

（刘 琼）

烟草专卖

【概况】 汉寿县烟草专卖局设办公室、综合室、纪检监察室、财务室、客户服务分部、专卖监督管理股 6 个部门，罐头嘴烟草工作站所。在册员工 51 人。

【管党治党】 一是长抓理论学习。认真组织学习《习近平谈治国理政》第三卷、《中国共产党的九十年》等内容，借助党组理论中心组学习、主题党日活动、支部“三会一课”等形式载体，定期开展学习讨论，引导党员在学懂弄通做实上下功夫；坚持常态化学习制度，通过“学习强国”、网络学院、专题讲座、宣传专栏等方式开展党建知识学习交流，定期对党员自学笔记、心得体会记录进行检查，将党建工作融入日常、抓在经常。二是紧抓党员带动。创新应用“党建＋”思路模式，以“党建＋服务”“党建＋监管”“党建＋示范”开展系列为民助民活动，先后开展了“抗击疫情党员先行”“爱心捐款在行动，众志成城渡难关”“疫情防控不放松，复工复产正当时”等 12 次主题党日活动，切实增强了组织生活活力。三是严抓标准化建设。贯彻落实相关工作条例要求，按照支部“五化”标准要求来推进支部建设，提升党组织创造力、凝聚力和战斗力。全年共组织 8 名党务工作者参加市局集中轮训，吸纳 1 名较为优秀的青年员工为中共党员。四是狠抓工作作风。定期开展廉政警示教育，通过领导干部讲授廉政党课、集中学习党纪法规、观看警示教育片等形式，警示党员干部以案为鉴、洁身自好、严格自律。实践运用“四种形态”，坚持挺纪在前、抓早抓小，常拉袖子常提醒，警示党员干部时刻绷紧纪律弦，切实将作风建设抓常抓细抓实。开展各个层级人员、各种形式的谈心谈话 50 多人次，批评教育 2 人次。

【卷烟销售】 零售户诚信互助小组建设：共建设诚信互助小组 197 个，其中城区 39 个，乡镇 158 个；小组成员覆盖率 97.45%，其中城区覆盖率 100%，乡镇覆盖率 96.79%。2020 年，在持续开展小组“1236”工作的同时，还组织诚信互助小组开展 6 场次环保宣传以及龙潭桥爱心扶贫助学公益活动，有效激发小组成员信息互通、活动联动功能。零售户盈利水平及获得感：充分发挥小组自我约束、相互监督，维护卷烟经营秩序，稳定市场价格作用。卷烟市场整体行情明显趋好，零售户综合毛利率稳步提升，满意度与订货积极性均有大幅度提高。截至12月31日，共完成卷烟销量30050箱，同比上年增幅4.46%，其中省外烟销量8675箱，占比28.87%；实现卷烟销售收入89842.59（不含税）万元，增幅12.29%；单箱均价2.99万元/箱，增幅7.49%；实现毛利（不含税）27238.94万元，增幅12.37%。

【市场监管】 大户治理长抓不懈。一是建立重点监控违规大户档案，及时将辖区内违法违规大户纳入“黑名单”，实现每月动态更新。二是对重点监管对象实行“一对一”紧盯，摸清其活动区域、运输工具、囤烟仓库、涉烟违法网络等情况，及时对其进行精准打击，市管员对重点监控违规大户监管频率每月不少于2次。截至12月31日，在网运行客户数已达3257户，全年共新办382户，延续151户，对351户零售户做暂停供货；取缔违法违规大户17户，其中劝退歇业6户、取消经营资格11户，超年度任务（13户）30.77%。真烟异流治理持续向好。始终围绕“真烟异流要退位”总目标，坚持以问题为导向，扎实开展好真烟异常流动专项治理行动。截至12月31日，共查处各类违法案件196起，其中5万元以上大要案件16起；查获真品卷烟438.403万支，真烟异常流动被省外单位查获397条，未超市局控制线；查获假私卷烟58.8万支，烟丝17吨。

（熊文晴）

商业贸易·招商促进

商业贸易

【概况】 汉寿县商务局主要负责全县商贸流通、对外贸易、市场建设、电子商务、商务执法等。直属事业单位：有汉寿县商务综合行政执法大队（副科级）、汉寿县中小商贸流通企业服务中心（正股级）；归口管理：汉寿县市场服务中心、汉寿县南荻科学研究所；下设8个内设机构，即：办公室、政工股（行政许可办公室）、财务股、市场秩序建设和流通管理股、外资外贸外经股、电子商务股、老干部管理办公室、信访稳定安全生产办公室。

2020年，汉寿县为全国电子商务进农村示范项目终期验收优秀县，电商扶贫专项行动被省商务厅考核为二类优秀县；2020年被商务厅评为全省商务工作先进单位；汉寿县商务和开放型经济指标在全市综合排名第一，被常德市政府评为真抓实干表扬激励先进县。农村电商物流体系建设经验被2021年全省商务工作会议推介。

【国内贸易】 自2016年5月获批全国电子商务进农村综合示范县以来，在县委、县政府的高度重视下，坚持政府推动、企业主体、市场运作的原则，大力推进电子商务发展，电子商务已成为全县助推经济转型、促进农村快速发展的重要抓手。全年目标任务：新注册电商企业20家，交易额达16亿元。全年新增注册电商企业21家，电商交易额达16.5亿元，占103.13%。

【电子商务】 2020年，按照“县有中心村有站”“一乡一示范”“一村一站”要求，全县建设完成乡镇级电商公共服务中心18个，村级电商服务站256个，开展常规电商创业培训8期，培训3427人次。新增注册电商企业21家，完成274个乡村服务站建设，覆盖率达98.5%，基本实现全县农村电商公共服务平台行政村全覆盖。一是持续推动溯源体系建设。继续加强汉寿县农产品溯源综合管理服务平台管理，新引进专业溯源机构，扩大

县委常委、县委统战部部长李裕军（左四），县人大常委会副主任陈彦（右三），副县长杨戊（左三），政协副主席刘启明（右二）出席2020汉寿县消费节系列活动启动仪式

农产品溯源矩阵，全年新增21家农产品溯源企业。二是打造本地农产品区域品牌。邀请湖南卫视团队制作汉寿产品宣传片，向全世界消费者重点推介“汉寿甲鱼”“汉寿蔬菜”，宣传片通过外国人的视角，生动地向广大消费者展现本地产品的特色。6月，组织10多家企业到义乌参加中国国际电子商务博览会，参展现场销售5000多元，并与11家公司达成合作意向，提升汉寿品牌知名度。三是促进农产品网销。继续深化与电商大平台合作，鼓励本地企业在淘宝、京东、拼多多、邮乐网等大平台开设网店，篮香蔬菜合作社、华诚蔬菜合作社等企业新增开设网店25个，进一步拓宽本地农产品销售渠道。7月，举办电商直播分享会，特邀专业直播导师，网红主播进行农产品直播推荐经验分享会，通过相关主播分享直播、短视频等形式的农产品销售“带货”技巧培训，近百名电商企业代表、创业者、电商服务站负责人参加。举办“常德汉寿直播专场”活动，县商务局党组书记、局长熊宗毅在直播间为家乡特色产品代言，在县商务局的号召下湖南广电芒果扶贫云超市、明星歌手吉杰、抖音达人黄掌勺、当地主播白菜哥全国各地10多位网络红人纷纷加入汉寿特产直播带货的队伍，短短几个小时销售破10000单，曝光量过百万人次。四是举办展会、展销活动，助力消费扶贫。11月11日，负责第五届蔬菜节电商馆展区，展销千弘、篮香企业产品30多款。另外组织电商、农特产品生产或销售等8家企业，参加汉寿县旅游消费周活动，开展多种优惠活动，销售本地特色产品包括本地贫困地区的农产品。

2020年9月24日，县商务局组织商贸、外贸企业开展交流座谈活动

【商贸流通】 社会消费品零售统计。深入企业开展业务指导，加强与信息员的联络，督促信息员及时、准确报送数据，扎实推进限上商贸流通企业零售消费统计工作。全年社会消费品零售总额119.28亿元，增速-1.7%，全市排名第二。完成湖南欣远户外用品有限公司、汉寿县楠楠餐饮服务公司、汉寿县昌隆农机有限公司、汉寿县蜗居装饰工程有限公司、汉寿县宜春商贸有限公司等9家新增商贸企业入限，占年任务100%。规范市场建设管理。实施农贸市场建设“三年行动”计划，出台《汉寿县城乡农贸市场建设与管理办法》《汉寿县乡镇（街道）农贸市场建设及奖补办法》等文件，新建洋淘湖、丰家铺，改建花木兰、毛家滩、龙潭桥等5个农贸市场，规范农贸市场建设与管理，消除马路市场安全隐患。促进消费升级。一是引凤筑巢促升级。2020年，世界500强大型商贸综合体，万达广场项目落户汉寿县城中央，总投资15亿元，12月完成主体工程封顶。二是培育热点促消费。全县以重大节庆活动为契机，举办“5·19”汉寿旅游消费周、“激情盛夏夜、美食嘉年华”、11月11日中国·汉寿第五届蔬菜节等主题促销活动，推出美食、家电、粮油、农特产品、汽车、地产等系列大型让利促销活动8次。活动涉及酒店、餐饮、房企、车行、银行、农特产品加工等商户2万余家，让利酬宾5000万元，拉动消费10亿元。三是争取政策促复苏。2020年，为泽丰农业、华溢电商、弘杰电商等企业，争取流通产业电商项目扶持资金46万元；为38家住宿餐饮企业争取纾困资金70多万元；为金穗米业争取农商互联项目资金110万元；为商贸企业从业人员争取租房补贴20多万元；减免城区农贸市场门面（摊位）租金200多万元；争取省级农贸市场建设补贴资金34万元，兑现县级农贸市场建设奖补资金200万元；共计争取上级投资1100多万元。

【成品油】 落实安全责任。与辖区内67个加油站签订安全生产责任状，对各加油站的安全生产、消防设施设备、进（购）销台账等进行专项检查，出动执法检查人员96人次，对在检查中发现的问题立即下达限期整改通知书。严把质证年审。成品油零售经营证年审关，对存在消防安全隐患、经营油品不达标、未签订成品油供油协议、年审资料不全的不予年审，并责令限期整改和整顿，进一步规范了成品油流通秩序。推进诚信建设。12月，对辖区内加油站开展“诚信经营、优质服务”示范单位、满意单位、优秀站长的评选活动，评选出军蒋加油站等5家示范单位、湘北通程陈家塔加油站等10家满意单位和廖亚明等10位优秀加油站站长，促进全县加油站全面提质达标，更加规范成品油流通市场的经营行为。

【商务执法】 强化拓展市场监管领域，商务执法成效显著。商务执法大队拓展执法领域，重点加强步步高超市、金湾超市等商务网点使用单用途商业预付卡的督导检查，发现问题责令及时整改，使台账登记制、购物卡实名制、非现金购买制和限额发行制得到落实。按照县政府的有关要求，由商务局牵头对县城区的再生资源回收企业经营场地进行整治规范。商务执法大队对城区内再生资源回收企业进行排查，5月18日对经营场地不符合规范的再生资源回收企业，下达限期整改通知书。6月4日由商务局牵头，会同公安局、市场监督管理局、城管局及街道等部门，对整改不到位的再生资源回收企业进行撤除，为加强商务监管执法打下了基础。

【对外经济贸易】 2020年，全县具有自营进出口权的外资（外贸）企业累计57家，实现外贸进出口总额2.38亿美元；利用外资完成1.13亿美元，其中直接外资到位400万美元；完成对外承包工程和劳务合作3367万美元。主要出口的产品有冻（烤）乳猪、分割肉及火腿肠系列、甜酸藠头系列、棉麻布（纱）、洞庭湖大闸蟹、蔬菜鲜果、电线管配件、汽车配件、口罩等，形成以食品加工、机械制造、棉麻纺织、医药化工、五金机电、特种水产、汉寿蔬果等产业为主的七大支柱产业；产品主要销往新加坡、韩国、非洲、美国、日本、泰国、越南、柬埔寨、迪拜等国家和中国香港、中国台湾地区。

【外贸进出口】 2020年，全县实现外贸进出口总额2.38亿美元，同比增长20.8%。57家具有自营进出口权的企业中，有16家实现了外贸业绩，分别为：华乐食品、岩下荣祺、广源麻业、和利兴农产品、奇彩科技、英仕达机械、三建水产、康怡医疗器械、徕木电子、康利来医疗器械、荣祺食品罐头、汉星机械、旭顺贸易、如通贸易、明浩荣贸易、春睿贸易。16家有外贸进出口业绩的企业中，有7家外贸企业（康怡医疗器械、徕木电子、康利来医疗器械、旭顺、如通、明浩荣、春睿贸易公司）实现外贸业绩“破零”。荣祺食品罐头（汉寿）有限公司完成出口2万美元（2019年完成1万美元）、湖南汉星机械制造有限公司完成出口4万美元（2019年完成0.1万美元），实现外贸业绩“倍增”。

【利用外资】 全年利用外资完成1.13亿美元，占年目标任务的100.7%，比上年同期增长10.8%；其中，直接利用外资完成400万美元，其中岩下荣祺食品（湖南）有限公司到资100万美元、湖南梅百华食品科技有限公司到资300万美元，占年目标任务的133.33%。

【开拓国际市场】 全年完成对外承包工程和劳务合作3367万美元，同比增长20.5%。

（陈智勇）

招商促进

【概况】 汉寿县招商促进事务中心内设综合部、招商服务部、投资促进，负责招商引资、投资促进等公益服务职责。

2020年，聚焦大项目、好项目，全年引进千万元以上项目41个，合同资金达122.4亿元，比上年增长18.95%。其中，500强项目3个，5亿元以上项目6个，亿元以上工业项目33个。被常德市商务局评为全市商务系统真抓实干县。

【网络招商】 制作2020年汉寿县招商引资宣传片——《汉寿时间》和H5招商引资微信宣传片。通过手机、微博、微信、QQ等形式发布招商信息、洽谈对接项目，借助汉寿融媒、工作简报等媒介资源，宣传招商动态、项目信息。积极与客商网上衔接，采取同步在线、视频互动交流方式，收集整理招商项目信息100多条。中国台湾荣祺食品等5个项目参加“湖南—长三角经贸合作洽谈周”线上签约成功。

【产业招商】 突出招大引强，促进产业链招商。打造汉寿中联智能装备配套产业园项目，紧紧围绕装备制造强链、延链、补链招商，将收集到的157家中联配套企业信息分配至19个招商小组，实时主动出击，县主要领导多次带队到广东、江苏、安徽、长沙等地主动对接重点项目，邀请客商前来考察，共接待到汉寿考察洽谈客商800多人次。促进庆芳精密、世泽车业等10个项目入驻汉寿中联智能装备配套产业园。

【驻点招商】 汉寿县紧密联系北京、上海、深圳、广州、厦门等异地商会及产业协会，紧盯“两主两辅”，即装备制造、医药化工两大主导产业和食品及水产品精深加工、电子信息及新材料新能源两大特色产业，鼓励骨干企业做大做强，进一步实现强链、延链、补链。成功引进江苏世泽车业、庆芳精密机械、中天意成机械、蓝鹰实业等10家配套企业落户，康普水针车间、康怡医疗器械产业园等生物医药产业项目，荣祺食品、鸭了么等食品加工项目。

2020 年 6 月 30 日，县政府举办“携手中联 共谋发展 提升汉寿装备制造产业”座谈会

【联动招商】 印发《2020 年招商引资工作实施方案》和《汉寿县 2020 年招商引资工作考核评分细则》压实责任、细化指标、以考促工，督促各乡镇（街道）、部门加强招商引资工作组织领导。完善招商引资优惠政策，为引进重大产业项目提供政策保障；当好“店小二”，让企业“只跑一次”，营造一流的营商环境，树立良好的“汉寿口碑”。对即将建成的、即将投产的项目，帮助企业打通“最后一公里”；对因无力履约等原因停滞的项目，及时调整或解除合同。

【服务招商】 为加快项目落地开工投产速度，一方面，每个项目签约后成立由县级领导牵头，相关职能部门为成员单位的项目落地推进领导小组，贴近服务，扎实推进项目落地。另一方面，对接职能部门，常驻高新区靠前服务，为企业提供财政税收、用地、服务保障等方面的支持，切实解决项目开工和建设中遇到的实际困难，确保重点项目按期开工和投产。截至 2020 年年底，引进的项目中 26 个正在建设，16 个实现当年签约、当年投产并产生税收，项目落地速度快、质量好。引进的江苏世泽车业、湖南庆芳精密机械、湖南正一物流等生产项目，从项目洽谈、签约到开工建设仅用时两个月时间，成功展示“汉寿速度”。

【汉寿县举办“迎老乡回故乡建家乡”招商引资推介会】 2020 年 1 月 22 日，汉寿县举办 2020 年“迎老乡回故乡建家乡”招商引资推介会，邀请在外汉寿籍客商 220 多人参加，现场签约项目 10 个，投资总额近 10 亿元。

【携手中联共谋发展，提升汉寿装备制造产业】 2020 年 6 月 30 日，汉寿县举办“携手中联共谋发展，提升汉寿装备制造产业”座谈会，邀请常德境内中联各分公司到汉寿考察并参加洽谈会，为汉寿装备制造产业发展出谋划策。启动建设中联智能装备配套产业园项目，签约配套企业 10 家，其中有 4 家已开工建设。

【汉寿县福建商企联合会在厦门市召开成立大会】 2020 年 9 月 12 日下午，汉寿县福建商企联合会在厦门市召开成立大会。县人大常委会主任袁佑清，县委常委、县委统战部部长何斌，副县长吴金，县政协副主席、县工商联主席余淑娴参加。

【汉寿县举行新型工业化产业示范基地项目签约仪式】 2020 年 9 月 29 日上午，汉寿县举行新型工业化产业示范基地项目签约仪式。县委书记车世忠出席仪式并讲话，县委副书记、县长周功表主持仪式。该次签约项目共 7 个，总投资约 10 亿元，分别是江苏世泽车业科技有限公司投资建设中联工程机械储罐生产项目、湖南庆芳精密机械有限公司投资建设中联起重机部件生产项目、长沙市正一物流有限责任公司投资建设中联机械制造生产及物流配送服务项目、汉寿华可食品有限公司建设口味王食品加工项目、中油路之星新材料有限公司、USP 道路环保材料生产基地项目、深圳市协和诚电子有限公司建设电子产品生产基地项目等项目。

【“湘遇汉寿品牌汉蔬”，汉寿县在中国·汉寿第五届蔬菜节上举行项目签约仪式】 2020 年 11 月 11 日晚，由湖南省蔬菜协会、中共汉寿县委员会、汉寿县人民政府共同主办的“湘遇汉寿品牌汉蔬”——中国·汉寿第五届蔬菜节在汉寿野生动物世界盛大开幕。开幕式现场签约了湖南梅百华休闲食品种植基地项目、湖南康尔佳千弘中药材种植基地项目、湖南鸭了么集团休闲食品种植基地项目、深圳市德保集团蔬菜购销协议、湖南乐享餐饮甲鱼购销协议等 11 个项目，签约项目总投资 13.3 亿元。

（张景瑀）

市场服务

【概况】 汉寿县市场服务中心下设办公室、政工股、市场管理股、财务股、综治法规股和西套市场管理所、城东市场管理所、蒋家嘴市场管理所、银鑫市场管理所等二层管理机构，归口管理全县城乡市场。其中，自有市场6个：西套农贸批发大市场、城东农贸市场、蒋家嘴大市场、军山铺市场、沧港市场、银鑫市场。

2020年，中心实现收入905万元。实际支出1830万元。

【稳定工作队伍】 开展交心谈心工作，和全体干部职工说清道明当前单位工作整体情况，理清和沟通中心整体工作思路，用保障工作结局、基本待遇和争取发展前景为突破口，稳定人心。制定制度，明岗定责，严格执行。以履行中心机关、股室、市管所、市场的工作职能，保障市场服务功能和经营秩序，完成经济指标，为基本工作基本点，完善岗位责任制，明奖严罚，保障正常工作秩序。

【稳定经营形势】 所属4个综合市场经营状况，均存在不同程度的下滑趋势。一是"哪里跌倒哪里爬"，把电子商务系统合理镶嵌进传统商贸，拓展市场销售渠道，增加交易额度，稳定经营形势。二是引入通信、电器、服务业等人气行业，带动人流和销售氛围。三是盘活现有资源，用新兴服务行业带活经营状态。四是解决经营户存在的现实困难，保障经营环境。

【稳定农贸】 为增强市场内正式租用摊点、门店的经营户竞争力，邀请美团，在市场选定商户，在县城范围内，先期推广蔬菜、水果、肉食点单配送业务，纵深拓展，囊括水产、调料、日用百货，增加3个城区市场农贸区交易量；尽力解决市场农贸区经营户因棚改拆仓造成的仓库不足问题，尽量满足"一户一仓"需求；后续推进，引导南杂、生鲜水产、蔬果行联营，成立配送队伍，面向乡镇，改原有"一站式采购"为"一站式配送"。

【稳定工贸】 建市场服务中心营销办，在现有干部职工中选择合适人员，参加"电商孵化器"机构组织的专业培训，引导工贸区经营户共同参与，利用淘宝、天猫等现有网络平台，投入少量人力物力，由中心实验性开设和引导经营户开设网店，用"网店+实体"经营模式稳定工贸区经营户；在西套市场二楼工贸区，整理和集中现有空置门店，在与现有经营户经营业务不冲突的情况下，引入人流量较大、人流群体契合市场的几个商业行当，采用开店送优惠经营期或者完全免费经营的优惠条件，引进电子产品、美容美甲、保健品营销等几个商户入驻，带动工贸区销售氛围。

【盘活资源】 合理使用地下停车场，增加经营收益；扩大招商距离，吸引大型生活超市考察西套主楼三楼空置场地，确定落户意图后，制定招商方案，向主管县长汇报，经县长办公会批准后，合理开发，增加西套市场经营总额，改变经营形势。

县委书记车世忠（中）到县市场服务中心调研

【安全生产】 为创建平安和谐市场，落实各项安全管理规定，进一步提高人民群众的安全感和满意度，市场服务中心加强市场安全生产领导小组的力量，落实好工作责任。与各所签订安全生产工作责任状，组织开展安全生产隐患的排查、整改。采取中心主任一季度一次检查，中心分管副主任一月一次检查，各所负责人坚持每天巡查的方式。发现隐患，立即整改。做到事前有部署，事中有监督，事后有结果。完善安全生产基础设施，加强市场电梯及消防器械规范化管理，添置配齐消防器材，更换过期灭火设备，添置消防水带，与专业消防器械维护公司、电梯保养及维护公司签订协议，制定完善安全应急预案，建立完整的安全管理台账。各大市场实行24小时值班，严格落实值班纪律，及时应对各类突发事件。

【文明创建】 在省级文明县城创建活动中，班子成员下到联点市管所督导工作开展，成立党员先锋队，发动党员积极当好志愿者，做好冲洗市场、责任路段执勤、文明交通劝导等工作。印发1200余份宣传单，上门到户宣传创文相关知识，在市场内制作10块宣传栏，城区市场电子显示屏滚动播出宣传标语；开展市容市貌整治，严格落实市场日常的巡查管理职责，狠抓场内商品超红线经营和场内车辆乱停乱靠现象，在关键区域指派专人负责，制定卫生保洁制度，聘请专业保洁人员全天候清扫，确保争创"六好市场"，即环境卫生好、市场秩序好、证照齐备好、诚信经营好、设备设施好、食品安全好。

【综治民调】 积极开展“众创平安”志愿者服务活动。根据市、县综治委《关于开展众创平安志愿日的通知》要求，汉寿县市场服务中心组织众创平安志愿者队伍，全年累计下乡开展志愿者活动90余人次，印发宣传单，在联点村百禄桥镇梧桐村开展众创平安活动，进村入户进行综治民调、打黑除恶专项斗争等宣传活动。

（李正华）

供销合作

【概况】 汉寿县供销合作联社是县人民政府的经济工作部门，为县委、县政府直属正科级参照公务员管理的事业单位，县社机构内设办公室、经贸发展股、合作指导股、政工人事股、财务审计股、社会管理综合治理办公室6个股室。

【供销改革】 一是县、乡、村三级基层供销社组织体系建设已全面完成。县社在2019年乡镇惠农中心社、农村合作经济组织联合会建设全覆盖，村级服务社达到70%的基础上，按照2020年工作目标任务，5月，派出考察小组与乡镇社负责人对接，考察筛选村级示范社合作伙伴，对确立的标杆社、薄弱社进行全面工作部署。11月，市供改办对薄弱社升级改造进行现场验收，对汉寿作出肯定评价。截至12月，村级示范社已全部登记注册，按照上级目标任务完成了80%，村级服务网点实现全覆盖。二是农业社会化经营服务体系逐步完善。县社成立“汉寿县社有资产管理公司”和县级惠农综合服务平台“汉寿供销商贸有限公司”。“汉寿供销商贸”已成为全县供销社惠农服务的综合平台。同时，在有关乡镇组建现代农民培训中心、土地托管服务中心、稻虾稻鳖混养科技服务中心等平台。通过供销e家新网工程项目支持，壮大“淘满龙阳”电商运营中心，农村电商经营服务网点达到43个。通过涉农项目整合，在农机服务、特种水产养殖、粮油基地、中药材基地和优质茶园建设等五个方面积极支持供销合作企业拓展业务，健康发展。三是“农村合作经济组织联合会”体系建设覆盖到村。2018年11月，成立县农合会组织，吸纳涉农企业和新型农业经营主体抱团互助互惠，会员已达78个。2020年，在县社牵头，乡镇社和村级社的带动下，普遍建立了基层“农合会”体系。县农合会班子积极开展产业联合和交流学习活动，蔬菜、粮食、水产等领域相继注册成立专业合作社联合社。全县“农合会”组织已成为助推乡村振兴事业的主力军。

2020年9月10日，县供销社召开加快供销社综合改革暨业务培训会

【综治维稳】 2020年，社综治办对上访团体及个人反复出具信访回复、情况结果报告及信访教育疏导方案。县供销社的信访回复都已顺利交结，完成率100%。

【基层党建】 2020年，县供销社党组以党的政治建设为统领，以落实全面从严治党主体责任为主线，以规范党内政治生活为重点，以提高党员干部素质为根本，以党支部标准化规范化建设为抓手，全面推动党建带队建、党建促业务、党建助发展：一是狠抓政治学习，筑牢思想根基。2020年，班子成员带头，既以党员干部身份在干部网络学院学习党的十九大精神和习近平新时代中国特色社会主义思想，又以普通党员的身份参加支部学习活动。制订了年度政治学习计划，定期组织集体学习，要求全体干部职工参与“学习强国”平台学习，坚持强化思想理论武装，将上级重要决策部署、文件会议内容作为集体学习的主要内容，提升了班子和干部队伍的理论水平。二是狠抓组织生活，严格落实“三会一课”制度。年初制订年度党建工作计划，每月召开支委会、党小组会，每季度召开一次党员大会，每月组织开展一次主题党日活动，领导干部坚持上党课，每半年举办一次“道德讲堂”，巩固开展“不忘初心、牢记使命”主题教育活动，在坚持党的领导下丰富组织生活。三是狠抓意识形态，树立良好形象。社党组肩负着落实意识形态工作的主体责任，把意识形态工作纳入重要议事日程，不断加强对意识形态工作的组织领导和统筹协调。党组书记作为意识形态工作的第一责任人，大力推进全局意识形态工作层层落实，其他班子成员根据职责分工，具体负责分管股室的意识形态工作，对职责范围内的意识形态工作负具体责任。四是坚持民主集中，贯彻落实“三重一大”决策制度。社党组严格按照“集中领导、民主集中、会议决定”的原则，实行集体议事，对于社内岗位设置、人事调整、班子成员职责分工、评优评先等事宜，能充分听取广大党员干部的意见建议，坚持集体研究决定，并鼓励党员干部积极为单位重大决策建言献策，使决策民主化、规范化、科学化。

（刘　红）

农业·水利·林业

农业农村

【概况】 汉寿县农业农村局是汉寿县人民政府工作部门，中共汉寿县委农村工作领导小组办公室（以下简称县委农办）作为领导小组的办事机构，设在县农业农村局，为县委工作机关，下设秘书组，牵头承担县委农办的统筹协调、沟通联络、督查落实等职责。内设机构13个，下属法人事业单位11个，其中县农村能源服务中心、县农民教育办公室、县耕地质量管理处为副科级单位。

【农业生产】 2020年，全县粮食播面138.73万亩，总产57.83万吨。蔬菜种植28.43万亩，总产55.97万吨，产值20亿元。2019—2020年度油菜种植面积59.8万亩，较上年增加1.32万亩，总产油菜籽8.08万吨，较上年增加0.39万吨；棉花4.87万亩，籽棉总产0.38万吨，产值0.62亿元。

粮食生产。粮食是汉寿县种植业生产的第一大作物，2020年全县完成粮食生产面积144.11万亩，比市下达的计划任务增加4.01万亩，增长2.9%，比2019年增加16.91万亩，增长13.3%；实现总产59.3万吨，比市下达的计划增加0.9万吨，增长1.5%，比2019年总产增加5.5万吨，增长10.2%。其中，早稻完成面积59.21万亩，比市下达的计划任务增加0.01万亩，增长0.02%，比2019年增加13.11万亩，增长28.4%，总产22.3万吨，比2019年增加4.6万吨，增长26%；中稻完成面积20.1万亩，比2019年减少11.4万亩，增长-36.2%，总产10.6万吨，比2019年增长4.5万吨，增长-29.8%；晚稻完成面积62.1万亩，比2019年增加14.4万亩，增长30.2%，总产25.12万吨，比2019年增加5.02万吨，增长25%；杂粮完成面积2.7万亩，比2019年增加0.8万亩，增长42.1%，总产1.28万吨，比2019年增加0.38万吨，增长42.2%。2020年，在中晚稻生产中发展优质稻面积78.5万亩，占全年中晚稻面积的95%。其中，高档优质稻标准化生产47.7万亩，较上年增加4.58，增幅10.6%，高档优质稻占全年中晚稻面积的58%。

保持现有耕地面积稳中有升、土壤质量不下降。加强对基本农田的监管责任，实施功能区用途管制，防止“非粮化”。对辖区内发现有连片2亩以上的耕地抛荒的单位，农业农村工作一票否决。全年未发现一处耕地抛荒情况。耕地质量保护与提升技术推广面积比上年增加。及早制定防灾抗灾应急预案，加强绿色综合防控，将损失降到最低程度。在丘岗区坚决推进水稻“单改双”，有条件种植双季稻的一季稻区，改种双季稻或一季稻+油菜（绿肥或蔬菜）。针对病虫害发生特点，广泛宣传发动，取得明显效果，单改双面积逐步扩大。按照《湖南省2020年双季稻轮作暨粮油绿色高质高效行动实施方案》和常德市做强“常德香米”品牌战略要求，开展“双季稻+”（早专晚优）模式绿色高质高效创建，因地制宜推广专用型早稻和高档优质晚稻品种，把高档优质稻开发与双季稻的发展有机结合，实行化肥农药“零增长行动”，按照“一水两用、一水双得、零污染、零排放”发展思路，突出循环化利用，推广绿色防控技术，培育生态稻米品牌。在全县创建高档优质稻米品种的“双季稻+”标准化生产基地8万亩。全县建立“品质高档化、种植区域化、环境优良化、栽培无害化、产销订单化”

蔬菜基质无土栽培技术推介演示现场会

的优质稻标准化生产基地47.7万亩，比上年增加4.58万亩。推广一批节本降耗绿色高质高效技术，实行化肥农药的“零增长”，推动“常德香米”品牌，公用品牌，绿色、优质、有机产品品牌和企业品牌建设，培育一批种植大户、农民专业合作社、农业企业等新型经营主体，提高农民收入。全县推广种植桃优香占、盛泰优018、湘晚籼13号、兆优5455等湘米工程主推品种稻47.7万亩，比上年增加4.58万亩。采取区域化种植、标准化生产和订单化经营，生产管理上水平，精耕细作上层面，全县高档优质稻生产取得较高的产量。

坚持耕地用养结合，采取以奖代补形式，积极发展油代肥和绿肥生产，全年发展油代肥和绿肥面积30万亩以上。作为全省第一批稻田生态种养绿色高产高效创建县，在保障粮食安全的前提下，充分发挥湖区水源方便的优势，积极引导推广稻田绿色高产高效种养结合的新模式，拓展种粮农民的增收空间。重点推广“高档优质稻+”生态种养模式，发展高品质生态农业，在生产基地创建及多年来的种养效益影响下，带动全县发展“稻虾连作”“稻鱼连作”“稻鸭共生”等生态种养面积28.3万多亩，其中“稻虾连作”模式17万亩，“稻鱼连作”模式3.6万亩，“稻鸭共生”模式6.9万亩，“稻鳖共生”模式0.4万亩，户均增收2800元/亩以上。

蔬菜生产。2020年，为进一步加快全县蔬菜产业发展步伐，推动蔬菜产业转型升级，打造“汉寿蔬菜”品牌，积极推进蔬菜产业健康发展，产业结构不断优化，产业特色不断凸现，蔬菜生产总量不断扩大，全县蔬菜累计种植面积28.45万亩，产量55.97万吨，产值达20亿元。2020年是汉寿县蔬菜特色农业保险和《汉寿县促进蔬菜产业发展扶持办法》实施的第五年，县财政每年投入奖补专项资金500万元，整合部门资金600万元，扶持蔬菜产业发展，主要扶持蔬菜大棚建设、产品认证、农残检测、保鲜库修建及蔬菜深加工等。2020年，新增蔬菜钢架大棚面积2000亩、蔬菜水肥一体化面积3200亩、蔬菜仓储冷链近40000立方米。2020年，露地蔬菜承保面积12万亩，为受灾菜农赔付资金近800万元，为培育、壮大蔬菜新型经营主体提供了保险保障。

以汉寿蔬菜现代产业园为示范基地，推广基质无土栽培、病虫绿色防控、工厂化育苗、智能水肥一体化、大棚“春提早、秋延后”、蔬菜“两减一增”等新技术，展示新品种。

通过示范引领，全县推广大棚“春提早、秋延后”蔬菜面积近6000亩，亩均产值近3万元；蔬菜年工厂化育苗近3亿株，总产值近9000万元；病虫绿色防控面积5000亩；水肥一体化喷滴灌栽培面积4500亩。推广黄瓜—豆角—榨菜（白菜）、茄子（辣椒）—松花菜、密本南瓜—白菜（甘蓝）等高效复种模式40万亩。展示蔬菜新品种700多个，示范推广贵族南瓜、贝贝南瓜、福德辣椒、松花菜及水果黄瓜等新品种近10个。严把蔬菜生产管理源头和农业投入品使用关口，强化基地认证、产品认证、质量监管，确保消费安全。2020年，新增蔬菜绿色基地认证2个，面积3000多亩，绿色产品认证7个；粤港澳大湾区“菜篮子”生产基地认定基地3个。多部门合作加强监管，一是联合农业执法队和农产品质量监管股对基地进行农业投入品检查15次，下发农产品档案资料1000余份，重点对禁用高毒高残留农产品进行摸底排查。二是进一步加大蔬菜农残检测力度，全县有6家蔬菜专业合作社建有检测室，可对自产蔬菜进行检测。县检测站对全县蔬菜进行日常检测与例行监测，截至年底，县检测站共检测蔬菜5291例，检测合格率为100%；配合部、省、市抽样合格率均为100%。

【农技推广】 推行农技服务“零距离”。一是组成农技推广服务小分队，遴选培育150个科技示范主体和59名技术指导员，组织农技人员包村联户，制定详细的示范户和示范主体技术指导方案，开展技术指导和培训工作。每个示范主体均已完成与指导员的对接，且示范户在种好示范田的同时，带动了周围20个以上的农户。二是做好农民田间学校。完善3个田间学校，分别在岩汪湖镇、聂家桥乡、辰阳街道办，组织科技示范主体在每个田间学校参加5期培训进行互教互帮，共举办15期田间学校培训。三是实施绿色病虫防控，及时准确发布病虫情报20期6万份，公告版2期1.5万份，印发病虫防治通告单15期1.5万份，发送手机短信20万条，建立有380多名农药经销商和种植大户参与的病虫情报发布群、有15名专业化防治服务组织负责人参与的专业化防治群。通过拓展病虫情报发布途径，病虫情报进村率100%，入户率达97%以上。

病虫防控。汉寿县植保植检站安排测报工作人员5人，严格按照病虫测报规范，强化病虫基础数据采集，认真搞好农作物病虫预测预报。在龙阳街道办事处、坡头镇、军山铺镇、丰家铺镇、岩汪湖镇设立五个水稻病虫监测点，及时掌握全县病虫发生动态。加强大面积调查，加大调查范围和频率，准确掌握全县病虫发生发展情况，为大面积防控打下坚实的基础。针对2020年二化螟和稻秆潜蝇发生和危害的严峻态势，对两类害虫进行重点监测。

农药使用量逐年减少。2019年使用农药商品量总计621吨、折百量205.52吨，2020年使用农药商品量总计593吨、折百量196.17吨，分别比上年减少4.5%、4.55%。

大面积防治。2020年，汉寿县植保植检站以“预防为主、综合防治”的植保方针和“公共植保、绿色植保、科学植保”理念为指导，以农药减量控害主线，以病虫害预测预报为基础，以专业化统防统治和绿色防控为抓手，有效地预防和控制暴发性、迁飞性、流行性、检疫性重大病虫害的暴发流行，保障了农业生产安全、农产品质量安全和生态环境安全，全县病虫害总损失率控制在5%以下，单个病虫害损失率控制在3%以下，完成减量控害、控害保安的工作目标。投入120万元，依托汉寿县辰阳街道办事处华诚、汉美、诚盟三个蔬菜专业合作社和汉寿县蔬菜特色产业园，创建核心区面积3800亩、辐射面积10万多亩的蔬菜全程绿色防控示范园，示范园内建立病虫监测点，安装性诱自动监测仪等先进测报工具，实行精准测报，集成农业防治、生物防治、灯诱、性诱、色诱、食诱等绿色防控技术，应用先进高效施药器械，提高农药利用率和防治效果，强化种子处理、土壤消毒，使用生物农药和环境友好型农药。清洁田园，建立有利于作物生长和天敌生存、不利于病虫害发生的环境重要条件。确保示范区内主要农作物病虫害危害损失率控制在8%以下，化学农药使用量减少50%以上。

【耕地地力保护与提升】 全县设有1个国家耕地质量监测点、95个省级最新耕地质量监测点。国家级监测点位于沧浪街道夹堤社区，于1986年建立。该点设6个小区，有习惯区、60%有机肥区、化肥区、无肥区、30%有机肥区和无磷区。监测点土种为白散泥，是县域水稻土种代表之一。建点32年来，取得了大量珍贵真实有效的科学数据，对研究土壤供肥机制及作物科学施肥具有不可替代的意义。95个省级大田监测点分布于全县所有乡镇（街道、区），土种涵盖汉寿县主要土种及高、中、低地力水平。每个监测点建立规范的记录台账，详细记载基本情况。

2020年完成2个有机肥料产品登记，配合完成1宗肥料查处案件，肥料抽样检测样本13个，抽样结果全部合格。与县国土资源局执法大队配合，成立由市农业农村局专家任组长，县耕地质量监测保护中心相关人员组成的毁损等级评定专家组，对太子庙镇永兴村耕地质量毁损进行鉴定，鉴定面积10.62亩。

全面参与高标准农田建设项目耕地质量监测评定工作，完成农业农村局2019年高标准粮田建设耕地质量等级评定。项目建设面积6.8万亩，涉及丰家铺、蒋家嘴等16个乡镇40个村，经专家组现场踏勘，走访农户，现场采集土样，根据检测结果及地形地貌等数据测算，高标准粮田建设项目达到预期效果，项目区耕地的灌溉能力和排水能力得到改善，障碍因素得到改良，农机通田能力有较大提升，实施后的耕地质量平均综合指数为0.8510，平均等级为4.16，平均综合指数提升0.0147，耕地质量综合指数提升112公斤/年。

全县计划推广测土配方施肥面积250万亩，实际完成252.5万亩，开展各类培训班3期，发放施肥建议卡2.5万份。建立减肥增效区2个，面积2000亩。推广秸秆还田105.8万亩，还田总量51万吨，还田率87.5%。推广商品有机肥1.12万吨，施用面积7.86万亩。全年绿肥翻压面积30万亩，种植30.43万亩，绿肥种植面积稳步增长。全年化肥施用量较上年减少800吨（纯量），化肥施用零增长行动连续几年效果显著。完成各类田间肥效试验8个，其中水稻4个，油菜1个，蔬菜3个。采集各类土样116个，化验812项次，农户送检土样33个，肥料样1个。

【农产品安全】 农业生产安全。2020年，县农业执法大队出动执法车120多台次，执法人员480多人次对全县农资店巡回检查，严厉查处生产经营假劣种子、套牌侵权、未审先推、无证生产经营、包装标签不规范等违法行为。严厉打击制售假劣农药行为，查处非法生产经营高毒、禁用农药、添加未登记成分、有效成分不足、套用或冒用农药登记证等违法行为。推行限制使用农药定点经营和实名购买制度。推进农药产品电子追溯码标识全面运行。严厉查处登记产品中有效成分不足、一证多用、假冒伪造登记证、肥料产品标称具有农药功能等违法行为。加强配方肥生产企业及其产品的监管。2020年共抽检种子样品52批次，抽检肥料样品21批次，农药样品43个，标签190多张。立案7起，其中肥料2起、农药5起。在全县范围内有计划、有步骤地开展形式多样的法律法规及相关知识宣传活动。发放《致农民朋友的一封信》《农药使用须知》《农药使用明白纸》《禁限用农药名录》等宣传资料4000多份，接待群众咨询300余人次。3月15日，组织农资打假成员单位在县体育广场开展"3·15"宣传活动，向广大农户提供相关农资产品的咨询服务。3月16—17日，执法大队组织开展农资宣传一条街活动，向广大群众展示假冒、伪劣农资样品，提高农民鉴别假劣农资产品能力，种子管理站、植保站、经作站、粮油站、检测站等几个单位也积极参与，向农户提供农业技术咨询服务。对近年来在抽查中暴露问题较多、群众投诉举报较多的部分地区开展集中整治，坚决遏制假劣农资高发多发态势。重点打击农资批发、零售市场和各类展销会虚假宣传，销售假劣农资，乡村门店不规范经营，流动商贩无证无照经营，团伙"忽悠"式经营等违法行为。打击电商平台和电商企业经营高毒、禁限用农药及假劣农资行为，规范互联网领域农资经营活动，对无证经营、虚假宣传等开展专项治理。打击水果、蔬菜、茶叶、中草药常用投入品中含有高毒、禁限用农药以及添加隐性成分等违法行为，从源头上保障农产品质量安全。

保障"舌尖"安全。加强检测，严把质量安全关，对农产品生产基地、县内农贸市场的蔬菜水果采取定点、不定期监测和全程监测相结合的方式，对农贸市场及批发市场农产品质量每日巡查抽检，日常检测与例行监测并举的措施，2020年度共计完成农产品质量安全蔬菜定性检测6103批次，合格率100%。根据"实验室资质认定管理办法"及"检验检测机构资质认定管理办法"相关要求，县农产品质量安全检测中心对检验检测机构资质认定和农产品质量安全检测机构考核（双认证）开展准备工作，于2020年10月通过双认证评审，评审通过农产品51项农残参数项目。

【美丽乡村建设】 确定沧港镇为乡村振兴示范片区，出台《汉寿县2020年乡村振兴示范片建设方案》，围绕"一线三环四节点五产业"，重点建设友谊桥、军刘、凰山、北美村4个村，打造"德汉大道田园风光示范带"，整合资金5280万元。示范片启动公路提质改造、控违拆违、立面改造、生态修复和环境治理等8个类别24个项目，重点进行违章建筑拆除、建设秀美庭院、规整杆线、打造微公园，平均每村落实到位的项目10个以上。

完成51个村的农村人居环境整治示范创建工作。开展村庄清洁行动。全面取缔马路市场，拆除违章建筑6451处，清理农村生活垃圾11.6万吨、河道714千米、沟渠2241千米、出店经营6532处、墙面广告4523平方米、广告牌2683块、牛皮癣2万处，道路除杂1745千米、修补1.42万平方米、绿化213千米。治理农村生活垃圾。全县农村生活垃圾总量同比已控制在负增长状态（-0.9%），建有沤肥处理池6800余座，各乡镇（街道、区）在上年试点的基础上，又确定85%的垃圾分类推广村，垃圾分类在全县全面推开。治理农村生活污水。全县2020年年底前共完成乡镇污水处理厂建设任务17座，新增污水处理规模1.92万吨，新增污水管网约120千米，累计完成投资近4亿元。推进农村厕所革命，全面完成2020年16543户改厕任务。

开展美丽乡村省、市、县三级联创，创建县级示范村12个、市级示范村2个（十甲山社区、水果山村）、省级示范村创建村1个（军刘村），聂家桥乡创建省级全域美丽乡村示范乡。

【能源建设】 沼气安全检查。按照"全覆盖、零容忍、严执法、重实效"的总要求，每年3月、6月、9月、12月进行沼气安全生产隐患排查。

【秸秆禁烧】 在乡镇人口居住集中地及村重要路段，悬挂张贴宣传横幅标语，发放宣传资料5万份。利用"村村响"广播、电子显示屏、手机短信及微信群完善宣传渠道，通过全方位、多角度、不间断地深入持久宣传，真正使秸秆禁烧观念家喻户晓，深入人心。在农作物收割高峰期间，每天出动巡查车4台次，参与巡查人员16人次，进行全天候巡查，各乡镇（街道、区）每天都有2—3人巡查在田边地头，在全天巡查的同时加强对重点时段、重点区域的巡查频次，及时发现并制止焚烧秸秆行为。对发现的火点黑斑，严格按照《汉寿县人民政府办公室关于加快推进秸秆禁烧和综合利用的通知》进行处罚。印制《秸秆焚烧承诺书》，由乡镇（街道、区）督促村组与农户签字。2020年，共处罚露天焚烧秸秆行为147起，其中省卫星遥感监测发现6起、市督查组发现7起、县农业农村局发现31起、县生态环境局发现103起。对当事人进行批评教育140人次、责令公开检讨21人次。

秸秆“五化”利用。2020年，新增连片还田面积10万亩。湖南青山多娇生态有机肥厂粉碎水稻秸秆1200吨，与中药渣混合经高温发酵、腐熟加工后制作有机肥，全部销往新化、安化、澧县用作脐橙、葡萄有机肥料。大力推广秸秆青贮、氨化、微贮等处理技术，有效提高秸秆饲料的营养价值和转化率。汉寿县鑫富农牧科技开发有限公司，利用秸秆达2100吨。汉寿县桥湘再生能源科技有限公司，收储水稻、油菜秸秆8700吨，将其粉碎后，与锯木屑拌合燃烧，制作成生态和环保炭，生产成本比原来降低20%，产量提高10%，产品远销东北三省。蒋家嘴镇恒昌食用菌厂、湖南洪毅富硒生物科技有限公司，以秸秆为基料代替传统的木屑，种植金针菇、草菇、双孢菇，年可利用秸秆7600吨，有效地解决了林菌矛盾。汉寿县鑫富农牧科技开发有限公司、金奎养殖场、神溪机械水稻种植合作社，新上防滑草垫，草绳、包装材料等3个项目，年利用秸秆达9800吨，初步实现以秸秆为原料加工生产高附加值产品的产业化生产格局，产品已在建筑装饰、花卉苗圃、宜居家具等多项工程领域得到应用。

【农民教育培训】 2020年，县农民教育办公室紧紧围绕脱贫攻坚、乡村振兴、诚信文化和高素质农民培育等开展培训，举办各类培训班205期，完成各项培训1.5万人次。其中，实用技术培训4700人次，产业扶贫培训8100人次，新型农业经营主体2200人，培养高素质农民400人。

【蔬菜产业园】 蔬菜产业园是汉寿蔬菜主题公园首期项目，该项目总投资4.8亿元，占地面积300亩，一期投资8000万元，主要建设蔬菜广场、蔬菜展示中心、蔬菜研发中心、智能蔬菜大棚、入园景观大道、水肥一体化蔬菜种植基地等九大工程。项目集院士科研、合作生产、加工展示、研学和休闲参观于一体，分展示、科研、种植三大功能区。2018年6月启动规划设计，7月正式破土动工，不到100天时间建成九大工程。2019年6月16日，园区被授予院士科研基地，依托中国工程院邹学校院士的专家团队，开展新品种选育、新技术培训、新模式输出，让科研成果在这里实现“从实验室到示范区再到大面推广”的有效衔接，为汉寿蔬菜装上科技引擎。园区拥有4个智能温控大棚，200亩水肥一体设施农业基地，100亩水生蔬菜示范区，蔬菜广场建有200多个标准展位博览馆。蔬菜产业园对外开放后，预计每年吸引县内外游客10万人次以上，综合收入达到3300万元。

【汉寿县举办中国·汉寿第五届蔬菜文化节】 为进一步扩大汉寿蔬菜影响，提升汉寿蔬菜品牌形象，做强做大汉寿蔬菜，11月11日，汉寿县人民政府、湖南省蔬菜协会在汉寿县清水湖野生动物世界成功举办了“湘遇汉寿·品牌汉蔬”—中国·汉寿第五届蔬菜文化节。省农业农村厅副厅长唐建初、常德市委副书记朱水平出席开幕式并讲话。开幕式上，领导向汉寿颁授“蔬菜轻简化优质高效生产技术示范基地”和粤港澳大湾区“菜篮子”生产基地牌匾。蔬菜节现场集中签约招商引资项目11个，合同金额13亿元。11日下午，在汉寿县蔬菜现代产业园内，共有18家企业40多种蔬菜专用机械进行现场展演，涵盖整地、开沟起垄、覆膜移栽、植保、施肥和收获6个环节的机械化操作，现场有来自全省的蔬菜主管领导、蔬菜合作社和种植大户等400多人参观。

（朱小明）

农机事务

【概况】 汉寿县农机事务中心为县农业农村局管理的公益一类事业单位，下设综合部（法规服务部）、党群人事部（离退休人员管理服务部与其合署办公）、计划财务部、科技教育部、安全监理部、产业发展部、生产服务部和教育培训部。

2020年，汉寿县农机事务中心以实现农业生产全程机械化为目标，突出农机安全监理、农机购置补贴、新机具新技术推广、农机产业化建设、现代农机合作社创建工作，成功创建湖南省“平安农机”示范县，被省厅向上推荐国家级“平安农机”示范县；完成购机补贴3946万元，排名全市第一，全省第三；被评为2020年湖南省农机事务工作综合先进单位，农机化工作稳步推进，成效明显。

【购机补贴】 2020年共销售农机具2163台（套），完成国家购置补贴3946.0295万元，受益农户949家，报废收割机223台、拖拉机2台，撬动合作社和农机大户购机总额过亿元。

【农机推广】 协助县农业农村局，于4月11日—12日承办全省春耕生产及农机装备产业升级转型现场会。携手中联重科举办多期培训班，主推中联农机研发的2zpr-13水稻有序抛秧机。组织召开新机具推广鉴定演示会3场，培训机插、机抛技术骨干200名，组织1000余人参加观摩演示和经验交流。为让农民朋友选好机、用好机，2020年对新进补贴目录机具银牛卧式烘干机、丰疆智能无人插秧机等7批次38台农机进行推广演示。组织现场上机实训、各类知识培训9次，培训1050人次，发放相关宣传资料 2000 余份。

【安全监理】 2020 年，通过“平安农机”示范创建，建成 12 个“平安农机”示范乡镇、81 个“平安农机”示范村（社区）、23 个“平安农机”示范合作社、1000 个“平安农机”示范户，以 99 分的高分予以通过并向上申报国家级“平安农机”示范县。大力开展拖拉机安全顽瘴痼疾专项整治行动，通过专项整治，共排查出 514 辆有问题变型拖拉机，已报废注销 504 辆，补检 10 辆。强制报废拆解“三无”及报废拖拉机 63 辆。

【社会服务】 2020 年成功培育综合农事服务中心 1 家、农机示范社 1 家、农机现代社 1 家；整合各类资源，扶持合作组织。农业农村局、农经站等在项目实施中均将农机合作组织作为实施主体予以重点扶持，大力给予机具或资金补贴，农信担也把农机合作组织作为重点给予扶持，金穗农机专业合作社取得 300 万元的担保支持；2020 年有 23 家合作社成功创建为湖南省“平安农机”示范社。截至年底，累计成功申报现代农机合作社 90 家、洞庭湖区示范社 19 家、国家级示范社 1 家。

【项目建设】 成功申报全省第二批机抛秧项目试点县，举办 7 期机抛育秧和机具操作培训班，销售抛秧机 38 台，扶持 4 家农机合作组织和 1 个综合农事社会服务组织建立 5 个有序抛秧机育抛秧示范基地。通过“4+1”模式，每个基地至少购置 2 台以上有序抛秧机。2019 年—2020 年，连续两年成功争取省八大“千亿工程”的蔬菜全程机械化项目落户汉寿。

【湖南省 2020 年春耕生产暨农机装备产业转型升级现场推进会在汉寿召开】 4 月 12 日上午，湖南省 2020 年春耕生产暨农机装备产业转型升级现场推进会在汉寿县召开，副省长隋忠诚作工作部署，常德市委副书记、市长曹立军，副书记朱水平，副市长龚德汉，汉寿县委副书记、县长车世忠，县委副书记刘毅翔，副县长李功文出席会议。

与会人员考察了中联农机股份有限公司有序抛秧机生产车间，参观了中联农业机械化产品；观摩了金穗农机专业合作社专业工厂化育秧和大田集中育秧现场、水稻机抛机插作业，参观了水稻生产全程“机械化+”综合农事服务运作模式。

作为农业大县和农机大县，汉寿县积极引导合作社和农机大户开展订单跨区域作业，采取全程“机械化+”综合农事服务等模式，提供产前、产中及产后服务，农业新技术、农机新装备大放异彩。在当前春耕生产中，有序抛秧机、插秧机、无人植保机大显身手，不仅提高了栽植效率，而且提升了水稻品质。截至 2020 年，汉寿县农机总动力达 114.93 万千瓦，建成水稻全程机械化生产示范基地 20 万亩、油菜生产全程机械化示范基地 6 万亩。

金穗农机专业合作社专业工厂化育秧和大田集中育秧现场会

【常德市汉寿县成功通过省“平安农机”示范县创建验收评价】 2020 年 11 月 19—20 日，湖南省农业农村厅农机化处处长张才道、副处长赵峰，省应急管理厅监察专员张存信，省农机事务中心农机监理部副部长周干一行验收评价汉寿县“平安农机”示范县创建工作。

验收组逐项检查了汉寿县本级阵地建设进展、资料台账准备、监理大厅建设、监理基础业务、农机安全监管、特色亮点等内容，观看《汉寿县“平安农机”示范创建宣传片》。并随机抽查金穗农机专业合作社、岩汪湖镇、向东农机专业合作社、坡头镇福禄村、罐头嘴镇的阵地建设、资料台账、宣传造势情况，重点核查拖拉机安全顽瘴痼疾专项整治的组织领导、推进举措、工作进展、下段安排，着重核对了已报废已注销、已补检变型拖拉机具体名册、系统记录、整改资料、佐证图片、闭环依据。

验收组召开验收评价会议并指出，汉寿县政府高度重视平安农机创建工作，创建氛围浓厚，乡村农机安全监管基础工作实，拖拉机安全顽瘴痼疾专项整治力度大，整治范围广，创建面广，示范乡镇和大面乡镇同步推进，创建力度大，12 个示范创建乡镇、9 个大面创建乡镇同部署、同标准、同推进、同考核，实现全覆盖、零缝隙、无死角。

（姚　惠）

2020 年 4 月 20 日，湖南省 2020 年春耕生产暨农机装备产业转型升级现场推进会在汉寿召开

农村经营服务

【概况】 汉寿县农村经营服务站属行使行政职能财政全额拨款的正科级事业单位。站机关内设办公室、农村土地承包管理股、农村财务资产管理股共 3 个股室，加挂汉寿县农民负担监督管理站、汉寿县农村土地经营权流转服务中心和汉寿县农村土地承包纠纷调解仲裁委员会办公室牌子。

2020 年，县农村经营服务站获评全市农村经营管理先进单位、全市农村宅基地管理工作先进单位。

【土地承包管理】 农村土地承包经营权确权登记颁证基本完成。全县 21 个乡镇（街道、区）257 个村 5457 个村民小组的确权登记颁证工作基本完成，确权登记颁证面积 107.7 万亩，涉及农户 16.3 万户。农村土地经营权流转有序。全县土地流转面积 48.65 万亩，占家庭承包耕地面积的 47.86%。农村土地经营权抵押贷款工作取得新突破。全县累计发放农村承包土地的经营权抵押贷款 798 笔，金额达 6.37 亿元。农村土地承包经营纠纷得到有效调处。全年乡村两级受理农村土地承包经营纠纷 46 起，调解 46 起，县仲裁委受理土地纠纷案 1 起，按期结案 1 起，结案率 100%。

【农村财务资产管理】 全面深化农村集体产权制度改革，推进农村集体资源巡察问题整改，规范引导农村集体产权交易。全县共清理资源资产 8631 处，计 32.188 万亩，其中实际用于发包经营的资源 2827 处，计 13.823 亩；查明被无偿占用资源 179 处，镇村组三级发包合同总存量 3717 份，甄别问题合同 3272 份。采取充分发动群众公评公议、运用法律法规维权、依靠纪检监察执纪问责、结合扫黑除恶整治行动等举措，追缴拖欠承包款合同 152 份，完善口头合同 840 份，完善要素不全或不规范合同 1750 份，整改年限超长合同 78 份，整改低价合同 412 份，终止不合法合同 52 份，完成了整改总任务的 85%。经整改前后发包合同价格及年限综合评估，通过整改可增加集体经济总收入 4053.34 万元。制定下发《汉寿县农村集体经济组织资源管理办法》，明确农村集体资源发包、出租经营统一纳入县农村集体产权流转交易服务平台管理，按照公平、公开、公正的原则，以“线下竞价、线上竞价、竞争性磋商”三种形式开展交易活动。截至 12 月底，全县共有 10 个乡镇（街道），29 个村（社区）340 笔集体资产在农村集体产权交易平台挂牌，挂牌面积 6693.7 亩，成交 213 笔，成交面积 4610.69 亩，成交金额 415.18 万元。洲口镇镇本级大中白湖 3150 亩养殖水面，出租 5 年，通过现场公开竞价，以每年租金 200 万元，且年租金率递增 5% 成交，而公开竞价前，该养殖水面每年租金仅 50 万元。洲口镇侯王村 3 宗集体水面发包经 2 轮挂牌竞价，比村集体经济组织成员代表会议集体确定底价溢价 9900 元/年。

【农村住房建设管理】 制定出台《汉寿县农村宅基地管理暨农村村民住房建设管理工作实施意见》《汉寿县农村村民住房建设联审联批工作细则（试行）》等文件，下发《汉寿县农村村民住房建设禁止性规定清单》和《汉寿县农村村民建房“三到场”暨动态巡查台账》。

县级建立农村宅基地建设管理联席会议制度。乡级建立农村村民住房建设联审联批办公室工作机制。由乡镇农经站牵头，自然资源所、行政执法队参加，主要负责联审联批、“三到场”、建新拆旧、动态巡查、违规违法查处等。6 月和 11 月，先后两次组织开展到乡镇到村的专题业务培训。7 月中下旬，由县农经站会同县自然资源部门到全县各乡镇开展农村住房建设专项指导，协调搞好工作对接，推动各乡镇建立完善农村村民住房建设联审联批制度。7 月 3 日国务院召开农村乱占耕地建房问题整治电视电话会议后，立即召开乡镇经管站长会议传达上级精神，并以县农村住房建设管理联席办名义向乡镇转发《自然资源部农业农村部关于农村乱占耕地建房“八不准”的通知》。根据乡镇（街道）上报的月报表，对 7 月 3 日以来全县各乡镇（街道）联审联批建房情况进行全面摸底，指导乡镇对违法建房行为依法进行查处。12 月 15—18 日，由县政府办和县农经站相关负责人带队，抽调各乡镇（街道）农民建房联审联批办公室主任组成六个督查小组，交叉对全县各乡镇（街道）7 月 3 日以来新增建房审批农户开展现场督查，重点督查违法乱占耕地建房“八不准”行为。截至 12 月底，全县各乡镇（街道）均成立了农村住房建设联审联批办公室，并按照“三到场”要求开展宅基地审批业务，共受理村民住房建设申请 577 宗。

【惠民减负】 2020 年，汉寿县认真落实党和国家在农村的各项惠农减负政策，开展农民负担专项治理，强化监管力度，全县农民维权和负担监管工作总体形势平稳，农民满意度进一步提高。一是强化惠农减负政策宣传。利用村务公开栏、村村响广播，以及发放《农民负担与惠农补贴监督卡》和《给农民朋友的一封信》，广泛宣传各项惠农减负政策，增强农民群众的维权意识，营造良好的工作氛围。二是加强制度建设。进一步规范和完善惠农补贴“一卡通”发放制。2020 年通过“一卡通”“一个漏斗”向下发放直接兑付给农民的各项惠农补贴项目由上年的 91 项增加至 101 项，发放各项惠农补贴资金达 5.611 亿元。所有惠农资金严格坚持农户凭本人身份证领取，严禁任何村组干部代领，杜绝了惠农补贴资金被抵扣、截留、套取、滞留等现象。三是强化专项整治。8 月，县减负办、县财政局、县农业农村局组成联合检查组，对全县 2019 和 2020 年耕地地力保护补贴发放情况进行专项检查。9 月，县减负办与县发改局、教育局组成联合检查组，重点检查农村义务教育学校免费制政策的落实情况、贫困住宿生生活补助发放情况、学校食堂经营情况、教师违规补课情况，特别是加强对教辅资料的管理，确保自愿征订、一教一辅。四是开展村（社区）财务清查和村（社区）组织成员任期经济责任审计。5 月至 7 月，选择在蒋家嘴镇开展工作示范，由县减负办、县农经部门派员参与实施。7 月底，召开全县村级财务清查和任期经济责任审计工作动员会。9 月 2 日，召开由乡镇组织委员和经管站长参加的全县村级财务清查和任期经济责任审计工作推进会。同时，抽调财务股、负担股业务骨干组成巡回指导组，对全县财务清审从审计程序、审计方法等方面进行巡回业务指导，对蒋家嘴镇龙池湖等重点村进行财务清审。9 月底，全县村（社区）财务清查和村（社区）组织成员任期经济责任审计工作基本结束，为村（社区）“两委”换届选举的顺利进行奠定了坚实的基础。

2020 年 11 月 19 日，汉寿县召开农村农民住房建设管理培训会

【新型农业经营主体培育】 2020 年，新增农民专业合作社 85 家，家庭农场 204 家。全县农民合作社和家庭农场总数分别达到 1155 家、977 家。在加强指导服务的基础上，深入开展示范社和示范家庭农场创建活动，并通过示范带动作用，全面提升新型农业经营主体发展水平。全年创建市级示范农民合作社 14 家，市级家庭农场 12 家。参照市级示范社和市级家庭农场创建标准，开展“双百活动”，创建县级示范社和示范家庭农场各 100 家。推荐汉寿县龙阳街道华诚蔬菜专业合作社和汉寿县金穗农机专业合作社入选湖南农民合作社 100 佳。汉寿县新平家庭农场入选湖南家庭农场 100 佳，千弘中药材种植专业合作社入选 2020 年农民合作社省级示范社，为农蔬菜种植专业合作社联社入选 2020 年农民合作社百佳联合社。

【农业农村部合作经济指导司到汉寿调研农民专业合作社工作】 12 月 11 日上午，农业农村部合作经济指导司一级巡视员赵铁桥一行到汉寿调研农民专业合作社工作，副县长李功文参加。赵铁桥一行先后到汉寿县金穗种粮专业合作社、汉寿县千弘中药材种植专业合作社，围绕合作社组织架构、规范管理、电商平台营运、社会化服务等方面，与合作社负责人开展深入交流，详细了解合作社生产经营等情况。近年来，汉寿县注重农民专业合作社发展和规范化建设工作，合作社整体数量不断增加，带动效应不断增强，运行质量不断提升，成为重要的新型农业经营主体和现代农业建设的中坚力量。赵铁桥对汉寿农民专业合作社工作给予肯定。他指出，汉寿县委、县政府高度重视农业农村工作，希望再接再厉，不断探索好的经验做法，拓展服务领域，壮大合作社经济实力；加强品牌建设，充分利用互联网等平台，进一步提升农产品品质，促进群众增收致富。

【《人民日报》关注汉寿县农村集体产权制度改革工作】 12月28日，《人民日报》10版刊发：《湖南汉寿推进农村集体产权制度改革：农村资产活了农民腰包鼓了》，以汉寿县罐头嘴镇福兴村改革实践为例，报道汉寿县农村集体产权制度改革取得的突出成效。报道指出，福兴村是汉寿县农村集体产权制度改革的缩影。2017年以来，作为全国第二批农村集体产权制度改革试点县，汉寿县全面开展农村集体资源清产核资，变私下交易为平台交易，整改无正规合同发包、发包程序不规范、超长期限发包、拖欠承包租赁费等问题，农村资产活了，村集体收入增加，村民腰包鼓了。经过3年努力，汉寿县全县21个涉改乡镇（街道、区）、268个涉改村（社区）清理并核实集体资产总额6.67亿元。摸清后的集体资产通过网络平台公开招标，给村集体和农民真正带来了改革红利。

【汉寿县农村土地经营权抵押贷款改革入选“湖南基层改革探索100例”】 2020年8月下旬，根据省委主要领导专题会议精神，省委改革办组织开展“湖南基层改革探索100例”征集评选活动，主要面向县市区、乡镇（街道）、村（社区）以及学校、医院、企业等各类基层单位，征集自党的十八届三中全会以来在工作实践中自主开展的切口较小、行之有效的“微改革”“土改革”。通过精心组织，积极申报，汉寿县农村土地经营权抵押贷款改革成功入选“湖南基层改革探索100例”。近年来，汉寿县坚持问题导向，通过创新抵押登记、地价评估、风险防控、服务保障四大机制，有效破解农户借贷难、精准放贷难、贷款回收难、贴身服务难四大难题。先后发放湖南省首笔土地经营权抵押贷款和全国首笔互联网公司担保的土地经营权抵押贷款。截至2020年年底，全县共发放贷款798笔，金额达6.37亿元，唤醒了农村沉睡资产，为农民搭建起致富金桥，助推了新型农业经营主体发展和农业产业增值增效。

（夏　亮）

林　业

【概况】 2020年，汉寿县林业局下设4个行政股室（党政综合办公室、行政审批服务办公室、造林绿化股、自然保护地管理股）、5个事业股室（林业工作站、森林植物检疫检查站、森林资源管理站、森林保护站、林地林权管理服务中心）和1个正科级单位（县森林公安局2020年12月3日整体划转至县公安局）。

【造林绿化】 2020年是第一个“绿化龙阳”三年绿色行动收官之年。汉寿县将“绿化龙阳”与绿色庭院、生态廊道、油茶产业发展有机结合，积极推动全县生态建设。全年完成23万亩营造林任务，其中人工造林1.9万亩、封山育林4.3万亩、退化林修复5.2万亩、森林抚育12.1万亩。全年义务植树152.51万株，参加人数43万人。坚持农户自发绿化与乡村办点示范、县直单位援建相结合的模式，完成庭院示范点131个，庭院示范户1345户。新造丰产油茶林5000亩，油茶低效林改造4000亩，带状更新1000亩。

【森林防火】 全县成立野外用火巡查组25个，严格按照“三不放过、八不烧、十不准”原则，做到“见烟就查，见火就罚，犯罪就抓，严处一案，教育一方”，共处理违规用火42人次，火灾案件查处率达100%。高火险时段发布并张贴《森林防火禁火的通告》3000份，悬挂横幅1530条，新增警示宣传牌336块。各乡镇认真执行森林防火工作预案，积极创新工作方法，开展禁燃鞭炮、鲜花换爆竹等行动，倡导文明祭祀，收缴和换领爆竹5000挂，消除火灾隐患589处，有效遏制了森林火灾的发生。全年全县共发生1起一般森林火灾，过火面积65亩，其中受害森林面积14亩；未发生重特大森林火灾。

【林政资源管理】 服务项目建设严格征占用林地的审核、审批和管理，严禁未批先占、少批多占等违法行为发生。截至年底，批准永久性占用林地项目22宗，占用林地1170亩，征收植被恢复费996.64万元。已批准临时性占用林地项目11宗，占用林地380亩，征收植被恢复费300.62万元。强化公益林管理，严格管理采伐指标。2020年县采伐指标限额12.24万立方米，实际使用采伐指标11.62万立方米，共受理采伐申请154份，审批154份。

全县全年共查处办理各类林业行政案件19起，共计罚款60万多元。处罚人员26人次，案件结案率100%，卷宗建档率100%。开展“昆仑2020”专项行动，立刑事案件11起，收缴水产品近100公斤，禁用网具150余张，渔船二艘。在侦办涉及野生动物案件过程中，共收缴、救助和放生草鸮、绿颊锥尾鹦鹉、大鲵等国家二级以上保护动物11只（尾），夜鹭、乌鸫等国家“三有”保护动物450余只，无害化处理野生动物死体

县林业局干部参观考察聂家桥乡堤北社区绿色庭院示范村

50余斤，收缴并销毁非法猎捕工具。

【野生动植物保护】 利用“爱鸟周”“世界湿地日”“世界野生动植物日”等时间节点，大力宣传保护野生动植物的重要性以及相关法律法规，共计张贴宣传海报500余份，发放宣传资料6000余份。

开展全县禁食野生动物退出补偿和处置工作，两批禁食陆生野生动物人工繁育退出主体77家，其中蛇62家，竹鼠3家，豪猪1家，禽类8家，苍鹭5家，蓝孔雀2家（4家主体含两批退出物种）。动物存栏蛇类17.1009万公斤，竹鼠2060公斤，豪猪121头，白骨顶7820只，鸿雁7080只，斑嘴鸭15518只，苍鹭1671只，蓝孔雀847只。所有人工繁育野生动物均已按照放归自然、转作他用、无害化处理等方式进行科学处置。县第一批禁食陆生野生动物退出补偿资金2548.094万元、第二批退出补偿资金67.6584万元均已打卡发放到户，保障了养殖户的切身利益。禁食野生动物人工繁育主体退出后，县林业局积极对养殖主体进行政策宣传和解释，加强引导与后续帮扶。

【森林病虫害防治】 县域森林病虫害发生面积为2.8万亩，较2019年呈下降趋势。其中杨树天牛发生面积为0.65万亩，杨扇舟蛾发生面积为0.68万亩，黄脊竹蝗发生面积为0.68万亩，油茶炭疽病等发生面积0.38万亩，油茶软腐病发生面积0.32万亩。全县森林病虫害成灾率0‰、防治率90%、仿生物防治85%，较好控制了林业有害生物蔓延和成灾。

县林业局、县森林公安局多次组织开展松材线虫病疫木检疫执法专项行动，检查涉木企业22家、涉松企业11家，检查案件数0起，对相关木材企业发放宣传资料200份。

【自然保护地整合优化】 经核查，湖南汉寿竹海国家森林公园属于独立的自然保护地，湖南西洞庭湖国家级自然保护区分别与汉寿县西洞庭湖水生野生动植物保护区、湖南汉寿息风湖国家湿地公园存在交叉重叠情况。结合县域实际情况，划分金牛山区域作为保护空缺地块，北极山作为调整地块。整合优化后，汉寿县自然保护地总面积54.215万亩，其中西洞庭湖国家级自然保护区41.8725万亩、竹海国家森林公园9.7686万亩、息风湖国家湿地公园2.5739万亩。

【优化林业经济】 为打造优质高效的林业经济发展环境，县林业局建立健全暖企工作机制，实行领导干部联系企业制度，派驻干部靠前服务，主动送政策和服务上门，及时解答企业困惑，为企业发展提速增效。以深化“放管服”为抓手，全面清理87项《权力清单》并向社会公布，取消木材运输许可证，进一步减少企业运行的经济成本和时间成本。将林木采伐许可证核发与临时使用林地审批下沉到乡村，实行“一站式”服务，12月11日完成乡村试点工作。

【生态环境保护】 西洞庭湖保护区欧美黑杨“清零”。2020年是杨树清理工作的收官之年，县林业局在充分调查的基础上，制定《2020年度西洞庭湖国家级自然保护区杨树清理工作方案》，将剩余的1.9万亩清理任务按属地管理原则，分解到11个管理单位。县政府办组织县林业局和西洞庭湖国家级自然保护区管理局多次对各管理单位的杨树清理情况进行现场督查，全力推进杨树清理工作。11月25日，全面完成黑杨清理任务，实现西洞庭湖国家级自然保护区内欧美黑杨“清零”。

湘江流域和洞庭湖生态保护修复工程。积极督导西洞庭湖保护区1.5万亩黑杨砍伐迹地修复，完成岩汪湖镇临湖2.02千米大堤岸线整治，全面落实“长江十年禁渔”要求，强力推进“四清”“四无”工作。督导息风湖国家湿地公园开展退耕还林还湿工程，全年完成湿地恢复与保护工程692.1亩，水源涵养林修复工程366.15亩。

西洞庭湖保护区实验区“精养鱼塘污染”整改销号。对保护区实验区安乐湖、龙池湖周边24个1327.5亩精养鱼塘全面退养，建立“退养还湿”补偿机制，完成两大湖泊“人工增殖”“科学捕捞”整改。对保护区实验区围堤湖垸60个5900亩珍珠养殖鱼塘全面退养，实施养殖转型。按照《农业农村部水产健康养殖示范场建设标准》要求，完成围堤湖垸内397个1.16万亩精养鱼塘“健康养殖”整改。根据围堤湖垸内精养鱼塘分布情况，确定4000亩精养鱼塘进行尾水治理试点，制定《围堤湖垸养殖尾水治理试点工程实施方案》。11月10日，尾水治理试点工程全面竣工，并开始试运行，实现试点区域养殖尾水“达标排放”“循环利用”。

【林业产业】 汉寿县是湘北油茶自然分布最适宜栽培区之一，是全省48个油茶产业重点县之一，全县现有油茶面积33.49万亩。其中，新造油茶良种林7.94万亩。老油茶林25.55万亩，油茶年产量3500吨，年总产值达4.2亿元。油茶林主要分布于319国道和长常高速公路沿线太子庙、朱家铺、龙潭桥、军山铺、崔家桥、丰家铺等乡镇。全县林药产业发展势头足，2020年林下中药材种植总面积1.8万亩，年产中药材1.56万吨，产值6096万元。林下中药材主要种植于岩汪湖、崔家桥、蒋家嘴、百禄桥等乡镇，种植的品种有白芍、玉竹、小黄姜、菊花、紫苏、白芨、射干、贝母、枳壳、黄精等。

【汉寿县召开“绿化龙阳”流动现场会暨森林防火工作会】 1月6日下午，汉寿县召开“绿化龙阳”流动现场会暨森林防火工作会。2018年以来，全县大力实施“农田林网、通道绿化、庭院绿化、油茶产业、其他面上造林”等五大体系建设，造林增绿成效明显。2019年，全县未发生较大以上森林火灾，森林火灾控制率远低于0.9‰，人民生命财产和森林资源安全得到有效保障。

与会人员参观了聂家桥乡堤北社区绿色庭院示范村、先锋村2020年新造道路林示范路、龙潭桥镇红土墙村油茶整地造林现场。

【湖南省林业局副局长吴剑波一行到汉寿县调研指导疫情防控和造林绿化工作】 2月17日，湖南省林业局副局长吴剑波一行到汉寿县调研指导野生动物疫源疫病防控和造林绿化工作。吴剑波一行实地考察了沧港镇报国村外洲和贾家洲沟港杨树造林现场、聂家桥乡堤北社区最美乡村示范点和先锋村水杉路道林等“绿化龙阳”现场，查看了龙阳街道南湖渔场金群蛇类养殖专业合作社、湘同发野生动物园等野生动物繁殖驯养场所“一封控四严禁”措施落实情况。

汉寿县林业局贯彻落实上级要求和指示精神，坚持疫情防控和推动高质量发展两手抓、两不误、两促进、两必胜。全面封控116家野生动物繁殖驯养场和野生动物展演场，融合行政执法和刑事司法力量，对大小农贸市场坚持日巡查制度，累计出动人员694人次，车辆95台次，未发现售卖野生动物及其制品现象，“一封控四严禁”措施落实到位。在全力做好疫情防控工作的同时，抢抓植树造林有利时机，精心部署，全面开展2020年度造林绿化工作，全县已造林1.25万亩，其中新造农田林网、通道绿化80千米，折合面积1500亩，新造油茶林3000亩，新造片林8000亩。

【国家林草局禁食野生动物后续工作督导组到汉寿督导】 6月4日下午，国家林草局规财司副司长刘克勇率督导组到汉寿督导禁食野生动物后续工作。省国有林场和森林公园管理局二级巡视员欧阳叙回、副县长李功文、县林业局局长余仁和参加。

督导组一行先后到汉寿县金群蛇类合作社、健赢禽业养殖场，通过实地查看、听取汇报，督导禁食野生动物后续工作。金群蛇类合作社和健赢禽业养殖场位于南湖渔场，金群蛇类合作社专业养殖眼镜蛇、滑鼠蛇、王锦蛇等蛇类，健赢禽业养殖场养殖苍鹭、白骨顶、鸿雁、斑嘴鸭等禽类。

刘克勇指出，要妥善做好当前人工繁育野生动物处置工作，制定切实可行的处置实施方案，制定帮助养殖户转产转型的配套措施，依法合理落实养殖户补偿，协调做好无害化处理。

督导组还到野生动物园查看建设进展情况。

（童　芳）

森林防灭火应急救援人员整装待发

息风湖国家湿地公园

【概况】 湖南汉寿息风湖国家湿地公园（以下简称湿地公园）是2016年12月31日经国家林业局批准建立的国家湿地公园试点建设单位。根据国家林草局颁发的《国家湿地公园管理办法》要求，市县编委批准同意成立湿地公园管理处，核定编制6人。下设办公室，保护管理股，宣传教育股。单位职责为组织编制、实施湿地公园总体规划，保护和合理利用资源，实施湿地功能建设；负责湿地资源保护工作，制定和实施湿地公园具体保护和管理办法，负责湿地资源调查、监测、评估和建档工作。

【湿地资源】 湿地公园内主要有河流湿地、湖泊湿地、沼泽湿地和人工湿地四种湿地类，永久性河流、永久性淡水湖、库塘等八种湿地型。公园总面积2.57万亩，其中湿地面积2.32万亩，占总面积的84.10%。包含沧浪河、南湖撇洪河、息风湖三个河段。

湿地公园内共有维管植物436种。分布有脊椎动物245种，其中鸟类146种，列入国家Ⅱ级重点保护物种有12种。列入《濒危动植物种国际贸易公约》的有17种。鱼类、鸟类等数量繁多，保护价值较高，鱼类有岔尾黄颡鱼（易危级别）、大鳞泥鳅、银飘鱼等18个中国特有种。湿地公园内的23种爬行动物全部属于“三有”国家保护物种，22种为湖南省地方重点保护物种。16种哺乳动物中，列入《濒危动植物种国际贸易公约》的物种有2种。

【湿地保护与修复】 2020年，根据2018年8月湖南省财政厅、自然资源厅、生态环境厅联合下发的《湘江流域和洞庭湖生态保护修复工程试点方案（2018—2020年）》文件要求，组织实施汉寿息风湖国家湿地公园生态保护与修复工程。湿地公园管理处按照《湖南省湿地保护修复制度工作方案》的相关要求，结合息风湖国家湿地公园主要生态问题，采取湿地恢复与保护、水源涵养林修复等技术手段，逐步恢复息风湖湿地公园植物群落结构与功能及生物多样性，改善水源涵养林结构与功能，提高湿地与森林质量，实现生态修复总面积3108亩。其中，湿地保护与修复工程1307亩，水源涵养林修复工程1800亩。2020年12月26日，省林业局组织专家对湿地保护与修复工程进行现场验收，完成率达到100%，得到领导一致好评。

（曾　科）

竹海国家森林公园

【概况】 湖南汉寿竹海国家森林公园位于丰家铺镇的鹿溪，是汉寿、鼎城和桃江三区县的交界处，面积近20平方千米。湖南汉寿竹海国家森林公园管理处为正科级事业单位。

【森林资源】 公园森林覆盖率88%，林地面积8.33万亩，森林面积8.33万亩。由次生林、人工林组成，包括楠竹、红豆杉林、针阔混交林等，由于森林景观保存完好，林间野生动物丰富，包括野猪、鹿、兔、竹鸡、锦鸡等。共有野生维管束植物934种，隶属于164科569属。其中有蕨类植物20科25属39种；裸子植物8科14属17种；被子植物136科530属。其中，国家级保护野生植物6种，国家Ⅰ级保护野生植物2种，分别为银杏和南方红豆杉；国家Ⅱ级保护野生植物4种，分别是樟、楠木、黄心夜合和花榈木。森林公园内有野生动物172种，其中鱼类4目9科25种，两栖动物1目5科11种，爬行动物1目6科18种，鸟类13目39科104种，哺乳动物6目11科14种。森林公园内有野生动物140余种，其中国家Ⅱ级保护动物有小天鹅、雀鹰、苍鹰、红隼、长耳鸮、穿山甲6种。尤其是在江东水库观测到有小天鹅成群结队出现，形成了极富吸引力的水鸟景观，具有极高的观赏和保护价值。山上有天宝庵等人文景点。成为旅游者登山踏青的好地方。

【主要工作】 一是在共抓大保护，不搞大开发的前提下，对进入林区道路进行维护，对游客接待中心进行了修缮。二是加大2021年项目申报工作力度。全年共申报森林公园内新建界桩、公路建设、垃圾转运站、天然林保护、森林质量精准提升、林步道建设项目6个，预计可争取项目资金2000万元。三是加强森林病虫害防治，对公园内竹蝗等病虫害及时进行了灭杀。四是加强安全生产、森林防火管理。

（邓新权）

畜牧水产

【概况】 汉寿县畜牧水产事务中心为正科级事业单位，隶属汉寿县农业农村局管理。2020年，汉寿县被农业农村部确定为“粪肥还田试点县”，汉寿县长江禁捕退捕工作获得省政府真抓实干督查激励支持。

【生产发展】 2020年，全县共出栏生猪51.01万头（存栏能繁母猪

2020 年 1 月 12 日，市应急局到汉寿竹海国家森林公园检查防灭火工作

3.08 万头），存栏肉牛 1.13 万头，存栏肉羊 3.31 万头，出笼家禽 594.18 万羽，生产禽蛋 3.43 万吨，全县共有养殖水域面积 32.4 万亩，起水水产品 8.3 万吨。发展稻渔综合种养面积 12.2 万亩。稳定甲鱼养殖面积 7 万亩，存塘亲鳖 1200 吨，年产稚鳖 6800 万只，商品鳖 1.5 万吨。

【长江十年禁捕】 汉寿县是渔业大县，水域面积近 100 万亩，是全省渔民渔船最多的县之一。2020 年 1 月 1 日全面实施长江流域重点水域十年禁捕，共签订退捕协议 1264 份，回收权证 1212 本；全县 1225 户渔民弃捕上岸，转产转业。回收渔船 2040 艘、渔具 824 吨，处置"三无"船舶 4649 艘，全面落实了退捕渔民安置保障政策，同时加大巡查打击和日常监管，真正实现了"禁得住、退得出、能致富"的总体目标。

该项工作被人民日报、中央电视台推广，受到农业农村部部长韩长赋、省委副书记乌兰、副省长隋忠诚的肯定。

【生猪生产】 为加快恢复全县生猪生产，完成 2020 年市政府下达的生猪复养保供任务，成立生猪生产调度办公室，出台《关于促进全县生猪生产保障市场供应的意见》，下达全年畜禽生产任务，将生猪生产纳入全县绩效考核内容。年末，全县存栏生猪 37.5 万头，存栏能繁母猪 3.08 万头，出栏生猪 51.01 万头，圆满完成市政府下达的生猪复养保供任务。

【珍珠退养】 全县共需退养珍珠养殖面积 79097.1 亩，截至 2020 年年底，累计退养珍珠面积 56695.6 亩，占珍珠三年退养总任务的 71.68%。西洞庭湖实验区的珍珠养殖污染是中央环保督察"回头看"交办的问题和省纪监委"洞庭清波"专项行动的要求，为搞好整改，10 月 19 日开始，县委、县政府组织 31 个县直部门，抽调 155 名干部，打响围堤湖垸珍珠退养"清零攻坚战"。至 11 月 10 日，围堤湖垸内累计退养珍珠面积 6863 亩，完成率为 100%。通过近三年的珍珠退养，全县养殖水质明显改善，安乐湖连续 9 个月达到三类水质标准；养殖户环保意识得到显著提高，投肥养殖现象基本控制。

【动物疫病防控】 认真落实上级非洲猪瘟和新冠肺炎疫情防控要求，做好重大动物疫病防控工作，全县共免疫口蹄疫猪 42.04 万头、牛 1.67 万头、羊 0.92 万只，免疫猪瘟 39.47 万头，免疫禽流感 978.94 万羽，免疫鸡新城疫 817.31 万羽，免疫羊小反刍兽疫 1.01 万只，免疫狂犬病 0.771 万只。实现应免尽免，保证了免疫密度和免疫质量。

【畜禽水产品质量安全监管】 以盐酸克伦特罗，莱克多巴胺、沙丁胺醇等瘦肉精监测为重点，共抽检生猪尿样 36018 份，初检结果均显示阴性；以禽蛋、生鲜乳、畜禽肉、水产品为主体，共抽送样品 470 个，完成部、省、市三级下达的畜禽水产品抽样监测任务。所抽送样品检测合格率达 99.8%；利用新建畜禽水产品快速检测室这一平台，开展畜禽水产品违禁药物及抗生素药物残留监测，共抽样监测产品 286 批次，未查出疑似不合格产品。

【打击生猪私屠滥宰】 2020 年，全县生猪定点屠宰场共计检测非洲猪瘟 8260 头份，检测生猪瘦肉精 19000 头份。立案查处私屠滥宰 2 起，取缔私宰点 37 个，收缴生猪及生猪产品与白板肉 6500 公斤。联合公安部门开展打击私屠滥宰办案 2 起，收缴白板肉 3000 公斤，移交公安部门进入司法程序，判决 13 人，罚款近 150 万元。

【项目建设】 一是稻渔综合种养示范项目。参与农户 1500 户，发展稻渔综合种养面积 12.2 万亩，亩平纯利 2000 元，全县稻渔（虾）综合种养产业新型经营主体 48 家，稻渔（虾）综合种养示范基地 55 个，示范面积 9259.2 亩。二是畜禽养殖废弃物资源化利用整县推进项目。总投资 14 亿元，其中中央财政补助资金 4000 万元。项目承建主体单位 1277 家，其中规模场 119 家、中小养殖专业户 265 家、散养户 893 家。二是积极推进畜

2020 年 10 月 10 日，县委书记车世忠主持召开汉寿县重点水域禁捕退捕迎接国务院大督察调度会

禽粪污资源化利用整县推进项目。把全县 110 户畜禽规模养殖场、127 家中小规模养殖场和 893 家散养户纳入整县推进项目，投入资金 1.3131 亿元，其中中央资金 4000 万元，项目建设基本竣工，县级验收工作已于 11 月中旬结束。项目建成后，全县畜禽规模养殖场粪污处理设施设备配套率可达 100%，综合利用率达 95% 以上，有效治理畜禽养殖污染问题。

（左梦丽）

水　利

【概况】　汉寿县水利局是汉寿县人民政府的水行政主管部门，内设 7 个职能股室：办公室、规划财务股、政工人事股、水政监察大队、湖区水利工程管理站、乡镇供水工程管理站及水质检测中心、政策法规与水利工程建设安全监督股，下属 3 个具有行政职能的事业单位：汉寿县水旱灾害防御中心、汉寿县机电排灌管理总站、汉寿县库区移民事务中心。

2020 年，汉寿县水利局被湖南省防汛抗旱指挥部评为全省防汛抗灾先进单位；汉寿县被评为 2020 年度常德市人民政府真抓实干督查激励河湖长制工作先进单位；颜家庙水库被湖南省水利厅评为全省“最美河湖”；汉寿县沅泉大水厂被水利部评为 2020 年度农村供水规范化水厂。

【防汛抗旱】　2020 年，坚持提前动手，整体谋划，调整指挥机构，落实防汛责任，编制各类预案，开展安全检查，完成应急除险，组建抢险队伍，落实防汛物资，组织培训演练，从思想上、行动上、物资上、预案上、队伍上做到有的放矢、有备无患。入汛以后，根据天气动态和水势变化，及时会商、研判形势，准确发送预警信息、调度指令等防汛短信 3.5 万条，组织全县各级加强防范，及时调度水库控蓄、电排排渍、涵闸泄水，有效应对汛期 10 次强降雨袭击，成功迎战 5 次内外水系连续高洪和 30 多座水库集中溢洪，实现了“不溃一堤一垸、不垮一库一坝、不因灾死亡一人、水旱灾害损失最低”的既定目标，取得了防灾减灾的全面胜利。

【水利建设】　全年累计争取国省水利投资 2.3 亿元，先后完成 78 座小型水库除险加固、洞庭湖区沟渠疏浚行动、颜家庙中型灌区建设；持续推进饮水安全巩固提升焦点工程建设、涝区排涝能力建设、沧浪水系河湖连通工程、沧浪河流域综合治理工程，改造小型机埠 86 座，重点完成马家铺泵站新建、翻水口泵站新建及船闸拆除重建、赵家河泵站续建，为县城区和沧浪河、西湖高水内江新增排涝装机 8960 千瓦，结束了沧浪水系、西湖高水内江“以人为主”严防死守的历史。

2020 年 3 月，翻水口水利枢纽工程全部完工并投入运行，工程坐落于沧浪河与南湖撇洪河的连通口，由翻水口排洪泵站和翻水口水闸两部分组成，是一座具有防洪、排涝、灌溉、航运等综合效益的中型水利枢纽。

同时，通过强化工程质量和安全生产管理，全县没有出现一处不合格水利工程，水利建设安全生产实现“零事故”，顺利通过部、省、市主管部门多次督导检查。

【河湖长制工作】　集中开展自查整改。围绕“洞庭清波”专项行动监督检查，召开“洞庭清波”专项行动河长制湖长制工作督导检查专题调度会议，成立六个督导检查组，对全县 9 个环洞庭湖乡镇（街道）进行督导检查。统筹河委会各成员单位，先后整改销号上级交办问题 6 件，完成年度重点任务 18 项。稳步推进河湖划界。全面完成河湖划界方案的编制、审查和成果公示，启动界桩埋设工作。持续实施“僵尸船”清理。下发第 5 号总河长令《关于继续开展“僵尸船”清理的决定》，对全县水域内长期停靠不用、无人管理的“僵尸船”进行全面摸底排查，建立清理台账，依法采取相关措施，清理“僵尸船”66 处。深入推进河湖“清四乱”。下发《关于在全县深入开展河湖“清四乱”常态化规范化的通知》，组织乡镇（街道）

开展全覆盖、拉网式的自查自纠，建立河湖“四乱”问题台账，不定期开展暗访督察和集中交办。同时，河湖长制工作再次代表全市迎接了省河（湖）长制工作第三方评估检查，汉寿县继续保持全市河长制工作先进县荣誉，取得市政府真抓实干激励。定期开展水质监测。共监测水库水质 18 次，良好水质达 94.44%；监测沅江、目平湖等省控断面 48 次，良好水质达 100%；监测省级水源保护区 12 次，良好水质为 100%。

【河道采砂管理】 着力河道砂石资源开发服务，推进太湖垸采区前期工作，先后完成水上水下地形测绘、矿产地质勘探（详查）、采砂技术论证报告编制、防洪影响专题报告、数学模型分析计算、水土保持专题方案编制等前期项目 9 项。通过积极衔接和争取，取得金石垸采区和太湖垸采区 2020 年采砂计划申报批复，落实年度采砂计划 1900 万吨，为县财政收入提供强力支撑。同时，以金石垸采区为重点，进一步加强安全生产责任，强化现场监管，实现河道采砂工作的规范、安全和高效。

【水行政执法监管】 一是强化水法宣传。利用“掌上汉寿”微信平台、县城大型液晶宣传屏和出动宣传车、悬挂横幅标语等形式广泛开展水法宣传，组织开展水法宣传进党校、进学校、进广场等大型现场宣传活动，得到广大干部群众的支持。二是强化行政审批服务。严格遵守“企业宁静日”等规定，对涉企事项进行极限提速，水资源论证实现一次性批复，涉河建筑、取水许可和水保审批时限由 60 个工作日缩减到 10 个工作日，纠纷调解一周内终结，企业咨询 3 日内回复，并主动上门受理、主动办结送达，切实做到让企业最多“跑一次”。依法完成在建工程项目水保方案审批 23 件、涉河建设项目防洪影响审批 3 件、河道采砂许可审批 19 件；重点推进西湖汇、湘北通程、五环体育中心等 6 处重点建设项目水保措施监督检查；完成取水许可延续审核 6 个，新发取水许可证 1 本；累计征收水资源费和水土保持补偿费 153.8 万元。三是强化水事纠纷调处。按照属地为主、条块结合的原则，制定水事矛盾纠纷调处实施方案和责任制，成功调查处理水事矛盾纠纷问题 4 起，受理群众举报 6 起，涉水热线回复 13 件。四是强化执法巡查打击。围绕河道非法采砂等重点领域和热点问题，开展巡查执法活动 90 余次，出动巡查人员 460 人次，强制扣押物品 2 件，立案查处河道采砂违法案件 2 起，收缴罚款 2.5 万元。落实重点水工程、重点水域和水事违法行为易发段巡查责任，及时掌握河道及工程动态，对河道管理范围内的违法建设、毁损堤防取土等违法行为做到了及时发现、及时制止。

【水库移民后扶】 按时完成年度移民后期扶持计划编制和上报，上报计划资金 2493.52 万元；督促实施整村推进、移民村基础建设、移民产业发展等项目建设，拨付移民项目资金 1917.63 万元；实施移民打卡发放 8368 人 470.05 万元，核发移民特困救助金 8 万元。经村申报、乡审查、县审核等程序，核减年度移民自然减员 84 人。加大移民技术技能培训力度，联合县一职中、农业产业经济组织、农业种养殖大户，举办农业实用技术培训 1 期，就业技能培训 2 期，培训移民 310 人次。着力提高后扶资金监管，开展 2019 年度建设项目专项检查，对移民镇、村项目资金台账进行全面规范，完成 2019 年度移民后期扶持监测评估与移民资金内部审计。

（陈　林）

沅南垸水利

【概况】 汉寿县沅南垸位于沅水尾闾南岸，北临沅水洪道，地处东经 111°16′至 112°12′，北纬 28°47′至 28°59′。垸内保护面积 497.04 平方千米，其中耕地面积 36.25 万亩，人口 339157 人。垸内有汉寿县城和聂家桥、毛家滩、沧港、岩汪湖、蒋家嘴、洋淘湖 6 个乡镇和沧浪、辰阳、龙阳、株木山 4 个街道办事处。主要设施：国家级的石长铁路，省级的有长常高速公路、S205 公路、汉德大道及 S205

翻水口水利枢纽工程

汉寿县沅水大桥。沅南垸防洪堤防工程全长209.183千米，包括沅水一线堤防工程，南湖撇洪河堤防工程、围堤湖蓄洪垸保安隔堤、新兴间堤、沧浪内江渍堤和南湖调蓄区隔堤。

【防汛抗旱】 县域河湖体系复杂，各类水利工程、灾害隐患点多面广，防汛风险高、压力大。2020年进入汛期后，落实省市县防汛工作会议精神，扎实备汛、严防死守。一是建立健全全垸完整的防汛责任体系，确保备汛工作扎实有效不走过场。二是汛前检查认真细致不漏死角，对汛前检查交办的49个大小安全隐患进行跟踪督办。三是物资储备充足管用不留缺口，全垸投入资金500万元，用于购置编织袋、棉被，增储砂石26853立方米。四是防汛值班全员值守不挂空挡，全垸10个乡镇和17个县直防汛责任科局均实行24小时值班制度。五是信息上报准确无误不出差错，汛期沅南垸4个分指挥部上报汛情、信息580条，组织召开分指挥部汛前调度会议65次，为各分指挥部的决策提供支撑。六是防汛预案严谨科学操作性强，为4个分指挥部报送汛情600条，编制《防汛指南》500册。七是查险处险及时果断，盘湖硚管涌险情、田家洲、关门洲垮坡得到及时处置，赢得先机。面对史上罕见的夏秋两季汛情连防，广大干部职工攻坚克难、冲锋在前、严防死守，顺利迎战8次集中降雨，5次组织全县群众上堤防汛抗灾，确保了“不溃一堤一垸、不垮一库一坝、不死伤一人”的目标。

【堤防管理】 沅南水利会担负着全县四分之三的堤防养护和管理任务，长达232.87千米，工作线长面广，任务重。克服人员老化、经费不足等困难，严格按照省洞庭事务管理中心的堤防管养标准，坚持推行堤防养“标准化、机械化、精细化、信息化”建设，加大投入，科学管养，全年开展堤面集中养护3次，投入养护资金130万元，平整堤面7.5万米，机械3000台时，卵石4047立方米，砍草除杂投工3700个，全垸堤防益草覆盖率明显增高，面貌整体明显改观，管理养护全面达标，为安全渡汛奠定了重要基础。

【环保整治】 在实施“蓝天、碧水、净土”保卫战、综合治理环境染污、强化河湖保护、改善生态环境上发挥重要作用。狠抓中央、省环保督查“回头看”和“洞庭清波”专项行动问题整改，组织开展沅南垸砂石码头专项整治，关停、封闭码头47个，清除湿地黑杨7800亩，解决上岸渔民再就业岗位30个，清除堤身、河道垃圾4800吨，全面参与沅水流域禁捕退捕、禁钓巡查，严厉打击非法捕捞行为，筹资30多万元彻底解决机关院子雨污分离，为汉寿县的环境整治和生态环境建设发挥了主导作用，确保整改销号。

【扶贫工作】 紧扣“两不愁三保障”目标，以务实举措抓联点的沧港镇新兴社区、洋淘湖镇游巡塘社区和岩汪湖镇金盆岭村三个村脱贫攻坚。在开展脱贫攻坚“空城行动”中，排查整改各类问题22个，全面推进问题整改清零。12户帮扶对象全面脱贫。为点村解决了安全饮水、排渍排涝方面的问题，基础设施得到升级改造，村容村貌焕然一新。

【党建工作】 坚持党建引领，狠抓队伍建设，凝聚发展合力。一是细化党建责任。贯彻管党层级责任制，制定年度管党工作规划和责任清单，严格清单管理，积极履行党建工作主体责任，确保全面从严治党落到实处。坚持每季度召开一次党建工作专题会议，研究解决工作中的问题。整合资源，依托防汛抗灾指挥平台建设，按照基层支部“五化”建设要求，着力构建标准、规范、高效的堤防党支部，全会明确2人专职抓党建，年初定规划，坚持季度检查，年终纳入各二层单位的绩效考评，形成齐抓共管的管党格局。二是守牢意识形态阵地。旗帜鲜明站在意识形态第一线，严格落实意识形态“四个责任”，带头把方向、抓导向、管阵地、强队伍，带头批驳错误观点和错误倾向，重要工作

2020年7月10日上午，汉寿县委副书记、县长、县防指指挥长周功表（右二）到沅南垸防汛一线大堤督导防汛工作

亲自部署、重要问题亲自过问、重大事情亲自处置，牢牢占领意识形态高地，巩固壮大主流思想舆论。疫情和防汛关键时期，干部职工紧紧团结在县委县政府周围，心往一处想，劲往一处使，工作生活无杂音。三是加强干部队伍建设。持续深化理想信念教育，锤炼干净担当的政治品格，引导全会党员干部永葆共产党人本色。

（周　辉）

西湖垸水利

【概况】 西湖垸水利会是负责西湖垸防洪大堤安全的水利部门，主要承担西湖垸防汛保安工作。设有五股一室和五个水利组，其中沅水有龙打吉、小港2个水利组；目平湖和澧水有全护堤、赵家河、三角堤3个水利组。

西湖垸雄踞沅澧大圈东南，东濒目平湖和沅江市赤山毗邻，南临沅水洪道和沅南隔河相望，西抵鼎城乌黄垸和贺家山，北抵鼎城民主阳城垸。垸内辖四镇（罐头嘴、洲口、坡头、西港）和一个市属西湖区，居民21.6万人，集雨面积439平方千米，65.9万亩，耕地面积40.199万亩。1984年西湖垸被国务院和省政府定为洞庭湖区重点确保垸之一。

西湖垸一线防洪大堤全长60.29千米，重点苏家吉间堤长2.65千米，高水内江间堤长161千米。全线建有穿堤建筑物15处，机组56台，总装机容量13815千瓦；防汛器材仓库6栋。

【防汛抗洪】 2020年，高洪水位停留4个多月，共有5次防汛救灾。水利会组织指挥参与1个多月的激烈战斗和4个多月高度警惕巡逻，确保300千米西湖垸大堤、高低水堤不垮一堤一垸，不发生一起大险情。

【黑杨砍伐】 2019年，水利会查办一起外洲杨树案件，一直到2020年下半年因资金或权属不清，被法院冻结导致几千亩杨树没有砍伐。为迅速落实“洞庭清波”行动，从上半年开始着手，通过几个月不厌其烦地上下协调，耐心细致地做思想工作，终于把所有的“一团乱麻”全部理清，为砍伐杨树奠定了基础。洪水退后日夜奋战，终于把5000多亩，黑杨提前在11月23日前全面砍伐完成。

【队伍建设】 抓党建强作风，全年开展主题党日活动12次，召开党员大会3次，党课教育2次，组织了庆“七一”“三重三讲”活动，强化教育管理。提高政治站位，把学习贯彻习近平新时代中国特色社会主义思想作为最重要政治任务，引导干部职工增强“四个意识”，坚定“四个自信”，做到“两个维护”。将各项规章制度刊印成册下发学习落实，建立团结协作、务实勤政的领导班子，加强干部职工考勤、绩效考核工作，增强干部职工服务意识，深入开展多种形式的文明创建活动，提升干部职工精气神。一是激发了在职员工热情。二是疏通了受处分人员心理。对受过处分人员一个个做思想工作，想尽办法疏通积郁，调整工作环境，将有意愿人员暂时学习培训，稳定了被处分人员。三是尊重了退休人员建议。对单位87位历来非常活跃的退休人员，上门拜访，尊重他们，向他们学习，退休人员也向单位提出很好的建议，支持水利会总支班子开展工作。

【堤防管养】 进入汛期后，动用挖机10台套，劳（动）力近500个，铺放砾石近4000吨，机械和人工同时作业，对大堤进行平整和硬化，确保汛期防汛、抢险车辆正常通行。5月，组织专业队伍对一线大堤进行清基除杂，消灭隐患，对大堤桩、牌、卡共200多处进行更新和维护，进一步完善防汛工作体系，细化堤防管理责任。6月，在毛月障、坡头、窑湾储备防汛砂砾3716吨，进一步完善备汛工作。12月，对全线防汛大堤路面硬化铺放砾石近5000吨。组织水利专业技

2020年7月10日凌晨，汉寿县委书记、县防指政委车世忠（前左一）到西湖垸分指挥部一线防洪大堤督导检查防汛工作，县委常委、县委政法委书记朱进友（后左一）、县委常委、县委办主任熊毅（前右一），县政协党组副书记、副主席刘启明（后左二）参加督导

术人员对 60.29 千米一线大堤的穿堤建筑物、风险堤段，险工险段、防汛物资等进行拉网式堤防大检查、大体检，为来年防汛工作奠定基础。

【退捕禁捕】 按照县政府安排，处在目平湖核心位置的西湖水利会，为保护好一江碧水，将原只有“一护”的护堤职责，变为“六护”：护堤、护渔、护鸟、护生态、护环境、护湿地。用独有的“汉寿模式”，充分利用水利会人靠堤、靠水，在时间上不冲突，在身份上吃财政饭的天然优势，每天24小时开展轮班禁捕，让干部职工觉得有价值。让禁捕工作从教育打击阶段逐步过渡到宣传共享阶段。组建新时代文明实践西洞庭环保志愿服务，每月开展环保志愿活动，引导群众树立生态环保意识，保证河面无漂浮物、河岸无垃圾。

【招商引资】 3月，引进制造业龙建铝业项目，投资1亿元，分两期建成，半年产值达到5000万。当年签约、当年建设、当年投产、当年纳税。水利会组成专门服务班子对龙建铝业进行服务，并安排一名干部常年驻厂服务。

【脱贫攻坚】 调9名机关骨干，驻坡头镇福禄村开展扶贫工作。结对帮扶18户，从危房改造、社会救助、产业发展、健康扶贫等多渠道进行帮扶。

（史迎杰）

岩马灌区

【概况】 岩马灌区管理局成立于2016年4月，为财政全额拨款的正科级事业单位，是国家核定的湖南省23个大型灌区之一，地处洞庭湖区11个重点垸的沅南大垸，办公地点位于岩汪湖集镇，下设办公室、人事股（与纪检监察室合署办公）、计财股、工程管理股、泵站、水政监督股和供水厂。

灌区集雨面积67.44万亩，设计总灌溉面积43.04万亩，有效灌溉面积39.46万亩，受益范围8个乡镇（街道）91个行政村，覆盖人口32.8万人。

【灌区建设规划】 2020年，配合县发改局完成《汉寿县十四五专项规划报告编制》，配合省设计院工作、通过全灌区范围渠道定点和测勘完成《岩马灌区现状评估报告》，收集灌区近三年的基础资料辅助完成《岩马灌区续建配套及现代化改造实施方案》。此外，自主完成《岩马灌区标准化规范化管理方案》《汉寿县水环境专项整治岩马灌区资料汇编》《岩马灌区污水处理工程实施方案》等规划方案并实施。

【重点工作】 2020年，河道因汛期雨水多，水位上涨快，河道上的垃圾与漂浮物相比往年增多，为此修建专用码头供机械作业，相比以往的纯人力省时省力。

农业取用水工作。2018年5月开展，2019年10月报告通过专家评审，2020年9月底专家组验收通过，批准灌区年农业灌溉用水量为16049万立方米。

【水利工程划界确权】 10月，省设计院到县开展水利工程划界确权，对灌区41条主干渠进行划界核定并命名。

【水环境整治】 岩汪湖泵站排水渠200米生态修复工程和岩汪湖渠站生活污水治理工程，于12月完成水环境整治工作销号。

水利部用水户统计直报系统及省厅省管取水户信息填报系统数据填报工作，是继取用水验收工作之后开始的专项工作，水利部用水户统计直报系统每一季度一上报，主要上报每个季度水量使用情况，本年度的总农业灌溉水量上报值为12600万立方米，现系统审核中；省管取水户信息填报系统1月开通，现阶段完成了2020年取水总结报告及2021年度取水计划申请，已填报待报批中。

【泵站工作】 泵站于1977年建成投产，现装机容量为13台共11250千瓦（含车脑泵站5台1250千瓦），属大（一）型泵站。设计排涝流量为78.1立方米/秒（其中车脑泵站14.1立方米/秒）。全年累计投入维修养护资金70多万元，用于设备汛前隐患排查和冬检冬修工作。其间，组织技术力量对2号、7号机组进行了大修。更换冷却器、主泵轴瓦、泵壳气蚀处理、主轴轴颈镶嵌不锈钢堆焊抛光处理；对高压配电工程预防性试验，励磁系统和综合自动化系统进行了升级调试；对1号3号机组叶片角度调节器进行了更换；对供排水系统、调压井护栏更新改造。做到发现问题，及时解决，预防了安全事故的发生。

2020年经历两次抗高洪考验，外河最高水位37.28米，内湖26.3米，总计安全运行11952台小时，总计排水量3.44亿立方米，其中提水灌溉800台小时，水量0.23亿立方米。灌区内农业生产没有因涝、因旱受灾，为灌区内农业生产发展、农村经济增长和农民收入增加作出重要贡献。

【水政执法】 结合水法宣传月、中国水周、世界环境日等活动，通过制作宣传标语、派宣传车进村入组、主要水利工程设置宣传牌等方式，向广大群众宣传水利法律、法规知识，提高灌区群众的水法规意识。增强水政执法队伍力量，组织全局年轻干部参加湖南省水政执法考试；加大水政执法力度，不定时的开展执法清障，先后处置了杨树山桥拦网5层、龙潭

岩汪湖大电排

渡拦网2层、马井桥地笼30只、多处丝网等；先后阻止在渠道上乱搭乱建行为6起。为确保株木山街道、沧浪街道、毛家滩回维乡、县城安全度汛，及时做好沧浪闸与陈军堤闸的启闭工作，沧浪全年开闸时间3160小时，陈军堤闸开闸时间为1257小时。

【农村安全饮水】 紧紧围绕打造“智能型”“便民型”水厂，广泛深入基层调研，积极回应群众诉求。水厂克服各种困难完成了对雷神庵、平安村以及岩汪湖社区的计量水表的智能化升级改造，让居民可以足不出户，实现网上缴费。对五美村的高阳和跑腿湾400户长期受水压不足影响的自来水用户，灌区自筹资金10万元完成对高阳片区主水管的增容扩建。受红菱湖农田改造影响，灌区组织资金，在极短的时间里完成红菱湖主水管改道。2020年，岩汪湖镇铺设沥青对水厂管道的损坏严重，水厂根据岩汪湖镇政府施工计划提前准备充足配件，快速完成各点维修，把对居民饮水的不方便缩到了最小。

【脱贫攻坚工作】 灌区主要担负岩汪湖镇2个村的脱贫攻坚任务。精选13名干部组建局脱贫攻坚工作队，对岩汪湖镇东向湖村和雷神庵村28户贫困户结对帮扶，坚持“一月一帮扶一总结一调度”，其中省级贫困户村（东向湖村）1个，300人以上非贫困村（雷神庵村）1个。2020年已整村脱贫，顺利通过市县扶贫检查验收。

【党建工作】 进一步完善党建各项规章制度。坚持“三会一课”制度，落实党员民主生活会和组织生活会制度，按时足额收缴党费。抓好党员纳新及转正工作，年度发展3名新党员，及时完成1名预备党员转正。落实“三重一大”制度，进一步规范党建工作档案。按照党组织档案管理要求，指定专人负责收集、整理、建立党建工作文字资料、音像资料、图片资料等。完成党报党刊任务，坚持每月开展一次主题党日活动。完善智慧党建系统平台，按时上传“三会一课”到网上，每月评分均为10分。做好党的意识形态工作，加强“学习强国”学习督导，每周发布一次学习成绩，始终保持全县前三名。

（柳本旭）

西湖灌区

【概况】 西湖灌区包括汉寿县西湖垸和常德市西湖管理区，共5镇1乡156个行政村。设计灌溉面积45.9万亩，其中水田36.64万亩、旱地9.26万亩，有效灌溉面积42万亩、灌区总人口22.82万人。

西湖灌区是“沅澧明珠”，“洞庭粮仓”，国家级的现代农业试验示范区，重要商品粮、地标产物和农产品生产基地，设计灌溉面积在全省大型灌区中排名第六，粮食总产量排位第四，供水总量排位第三，粮食单产量排位第一。平均每年生产粮食40多万吨，商品率高达70%，生产蔬菜和水产品100万公斤，是长沙等大城市的菜园子。西湖灌区位于环湖核心，紧邻西洞庭湖国家级自然保护区，对保证洞庭湖区生态环境发挥重要作用。灌区承接了大型水库易地搬迁移民5万多人，有建档立卡贫困户4040户11495人，对当地脱贫攻坚起着决定性作用。灌区主要工作职能是承担西湖大垸防汛抗旱、农村水利建设管理等工作。

【规划设计】 2020年3月，国家启动大型灌区“十四五”规划编制，西湖灌区管理局及早谋划，紧盯目标不放，按期完成《湖南省西湖灌区“十四五”西湖灌区续建配套与现代化改造规划》。6月底，全省组织遴选，7月9日，省发改委、省水利厅将西湖灌区作为湖南省“十四五”投资建设灌区上报国家发改委、水利部。该项目规划投资盘子17亿元（2021—2035），实施西湖灌区续建配套与现代化改造，对探索湖区灌区建设管理具有很强的指导意义，有利于补齐汉寿县农村水利工程的短板，持续推进乡村振兴、维护国家粮食安全，为汉寿县“三农”健康持续发展提供有力支撑。

【工程建设】 严格按照“三制”要求，按照轻重缓急，对管辖范围内

坡头大电排

的坡头、罐头嘴、洲口、西港共4个乡镇完成共7000米的渠道清淤和局部除险，完成太兴村五组节制闸重建工作，完成坡头电排进水渠道4200米水环境综合整治项目，确保当地水利工程安全，进一步发挥工程效益。

【防汛抗旱】 针对年内汛情叠加特殊天气，西湖灌区管理局及时成立防汛抗旱应急领导小组，编制《汉寿县西湖灌区防汛抗旱应急预案》。在县防指的统一指挥下，及时研判水情、雨情，科学调度。坡头泵站全年累计安全运行4000多台小时，比往年增长近1000台小时，排渍总水量达12.4亿立方米，输送抗旱农业用水5000多万立方米，确保西湖大垸内23万余人的生命财产安全和农民的增产增收。

【水环境治理】 在规划编制上结合西湖灌区的特点和当前存在水环境恶化、水环境急需治理等问题，按照生态修复有关原则，全部纳入西湖灌区续建配套与现代化改造（2021—2035）。7月底，灌区管理局严格按照县生态环保整治的有关要求，对坡头电排进水池前200米输水通道进行综合整治，采取渠道清淤、生态护坡、河道保洁等工程措施，按时完成机关院落雨污分流，净化池改造，并按期销号。同时还纵深向前推进4000米，彻底打捞河面漂浮物，整治河道两岸，形成长效机制，达到水畅、岸绿、景美的目标。

【水政执法】 紧紧围绕打造“节水型”“生态型”“智慧型”“人文型”四型灌区，坚持以“世界水日、中国水周”为契机，以“坚持节水优先，建设幸福河湖”为主题，组织水政执法中队和灌区志愿者在西湖垸内进行水法宣传，促进灌区居民知法、懂法、守法。按照“水利工程补短板，水利行业强监管”和国家大型灌区规范化标准化管理的要求，研究出台《西湖灌区标准化规范化管理制度》，建立起水工建筑物、调水、用水、管水、护水管理机制。针对灌区内乱挖乱占、乱种乱养、乱搭乱建、乱堵乱围等“八乱”现象，依托行政执法授权委托，对西湖灌区水事进行依法管理，开展每周巡查，全年拆除河道矮围、栏网54亩，责令停工整改5处。

【文明创建】 在夯实市级文明单位的基础上，以创建市级文明标兵单位为工作目标，通过阵地建设、创建活动等凝聚人心，提升单位形象。全年先后开展道德讲堂2次、社会主义核心价值观学习教育活动4次、志愿服务活动12次、“我们的节日”主题活动7次、“小手牵大手，文明路上一起走”未成年人爱国主义教育等系列活动，得到各级党报党刊、新闻媒体的宣传报道。

【党建工作】 推崇抓党建就是抓发展，抓党建就是抓作风的理念，按照“一岗双责”的要求强化责任落实，形成人人都是党建员的工作格局，推动全局党建工作有序开展。2020年，局党支部着力开展支部“五化”建设，扎实推进“两学一做”常态化、制度化，深入学习《习近平谈治国理政》第三卷、党的十九届五中全会精神以及习近平总书记在湖南考察时的系列重要讲话精神，按期开展“三会一课”、民主生活会、组织生活会、民主评议党员，组织开展12次党员志愿者、12次主题党日等活动，坚持把党旗插在脱贫攻坚、生态环保整治一线，在实践中锤炼党性。将意识形态工作“四个纳入”、发挥党组织“三个带头”作用、始终坚持意识形态工作与经济建设、政治建设、文化建设、社会建设、生态文明建设和党的建设工作紧密结合，形成一同部署、一同落实，一同检查、一同考核“四个一同”的工作机制，成立专班，对一些苗头性倾向性问题早发现、早处理，牢牢把握意识形态的方向。

【脱贫攻坚】 全年拿出扶贫支助款5万元支助洲口镇乌龙港社区和小河村的脱贫攻坚工作，对社区重点贫困户的危房改造和大病救助援助款项达5万元，对点村沟渠清淤10.5千米，累计投入项目经费40万余元。截至2020年年底，联点村洲口镇乌龙港社区和洲口镇小河村已完成贫困人口全部“清零”目标任务。

（胡传毅）

河道砂石资源管理

【概况】 2019年10月，经县委、县政府同意，专门成立河道砂石资源开采办公室（简称县采砂办），系县政府常设临时机构。县政府授权县农业投资公司，县农业投资公司授权金达砂石有限公司，与县采砂办实行“两块牌子、一套人马”，负责全县河道砂石资源经营管理的统一开采与销售。工作人员从县直部门、乡镇抽调和社会聘用，执行早7晚7工作时间和轮休制度，实行半“军事化”管理、混岗使用。行政办公区设在沧港镇新兴社区（原新兴乡政府院内），设有综合人事部、财务部、后勤保障部、市场营销部，采区设有统筹调度部、督查部、废弃物处置部、结算中心、船舶检查平台、排挡等候平台、生产配载平台、沥水核载平台等部门。

按照上级要求，金石垸采区具备有相关许可手续。湖南省水利厅批复了《湖南省湘资沅澧干流及洞庭湖河道采砂规划（2019—2022年）》沅水流域仅有汉寿县的金石垸和太湖垸两处可采区。常德市水利局《关于下达2019年度河道采砂计划和做好河道采砂前期工作的通知》对金石垸采区下达1500万吨的年度控采量。常德市水利局下达《关于汉寿县金石垸河道砂石资源开采权统一经营管理实施方案（2019年度）的批复》该采区系全省除湘阴县以外的第二大采区。

2020年，省人大、省水利厅、省司法厅，市委书记周德睿，市委副书记、市长邹文辉等领导先后到采区调研指导，对县砂石资源政府统一经营模式予以高度肯定。12月8日，湖南日报第四版以《由乱到治》为标题，对金石垸采区规范管理进行了报道。在整治砂石市场过程中，采区铁腕铁规，实现由乱到治，取得生态、社会、经济效益共赢。

【安全生产】 成立安全教育培训领导小组。在采区设置安全警示标志18个、宣传牌7块，与各采砂工程船船主、砂石销售客户签订安全生产责任书45份；每天坚持班子成员带队对采区生产情况进行督导检查，发现问题，立即整改，共发放整改通知书33份。全年未发生一起安全生产责任事故，真正做到安全常抓，平安常有。

【廉政建设】 制定《采砂办廉洁自律“九严禁”》和《汉寿县采砂办廉政、安全风险点及防控措施》，要求工作人员在平时的工作中防微杜渐，坚决抵制各种腐败事件的发生。全年没有出现一起纪律处分和政纪处分。

【砂石销售】 在市场竞争日趋激烈的情况下，积极对接市场，与十几家砂石公司签订砂石销售合同，产品销往长沙、岳阳、重庆、湖北、江西、安徽、浙江等地。全年共开采砂石1548万吨，超额完成上级下达年度开采任务；砂石年销售收入7.32亿元、纯利润达3.5亿元、税收8600万元。实现社会效益和经济效益双赢。

【防汛抢险】 7月上旬，按照县防指要求，采砂办组建一支50人的防汛抢险应急队伍，参与新兴嘴至盘湖硚一线大堤巡堤查险，并成功抢护了7月10日深夜盘湖硚管涌险情，得到沅南一线防汛分指通报表扬。

（柳元明、陈彪）

2020年7月13日，市委书记周德睿（右一）到采区视察工作。市委常委、市委秘书长罗先东（右二），县委副书记、县长周功表（左二）参加视察

扶贫开发

【概况】 汉寿县扶贫开发办公室为县人民政府组成部门。主管全县扶贫开发工作。内设机构4个，综合股（人事股）、规划财务股、政策与开发指导股、贫困监测与督查股。成立汉寿县贫困监测中心为直属正股级事业单位。

【脱贫成效】 通过对贫困户开展的“五个精准到户”、结对帮扶、扶贫小额贷款及消费扶贫等多方面帮扶，2020年792户2073名建档立卡贫困人口全部脱贫。至此，全县33个贫困村稳定退出，12159户40285人建档立卡贫困人口全部脱贫，307户757人脱贫不稳定人口和271户806人“边缘易致贫人口”返贫致贫风险全面消除，脱贫攻坚取得决定性的胜利。

2020年2月11日，汉寿县召开2020年决战脱贫攻坚动员大会暨防控新冠肺炎阻击战推进会视频会议。县委副书记、县长车世忠出席并讲话，县委副书记刘毅翔及在家的县级领导参加会议

【压实责任】 县委、县政府扛牢脱贫攻坚政治责任，强化攻坚政治担当，全面落实脱贫攻坚主体责任。县委、县政府主要负责同志亲自部署、亲自调度、亲自督导脱贫攻坚工作，构建起全县脱贫攻坚全员参与、上下联动、齐抓共管的工作格局。一是压实县级领导责任。分管行业部门的县领导切实负起“管行业管扶贫”的责任，定期调度，督促政策落实。联点县领导负责指导、督导所联乡镇和贫困村脱贫攻坚工作，定期进村入户督导，调度解决问题。二是压实行业部门责任。行业扶贫部门主要领导对照脱贫攻坚总任务、总目标，制定行业扶贫工作方案、细化工作举措、强化工作保障，落实各项任务。单位主要负责人每半月进行一次工作调度，及时研究解决工作中存在的问题。三是压实乡镇主体责任。乡镇党委书记、乡镇长紧跟县委、县政府，做实“三走访三签字”工作，紧紧扣住拟退出村、拟脱贫户和一些特殊困难户的关键节点，做到谋事在先、处事在前，落实到位、把关到底，确保脱贫退出各环节工作推进有力、高质高效。村支部书记、驻村工作组组长无条件、全天候站好第一岗，把好第一关，把脱贫攻坚各项具体任务和党的各项惠民政策一对一、实打实地落实到户到人，把每个实际问题解决在第一关口，解决在群众身边。

【增强力量】 一是进一步优化帮扶队伍结构与质量。县委、县政府秉持“用最放得心的干部、最强的力量决战脱贫攻坚”的理念，优化配置600名驻村干部，派驻到全县33个贫困村和贫困人口100人以上非贫困村，实现驻村帮扶全覆盖。选派近5000名优秀干部与全县12159户建档立卡贫困户、270户“边缘易致贫户”结对帮扶。二是进一步提升帮扶工作精度与深度。全面推行“双组长”责任制，实行纵横结合的驻村结对帮扶管理。在由县直科局班子成员担任驻村工作组长的基础上，全面推行成员单位“一把手”或班子成员担任协调组长，编织成内外结合、纵横交错、覆盖全县的帮扶管理网络，切实做到了帮扶工作的大密度、高深度管理。在全面解决“一超过两不愁三保障”问题基础上，坚持扶贫与扶志相结合，召开好“屋场会”、开展“脱贫之星”评比、进行新风尚与家风点评等活动，把帮扶触角伸展到贫困人口的灵魂深处，充分激发贫困人口自立自强的内生动力。

【落实政策】 落实危房改造政策。2020年，经全覆盖摸排和住房保障脱贫质量“回头看”完成农村C/D级危房改造及漏风漏雨整改、厨房厕所配套共计2200户。落实健康扶贫政策。实现贫困人口、边缘易致贫人口等“六类对象”参保率100%；贫困人口县域内住院“先诊疗后付费”“一站式结算”制度全面执行，县域内住院报销比例达90%；贫困户家庭医生服务签约100%；慢性病患者随访服务到位；203个村级卫生室建设全面达标；乡镇卫生院全科医生，合格村医配套全面到位。落实教育扶贫政策。对5571名学生教育资助无一遗漏，全部到位；全面做好控辍保学工作，确保全县无一义务教育阶段学生因贫失学；170名送教上门学生全面展开送教工作。落实社会保障政策。社会兜底新增提标扩面723户1241人；2020年全县新办残疾证3298人，发放重度残疾人护理补贴12121人，发放困难残疾人生活补贴6705人；无障碍设施改造161户；为726名贫困残疾人发放辅助器具；残疾人托养160人；落实高中及以上残疾人学生或贫困残疾家庭学生教育资助353人，为建档立卡重度残疾人代缴医疗保险2557人，代缴养老保险8045人。落实就业扶贫政策。2020年为3530名县外就业贫困人口发放交通补贴105.36万元；新增就业扶贫车间15家，共有扶贫车间22家，吸纳就业1620人，其中贫困劳动力229人。落实产业扶贫政策。2020年投入产业扶贫专项资金1799万元，确定12家龙头企业、51个专业合作社、3个家庭农场、14个乡村产业企业参与产业帮扶，28家专业合作社产业帮带33个贫困村；对3976户"两有"贫困户和46户"两有"边缘易致贫户，全面给予产业帮扶。落实消费扶贫政策。出台《汉寿县2020年消费扶贫月暨金秋消费季活动实施方案》，全县布点消费扶贫专柜96个；设立线上、线下消费扶贫专馆各1个；建设消费扶贫专区1个；认定扶贫农产品67个，完成扶贫农产品销售1.2亿元。落实易地搬迁政策。全县易地扶贫搬迁对象2124户7569人搬迁入住率、拆旧复垦复绿率、后续产业帮扶率全面达标。落实小额信贷政策。全面做好扶贫小额贷款发放，截至2020年11月底，累计发放扶贫小额贷款4827笔21146万元，现有贷款余额1323笔6326万元，历年累计贷款逾期率为零。

【降低疫情影响】 一是"早安排、早部署"，全面摸清底数。建立县、镇、村三级联动，做好贫困劳动力返岗就业、返乡回流情况和2020届贫困家庭子女高校毕业生统计调查，并实行周报制度。对贫困劳动力返岗就业、返乡回流人员和2020届贫困家庭子女高校毕业生实现动态监测管理。全面掌握贫困劳动力的就业能力和就业愿望等基础信息，建立返乡回流贫困人员基础台账，做到收入状况、家庭情况、就业意向、技术素质、安置去向"五清楚"，抓实抓细各项工作。实现已就业贫困劳动人口17185人，超2019年；新增设置扶贫公益性岗位1290个；对290名返乡贫困劳动力全面开展"311"帮扶，有就业意愿人员实现全部就业；全县贫困家庭子女2020届高校毕业生137名，通过帮扶，其中120人已经就业，17人考证、当兵、升学；二是"两手抓、两手硬"，全推进复工复产。紧盯贫困群众增收，科学应对疫情，着力做好贫困劳动力维岗就业工作。针对疫情设置临时性公益岗位620个，开发公益岗位1290个。多举措帮扶贫基地、扶贫车间全面复产，督导184个扶贫项目全面复工、开工。

2020年4月27日，汉寿县召开脱贫攻坚问题整改工作推进会，县委书记车世忠出席会议并讲话，县委副书记、县长候选人周功表主持会议

【禁捕退养转产帮扶】 对全县26户禁捕退捕贫困户和"边缘易致贫户"、3户野生动物退养贫困户，全面做好转产转业帮扶工作。一是指导其重点在休闲渔业、水产养殖、水产品加工等相关相熟的领域进行创业；鼓励本地企业和扶贫车间积极吸纳受影响的贫困户和"边缘易致贫户"就近就地就业，并针对其意愿和需求及时给予帮扶。人社部门共举办专场招聘会7次，开展技能培训13个班420人；大力开发各类公益性岗位，优先安排符合条件的贫困户和"边缘易致贫户"转岗就业；对于基本生活出现困难且符合条件的贫困户和"边缘易致贫户"纳入社会救助范围，落实兜底保障政策。二是对符合条件的帮助其申请扶贫小额信贷。已经办理了扶贫小额信贷，因禁捕退捕、退养影响导致不能按期还款的，按政策办理展期和续贷，继续享受财政贴息和风险补偿。三是大力开展贫困户和"边缘易致贫户"的职业技能培训。对于继续从事农业生产的，由农业农村局组织开展种养殖业培训。对有意愿进入工业园区企业就业和自主创业的，由人社局组织开展就业技能培训和创业培训。四是充分发挥防止返贫监测和帮扶机制作用，围绕"两不愁三保障"进行全面排查和动态监测，对发现的问题及时采取措施解决，确保贫困户稳定脱贫不返贫、"边缘易致贫户"不致贫。全县除3户因身体原因无法转业外，已全部成功实现转产转业。

【问题整改清零】 一是强化问题整改力度。根据省办工作安排部署，3月上旬至5月底，全面开展脱贫质量"回头看"；6月1—15日，开展为期2周的脱贫攻坚质量"回头看"问题整改清零集中行动；6月20—30日，对脱贫质量“回头看”问题整改及责任落实，开展工作督查；9月21—30日，谋划指挥全县所有县级领导、有脱贫攻坚任务的单位和干部，开展为期10天的脱贫攻坚“空城行动”。坚持问题不查清不放过、整改不到位不放过、成效不符合要求不放过、群众对整改不满意不放过。二是拓宽问题整改广度。重点围绕脱贫攻坚工作总体部署，脱贫质量“回头看”工作安排、工作推进、整改落实，驻村帮扶和结对帮扶，“三保障”、安全饮水、人户不一致、产业扶贫、就业扶贫、光伏扶贫、残疾人政策落实、小额信贷等13个方面重点问题开展督查整改。建立分管行业部门县级领导牵头、行业部门联动整改机制，强化信息数据比对，入户走访全覆盖，确保问题排查整改无死角、无遗漏。三是实现问题整改精度。坚持问题整改“一天一交办、一周一通报”，明确一个问题一名分管负责人和一名具体经办人，细化工作任务，分门别类建立问题整改台账，逐条逐项明确时间表、路线图，推动问题全面整改，确保所有问题“村村清零、户户清零、事事清零”。从2018年起，省常态化联点督查共发现并交办问题共217个，其中2018年46个、2019年132个、2020年39个，所有217个问题均已在规定时间内整改或落实完毕，并在湖南省三落实系统内进行回复。

【汉寿县召开2020年决战脱贫攻坚动员大会暨防控新冠肺炎阻击战推进会视频会议】 2月11日下午，常德市组织召开决战脱贫攻坚动员大会暨防控新冠肺炎阻击战推进会视频会议，汉寿县作为分会场收听收看会议，并在会后继续召开汉寿县2020年决战脱贫攻坚动员大会暨防控新冠肺炎阻击战推进会视频会议。县委副书记、县长车世忠出席并讲话，县委副书记刘毅翔主持会议，全体县委常委及在家的县级领导参加会议。县扶贫开发领导小组成员单位及疫情防控指挥部各工作组牵头单位主要负责人、各乡镇（街道）党（工）委书记参加会议。

【汉寿县召开2020年脱贫攻坚暨农村工作会议】 3月13日下午，汉寿县召开2020年脱贫攻坚暨农村工作会议。县委副书记、县长车世忠出席会议并讲话，县委副书记刘毅翔主持会议，全体在家的县级领导参加会议。相关单位主要负责人、高新区管委会主任、乡镇（街道）党（工）委书记、太子庙镇镇长在主会场参加会议；各乡镇长（主任）、分管负责人、相关站所长、扶贫专干、村（社区）支部书记，贫困村及100人以上非贫困村工作组组长及成员在分会场通过智慧党建平台同步参会。

【省扶贫办调研组到汉寿县调研脱贫攻坚工作并召开调研座谈会】 4月10日，省扶贫办党组成员、副主任杨文辉率调研组一行到汉寿县调研脱贫攻坚工作并召开座谈会。县委副书记刘毅翔、副县长李功文出席会议。

会议听取危房改造、健康扶贫、社会兜底保障、残疾人办证等工作情况汇报，并就经验做法，工作中存在的困难、短板及有关建议、打算进行了交流发言。

（刘林东）

水　文

【概况】 汉寿县水文局管辖汉寿县境内中小河流水文站2个（朱家铺、南阳嘴）；地下水位站4个（龙阳、岩汪湖、文蔚、西洞庭）；中小河流雨量站3个（沧港、杨梅、毓德铺）；洪水易发区雨量站4个（杨旗嘴、清水坝、颜家庙、月明潭）；土壤墒情站1个（三和）；山洪灾害监测系统水位雨量站21个，山洪灾害监测系统雨量站18个。

【防汛抗旱减灾】 汉寿水文积极履行“耳目”和“参谋”的作用，及时做出洪水预报。整个汛期向相关县领导及防汛抗旱指挥部发送水情周报20份，水情月报6份，水情简报7份，预测预警报8份。盘湖硚水位站2020年7月10日出现最高水位38.71米（警戒水位37.50米）；周文庙水文站2020年7月10日出现最高水位37.36米（警戒水位36.00米）；朱家铺水文站2020年7月27日出现最高水位42.50（警戒水位43.00米）；南阳嘴水文站2020年7月28日出现最高水位35.50米（警戒水位34.50米）。

【水资源管理】 积极参与农村饮水水源保护工作，定期对县级水功能区水源地进行水质监测，精心组织水质取样准备和联系工作。每个月对沅江4个断面进行常规取样；全年完成2次水库集中取样，及时将样品送到市中心水资源科。及时向县水利局发布水资源质量状况，为汉寿县保护河道、水库水质提供依据。定期发布水质监测通报和水环境质量通报。科学、客观的监测数据，为全县水库全面禁止投肥养殖，促进水资源保护，服务农村安全饮水作出贡献。为了掌握汉寿境内地下水现状第一手资料，2020年4个地下水监测站运行正常。

（张静辉）

交通·邮政·通信

交通运输管理

【概况】 汉寿县交通运输局下设办公室（含财务、人事、法制和行政许可）、运输管理股、计划统计股（含基建）、安全监督股。2020年，根据六大领域综合行政执法改革的要求，交通行政综合执法局挂牌成立。

2020年，全县交通运输工作稳步向前，取得较好成效。汉寿普铁沿线安全环境整治工作获得省政府真抓实干激励表彰，是全县两项获得省政府真抓实干激励表彰的工作之一。

【交通建设】 农村公路。2020年全县完成自然村通水泥路建设77千米，农村公路提质改造38千米，农村危桥改造3座，农村公路安防工程390千米。全县农村公路通车总里程达2350千米，农村客运营运线路71条，营运客车223台，22个乡镇（街道、区）、203个行政村全部通客运班车，25户100人以上自然村基本实现了通水泥路目标，通畅率达100%。完成东仓铺至大南湖公路、阁金口至官新障战备公路交通项目建设。

“一桥一路”项目。为抓好交通重点项目建设，县委、县政府成立“一桥一路”建设指挥部（汉寿洞庭湖特大桥和G319太子庙集镇改线项目）。汉寿洞庭湖特大桥路线起于汉寿县坡头镇坡头村，与S223沅水北段平交，向西展线，在新旨障处转向西南方向延伸，经三星村，在坡头渡口上游1.2千米处跨沅江，过黄芦山村，终于S223与S315岩汪湖交叉口，路线全长6.667千米（其中大桥长3.62千米，桥宽16米；接线长3.047千米，路基宽12米），估算总投资约7.5亿元。G319太子庙集镇改线项目选址起于太子河以东420米处G319太子寺路口，下穿铁路高架桥，跨太子河，与S224平交，向西展线，上跨铁路，与金鹰路对接，终于龙兴大道，线路全长约6.515千米，按一级公路标准设计，路基宽24.5米，路面宽21米，沥青混凝土路面。估算投资约4.5亿元。汉寿洞庭湖特大桥和G319太子庙集镇改线项目已纳入省“十四五”规划，正进行前期准备工作。

高铁高路项目。常益长高铁自2019年7月正式开工建设以来，进展顺利，原计划2023年5月建成通车。根据湖南省人民政府关于加快推进常益长高铁建设的会议精神，常益长高铁益阳至常德段工期提前半年，全线2022年下半年通车。常益长高铁将在株木山设汉寿南站。2020年12月24日，省发改委下发《关于G5513益阳至常德高速公路扩容工程可行性研究报告的批复》，益常高速复线汉寿段工作全面启动，汉寿将设置3个互通口。

【交通运输管理】 城区综合秩序整治。县交通运输局在政府的统一部署下从6月开始进行城区综合秩序整治，交通运输局的主要职责是整治城区交通运营秩序，打击“黑摩黑的”非法营运行为，全力打造汉寿“最美客厅”。全年累计出动执法人员5300余人次，查扣非法营运汽车摩托车817台次。通过集中整治，城区的营运秩序有明显改观，非法营运现象明显减少。

【公共交通】 根据城市发展规划和群众需求，特别是为满足县人民医院搬迁后群众就医方便，对城区1、2、3、4路公交线路进行优化调整，

2020 年 4 月 2 日，汉寿新能源出租车投入启动仪式，首批投入新能源车 100 辆

新开通 6 路公交车，城区公交线路均经过新人民医院、五里桥市场等地，实现城区公交网络全覆盖。4 月，完成老旧出租车下线及新能源出租车更新换代，原有的老旧出租车全部下线，首批投放 120 辆新能源出租车，实行打表收费。

【普铁沿线安全环境整治】 铁路安全环境整治是根据《中华人民共和国铁路法》《铁路安全管理条例》赋予地方政府的一项涉及安全、民生的工作，由交通运输部门牵头负责。2020 年，铁路沿线累计拆除违章建筑 1500 平方米，彩钢瓦等硬质漂浮物 2800 多平方米、塑料大棚等轻质漂浮物 3000 多平方米，加固彩钢瓦等硬质漂浮物 7.5 万平方米。砍伐树木 25000 余株，竹子 30000 余株，共涉及毛家滩、崔家桥、太子庙 3 个乡镇。2020 年，省市铁路安全环境整治领导小组分三期给汉寿县下达的铁路安全环境隐患整改任务共 76 处，9 月 15 已全部按要求整改到位，取得较好实效。汉寿的普铁沿线安全环境整治工作获得省政府真抓实干激励表彰。

【非法渡口码头整治】 为切实落实习近平总书记对湖南“守护好一江碧水”重要指示精神，市政府对全市洞庭湖、沅水、澧水（以下简称“一湖两水”）沿岸货运码头、砂石码头、渡口进行专项整治。要求 2020 年 5 月 30 日前，完成非法码头、渡口的核查摸底；2020 年 12 月底前，完成清理取缔非法码头、渡口，恢复自然岸线、复绿等工作；2021 年 6 月底前，完成规范提升手续不齐全码头、渡口的整治。根据省市要求，2020 年县交通部门开展“一湖两水”码头渡口专项整治，对 88 处码头、渡口进行核查摸底，共取缔非法砂石码头 16 处、渡口 1 处，规范提升渡口 11 处、完善 4 处砂石集散中心设备和手续。

（刘　斌）

公路建设养护

【概况】 汉寿县公路建设养护中心内设办公室、政工股、养护股、工程股、路政股、安全股、计划财务股 7 个股室；下辖 1 个副科级事业单位（汉寿县沅水大桥管理所）和正股级事业单位南赶超限检测站及道路养护中心。

汉寿县公路建设养护中心主要负责管理、养护 1 条国道（G319）、3 条省道（S223、S224、S225）、4 条县道（X032、X038、X210、X010），管养里程共计 171.174 千米。管理、养护公路桥梁 29 座，总长度 8415.48 米，其中特大桥 1 座，S224 线汉寿沅水大桥 7265 米；大桥 4 座，545.52 米，G319 线牛路滩桥 122.6 米，X210 线朝阳桥 148.08 米，S224 线沧浪河大桥 127 米，S224 线向阳河大桥 147.84 米；中桥 5 座，298.12 米；小桥 19 座，306.84 米。

【养护生产】 2020 年是 5 年一次的国评之年，中心领导小组明确分工，统筹推进“十三五”迎国评各项工作开展。为加快基层单位迎“国评”工作进度，确保迎“国评”工作按时限完成，4—10 月，建立日调度、旬推进、月通报的制度，稳步推进迎“国评”各项工作。

强化中心养护站、信息化设施、服务设施的建设力度，重点完善迎国检线路圈和受检路段公路标志标线、安防设施、绿化、里程碑、百米桩等基础设施，重点检查完善命名编号调整实施的桩号传递工程和指路标志调整工程。按部、省要求，解决好遮挡标志、指路标志不科学、指路信息不连续和警示信息不规范等问题，全面提升公路服务品质和形象。

全年共完成坑槽修补 6332 平方米，路面裂缝清灌 1.85 万米，水泥路面接缝清灌 1.74 万米，路面标线 52.813 千米、1.87 万平方米，里程碑补栽 24 块，百米桩 517 根，增设标志牌 332 块，清除遮挡物 150 处，清理路肩 6150 米，处治 5 处、613 平方米路面沉陷，安装水泥圆涵管 87 米，修复损坏钢护栏 160 米，行道树刷白 47.09 千米，清理石砌水沟 9800 余米，管养线路割除路肩高草 4 次，对

29座桥梁进行数据采集与录入，沉水大桥17道型钢断裂伸缩缝进行焊接或更换。

【公路工程】 完成2018年G319线8.21千米和S224线7.5千米路面大修工程的财评决算，2019年S224线800米大修工程及G319线1千米中修工程的决算评审。对2019年S224线丰家铺集镇路段800米大修工程人行道及附属工程工作进行进度和质量的督导检查。对大修路段的平交路口和丰家铺镇政府前坪进行提质改造。

【路政管理】 路政日常巡查183次，清除临时路障17处，劝阻路边摊点、利用公路路面打场晒粮等违法行为46起，清除小型非公路标志61块，撤销广告牌许可2块，清割非公路宣传横幅48条，控制新建房屋7处，查处路面污染案3起，协调高铁跨路施工项目2处共8次，协调电力施工4次，协调自来水管网维修8次，清理枯死行道树、杨树协调12次，下发《临时违章建筑拆除通知书》《责令消除违法行为通知书》等11份，续期许可5起，立案查处挖机污染路面案2起、路损赔(补)偿案件9起，结案7起。

开展治超领域顽瘴痼疾专项整治行动。为全面落实省、市、县关于集中整治交通问题顽瘴痼疾的有关精神，中心针对春节后超限超载反弹情况，组织执法人员从2月28日起，在县域内开展加强流动执法、严厉打击超限超载违法行为的专项整治行动，在汉德大道、319国道等路段扩大流动执法的时间、空间、覆盖范围，最大限度地减少和消除执法盲点。

开展超限超载“百吨王”专项整治行动。从6月12日起，在全县范围内开展为期一个月的重点打击的超限超载车辆“百吨王”的专项整治行动。通过专项整治行动，形成严处重罚的高压态势，全县境内货运车辆超限超载违法行为得到有效遏制，治超工作形势明显好转。

强力推进科技治超。贯彻执行“296”号令，全面推行非现场执法工作。加强与县人民法院的联系，通过行政审查与强制执行两种措施保障非现场执法工作顺利开展，年内非现场执法的查处率明显提升。

截至10月31日，依托站点治超和流动治超共检测车辆45393辆，查处非法超限运输车辆718辆（其中非现场执法共查处车辆229辆），卸载13938.49吨，处罚款108.04万元（其中非现场执法处罚款77.38万元）。交警共扣分2520分，吊销车辆道路运输证1本，关停整顿涉超源头企业8家，行政拘留1人，形成严处重罚的高压态势。

路政人员进行军训现场

【安全生产】 上级督办安全隐患清零。2020年，中心收到市交通问题顽瘴痼疾整治办督办安全隐患110处，成立隐患治理工作小组，制订整改计划，对整改隐患按计划分期分批整改，10月底，上级督办的安全隐患全部整改到位。

安全检查隐患即查即改。中心安全生产领导小组对管养路段公路、桥梁、作业施工、设备设施、办公场所及消防安全进行每月不少于1次的安全检查，共查处安全隐患22处，对查处的安全隐患进行交办，当月即全部整改到位。

开展重点领域专项整治行动。中心先后开展“安全生产三年专项整治、强制法防事故”等专项行动，在公路养护、路政治超等方面加强整治。自行动开展以来，对公路沿线违章建筑和违章占用公路，未经审批安装非公路标志、标牌、占用公路摆摊设点进行全面清理，取得较好的效果。

加大宣传，强化安全意识。根据县整治办统一部署，积极开展“交通问题顽瘴痼疾整治”宣传活动。利用电子显示屏、宣传栏、横幅标语等多种形式宣传，制作横幅标语19条、宣传窗1幅。

做好应急防范。每逢节假日，中心领导带队值班、随时待命。制定中心公路桥梁防冰雪应急预案和公路桥梁突发事件应急预案；成立两个应急保障小组，安排应急值班人员68人；储备融雪剂38吨、安排应急车辆5台、值班车辆2台以及防护工具等，确保中心管养路段公路桥梁安全运行。

（龚玉刚）

邮 政

【概况】 中国邮政集团有限公司湖南省汉寿县分公司（以下简称汉寿县邮政分公司）内设综合办公室、市场营销部、金融业务部、渠道平台部、集邮与文化传媒部、寄递事业部6个股室；下辖18个邮政金融网点，17个邮政营业网点。

2020年，全县邮政累计完成收入8942万元，同比增长18%，排全市第1位。

【普遍服务】 筑牢普遍服务、寄递业务、金融业务、农村电商“四梁”，构建党建、转型、赋能、扁平、平台、协同、活力、作风“八柱”，以党建引领汉寿邮政高质量发展。以普遍服务为根本，进一步践行“人民邮政为人民”的服务宗旨；以质量效益为中心，进一步推动企业高质高效发展。

【金融服务】 2020年1月7日，县邮政分公司、县商务局在北京开展“访老乡温暖北京行”活动。中国国际文化传播中心带领县商务局、汉寿县邮政分公司、北京常德企业商会等相关单位，深入建筑工地，慰问一线工人，送去春节祝福。针对在京湘籍务工人员较多、春节购票困难等实际情况，县邮政公司工作人员现场为返乡农民工登记身份信息，为其预订车票，全力保障农民工顺利返乡回家过年。

1月17日，汉寿县政府指导团县委、县文明办、县邮政公司，在汉寿汽车总站、火车站等交通枢纽中心开展“青年志愿行 温暖回家路”活动。“温暖回乡路 邮政伴您行”活动开展的第三个年头，累计帮助近18000多名在外务工人员及大学生返乡过年。

12月27日，访老乡第二站——温暖深圳行活动启动。借助中国国际文化传播中心深圳联络部、中国香港联络部之力，延续访老乡活动。在深圳汉寿商会年会上，汉寿县邮政分公司再次宣讲接老乡回家乡活动方式以及办理金融业务福利，并在现场发放了金融宣传单、惠农礼品券、深圳至汉寿车票券，返乡人员参与福气红包抽奖人数2767人，中奖金额30602元。

【寄递业务】 2019年12月10日，湖南中邮物流汉寿运营中心揭牌，汉寿县邮政分公司通过抓好关键因素，做到服务好一个政府，搭建好一个平台，一对一服务好园区企业，上下联动，实现良性政企合作局面。为企业在整车物流、零担物流、特快专递、快递包裹、金融、农村电商等方面提供全方位解决方案。一是成立运营平台。针对企业需求进行一对一分析，梳理县内物流运输资源，进行整理。分门别类针对机械类、化工类（非危化）、医药类等，制作行业服务方案，成立信息化运营团队，利用中邮睿邮系统，对园区物流进行科技赋能，平台运营。二是引入金融服务。县邮政公司积极利用省邮政公司资源引入邮储、京东等优质的金融服务，针对物流供应链提供金融服务产品，通过金融手段解决物流公司流动资金不足、物流账期过长等问题，提升物流公司效益。三是加大科技赋能。根据汉寿工业园的需求，结合中邮睿邮物流信息系统功能，提供从原料入厂物流—工厂生产物流—销售物流的全程信息赋能。四是保障政策落地。通过对接政府，将政府提供的税收、补贴、建设等政策进行落地，提升汉寿工业园整体物流效率，拟定利用3年左右时间初步建立汉寿工业园配套物流综合服务体系。

2020年初，在全国上下“战疫”非常时期，汉寿县邮政分公司确保“四个不中断”，在常德市公司大力支撑、指导下，为汉寿康普制药有限公司三次专车向武汉输送“火神山”医院急需药品，获得汉寿县政府和企业的充分肯定及赞扬。汉寿县新型冠状病毒感染的肺炎疫情防控工作指挥部为汉寿邮政分公司发来表扬信，康普药业股份有限公司送来感谢信。汉寿邮政医疗物资运输绿色专线三次运送药品近1400件，价值近356万元，缓解汉寿康普药业股份有限公司燃眉之急。

汉寿县邮政分公司分别与湖南中

2020年1月17日，“青年志愿行 ·温暖回家路”春运活动在县汽车总站启动

2020年2月3日，汉寿邮政分公司为汉寿康普制药有限公司用绿色专线向武汉输送“火神山”医院急需药品

联重科混凝土机械站类设备有限公司、康普药业、沃博特生物科技、耐美特智能烘干设备公司、博溥立新材料科技公司、力达电杆、植歌茶叶等园区多个中大型企业开展多方面全方位合作。截至2020年12月31日，园区企业共发运整车1521车。

【农村电商】 汉寿县作为全国六个惠农项目试点县之一，惠农合作项目初见模式。累计采集社场信息3676条，其中有效合作社信息391家、个人客户数2018家（含家庭农场159家），与41家农业龙头企业和550家有效社场全部签订战略合作协议。切实做到惠农利农有效，截至12月，累计发放贷款2972.8万元，金丝贡菊、板栗南瓜等30多个产品电商销售1974.56万元，销售农资化肥620吨，得到社会各界认可，打造华诚、篮香等5个示范社场，为15家企业开展蔬菜同城配，为5638名建档立卡贫困户免费赠送意外伤残保险，与沃博特等农产品服务企业建立长期合作关系，省商务厅、市委市政府和集团公司专程调研予以肯定。

11月11日，中国·汉寿第五届蔬菜节盛大开幕，分公司设计了一套“汉蔬味真美”的蔬菜节专属明信片，融合惠农元素与集邮文化，发放给所有参会领导及嘉宾，作为纪念品珍藏。在蔬菜节开幕式上，汉寿县人民政府和常德市邮政公司签订“消费扶贫”战略合作框架协议，邮政公司将以汉寿扶贫农品为基础，结合“互联网+”模式，拓宽汉寿县农特产品的推介、销售渠道。并将深挖内部资源，在电商、金融等领域履行扶贫攻坚社会责任。此次合作，县政府和邮政公司将紧紧围绕“精准扶贫”基本战略，充分发挥双方优势，共同创造合作条件，在助力“工业品下乡、农产品返城”服务体系内容方面开展深度合作，共同为汉寿经济社会发展、脱贫攻坚胜利贡献力量。

12月28日，常德市、汉寿县两级公司到深圳市德保膳食管理有限公司考察汉寿蔬菜供应链合作项目，项目计划2021年1月正式运行，以蔬菜为切入点，逐步引入米、面、粮、油供应。预计每周汉寿蔬菜销售交易额约150万元，年收入可达8000万元。

（胡 丹）

电 信

【概况】 汉寿电信分公司下设3个管理部室、35个生产单元。

【经营】 2020年，汉寿电信分公司主要产品和收入均呈现正增长：完成收入1.4亿元，移动出账用户达到20.23万户，宽带出账用户达到9.05万户，ITV用户8.2万户。网络建设、网络维护、支撑保障指标均位于全市前三水平，新建无线基站49个，其中5G基站24个；新建光缆197千米，新增108芯以上光交47个，新增一级端口252个，新增二级端口6016个；完成网络投资共计约1300多万元。继2019年后再次进入湖南电信SBU战略单元。

（高向阳）

移 动

【概况】 汉寿移动公司内设一部三中心，分别为综合部，营销中心、网络支撑中心、政企客户中心。

【服务发展】 2020年，汉寿移动始终坚持“沟通从心开始”的服务理念，多措并举提升客户服务质量，以创造优美的企业环境、提供优良的通信质量、达到优质的服务水平、树立优秀的员工形象为要求，维护客户的合法权益，为广大移动客户提供专家级的移动通信服务。发挥党员带头作用，积极投入新冠肺炎疫情防控工作，公司免费为全县2.6万户党员制作防疫知识宣传视频彩铃，为全县移动用户发送疫情防控短信118万条，为县人民医院等重点防控单位送上和对讲、热成像产品，抽调党员、团员到汉寿县防疫指挥部驻点协助工作，助力企业复工复产。全方位发展平安乡村建设，认真落实精准扶贫，全力支持农村经济建设，较好地履行社会责任，体现移动企业的担当。

【网络建设】 持续增强网络建设能力，不断提升网络覆盖面。公司积极向上级公司申请网络建设投资费用，在全县范围内加大投入5G网络建设，增强4G网络规模。截至2020年，全县已开通4G宏站586个，5G基站25个，全县4G信号覆盖率已达到98%以上。实现了城乡网络无缝覆盖，确保了通信便捷畅通，网络优势更加突出。

（杨　纯）

联　通

【概况】 中国联合网络通信有限公司汉寿县分公司（以下简称中国联通汉寿县分公司），位于汉寿县芙蓉东路612号，内设公众网格、商企网格、行业网格、教育网格、云网运营中心5个部门。

【重点工作】 分公司现有营业服务网点27个，服务区域覆盖全县所有乡、镇、街道办事处及高新产业园区，服务内容包括移动通信服务、固定通信及网络接入服务，国内、国际通信设施服务业务，各类电信增值业务，企业上云服务，工业和信息化融合咨询服务，与通信信息业务相关的系统集成业务等。截至2020年，全县已开通4G基站430个、5G基站20个，村组宽带资源到达率89.6%。

为配合政府做好平安乡村建设，分公司积极与县乡村各级政府沟通，利用联通平台优势，建立从居民门口、重要路段、社区网点的全方位平安网络建设。已布放39个村组综合化的平安网络建设。

分公司推进工作与信息化融合，在两化融合咨询服务、企业上云服务方面，积极响应政府号召，为汉寿10余家企业做好信息化服务咨询、上云服务及信息化服务解决方案。

【党建工作】 强化对党员的教育和管理，开展覆盖全体党员和员工的“不忘初心、牢记使命”主题教育活动及党风廉政建设专题学习，将各项党建工作的基本载体制度化、长效化，把学习党章党规、习近平新时代中国特色社会主义思想贯穿学习教育活动始终。团结引导动员党员积极发挥先锋模范作用，实现全体员工思想、行动一致，攻坚克难。

通过狠抓意识形态工作，公司统战、宣传、群团工作有序开展。坚持围绕中心、服从大局，坚持团结稳定鼓劲、正面宣传，为汉寿联通所有员工提供大量凝聚人心、推动发展、维护稳定的正能量，提倡“越奋斗越美好”理念，公司员工幸福感和满意度不断提升。

（罗　鹏）

财政·税务

财 政

【概况】 2020年，汉寿县财政局共辖正科级单位1个，副科级单位5个，内设机构16个，直属事业单位6个，乡镇财政所21个。

2020年，汉寿县一般公共预算收入完成152513万元，比上年增加15077万元，增长10.97%。其中，地方一般公共预算收入完成91462万元，比上年增加8018万元，增长9.61%。地方一般公共预算收入中，税务部门完成64842万元，比上年增加5686万元，增长9.61%；财政非税完成26620万元，比上年增加2332万元，增长9.6%。上划中央收入完成48240万元，比上年增加4990万元，增长11.54%；上划省收入完成12811万元，比上年增加2069万元，增长19.26%。

2020年，县财政总支出完成（含上级专项支出）578227万元，其中公共财政预算支出553912万元，上解上级支出6557万元，债券还本支出17758万元。

2020年，县财政局被省财政厅授予全省税政法制工作绩效评价先进单位、综合工作优秀单位、部门预算绩效管理先进单位、财政监督工作先进单位、资环工作先进单位、国有资产报表编报先进单位、乡镇财政财务绩效管理暨星级乡镇财政所建设先进单位、政策性农业保险保费补贴结算工作先进单位、全省“两癌”免费检查重点民生实事项目先进集体，被省非税局授予非税收入征收管理工作先进单位，被市政府表彰财政管理真抓实干优秀单位，被市财政局评为财政收入考核先进单位、社会保险基金决算编报工作先进单位，被市文明办评为市文明单位等。

2020年3月13日，县财政局志愿者开展学雷锋志愿服务活动

【财政增收】 努力克服新冠疫情和减税降费等因素的影响，进一步加强收入分析预判。一是加强税收源头控制，防止税收跑冒滴漏，确保“颗粒归仓”。二是规范非税收入征管。着力加强对土地出让金和各项国有资产出租、出售收入的管理，将应当纳入预算管理的资金全部纳入，确保非税收入应收尽收。

【保障重点】 按照政府过紧日子要求，财政支出坚持做到以收定支、量力而行，县本级专项支出压减

20%，一般性支出压减10%。同时进一步优化支出结构，兜牢“三保”底线，集中财力保障民生项目、重大项目。2020年全县八项重点支出341282万元，占一般公共预算支出的61.61%。

【三大攻坚】 紧盯“两不愁、三保障”目标，投入专项扶贫资金6186万元，用于支持实施安全饮水、危房改造、雨露计划等项目。投入污染防治资金12186万元，用于支持城乡环境整治、垃圾污水污泥处理、“河长制”、生猪禁养、重金属污染治理、畜禽粪污综合治理等工作。通过采取积极措施，政府债务风险缓释政策落地见效，债务规模基本适度，结构合理，风险总体可控，综合债务率在可控目标以内。

【经济建设】 投入水利建设资金2.1亿元，确保防洪排水体系建设到位。逐年加大城乡综合环境治理资金投入，本级财政安排城乡垃圾一体化项目专项资金5400万元，全县生活垃圾收运率和无害化处理率得到较大提升。

【企业帮扶】 投入专项资金1390万元，用于推动制造业产业优化升级。深化科技体制改革，保障科技三项经费的支出336万元，服务中小微企业健康持续发展。积极落实招商引资政策，共兑现财政扶持资金11256万元，支撑企业平稳发展。

【教育文化】 本级财政安排专项资金1249万元，用于家庭经济困难幼儿入园、义务教育阶段贫困家庭寄宿生生活补助、各级助学金等4个项目，确保义务教育阶段全覆盖、家庭经济困难学生全覆盖。

【社会保障】 共安排社会保障和就业资金7.78亿元，其中企业养老保险、机关事业养老保险、就业、低保、优抚等配套资金均按政策足额预算。开展社会救助工作，保障弱势群体基本生活，共发放城镇低保资金2031万元，农村低保资金5071万元，城乡医疗救助资金1537万元，使困难群众得到了基本生活保障和社会救助。

【基层建设】 进一步规范“两卡两折”发放管理，确保国家强农惠农政策落实到位，共计打卡发放惠民惠农补贴5.61亿元，涉及项目101项、129.3万户次。投入保障性安居工程资金4353万元，完成棚改工程改扩建工作和老旧小区改造任务。支持罐头嘴镇和朱家铺镇开展农村房地一体确权颁证，财政特批预拨150万元作为试点工作前期经费。依托农村综合改革转移支付资金，不断加强村容村貌整治力度，扎实开展好美丽乡村建设。

【改革创新】 一是推进财政核心业务一体化系统建设试点工作。积极跟进财政部推进财政信息化建设的改革步伐，组织精干力量学习先进经验，统一思想认识，扎实推进改革措施落实。改革实施后，以统一预算管理规则为核心，以预算管理一体化系统为主要载体，建立一套功能涵盖预算编制、预算执行、财政决算等核心业务，形成财政业务顺向衔接、逆向反馈的“闭环”运行体系，实现环环相扣、相互衔接、有序畅通，全面提升财政财务管理水平。二是推进国库集中支付改革。将县级139家改革单位和9家代理银行的国库集中支付业务纳入改革范围，取消国库集中支付电子化“双轨并行”管理模式，电子化管理的国库集中支付业务直接通过电子凭证办理。三是推进政府采购领域改革。简化政府采购办理流程，将采购审批变为采购备案，减少采购审批环节，提高采购效率。推广政府采购云平台，开通电子卖场账号190户，供应商成功入驻185家，电子卖场成功交易1534笔。四是推进投资评审改革，实施了政府投资建设项目预决（结）算评审，节约政府行政成本。累计完成预（结）、决算评审报告570个，送审金额27.79亿元，审定金额24.21亿元，审减金额3.58亿元，审减率12.88%。

【监督管理】 一是推进财政监督检查。集中开展收支监督检查，对各乡镇财政收支行为、会计法执行、专项资金管理使用方面的违规列支行为进行行政处罚。配合县纪委核查县环境卫生管理所公务油料大量滞留、高新投安乐湖流域水环境综合治理及东江水库饮用水源地污染治理二期工程项目资金使用的情况。深化财政预算公开，推进预算联网监督，让财政资金在阳光下运行。二是推进预算绩效管理。全面实施预算绩效管理，对一般公共预算、政府性基金预算、国有资本经营预算、专户预算等项目支出全面纳入预算绩效管理范畴。纳入预算绩效监控的项目金额30.67亿元。对25个财政预算项目开展重点绩效评价，评价资金达到2.9亿元。三是加强国有资产资源管理。为支持疫情期间汉寿县中小企业度过难关，国资中心落实《湖南省财政厅关于做好新冠肺炎疫情防控资产保障相关管理工作的通知》要求，简化资产审批程序，做好资产保障工作，为29家企业、555户个体工商户减免租金389万元。加强国有资源有偿使用收入的管理，对未按规定、不及时将国有资源有偿使用收入上缴财政国资专户的相关单位下达《关于上缴国有资源有偿使用收入的函》，督促单位迅速落实。加强平台公司的管理，提高资金使用效率，防范债务风险。按照省债管办清理整合融资平台公司的要求，完成了全县投融资平台公司的整合工作。

（周 炼）

国有资产经营管理

【概况】 汉寿县国有资产经营管理中心为县财政局所辖的正科级事业单位，内设产权管理股、资产管理股、经营管理股、投融资股4个职能股室。

2020年，汉寿县国有资产经营管理中心紧紧围绕国有资产管理、投融资公司体制改革、国有企业退休人员社会化管理等工作，坚持资产管理与预算管理、财务管理相结合，履行政府出资人职责，进一步创新工作方式，落实工作责任，切实维护国有资产保值增值。2020年荣获全市国有资产统计工作先进单位称号。

【资源性资产规范管理】 为充分挖掘全县资源性资产保值增值潜力，杜绝资源性资产经营管理乱象，切实提高全县资源性资产收益，根据县政府安排部署，成立汉寿县资源性资产规范管理工作领导小组，对农村集体未承包到户资源、国有林地和荒山、天然水面和洲滩、国有农场未承包到户的所有资源启动清理归集。2020年12月完成清理工作，累计清理出各类资源32.19万亩。其中，按类别分为旱地3.9万亩，水田1.846万亩，水面26.445万亩；按权属分为组集体7.444万亩，村集体9.94万亩，镇集体14.8万亩。拟在不改变原受益主体收益权利的前提下，将上述资产按平台公司实际需求，分期分批注入或授权，重新签订规范的承包经营合同，挖掘资源性资产潜力，充分发挥资产利用效能。待洲口镇试点工作成功后全面铺开。

汉寿县投融资公司员工竞争上岗动员大会

【全面清理闲置国有房屋】 根据县政府工作部署，县国资中心于10—11月对全县有关行政事业单位和国有企业闲置的国有房屋进行清查，涉及长期闲置国有房屋的单位16家，闲置各类房屋面积共计67502.53平方米，按地域分为县城区31713.92平方米，乡镇35788.61平方米；按用途分为商业7930.93平方米，办公、居住、仓库等59571.6平方米。已按照县政府主要领导签批意见，交各单位提出具体处置方案，处置方式以拍卖为主、拍租为辅、兼顾调剂。

【落实疫情期间保市场主体工作】 《湖南省财政厅关于做好新冠肺炎疫情防控资产保障相关管理工作的通知》和《关于应对新冠肺炎疫情进一步帮扶服务业小微企业和个体工商户缓解房屋租金压力的指导意见》印发后，迅速将文件精神传达到相关单位。全县各有关单位克服自身困难，对疫情防控期间承租国有房屋用于经营、出现困难的中小企业免收一个月、减半收取两个月租金，对服务业小微企业和个体工商户免除上半年3个月租金，实行台账式管理，累计减免租金389.29万元，其中减免29户企业房屋租金121.03万元、555户个体工商户房屋租金268.26万元，帮助中小微企业和个体工商户坚定信心、渡过难关，有效提高相应市场主体抵抗疫情冲击影响的能力。

【投融资公司改革】 2020年8月，经县委常委会议研究，将高新投吸收合并到农投，人、财、物全面整合，仅保留一块牌子、一口章子、一个账户，用于还本付息。2020年10月，经县编委会研究决定，所有在平台公司从业的原有体制内人员一律解除行政、事业编制，并实施人员竞争上岗，在原有基础上减员6人，两家公司各减3人，进一步增强了员工的紧迫感、使命感。

【国有企业退休人员社会化管理】 根据《中共湖南省委办公厅湖南省人民政府办公厅关于印发〈湖南省国有企业退休人员社会化管理工作方案〉的通知》和《中共常德市委办公室常德市人民政府办公室关于印发〈常德市推进国有企业退休人员社会化管理工作实施方案〉的通知》精神，国资中心提请县委、县政府印发《汉寿县推进国有企业退休人员社会化管理工作实施方案》。成立汉寿县中央、省属驻汉国有企业退休人员社会化管理工作领导小组，规范工作流程，在市国资委指导下与18家央企、省企单位签署国有企业退休人员社会化管理移交协议，已移交退休人员421人，其中党员192人。

【中央和省属驻常国有企业办社会职能分离移交领导小组办公室到汉寿调研国有企业退休人员社会化管理工作】 2020年9月17日上午，市国资委到汉寿调研国有企业退休人员社会化管理工作。市调研组对汉寿县落实《常德市推进国有企业退休人员社会化管理工作实施方案》工作给予充分肯定，并强调之后国有企业退休人员社会化移交将进入常态化移交，相关移交流程要形成固定模式，各地要切实履行好属地管理职责，服务好国企退休人员让他们在地方安享晚年。

（吴　娟）

国家税务

【概况】 国家税务总局汉寿县税务局共设机构19个，其中内设机构11个（办公室、法制股、税政股、社会保险费和非税收入股、收入核算股、纳税服务股、征收管理股、税源管理股、税收风险管理股、财务管理股、人事教育股），派出机构5个（第一税务所、第二税务所、辰阳税务分局、太子庙税务分局、蒋家嘴税务分局），事业单位1个（信息中心），另设机构2个（机关党委、纪检组）。

【疫情防控】 加强办税服务厅清洁消毒、设置防疫检测点、扫二维码进厅、体温检测等安全防护。落实省市局关于疫情防控期间"非接触式"办税工作要求，努力做到"涉税事、网上办，非必须、不窗口"，切实保障纳税人缴费人安全健康和合法权益。2020年，电子税务局共受理申请事项68592笔。主动成立防疫志愿队，参与县食品总公司宿舍院落疫情防控工作，持续一线服务60天，累计派出志愿者170名参与社区联防联控，有力有效助力地方政府打赢疫情防控阻击战。

【组织收入】 坚决贯彻组织收入原则，严格依法征税，做到"三个务必、三个坚决"，牢固树立收入任务观，确保国家税费收入安全，以旬保月、以月保季，努力克服减税降费、疫情等因素的影响，确保税收收入量稳质优。2020年，共完成总局口径税收收入129290万元，同比增长12618万元，增幅10.82%，增幅全市第二；完成省政府口径收入125910万元，同比增收12975万元，增长11.49%，其中地方级收入累计完成77659万元，同比增收7760万元，增长11.1%，完成县政府年初目标的105.39%；社保费入库60364万元，同比增长8078万元，增幅15.45%；非税收入入库5074万元，同比增长858万元，增幅20.35%。

【减税降费】 深入贯彻落实税务总局"四力"（优惠政策落实要给力、非接触式办税要添力、疫情防控工作要加力、数据服务大局要尽力），在抗击疫情中倾力服务地方经济社会发展，认真落实好支持企业复工复产的各项税费优惠政策、融资贷款政策和办事服务政策。自主制定"三个精准，三个优先"政策推送宣传措施，对266户企业逐一登记造册制定《汉寿县税务局主动落实疫情防控优惠政策企业名单》，"量身定制"可享优惠政策"套餐"，由专人开展服务。后期，按照省局"三用三全"（用心用力用真情，全员全程全覆盖）的要求，成立先锋服务、政策解答等5个小分队，16个网格化宣传辅导群，实现对纳税人全覆盖精准针对性宣传推送税费优惠，1—11月，共计实现减税降费6811万元，通过"银税互动"共帮助185家有资金需求的纳税人获得贷款10966.61万元，有效协助企业盘活资金，助力其复工复产。

【优化服务】 严格按照"多走网路少走马路"为民办税理念，落实"最多跑一次"事项清单，全面畅通电子税务局、自然人扣缴客户端、个人所得税APP、湘税社保APP等网络办税缴费通道，通过在全市率先推出自助取盘机、扩展24小时自助办税区等方式做好办税硬件优化升级，全力推进征收服务便利化和治税能力现代化提升。扎实做好"一门式"服务、靠前服务等各项优化营商环境措施。在全省税务系统2020年度纳税人满意度调查中，获全省第22名，全市第2名。在全县优化营商环境公开测评和县工业园区优化营商环境测评中，县局均排名前列。县局办税服务厅被省税务局评为"五星级办税服务厅"。

【队伍建设】 积极发挥工、青、妇作用，号召干部职工参与社区疫情防控、防汛抗讯、税企共建等志愿活动，引导干部职工服务社会。组织开展道德讲堂、"我们的节日"、微心愿志愿服务、众创平安等活动，激发干部队伍活力。深入开展廉政警示教育，落实以案促改、以案说纪，组织观看反腐警示片，召开全员干部正风肃纪大会，创新廉洁教育形式，倡议全体党员干部传承良好家风，切实提升干部队伍公信力。用好学习强国、学习兴税、湘税党建等教育培训平台，全方位、多层次促进业务学习。鼓励干部职工参加"三师"资格考试，拓展岗位练兵、业务比武的方式方法，加大“三师”人才、专业骨干、岗位能手等各层级人才的培养力度。在2020年的全市税务系统“岗位大练兵、业务大比武”竞赛中，县局分获“出口退税”和“网络安全”岗位的团体第一名和第三名。

【汉寿县税务局做好社保费和非税收入征管职责划转和征收】 2020年，既做好了2019年划转的城乡居民两险和机关事业单位社保费征收工作，又接好接稳了企业社保费和机关事业单位职业年金划转征收。全年，全县入库各项社保费60364万元，其中机关事业单位基本养老保险入库金额19926.19万元，征收情况平稳；11月1日划转接收的企业社会保险费和机关事业单位职业年金721.03万元，征收开局良好；完成城乡居民基本养老保险费征收9302.08万元，缴费人数28万人，于11月底达到法定征收人数的全覆盖，共计完成目标任务的143.1%；因疫情原因延期至6月底完成征收的2020年城乡居民基本医疗保险费最终缴费人数69.9万人，完成目标任务的104.56%，居全市第一。

2020年已完成划转的六项非税收入征收工作同样紧密有序。全年，共入库非税收入5074万元。其中，入库教育费附加和地方教育费附加3060.06万元；水利建设基金866.79万元；工会经费562万元；残疾人保障金521.47万元；文化事业建设费5.05万元，其他收入58.63万元。

【汉寿税务社保宣传全覆盖，民生政策入人心】 为进一步加大城乡居民养老保险政策及业务经办宣传力度，让政策宣传进社区、进乡镇，推进实现城乡居民基本养老保险全覆盖，2020年7月16日上午，汉寿县税务局联合县人社局、县农商行、罐头嘴镇人民政府在罐头嘴镇开展以“全民参保‘政’行动”为主题的“城乡居民养老保险全覆盖集中宣传月”活动。

活动现场，城乡居民基本养老保险政策宣传展板吸引不少群众驻足观看，各相关部门工作人员都设置政策咨询台，为群众解读城乡居民基本养老保险参保、缴费、待遇领取、社保卡使用等政策。“今年你参保了吗”“你知道养老保险最低需交满多少年吗”“你知道养老保险缴费共有多少个档次，缴满后各自享受的养老金待遇是怎样的吗”……在有奖问答环节一个个抓住群众焦点关注的话题以问题的形式抛出，吸引众多群众的围观。在现场群众的抢答和主持人的细心解答下，大家对城乡居民养老保险的认识更全面，通过讲个案、作比较、预测算，为群众规划出一条“低投入、稳收益”的民生之路。

县税务局举行城乡居民养老保险政策全覆盖集中宣传活动

“早一天参保，多一份保障”，集中城乡居民基本养老保险宣传月活动，旨在将政策宣传到位，进一步提高群众参保意识，营造踊跃参保、积极续保的良好氛围。

【汉寿县税务局高效落实税收优惠政策，为企业战“疫”加力】 自疫情发生以来，汉寿县数家中小企业陷入经营寒冬，企业生产线暂时冻结，出口订单大幅锐减，多个行业受到影响。为高效落实税收优惠政策，增强抗击疫情合力，切实帮助企业渡过发展难关，汉寿县税务局主动出击开展以“战疫情 促发展”为主题的便民办税春风行动，把握“三个精准”，落实“三个优先”，确保新政策不折不扣惠及企业，助力企业打好战“疫”。

“三个精准”打造“私人订制”。精准分门别类。自税务总局支持疫情防控的6个税种2个费种共12项具体政策出台后，县税务局立即行动，及时抽取系统数据，清分受疫情影响较大的行业企业，对267户企业逐一登记造册，“量身定制”可享优惠政策“套餐”，并指定税源管理单位专人开展服务；精准收集诉求。在主动为企业设计优惠政策“套餐”的同时，也注重满足纳税人的个性化需求，实行“一企一策”做法，力求“套餐”合口味。主动与交通运输、餐饮、住宿、旅游等受疫情影响较大的重点企业建立联系，通过“1对1”电话询问，“面对面”上门采访了解企业当下最迫切的办税诉求。共收集诉求六大类160余条，解答政策咨询350余条，有效解决办税需求，服务企业复工复产；精准在线辅导。将面上的普遍性宣传和点上的针对性辅导相结合，确保纳税人、缴费人懂政策、会申报、易操作，确保政策执行好、落地快、见效早。一方面利用税企QQ群、微信群，推送疫情防控税收优惠政策二

汉寿县税务局干部到湖南华乐食品有限公司上门宣传税收优惠政策

维码、“非接触式”办税指南，另一方面各税源管理单位利用电话、视频开展“点对点”在线专项辅导，帮助企业懂政策，会操作。据统计，共普遍性宣传税收优惠政策1500户次，在线专项辅导270余户次。

“三个优先”凸显“税务关怀”。优先送达政策。华馥生物是汉寿一家高新技术企业，老板谭创新积极响应园区募捐防疫物资倡议，主动将年前购买储备的10吨酒精全部捐赠，主管税务机关汉寿县税务局太子庙税务分局主动上门宣传疫情防控期间的税收优惠政策。与此同时，县税务局第二税务所工作人员主动前往县人民医院宣传辅导疫情防控期间的个人所得税税收优惠政策。在此期间，县税务局积极联系县民政局、县红十字会了解捐赠防疫用品企业、个人，主动上门为生产防疫物资和捐赠防疫用品的企业、个人，宣传疫情防控优惠政策，送去税收优惠暖心大礼包；优先办理退税。在疫情影响下，数家企业出现复工复产难、经营难等情况。作为掌握着企业生产需要的“一手情况”的税务部门，局党委研究决定将退税工作前置，对经营困难的企业优先办理房土两税减免，主动联系企业提交增值税即征即退、期末留抵退税、出口退税、房土两税困难减免等资料；同时，对申请资料不全的企业，适用容缺原则，在不影响实质审核的基础上，采取先行办理退税，延后补全资料的办法，特事特办，开通“绿色通道”；优先服务个性需求。为加快企业复工复产步伐，该局5个税源管理单位加班加点完善《汉寿县税务局主动落实疫情防控优惠政策企业名单》，并通过走访传达、电话解答、邮件答复等方式解答企业诉求，全面辅导潜在享受疫情防控优惠政策企业。并优先针对生产、销售和运输疫情防控重点保障物资的纳税人（缴费人），提供办税缴费绿色通道服务，最大程度为企业复工复产“保驾护航”。

（谭颖灼）

住房公积金管理

【概况】 汉寿县住房公积金管理部下设综合管理公室、归集窗口、贷款窗口、提取窗口等。

截至2020年11月30日，共归集资金2.72亿元，占年终任务的91.65%，预计全年归集额将突破3亿元；提取资金2.08亿元，提取控制比为76.79%，预计汉寿的年度控制比将超过计划控制比；发放贷款1.56亿元，占年度指标的97.34%，全年贷款总发放数为1.6亿元，贷款逾期率为0.047‰；净增开户累计人数为660人，占年计划的146.67%，新增非公企业单位数为3家，均已完成年度任务。

【贷款工作】 管理部坚持以汉寿缴存者需求为向导，大力推进组合贷款工作，多次向县人大、县政府和县财政进行专题汇报。2019年县人大常委会23次和26次会议专题研究住房公积金组合贷款工作，要求县财政安排资金解决不动产登记中心的软件升级费用。2020年初，管理部趁热打铁，积极协调县财政拨专项资金60万元解决遏制组合贷款开展的不动产中心软件升级问题，同时与县国土局、县不动产中心、县建设银行、县工商银行多次召开专题会议研究组合贷款细节问题。5月，汉寿管理部与县工商银行发放汉寿县第一笔组合贷款，在组合贷款开展后的短短半年内，发放数已达36户，汉寿住房公积金管理部发放933万元，银行方面发放573万元。

2020年6月起，汉寿管理部加大开发商网厅的推广力度。首先对有公积金贷款需求的楼盘进行初步摸底，与各楼盘联络员取得联系，说明推广使用开发商网厅工作的意义，再督促楼盘办理好CA证书，并分发开发商网厅指导手册，做好前期铺垫工作。每有一个楼盘安装CA证书后，管理部就会进行一对一上门推广培训，对贷款政策和流程及开发商网厅具体操作进行详细讲解，对贷款资料录入过程中可能出现的问题及需要注意的事项逐一进行说明，帮助各楼盘联络员明晰相关政策，提高网厅资料录入准确率。在使用过程中，对出现的问题和遇到的困难也会通过电话、微信、面对面交流等方式一一进行解决。截至11月底，已有14家楼盘安装开发商网厅系统，其中12家楼盘早已经开始贷款资料的录入，另2家楼盘在封顶后也将陆续使用开发商网厅。在开发商网厅推广后，已有65户缴存职工在开发商网厅录入贷款信息，贷款录入率为100%，实现缴存职工贷款业务“跑一次”就能完成办理，服务质量和效率得到进一步提升。

【归集工作】 为扭转疫情给归集工作带来的不利局面，管理部于疫情形式向好后积极主动走访县委、县政府、县人大、县纪委、县财政局等各级领导，从保障干部职工合法权益和化解贷款资金压力等方面大力宣传住房公积金缴存政策，撰写2019年度归集情况汇报并供县领导决策。在有关领导的大力推动与支持下，大部分城区单位本年度继续将年度绩效、第13月工资、综治奖、文明单位奖、车补等5项纳入住房公积金缴交基数并交纳住房公积金。截至11月底，全县各行政事业单位中的5项工资项目补缴住房公积金的金额达2618万元。

2020年，管理部组织干部针对非公企业多次开展专题上门走访宣传活动，与非公企业主面对面交流，设身处地的向他们宣传住房公积金政策；同时，管理部与相关职能部门如教育局、卫健局加强联动，请他们从主管部门的角度积极推介住房公积金制度。公积金政策与管理部的服务逐渐获得非公企业职工和企业主的认同。拥有一定规模的民营医院百姓医院、民营学校芙蓉世纪城幼儿园均于下半年开户缴存住房公积金。

【六稳六保】 在“六稳六保”工作任务中，住房公积金部门承担的是保市场主体的工作职责。按照国务院的规定以及湖南省人民政府关于企业复工复产政策兑现的要求，对于受疫情影响的企业，可于2020年6月底以前申请缓缴住房公积金。汉寿县住房公积金管理部在第一时间编制企业缓缴住房公积金办事指南，明确申报条件、办理流程以及咨询方式，安排专人上门送到各企业负责人或财务负责人手中；管理部还与缴存了住房公积金的企业建立微信群，将省政府办公厅关于企业复工复产政策兑现的文件以及常德市住房公积金管理中心关于应对新冠疫情支持行业企业发展的文件宣传到每一家企业，不留死角。针对上门办理业务的企业，管理部设立“一件事一次办”的办理专柜并安排专人负责，对材料齐全的一次受理，对非必要材料缺失的，原则上实行告知承诺，容缺受理，确保一次办理成功。截至6月30日，湖南楝木电子有限公司申请缓缴住房公积金，缓缴职工人数112人，累计缓缴金额9.23万元。为其降低了企业运营成本，减轻了企业经营压力。

【党建工作】 管理部党支部始终把党建工作摆在重要位置，支部书记切实履行好党建工作的“第一责任人”职责。安排部署基层党建工作；扎实开展组织政治业务学习；每季度与支部党员谈心谈话一次；组织党员过好组织生活，“三会一课”开展正常；根据上级文件精神重新建立健全民主集中制、党风廉政建设等5项制度。党建工作促进业务，提升工作效率，提升住房公积金贷款、提取的工作效率。开展主题党日活动，狠抓脱贫攻坚。年度内管理部通过自筹、向上争取等方式向点村崔家桥镇东仓铺村投入扶贫资金5万元。

（蔡 静）

住房公积金管理部干部调研走访碧桂园项目

金融·保险

金 融

【概况】 2020年，全县银行机构各项存款余额324.95亿元（全市排名第3），较年初增加33.56亿元（全市排名第3），较上年同期增11.52%（全市排名第3）；贷款余额201.44亿元（全市排名第3），较年初增加39.88亿元（全市排名第3），较上年同期增长24.68%（全市排名第4），存贷比61.99%，较上年末增加6.55个百分点。超额完成年初县委县政府所定新发贷款25亿元、存贷比稳定在55%以上的目标任务。

【服务实体经济】 一是多举措引导信贷投向。通过开展“暖春行动”“部门靠前服务园区”等活动，组织金融机构主动上门走访服务企业300余家次，为园区95家企业发放贷款12.03亿元。先后邀请国开行湖南省分行、中国银行湖南省分行、农发行常德市分行到县举办三次大型政银企对接活动，签约资金达101亿元。1—2月全县各金融机构共为中小微企业发放复工复产贷款25.83亿元，其中新发放贷款21.51亿元；新增小微企业贷款16.76亿元，新增涉农贷款24.77亿元。二是切实降低融资成本。组织各金融机构积极落实疫情期间上级金融扶持政策，贷款利率水平较同期降幅均在0.5%以上，融资担保费均减按0.5%收取，率先在常德市发放首笔专项再贷款支持的优惠利率贷款、首笔“战疫芙蓉人才贷”、首笔“战疫劳模贷”。对困难企业做到坚决不抽贷、不压贷、不断贷，各行已办理展期、续贷资金4.32亿元，延期还本付息4.43亿元。三是稳步推进企业上市工作。组织6家企业进入省级上市后备企业资源库，康普药业已具备创业板上市的基本条件，计划明年向证监会提交IPO申请。

【优化金融生态环境】 2020年共组织开展涉金融行业领域专项整治5次，由公安立案查处涉嫌非法集资犯罪案件2起，遏制苗头性案件1起，清理注销违规市场主体160余家，整改违法违规行为40余个。组织开展全县范围金融风险宣传活动3次，群众风险防范意识进一步提高。

（童凤琴）

人民银行

【概况】 2020年，贯彻落实稳健的货币政策，金融支持稳企业、保就业工作卓有成效，部门靠前服务园区工作得到县政府通报表扬；移动支付引领县创建深入推进，在全国移动支付便民工程建设现场交流会上作经验发言，《“五注重、五确保”湖南汉寿县探索普惠金融新路径》被编入总行支付结算司温信祥司长主编的移动支付便民工程优秀案例集。

【党建工作】 始终坚持党建引领，围绕中心抓党建，抓好党建促履职，营造心齐气顺、风正劲足的良好氛围。支行层层签订党风廉政建设责任书，定期组织行领导对落实“两个责任”进行自查，按季召开党风廉政建设分析会。组织全行党员和员工参加《准则》《条例》学习，让党规党纪进一步深入人心。继续开展廉政文化进楼院活动。关注干部职工廉洁自律情况，开展治理“红色名片”活动，杜绝违规赈酒，红白喜事坚持事先报备、事后报告。组织“八小时以外”专项排

副县长杨戊（左一）带队督查金融机构新冠肺炎疫情防控工作

查以及个人金融事项的上报，细查深挖存在的问题，排查率100%。严格执行“三重一大”决策要求，发挥监督执纪问责功能。弘扬廉政文化，开展警示教育，营造风清气正的浓厚氛围。坚持党管干部原则，选拔任用1名年轻干部任股长，激发青年员工干事创业的积极性。扎实开展“不忘初心、牢记使命”主题教育，牢牢把握主题、主线、根本任务、总体要求、具体目标以及“四个贯穿始终”的重点措施，坚持问题意识、突出效果导向，实学实照实查、真刀真枪真改。依托“三会一课”大力开展政治理论学习，全年召开党员民主生活会4次；召开党员大会12次；党小组会12次，党支部委员会12次；支部上党课4次。确定每周四为党员理论学习日，积极开展“每周一学”活动，组织全体党员集中开展理论学习和研讨。

【实体服务】 贯彻落实党中央、国务院和上级行关于金融支持疫情防控、复工复产和稳企业保就业的重大决策部署，落实稳健的货币政策，助推地方经济社会高质量发展。快速落地专项再贷款政策。率先在常德市发放首笔人民银行专项再贷款支持的优惠利率贷款，共为8家抗疫保供重点企业发放优惠贷款1.19亿元，加权平均利率2.99%；人民银行共向汉寿农商行、星龙村镇银行发放支农、支小再贷款共计5.51亿元，再贷款总量排在全市第一；人民银行向汉寿农商行累计办理再贴现3.25亿元，总量居县（市）之首。联合政府部门举办“暖春行动”园区行，为园区95家企业发放贷款12.03亿元。通过“部门靠前服务园区”发放贷款加权平均利率5.09%，为园区企业减少利息支出650万元。全县银行机构累计为园区企业办理展期、续贷业务2.53亿元，落实延期还本付息1.76亿元，一系列金融惠企硬核举措的落实，为园区企业复工复产播撒了“及时雨”，跑出了“加速度”。联合上级行推出“战役劳模贷”“人才贷”专属信贷产品，《常德日报》头版报道。用活新设政策工具，汉寿农商行共申报4批延期还本付息支持工具4.17亿元，人民银行已操作4次对汉寿农商行发放激励资金417万元；汉寿农商行、星龙村镇银行2家法人机构共申报3批信用贷款支持计划，总金额29685.15万元，人民银行已操作3次，累计为2家法人机构发放信用贷款支持计划再贷款11874.06万元，总量均居县（市）之首。截至2020年年末，全县金融机构各项存款余额324.95亿元，净增33.56亿元，总量第二、增速排全市第三。各项贷款余额201.44亿元，净增39.88亿元，总量第二、增速排全市第三。

【风险防范】 严格履行账户管理职责，把好账户开立核准审核关，对违规情况登记不定期进行通报，促进账户管理基础工作规范化。截至年末，辖内共开立核准企业类、非企业类账户分别为1185户、433户；引导抓好账户风险排查，督促辖内银行机构开展涉诈涉赌风险账户排查，做好打击涉诈涉赌、防治买卖账户社会宣传，组织开展“断卡”专项行动，对1家国有商业银行网点涉案账户进行倒查核实和问责处理；加强银行卡助农取款服务点管理，疫情期间对辖内乡镇16个服务点开展暗访，督促辖内银行机构升级优化服务点管理，切实防控异常交易风险；持续做好反洗钱工作，督促辖内银行机构有效履行反洗钱义务，做好大额可疑交易报告报送，开展反洗钱进社区宣传，对1家股份制商业银行网点涉嫌洗钱账户线索移送公安侦查，及时堵塞洗钱风险漏洞。坚守安全风险底线，合规办理个人、企业征信查询服务。截至年末，办理个人征信窗口查询912笔，企业征信窗口查询556笔，司法查询18笔。另一方面，采取日常考核、指标监测、综合评价等“软手段”，加强金融机构业务引导，重点对存款准备金管理、人民币收付业务管理、征信合规与信息安全考核评价等方面进行了考核评估。此外，大力开展金融消费权益保护监测，及时回应处理消保投诉，2020年共处理消保投诉1件，解答咨询18次，满意率为100%。

【金融服务】 电子支付示范县创建出特色。银行支付服务网点大（小）额支付系统覆盖率100%，助农取款和湘金通服务村级行政区覆盖率

100%，80%以上的商户支持电子支付，公交、高校食堂、西套菜市场，水、电、煤气、交通缴罚等重点便民场景实现了电子支付无障碍受理。10月28日，成功举办常德市电子支付示范县创建现场观摩会，汉寿县被中国银联总公司确定为全国移动支付示范县（全国2个示范县）。国库监督服务不断加强。尽心尽力为政府管好钱袋子，积极配合做好服务民生工作，2020年，支库共办理预算收支业务24.90亿元，预算收入退付业务0.54亿元，更正调库业务0.13亿元，其他业务2.25亿元。持续推进社会信用体系和金融生态建设，辖内金融生态和营商环境不断优化，在全市金融生态考核中名列第一。信用报告推广运用力度不断加大。2020年，共办理个人征信自助和窗口查询突破3万人次，个人信用报告查询量全市最多。金融知识普及面越来越广。广泛开展金融知识宣传进学校、进机关、进企业、进社区、进乡村活动。组织辖内10家金融机构在县内商业广场开展主题为“普及金融知识，守住钱袋子”的金融消费者权益保护宣传活动。5月中旬，组织汉寿县农业农村局、文化馆及辖内银行机构，在崔家桥镇连家坝贫困村开展丰富多彩的征信宣传活动。为推动“6·14信用记录关爱日”深入人心，普及在校学生的信用意识，营造“人人懂征信，个个讲诚信”的良好风尚，组织汉寿农商行等银行机构走进汉寿县龙池实验中学开展以“珍爱信用记录，享受幸福人生”为主题的征信宣传活动。加强金融消费者权益保护，及时回应处理消保投诉，2020年共处理消保投诉1件，解答咨询49次，满意率为100%。

（刘学仕）

中国银行

【概况】 中国银行股份有限公司汉寿支行下辖三个营业网点，1个离行式自助银行。2020年，汉寿支行综合绩效考核位于全市辖内支行第一名，获得省分行“十佳县支行”“优秀基层党组织”等称号。

2020年末，核心存款时点余额232354万元，比上年增长25243万元。其中，储蓄存款191755万元，增长19224万元；公司存款40547万元，增长5979万元。各项贷款总额101248万元，比上年增长25831万元。其中，个人贷款余额86525万元，比上年增长20063万元，公司贷款余额14530万元，比上年增长6730万元。经营收入年末实现计费净收入5394万元，实现拨备前利润4189万元，实现净利润2719万元，全辖利润贡献度10.77%。

【实体服务】 2020年新冠肺炎疫情发生后，支行迅速行动，客户经理加班加点，各部门积极配合，于2月12日对汉寿康怡医疗器械有限公司投放贷款200万元，成为全市第一个向疫情防控相关行业投放贷款的银行。2月21日，对汉寿康利来医疗器械有限公司投放贷款300万元。3月2日，为太子化工投放贷款300万元。是全省第一个完成“战疫芙蓉人才贷”投放的县支行，为战胜疫情强化了金融保障。

【党建工作】 2020年，支行坚持“不忘初心，牢记使命”学习教育，始终以党建引领各项工作，狠抓党员干部廉洁文化建设和警示教育学习。重新规范布置党建活动室，配置党建活动墙，引领党员不忘初心砥砺前行，激励员工同心协力奋发向上。设置党员示范岗，充分发挥党员先锋模范作用。组织开展参观帅孟奇故居、支部书记上党课、批评与自我批评等活动，收到良好的学习效果，达到有力的警示作用。

对口帮扶百禄桥镇五里牌村，落实扶贫、支持帮扶项目款2.6万元。

【合规经营】 重视合规经营。以“双十禁”“内控合规五十条”为切入点，定期组织全员学习各项规章制度，召开晨会（夕会），不断开展合规文化教育，强化内部管理，完善制度建设，严格按照操作规范。利用“反洗钱”系统每日进行大额交易和可疑交易的排查，对洗钱犯罪做到“零差错、零容忍”。通过学习，全行员工合规意识提高，经营业务稳健，全年实现“三

中国银行汉寿支行和汉寿农发行举行党建共建活动

无”，即无重大差错、无案件、无事故的发生。2020年被常德市公安局评定为“安全保卫先进单位”。

（王　磊）

农业银行

【概况】 中国农业银行股份有限公司汉寿县支行，现有在职员工102人，有对外营业机构8个，内设机构4个，离行式自助银行服务点5个（西湖管理区、清水湖校区、大杨镇木林场、西套大市场、太子庙工业园）。

2020年末，支行各项存款余额64.26亿元，各项贷款余额18.46亿元。

【党建工作】 2020年，汉寿支行多措并举，以支部为单位迅速组建抗击疫情小分队，全面落实疫情防控，积极引导客户使用电子银行办理结算、缴费、融资等各项业务，让客户足不出户解决金融需求，履行社会责任。按照中央关于做好新冠肺炎疫情防控工作的要求以及省分库和人民银行常德中心支行的工作安排，国库西湖代理支库工作人员随时待命，确保人员随时到岗、业务及时办理，防控资金及时拨付抗疫一线。支行一系列举措确保了员工健康安全、金融服务畅通无阻，为全县金融基础服务供给提供有力保障。

始终将政治建设摆在首位，持续推进“不忘初心、牢记使命”主题教育活动，将“三会一课”等日常党建工作落地做实。全年组织《中国共产党国有企业基层组织工作条例（试行）》《习近平谈治国理政》《习近平总书记在湖南考察时的重要讲话精神》《党的十九届五中全会精神》等政治理论知识的集中和自主学习，结合支行实际在全行开展“四破四立”大学习

中国农业银行汉寿支行扶贫小组到扶贫点村杨柳村开展平安创建活动

大讨论；全年组织5次党委中心组集中学习、2次党员红色基地学习，党委班子成员广泛深入基层调研，组织集中学习、上党课共计10次以上；老干党支部开展对相关政治理论知识的学习，并为疫情联控积极捐款。2020年年底，汉寿支行内设机构和支行本部及营业网点岗位体系优化调整落地。2020年对西湖支行、军山铺分理处进行整体装修升级，对太子庙食堂和支行食堂进行了装修改造，对十字街分理处进行智能化改造，对全行消防设施进行升级改造，为支行运营环境安全提供有力保证。

【服务经济】 截至2020年年末，各项存款余额64.26亿元，较年初净增7.88亿元。其中，个人存款余额53.16亿元，比年初净增6.87亿元；对公存款余额11.1亿元，比年初净增1亿元。各项贷款余额18.46亿元，较年初净增4.75亿元。其中：对公贷款10.43亿元，比年初净增3.89亿元；个人贷款余额8亿元，比年初净增8589万元。在疫情期间，支持医药企业复工复产，第一时间发放“药商e贷”50万元解决企业资金周转难题，向县3家医疗企业累计投放医院类贷款9000万元，支持抗击疫情和企业发展；强化与财鑫担保公司的合作，成功支持汉寿县建筑行业标志性客户湖南某建筑有限公司，投放贷款800万元。强化线上产品宣传，大力推广本行抵押e贷、纳税e贷等优势产品，扩大小微企业贷款，做实普惠金融。截至12月末，住房按揭贷款余额4.87亿，较年初净增4417万元。

履行反洗钱职责，开展反洗钱培训，在全行开展防范非法集资宣传月活动，有序开展账户排查和断卡行动，对违规行为及时纠正和处理，提升运营工作质量，全年没有发生重大风险事件。

【助农惠农】 2020年，响应县委、县政府和上级行脱贫攻坚决胜之年各项工作部署，履行国有大行的担当责任。一是加大惠农扶贫的投放力度。持续深化与湖南农担、常德财鑫的合作，大力支持蔬菜、生猪、粮食等特色产业，加大对西湖国家现代农业示范区专业大户的信贷投放。以纯线上业务甲鱼贷、农资贷、烟商贷、乡村振兴带头人等产品的推广为重点，以中高端农户为目标，深度挖掘客户金融需求。全年新增投放惠农贷款4820万元。二是强化对金融扶贫站的提质改造。完成对布放的所有惠农通

机具提质改造及系统迁移，通过惠农通服务点和分销码进行医保社保代缴38.06万笔，金额1.034亿元，为全县医保社保征缴提供极大便利，做实惠农惠民政策。三是稳步推进农户信息建档工作。支行党委高度重视，组建专业团队统筹推进该项工作，形成以建档团队为先锋、网点为阵地、网点负责人为营销带头人的整体格局，通过在各个网点优选行政村及农户，全面铺开农户信息建档工作。截至12月末，已完成32个行政村建档，建档农户3130户，为惠农扶贫提供了有力的业务保障。

（王　潇）

疫情期间，中国农业发展银行汉寿县支行支持华乐公司生产生猪冻肉，保障市场供应

农业发展银行

【概况】 2020年，中国农业发展银行汉寿县支行坚持业务发展二十字方针和“三主”发展思路，以“六小工作法”为抓手，坚持党建引领，突出履职发展，全力服务乡村振兴、脱贫攻坚、新冠疫情防控和地方经济发展。全年累积投放各类贷款13.03亿元，同比持平。年末贷款余额38.93亿元，较年初净增9.3亿元，增幅31.4%。年末存款余额5.65亿元，较年初减少6.79亿元，主要原因为支付存量棚改资金。办理国际业务593.73万美元，同比增长100%，全年实现FTP利润4525万元，全行各项业务经营指标达到预期。

【履行政策职能】 一是保供应惠民生，切实履行支农职能。一方面，围绕“藏粮于地”，支持农村高标准农田和土地整改，守护好农民“饭碗”田。全年发放6.75亿元土地整治项目贷款用于提升当地农田质量，促进农村耕地优化，提高土地利用效率，使罐头嘴镇、洲口镇等21个乡镇农田亩产增产10%以上。另一方面，抓好“藏粮于技”，做好粮食收购资金供应与管理，实现农业转型升级和多方共赢局面。累计向5家粮食企业发放各类粮油贷款4580万元，收购粮食2.01万吨，其中，投放县级储备粮贷款898万元，保障收购资金供应，真正做到“收多少粮、给多少钱”。同时，创新订单农业模式，通过“粮食企业+基地+农户”的经营模式，支持多家粮食企业与种粮大户、农民专业合作社等新型粮食生产经营主体开展粮食订单收购，推动当地传统农业向订单农业转变，助力提升地方农业整体效益。

二是敢担当勇作为，全力支持疫情防控。疫情期间，支行切实落实省、市分行指定的各项疫情防控措施，加大信贷支持力度，持续发挥农业政策性银行“当先导、补短板、逆周期”的调节作用，累计发放疫情防控、春耕备耕和复工复产类贷款5.5亿元。支持疫情防控有“速度”。在省、市、县三级行上下联动下，8小时不到完成全省系统内首笔应急贷款500万元的调查报批、审批、投放和支付流程，用于康普药业生产疫情应急药品，为武汉战疫一线送去“药箱子”。维护国计民生有“温度”。疫情期间，投放9500万元信贷资金支持湖南华乐食品公司采购储备生猪、冷鲜肉等生活物资，确保市场猪肉供应充足，价格稳定，为县域群众管好“菜篮子”；助力复工复产有“力度”。

年初，对受疫情影响较大的实体客户，提前做好评级授信和正常续贷工作，推动落实“不抽贷、不压贷、不断贷”，做好企业融资无缝衔接，并按政策尽力降低企业融资成本。全年累计为企业调整、降低贷款利率17笔，减少利息支出约100万元；为实体客户正常续贷和“无还本续贷（再融资）”2.22亿元，确保实体客户资金不断链，助推企业复工复产。

三是抓主业定项目，推动中长期业务发展。全年累计营销入库各类经营性项目5个，审批项目3个，金额8.2亿元，投放4.57亿元，其中2亿元贷款助力“菜篮子”工程蔬菜基地建设，推动地方农业从农业资源型开发向农业科技型开发转变，确保农产品稳产保供和农民增收；5亿元农村土地流转和土地规模经营中长期贷款，用于农村建设用地整治、旱地改水田及美丽乡村建设；1.2亿元支持汉寿县小银水湖文旅商业综合体项目建设，有助于提高居民生活水平，带动周边地区经济高质量发展。年末待投放6.4亿元，为“开门红”工作提前做好准备。

四是拓渠道谋发展，持续推进存款优化。转变观念抓存款。贯彻落实人民银行和上级行关于存款保险的相关要求，开展存款保险标识启用工作，推进存款保险知识普及，在营业厅张贴标识、标牌，有助于提升公众对存款保险的认知度。树立全员揽存意识，发挥“稳存增存”积极性，加强存款组织宣传，优化服务质量，助力存款业务发展；依托项目增存款。支行持续推进“存款优化工程”，全力拓展存款源头，切实抓好项目单位及下游单位账户开设，尽可能让信贷资金在农发行形成回流，提升资金在农发行账户之间循环使用率。成功吸收项目公司上下游企业富金达公司非贷存款9656.19万元，增加日均存款2302万元；强化营销保存款。按照上级行“双百一提升”存款任务和市分行客户营销任务的要求，营销非贷客户4家，累计吸收存款1.95亿元，全年日均存款8.96亿元。同时，强化财政存款营销，在维护好既有财政资金专户的基础上，全力争取传统财政补贴资金应筹尽筹，使9笔粮棉直补资金1.6亿元在支行专户存续近150天，全年日均存款6029.73万元。

【风险防控】 一是全力管控客户信贷风险。加强信贷客户日常监督管理。坚持每月召开风险分析会，针对风险点制定解决方案。做好不良贷款预测和防控工作，建立客户经理查库台账并形成贷后检查报告，对照问题检查台账，定期对行内贷款进行自查，及时发现问题，做到“早发现，早解决”；化解重点客户信贷风险。全面落实广源麻业维护方案、应急处置预案及监管措施，加强政银企联动，密切与公司管理层沟通联系，助力化解企业经营风险。全年累计收回该企业利息806万元，1.85亿元再融资贷款续贷工作已完成。

二是做好镉超标粮食处置工作。支行积极对接政府、财政及相关部门，严格遵守《汉寿县2020年粮食收购工作方案》和《汉寿县2020年临储粮食收购销售处置方案》要求，妥善处置镉超标粮食，落实超标粮食处置价差亏损补贴，为及时足额收回贷款作准备，防止出现负面舆情。全年累计收回镉超标地方调控粮贷款766万元，该笔贷款于2018年投放，2020年已全部收回。

三是扎实开展专项检查自查。落实监管部门和上级行相关要求，开展扫黑除恶斗争、员工行为排查等多项工作，对发现问题建立了整改台账，落实到人，通过检查自查共发现问题1个，已整改完毕。积极开展综合检查工作，根据年度综合检查要点，对信贷管理、财会基础管理和办公室日常管理等方面进行了全面自查，共发现问题5个，全部整改。

【合规管理】 一是强化信贷管理日常工作。一方面，加强信贷专项监测分析管理。充分利用CM2006系统、客户风险报表平台、征信平台等系统，加强对统计分析基础信息数据真实性的甄别，努力保证信息数据的真实准确，为全行业务发展和上级行决策部署提供依据和参考。另一方面，做好信贷客户评级授信工作。督促各信贷客户及时开展评级授信和续贷工作，全年完成评级授信客户19家。

二是抓好内控管理基础工作。积极开展“合规管理标杆行”创建活动。贯彻落实上级行关于合规的工作要求，强化责任意识，严守合规底线，高质量完成上级行要求。学习《合规操作手册》，规范操作流程，杜绝风险案件；狠抓柜面监督。严格会计内控管理，利用“反洗钱”系统每日进行大额交易和可疑交易的排查，确保新核心系统平稳运行和柜面业务办理“零差错”；全面加强信息安全管理。按照上级行信息安全管理相关要求，对使用的电脑、网络、机房进行全面清理，做好网络视频终端升级，定期对“智慧党建”系统进行维护管理。加强印章管理工作，按照上级行印章管理实施细则要求，严格日常用印流程操作，有效排除“关系章”“人情章”“领导章”等问题。

【办公综合服务】 做好退休老干工作。支行严格按照上级行《关于进一步做好退休老干工作的通知》要求，坚持“领导组织到位、情感关怀到位、福利发放到位”三步走，抓实老干部工作，实时掌握退休老干思想动态，落实退休老干相关福利政策，全年组织开展老干活动4次，召开老干座谈会2次，班子成员走访慰问老干3次；强化新闻宣传力度。主动、及时、重点地向上级行反映和上报支行在疫情防控、项目推进、小微企业营销、党建团建等工作。全年累计在各类媒体及上级行发稿66篇，居全市首位。其中，在农民日报、金融时报和粮油市场报等中央主流媒体和全国专业报刊刊（播）发稿件32篇，在湖南日报、红网、常德日报等省市主流媒体发布稿件29篇；在总行官网、微信公众号发稿5篇；做好院落改造工作。对支行路面、管网进行全面改造，增加庭院绿化面积和照明设备，并购入一批新的健身器材，营造良好的办公和居住环境；加强安全保卫工作。全年开展消防安全知识讲座3次，并对支行消防器材进行全面检查，排除消防隐患。定期开展安全教育，全年召开安保会议12次，牢固树立全行“安全责任重于泰山”的意识。

【党建工作】 一是持续推进支部建设。全面落实制度要求。对照“六小工作法”和《基层党支部党建工作量化考核办法》规范开展党内生活，完成党建工作，聚焦六个方面目标任务，持续推进支部标准化规范化建设。严格落实市分行党委关于“换届选举”相关要求，按时完成支行党支部换届选举；规范党员活动室建设。建好支部“小院子”，本着“统筹规划、规范美观，节约成本、综合利用”的原则，对原有党员活动室进行了规范化建设，合理布置党旗、入党誓词、党支部规范化建设标准等上墙内容，为支部党员活动、学习、议事等提供基础保障；加快推进问题整改。支部认真检视反思，找准找实问题，通过上级点提、自己找等方式共发现问题5条，同时建立问题清单和整改台账，研究制定相应的整改方案和具体措施，已全面完成整改。

二是切实抓好队伍建设。加强理论知识学习。上好“开放小讲堂”，制定学习方案，明确学习目标，每月组织党员干部围绕习近平新时代中国特色社会主义思想开展政治学习，确保党员学深悟透。同时，强化青年员工队伍建设，成立青年员工学习小组，每周开设青年员工学习小讲堂，持续深入学习党的先进思想和理论知识，将理论知识与实际工作进行有机结合，丰富专业知识，提升业务能力；积极开展党建活动。组织全行员工开展“七一”缅怀英烈、专题学习“十九届五中全会”精神等主题党日活动，带领员工轮流下到点村蒋家嘴七家坝村开展扶贫帮困和义务植树活动，走访慰问精准扶贫帮扶对象，对接的16户贫困户全部实现脱贫。统筹推进消费扶贫活动，超额完成了市分行下达的消费扶贫任务；坚持党建带团建。支行党支部进一步发挥带头作用，全年积极引导团支部开展各类团建活动9次，先后组织青年员工开展“防控疫情在行动，爱心志愿在身边”学雷锋志愿活动、“读书分享会”活动、专题学习习近平总书记五四寄语精神和《民法典》等。加大对青年员工的培养，积极吸纳青年员工入党，全年发展1名预备党员为正式党员，接纳2名入党积极分子为预备党员。

三是积极开展党风廉政建设。强化政治纪律和政治规矩。全面贯彻落实市分行纪检监察会议精神和2020年纪检监察工作要点，在支行迅速召开纪检监察工作会议，传达年初工作会议精神，制定全年党风廉政工作目标和措施，层层签订责任书；定期开展警示教育活动。坚持每月1次党风廉政警示教育，围绕党章党规、中共中央纪委相关通知要求、违纪违规典型案例等内容开展学习。组织全行深入学习《中华人民共和国公职人员政务处分法》《中国农业发展银行员工违法违规行为处理办法》，提高全行员工遵纪守法意识，防微杜渐；加大对违纪违法行为的排查力度。对支行财务费用列支、公务车辆、重要岗位轮岗等重点环节进行全面自查，发现问题1个，已完成整改。严格遵守农发行纪委关于办公面积使用的相关要求，规范支行办公面积，严防超标超规使用。

（周灵樱）

建设银行

【概况】 2020年，中国建设银行股份有限汉寿支行有员工33名，所辖两个营业网点，三个离行式自助银行。

截至2020年年末，全口径存款时点余额30.2亿元，新增4.51亿元。其中，个人存款22.72亿元，新增3.58亿元，对公存款7.48亿元，新增0.93亿元；各项贷款余额9.28亿元，新增1.43亿元。其中：对公类贷款3.15亿元，新增0.97亿元，个人类贷款6.13亿元，新增0.45亿元；人均创利148.19万元。支行落实抗疫和支持企业复产相关措施，在疫情期间为中小企业投放贷款1.2亿元，银行承兑汇票1700万元，新增中小企业贷款2816万元，将疫情带来的损失降到最低。

【质量建设】 按照建总行“7+7”服务标准抓柜面服务质量，规范服务行为，改善服务环境，开展服务点评。

建设银行汉寿支行推动放管服改革，优化营商环境。

2020 年参加市行组织的服务和业务培训、专家讲座 9 次，提升服务质量。支行将曾获得的省分行授予“南大五星级服务型网点”、省银行业协会授予的“文明规范服务示范单位”等荣誉发扬光大。

【党建工作】 认真学习党的“十九大”精神，以党建为引领，加强“四个融合”，开展主题教育和行为管理年活动。召开支委会和党员大会各 12 次，市行党委委员和支部书记为党员上党课 2 次；组织主题党日活动 12 次，开展党廉合规宣讲 13 次，民主测评 2 次；支部书记与党员员工谈话 75 人次，开展家访 31 次，组织员工撰写心得体会 28 篇，参观和警示教育 6 次；加强宣传报道全年累计上稿 229 篇，其中建设银行报、金融文坛、总行网站 6 篇，省行网站 75 篇。坚持以人为本，关爱员工，构建和谐团队。被市总工会授予“常德市模范职工之家”，被省行授予“省分行级文明单位”“平安建行”称号。2020 年，以“劳动者港湾”为依托服务广大群众，切实履行大行的责任与担当。为落实党的精准扶贫政策，支行派员驻太子庙金孔村开展帮扶取得实效，结对村已经全部实现脱贫。支行还组织员工捐资助学 3 万元，还为弱势群体、特困党员群众奉献爱心。

【开展业务】 支行除经办传统人民币外币存贷款结算业务以外，还努力践行总行提出的“三大战略”，开展普惠金融、住房租赁、金融科技，打通金融服务的最后一公里，让广大群众享受实惠与便捷。推广裕农通、分期、快贷、基金理财、电子银行、代发工资、手机银行、网上银行、电话银行、善融商务、助农 POS、龙支付、助业贷款、速贷通、个人住房按揭贷款和消费贷款等业务产品。支行已经构建以资产、负债业务为主体，中间业务为补充的多元化服务体系。其中 2020 年大力开展乡村振兴，裕农通服务布点 524 个，发卡 2.92 万张；裕农通“双 10、双 50、双 100”达标点 256 个；业主快贷支用 313 万元；到乡镇开展金智惠民活动 10 余场，发展商户 60 多个；还为宗教事务服务平台开通 52 户；农村集体经济组织平台 265 户；单位人民币结算账户净新增 382 户。

（帅承媛）

工商银行

【概况】 中国工商银行汉寿支行有员工 25 名，一个离行式自助银行。全行上下以“客户为尊、服务如意”、以服务地方经济为己任，着力提高服务水平与市场份额，努力实现支行稳健、可持续地发展。

2020 年末，各项存款 13.17 亿元，比年初新增 3.62 亿元；各项贷款 21.91 亿元，比年初新增 3.32 亿元；净利润 4653 万元，比同期增加 1628 万元，人均创利 186 万元。

【服务工作】 按照规范化服务流程，着力改进服务工作、提升服务品质，狠抓柜面服务质量，规范服务举止，改善服务环境，组织员工利用晨夕会时间集中学习、开展自查、考核点评，切实提高员工的服务理念、服务意识和网点的服务品质。2020 年度获评市分行综合服务考核第一名。

【业务营销】 旺季营销与疫情防控在时间上高度重合。由于受疫情影响，进社区受控，客户居家少出，商户关门歇业，到店客户同比大幅下降。支行克服重重困难，一手抓防疫、一手抓营销，两项存款增长 1.38 亿元，支行旺季大会战获得工行常德分行“个人住房按揭贷款旺季营销竞赛一等奖”“大公司金融业务旺季营销结算与现金管理一等奖”“大公司金融业务旺季营销投行业务二等奖”等五项荣誉，取得“开门红”。

【服务地方】 一是个人贷款业务继续保持领跑。全年累计发放个人贷款 886 笔、3.27 亿元，较年初增长

工商银行常德分行行长侯军（左二）一行到汉寿与县委书记车世忠（右一）商谈金融工作

1.84亿元，个贷余额、发放额、净增额在均工行系统内全市排名第一。二是小微贷款业务为地方中小企业复工复产提供有力支撑。支行领导带领客户经理积极走访、加大沟通联系、举办政企银信贷政策宣讲会，安排专人逐户联系纳税企业，定期驻守工业园区，大力推广税务贷等产品。全年新增小微信贷企业24户、累计发放小微企业贷款7942万元，年末贷款余额6524万元，较年初增加2764万元。三是公司贷款业务取得新突破。年内新增公司贷款投放3.5亿元，公司贷款余额90471万元，较年初增加16316万元。

【风险防控】 定期组织全员学习业务技能和规章制度，增强风险防控意识，提升操作技能，使员工的业务素质和政治思想觉悟进一步提高，爱行爱岗的敬业精神得到增强，风险识别能力进一步提高，廉洁自律的意识得到增强。

【党建引领】 深入抓好党建工作。支行党支部通过主题教育活动，深刻学习领会习近平新时代中国特色社会主义思想，增强“四个意识”，坚定“四个自信”，做到“两个维护”，通过守初心、担使命、找差距、抓落实，充分发挥党员的先锋模范作用和党支部战斗堡垒作用、提升队伍战斗力。着力打造一支素质优良、长于学习、的员工队伍，从而全面推动业务长足发展。

【金融扶贫】 进一步深化扶贫开发和惠民行动，派专人驻朱家铺林场村开展精准扶贫，履行大行担当，取得实效。朱家铺林场村实现全面脱贫。

（胡绪娟）

邮政储蓄银行

【概况】 2020年，中国邮政储蓄银行汉寿支行落实“三大建设”工作设想，学思践悟、知行合一，坚持效益、质量、规模协调发展的方针，以党建引领经营，以经营促进党建，在注重业务发展的同时，强调风险防范和内控管理，倡导合规文化建设，为完成年度目标任务奠定了坚实基础。被湖南省分行授予扶贫先进单位称号。

2020年，邮储银行汉寿支行个人存款余额76206万元，对公业务63872万元，全市排名第一。贷款结余148601万元。其中，消费信贷108285万元，个人经营贷款余额19309万元，小企业贷款余额21007万元。

【内控管理】 一是按要求严格制定安全保卫的相关文件及考核办法，并层层签订责任状。二是对网点保安人员及外包大堂进行培训，提升专业水平。三是每季度召开一次邮银联席会，防患于未然，确保不发生风险事件及其他违反法律法规行为。四是加强安全知识培训，特别是对新入职的员工，逐一进行指导，使其尽快熟悉本岗位的安全操作及理论知识，在消防安全方面，支行坚持每半年进行一次消防演练，提高员工的消防安全意识，支行全年未发生任何消防安全事故。

【党建引领】 一是夯实基础立足履职，加强党风廉政建设。组织开展教育实践活动，发挥示范带动作用，带头接受学习教育、带头落实整改。党支部2月开展抗击疫情，走访企业，问需于企活动，3月开展学习党章活动，4月学习“中国共产党巡视工作条例”等，在活动中学习、体验，以党建促业务发展、推动党建融合发展。二是加强支部建设，稳固党建工作基础。加强基层党支部建设，严格落实“三会一课”、主题党日活动、组织生活会和党员大会等制度，做好党员发展和教育管理工作，扎实做好标准党支部的创建工作。三是加强统一领导，科学决策抓防疫。在年初疫情期间，支行将疫情防控作为当时全行最重要的工作之一，成立以党支委书记、行长为组长的疫情防控工作领导小组，统筹协调疫情防控工作，明确各部门、各二级支行负责人为本单位此次疫情防控第一责任人，全力以赴做好疫情防控工作。支委班子成员到各基层网点配发防疫物品，指导防疫工作，督导金融服务，确保在疫情期间的安全运行。

疫情期间积极走访生产防疫物资的企业湖南晟泰化工有限公司，支行了解到该公司急需资金采购原材料扩大产能后，马上向上级行汇报，启动省、市、县三级联动，当即为其开辟贷款“绿色通道”，按照“优先审批、特事特办”原则，24小时快速放款200余万元，全力保障该企业在疫情防控期间的生产资金需求，助其生产“不掉链”，成功发放全省第一批疫情贷，真正体现邮储银行作为国有大行的责任与担当。

【精准扶贫】 邮储银行汉寿支行驻村干部和支村两委紧密协作，全力推动精准扶贫，取得较好成效。一是识贫精准到位。为确保识贫精准，工作组逐户上门调查、核准信息、摸清底子，做到不漏评一人、不错评一户。二是内业规范有序。大力整改村档和户档资料，查漏补缺，建立健全村级“五个一批”“一户一档”和贫困户“一户一袋”等各类资料、台账，并坚持及时更新、动态管理。三是帮扶成效明显。全村建档立卡贫困户已全部脱贫，荣获省分行2020年度精准扶贫先进单位称号。

（王 珏）

长沙银行

【概况】 长沙银行汉寿支行设2个营业网点，在职员工21人。截至2020年末，支行存款10.08亿元，贷款余额10.67亿元（不含合作、非标、和信用卡业务）。

【服务工作】 不断加强员工仪容仪表规范，确保行容行貌统一，用饱满的工作状态为客户提供有温度的服务。严格按照服务管理工作要求，加强厅堂服务管理，及时做好客户引导分流，维护厅堂良好秩序，保障客户人身、财产安全。进一步提升员工服务效率，加强客户引导和分流，缩短客户等候时长，用耐心、暖心、贴心的服务缓解客户排队焦虑情绪。2020年，支行获得“优秀一级支行”称号。

【旺季营销】 支行在2019-2020“新机遇，新挑战”旺季营销中获得“新增对公存款增幅奖”“呼啦生态圈达标商户排名奖三等奖”“新增对公存款阶段排名奖（二阶段）第二名”“新增储蓄存款增长排名奖（二阶段）一等奖”等荣誉。

【共建共联】 积极开展与社区及战略客户共建共联活动。以“金融知识进万家”为主题，组织员工进社区、进学校，给社区居民及学校老师学生普及金融知识，宣传各类零售产品，提高民众金融安全意识的同时，推动业务发展。

【疫情防控】 制定《长沙银行汉寿支行“新型冠状病毒肺炎”疫情期间应急管理方案》。严格按照相关要求做好疫情防控各项工作，开展日常疫情监控，对疫情突袭而至后去过武汉的人员情况密切关注。对春节期间前往武汉探亲的员工要做好登记备案相关数据的统计工作；加强内部管理，召开疫情防控会议，对员工进行防护措施教育，采购、发放口罩等防护用品，提醒员工增强积极防护意识，尽量减少商场、影院、餐厅、宗教场所群聚活动，减少乘坐公共交通工具。

（李姗姗）

2020年5月，长沙银行汉寿支行在太子社区开展金融知识进万家活动

农村商业银行

【概况】 2020年，汉寿农商银行全行辖40个营业网点，内设15个部（室），在职员工375人。年末，各项存款余额1051249万元，各项贷款余额1018088万元，实现经营利润25628.2万元，上缴税金5487万元。

【党建引领】 深入学习贯彻党的十九大及十九届五中全会精神，坚持和加强党的全面领导，充分发挥党委核心作用，扎实推动党的领导与完善公司治理有机结合；进一步规范“三会一课”制度、党员学习教育制度、党建工作考核考评制度，强化对党建责任制工作的督导和检查；严格落实主题党日活动、“十条戒律”专题组织生活会等，确保党建工作不含糊、不走样；对党支部进行重新调整优化，持续有力推动支部标准化建设；扎实推行“一岗双责”，开展党风廉政建设，层层压实工作职责，多措并举从严管控员工行为；深化“党建共创、金融普惠”行为，深入开展机关支部联基层、在职党员联系社区系列活动，切实服务群众；积极践行社会责任，有效支持抗击疫情，向县疫情防控工作指挥部捐款30万元；组织党员参观抗日战争受降纪念馆和飞虎队纪念馆，重温入党誓词，缅怀革命先烈，永葆奋斗精神。

【特色信贷】 全力服务“三农”。根据“三个全覆盖”工作目标，全面推行“整村授信”，充分利用评级授信信息资源，筛选拓展对象，逐步实现向“做小、做实、做优”转变，实行重点授信用信。年末，全行共评级148992户，评级面为78.35%，授信119069户，授信面为62.61%。推出

汉寿农商银行与汉寿万达广场签订战略合作协议

"二手房按揭贷""工薪贷"等系列消费信贷产品，通过适度下调贷款利率，不断满足客户多样化消费需求。大力推行"常德快贷"，利用线上签约、手机放款的方便快捷模式，更好满足普惠型客户的小额信贷需求，年末，"常德快贷"成功签约3679户，签约额度35408.5万元，累计用信45839.1万元。倾力支持小微企业。积极推行"百行进万企""园区行长行"等专项行动，全面摸排受疫情影响行业及客户信贷需求情况，将服务的触角延伸到疫情防控战役第一线，年内，新发复工复产贷款833户、金额60327.6万元；办理展期26笔、金额12298.54万元；续贷157笔、金额26268万元。推出"流资贷""循环贷""应收账款质押贷"等适合小微企业融资特点的贷款产品，扩大无还本续贷范围，化解小微企业融资难问题，年内，普惠型小微企业加权平均利率7.3%，较年初下降1.17个百分点。竭力服务县域经济。紧密对接县内重点招商引资项目、民生项目等，为县域经济发展注入"金融活水"，累计发放民生贷款2.71亿元。对接大型按揭项目，累计给予楼盘授信金额6.26亿元，累计发放按揭贷款5.29亿元。

【金融扶贫】 加强县域产业扶贫项目对接，合规发放扶贫小额信贷，严格按照"应贷尽贷""能贷尽贷"要求，精准支持符合"四有两好一项目"建档立卡贫困农户合规信贷需求，提高扶贫资金运用效益。优先支持贫困人员、贫困地区发展生产，进一步巩固脱贫攻坚成果，针对受疫情影响的贫困户贷款，办理延期、展期和无还本续贷。主动与当地政府和村支两委沟通汇报，按月监测扶贫小额贷款到期情况，制定"一户一策、一企一策"清收方案，有效防范信贷风险。利用已建成的28家金融扶贫服务站，积极宣传反假币、反洗钱、防范电信诈骗、防范非法集资等金融知识，提供金融服务，不断扩大基础金融服务覆盖面。2020年共发放扶贫贷款5469.5万元，到期扶贫贷款逾期率和不良率均为零。

【内涵建设】 强化队伍建设。优化调整内设机构，下设"五个中心"，有效厘清职责边界。对干部提拔实行民主推荐，对进城进机关员工公开竞聘，对青年员工实行轮岗锻炼。全年自办培训33期，外派培训14期，参训人员1715人次，累计培训338学时。打造"家园文化"。建立"三级走访"工作机制，通过"细听""善答""巧问"全流程，进一步加大对员工的了解，让和谐"家"文化温暖人心。加强读书社、宣讲团建设，开展演讲比赛、合规知识竞赛等，为员工成长成才提供平台。强化品牌宣传。举办"跨越百亿，感恩有您"客户答谢会，200余名高端客户应邀参加，始终践行"客户至尊"服务理念。2020年投放大型户外宣传广告牌14面、户外电子显示屏10块，编发行内微信公众号53期，在《中国农村信用合作报》等各级重点报刊发表文章31篇。

（张会敏）

星龙村镇银行

【概况】 湖南汉寿星龙村镇银行设有5个部门：业务发展部、综合管理部、风险合规部、财务部、营业部。

截至2020年年末，总资产6.68亿元，各项存款余额5.56亿元，各项贷款累计授信6.3亿元，其中涉农贷款累计授信5.87亿元，涉农贷款占比92%。

【助力小微】 秉承"立足汉寿、服务三农、支持小微"的经营理念，为县域"三农"、个体工商户、小微企业累计授信6亿余元，创新推出"星农贷、星公贷、星薪贷、星商贷、星社贷"等多种新型信贷产品，满足不同客户的信贷需求。

2020年疫情期间，发挥独立法人行的优势，三天内对县域200余家省疫情防控重点保障企业进行电访，半个月内对数十家企业进行实地走访，全面了解企业客户需求及经营情况，尽可能为企业复工复产提供支持，对小微企业累计授信8000余万元；为缓解县域个体工商户受疫情的影响，创新推广线上申贷，结合线下开展"沿

星龙村镇银行与县金融办、人民银行携手访企问需

街商户”走访活动，对县域商户逐一上门走访，详细了解商户资金需求情况，开辟绿色通道，精简申贷流程，实行“一户一策”，解“三农”、个体户、小微企业的“燃眉之急”。

为解决农村金融服务“最后一公里”问题，为县域农户量身打造“星农贷”特色产品。西港镇村民徐某，是当地贫困户，全家仅靠稻谷收割维持生计，为加快收割稻谷的进度，徐某想购置一辆收割机，行业务部的信贷员了解情况后，主动下乡对接，三个工作日为该客户办理5万元专属信用贷款，助力贫困户脱贫。

为解决农民进城买房的问题，创新推出专门针对农民群众的个人住房贷款产品“星龙安家贷”及“幸福家装贷”，通过降低准入门槛，简化收入认定，灵活放款方式等一系列措施，减轻农民朋友申贷的心理负担，满足其购房及装修需求，助力百姓安居。

信贷服务上积极发挥独立法人，决策链条短的优势，开通绿色渠道，做实“123工程”，通过简化手续（提交资料最多跑1次）、明确流程（确定是否支持最多等2天）、加快审批进度（原则上3个工作日内完成审批），提高贷款发放的效率，阳光信贷，打造县域金融服务的靓丽名片。

【扶贫助农】 不但在信贷资金上践行“支农支小，支持地方经济发展”的一站式金融服务，更是倡导者做有“人情味、有责任感、有温度”的百姓银行。

2020年，向汉寿县教育基金会捐款3万元，并一直坚持在大厅设立“环卫工人休息驿站”，酷夏泡好解暑茶、备好防暑药、急救箱，严冬递上一档热腾腾的茶水，留出专门的座椅给环卫工人休息歇脚。对于行动不便的老年人，采取上门服务或专车接送来行办理业务，树立了良好的金融服务品牌形象。

先后开展进学校、入社区、进企业，入乡镇，进商圈、入园区开展各类金融知识宣传，增强当地居民的金融知识及风险防范意识，并多次向保洁工人捐赠雨衣等劳保物资，每年向困难群众捐赠过年物资，开展慰问孤寡老人，关爱残疾人活动等社会公益活动。积极响应县委、县政府文明创建工作，主动制作电子调查问卷，微信公众号转发方式来支持县委、县政府的重点工作。

支持县域经济。为助力企业融资创新推出的信贷产品——星企贷，被评为“2020年湖南省践行社会责任村镇银行金融产品创新奖”（全省仅两家），被誉为“老百姓家门口的银行”。

【防控风险】 安全运营。严控信用风险。坚守到期贷款收回率100%，确保无不良贷款。严格执行“三查”制度，准确把握客户的资金流量、生产经营情况、行业前景等，确保能够按月收息，到期收本。

严防操作风险。严格落实岗位“十不准”与“高压线”，贯彻执行员工行为准则，定期开展业务操作培训与职业道德督导，多措并举降低操作风险。

严防案件风险。加强政策传导和风险提示，以银行同业发生的案件为例，分析问题根源，落实管控措施；结合扫黑除恶工作，开展“九种人”的风险排查，进一步规范行为，确保零案发。

（吴利成）

城市建设投资经营

【概况】 汉寿县金诚城市建设投资经营有限公司内设综合部、财务部、融资部、工程技术部、协调部、开发经营部6个部室，下辖11家子公司。

【项目建设】 2020年，公司承建基础设施项目16个。6月，实现八角西路全线通车；8月完成西湖小学建设工作交付给县教育局开始招生；9月，启动小银水湖公园建设；积极参与城区综合秩序整治，仅用3个月时间，通过抢抓晴好天气，建成临时停车场15处，新增城区机动车位3797个，新增城区非机动车位9814个；12月，开工建设华府路农贸市场，完成乡镇污水处理厂项目设备调试。启动老旧小区改造工作，对6个老旧小区屋面、立面、排水、线路、地面等进

建成的西湖小学操场和体育馆

行改造。开工建设青阳北路、芙蓉东路延伸线、岭湖路、茶叶山路、龙池路东段；启动龙池路西延线、沅澧路（经十二）、菱湖南路、洞庭大道、荆楚路（经十五路）前期工作。

八角西路项目。项目位于汉寿县沧浪新城，西起经十五路，东止龙阳大道（老 S205），道路全长 1424 米，路幅宽度 24 米（其中人行道各宽 4.5 米，车行道宽 15 米）。新建内容包括道路工程、排水工程、给水工程、管线综合与照明工程、交通设施、城市家具、绿化工程等。项目总投资 4978.22 万元。该项目由广东鸿宇建筑与工程设计顾问有限公司设计，汉寿县金诚城市建设投资经营有限公司为建设业主，汉寿县昇晖市政建设有限公司中标承建，湖南明诚项目管理有限公司负责监理。项目于 2019 年 3 月 12 日开工建设，于 2020 年 10 月完工通车。

汉寿县沧浪西湖小学新建工程。汉寿县沧浪西湖小学位于汉寿县龙阳街道，荆楚路以南、规划道路以西。项目规划总用地面积 12307.5 平方米（合 18.5 亩）。建筑占地面积 2880.0 平方米，总建筑面积 9800 平方米，其中计容建筑面积 9000 平方米。主要建设内容包括教学综合楼、食堂、连廊、校门等土建工程的建设和篮球场、羽毛球场、运动场等体育运动场地的建设以及围墙、升旗台、垃圾收集点、道路及场地硬化、给排水、供配电、绿化、消防等配套设施的建设；此外购置教学仪器、图书等教学相关设备。建筑密度 23.4%，容积率 0.73，绿化率 30.07%，设置机动车停车位 45 个，其中地上 21 个，地下 24 个。项目建成后可容纳 810 名学生。项目总投资约为 4605.50 万元，其中工程建设 2630 万元。该项目由汉寿县金城城市建设投资经营有限公司作为业主，湖南省教育建筑设计院设计，湖南广安建设有限责任公司承建，湖南天福项目管理有限公司监理。项目于 2019 年 8 月 12 日开工建设，于 2020 年 8 月开始招生教学。

【资产经营与管理】 开辟多元化经营渠道拓展经营项目，大力发展国有无形资产与有形资产经营权租赁业务，入股地方商业银行，开发存量土地资产，使国有资产保值增值的同时增加公司盈利能力，增强公司造血功能，逐步走出一条自我培育、自我壮大的转型发展之路。一是吸纳社会资本，先后与恒大集团、和瑞置业公司、万达集团等知名企业进行商业合作开发，打造新城区恒大御府高端商业综合体与老城中央和瑞欢乐城商业综合体，2020 年预分红收益共 3600 万元。二是开启物业管理运营工作。上半年公司对小南门安置小区、曹家巷公租房以及银水湖公园启动物业全面接管工作。三是积极推动土地收储工作。为优化公司资产结构，增加公司优质资产，通过招拍挂程序收储棚改储备土地 5 宗合计 57.3 亩。四是管好国有资产运营。按照租赁协议履行和监督双方职责与义务，把握时间节点及时做好租赁租金收缴工作，其中农商行投资分红 450 万，门面、广告位租赁租金 180.69 万，咨询顾问费 13.5 万。五是开启取土场规范化运营，合理利用土地资源、保护生态环境，服务高铁站场等重点项目建设的需求。

【融资争资】 按照政府主导，市场化运作，企业化经营方式，创新融资理念，积极主动研究金融政策，拓宽投资项目资金来源，并与国家开发银行、中国农业发展银行以及地方商业银行建立长期稳定银企合作关系，以良好的资产结构与信誉获得政策性银行 AA-的授信评级，重点围绕汉寿县水系治理、环境整治、健康疗养、农贸市场、智能停车场、新一中建设等项目，加强与各政策性银行及商业银行的协商与合作，在国家开发银行、农业发展银行及地方商业银行融资 18.29 亿元。

【党建工作】 2020年，县城投党支部先后召开党员大会5次，支部书记开展集中讲党课3次，支部按月开展学习和组织主题日活动11次，高质量召开民主生活会和组织生活会，开展了民主评议。从2020年5月27日开始，接受县委巡察组为期2个月的集中巡察。为严格工作纪律，将党风廉政建设作为党建工作的重中之重来抓，对巡察反馈关于聚焦贯彻落实党的路线方针政策和党中央决策部署情况；聚焦群众身边腐败问题和不正之风；聚焦党组织软弱涣散、组织力欠缺三个方面的问题和不足，按照要求进行逐个整改，通过修改完善相关制度、规定，形成长效机制，全面提升党员干部的党性修养和政治品格，提升党支部的凝聚力和战斗力，营造了风清气正、团结和谐的内部环境和氛围，为公司发展提供了坚实的组织保障。

（程　鹏）

农业投资开发

【概况】 汉寿县现代农业投资开发有限公司注册于2013年7月，注册资本10.1亿元，是一家服务三农发展、推动乡村振兴的县级国有独资公司。注册以来，为顺应改革发展大势，先后经历了2016年11月、2018年4月和2020年8月的三次优化重组，业务扩大到农田、水利、河道采砂、砂石加工、交通基础建设、农业特色园区开发建设以及县内文旅资源开发建设、太阳能发电等领域的经营管理。下辖远达交通、安达劳务、安达物业、安达汽车、富金达建筑、高新投、金达砂石、辰阳文化旅游、通和园投、辰乐旅行社、辰智规划设计和广健医药等12家全资子公司，控股汉寿众扶科技有限公司，参股湖南汉寿星龙村镇银行股份有限公司。公司设综合、财务、融资、工程、前期、经营部，及高新区、蔬菜公园办事处，总资产65亿元。

公司组建以来，积极策划和实施汉寿蔬菜产业园、西洞庭湖生态旅游小镇、青山湖鱼鸟类博物馆、清水湖旅游度假区景观大道、芙蓉学校、崔家桥中利光伏小镇、等一批重点项目，完成太子庙收费站提质改造、鹿溪旅游公路、金牛山登山道路改造等一批交通基础项目，启动砂石经营权拍卖及砂石场建设、河道砂石资源开采、加油站经营权回收及建设等一批经营项目，累计完成投资近10亿元，实现经营收入2.2亿元。2021年1月7日，汉寿县现代农业投资开发有限公司被常德市农业局授予2020年常德市农业产业化市级龙头企业。

2020年10月完工通车的八角西路

【风险防控】 防控债务风险做到有序平滑。把有效融资当做公司生命线，充分发挥国家农业三产融合示范园、砂石开采、文旅综合开发、防疫保供等项目的带动效应，综合运用专项债置换、无还本续贷、政策性补贴贷款等工具，累计获批贷款17.3亿元、专项债2.69亿元，及时偿付本息5.5亿元，置换高息贷款1.35亿元，支付项目征拆及工程款项2.2亿元，落实县委、县政府资金调度任务6.3亿元；防控资金风险确保资金良性运转。实行财务集中管理，资金统一调配的财务管理模式，年初编制预算计划，每月上报资金计划审批表，指导和调节日常资金管理工作。完善财务制度，财务开支坚持先审批、后支付的原则，严格遵守财务分级审批程序，严格按照预算和月资金计划拨付使用资金；防范安全风险做到谨小慎微。坚持生产、质量、廉洁三位一体，抓细抓早，建章立制，实施的80个建设项目，做到了“安全生产零事故、质量管控零投诉、廉洁管理零违纪”。

【造血经营】 抢抓疫情保供、资产清理、公司整合等契机，新扩医疗器械、蔬菜供销、旅游服务、广告投放等业务，巩固砂石、加油、劳务、汽修等传统经营，新增砂石（含废弃物）年开采量1500万吨，实现含税销售额近6亿元，承接产学研旅行6万人次，军刘加油站建成已正式运营，康普药业股份首次分红，全年实现各类经营项目现金流6个多亿，已完成2020年预算目标，有力支撑项目融资，有效推动公司的市场化转型。

【项目推进】 全年承接各类项目32个，按进度要求开工实施29个，按时间节点完工金凤路白改黑、龙腾西路新建、姚家坝箱涵改造等项目12个，获认定固定资产投资16亿元。其中，候鸟博物馆、三彩大道不到120天交付使用，承办国际观鸟节，擦亮湿地公园的名片，叫响候鸟公园品牌；芙蓉学校30多万方回填、11栋4.09万平方米建筑，抢晴斗雨5个月实现全面封顶，打下按时招生的坚实基础；城区50亩大货车停车场，在阴雨连绵中奋战10昼夜，完成从清表除杂到车辆进驻的所有工作，为建设县城最美客厅贡献力量；梅百华、创美两个食品加工企业，积极跟进服务，实现年内引进、年内投产。同时，全面梳理欠薪隐患，一个一个项目签字承诺，保证了农民工工资及时兑现。

汉寿县芙蓉学校。汉寿县芙蓉学校是省政府督办工程，是全省100所芙蓉学校之一。2020年6月23日举行开工仪式，8月8日正式破土动工，2021年7月1日竣工。

汉寿县国家农村产业融合发展示范园。汉寿县国家农村产业融合发展示范园项目位于常德市汉寿县太子庙镇排形村、太安村，辰阳街道等，建设内容主要为华乐国家农村产业融合示范园、汉寿县蔬菜特色产业园建设工程。其中，华乐国家农村产业融合示范园包括母猪、育肥猪猪舍及附属工程与粪污资源化利用工程两大工程，建设用地178000.89平方米（合267亩），总建筑面积91339平方米（猪舍及附属工程建筑面积88740平方米，粪污资源化利用工程建筑面积2599平方米），粪污资源化利用工程沼气池容积为6000立方米，年出栏12万头生猪。汉寿县蔬菜特色产业园规划面积5万亩，核心区占地面积300亩，集蔬菜科研、合作生产、加工展示、休闲参观于一体，分展示、

2020年8月，汉寿县国家农村产业融合发展示范园施工

科研、种植三大功能区。园区承担中国农业科学院、湖南省农业科学院等科研院所主持的“长江中下游多雨区露地蔬菜化肥农药替代技术集成与示范”“露地蔬菜化肥农药替代技术集成与示范”“露地南瓜化肥减施增效试验”等项目。园区内所种植的每一种蔬菜瓜果都是遵循生态环保的种植模式，底肥用的是有机肥，在管理的过程中是用生物农药来管理，可以直接食用，达到绿色无公害的标准。该项目为支农及产业扶贫项目，采取“公司+基地+合作社+农户（贫困户）”的经营模式，为贫困户免费培训实用养殖、种植技术，实施产业扶贫、劳务吸收等帮扶项目。为解决周边贫困户就业增收问题，该项目与周边乡镇100余户贫困户签订长期用工及销售协议，在农忙用工高峰期，参与项目施工、种植、养殖的农民工和贫困户多达200多人，贫困户早出晚归，不但可以增收还可以照顾家庭，增强贫困群众自我脱贫信心。

青山湖鱼鸟类博物馆。青山湖水文水利候鸟监测站项目于2020年8月1日正式开工，不到120天交付使用。12月7日，第十一届洞庭湖国际观鸟节（常德分会场）暨西洞庭湖青山湖候鸟苑开园仪式在汉寿县顺利举行。该项目属于湖南西洞庭湖国家级自然保护区三汉港及周边区域生态环境突出问题整治项目中的一个子项目。

（曾小金）

人保财险

【概况】 中国人民财产保险股份有限公司汉寿支公司在全县设有3个三农营销服务部（太子庙营销服务部、蒋家嘴营销服务部、洲口营销服务部）、21个非中心乡镇三农保险服务站、263个村级三农保险服务点。

【经营】 2020年，公司实现保费收入11180万元，其中车险保费收入3807万元，商非保费收入1127万元，农险保费收入3880万元，社保保费收入2365万元。全年实现报表利润804.14万元。全年入库税金612.44万元，其中代收代缴税金429.17万元。

（李美蓉）

中华联合财产保险

【概况】 2020年，中华财险汉寿县支公司实收保费5763万元。其中，农业保险实收保费3387万，为汉寿县1251户农户提供风险保障63250万元，向户农户支付赔款1630万元。健康险保费收入1094万元，市场份额42%，为全县27.03万城乡居民承担了无责方意外伤害保险责任保险，理赔准确、及时，深得广大客户的一致好评。非车险实收保费1456万元，车险实收保费920万，代缴车船税、员工个人所得税等各种税款200多万元。作为电梯责任保险的主承保方，该险种保费低、保额高、保障范围广。

【党建工作】 中华财险汉寿县支公司党建工作荣获集团股份有限公司、总公司优秀党支部荣誉称号，荣获湖南省分公司2020年度先进基层机构荣誉称号。

【理赔工作】 汉寿县支公司自开展理赔工作以来，管理体系成熟，实行专业外勤人员调查、专业内勤人员理算，不积压案件，不拖欠赔款，在履行承诺和服务的同时做到无一起投诉案件，部分案件及时、高额赔款得到了大家的高度评价。

狠抓各项理赔服务指标，借力"竹海云"平台量身定制增值服务系统，取得良好效果。车险理赔服务质量评价得分92.98份，连续七年稳居行业前三。客户服务评级成功晋升AA级。

（曹曾莉）

人寿财产保险

【概况】 2020年，中国人寿财产保险股份有限公司汉寿县支公司完成保费收入3401万元，代收代缴车船税和上缴增值税及其他附加税324万元。

【荣誉】 荣获汉寿县委、县政府颁发的2020年度金融业企业纳税突出贡献奖。

（邓 芬）

人寿保险

【概况】 2020年，中国人寿保险股份有限公司汉寿支公司实现总保费收入2.65亿，其中首年新单期交保费6442万元，同比增长20.5%；短期险保费3047万元，同比增长17.79%；续期保费1.7亿元，同比增长9.1%。

【理赔】 共赔付案件16389件，支付理赔款1480.34万元；其中寿险长期健康险赔付6731件，赔款496.75万元；短险意外险赔付9658件，赔款983.59万元。

【服务地方发展】 向地方纳税部门缴纳税款216.43万元；免费举办就业培训2000多人次、提供就业岗位1800多个，为保障汉寿社会经济发展，提升就业水平作出显著的贡献；积极参与县委、县政府精准扶贫工作，在军山铺镇老鸦塘贫困村安排专人长期驻村，公司结对帮扶34户贫困家庭，每年向村部投入扶贫帮扶资金3万元，发放物资与慰问3万余元，针对家庭情况不同，从教育、医疗、就业上给予精准帮扶。在崔家桥镇永固非贫困村，公司安排专人参与村部党建与扶贫工作对口帮扶；按照县金融办的统一部署，捐助2万元教育助学基金，为全县的教育振兴工程贡献一份力量；捐助2万元购买防汛抗洪物资，出动90多人次24小时值守西湖垸段大堤，为保障安全渡过汛期，尽到应尽的义务和使命；积极参与"民调"与"打黑除恶"等地方中心工作宣传；在业务发展中，积极参与地方民生服务，依据国家顶层民生升温精神在教育系统、卫计系统、民政系统、人社系统搭建学生平安保险、女性安康保险、老年保险、城乡居民意外伤害保险等民生保险，既落实了国家顶层民生政策，也解决了地方民生济困帮扶，释放了社会与家庭风险。

【荣誉】 2020年，中国人寿汉寿支公司获得中国人寿全国双百强支公司、中国人寿湖南省分公司"十强支公司"、中国人寿湖南省"中心支公司"、中国人寿常德分公司"先进支公司"的称号。

（龙素梅）

教育·科技

教　育

【概况】　截至2020年12月，全县共有小学55所、初级中学15所、九年一贯制学校15所（一所民办）、十二年一贯制学校1所（民办）、完全中学2所、高级中学1所、教学点15个，合计88所（不含职高和教学点）。现有小学生42885人、初中生21219人、普通高中生9606人，合计73710人。义务教育阶段学生64104人，其中城区义教阶段学生数为27665人，占比43.16%。

2020年，县委、县政府高度重视教育工作，把教育摆在优先发展的战略地位，切实保障教育各项投入，促进教育不断向前发展，取得一系列新成绩。县教育局被教育部关工委评为“新时代好少年”主题教育读书活动先进集体；被省中小学教师发展中心评为2020年度湖南省中小学教师网络研修工作先进单位；和爱家教被省教育厅认定为2020年湖南省“终身学习品牌项目”；被湖南广播电视大学认定为2019年度全省电大系统优秀县级工作站；被常德广播电视大学认定为2019年度全市电大系统先进单位；获市委统战部2020年常德市“黄炎培职业教育奖创业规划大赛”优秀组织奖；被市人民政府教育督导室评为2019年度教育督导宣传信息报送先进单位；被市教育局评定为“新时代好少年·美好生活 劳动创造”主题教育读书活动先进集体、2019年度教师培训培养工作先进单位、2019年度仪器电教工作先进单位、2019年度平安建设工作先进单位、2019年教育计划财务工作先进单位、消除大班额工作先进单位、2019年全市中职招生工作进行单位。

【党的建设】　始终坚持党建工作为首责主业，把2020年定为“政治建设年”，研究确定基层党建年度重点任务，组织召开4次党委会、7次专题会研究部署党建工作。坚持党管人才，抓引进，强培育，年内引进高素质人才26名，开展常规培训7194次，692名教师受到省市县级表彰。坚持党建带工建、带团建，积极开展“光影铸魂”“蓝天保卫战”等教育实践活动，全面激发基层活力。坚持强基固本，强力推进党支部“五化”建设，新成立党支部2个，实现应建尽建。强化标杆引领作用，创建“五化”建设示范点18个，县二中党委、东岳庙中学党支部申报创建省级“五化”建设示范点，龙池中学、生源学校分别申报创建省级、市级“标杆引领”计划。持续推进“双培养”工程，2020年全县教育系统备案积极分子113人，发展党员25名，转正29名。强化党建业务培训，对系统各级党组织书记、党务专干进行了3天集中培训。坚持落实意识形态，强化宣传引导，成立教育系统意识形态工作领导小组，推进意识形态工作责任制落实落细，坚决做到“四个纳入”。全年组织理论学习中心组学习12次，专题研究意识形态工作4次，开展“三重三讲”“一训三风”评比等活动，始终把习近平新时代中国特色社会主义思想武装师生头脑摆在工作的首要位置。成立教育教学志愿服务分队40个，注册人数近3000人，开展志愿者服务活动400多次，各级媒体上稿近3000篇，省级主流媒体上稿300多篇。

【安全稳定】　扎实开展安全宣传教育，广泛开展安全、法治教育，校园安全管理水平全面提升，全年没有发生学校责任安全事件。筑牢防溺水堤坝，净化校园周边环境，联合各乡

10月24日，汉寿县举行2020年教师表彰暨教育捐赠大会。县委书记车世忠出席会议并讲话，县委副书记、县长周功表主持会议，县委副书记刘静、县人大常委会主任袁佑清、县政协主席刘毅翔等全体在家的县级领导出席会议

镇（街道）和县委政法委、公安、交警、交通、应急等部门维护教育安全。各乡镇（街道）共同发力，各部门齐抓共管，全县学校校园周边环境得到很大改善，师生安全感得到进一步提升。

【教育资助】 细致开展扶贫助学，切实落实各项教育扶贫政策。一是全面落实教育扶贫资助政策，根据上级政策要求，对建档立卡等四类贫困学生全面落实各项教育扶贫资助政策。二是优先保障建档立卡学生资助。三是切实整改确保资助不遗漏一人，认真开展教育脱贫质量“回头看”和“补短板”，共补发资金134.975万元，资助2378人次。2020年发放各类教育资助金1523.45万元，资助学生30825人次；2016—2020年合计发放各类教育资助金7256.66万元，资助学生131809人次。为401名贫困大学生办理助学贷款，贷款金额352.84万元。

【作风建设】 持续推进五个专项治理，出台《汉寿县中小学教师安全失责、师德失范、教学失职“三个零容忍”行为处理实施办法（试行）》，制定《中小学在职教师违规补课专项治理工作方案》，开展为期两个月的在职教师违规补课专项整治行动。11月下旬后，连续利用周末组织队伍在城区居民小区开展蹲守摸排，对民办培训机构开展统一督查，共发现在职教师违规补课4起，对当事教师进行了严肃查处。2020年度共受理信访举报交办件23件，立案20件、党纪政纪处分20人，免职2人，诫勉谈话16人、约谈38人。

【队伍建设】 以德能双馨为目标，全面优化教师队伍。一是招录力度加大。2020年全县教育系统实际补员284人，其中209人分配到农村学校。二是培训效果良好。在狠抓国培、省培、市培和县培等常规培训的同时，进一步完善教师工作坊研训体系，组建“教研员+坊主+管理员”的教师工作坊研修团队，相关工作被《中国教育报》专门报道。三是表彰推介有力。毛家滩回维乡中学张思焕等10名老师获评“五四奖章·汉寿十佳青年”称号，汉寿一中连双刚、毛家滩回维乡中学张敏获评常德市“翦伯赞突出贡献奖”，王建辉等23人被市教育局评为“优秀教师”，另外在教师节前夕评选并表彰了县“十佳高考功臣”“十佳师德标兵”“十佳班主任”“十佳教学能手”“十佳管理骨干”“百名优秀班主任”“百名师德先进个人”，联合县教育基金会组织开展第二届“汉寿最可爱的乡村教师”评选，聂家桥乡中学何英华等20名教师受到表彰。

【教研教改】 疫情期间，组织全县三至八年级11个学科95名教师在网上直播课776节，迅速有效开展教育教学活动。按照既定计划在县五中、辰阳中学试点开展全县集体备课探索工作，取得良好效果。紧锣密鼓做好日常教学视导与听评课活动，经常性开展教师工作坊研修与送教下校，举办全县教师教学比武活动。开展教学常规考核评价，严密有序组织各项考务和成绩分析工作。

【招生工作】 高中严格禁止线下招生，义务教育阶段出台《汉寿县教育局2020年中小学秋季招生工作方案》，城区义务教育阶段严格按照“相对就近、免试入学、划片招生、公办不择校、民办不择优”的原则，全面实施阳光招生。

【工会活动】 着力维护发展好教师权益，落实教代会制度和校务公开制度，突出常态化节日慰问与特困帮扶。着力开展职工文化品牌创建，组织动员全县女教工参与全国第八届“书香三八”——“阅读强素质·奋斗建新功”读书活动，组织参加湖南省总工会“湘悦读·工力量”2020年全省职工主题阅读活动，易璇获湖南省“芙蓉悦读者”荣誉称号。举办2020年汉寿县教育系统教工男女混合气排球赛、局机关男女混合气排球赛。

【德育工作】 推行“红领巾争

章”活动。全面启动“汉寿县新时代雏鹰争章”活动，运用少先队特有的奖章、荣誉、服务岗位、实践体验等多种激励载体，具体化、常态化、持续化地激发少先队员光荣感的内生动力。开展全县“一训三风”及校旗、校徽、校歌评比活动。各项内容评选的基本条件是符合党的教育方针、遵循党的基本路线并契合新时代社会主义核心价值观。

【体艺成果】 督促学校按照国家课程方案和课程标准开足上好体育美育课，对城区学校和部分乡镇学校进行专项督查。组织全县体育与健康教育教学课视频评选活动，30名教师获奖。举办全县中小学生乒乓球、羽毛球、男子篮球赛；举办全县中学生田径运动会；举办全县中小学生三独比赛、合唱比赛、艺术展演、书法美术作品大赛等活动；在龙阳小学、月明潭中学、岩汪湖中学等15所学校组织实施戏曲进校园活动，汉寿县龙阳小学被认定为湖南省戏曲进校园特色小学。

【实验教学】 5月，组织全县初中实验操作及信息技术上机考试，并以10分的成绩计入初中学业水平考试总分。10月，组织参加全省中小学教师实验说课活动，县教育局被评为常德市优秀组织单位，共9节课获省、市奖项。11月，迎接常德市实验室标准化建设示范学校验收，西港中学、龙阳中学、太子庙中学、岩汪湖中学、县五中、鸭子港中学、三和中学等7个单位顺利通过市级评估验收，被认定为“示范学校”。截至2020年，有19所学校被市教育局认定为“示范学校”。

【心理健康教育】 全县学校均已做到心理健康教育课程化。龙潭桥中学每个月进行一次关爱留守儿童“蓝信封”活动。县一中在上好心理健康常规课外，在每年的4—5月都举行心理健康教育节。县教师培训中心成立“心理健康教育教师工作坊”，年内推出4堂心理健康教育精品课，有计划地到学校开展授课。成立“家庭教育工作坊”，现有成员56名，引进“根缘”家长教育课程，以互联网为依托，通过开展线上、线下活动，对全县所有中小学、幼儿园家长进行免费培训，加强对家长的教育与引导，形成正确的教育观、人才观。

【学前教育】 投资605万元完成8所公办幼儿园改扩建项目和17所利用国有资产、集体资产举办的民办幼儿园转办为公办幼儿园项目，新增公办幼儿园学位2801个，公办园幼儿占比达到50.15%。普惠性幼儿园覆盖率达到86.9%，学前三年毛入园率达到89%。一乡镇至少一公办园的任务全面完成。完成普惠性民办园的重新认定，确定民办园收费标准。积极搭建学前教育研究平台，提升保教质量。

【义务教育】 出台《汉寿县中小学校教学质量提升工作方案》和《汉寿县2019—2020学年度义务教育学校教育教学质量评价方案》，教学质量不断提升。化解义务教育阶段大班额129个，高中阶段大班额32个，全面完成161个大班额化解任务。落实控辍保学工作，义务教育阶段学生巩固率100%。在县城区公办义务教育阶段学校扎实展开课后服务，还学生多彩童年，解决家长“三点半”难题。城区8所公办义务教育阶段学校在校学生19505名，参加课后服务的学生占90%左右。9月24日，《湖南日报》市州观察头版以《汉寿县扎实开展课后服务》为题进行报道。

【高中教育】 2020年，高考取得大幅进步。全县普高参考人数2930人，其中一本上线人数930人，一本上线率31.74%；二本及以上上线人数1748人，上线率59.66%。县一中曾曼、陈炎被北京大学录取；县一中卢伟航、龙池实验中学廖成才被空军航空大学录取。全县600分以上人数较上年增加74人，提高102.77%；一本较上年增加232人，上线率提高33.23%；二本以上上线人数较上年增加243人，上线率增加16.14%；高中学段教育教学整体水平得到提高。其中县一中参考人数1017人，600分以上的有135人，一本上线644人，二本及以上上线879人。600分以上较上年增加70人，提高107.69%；一本上线较上年增加104人，上线率提高19.26%。二中、五中、龙池实验中学三所高中及职业中专高考成绩均有较大提升。

【职业教育】 壮大职教规模。2020年县中职生源计划数2524人，实际录取2038人。市直中职学校在本县共招新生942人，其中湖南高尔夫旅游职业学院招生198人。统筹全县学校专业设置。校际间专业不重合，县职业中专设置9个专业，科技工业职业学校重点建设工业机器人专业，飞翔职业学校建设体能训练专业。县职业中专对口单招考试186人参考，156人被大专学校录取。办学条件进一步改善，职业中专落实产教融合项目设备添置近800万元，校园提质改造300余万元，学校规划在2021年投入1200万元修建学生食堂，2022年投入700万元用于修建学生公寓。科技工业职业技术学校本年度投入530万元，新建一栋4层的学生公寓。飞翔职业学校投入400万元新建南校区，预计2021年秋季开始投入使用。

【民办教育】 加强民办学校举办

者及校长培训，全年共组织关于坚持党的教育方针、规范管理、防范和化解风险、持续开展校外培训机构治理、安全办学等内容的专门培训10余次。安琪幼儿园刘英的办学经验在湖南省教育科学院组织的第二届民办教育创新发展论坛上分享。2020年下发关停通知书4份，强制关停非法机构2家，有效地打击、震慑和遏制了非法办学乱象。继续推进管、办、评分离，民办学校年度办学水平评估工作由县人民政府教育督导室牵头组织。

【教育信息化】 应对新冠疫情，努力做好学生线上教学任务保障，年内新增网络教学资源300G。根据国家信息化建设要求，对全县学校教育信息化现状进行全面摸底，制定建设规划，上报县政府进行进一步完善。

【学校项目建设】 农村学校建设三年行动计划。自2019年启动《汉寿县农村学校建设三年行动计划（2019-2021）实施方案》以来，规划的42个农村学校建设项目（4个教师周转房项目、28个塑胶运动场项目、10个学生食堂建设项目）已经动工41个，其中完工项目32个（2019年任务15个、2020年任务项目14个，提前完成2021年项目3个），累计完成投资约8300万元。制定《汉寿县乡村小规模学校和寄宿制学校建设项目库规划》，建成乡村小规模学校6所，寄宿制学校10所。

【城区学校建设】 完成新的学校布局，制定新建县一中、芙蓉学校、西湖小学、沧浪中学等学校，改扩建东正街小学、詹中附小、龙阳小学、县二中、县五中的具体规划。其中西湖小学已于2020年9月投入使用，学校占地面积18亩，投资总额4450万元，已招生704人，开设16个教学班。芙蓉学校和新一中建设均已开工，计划于2021年9月正式投入使用，其中芙蓉学校已完成主体建设。其余项目正在有序推进。另外根据省、市相关要求，2020年投入610万元，将原周文庙乡中学改建成特殊教育学校（汉寿县启智学校），已于11月底开始招生办学。

【汉寿县新一中和芙蓉学校开工建设】 2020年6月23日上午，汉寿县芙蓉学校建设项目举行开工仪式，县委书记车世忠，县委副书记、县长周功表等县领导出席仪式。该项目总投资1.8亿元，占地102亩，新增学位2820个。学校建成后，将进一步丰富县域教育资源，园区及周边学生就近入学更加便利。

8月8日上午，汉寿县第一中学异址新建项目举行开工仪式。县委书记车世忠，县委副书记、县长周功表等县领导参加。汉寿县第一中学异址新建项目选址在汉寿大道西侧，沧浪街道岭湖社区（纬十五路以南、纬十六路以北、沧浪大道以西、经十八路以东），征地275.7亩；办学规模为90个教学班，招收学生4950人；建筑总面积约130000平方米，建设总投资约5.7亿元。新一中建成后，将进一步优化学校布局，改善硬件条件，为汉寿经济社会高质量发展提供强大的智力支撑和人才保障。

6月23日，汉寿县芙蓉学校建设项目举行开工仪式。县委书记车世忠，县委副书记、县长周功表，县领导袁佑清、刘毅翔、丁克刚、熊毅、杨戊等出席仪式

【汉寿县召开2020年教师表彰暨教育捐赠大会】 2020年10月24日上午，汉寿县2020年教师表彰暨教育捐赠大会召开。县委书记车世忠出席会议并讲话。县委副书记、县长周功表主持会议。县委副书记刘静、县人大常委会主任袁佑清、县政协主席刘毅翔等全体在家的县级领导出席会议。与会人员观看了教育宣传片。会议启动2020年“博爱圆梦 温暖同行”结对帮扶活动。会议对获得“十佳高考功臣”“十佳师德标兵”“十佳班主任”“十佳教学能手”“十佳教育管理骨干”“高考绩效奖”“高考名校奖”和“教育捐赠先进单位”“捐资助学功臣”“教育捐赠突出贡献奖”的个人、单位、企业进行表彰。

2020年，全县开展覆盖面广、影响力深的教育捐赠行动，在全社会树立和传播重教支教的理念和风尚。县教育基金会存量突破6800余万元，一举迈入全市前三甲。全县各乡镇也组织成立相应的教育基金会，积极奖教助学。

（熊 娣）

第一中学

【概况】 汉寿县第一中学是湖南省示范性高级中学、省文明单位、省体育传统项目（田径）学校、省现代教育技术实验学校、省园林式单位、省文明卫生单位，学校校园现占地154亩，有教职工313人，其中特级教师和市、县级学科带头人20人，全国“五一劳动奖章”获得者、湖南省“五一劳动奖章”获得者、省“三八红旗手”、正高级教师等10余人。高级教师112人，常德市“翦伯赞教育突出贡献奖”获得者2人。教师来源有北京师范大学、华中师范大学、湖南师范大学等著名师范院校。共开设60个教学班，现有在籍学生3142人。

【新校区建设】 全新校区即将落成，选址在汉寿大道西侧沧浪街道岭湖社区，征地275.7亩；办学规模为90个教学班，招收学生4950人，后期可拓展到120个班，7000人；建筑总面积约110000平方米，建设总投资约5.7亿元。2021年将实现整体搬迁，汉寿一中将走上发展快车道。

【办学宗旨】 学校秉承“为学生的终身发展奠基，为教师的幸福人生搭台”的办学宗旨；“以人为本，德育至上，质量立校，全面发展”的办学理念；“做人以立品为先，读书以潜心为要”的校训，致力于培养适应社会需要的创新型的学生，造就有尊严、幸福指数高的教师，坚持立德树人、全面育人，致力于把汉寿一中办成汉寿人民满意的学校，办成三湘名校。

7月6日下午，汉寿县委书记车世忠（前排左三），县委副书记、县长周功表（前排右三）督导2020年高考考点准备工作

【德育阵地】 学校先后组织、开展了一系列活动。如抗疫活动、青年志愿者活动、清明祭奠活动、学生演讲比赛、学生研学活动、新生军训、校园体育文化艺术节活动、学生社团活动、最美学子评选、普通话推广宣传、班级联欢晚会活动、最美教寝室评选活动、学生书法绘画展等各项活动。通过这些活动，给学生搭载成长平台，学生的能力、养成意识大大增强，学校管理在迈向规范的道路上又更进了一步。

【教学教研】 2020年，学校继续围绕教学中心深化各种教改举措，提倡高效教学，提高教学教研质量。

高效教学观念积极落实。坚持“请进来、走出去”策略，召开“汉寿一中高效教学推进会”，邀请福建宁德福安一中陈琼莹老师作《新高考新课程背景下的课堂教学》讲座，观看湖北枝江一中万安老师的现场示范课，开阔老师视野，创新教育教学理念。学校举行教学比武和教学反思活动，落实“四权下放”，提高课堂效率。

集体备课常抓不懈。周一至周五，每天在不同的时段都有不同的学科在专门的地点进行集体备课。不同学科各具特色：一人主讲，众人讨论；或者一个课题共同探讨；或者一个主题多种思路汇集。集体备课做到了“四个统一”，落实“四权下放”，用集体的智慧备好每一堂课，让每一堂课都能产生最大的教学效益，让每一个学生在课堂上实现学习效益最大化。

青蓝工程促成长，师徒结对出佳绩。学校教师队伍发扬“传、培、帮、带”的优良传统，通过师徒结对，促进年轻教师迅速成长。5月6日、9月14日，学校在崇高楼六楼举行“青蓝工程”师徒结对典礼，每学期末，青年教师分别进行汇报。

【教学质量】 2020年高考，学校取得长足进步：一本上线680人，上线率67%；二本上线915人，上线率90%。其中名校有突破，陈炎、曾曼考入清华、北大。高二学考，学校准备充分，工作落实，高二学考全科合格率达100%，为学校历史上的最好成绩。

【荣誉奖励】 教师个人：连双刚老师获常德市第四届“翦伯赞教育突出贡献奖”；田亚玲被评为湖南省特级教师；刘光前获湖南省正高级教师；

王建辉、田亚玲获“市师德标兵”；聂文获“县十佳管理骨干”；李锡安、李婷婷等获县“十佳高考功臣”；王映辉获县“十佳班主任”；王成丽获县“十佳教学能手”；冯敏、郭宪、帅博旺、童友前、饶盼晴获县“百名优秀班主任”；李国宝、吴雪萍、贺建安、部绍菊获县“百名师德先进个人”等。网上集体备课大赛，七个备课组分获一、二、三等奖，唐盟、王位、彭筱璇等老师获市教学比武一等奖。

学校集体：2020 年，学校先后获得“叶圣陶杯”优秀团体奖，省心理健康教育先进单位、市心理健康教育示范学校，市级教育科研工作先进学校。

（谢　雍）

第二中学

【概况】 汉寿县第二中学 2020 年有 60 个高中教学班，6 个初中教学班，在校学生 3560 人，在职教职工 318 人。学校设校长办公室、教务处、教导处、学生处、团委、综治办、总务处、膳食会、纪检监察室和工会等 10 个处室为行政二层机构。

2020 年，学校在“党建和意识形态工作”市级检查、“语言文字规范校创建”验收检查和“市级文明校园”抽检验收中，受到领导专家的一致好评。

【教师队伍管理】 加强校本教研，提高课堂教学效率。现有教职工 318 人，专任教师 296 人（其中初中 24 人）占教职工总数的 93%，学历合格率 100%，具有高级职称的 91 人，占专任教师总数 31%，中级职称 116 人，占专任教师总数的 40%。有市级骨干教师 4 名，县级学科带头 8 人，县级骨干教师 10 人，在县域范围内，九大高考科目的教学和音体美的教学有明显的专业优势。

2020 年，稳步推进同头备课，督察力度加大，推优成为每月常态，管理趋于规范。首创“同头备课大赛”，使同头备课落到实处。在湖南省中小学（幼儿园）教师信息技术与学科教学深度融合在线集体备课大赛中，全县 21 个获奖备课团队中，二中占有 9 项（二等奖 4 个、三等奖 5 个）。

年度内，两个省级课题开题，年底还将完成两项省级课题的结题工作。蔡皓坤代表全县高中参加历史教学比武，获得市二等奖；彭榆钧代表全县高中参加数学说课比赛，获得市一等奖。

【特色品牌创建】 艺体特色。每个年级设有音、美特长班。探索创立“前期校内打基础，后期校外促提高”的培养模式。在关注专业生成长时，通过开展多种活动，让其他学生有施展艺体才华的舞台。2020 年高考，音体美专业生占高考二本以上升学人数的一半。

【校园文化建设】 学校广播站，每天坚持播音，坚持校园大电子显示屏中午播放午间“新闻 30 分”，上晚自习前播放青春励志专题节目等；校刊《弘毅新韵》，出版第 57 和第 58 期，其主题是“弘毅新韵，讲述我们自己的故事”。校刊以贴近学生生活，栏目丰富和内容精彩，是湖南省优秀校刊；进行班级文化建设，各班教室布置个性鲜明，各班每月更新一次黑板报，丰富和活跃班级文化，让学生在浓郁的文化氛围中陶冶情操。全年向县、市、省级各种媒体推出的通讯报道近百篇。

【课外活动开展】 学校确定一月一主题的德育精品课活动。学生处和综治办通过各种活动来实施德育工程，加强学生的养成教育和安全意识。让学生在活动中潜移默化地提升自我、完善自我，学会求知、学会感恩、学会做人。在疫情防控到位的形势下，10 月举办第 50 届田径运动会，各年级的班级学业成绩挑战赛；12 月的教职工越野跑竞赛等活动。全年没有发生一起重大违纪事件，没有出现一起重大安全事件，学校的育人环境得到了优化。

【教育教学成绩】 2020 年高考，600 分以上三人，一本上线 101 人，二本以上录取 407 人，创学校高考历史新高，在生源状况落后的形势下，创造“低进高出”奇迹。

2020 年 10 月，汉寿县第二中学校运会团体操表演

高二年级随着学考政策的变化，全体师生变压力为动力，倡导班主任跟班督学，落实科任教师的包干负责制。2020年高二全省学业水平考试全科合格率达到99%以上。

高一年级落实学校青蓝工程，注重对青年教师的培养，年级部期末联合桃源九中等生源质量相近的学校组成“沅水流域七校联盟”，进行月考和期末联考，引进竞争机制，共同发展。

初中部2020年中考进步明显，初一初二全县调考均列全县前十名。

（杨开保）

第五中学

【概况】 2020年，汉寿县第五中学高中32个班、学生1730名；初中18个班，学生980人，教职工211人。

【教学教研】 学校的同头备课被教育局确定为全县7—9年级同头备课示范点。全年承办三次工作坊线下研修活动。实施“青蓝工程”，10位老教师与10位新教师进行师徒结对，以老带新；推门听课、作业专项整治、学科竞赛、激情晨午读等活动的开展确保教学常规扎实有，师生“精、气、神”足，学校治学、求学氛围浓厚。“繁星杯”教学比武暨“青蓝工程”汇报课活动极大促进了教师专业水平的提高，为青年教师的成长搭建了舞台。龚加友、刘玲美、王小兵三人为市级骨干教师。在市、县教学比武中，刘元元、罗磊、郭菡获得市级二等奖，龚茜获得县级一等奖。在微课比赛中，杨丽平获市一等奖，杨眉获市二等奖，杨阳、钱诗瑶、曾红霞获市三等奖。

2020年，刘美军被评为“常德市师德标兵”；刘壮志、徐湘陵获评“县十佳高考功臣”；刘立军获评“县十佳教学能手”；曾立民、肖稳获评“县百名师德先进个人”；罗春霞、邱德俊、肖鹏、杨远志获评“县百名优秀班主任”。

2020年高考，354人参考，本科升学人数101人，升学率28.5%；高二学考，全科合格率99.8%。

【德育活动】 2020年度，学校表彰优秀班主任20余人。举行田径运动会、校园艺术节等活动，丰富学生的校园生活，提高学生的艺体综合素质。“每日一语”哲理名言的学习，使学生受到了经典文化的熏陶。召开了一次家长会，促进家校联合。政府部门多次来校视察和开展工作，学校、家庭、社会三方携手，形成良好的育人大环境。常规管理精细结合，学生整体素养不断提升，卫生、纪律、文明礼仪逐步规范；校内车辆摆放有序，校门管理进一步规范；寝室管理凸显军事化特色，室内物件摆放成线、被子折叠成块、卫生干净整洁已成常态。

【专业培训】 高一、高二、高三均组建音体美小专业队。各年级体育专业生均在校培训，时间是每天的早自习之前，以及课务整理时间段。高三年级的音乐、美术专业生集中到长沙相应培训机构进行强化训练。高一、高二的音乐专业生，设2个声乐班、1个舞蹈班、2个器乐班，每周星期一、星期二晚上和每天课务整理时间进行训练（美术生训练时间同步）。各队每年进行一次专业汇报表演。小专业教育成效显著，专业生撑起了高考的半壁江山。

（陈怀国）

职业中专

【概况】 汉寿县职业中专现有35个教学班，学生1815人。开设电子技术应用、机电技术应用、汽车运用与维修、机械加工技术、会计、旅游服务与管理、计算机应用、工艺美术等9个专业，其中以电子技术专业为核心的“信息技术专业群”立项为省示范性特色专业群重点建设项目。

学校现设七个处室：即办公室、教务处、学生处、后勤处、招就处、培训处、膳食会。

【学校发展】 一是稳长破短。三年制中职在校学生稳定在1600人/年以上，在校生规模呈逐步上升势态。全县社会劳动力职业技能培训项目归口学校，年职业培养量达4000人次左右。二是转型升级。技能培养方向稳定在2.5+0.5学制，即在校理论学习2.5年，0.5年到企业顶岗实习；对口升学渐成规模，实现连续4年对翻；中高职衔接对口开辟新的升学通道，为学生升学就业提供新的机遇。三是合力发展。2020年，利用中央财政支持的专项资金，校园提质改造工程全面进行，资金300万元。年中，校园中心广场建成现已投入使用，总建筑面积4500平方米。中心校道增设宣传栏20块花费10万元。校门口、操场各增设电子显示屏共2块花费5万元，校门口增设车辆识别系统花费2万元。校园网络升级改造花费40万元。食堂升级改造花费15万元。校内3号教职工宿舍排水系统进行改造花费5万元。校内新建自行车车棚，面积200平方米花费5万元。购买教学设备电脑、打印机等共花费10万元。搭建网络空间安全，建设电子实训室等教育教学设备共花费300万元。完成了校园内各栋楼命名工作，制定了档案室改造方案，档案室改造工程启动。

【教育教学成就】 技能竞赛。2020年，教师技能比赛获得省三等奖

1个、市一等奖1个、市二等奖5个、市三等奖2个；学生技能竞赛获得省二等奖2个、省三等奖4个、市二等奖1个、市三等奖8个；文明风采大赛获得省二等奖1个、省三等奖2个、市二等奖2个、市三等奖4个；戴瑜获得“优秀教练员”的称号。学生杨思露、廖文娟、刘冰获得“优秀运动员”的称号；黄炎培创业规划大赛获得省优胜奖和市三等奖。

对口升学（高考）。2020年，高考164人参考，35人本科上线，录取率21.34%，专科129人上线，录取率100%。

（曾胜男）

詹乐贫中学

【概况】 2020年中考，詹乐贫中学在一中80%的指标分配到校的情况下，考取汉寿一中220人，初中毕业生“三率一分”稳居全县第三、公办学校第一。

学校规模不断发展，学生数从2800多人发展到5300余人，校园面积从60余亩扩大100余亩，初步具备园林化学校概貌，形成了良好的育人环境。

【内涵发展】 坚持“阳光 快乐 健康 启智”的办学理念；坚持“实施阳光教育，为每一个学生的终身发展和幸福奠基”的办学目标；坚持教育教学为首要位置，实施规范化、精细化考核管理。推进各方面工作均衡、协调、持续、健康的发展。加强学校文化建设，大力弘扬甘于奉献、奋发向上、争先创优、团结合作的工作作风。突出国防教育特色、心理健康教育特色、养成教育特色、国学教育特色。积极创办人民满意的教育。

2020年4月26日，詹乐贫中学召开师德师风整训会议

【教学改革】 抓好教学管理。着眼队伍整体提升，深化校本教研，抓好同头备课等工作。加强同头备课，打造高效课堂，突出“台下功夫”。加快中青年教师成长，发挥好名师引领辐射作用，通过个别交流、专题讲座、推门听课等方式为同事传经送宝。加强九年级课堂监管的力度，大力提高课堂教学的效益。努力提高学生的综合素质及其实践应用能力。抓好学生管理。严格按照上级要求，进一步规范招生行为，均衡编班，规范转学行为，减少随意性和可能的不利影响；加强学生德育工作创新方式，符合学生年龄和心理特点，注重实效；对有重大安全隐患的学生加强排查和监管，加强家校联系，厘清责任，规避风险；重视开展心理健康教育，七年级开设心理健康教育课，隔周一节，其余年级以讲座形式进行心理健康教育。抓好教师考评。规范绩效管理。严格执行教师任课标准，直接和每位的绩效考评挂钩。

【环境育人】 留守子女、单亲家庭子女的心理辅导作为学校常规工作。成立心理咨询室，配备宣泄室，现有国家级心理咨询师9人，对学生心理辅导达2000人次；工作日开通亲情电话聊天和亲情视频聊天，缓解留守孩子缺失亲情的心理焦虑情绪；每周上好两次心理健康辅导课，着重辅导孩子们青春期知识；做好留守子女、单亲家庭子女问题案例分析，及时发现和解决同学们遇到的心理问题，以治疗克服障碍，缓解症状，恢复心理平衡。一系列心理辅导促进了孩子们的健康成长。把“强推国学教育，开展师生读书活动，办好校园书店，发挥班级读书角的功能，共创书香校园”作为学校重点工作。为营造富有人文气息的校园文化，创设与“国学经典”融为一体的校园环境，通过采取用经典诗文装裱楼道；用板报宣传推介经典、用名言警句布置教室。把学校图书室图书每月发放各班充实班级图书角等措施，使学生在校园的每个角落都能享受到国学经典文化的熏陶。

【教师培养】 加强学校“国培”工作落实；落实“一师一优课，一课一名师”活动网上晒课430节；大力培养省、市、县骨干教师、学科带头人、汉寿名师。

（鄢永红　成云华）

龙池实验学校

【概况】 2020年，汉寿龙池实验中学全面贯彻党的教育方针，坚持用党的理论和中国特色社会主义的意识形态指导学校的一切工作，把教育当作一项公益性事业，全面实施素质教育，坚持“育人为本、质量第一、突出特色、全面发展”的办学理念，以“规范管理、质量立校、名师兴校、科研强校”为学校的办学策略，以“乐于学习、善于沟通、敢于承担、勇于创新”为培养学生的目标。学校2020年被授予湖南省“十百千”示范社会组织（第一批）等荣誉。

学校现有在校教职工有近800人，其中任课教师500人，本科学历达到94.7%，研究生学历5人，市“十百千”人才2人，省、市学科带头人2人，省、市、县骨干教师与教学能手26人，市、县优秀班主任39人。

【教育教学管理】 坚持推行“人文管理”“民主管理”“阳光管理”模式，完善学校各项制度建设。制订和完善教师管理制度、办公制度、考勤制度、值班制度、年度考核量化制度等。细化各项管理工作，将教育教学工作作为中心工作来抓，将教育教学质量视为学校生存和发展的生命线，深化课堂教学改革，继续实施“4+X教学模式”，积极贯彻课改“先学后教、学案引导、有效互动、当堂训练”十六字方针，构建具有学校特色的“4+X”自主高效课堂，进一步培养学生的综合素养，提升办学水平。学校要求创设有生命力的课堂，注重师生之间融洽交流，提倡学生全员参与，积极构建“以生为本”的学生观。教师要围绕目标精心设计、创设情景，使学生自觉、主动学习。注重过程和结果的全程管理，努力提高课堂教学的质量，以质量求生存，以质量求发展。

【师资队伍建设】 多措并举加强师资队伍建设，努力打造一支师德高尚、业务精湛、各具魅力、蓬勃向上的“通才”型教师队伍。将师德建设放在首位，要求教师做到树人先树德，立身先立行，不断完善教师职业道德规范教育、考核管理制度，将师德表现情况作为教师年度考核、评先树优的重要依据。培养教师做“三师”：一是“人师”，就是身正为范，教师要用自身的榜样作用和人格魅力，让学生佩服、仿效；二是“能师”，授人以渔，教会学生学习、生活、做人；三是“善师”，就是点石成金，教师带着满腔真情和热爱，去努力创设学生体验成功的情景，去细心挖掘学生闪光的灵性，让学生的个性得到张扬，让课堂充满生命的活力。为拓宽教师视野，不断推进课堂教学改革，先后深入省市外课改名校进行学习和借鉴，通过学习和对比反思，进一步更新教学观念。按照“骨干带动、面向全体、整体推进”的方针，进行师能建设，组织开展富有针对性的教师业务培训、班主任工作培训，提高培训的实效性。通过组织参加上级培训、校本培训、专题培训，以及要求教师、班主任自我学习，抓好教研组长、备课组长队伍建设，以带动教师搞好备课和教学策略研究，提高教师队伍的整体素质。2020年下学期教科室举行第12届中青年教学比武，评选10个特等奖，30个一等奖和12个二等奖。能手、新秀和名师的评选促进了学校教师业务水平和教育教学质量不断提高，也促进了学校教育事业的整体发展。

龙池实验中学校园文化艺术节

【德育工作】 始终坚持把德育工作放在首位，建立健全各项德育规章制度，坚持不懈抓好师生思想教育工作。在落实“立志 立品 务实 创新”校训上下功夫，不断创新德育工作方法，开创德育工作的新局面，提高师生的政治思想素质，树立良好的校风、教风、学风。在全体教职工中，坚持正面教育为主，提倡爱岗敬业，爱校奉献精神，积极开展“品牌教师”活动，教师实行一岗双责制，既教书又育人，形成全员育人、全程育人的工作机制。在学生教育中，继续在语文、思品、历史等学科教学和德育课程中渗透与加强品德教育，坚持对学生进行正面的教育引导，全面开展与学科课程相衔接的丰富多彩的德育系列活动和社会实践活动。开展“国旗

汉寿县龙池实验学校现场心理咨询活动

下讲话”活动，坚持每周一次的例会，持之以恒。充分利用校园广播、主题班会、“中华魂”读书演讲比赛、歌咏比赛、征文竞赛等多种形式的活动，对学生进行系列化的思想品德教育，如爱国主义和革命传统教育、理想信念教育、法制道德教育、安全教育、诚信教育、心理健康教育等，培养学生热爱祖国、遵纪守法、诚实守信、发愤图强等优秀品质和健全的人格。

【平安校园创建】 始终绷紧安全教育这根弦，强化“安全第一”意识，以高度负责的精神切实抓好学校安全工作，创建良好的育人环境。健全安全目标管理和防范责任制度，做到机构健全、岗位明确、人员落实。明确值周教师的安全管理责任，强化班主任、任课教师和教辅人员全员抓安全的责任意识，加强对学生的安全教育，通过开展安全知识讲座、消防、地震疏散演练等活动，增强学生的自我防范意识和自护自救能力。为确保校园安全，学校保安室保安人员轮流24小时安全值班，同时实行行政领导安全值周。

高度重视心理健康教育，按照国家标准开设心理健康教育课程，配备专职的心理教师，设立专门的心理咨询室，课余随时接待学生，进行心理咨询。平时在心理健康教育课上，心理老师对学生进行专业的心理知识教育。在班团活动课上，班主任也对学生进行心理疏导。每个学期除开展“心理健康活动月”的活动外，还聘请心理教育专家进行专门的心理讲座和现场心理咨询。

【后勤保障】 后勤总务工作人员认真贯彻“后勤为教学服务”的思想，努力提高服务意识，按照上级要求和学校工作计划的部署，做好学校食堂管理、宿舍管理、水电管理工作。校园绿化、美化、净化、亮化，以及各项服务教学的后勤物质保障等工作，为推进学校素质教育，服务教育教学，服务师生的工作与生活，发挥有力的保障作用。2020年投入700多万元新修学校田径场，将所有的篮球场和羽毛球场铺上塑胶，改造小学部的多媒体系统。严格执行“两免一补”政策，实施“营养改善计划”。

【质量提高】 2020年，龙池高考有9人上600分，本二升学率达到52%以上，廖成才被空军航空大学录取。学考创造了所有人所有科目达标率100%的成绩。学校连续10年被常德市教育局评为“普通高中办学水平综合评估优秀单位”，是汉寿县唯一获此殊荣的学校。2020年中考有440人达到省示范性高中录取分数线，上线人数、平均分和优秀率均列全县第一名。

（伍立辉）

科学技术

【概况】 汉寿县科学技术局是负责组织实施县级科技工作的政府工作部门，下设3个内设机构：办公室（加挂人事股、行政审批服务办公室牌子）、高新技术和科技规划股、农村科技和社会发展成果股。2020年，汉寿县荣获2019年度市政府真抓实干先进县。

【靠前服务企业】 2020年，县科技局深入企业开展高新技术企业申报、科技计划项目申报等靠前服务。一是组织一批科技型企业积极申报高新技术企业，新增高新技术企业6家（周记家具、博特五金、耐美特、华馥生物、徕木电子、玉贤耐磨），全县高新技术企业总数达31家，位居全市各区县前列。二是指导30多家企业申报省、市科技项目。太子新材的碳化硅关键技术研发与产业化项目获湖南省创新创业大赛成长组优秀奖，太子化工的刘俊、博溥立材料的王博一同获湖南省科技领军人才称号，登科材料获得市科技进步三等奖，新运堂医药获市新型冠状病毒感染的肺炎疫情应急专题项目立项。争取上级科技到位资金600多万元。

【争先创优】 加强宣传，强化调度。全县完成研发经费11.6亿元，同比增速为12.3%；高新增加值完成39.17亿元，同比增速17.13%；财政科技投入 5021 万，同比增速 42.17%；各项考核指标完成情况排名均在全市前列，被评为全市真抓实干先进县。

【科技与金融融合】 开展科技金融贷款，积极向科技银行推介潜力大、实力强的创新企业。全县为 14 家企业办理科技贷款，共投放资金 2540 万元，特别是新冠疫情期间，为企业排忧解难，先后为 5 家贷款企业进行了展期或延期期限，有效缓解了企业融资难的问题。

【产学研合作平台】 共组织实施产学研项目 22 项，合同金额 399.8 万元。牵头组织康普药业、太子化工、太子新材、登科材料、沃博特、阳泰电缆、周记工贸、振邦米业等企业与湖南中医药大学、湖南农业大学、湖南文理学院等高校科研院所建立了产学研合作关系，先后有 8 个产学研合作项目取得科技成果，并转化为产品。

【科技服务民生】 一是新增 39 位科技专家服务团成员，分别在龙潭桥相公村、兴龙社区，岩汪湖木子树村，毛家滩黄河村等 6 个村开展创新创业技术培训，培训产业带头人 100 人，科技示范户 100 户，村民 3000 人，发放资料 5000 份，授课 18 节。二是围绕特色产业，重点在甲鱼、名贵水产、稻虾共生、苎麻方面推广新技术，全年新增甲鱼标准养殖基地 1080 亩，新建稻虾共生面积 3000 亩，大棚蔬菜面积 2000 平方米，推广新品 35 个，苎麻种植面积达 8000 亩，成为全省最大苎麻种植基地，帮助 150 户农民脱贫致富，人均增收 8000 元。三是组织村播带货。通过电商、新媒体直播，在罐头嘴镇福兴村，现场销售黄桃 1200 件、销售收入 20 万元，为农业产品的销售创新了渠道和方式。

【科技企业孵化器】 汉寿科技企业孵化器在孵企业 61 家，其中 2020 新增入孵企业 8 家，共实现销售累计 35700.5 万元、缴纳税收近 937.68 万元、提供的就业岗位超过 100 个。开展培训活动 10 场：科技业务知识培训、知识产权培训、孵化器企业优秀员工养成记、中高层管理技能与领导力研修培训活动、创客中国创新创业大赛辅导会等，培训创业者和企业员工 500 多人次。组织 20 家企业报名参加“创客中国”湖南省中小微企业创新创业大赛，汉寿获常德赛区二等奖。

（蔡 翀）

特种水产开发与研究

【概况】 汉寿县特种水产科学研究所是国内最早从事特种水产开发与研究的科研事业单位，长期与湖南师范大学及湖南农业大学进行技术合作，占地面积 600 亩，其中水面 324.2 亩。2020 年末有干部职工 36 人，其中副研究员 2 人，工程师 14 人，助理工程师 8 人。设办公室、经济爬行动物研究室、名贵淡水鱼类研究室、科技成果开发办公室、安全保卫股。

【科研项目】 9 月，参与向省农业厅申报“数字农业应用推广基地建设项目（汉寿甲鱼）”，获批准实施。围绕现代渔业数字化转型的重大需求，依托国家数字渔业农村创新中心，应用先进适用技术，在地处湖南省水产特色产业核心产区的汉寿县率先建成一批智慧渔场与数字水产养殖基地，实现“汉寿甲鱼”养殖全程信息化技术集成应用；加快产业数字化改造升级，探索现代渔业数字化转型路径，为湖南省乃至全国提供可复制可推广的经验模式。

通过汉寿县数字农业应用推广基地建设项目的实施，实现基地“汉寿甲鱼”等水产品养殖监控智能化、生产管理精准化、运营管理高效化和管理保障综合化，有效提升资源利用率、生产能力和管理效率，示范引领智能化水产养殖新模式。力争示范基地内汉寿甲鱼等水产品单位面积产量提高 10%以上，水产饲料、渔药等投入品使用降低 10%以上，鱼病发生率降低 65%，人工使用率降低 40%以上；创建高质高效、带动能力强、辐射范围广的数字渔业示范基地样板。

9 月，承担实施产业扶贫项目——45 亩优质甲鱼种苗基地建设顺利完成。该项目清淤鱼池 45 亩，扩建孵化房 500 平方米，扩新建产卵棚 1200 平方米，扩建进排水渠 1500 米，新增甲鱼亲本 3000 公斤，项目共结对西港镇、聂家桥乡贫困户 112 户 360 人，每人每年预计新增收入 400 元。

11 月，顺利通过“国家级水产健康养殖示范基地”复查验收。

【生产建设】 截至 2020 年，全所共有存塘“汉寿中华鳖”亲本 3 万公斤，存塘中华草龟亲本 15 万公斤。2020 年产纯种汉寿中华鳖苗 118 万尾，中华草龟苗 310 万尾。利用县域水域宽广、气候适宜、水体营养，进行汉寿中华鳖大水面生态养殖推广。

（史习刚）

气 象

【概况】 汉寿县气象局现有在职干部职工 8 人，工程师 5 人。内设局办公室、测报股、防雷检测所以及人工影响天气办公室，承担汉寿行政区域内的气象行政监管、行业管理、气象服务、气象科研、防雷安全和人工影响天气工作。

【气温】 气温。2020年平均气温为17.8℃，较历年平均17.0℃偏高0.8℃，年极端最高气温为37.6℃，出现在8月5日，年极端最低气温为-2.0℃，出现在12月31日。

【降水量】 2020年总降水量为1742.8毫米，较历年平均1415.9毫米偏多326.9毫米，年雨日168天，日降水量≥50毫米的日数有6天，年一日最大降水量73.7毫米，出现在7月19日。

【日照时数】 2020年日照总时数为1245.4小时，较历年平均1579.3小时偏少333.9小时，年日照百分率为28%。

【高温日】 7月31日—8月9日连续10天、8月12日—19日连续8天出现日最高气温≥35℃的高温期，均达轻度高温热害灾害天气标准。

【中等强度冷空气】 4月17—19日、5月4—6日、10月2—4日、12月29—31日：前48小时内的最低气温的最大值与4月19日、5月6日、10月4日、12月31日当日的日最低气温之差分别为6.3℃、6.8℃、6.5℃、6.1℃，达中等强度冷空气标准。

【强冷空气】 3月26-28日、12月8-30日：前48小时内的最低气温的最大值与3月28日、12月30日当日的日最低气温之差分别为13.4℃、8.2℃，达强冷空气标准。

【寒潮】 2月14—15日的日最低气温之差为12.1℃，且15日日最低气温为1.3℃，达到寒潮标准。

【寒露风】 9月14—17日连续4天日平均气温≤21℃，影响雨日4天，20—23日连续4天日平均气温≤21℃，影响雨日3天，25—29日连续5天日平均气温≤21℃，影响雨日5天，分别达湿冷型中度寒露风标准。

【受灾情况】 3月22日1时至9时，县境遭受大风、雷电、短时强降水等强对流天气过程，导致5个乡镇7个村不同程度受灾。受灾人口41人，无死伤病人，紧急转移1人；农业受灾面积225亩，成灾面积150亩，绝收面积90亩；一般损坏房屋6户18间，其中农房6户18间；直接经济损失42万元，其中农业损失18万元，家庭财产损失24万元。

5月5日1时到5月6日，遭受雷雨大风、短时强降水等强对流天气过程，截至5月9日下午3时，17个乡镇62个村不同程度受灾。全县受灾人口2767人，无死伤病人，紧急转移6人；农业受灾面积5370亩，成灾面积2340亩，绝收面积1005亩；倒塌房屋2户3间，严重损坏房屋33户37间，一般损坏房屋366户492间（农房）；直接经济损失831.98万元，其中：农业损失389.13万元，基础设施损失55.8万元，家庭财产损失378.55万元。

6月11日傍晚开始至6月14日上午，陆续出现强降雨、雷暴等对流天气过程。据县应急局统计，截至6月16日下午3时，共收到沧浪街道、罐头嘴镇等7个乡镇（街道）43个村（社区）受灾情况报告。受灾人口8925人，无因灾死亡（失踪）和受伤人员。农作物受灾面积33090亩，成灾面积15330亩，绝收面积3571亩。农房一般损坏2户2间，26户民房进水，紧急转移安置30人。灾害造成直接经济损失890万元，其中，农业损失861.5万元，家庭财产损失17.5万元，基础设施损失约为10万元，公益设施损失1万元。6月22日8时到6月23日8时，遭受暴雨，截至6月25日下午2时，坡头镇、沧港、龙潭桥等9个乡镇21个村受灾。受灾人口1177人，无因灾死亡（失踪）和受伤人员；农作物受灾面积3051亩，成灾面积1701亩，绝收面积915亩；农房一般损坏2户2间。直接经济损失152.05万元，其中，农业损失138.05万元，家庭财产损失4万元，基础设施损失约5万元，公益设施损失约5万元。6月29日7时到6月30日8时，遭受暴雨灾害，全县超50毫米的暴雨站点达30个，其中100毫米以上的站点有6个，加上前期持续性降雨，截至7月6日上午9时，共收到毛家滩、西港、岩汪湖、洋淘湖、株木山、朱家铺等7个乡镇27个村（社区）灾情报告。灾情如下：受灾人口9796人，转移安置人口48人（借住到邻居和亲戚家），无因灾死亡（失踪）和受伤人员；农作物受灾面积14270亩，成灾面积5100亩，绝收面积2829亩；严重损房1户1间，一般损房5户6间；灾情造成直接经济损失856万元，其中：农业损失831.6万元，基础设施损失4万元，家庭财产损失20.4万元。

7月7日08时至7月8日08时，县境发生强降雨天气过程，普降大到暴雨，部分暴雨。据县应急局统计，收到20个乡镇共191个村或社区报告遭受暴雨灾害，具体灾情报告如下：38447人受灾，需紧急生活救助281人，无因灾死亡（失踪）和受伤人员。农作物受灾面积93752亩，成灾面积59955亩，绝收面积31590亩。一般损毁41户48间，43户民房进水，紧急转移安置48人。灾害造成直接经济损失5157.9万元，其中农业损失5009.3万元，家庭财产损失145.6万元，基础设施及公益设施损失3万元。7月19日—7月21日，发生一次降水，强降水主要发生在19日0时-19日下午，全县普降暴雨，太子庙站点达大暴雨，共收到聂家桥、罐头嘴、丰家铺、朱家铺等12个乡镇（街道）51个村（社区）受灾情况报告，灾情如下：受灾人口为4240人，无因灾死亡（失踪）和受伤人员。农作物受灾面积27390亩，成灾面积13830亩，绝收面积6495亩。一般损房1户1间，21户农户家庭进水并造成家电财物损失。灾害造成直接经济损失2123.7万元，其中农业损失（含蔬菜种植及养殖业）2068.2万元，家庭财产损失50.5万元，基础设施损失5万元。

7月26—27日中午，县境普降暴雨，18个站点达大暴雨。共收到丰家铺、崔家桥、军山铺、聂家桥、罐头嘴、太子庙等16个乡镇（街道）86个村（社区）受灾情况报告。全县受灾人口6560人，紧急转移安置124人，紧急生活救助169人，无因灾死亡（失踪）和受伤人员；农作物受灾面积44310亩，成灾面积24120亩，绝收面积15195亩；倒塌房屋2户4间，一般房损8户12间，116户农户家庭进水并造成家电财物损失；灾害造成直接经济损失4251万元，其中农业损失（含蔬菜种植及养殖业）4058万元，家庭财产损失130万元。基础设施损失63万元。

8月24日20时至8月25日8时，先后发生强降雨，伴随雷电、大风等强对流天气，全县普降大到暴雨，15个站点达暴雨。收到8个乡镇共15个村或社区报告遭受暴雨灾害，具体灾情报告如下：全县935人受灾，紧急转移安置54人，需紧急生活救助43人，无因灾死亡（失踪）和受伤人员。农作物受灾面积1920亩，成灾面积1245亩，绝收面积870亩。房屋一般损毁4户5间。灾害造成直接经济损失165万元，其中：农业损失127.2万元，家庭财产损失37.8万元。

【综合评价】 2020年，气温偏高，降水量偏多，日照时数偏少。年内出现低温雨雪、强冷空气、寒潮、暴雨、雾霾、高温热害、寒露风等灾害性天气，对汉寿县交通、工农业生产及人体健康等造成了一定程度的不利影响，总体而言，根据气候对国民经济影响评价，2020年度汉寿气候年景评定为正常。

【气象服务】 每天下午定时向县委、县政府、农办、水利局发布未来48小时日常晴雨天气预报。每周一、四制作2期周报、重大天气过程发布专题预报。共向县委、县政府、县防汛办、县农业局等相关部门和单位发送《重大气象信息专报》9期、《短期气候趋势预测》12期、《中期天气预报》24期、《未来一周专题天气预报》107期。

积极开展为农服务工作，通过MAS短信平台发送灾害性天气预警预报、雨情及温馨提示等信息，制作农业专题预报。累计制作《春耕春播气象服务专报》8期、《秋收秋种气象服务专报》6期、《汉寿农业气象信息》26期，发送短信28000余条。

完成清明、高考、国庆等重大节假日气象服务工作，得到县委县政府的高度评价。持续和市气象影视中心、县电视台合作，开播汉寿电视天气预报节目，满足人民群众对本地气象信息的需求，扩大天气预报预警信息发布的途径。

与水利、农业、房产等单位签署合作协议，为其提供专业气象服务，获得广泛认可，为全县经济社会发展做出积极贡献。

【科技服务】 开展防雷专项巡视巡查行动。进一步加强对易燃易爆企业单位的防雷安全管理和业务指导，帮助落实企业防雷安全主体责任。加强与安监部门的交流合作，与安监部门开展联合执法检查，形成监管合力，切实履行法律赋予气象部门的防雷管理职责。2020年总计开展了20家包括学校、私人油站的防雷专项巡视巡查工作。

加大防灾减灾及气象科普知识宣传力度。利用“3·23”气象日、“防灾减灾日”“安全生产月”等活动开展气象宣传。

（余长风）

文化广电体育·融媒体

文化广电体育

【文化工作】 一是文化服务成体系。现代公共文化服务体系建设基本完成，建成一站式公共数字文化服务平台，对接省级公共数字文化服务综合平台；建成文化馆、图书馆两个总馆，乡镇（街道）综合文化站10个分馆和村（社区）综合文化服务中心84个服务点，达到“互联互通、通借通还”的总分馆制建设标准；建成1个22平方米的户外24小时自助图书馆，为老百姓提供方便快捷的读书环境。

二是文化服务惠民生。开展“我们的节日”激情龙阳美术书画摄影展、文化和自然遗产日展、脱贫攻坚展、送书法送春联和以“我们的中国梦、湖湘文化进万家”“我是雷锋家乡人、湖湘文化送春风”为主题的文化志愿服务；文化惠民送戏下乡演出90场，戏曲进校园40场，送戏进乡村84场；完成农村数字电影、校园电影公益放映任务；开设舞蹈、声乐、京剧、非遗、少儿艺术等培训班，全年共开课34期。

三是文艺创作出精品。新创三棒鼓《我与国人抗毒魔》、漫画《李文亮》、顺口溜《龙阳儿女战疫忙》、手语歌伴舞《不放弃》、歌伴舞《一生独一》等节目，为疫情助力。其中，音乐快板《大爱真情》、漫画《李文亮》、歌曲《咱共产党员上》获得省级最佳人气奖，绘画《天使》、朗诵《疫苗》《逆生而行》《我们一起在星光下祈祷》获得省级优秀作品奖。

四是文物保护创品牌。帅孟奇故居游客服务中心装修启用，完善游客视频室、休息室、旅游购物室等功能；完成上报汉寿县革命文物保护三年行动计划项目书，成功申报马栏嘴遗址保护项目为国保项目，编写洲口小港十三队民居保护方案；完成可移动和不可移动革命文物的录入。省保和市保不可移动革命文物共13处，市保和县保可移动文物164件，均已按要求完成录入工作；出版非遗类书籍洞庭长歌《杨幺的故事》400册，申报“全福手文化”“弹枪打甲鱼”为县级非遗项目。

【体育工作】 2020年，全面推进体育事业发展，“体育强县”品牌得到

2020年1月1日，汉寿县举办2020年“我要上春晚”节目征集选拔赛

巩固。一是竞技体育有成绩。在 2020 年省级常规比赛中，汉寿县运动员共获得 5 金 7 银 9 铜的好成绩。在选材方面，通过大面积招生遴选，组建新的水上基地运动员队伍，备战 2021 年八运会。二是群众体育有热情。先后举办篮球乙级联赛、机关趣味运动会、“全民健身日”乡镇篮球赛、机关气排球赛、123 千米超马赛等群众性体育赛事。依托各类体育协会在全县组织 300 余次各类群众体育活动，参与人数近万人。完成全县体育场地普查统计，全年新增 69 个全民健身路径场地。

汉寿县举办 2020 年文化和自然遗产日暨“我们的节日·端午”激情龙阳专场文艺演出

【广电工作】 全年开展卫星地面接收设施专项整治行动 4 次，重点加强对宾馆、酒店、小片网广播电视信号源的排查，严查非法设置小前端接收境外电视行为，下发整改执法文书 1 份。严格执行广播电视安全播出零报告制度，对重点保障期加大监听监看和值班力度，确保一年来不发生重大安全播出事故。加强对“村村响”广播的设备维护，保障疫情防控期间宣传到位无死角。同时对全县“村村响”广播进行系统摸底，制定全县应急广播建设方案。

【市场监管】 多次开展市场安全隐患专项排查，现场排除安全隐患；开展文化市场“利剑”“春雷”“护苗”等专项整治行动，维护市场安稳，严厉打击非法印刷、非法出版等行为；开展学校周边环境整治行动，保持校园稳定；做好节假日人流高峰期的安全巡查与人员疏导工作，对高危险性体育项目加大安全隐患排查力度，全年文旅广体市场无安全事故发生；开展旅游市场“暑期整顿”专项整治行动，对涉嫌“不合理低价游”的经营业主进行警示性约谈；联合交通运输部门开展旅游车辆安全检查，查处旅游违法违规。

【汉寿县举办 2020 年“我要上春晚”节目征集选拔赛】 2020 年元旦期间，汉寿县在金山国际奥特莱斯广场举办 3 场“我要上春晚”节目征集选拔赛。选拔赛由中共汉寿县委宣传部主办，县文旅广体局、县融媒体承办，有 80 多个节目参加初赛，最终评选出 30 个节目参加总决赛。县人民医院的舞蹈《鱼戏莲叶间》脱颖而出，获得一等奖；齐舞汉寿舞蹈队红色经典舞剧《渔光曲》、县银水湖红歌团《红梅赞》获二等奖；县工委舞团《幸福中国一起走》、梦之翼走秀队《云朵上的羌寨》、文化馆舞蹈队传统文化展演《采莲船》获三等奖；现场还产生优胜奖 24 名。网络投票投选出最佳人气奖 6 名，最佳风采奖 6 名。

【汉寿县组织开展“众志成城、抗击疫情”主题文艺作品创作和征集活动】 2020 年疫情期间，汉寿县组织开展的“众志成城、抗击疫情”主题文艺作品创作和征集活动共收集作品 223 件。分别在《学习强国》《红网》《人民日报》《华声在线》《湖南日报》《凤凰网》等多家媒体发表。在省厅举办的“艺抗疫情、云游湖南”作品征集活动中，汉寿县入选 110 件，占常德市发表率 37.3%。其中，音乐快板《大爱真情》、漫画《李文亮》、歌曲《咱共产党员上》获得省级最佳人气奖；绘画《天使》、朗诵作品《疫苗》《逆生而行》《我们一起在星光下祈祷》获得省级优秀作品奖。

【汉寿县举办 2020 年文化和自然遗产日暨“我们的节日·端午”激情龙阳专场文艺演出】 为加强对传统节日的重视，营造浓厚的节日氛围，6 月 17 日晚，2020 年文化和自然遗产日暨“我们的节日·端午”激情龙阳专场文艺演出在汉寿县市民广场精彩上演。活动由中共汉寿县委宣传部、县文旅广体局主办，县文化馆、县非遗中心承办。17 个形式多样的节目轮番上演，为观众带来美的视觉享受，使观众领略了中华文化艺术的魅力，1000 多名群众观看了该次演出。

【汉寿县举办第四届全民阅读朗诵大会暨 2020 年青少年朗读大会】 8 月 8 日—9 月 12 日，由县委宣传部、

汉寿县举办第四届全民阅读朗诵大会暨2020年青少年朗读大会

县文明办、共青团汉寿县委、县教育局主办，全民阅读常德龙阳阅读会、县图书馆承办的“第四届全民阅读朗诵大会暨2020年青少年朗读大会”活动开赛，全县有1802名中小学生参加，经过五天六场初赛、复赛、决赛，县第二中学、县南岳路实验小学、县西港镇中学、县生源学校、县蒋家嘴镇中学等七所学校被授予“全民悦读进校园优秀单位称号”，并评选县级特等奖30名、金奖30名、铜奖30名、新秀奖20名、最佳人气奖22名。

【2020年常德市艺术节暨“百团大赛”选拔赛汉寿赛区】 自2020年5月常德市艺术节暨“百团大赛”启动以后，汉寿县先后在龙阳街道、罐头嘴镇、沧港镇等乡镇街道组织10场初赛。7月底，在汉寿县公园世家广场连续组织7场常德市“百团大赛”汉寿复赛专场演出，整个选拔赛共有3000多演员参加，2万多群众观看演出。9月7日，常德市委宣传部、市文旅广体局和常德融媒体专家团队到汉寿县进行节目选拔，经过层层筛选，汉寿县共9个节目参加市艺术节暨“百团大赛”决赛，获得优秀文艺团队奖2个，舞蹈《我等你》获二等奖，曲艺《小唢呐·大美声》、少儿舞蹈《粉墨春秋》获三等奖，获优秀奖的有传统折子戏《打金枝》、《拾玉镯》、音乐《可惜不是你》、歌曲《我的家乡洞庭湖》《假如你要认识我》广场舞《动感新时代》。

【中国·汉寿第五届蔬菜节举行开幕式】 11月11日，“湘遇汉寿·品牌汉蔬”——中国·汉寿第五届蔬菜节在汉寿县清水湖野生动物世界盛大启幕。由汉寿县文旅广体局选送创作的情景歌舞《大棚网咖秀》、音乐剧《共同的家园》、歌伴舞《奔驰在祖国大地上》、歌伴舞《在希望的田野上》等节目的演出将开幕式氛围推向高潮，节目讲述了汉寿菜农成为代言美丽乡村的“网络大咖”，描绘了各方朋友在汉寿这片土地上和谐共生的美丽故事，汉寿人用坚毅果敢、勇于担当的精神传承，成就了如今“沃野平畴五湖秀，蔬鲜果甜四海传”的盛世景象。

图书发行

【概况】 2020，湖南省新华书店有限责任公司汉寿县分公司紧紧围绕省、市主管部门下达的各项工作任务，在疫情严峻的形势之下，没有出现大起大落，基本保持在高水平的平稳发展，完成销售码洋5634.97万元，其中，教材教辅完成4454万元，重点图书686.12万元，一般图书344.05万元，文化用品150.8万元。

【教材教辅业务】 以高度政治责任心贯彻落实国务院关于义务教育阶段学生全部享受免费教科书的政策，做好义教阶段的免费教材发行工作，严格兑现“课前到书，人手一册”的服务承诺，服务质量处于行业领先水平。全力做好教材的余缺调剂工作，及时解决学校因学生增减而产生的课本余缺，保证学校正常的教学秩序，达到服务“零投诉”目标。

【一般图书业务】 2020年8月7日，汉寿县分公司召开《习近平谈治国理政（第三卷）》发行工作动员会，分成6个发行小组，确保完成《习近平谈治国理政（第三卷）》发行工作。截至12月底，在全县发行21920册。

【农家书屋配送】 以高度的责任心，不畏艰辛、持续作战、肩挑手扛圆满完成203个“农家书屋”的配送工作。完成各个网点的图书上架、分类陈列、商品验收交接、摄像留存及资料整理汇总等一系列工作。

【三供一业改造】 2020年，公司按照市国资委、市公司的工作部署，全力推进“三供一业”维修改造工作。公司在把握正确原则、做好责任过渡和做好资源整合等方面入手，使三供一业移交工作在正确的框架内进行，保障改革三供一业移交取得实效。截至年底，汉寿县新华书店“三

2020年3月，新华书店有限责任公司联合县文旅广体局组织农家书屋配送活动

供一业”维修改造主体工程已进入收尾、验收和清算阶段。

【智慧党建及意识形态工作】 2020年，在市公司党委、县委县政府的统一部署下，公司党建工作取得长足进展，完善智慧党建的各项内容，开展多次丰富多彩的主题党日活动，“三会一课”制度及党员发展制度走上正轨。上半年，号召全体党员为奋斗在一线的医务人员共计捐款3079元；9月，向汉寿县教育基金捐款2000余元。

【绩效管理】 为全面做好效益考评工作，公司一方面教育职工提高认识，把考评工作作为激励和鞭策，扛起文化“老字号”的责任担当，自觉接受政府和社会的考评；另一方面建立内部社会效益考评机制，明确分工和奖惩，要求部门和职工对照社会效益考核的相关指标，对本部门社会效益取得情况进行严格自查，并注重台账归集和整理，认真做好相关迎检工作。对工作中的经验和不足认真进行总结，扬长避短，确保长效管理，常抓不懈，努力为推动汉寿县分公司建立完善两个效益相统一的体制机制贡献力量。

（李明德　吴海艳）

融媒体

【概况】 2020年，汉寿县融媒体中心（汉寿县广播电视台）内设机构10个〔（综合办公室、技术设备部、计划财务室、党务政工室、宣传指挥部（总编室）、编辑制作部、新闻采访部、活动栏目部、广播电台工作室、产业发展部（广告中心）〕，中心直属二层事业单位2个（湖南有线网络汉寿分公司、中辉无线公司）。

2020年，汉寿县融媒体中心始终坚持新闻立台，把正确舆论导向作为广播电视发展的使命责任、本质属性和发展之基。通过中心全体新闻采编人员的共同努力，实现了央视上稿6篇的良好成绩，开创了在《人民日报》《新华社》上稿的先河，中央级、国家级媒体上稿总数为16篇。建立以“今点汉寿”手机客户端APP为主要载体的11个媒体平台同步推送模式，开办《疫情防控一线》《脱贫攻坚进行时》《学习贯彻党的十九届五中全会精神》等专题专栏，及时把党中央的声音更好更快地传播到基层去，传播到广大群众中间。特别是在疫情防控和推动复工复产特殊时期，成立记者突击队，克服防控物资不足等困难，深入前线采访，引导群众积极参与防疫正能量宣传。疫情期间，媒体平台日均自采新闻7—15条，转发上级主流媒体信息30—50条，月均发布稿件、信息约2000条次，全方位报道党委、政府的担当作为，全面展现干群齐心协力、共克时艰的良好精神风貌，牢牢筑起决胜疫情防控阻击战的人心高墙。策划制作《2020年开放强市产业立市汉寿企业宣传片》《第五届中国·汉寿蔬菜节宣传片》《平安农机人人共享》《打造百亿产业链　点燃发展新引擎——汉寿县中联智能装备配套产业园乘风起航》等宣传片40多个，深受观众好评。2020年第五届中国·汉寿蔬菜节开幕式，汉寿电视台综合频道、微信公众号《汉寿融媒》、手机客户端新湖南APP汉寿频道等五大平台全网直播，并在常德市范围内首次实现LED屏现场直播，当天收视率高达7.82万人次。

【汉寿县融媒体中心正式挂牌成立】 2020年6月12日，汉寿县融媒体中心正式挂牌成立。中心以“后发赶超”的态势全力推进融媒体改革，于12月顺利通过省委宣传部验收。一是整合了媒体平台。引进“新湖南云”技术平台支持，整合县域内媒体力量，着力打造载体多样、渠道丰富、覆盖广泛的传播矩阵，努力构建广播、电视、网站、微信、微博、客户端、户外屏等多位一体的现代传播体系，形成电台、电视台、手机报、汉寿新闻网、“今点汉寿”APP、新湖南APP汉寿频道、户外LED屏、村村响广播、汉寿融媒微信公众号等11个融媒矩阵。二是重建了工作机制。以党委、政府机构改革为契机，按照“深化机构、人事、财政、薪酬等方面改革，调整优化媒体布局”的要求，按照《关于加快推进汉寿县融媒体中心建设的实施方案》和《中共汉寿县委机构编制委员会关于印发〈汉寿县融媒体中心职能配置、内设机构和人员编制规定〉的通知》，确定中心为县委直属的公益一类正科级事业单位，在编63名工作人员纳入财政全额保障，内设机构优化整合为10个。三是优化了生产流程。坚持“党管新闻、改革与稳定兼顾、新闻采编与经营分开、引导与服务功能协调发展”四项原则，以打造“县委统一管理、一个口径发声”的党管新闻宣传格局为宗旨，通过建立“中央厨房”式采编一体化平台，进一步优化采编播流程，对原有传统媒体生产流程进行改革，采取中心统一策划、采访部门统一采集、编审人员统一编审，最后通过新湖南云平台分发各媒体平台的策、采、编、审、发无缝衔接、有机联动的工作流程，真正实现新闻报道“一体策划、一次采集、多种生成、多元传播、全天滚动、全媒覆盖”。四是改革了运营模式。中心坚持把创新作为引领发展的第一动力，以媒体融合为契机，因地制宜，在人才薪酬、市场化发展、“全民记者”新业态等方面开展探索和创新。围绕融媒体中心发展，建立和完善《汉寿县融媒体中心工作人员绩效评估实施办法》《聘用人员招录及管理办法》（试行）等一系列制度，按照人尽其才的原则，通过双向选择的方式，将所有工作人员合理分配到各部门，逐步实行编内编外同岗同酬、绩效优先的绩效考核制度，打破编内人员和编外人员的身份差别，用一把尺子量人才、评业绩，逐步实现“同岗同责、同工同酬、优劳优酬”，有效调动中心工作人员的工作积极性和创造性；2021年1月，中心注册成立汉寿今点传媒有限责任公司，向市场化发展迈出关键一步，形成“财政该保则保、自己该找则找”的经费保障机制，为事业做强做精，让产业做实做活打下坚实基础；通过组建涵盖全县各单位的通讯员群，打破中心新闻宣传“单打独斗”模式，汇聚全县强大宣传合力，畅通线上线下沟通交流渠道，拓宽新闻线索采集广度，“全民宣传”良好态势初具雏形。

7月20日，县委书记车世忠调研县融媒体中心建设情况，县委副书记、县长周功表，县领导丁克刚、熊毅、王君、朱向宇、杨戊参加

2020年，中心在安全生产、安全播出、综治维稳等方面取得良好成效，全年无人为事故和责任事故发生，实现停播率零秒/百小时的优质安全播出目标，安全生产、安全保卫、安全播出事故均为零。

（肖　静）

旅 游

综 述

【概况】 汉寿县是楚文化的重要传承地和沧浪文化的发源地，形成了独具特色的沧浪文化、屈楚文化和龙舟文化，享有“中华诗词之乡”“湖南传统龙舟之乡”的美誉。2008 年汉寿县获批“中国生态旅游百强县”。2012 年成功创建“湖南省旅游强县”。2020 年旅游总收入 43 亿元，旅游总人次 502 万人次。

【景区景点服务设施】 全县已有国家 AAAA 级景区—汉寿同发国际休闲旅游度假区，国家 AAA 级景区—西洞庭湖湿地公园，还有鹿溪竹海国家森林公园、九岭汽车运动文化公园、息风湖国家湿地公园、洞庭花海、金牛山等旅游资源；正在建设华南地区最大的、全国首家可夜间游玩的野生动物园—汉寿同发野生动物大世界，红色旅游基地—帅孟奇故居，观鸟、教研旅游基地—青山湖候鸟公园等一批旅游景点；拥有中国传统村落—铁甲村，湖南特色旅游名村—陈军堤村和小南湖村，湖南特色旅游名镇—岩汪湖镇，4 家研学旅行基地：花果山、清水湖、帅孟奇故居、蔬菜公园，9 个湖南省五星级乡村旅游区（点）：水云轩山庄、金隆山庄、群湖休闲农庄、武峰山休闲农业生态园、兰庭田园休闲农庄、思雅园生态农业产业园、绿景山庄、沧水湖生态休闲山庄，1 家四星级旅行社—常德康泰国际旅行社有限公司，2 家三星级旅行社：汉寿辰乐旅行社有限公司、常德洞庭国际旅行社有限公司。

2020 年，全县有各类宾馆、酒店、旅社 290 余家，床位保有量 11494 个。

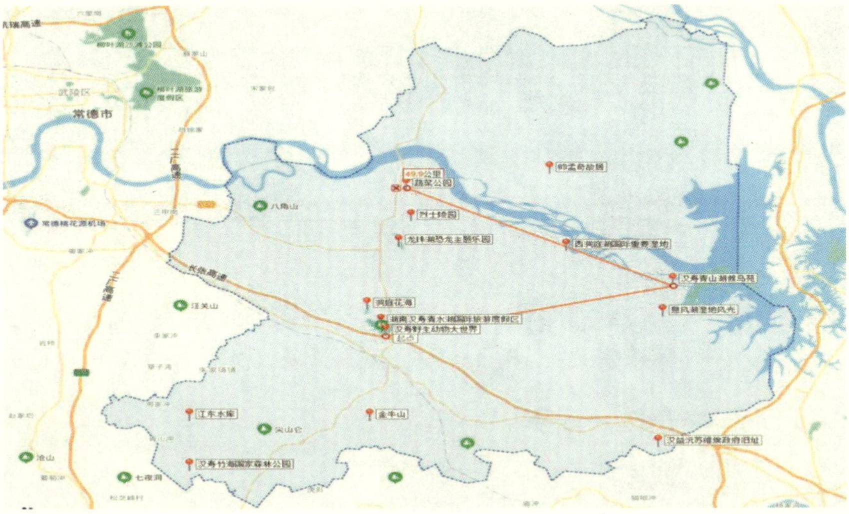

汉寿县“三园一线”精品旅游线路

【调研规划】 2020 年 8 月，汉寿县人民政府成立专项小组，组织开展全县旅游资源实地考察调研，邀请行业专家、景区及旅行社负责人多次召开座谈会，规划设计“三园（汉寿同发野生动物大世界、青山湖候鸟公园、围堤湖蔬菜公园）一线，三天二晚”精品旅游线路，并以此为引领，整合全县自然、文化资源，以点带面、串珠成线，激活旅游产业，为创建湖南省全域旅游示范县打下坚实基础。

汉寿同发国际休闲旅游度假区（清水湖）

清水湖旅游景区管理

【概况】 2020年，湖南同发集团（景区投资方）战略发展重心向清水湖转移，集团指挥决策机构前移到清水湖项目第一线，中国·汉寿国际旅游度假区项目建设进展迅速，全年累计完成实际投资11亿元，度假区雏形基本呈现。

【野生动物世界】 截至2020年12月，已引进动物75种、2165头（羽）；生态停车场完成硬化、亮化、绿化；动物园门楼、售票中心、配套服务楼、园内设备用房完成主体及装饰施工；内广场假山、高架参观廊道和园区餐厅、厕所、商店、动物医院、饲料加工厂等附属设施完成主体施工；已建成非洲狮馆、东北虎馆等动物馆舍52个；园区电网基础施工完成800米；园内10千米参观线路全部完成道路硬化。动物园总工程量已完成近80%，预计2021年“五一”节前可全部建成开园。

【高尔夫大酒店】 完成室外装修与室内砌体抹灰，正抓紧进行内部精装修和配套设施的土方整修与绿化工程。

【旅游大道】 一号大道（学院大道）桥涵工程全部完成，抬高加宽（含景观带）土建工程已完成95%，道路水稳层已完成70%，综合管网配套工程完成55%；二号大道（汉寿湖大道）已基本建成通车，绿化、亮化工程接近尾声。

【安置小区】 花鼓冲安置小区基础建设和二期招标全部完成，征拆户正抓紧建房；宋家安置小区完成征拆腾地，小区工程建设设计方案已通过财评程序，正在挂网招投标。

【汉寿野生动物世界加强疫情防控抓紧复工复产经验获央视特别报道】 2020年2月2日，清水湖管理处成立预防新型冠状病毒政企联防联控工作领导小组，按照县疫情防控工作指挥部“五个到位”的工作要求，全力促进复工复产：为企业调配84消毒液1500公斤、医用酒精600公斤、医用口罩3000个；每日为一线施工人员提供口罩200个，中药饮剂200份。2月5日，清水湖度假区项目在全县率先复工，复工率达100%；5月17日，中央电视台、湖南经视相继报道汉寿野生动物世界投资方湖南同发集团在加强疫情防控的同时主动调整产业结构、精准施策、科学规划产业发展的先进经验；汉寿野生动物世界荣登湖南经视天气预报广告版面，扩大了景区的美誉度和影响力。

【汉寿野生动物世界承办第五届“中国·汉寿”蔬菜文化节开幕式】 为助力农业与文旅产业的大融合，进一步加快和推动农业和文旅产业的快速发展，2020年11月11日，汉寿县委、县政府在清水湖野生动物世界内广场举办2020年“中国·汉寿”第五届蔬菜节开幕式，农业部、省市有关领导、各方嘉宾共500余人与会，开幕式精彩纷呈，展现汉寿县农业领域新成果和“三园一线”精品旅游线路魅力。

动物世界野生动物

精品旅游景点

【汉寿同发国际休闲旅游度假区】 汉寿同发国际休闲旅游度假区由湖南同发投资有限公司投资建设。度假区紧邻常张高速公路太子庙互通口，紧靠319国道和224省道，距石长铁路汉寿客运站仅1千米，距常德桃花源机场30分钟车程，距省会长沙1小时车程，交通区位优势明显。汉寿同发国际休闲旅游度假区总投资50亿元，总规划占地面积15000余亩，拟建设包括集野生动物园、主题度假酒店群、游乐园、水上世界、体育休闲竞技园、湖南高尔夫旅游职业学院等于一体的中南地区规模最大的旅游度假区。

汉寿同发国际休闲旅游度假区以“打造国际生态湖区度假胜地”为目标，构建旅游业与健康、体育、服务、教育、研学五大产业融合发展的格局。规划形成“一心两轴六区”的功能结构。一心：汉寿湖景观核心；两轴：南北向的综合发展横轴，东西向的综合发展纵轴；六区：环湖休闲度假功能区、动物园与主题游乐功能区、体育小镇功能区、高尔夫旅游院校功能区、绿化生态区、预留发展区。度假区内主题度假酒店群占地1793亩，分国际旅游顶级度假酒店区、儿童主题酒店区和野外体验酒店区，结合9洞高尔夫球场而成。

【汉寿野生动物世界】 汉寿野生动物世界总面积2128亩，总投资15亿元。汉寿同发野生动物大世界以“野生放养”“大种群”“夜间观赏”为亮点，计划饲养世界珍稀、濒危物种300余种，将为动物提供森林、草原、荒漠、河流、湖泊等原生态生存环境，是集动植物保护、繁育、科普、旅游等一体的“野生动物大世界”。

2020年，动物世界项目已取得包括老虎、大象等在内的10种一级野生动物驯养证，包括薮猫、非洲狮等在内的146种二级野生动物的驯养证。园区临时馆舍引进并饲养80余种、共计1000多头/羽动物，包括东北虎、非洲狮、美洲狮、棕熊、黑熊、赤颈袋鼠、环尾狐猴，加纳长尾猴，疣猴、巨嘴鸟、红鹮、秃鹳、灰翅喇叭鸟、黑盔噪犀鸟、疣鼻天鹅、赤大袋鼠、蜜熊、西非冠鹤等动物。随后，还将引进大熊猫、亚洲象、朱鹮、长颈鹿、黑猩猩、长臂猿、食蚁兽、僧面猴、黑丛尾猴、青猴等世界极为珍稀和大型物种动物。在动物世界内还有冰雪王国，总占地106.5亩，设有冰雪滑道、将有企鹅、北极熊等低温动物以及雪域高原动物，整个冰雪王国将下挖30米，形成深厚冻土冰雪层，游客将体验到室内下雪等真实的冰雪世界。“绿色湖南·动物天堂”，汉寿同发野生动物大世界建成后将是湖南第一家野生动物园，是全国首家可夜间观赏的野生动物园。

【西洞庭湖国际重要湿地】 西洞庭湖国际重要湿地位于汉寿县境内东部，总面积525000亩，以水禽及水禽栖息地为主要保护对象，是东亚候鸟迁徙路线上的重要栖息地，于2002年11月1日列入国际重要湿地名录。该区域是长江中下游重要的水鸟越冬地，也是淡水鱼类和水生生物重要的繁衍地，动物资源丰富，包括鸟类205种，鱼类111种，植物414种，是生物地理区生物多样性热点区域。其中，国家一级保护鸟类白鹤、东方白鹳、黑鹳等7种，国家二级保护鸟类小天鹅、白琵鹭等22种，濒危物种中华鲟、青头潜鸭等10种。

西洞庭湖国家级自然保护区属内陆湖泊芦苇沼泽型湿地，地处沅、澧水尾闾，区内洲滩密布，江湖交错，水域辽阔，形成了其独特的地形地貌和湿地景观，“涨水为湖、落水为洲”为其主要特征。湿地植被以芦苇为主，约占湿地面积的60%。典型、原始的生态系统和丰富的生物多样性，使西洞庭湖国家级自然保护区在全球生物多样性保护中占有重要地位，是WWF（世界自然基金会）确认的全球200个优先保护的生态区之一。

近年来，汉寿县不断加大对西洞庭湖国家级自然保护区自然资源的保护和管理，着力推进综合行政执法，促成《常德市西洞庭湖国际重要湿地保护条例》的出台，多措并举恢复湿地生态环境以及生物多样性，以人才引进培训为基点促进与高校及科研院所合作，大力推进“信息化”“智能

青山湖彩虹步道

化”“大数据”建设。通过实施一系列举措，西洞庭湖湿地生态环境日趋向好，生物多样性日益丰富，成为名副其实的“候鸟天堂”。

【青山湖候鸟公园】 汉寿县为加大对西洞庭湖的保护力度，引导大众保护候鸟，于 2020 年 3 月开工建设青山湖候鸟公园，项目总投资约 8000 万元，并于当年 11 月竣工、开园。2020 年 12 月，在此举办第十一届洞庭湖国际观鸟节（常德分会场）暨西洞庭湖青山湖候鸟公园开园仪式。

候鸟公园依托西洞庭湖湿地生态资源打造，集生态保护与湿地文化普及、科教研学功能于一体。候鸟公园修建有 3 个观鸟平台（同时用于鱼鸟监测的功能平台），每年冬春季有成千上万只来自全球、东南亚的候鸟迁徙至湿地。公园内修建了一条特色道路：黄、红、蓝三色组合，长度约 3 千米，两边花田相伴，构成彩色花堤。园内还有长约 2.2 千米的花堤、鱼鸟博物馆等。观碧波万顷的湖泊、看湿地栖息的万千候鸟、行花色花香的彩色沥青路，秋高气爽的季节，还可以支个帐篷，等待“洞庭秋月”“渔村夕照”。

【帅孟奇故居】 帅孟奇（1897—1998），原中顾委委员，中国老一辈革命家，中国妇女运动的先驱，中国共产党的优秀党员，久经考验的忠诚的共产主义战士，党的组织战线杰出的领导者。

帅孟奇故居

帅孟奇故居坐落在汉寿县坡头镇陈家湾村，始建于光绪二十一年（1895 年），文化大革命期间，该故居做了生产队队屋。文化大革命结束后，该房屋分给了帅又来，一直保存至今。2009 — 2010 年，汉寿县文物局本着“修旧如旧”的原则曾两次对故居进行修复。故居呈“凹”字形，坐南朝北，三间正屋为四柱五棋，两头横屋为三柱四棋，木质结构，屋顶全部是小黑瓦。故居规模不大，结构简单，具有本土民宅建筑风格。帅孟奇就诞生在这栋平凡的房子里并度过了她的童年和青少年时期。故居内其生活、生产用品保存较为齐全，帅孟奇养女舒炜及其他后人为帅孟奇故居无偿捐赠不少珍贵文物和图片资料。故居占地 2.4 万平方米。在故居西侧葬有帅孟奇父亲帅惊白的墓葬。原全国人大常委会副委员长李铁映题写“帅孟奇同志故居”牌匾。帅孟奇故居是汉寿县第三次全国文物普查的重要新发现，它不仅是清时期的优秀建筑，而且是一处颇具特色的优秀文化遗产，是全县重要的红色旅游景点和爱国主义教育基地，焕发着古代劳动人民思想智慧的光芒，有着深厚的文化内涵，具有较高的历史、艺术和科学价值。帅孟奇故居为省级重点文物保护单位。

青山湖候鸟苑

【湖南汉寿竹海国家级森林公园】 湖南省汉寿竹海国家级森林公园地处洞庭湖流域的汉寿县丰家铺镇境内，位于汉寿、鼎城、益阳市桃江三县交界地带，属雪峰山余脉，它东临桃花江，西靠五宝山，南望花岩溪，北眺西洞庭湖湿地公园，总面积 50225 亩，游览面积 20 平方千米，是一块养在深闺人始识的神秘景区。原身为鹿溪生态旅游风景区，2010 年被评为省级森林公园，2016 年被国家评为汉寿竹海鹿溪国家森林公园。

景区交通方便，沿省道 224 直通

湖南汉寿竹海国家森林公园

景区，距太子庙（长张）高速公路口、火车站 17 千米，距汉寿县城 33 千米，距常德市 46 千米；这里景色优美迷人，有群山巍耸、溪谷幽深，古树参天、庵寺林立、竹海茫茫、溪水潺潺，是一座天然神奇的氧吧；有几千年的人文景观和民俗风情，始建于三国，具有南方特色的古民宅“敞口堂屋”散布在山坳林间，始建于唐代的天宝庵、云峰庵，比明长城还早的“古官道”掩映于绿树丛林之中，宋代钟相、杨幺起义后在此建的太子寨、先锋寨、古战壕以及宋代周德元始建的龙津书院至今仍遗址可循；民俗风情可圈可点，源于唐代的“四道茶”，至今仍散发着扑鼻的芳香，动听的山歌、地道的“花鼓戏”令游客捧腹大笑。民间传说神奇迷人，杨贵妃削发为尼隐匿于天宝庵，吕洞宾点化鹿溪，打岩洞金杯玉盏，仙人下凡坐仙石，金童玉女钻龙潭，扁担坳是世外桃源等。唐代史称八仙之一的吕洞宾在此留下了“婆娑睡眼望山凹，非雾非烟景四郊，一幅鲛绡不收拾，被风卷去挂林梢”的绝美诗句，清代诗人李少白也在此写下了千古诗篇“十里崎岖一里平，一峰才送一峰迎，青山作茧将人裹，不信前途有路程”。由此可见，自唐以来鹿溪就是人们游山玩水的好地方。

【息风湖国家湿地公园】 湖南汉寿息风湖国家湿地公园位于汉寿县中部，为河流类型湿地，属洞庭湖水系。它的上游分别起于沧港集镇和毛家滩回维乡牛路村，含沧浪河、南湖撇洪河和息风湖三段，下游与西洞庭湖国家级自然保护区直接相连，总面积 27548 亩。湿地公园内动植物丰富，其中珍稀保护物种占有较高的比例，国家Ⅱ级保护动物 13 种，中国特有物种 26 种，国家“三有”保护动物 156 种。

2016 年 12 月 31 日，湖南汉寿息风湖国家湿地公园（试点）经国家林业局发文批准正式投入建设。息风湖国家湿地公园管理处应建设管理的需求设立。

湖南汉寿息风湖国家湿地公园是一个兼具文化、经济与社会意义的现代湿地公园。沧浪河屈原“行吟泽畔”的遗迹给予了息风湖不一样的诗意的升华；息风湖及其周围良好的生态环境为洞庭湖候鸟越冬栖息提供了重要支持；广泛的洪泛平原为湿地公园附近的栖居人群提供了丰富的物质保障和游憩场所。息风湖湿地公园正成为人们欣赏自然、享受自然、接受自然教育的最佳去处。

【围堤湖蔬菜产业园】 汉寿县蔬菜产业园位于汉寿县辰阳街道围堤湖蓄洪垸内，占地面积 5 万亩，核心面积 300 亩，是以学生研学、亲子互动体验为主题活动的大型蔬菜科普基地。基地主要研学实践活动有蔬菜广场参观、蔬菜制作手工体验馆、蔬菜知识宣教馆、蔬菜采摘体验、蔬菜种植体验、蔬菜研发中心、航天科技展示馆、蔬菜展示中心、蔬菜智能大棚、水肥一体化栽培技术、“汉蔬味真美”卡通宝贝等。基地还打造了高标准的绿色生态食堂，可同时容纳 500 人用餐。

息风湖湿地风光

【洞庭花海】 洞庭花海，位于汉寿县太子庙高速公路出口 2.5 千米，距县城 10 千米，距常德市区 40 千米，距益阳市 50 千米，距长沙 110 千米。石长铁路、长常高速公路穿境而过，319 国道、省道 224 线纵穿南北，距常德桃花源机场 25 千米，长沙黄花机场 110 千米，交通极为便捷，是个旅游的好去处。

园区按 AAAA 生态景区标准建设，规划用地 1000 亩，一期占地 500 亩，将建成花海观光区、欧式婚礼区、儿童游乐区、康体养生区、果蔬采摘区、露营烧烤区、垂钓休闲区、户外拓展区等 8 大功能区，以玫瑰、绣球、茶花、腊梅、紫薇、紫藤、樱花、观赏桃、郁金香、百合、百日草、孔雀草、硫华菊、向日葵、波斯菊、藤本月季、紫藤、荷花、睡莲等各类木本、藤本及水生花卉为主，充分利用天然水系、水生植物、农田林网、周边特色农家小院等优势资源，采用大条形、大色块的构图，形成构图流畅、色彩鲜艳的四季花海，打造成集生态旅游、休闲度假、鲜花宴特色美食、影视拍摄、相亲婚庆、婚纱摄影、亲子乐园、文化传播、科普教育、房车露营、户外运动、养生禅修等为一体，满足游客吃、住、行、游、购、娱需求的体验式生态观光旅游度假胜地。洞庭花海与汉寿同发国际休闲旅游度假区、思雅园生态农业产业园、筹建中的汉寿同发野生动物大世界等无缝连接，形成占地 30 余平方千米、高标准、互补型、各具特色、功能齐全的大型景区。

九岭汽车拉力赛

【湖南九岭汽车运动文化公园】 湖南九岭汽车运动文化公园是以汽车赛事为主，传播汽车运动文化的体育公园。公园坐落在汉寿县朱家铺镇九岭十八窝，距常德市区 32 千米。该项目由湖南九岭汽车运动文化有限公司投资建设，园区依托周边 3000 多亩苗圃，形成了青山秀水的独特风景线。2011 年 10 月报请相关部门批准，并由汉寿县发改局登记立项，报国家发改委备案。2012 年由浙江大学旅游学院规划设计，红线内面积 1600 亩，计划总投资 5.18 亿元，已投入建设资金 1.52 亿元，园区已完成水、电、路、绿化、场地越野赛道等基础建设。4 个中心：一是游客中心，包括游客接待、文化广场、旅游商品展示等；培训中心，包括汽车运动文化展示展览、赛手培训、汽车改装展示等；拓展中心，包括户外拓展、赛车体验、汽车营地等；休闲中心，包括自然景观、景点等正在筹划建设中。2012 年，由中国汽车、摩托车运动联合会的赛道专家设计和指导，公司建成了中南地区标准最高、赛点最全、观看视角良好的专业汽车越野赛道。从 2012 年开始，成功举办了 10 多次赛事，其中有 5 届全国汽车场地越野大赛在湖南电视台进行了现场直播，央视体育频道进行了同步转播。特别是 2017 年的赛事，央视体育频道 2 次重播，湖南电视台 5 次重播，累计观众

蔬菜公园研学实践基地

（包括网络、媒体）上亿人次。2012年—2018年，连续6年被省体育局、省赛车协会评为“先进单位”，2014年被汉寿县委、县政府评为社会事业发展突出贡献“优秀集体”。公园被省赛车协会定为全国第一批“汽车自驾营地”，特别是2017年2月被国家体育总局评为“国家体育产业示范项目”，是全国仅有的12家单位之一，湖南省第一家也是唯一一家国家体育示范项目。

【龙阳国际大酒店】 龙阳国际大酒店按照四星级标准设计修建，地处湖南汉寿县城中心繁华地段，交通便利，距桃花源机场70千米，距常德市城区60千米，距长沙140千米，距张家界国家森林公园230千米，距汉寿国家级西洞庭湖湿地自然保护区16千米，距汉寿火车站15千米，距汉寿汽车总站2.5千米。

酒店占地38亩，建筑面积21000平方米，楼高11层，拥有行政套房、高级客房、各式豪华客房共128间(套)，功能齐全的国际会议中心4间；餐饮引进地方成熟著名品牌——“金龙玉凤”，酒店拥有特色餐饮包房38间，大小宴会厅3个，可同时容纳800人与会就餐。

酒店翡翠明珠国际俱乐部下辖KTV、沐足保健、桑拿、美容美发中心、茗茶居茶艺馆等高档休闲、会客场所。

【星级生态农庄】 沧水湖生态休闲山庄。沧水湖生态休闲山庄位于湖南省常德市汉寿县太子庙镇永兴村小塘组，于2019年10月1日正式营业，总占地面积2300亩，坐落在美丽的沧水湖畔，环境幽雅，空气清新，是众人心中的理想花园。山庄开设餐饮、住宿、棋牌、KTV、垂钓、自助烧烤、农事体验活动以及各种休闲娱乐项目。

兰庭田园休闲农庄。兰庭田园休闲农庄占地面积60余亩，是集合餐饮住宿、休闲垂钓、农事体验、健身棋牌、烧烤野炊、KTV等项目于一体休闲田园农庄。农庄位于汉寿县毛家滩回维乡，风景秀美、空气清新、交通便捷，是常德与汉寿的中间地带，毗邻德汉大道、G319、长张高速等交通要道，属于城郊15分钟“通勤圈”。农庄内建有一栋极具地方特色的敞口堂屋，质量优良、设计合理，“乡愁”之情扑面而来。内部设有包厢10个、客房10间、车位50余个，可同时接待上百名旅客。

群湖休闲农庄。汉寿县群湖休闲农庄位于汉寿县蒋家嘴镇周家村组，于2012年2月27日开业，硬件较完善，服务周到，环境宜人，条件得天独厚，山庄生态环境良好，植被丰富，草木葱茏，生物多样性丰富。其发展基础较好，经过几年的旅游开发，群湖农庄旅游接待设施初具规模。

重大旅游活动

【中国旅游日暨汉寿旅游消费周】 2020年5月19日，在汉寿金山国际特产街开展中国旅游日暨汉寿旅游消费周活动，该次活动持续一周，涵盖酒店、餐饮、景区、房产、汽车、保险、电商、银行、农产品加工等80多家企业，展现汉寿丰富的旅游产品、商品，助推疫情过后汉寿文旅复苏，推动经济发展。

【2020湖南(国际)文化旅游产业博览会暨文化和旅游装备展】 2020年6月19—21日，汉寿县组织湖南省华乐食品有限公司、湖南省垄上行食品有限公司、汉寿野生动物园、帅孟奇故居等7家景区企业参加了2020湖南（国际）文化旅游产业博览会暨文化和旅游装备展，制作“天下洞庭、乐在汉寿”66米×3米的巨幅展牌、“天下洞庭、野奢汉寿”展板，宣传西洞庭湖湿地候鸟公园、汉寿县野生动物园、帅孟奇故居等汉寿县重点旅游项目。

【2020中国红色旅游博览会】 2020年11月14—16日在长沙主办的2020中国红色旅游博览会，帅孟奇故居代表汉寿县红色旅游景区参展。在会场展出了《百年帅孟奇》宣教片、宣传折页。

（曾文斌）

卫生健康

卫生健康

【概况】 汉寿县卫生健康局内设办公室、人事股、规划发展与改革股、财务股、行政审批服务办公室、法规股（县食品风险监测管理办公室）、疾病预防控制股（应急办）、医政医管股、基层卫生健康股、人口监测与家庭发展股、中医药管理股、血吸虫病预防控制股（县血吸虫病防治工作领导小组办公室）、爱国卫生工作股（县爱国卫生运动委员会办公室）、老龄健康股、妇幼健康股和无偿献血工作股等16个股室。下设县红会办、县计生协办等8个直属二层机构。

2020年，全县有县直医疗卫生单位6家，乡镇（中心）卫生院26家、街道卫生服务中心2个，村卫生室439个（其中，行政村卫生室203家，社区卫生室92家；医疗点144家），民营医院16家，诊所77个，床位5165张，共有医技人员3432人，其中正高职称17人，副高职称246人，中级职称857人，初级职称2099人。

2020年3月9日，汉寿县委副书记、县长车世忠（右一）慰问疫情防控一线医务人员，并送去慰问物资

【疫情防控】 新冠疫情发生后，全县上下精心组织、不畏艰难、众志成城，紧紧围绕国家、省、市疫情防控要求，坚持“外防输入、内防反弹”总体防控策略，落实人、物同防等各项常态化疫情防控措施。全县累计确诊病例4例，无症状感染者3名，于2020年2月28日前全部治愈出院，实现了确诊病例零死亡、医务人员零感染、聚集性疫情零发生的“三零”目标，此后无新增病例。3人被评为湖南省抗击新冠肺炎先进个人，县血防医院被评为湖南省抗击新冠肺炎疫情先进集体。同时开展多病共防，及时处置三起结核、诺如病毒疫情，县疾控中心被省疾控评为急性传染病监测先进单位。

【体制改革】 持续深化医药卫生体制改革。按照保基本、强基层、建机制的要求，推动医疗、医保、医药联动改革，突出抓好分级诊疗等“五项制度”建设，着力解决好群众看病就医突出问题，医改主要指标良性好转。公立医院医疗收入增长幅度同比上年下降3.19个百分点，公立医院药占比同比上年下降0.25个百分点，百元医疗收入中卫生材料占比下降0.25元，医疗服务收入占业务收入占比上升0.4个百分点，基层门急诊人次数占全县门急诊人次数比例上升8.69个百分点。

【卫生基础设施建设】 2020年，县人民医院和县中医医院整体搬迁顺利完成；县妇幼保健院原址扩建项目二期门诊综合大楼、县疾控中心业务大楼均已投入使用。

【重点民生实事项目】 全县203个行政村卫生室在全市率先完成100%公有化产权和标准化建设，工作经验被市卫健委全市推广。16个乡镇卫生院提前完成市下达的标准化建设任务。“产筛”和“两癌”免费检查超额完成省考核任务，县人民医院被市卫健委推荐为省级母婴安全优质服务单位。全科医生培养配备实现基层医疗机构全覆盖。

【医疗服务能力】 县人民医院巩固提升儿科、呼吸科等省级重点学科，近年来选派多名业务骨干学习进修，将骨外科、神经外科作为重点攻关。2020年11月，呼吸与危重症医学科、儿科、护理科顺利通过评估，被确认为县级省重点专科。县中医医院举全院之力，投资近300万元，将康复科、妇科、骨科作为冲刺市级重点学科，技术水平明显提高。将全县7个中心卫生院作为重点，2020年累计投入资金近500万元，改善医疗条件，添置医疗设备，全面加强中医馆、中医科室建设，基层服务能力明显提升。

【健康扶贫工作】 “先诊疗后付费”工作全面铺开，2020年全年“一站式结算”35397人都执行了“先诊疗后付费”，共涉及金额1.326亿元。其中，财政兜底1708万元，医院减免185万元，实际报销比例达到90%。全县贫困人口40394人，家庭医生签约40394人，签约率达100%；全县核准贫困人口慢性病患者18953人，其中四种慢性病7407人，对高血压、糖尿病、结核病、重性精神病四种慢病进行三次随访，对脑血管病、冠心病、慢阻肺、类风湿关节炎、骨关节炎、重型老年慢性支气管炎进行一次面访并发放健康教育处方。全县有33种大病2536人已全部进行救治。

【中医药事业】 8月，顺利通过省中医药管理局组织的全国基层中医药先进单位复评验收。

【基本公共卫生服务】 完善全县基本公共卫生服务项目分工协作机制，进一步明确各医疗机构、各股室职责分工和任务，提升公共卫生服务项目实施效果。家庭医生签约全面铺开，紧紧围绕普通人群签约率达30%以上、重点人群签约率达到60%、特殊人群签约率达到100%的工作要求。

【疾病预防控制】 完成接种卡介苗、乙肝、脊髓灰质炎、百白破共13152剂次，各种疫苗的接种率均达到国家要求。加大疾病防控力度，做好手足口、结核病、艾滋病等传染性疾病的报告、调查和预防控制工作，免费检测艾滋病咨询对象85人、新老病人CD4血样109份、病载血样79人份、新确诊艾滋病病人41例。对尘肺病农民工进行救治，在市第二人民医院共救治救助尘肺病农民工56人次，协助县中医医院申报尘肺病省级定点医院。

【爱国卫生运动】 10月，开展爱国卫生运动“十月冲刺”行动，掀起全县爱国卫生运动热潮，有效助力常态化疫情防控。灭鼠灭蟑C级达标作为省级卫生县城门槛指标，汉寿县一次性获得通过。

【血吸虫病防治】 完成查螺8351万平方米，其中垸内查螺357万平方米、垸外查螺7994万平方米、未发现阳性钉螺；完成垸内灭螺20.87万平方米、垸外灭螺955万平方米、垸外灭蚴167万平方米，采取多种形式宣传血防知识，出动宣传车135台次、接待咨询8354人次、检查6146人。

【卫计综合监督执法】 查处医疗违法案件140起，没收非法行医药品及医疗器械71件，取缔无证行医44家，3起涉嫌非法行医案件被移送司法机关，查处公共场所、生活饮用水、职业卫生等领域违法案件69起。

【无偿献血工作】 联合县贮血中心点对所有民营医院的输血资质进行专项检查，对5家不符合要求的下发整改通知。全年共完成无偿献血任务3642人次，共计1122600毫升。

【计划生育工作】 落实计生特别扶助“三个全覆盖”工作要求，将2020年已经纳入计划生育特别扶助政策的1147人，全面落实联系人制度、家庭医生签约服务、就医绿色通道服务。切实兑现计生奖励扶助，全年发放特别扶助金及一次性慰问金1148.94万元；发放农村奖励金1123.968万元；发放城镇独生子女父母奖励金950万元；发放计划生育手术并发症扶助金39.36万元。按照280元/年的标准，由政府全额出资为1044名未参加城镇职工医疗保险的计生特扶对象购买2021年度城乡居民医疗保险，计29.232万元。

【计生协会工作】 县卫健局联合县计生协会等群团组织每年在春节等传统节日期间，深入村镇和社区走访慰问计划生育特殊家庭，为他们送去慰问金和慰问品，2020年度共为全县80多户计生特殊家庭和困难家庭发放慰问金10多万元。为解决失独家庭住院就医缺少人手陪护和经济负担重等问题，县计生协会每年为计划生育特殊家庭投保意外险和发放住院护理补贴，全年为128名特扶对象发放住院护理补贴194900元。为1267名特扶对象购买意外保障190050元。切实为计生特殊家庭解决了实际困难和后顾之忧。

【红十字会工作】 组织开展疫情防控募捐活动，共收到爱心物资定向捐物5批次，价值45.05万元，定向捐款41批次1664.65万元，捐款捐物工作排全市第二名。

（赵　华）

疾病防控

【概况】汉寿县疾病预防控制中心现有编制92，实有在编人员79人。中心内设传染病防治科、公共卫生突发事件应急处理办公室、性病艾滋病防治科、中心实验室、结核病防治科和健康教育科等17个职能科室。是汉寿县疾病预防控制、公共卫生技术服务、健康教育等指导中心。

【疫情防控】 2020年全年全县累计报告新型冠状病毒肺炎确诊病例4例、无症状感染者3例，重症病例0例、死亡病例0例。县疾控中心撰写初次报告、进程报告、结案报告39份，疑似病例调查处置报告39份，个案调查72份，疫情风险评估12期。

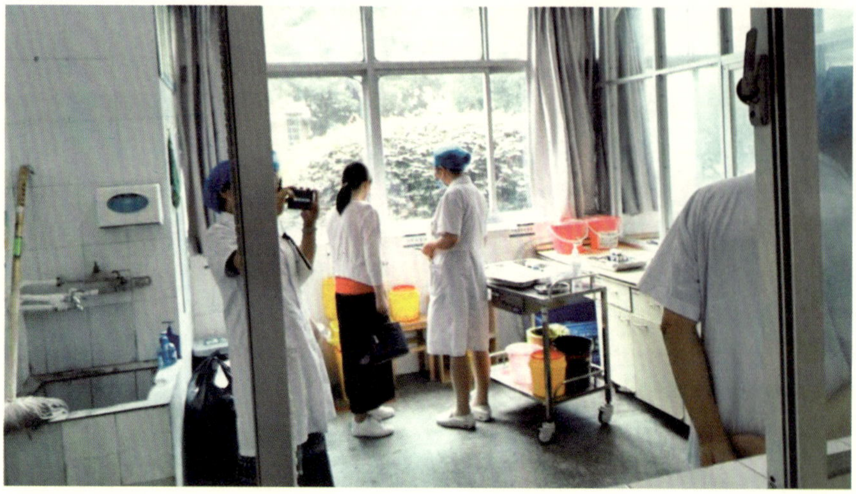

市疫情防控指挥部对预检分诊、集中隔离进行指导

流行病学调查111次270人次，疫点处置152处约2.9万平方米；追踪密切接触者460人，接外地协查函35份，累计送检样本5288份，实验室累计核酸检测6846份。对29个乡镇卫生院及辖区内的机关、农贸市场、大型超市、学校等计200多个公共场所消毒落实情况及个人防护情况进行督导，对各机关单位和复工企业进行消毒防控指导。疫情期间，最大限度地保障全县各单位的个人防护用品及消毒用品等医疗物资的调配。12月，开展新冠疫苗采购，并完成第一阶段接种工作。检验科黄敏获“湖南省抗击新冠肺炎疫情先进个人”称号，疾控中心副主任梁菊祥获“急性传染病监测先进个人”称号，熊汉辉获常德市新冠肺炎疫情防控工作中表现突出一线医务人员记功奖励。

【传染病管理】 2020年共报告传染病17种3658例，发病率471.82/10万。传染病死亡病例15例，均为艾滋病。全年传染病疫情平稳，未发生重大传染病暴发流行。

【应急监测】 进一步健全应急处置工作机制，完善应急领导小组和应急机动队，实行24小时值班制度和节假日值班制度，确保卫生应急通信畅通，全县乡镇卫生院以上医疗卫生机构网络直报覆盖率达100%。及时对40起散发出血热疫情、2起输入性新型冠状病毒肺炎疫情、1起新型冠状病毒肺炎聚集性疫情、10起手足口病聚集性疫情、2起诺如病毒疫情、1起输入性间日疟疫情进行调查与处置。对30个医疗单位545例腹泻病人检测、409例“三热病人”监测，间日疟阳性1人。对农贸市场、超市、自然水域进行内外环境检索107份，均未发现霍乱弧菌。每年不定期对全县各类学校、幼儿园进行传染病、卫生防疫和食品安全等方面的专项督导检查。不定期开展农贸市场职业暴露人群血清流行病学监测、寄生虫监测、碘缺乏病监测。

【结核病防治】 全年共接诊可疑病人3034人，累计发现活动性肺结核患者930例，患者发现人数比上年略有上升，患者规范管理率100%，疑似患者追踪到位率100%。及时处置12起学校结核病散发疫情（含入学新生筛查出的学生患者数）和1起聚集性疫情。为防止疫情的蔓延，对全县所有中小学新生和教职工约29000人进行免费结核病筛查，其中PPD皮试筛查人数为14177人。

【艾滋病防控】 全县共检测常住人口170842人，检测率达20.01%；全年新发病例153例，存活艾滋病感染者和病人共589例，在治534例。为扩大监测覆盖面，成立了1家定点治疗机构，1个免费自愿咨询检测门诊，5家HIV初筛实验室，16家乡镇HIV快速检测点，新增22家HIV快速检测点。

【免疫规划】 全县接种国家免疫规划类疫苗117477剂次，报告疑似麻疹排除病例17例，报告AFP病例3例，均已采样送检，报告疑似预防接种异常反应49例，均为一般反应。卡介苗、乙肝等一类免费疫苗接种率在99%以上。开展健康人群甲肝免疫水平监测，送检血清标本280份。

【学校卫生】 为全县中小学校71165名学生提供内科、视力、五官、体重等健康检测，体检率为100%。体检结果显示，视力低下、龋齿、沙眼、肥胖等占比为34.04%、23.89%、1.01%、1.17%。对县二中、詹乐贫中学、罐头嘴镇中心校、县中心幼儿园等八所学校42个班2468名学生连续两年开展儿童青少年近视防控工作(对该批学生连续跟踪监测5年)，其中视力低下整体61.7%（1523/2468）。每名学生建立视力电子健康档案，接入湖南省儿童青少年视力健康平台。

【卫生监测检验】 为餐饮、市场等商业服务场所免费健康体检16006人次，不定期对县域内公共场所进行抽取样品检测。对县城区6个、农村55个集中式供水点进行监测，覆盖全县100%的地区。

【健康教育与慢病控制】 线上线下利用“3·24”世界防治结核病日、“4·7”世界卫生日、“4·25”全国儿童预防接种周、“5·31”世界无烟日、“6·6”全国爱眼日等21个公众卫生宣传日活动，结合慢性病、地方病防治以及重点人群的管理开展社区活动，为广大居民提供健康咨询、体检、医疗和行为干预。

【基本公共卫生服务】 坚持每个季度对乡镇卫生院开展基本公共卫生服务项目工作现场督导。全县建立居民电子健康档案69.57万份，建档率91.62%。老年人体检6.96万人，高血压患者管理5.37万人，糖尿病患者管理1.42万人，重性精神病患者管理3572人，各项规范管理率达国家标准要求。

【职业病防治】 对全县20多家企业进行职业健康体检，累计完成100多家企业职业病危害因素的现场调查，对各企业举办职业卫生知识讲座15期，发放宣传资料1.2万余份。对全县40家医疗卫生机构放射基本情况进行摸底调查和3家非医疗机构进行了放射卫生监测。对全县315例（现存活238例）尘肺病人进行摸底调查、跟踪监测和免费治疗。

【党建与扶贫攻坚】 落实管党层级责任，党支部“五化”建设和“两学一做”学习教育始终走在卫健系统的前列，得到有关部门的好评。积极开展主题党日、党员志愿者服务等活动及脱贫攻坚工作。中心共安排驻村工作队员1名、结对帮扶干部16人、结对帮扶蒋家嘴镇紫阳冲村31个贫困户（2015年脱贫12户、2017年脱贫5户、2018年脱贫12户、2019年脱贫2户）。坚持为贫困户送生产生活物资、发放节日慰问金、为村里植树、健康扶贫义诊等，三年来共投入资金约33.76万元，31户全部脱贫，顺利通过省、市、县脱贫攻坚验收检查。

【项目建设】 总投资1240万、总建筑面积3100平方米的疾控中心业务大楼，现已逐步投入使用。新冠病毒核酸检测实验室7月已投入使用。

（曾　英）

妇幼保健计划生育服务

【概况】 汉寿县妇幼保健院现有职工总数273人，设产科、妇科、普儿科、新生儿科、儿童保健中心、盆底与产后康复中心、乳腺诊疗中心、医疗美容科、内科等科室，开设产科营养、母乳咨询、中医妇科、妇科内分泌、心理咨询等特色门诊。新建儿童保健综合楼及门诊住院综合大楼，儿童保健综合楼于2017年4月投入使用，门诊住院综合大楼2021年1月正式投入使用，设置床位近300张。引进世界先进的四维超声诊断仪E10、动态DR、宫腹腔镜、乳腺钼靶仪等一批先进的医疗设施设备，病房拥有多间LDRP家庭式一体化产房、产科VIP套间，增设月子中心、早教托育中心。

【基层党建工作】 紧紧围绕新时代党的建设总要求，坚定政治站位，坚决落实谈心谈话等制度，严格落实意识形态工作责任制，牢牢掌握意识形态工作的领导权、主动权，深入开展中国特色社会主义理论的宣传教育，坚持把学习教育贯穿始终，扎实、认真、全面地学习习近平总书记在湖南考察时的重要讲话精神，学习党章、《中国共产党廉洁自律准则》《党委（组委）落实全面从严治党主体责任规定》等条令条例，学习贯彻党的十九届五中全会精神，开展“寻初心、守初心、践初心”主题党日活动，“战疫密码：中国之治”微宣讲活动。院党总支书记带头讲党课，强化担当作为，全院上下认真贯彻落实以习近平新时代中国特色社会主义思想，不忘妇幼初心，牢记健康使命。

【疫情防控】 坚决落实县疫情防控指挥部要求和指令，成立疫情领导管理小组，健全组织，强化责任，先后制定出台《疫情联防联控工作实施方案》《防控期间医疗救治方案》《疫情防控应急预案》《秋冬季新冠肺炎疫情防控方案》等一系列方案。疫情期间，全院多名医务人员主动请战，儿科主任刘志华等三名同志作为汉寿县新冠病毒疫情防控指挥部专家组参加医疗救治工作，3名护理人员奔赴一线。另外，开展疫情常态化防控和医院感染监测与评估，每日对预检分诊、门诊、住院病房等高风险科室加强督查检查，落实疫情防控和防控督查做到常态化管理。

【民生实事项目】 开展为民办实事妇女“两癌”免费检查工作，9月份超额完成农村适龄妇女免费“两癌”检查1.63万人次，其中确诊宫颈癌6例，乳腺癌19例，宫颈癌早诊率99.09%，乳腺癌早诊率73.68%；全年免费婚检4000对，免费产筛4215人次，免费孕前优生健康检查6005对，降低出生缺陷率，确保健康生育。全年完成智障儿童康复训练80人，训练效果明显。免费预防接种2.81万剂次，保障全县儿童健康成长。

【妇幼健康服务工作】 母婴安全管理。牢守母婴安全底线，强化管理，注重全程面访和跟踪。接受孕产妇信息7159人次，其中高危孕产妇3946人次。面访高危孕产妇598人次。全年孕产妇零死亡，五岁以下儿童死亡率千分之4.82，婴幼儿死亡率千分之2.41，均低于国家标准。

孕产妇和儿童健康管理。严格按照《国家基本公共卫生服务工作规范》要求，强化电子档案运用。全年孕产妇建档率99.91%，早孕建册率99.9%，产后访视率97.92%，孕产妇健康管理率97.88%。0—6岁儿童建档率99.34%，0—6岁儿童健康管理率95.10%，新生儿访视率98.43%，均已达市级目标水平。

2020年5月12日，汉寿县妇幼保健院举办“最美护士”表彰大会

【出生缺陷干预工作】 2020年，全县出生缺陷活产发生率45.97/万，较上年下降1.83/万；截至12月31日，孕前优生健康检查完成6005对，完成率100%，其中早孕随访率100%，妊娠结局随访率99%；免费婚前医学检查4000对，婚前医学检率92.76%，叶酸服用率97.41%，叶酸服用依从率93.67%，新生儿疾病筛率96.25%，新生儿听力筛查率机构内98.04%，均已达到市级指标。全县产妇艾滋病、梅毒、乙肝孕28周前检测率99.78%，共发现艾滋病阳性孕妇4例，分娩3例，流产1例；梅毒阳性产妇24例，均给予规范用药治疗，乙肝阳性产妇231例，对其所生新生儿均注射免费乙肝免疫球蛋白。

【计划生育技术服务项目】 完成计划生育手术4135人次，并发症发生率为0。计划生育技术指导咨询实际人数为6000余人。

【健康教育】 受疫情影响，全年孕妇学校课堂以微信直播课为主，解决大部分孕产妇在疫情期间遇到的疑惑和困难，全年医院在妇幼健康教育公众号平台发稿142篇，其中多篇推送点击阅读量过万，让群众对医院有更加深入的了解，对科学健康知识普及起到了很好的引领作用。7月29日，邀约孕妈在龙阳国际举办“支持母乳喂养，守护健康地球”2020年度“世界母乳喂养周”公益宣传活动，对支持母乳喂养促进社会共识起到推广作用。

【医院文化建设】 为不断提高医护人员的工作积极性和归属感，“5·12”国际护士节开展“最美护士”评比，12名一线护理人员获此殊荣；8月19日“中国医师节”，举办“最美医师”表彰活动，授予刘斌等13名医师“最美医生”荣誉称号；12月3日，开展第二届护理品管圈成果汇报竞赛，产房在品管圈成果汇报活动中获得一等奖。

产房护士长郭灿获常德市护理学会“优秀助产士”奖，妇科副护士长鲁蓉获汉寿县“十佳青年医务工作者”称号。

【医院服务能力】 1月13日乳腺科开科后，联合省级专家，引进先进的医疗设备，为群众提供专业化的指导及治疗；5月21日智慧医院投入使用，实现网上挂号、预约等信息化便利，为群众提供快捷方便的“智慧服务”；7月6日成立医疗美容科，拥有精湛的医疗整形技术及专业化的团队，为广大爱美人士提供安全、优质的服务；11月16日，将院内婚检窗口迁移至政务中心，流程设计更具人性化，减少群众来回跑路，真正做到一件事一次办。依据国家发展改革委、国家卫生健康委相关文件精神，对原门诊住院楼二楼进行改建，成立汉寿县妇幼保健院托育中心，面积900平方米，以满足二孩家庭对0-3岁婴幼儿照护服务的需求。

（史春霞）

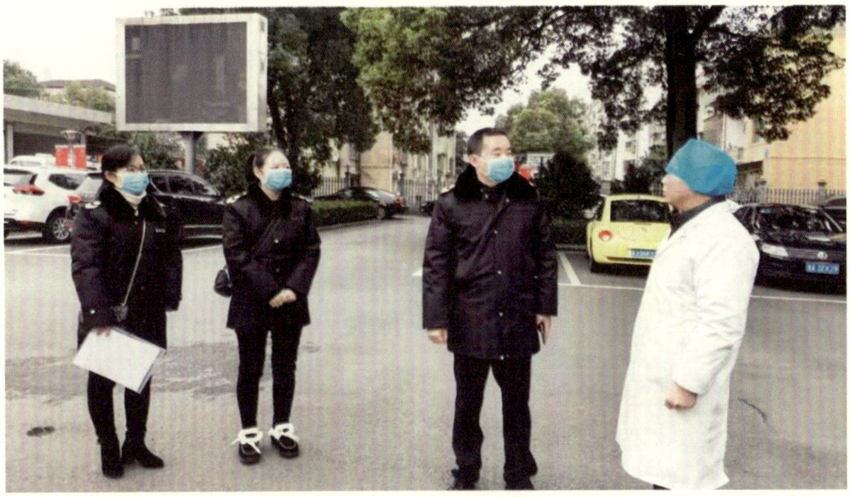

2020年2月2日，县卫监局工作人员到传染病定点救治医院县第三人民医院督导疫情防控工作

卫生计生综合监督

【概况】 汉寿县卫生计生综合监督执法局，副科级，为参照公务员法管理事业单位，归口县卫生健康局管理，位于汉寿县芙蓉西路101号。

【医疗市场整治】 2020年，县域内共有医疗机构560余家，其中县直医疗机构4家，民营医疗机构共13家，学校医务室1家，疾病预防控制中心1家，单采血浆站1家，乡镇卫生院28家，个体诊所及村卫生室近500余家。

结合“扫黑除恶”专项整治工作，以开展打击非法行医活动为重心，整治医疗服务市场，规范依法执业行为。监督检查辖区内的所有医疗机构，对合法医疗机构科室设置不规范、超范围执业和跨类别执业、“聘非”、医疗废物管理等较为严重的问题和问题整改不到位的予以立案严肃查处；对无证行医行为进行严厉打击。全年共查处违法案件156起，其中无证行医案件73起，取缔23户，没收药品、器械71件，移送公安机关案件3起。

【公共场所卫生】 依据《公共场所卫生管理条例》及《公共场所卫生管理条例实施细则》对全县278家公共场所经营单位进行监督管理，定期对住宿、沐浴、游泳、美容美发等行业的900余名从业人员健康体检及卫生知识培训情况进行监督检查，对“五病”人员进行调离。主要监督内容包括：卫生组织、卫生制度是否建立、健全及执行；公共场所内外环境卫生状况；基本卫生设施是否具备；消毒制度、消毒设施是否健全、完好及运行情况；有关公共场所卫生标准执行情况、对各项指标要求进行监督；通风换气设施的运行情况、从业人员健康体检、卫生知识培训及患有禁忌证的从业人员调离情况；抽查部分从业人员健康合格证和培训合格证；检查卫生许可证情况。全年对监督检查中发现问题的57家场所进行立案查处。

【生活饮用水卫生】 对37家生活饮用水、二次供水、集中式供水单位进行监督检查，实行量化分级管理，有效防止介水传染病的发生与流行。主要监督内容包括：集中式供水单位、学校自备供水卫生管理情况及饮用水净化消毒措施，主要包括供水设施运转状况、供管水工作人员持证情况、水源防护及储水池清洗消毒情况、饮用水净化消毒处理情况，并对所有单位供水水质进行抽样检测。针对检查情况，下达卫生意见书，并对违法情节比较严重的9家单位进行立案查处。

【消毒产品监管】 一是对全县4家集中式消毒餐具单位进行监督检查，定期对从业人员健康体检及卫生知识培训情况进行监督检查，对3家消毒不符合国家卫生要求的单位进行立案查处，切实把好食品安全的餐具卫生关。二是对辖区内的消毒产品生产企业、消毒产品经营单位（超市、药店、婴幼儿用品专卖店）、消毒产品使用单位（医疗机构、疾控机构、宾馆酒店等公共场所）进行监督检查，共检查相关单位98家，对违法情节较重的10家药房进行立案查处。

【学校卫生】 对全县160家学校、幼儿园及托幼机构等单位进行监督检查，重点监督学生健康卫生状况、传染病防治和学校饮用水卫生；对学生进行健康教育，培养学生良好的卫生习惯；改善学校卫生环境和教学卫生条件；加强对传染病、学生常见病的预防和治疗，对1家学校进行立案查处。另外，在高考、中考期间，抽调卫生监督员，对高考、中考考点的住宿情况进行蹲点监督，确保此期间无一例高、中考考生突发公共卫生事件发生。

【职业卫生】 一是强化岗前、在岗、离岗的职业健康监护。二是落实行政执法公示制度、执法全过程记录制度、重大执法决定法制审核制度。三是加强职业病防治的宣传力度；四是明确用人单位在职业病防治方面的职责。共监督企业26家，下达监督意见书26份，主要涉及精细化工、生物医药、食品加工、服装纺织及建筑建材等行业领域，涵盖多种类型的职业病危害因素；对未按照规定对工作场所职业病危害因素进行检测、评价的2家工厂、企业下达警告的行政处罚。

【专项整治行动】 开展打击非法行医专项整治、打击非法医疗美容专项行动、医疗机构废弃物专项整治、消毒产品专项检查、生活饮用水和餐饮具集中消毒专项检查等工作，共检查医疗机构568家、中大型生活美容机构15家、药房45家，超市2家、婴幼儿用品店2家、宾馆及酒店8家、集中式供水单位29家、集中式餐具消毒服务企业3家。

【卫生监督协管】 贯彻落实国家基本公共卫生服务工作，在22个乡镇（街道、区）聘用乡级卫生监督协管员43名，村级卫生监督信息员278人，开展食源性疾病相关信息报告、饮用水卫生安全巡查、学校卫生服务、非法行医和非法采供血信息报告及计划生育相关信息报告等工作。2020年，县卫生计生综合监督执法局派专家组对各乡镇协管工作开展经常性指导，每季度进行督导，每半年进行考核。各乡镇建立“三本台账、一套分户档”。1-12月，全县卫生监督协管员开展巡查3550多户次，协助管理的相对人880余户，信息员报告信息17次。

【疫情防控】 1月起，启动卫生监督应急预案，明确工作职责，组成5个疫情防控卫生监督应急工作组，确保有力有序有效推进疫情防控工作。一是公共场所领域重点对政府疫情防控定点宾馆、汽车总站的疫情防控工作开展监督检查。二是把对辖区医疗机构的传染病防治工作作为监督检查的重中之重，重点督导医疗机构组织管理、预检分诊、发热门诊、消毒隔离、医疗废物等传染病防控措施落实情况。三是对全县28家水厂进行监督检查，重点检查“卫生许可证”办理，从业人员健康体检、体温监测、口罩佩戴，水质消毒检测，场地消毒、通风等情况。

（卢　欣）

人民医院

【概况】 2020年8月，汉寿县人民医院搬迁至新址。新院占地面积212亩，建筑面积14.3万平方米，可开放床位1600张，设置临床医技科室48个，其中包含省、市重点专科12个。儿科、呼吸内科、护理三个专业为省临床重点专科。儿科、心内科、肾内科、神经内科、普外科、肝胆外科、骨科、泌尿外科、放射科共九个科室为地市级重点专科。医院技术力量雄厚，医院现有行政管理人员、医护人员及工作人员1285人，其中医生508人（高级职称124人、中级职称160人），护士647人（高级职称48人、中级职称108人），在岗在编654人、临聘人员631人，非卫生技术工作人员130人（其中临聘人员62人）。医院拥有湖南省县级医院一流洁净层流手术室、中心ICU、医学影像中心、现代化检验中心、胸痛中心、卒中中心危重孕产妇救治中心、危重儿童和新生儿救治中心、远程医疗中心、120急救指挥中心等医疗中心。配备有64排128层CT、3.0T核磁共振、直线加速器、大平板数字减影血管造影机、3D数字乳腺机、飞利浦彩超、ECT、DR等高端设备。医院开展的心脑血管及肿瘤介入治疗，普外科、泌尿外科、妇科腔镜技术，胰十二指肠切除术，颅内肿瘤切除术，各类脊柱外科手术，人工关节置换术，内镜下黏膜剥离术（ESD）等，在湘西北享有盛誉。综合实力位居湖南省县级医院前列。

9月1日，经过上级部门审批，医院全面启动三级医院收费标准。

【整体搬迁】 2020年8月8日，汉寿县人民医院新院区全面运行。医院按照一流“三甲”医院标准建设而成，占地面积212亩，建筑面积14.3万平方米。医院建筑遵循现代、简洁、流畅的原则，强调空间、形式与功能的高度统一，追求自然、建筑和人三者之间的和谐统一，充分考虑自然通

汉寿县人民医院新院

风、出行便利和日照等因素，注重空间流动感与体量感，倾力打造花园中的现代化医院，为城市空间带来更加愉悦的视觉体验。

新院业务更加精细化。医院以新院投入使用为契机，对普外科、五官科、骨科、心血管内科、呼吸与危重症医学科、神经内科、疼痛康复科、感染科进行亚专业分科，其中，普外科分为1个肝胆胰脾病区、1个胃肠病区、1个乳腺甲状腺病区，五官科分为1个眼科病区、1个耳鼻喉头颈外科，骨科分为2个病区，心血管内科分为3个病区，呼吸与危重症医学科分为3个病区，神经内科分为2个病区，疼痛康复科分为2个病区，感染科分为2个病区，并增设儿科门急诊、盆底与产后康复中心，老院区开设了全科医学科并保留内、外、妇、儿、全5个门诊。

【抗击疫情】2020年，面对新冠肺炎疫情，作为新冠肺炎定点隔离医院，医院党委及领导班子高度重视，在医疗设备、病室改造、后勤物资、人员配置等方面积极调配，经过昼夜不停地连续作战，迅速组建24小时值班的发热门诊医护团队、预检分诊小组、专家救治小组、感染控制小组、后勤保障小组。防控先锋们迎难而上，春节期间放弃休息坚守一线，全力以赴做好防控工作。舍小家，为大家，以“有危险，我先上”的担当，义无反顾地站在新冠肺炎疫情防控的第一线。

医院组织开展新冠肺炎知识防控培训、新型冠状病毒核酸检测样本采集专项培训、新冠肺炎感染应急处置演练等新冠肺炎有关活动，加强各部门协调配合，提高医务人员对新冠肺炎防护的认识，熟悉掌握新冠肺炎医院感染的临床症状和流行病学史及报告流程，落实消毒隔离措施，增强新冠肺炎医院感染事件的应急防控处置能力，提高感控意识和防护能力，实现医护人员零感染。

医院派出4名医护人员到常德市新冠肺炎定点治疗医院，8名医护人员到汉寿县定点隔离医院参加抗疫战斗，完成救治任务，无一人感染，平安回家。

【学科建设】呼吸与危重症医学科、儿科、护理顺利通过省级重点专科复评，被确认为县级省重点专科，另有一批新的省、市重点专科正在积极申报和建设中。顺利通过助理全科医生培训基地的评估验收。

神经外科充分发挥全县仅有一家能开展各类开颅手术的优势，做强颅脑外伤、脑血管疾病、神经重症三大亚专科建设，逐步开展功能神经外科、脊柱脊髓神经外科及肿瘤亚专科建设；呼吸与危重症医学科开展支气管内冷冻介入、氩气止血、电切支气管内肿块等治疗，开展恶性胸腔积液的靶向+化疗的新技术及胸腔冷冻活检术；疼痛科开展院内首例椎间孔镜下经皮后入路颈5—6突出核髓摘除术，引进常德市首台针刀镜；检验科引进常德市首条前处理模块系统全自动生化免疫流水线，新开展新冠病毒核酸检测、血清铁、促肾上腺皮质激素、皮质醇、神经元特异性烯醇化酶、糖类抗原72-4、生长激素、人附睾蛋白4、鳞状上皮细胞癌抗原等检验项目；肿瘤科开展B超引导下PICC置管及输液港维护，实体瘤放射性粒子I125植入术；普外科一病区（肝胆胰脾外科）顺利完成2例开腹胰十二指肠切除术，1例腹腔镜左半肝切除术；普外科二病区（胃、肠、肛门外科）在原有手术基础上开展多种新术式：腹腔镜胃癌根治术、完全腹腔镜下胃造瘘术、腹腔镜十二指肠溃疡旷置术、一针法回肠造口术、直肠脱垂三联术、肛周脓肿一次性根治术等，均填补该院空白；普外科三病区开展了腔镜下甲状腺切除术；消化科开展食管胃底静脉曲张组织胶硬化剂治疗、套扎治疗以及黏膜下肿物切除术；医学影像科现开展泪道造影、子宫输卵管造影、骨三维重建、泌尿系CTU、CT引导下穿刺活检等特殊检查，并投入使用胶片自助打印系统；超声在麻醉科的应用日益广泛，超声引导下的深静脉穿刺和各种类型的神经阻滞等可视化技术，逐步成为麻醉科发展的重要方向；介入治疗日趋成熟，2020年开展的滤器植入及取出术、脑动脉支架取栓术、冠脉内超声引导下的支架植入术，均为汉寿首例；肾病风湿免疫科与血液净化中心成功开展3例自体动静脉内瘘狭窄球囊扩张术；产科设立了LDR一体化病房，并在普通产房开展丈夫陪伴分娩，很大程度上提升分娩的舒适性及幸福感；耳鼻咽喉头颈外科新开展舌癌根治术伴颈部淋巴清扫、耳内镜下脑脊液漏修补术等手术；骨科开展的颈椎前后路同时减压固定手术、肢体血管神经损伤骨整形技术、各种皮瓣转移技术、老年髋关节置换在全省县级医院处于领先水平。

【服务能力】2020年，医院顺利化解疫情所致的收入急剧下滑的危机，服务能力稳步发展，收入结构优化。医院总收入4.5亿元，其中业务收入4亿元；全年门急诊36.33万人次，住院病人4.832万人次，各类手术1.1995万台次。新院搬迁后，门诊诊室设置从原来的32间扩增至110间，已经投入使用的有67间，各专科独立成区。中医专家门诊升级为省名中医专家门诊；推行无假日医院，保证各专科门诊365天每天都有医生坐诊；门诊信息化管理，配备有一体化自助机35台，分散在各区域，患者可多途径挂号，多渠道缴费，诊区设置自动叫号系统，提升了患者满意度；急诊科以医院新院投入使用为契机，加速“五大中心”建设，畅通绿色生命通道，提高了危急重症的快速处置能力。

【医改工作】自2019年全县乡镇（街道）卫生机构和基层卫生工作统一纳入县人民医院以来，汉寿县人民医院始终以推进县域“医共体”建设，逐步提升乡镇卫生院的医疗服务能力为己任。

面对新冠疫情，汉寿县人民医院作为汉寿县医共体的龙头单位，以减少感染为目标，坚持“早发现、早报告、早隔离、早治疗”的原则，充分发挥医共体优势，多措并举，形成三级联动抗疫模式。要求各乡镇卫生院设立预检分诊台，做好预检分诊工作，明确发热病人治疗流程，让各卫生院有章可循，不打乱仗，有效地避免院内交叉感染。医院组建疫情防控院感组，到全县乡镇卫生院进行院感防控的指导、培训、现场演练，通过培训、督导，提升基层医院应对疫情的能力和水平，最大限度地减少新冠病毒在医疗机构内的传播风险。医院抽调临床专家组成7个医疗组，分别在崔家桥镇、军山铺镇、蒋家嘴镇、西港镇、坡头镇、东岳庙镇、新兴卫生院设立“筛检哨点”，对发热病人、有流行病学接触史的人员进行重点检查，由专家对其分类作出正常、居家隔离观察、移送定点医院隔离观察等处置分类。固定发热门诊与移动发热门诊相结合的模式，减少了疫情重点危险人员流动，有效降低疫情扩散的风险。

县人民医院赴新冠肺炎定点治疗医院志愿者

为建立基层首诊、双向转诊、急慢分治、上下联动的分级诊疗格局，切实解决人民群众“看病难、看病贵、看病远”的问题，推动县级医疗资源下沉和医务人员下基层，医院在乡镇设立一批分院。在技术指导、专科建设、人员培训、医疗管理等方面对各分院卫生院进行帮扶。派多名优秀骨干进驻分院开展技术指导，计划在2年内完成全县所有卫生院的技术帮扶，对所有卫生院医疗工作人员进行专业理论和技能轮训，在每个分院建设一至两个特色专科，并协助分院提高内部管理。医院拓展部还组织专家医疗队多次到乡镇、社区巡回医疗，共免费接诊3172人次，免费裂隙灯或妇科检查896人次，免费测量血糖1315人次，监测血压2719人次，查房、会诊325人次，培训乡镇医生437人次。指导第二人民医院开展6S精益管理及二级医院等级复评获得较好效果。经过培训指导，全县基层卫生院服务能力整体得到提高，全年各卫生院门诊人次73.1万人次，住院人次6.6133万人次，总收入22990.33万元，其中业务收入16026.14万元。

【基层党建】年初，党委专题会议研究党建工作，确定全年党建工作思路，落实党建经费，把意识形态工作纳入党建工作责任制。狠抓阵地建设，按照“六有”标准，建设党建活动阵地。党建工作写入医院章程，重新审定医院章程，明确党组织的设置形式、地位作用、职责权限和党务工作机构、经费保障等内容要求。紧密结合医院现状和党建工作实际，健全党建工作制度，完成“三会一课”及主题党日规定动作。定期参加党员志愿者活动和党员进社区活动。全年组织召开中心组学习 12 次，培养 15 名预备党员，增强党的后备力量。

【意识形态工作】 医院高度重视意识形态工作，围绕党管意识形态的原则，严格落实工作责任制。牢牢把握正确的政治方向，在思想上行动上同党中央保持高度一致。抓好舆论引导，传播凝聚正能量。本年度微信公众号上稿 213 篇，《人民日报》上稿 3 篇，《湖南日报》上稿 2 篇，《新湖南》上稿 18 篇，《常德日报》上稿 5 篇，《常德文明网》上稿 9 篇，《常德护理》上稿 9 篇，《龙阳先锋》上稿 5 篇，《湖南经视》新闻报道 1 篇。积极向上级组织推荐“优秀抗疫青年”、抗疫先进事迹等 25 人次，树立一批为抗击疫情义无反顾逆行的先进典型，增强全院职工的荣誉感和责任感，加速医院精神文明建设的前进步伐，弘扬医院新风正气。

弘扬社会文明，践行核心价值观。继续结合医院“市级文明标兵单位”的标准，协同文明创建办组织开展七次传统节日活动，两次道德讲堂。助力全县脱贫攻坚及“新时代文明实践中心”的验收工作，成立医院志愿者队伍，协助医务科、拓展部、文明创建办，对志愿服务活动、文明交通劝导、健康义诊、健康扶贫等公益活动。积极开展对外帮扶“认领微心愿，争当圆梦人”社会公益活动的组织，全年度共计组织开展志愿服务活动 11 次，大型健康义诊 8 次，认领“微心愿”10 户，组织文明交通劝导上路执勤 68 人次。

（瞿　慧）

中医医院

【概况】 2020 年 5 月 30 日，汉寿县中医医院完成整体搬迁，新院位于龙阳中路 659 号，总占地面积 80 亩，建筑面积 3.6 万平方米，可开设病床 430 张，临床科室 28 个。医院现有人数 399 人，在岗人员 90% 为卫生专业技术人员，60% 为中医药专业技术人员，有高级职称 23 人（其中正高 2 名），中级职称 68 人，湖南省基层名中医 1 名，常德市名老中医 1 名，常德市十佳医务工作者 1 名，常德市“十百千”工程人才 1 名，湖南省第七批医疗援藏优秀医务人员 1 名。医院设有门急诊科、肺病科、心脑病科、糖尿病科、肿瘤科、肝病、脾胃病科、普外科、泌外科、妇产科、五官科、口腔科、皮肤科、肛肠科、针灸推拿理疗康复科、中医骨伤科、整形科、麻醉科、检验科、功能科、影像放射科等科室。

【职能业务工作】 经济指标完成情况。2020 年，汉寿县中医医院门诊 9.43 万人次，较上年同比增长 112.05%；住院病人 1.13 万人次，较上年同比增长 149.34%。日住院总人数曾达 399 人，创近两年来历史新高。医疗总收入 6721.93 万元，较上年增长 107.02%。

【中医药】 医院始终坚持“以中医为本、突出特色”的办院理念，发挥中医特色优势，着力加强中医专科专病建设。针灸推拿疼痛科是融合中医传统康复治疗与现代康复为一体的中医特色科室，是以颈肩腰腿和风湿性疼痛类疾病康复、神经系统疾病（中风病）康复、以及老年慢性疾病康复治疗为主的综合性科室。继续推行“治未病”等各项中医特色服务项目实施，如盘龙灸。积极推进新技术、新项目的开展（如火龙罐、在传统督脉灸的基础上优化督灸病设计了专门的督灸模具、督灸粉和督灸膏）。完善各种服务设施和出院随访制度，按照《中医护理工作指南》要求，继续加强中医特色护理，为患者提供安全、专业、合理的优质护理服务。

【诊疗技术】 患者李某，左侧腰

2020 年 5 月 30 日，县委书记车世忠，县委副书记、县长周功表，省中医药大学第一附属医院业务副院长朱镇华等领导为汉寿县中医医院新院揭牌

腿疼痛5年，加重1周。在外四处求医治疗，入汉寿县中医医院外三科后行完善相关检查，明确诊断。行椎间孔镜手术治疗，术后症状消失，患者特别满意。

8月13日，外一科刘建军主任在全麻下拟行膀胱癌根治，手术过程中发现瘤后壁与盆腔广泛黏连，手术难度较大，经反复考虑后采取膀胱大部分切除术+膀胱颈口于输尿管吻合术，手术顺利，患者术后恢复良好。

针灸推拿疼痛科，采用三氧大自血疗法，治疗患者张某，“痛风性关节炎”“糜烂性胃炎”，患者张某全身多处关节疼痛10年，长期服用激素治疗。采用三氧大自血疗法，降尿酸，控制症状，疗效满意。

【专业人才培养】 2020年，共派出20余名医护人员到上级医院进修学习，3人到市中医医院参加住院医师规范化培训。多次选派年轻骨干到上级参加专业技术知识培训班、研修班等。因医院整体搬迁的需要，同时为充实壮大医疗队伍，全年引进专技人员83人，其中全日制本科及以上学历人才12名（中医药专技人员7人）。

全年接收高校毕业生见习人员26名，进修人员50余名。为新入职人员进行医疗安全、中医药法两次岗前培训。由医务科带头以病历质量为主的医疗质量检查10余次，召开关于病历质量问题的专题会共有5次。医务科通过督导及检查，将全院药占比从30%控制到28%左右，完成年初医院计划。

医联体、对口支援、中医基层指导项目，医院累计到19家基层医疗机构进行业务培训、中医药适宜技术指导等累计20余天，参加指导的医务人员累计30余人次。2021年1月8日，举办全县中医适宜技术培训班。护理部共组织集中进行护理培训12次，中西医理论知识考试考核8次，使全院护理人员护理理论与护理技能水平有很大提升。本年度医院各科室共收到患者赠送锦旗20余面，感谢信10余封。

省内外三甲医院多名专家多次到院出诊、授课、指导手术，各科多次参加各级学术活动，加强业务交流。7月11日，医院举办中医外治耳穴疗法护理培训班。此次培训班特别邀请湖南省中医附一张月娟教授等5位老师授课和实操指导，培训现场就失眠、肺热案例分别做耳穴压豆中医外治法治疗演示。培训采取理论与实践相结合的形式，让院护理人员对耳穴疗法有了更深层次的认识与理解。

【党建工作】 充分发挥公立医院党的领导作用，压实党建主体责任。贯彻落实党的基本理论、基本路线、基本方略，贯彻落实党的卫生与健康工作方针，贯彻落实深化医药卫生体制改革政策措施，坚持公立医院公益性，确保医院改革发展正确方向；依照有关规定讨论和决定医院改革发展、财务预决算、“三重一大”、内部组织机构设置，以及涉及医务人员权益保障等的重大问题，一直坚持党的领导，院党总支部切实承担主体责任，把党建工作摆上重要议程，坚持将党建工作与业务工作一同谋划、部署、推进，实行规范化、精细化、项目化管理；院党总支书记切实担负第一责任人的责任，亲自谋划制定党建工作年度重点和计划，并部署推动实施；班子成员认真落实“一岗双责”，把业务工作与党建工作有机融合，指导分管领域、联系分管科室全力抓好党建工作。

【精准扶贫】 中医院领导班子高度重视健康扶贫工作，着力重点解决群众“因病致贫、因病返贫”的问题。党建办、工会、医务科、医保物价科全力配合院党总支的号召，在全院开展“先诊疗、后付费”工作，增加“健康扶贫一站式”服务窗口。医院共收治“先诊疗、后付费”健康扶贫患者1650余人次。真真正正为老百姓缓解“看病难、治病压力大”的问题。为贯彻落实县委、县政府“空城行动”部署要求，医院医务人员与帮扶人员先后多次前往帮扶联点村毛家滩回维乡教门岗村，对结对帮扶贫困户慰问宣传政策做医疗保健指导及其他村民进行义诊。义诊服务村民共200余人次，发放健康宣传资料200余份。精准扶贫工作扎实有效开展，医院派专人驻村，成立驻村工作队，定期轮流到毛家滩回维乡教门岗村开展帮扶工作。根据需求为医院包保的低保户、贫困户送去米面油等生活用品，全年共投入7.9万元用于教门岗村的困难帮扶。

【中药防控疫情】 发挥中医药在应对疫情防控中的独特优势和预防作用，坚持中西并举，科学防治，免费为新冠病毒感染的密切接触者提供预防中药。指导全县乡镇卫生院如何制剂及如何采用中药熏蒸消毒。为保障全县复工复产，2020年初，医院领导班子带队，24小时轮班作业制作新冠预防汤药，为全县49家复工企业免费发放11万余剂新冠肺炎预防汤剂。医院制定《新冠疫情常态化工作方案新冠疫情常态化工作方案》《重点人群新冠病毒核酸检测工作实施方案》，定期开展相关新冠病毒疫情防控知识的培训。

【二甲复评】 10月19—21日，按照湖南省中医药管理局二级甲等中医医院等级复审的要求，由常德市卫健委中医药管理科一行9人对汉寿县中医医院进行为期3天的二级甲等中医医院评审复核，评审专家按照《二级中医医院评审标准》要求，分别从医院管理、临床建设、重点专科、药学、院感、护理、党建等7个方面进行考核，采取听汇报、查资料、看现场、查病历、考操作及人员访谈等方式，对中医药服务功能、综合服务功能及党的建设三部分内容进行全面细致的复核与指导。专家组表示，汉寿县中医医院二甲复评工作圆满完成。

（程立军）

血吸虫病防治院

【概况】 汉寿县血吸虫病防治院着落于县城辰阳街道，始建于1953年，担负全县84万疫区人民的急、慢、晚期血吸虫病的预防和救治工作，属公益一类全额拨款事业单位。2020年初，在新型冠状病毒肺炎疫情肆虐蔓延时，临危受命成为全省唯一一家专科医院隔离定点医院，为全县父老乡亲筑起了一道坚强的防疫墙，使全县新冠肺炎疫情最早达到全省低风险区。2020年4月获常德市五一劳动奖状，11月获湖南省抗击新冠肺炎疫情先进集体，院护理部获县妇联“三八红旗手”称号。

【疫情防控】 2020年上半年，由于被确定为疫情防控定点医院，不准接受除新冠肺炎患者的病人，医院业务工作全面终止，各项开支必须维持，营业额一度负增长。4月初，响应国务院和县防控指挥部的指示，在做好“外防输入、内防反弹”疫情防控常态化的同时，医院预留三层隔离病房，积极开展复工复产，全年共收治血吸虫病患者6495人次，门诊接诊患者6741人次；业务收入1783.52万元，虽然较上年业务收入有很大的差距，但是全院职工仍然信心高涨，积极努力工作，现医院各方面的工作已入正轨。

【党建工作】 疫情期间，院党支部如期完成“一网一云”录入和学习任务，定期开展“三会一课”活动民，学习贯彻党的十九大精神，进一步提高党员干部的政治思想觉悟和工作水平。

【护理工作】 增强护理人员的防疫意识，严格核心制度落实，强化护士长的带头作用和责任意识。加大护理监督力度，重视护理骨干的培养，优化护理队伍，强化“三基三严”训练。护理部定期组织护理人员进行技术比武和理论考试，护理工作水平得到整体提高，全年实现零纠纷、零投诉的好成绩，为医院树立了良好的口碑。

【扶贫攻坚】 2020年，在医院业务收入严重受损的情况下，仍倾其所能对结对帮扶村—崔家桥镇大西冲村进行医疗、教育捐赠，不折不扣完成县委、县政府下达的经济任务，帮其顺利通过了全国脱贫攻坚工作验收检查。

【晚血工作】 医院始终贯彻落实国家晚血救助政策，全心全意造福疫区人民。救助晚期血吸虫病人298例，争取晚期血吸虫病救助资金160万元，为无数晚血困难家庭减轻了压力，提高了他们的生活质量和幸福感。医院为全县血吸虫病重症患者报销往返湘岳医院鉴定车费，充分落实好党和政府的惠民爱民政策。

【退捕禁捕】 医院积极响应县委、县政府退捕禁捕政策，在对相关渔民住院治疗血吸虫病1000元治疗费包干的基础上，另外为每人减免住院期间床位费和护理费约430元左右，让渔民享受到最大实惠，为县委县政府分忧解愁、为创建和谐汉寿尽绵薄之力。

（李　军）

乡镇街道

龙阳街道

党工委书记 曾　健
党工委副书记、办事处主任 郭辉龙
党工委副书记 周恒超
党工委委员、人大工委主任 钟学斌
党工委委员、政协联络处主任、武装部部长 曾爱华
党工委委员、纪工委书记 陈彦利
党工委委员、组织委员 刘　捷
党工委委员、办事处副主任 柳云娇
党工委委员 涂贤和
办事处副主任 廖　伟

【概况】 2020年，南湖渔场更名成立南湖社区。龙阳街道总面积24.38平方千米，常住人口87506人，户籍人口74530人。管辖城东、城南、城西、城北、环城、南郊、花木兰、新街、护城、龙珠园、宝塔河、粟公堤、王海坪、张家湖、南湖15个社区和联合渔场1个小三场。

【党建工作】 抓党建促提升。依托城东社区平台，打造“一基地、一长廊、一广场”党建示范带，迎接全省城市社区党员轮训示范班现场教学，得到较高评价。护城社区被评为汉寿县唯一的全省基层党建示范点。抓党建惠民生。片域推进小区党建，按照党工委提出的“一区一品”总要求，对天济城小区、碧桂园小区、蓝湾美树小区进行连片打造，在小区党支部引领下，充分发挥党员楼栋长和党员志愿者作用，将老年活动中心、幼儿活动中心办得有声有色，市县领导予以充分肯定。抓党建促服务。推动基层公共服务（一门式）全覆盖，全年组织开展政务下沉业务培训6次，所有社区均完成事项配置，每周办件数不低于30件，确保群众办事“只跑一次”，实现基层公共服务（一门式）全覆盖。

【党风廉政】 6月28日，龙阳街道办召开全体机关、站所、社区（场）干部参加的作风整训工作会，开展专题警示教育课。9月7日，召开全体机关、站所干部参加的专题警示教育

2020年10月29日，护城社区被授予“全省基层党建工作示范点”

大会，学习《关于6起公职人员违规酒驾典型案例的通报》，传达县纪委坚持将纪律和规矩挺在前面、要求广大公职人员和党员干部积极汲取教训的工作要求。12月14日，召开全体党政班子成员、站所（办）负责人、社区书记参加的党工委谈心谈话会，党工委书记从提高团队精神的重要性和如何推动工作等方面和干部进行深入的谈心谈话交流，进一步增强干部的使命感和责任感。

街道纪工委受理县纪委信访室交办件5件，全部按时办结。对经查不实的，在一定范围内予以澄清。对1名干部进行约谈，对5名社区干部进行集体提醒谈话。配合县纪委查办党员信访件1件。挖掘案件线索，纪工委共立案5件，对1名违纪监察对象、4名违纪党员给予纪律处分。

【农牧产业】 稳定粮食生产，发展标准农业。着力壮大蔬菜产业。养殖产业，推广无土育苗栽培技术、喷滴灌技术、机械化移栽技术、病虫绿色防控技术。水稻生产面积7995亩，早晚稻参保7800亩，保费39000元；油菜参保1495亩，保费3364元。张家湖、王海坪两村的湘米工程生产基地，种植湘晚籼13号，种植面积1200亩，由金健米业专门收购，收入比常规稻种植增加15%。1—10月，免疫口蹄疫、猪瘟、蓝耳病累计675头份；存栏牛8头，免疫牛出败、口蹄疫、血防化疗64头份；存笼鸡17881羽，免新城疫、禽流感共计35762羽，存笼水禽70385羽，免疫禽流感14076羽，做到应免尽免，免疫率均达100%。深入巩固城区全面禁养工作成效，没有发生返养情况。全年退养珍珠230亩，累计退养719亩，完成总任务的69.8%。收缴处置持证渔民渔网17103.4公斤，回收拆解捕捞渔船24条、辅助船29条，完成禁捕退捕工作任务。建成12个“平安农机”示范社区（场）、5个“平安农机”示范合作社和98户“平安农机”示范户，全年农机作业面积达到95%以上。

【水利建设】 全年共完成防汛编织袋入库2.1万余条，完成一、二线防汛大堤扫障任务9940米；完成军汉公路两侧高、低水渠扫障及水利护坡任务1.2万余米；完成水利秋冬修工程龙阳低水渠、南湖干渠、三汊障干渠、张家湖、粟公堤、宝塔河、王海坪等沟港渠道清淤任务达1.06万余米。

【交通整治】 为确保道路交通有序畅通，街道构建“全面化、立体化、常态化、多样化”交通问题顽瘴痼疾集中整治体系。设立宣传橱窗3个，悬挂宣传横幅100条，制作宣传标语510条，电动车上牌8000台，配合县交管部门查处非法运营摩托车580台。对王海坪社区、宝塔河社区、粟公堤社区、南湖社区道路沥青翻铺6.9千米，对主干道2.3千米路段进行美化亮化。

【城建城管】 2020年是县创建省级文明县城复审年，龙阳街道作为文明县城复审的主战场，积极响应县委、县政府号召，动员和组织街道社区干部和辖区居民积极参与文明创建，以服务经济建设和促进社会发展为目标，组织开展全城大整治、全城大清理、全城大宣传等专项行动。按工作具体要求，逐步实现网格划分合理化、人员搭配效能化、协调配合灵活化、检查考核经常化，提高市容管理工作效率，扩大城市管理覆盖面，通过实施网格化管理，营造辖区整洁有序的城市环境目标。街道社区两级共投入创建经费300多万元，发放入户调查问卷3万余份，整治改制院落和无物业管理小区100多个，清理小街小巷及卫生顽疾200余处，发放公益广告300余条（处）。联合执法整治夜市饭店、小摊小贩出店经营20余次。开展城区综合秩序整治行动，共锁车7867台次，劝导教育乱停乱靠人员800余次。

【控违拆违】 全年参与大型拆违39次，查处违法违章建筑183处，控违83处，拆除94处违法建筑，拆除违建面积2707平方米，其中，拆除钢架棚面积1493平方米，墙体1214平方米。

【项目建设】 2020年，街道启动18个片区征拆项目，完成签约倒房766户，腾地697亩。其中城拆项目沿江南路、青阳路、文昌巷、零星棚改2个片区；农拆项目12个：华网电力、六号大道延伸线、天张渠、三堤两港A块、三堤两港B块、宝塔河安置小区、新街17.6亩、东湾安置区二期、城管配套用房、詹中附小、新街安置小区、储备地块（华府路以北）；联营公司立面改造项目1个。按照疫情防控与经济发展两手抓要求，街道在确保疫情防控措施到位的前提下，全力推进项目建设，截至2020年年底，天张渠、沿江南路、青阳路、城管配套用房、宝塔河安置小区、东湾安置小区已全部完成签约倒房，詹中附小、华网电力、新街安置小区、零星棚改等项目正全力推进。联营公司作为机械厂二期棚改征拆调整项目，拆违200多处，实现了旧城换新颜；青阳路项目221户分两批启动，实现18天清零，创造了街道近年来签约的纪录；沿江南路、城管配套用房项目，签约工作速战速决、干净利落；华网电力项目，圆满完成了工作任务；天张渠项目，采用土地流转的方式，流转109户357亩，全线4.98千米已经开工建设，创造了城市周边项目征拆成本最低的纪录。

【民政救助】 截至2019年12月，街道现有城镇低保户810户1115人，其中新增44户；农村低保236户317人，其中新增9户；农村五保85户85人，其中新增1户；城镇三无人员111户114人，其中新增7户；社会兜底全额救助对象8户22人，新增1户。从12月起，每月打卡发放城乡低保救助金64.475万元。全年申报大病医疗救助13人，临时救助共申报147户，落实救助147户，发放救助资金23.45万多元，申报慈善救助31人、慈善助学2人。逐月审核残疾人享受两项补贴情况，全年清理死亡停发两项补贴8人，新增112人，现有享受残疾人生活补贴的429人，享受护理补贴753人，每月发放残疾人两项补贴达82740元。全年组织有就业能力和愿望的残疾人7人进行就业培训。享受高龄补贴的90岁以上老人有167人，其中百岁老人1人，受理《老年证》办理业务103本。辖区内现有留守儿童76人，留守老人205人，有孤儿6名，新增廉租房申报133户。配合民政部门和医疗机构对辖区内217名特困供养人员（含回维敬老院集中供养人员）上门进行自理能力测试，为46名特困供养人员的监护人发放2019年度看护护理补贴18.6万元。组织15个社区完成湖南省第十届居委会换届选举，选举产生居委会主任15名、居委会委员72名。

【劳动保障】 全年办理《就业、失业登记证》152本；新增就业人员631人，转移劳动力646人，其中建档立卡贫困户11人。通过微信群，对社区（渔场）发布19次共计200多家单位两千个岗位信息和部分职业培训信息。组织200多人次参加三次专场招聘活动，摸底高校毕业生44名，由县人社局就业处联系就业2人。截至12月，共受理小额贷款申报18户，全部资料齐全、申报成功的18户，发放小额贷款305万元，同时引导他们中的18人进行就业培训。2019年度城乡居保缴费任务8000人，完成8344人，征缴金额739.54万，申报死亡143人，资格认证3014人，待遇发放3349人，累积发放金额883.22万元，其中新增待遇人员181人。实地调查和申报离退休人员因病或非因公死亡待遇领取57人。完成45471名居民1248.912万元的居民医保缴费任务，为护城、新街的2个社区涉及6个居民小组的1051人申报被征地农民养老保险资料，其中458人及时参加企业保险。

【信访工作】 2020年，面对辖区内各种矛盾迎来集中爆发期，街道党工委及时调整包保力量，明确包保责任，出台过硬举措，以《龙阳街道信访对象分类管控试行办法》为抓手，注重领导带头、抓早抓小、矛盾化解。全年排查解决矛盾纠纷383起，接待群众来访711余起。

【安全生产】 建立安全生产有效管理机制，严格落实安全生产目标管理责任制，树立“零死亡”理念，落实监管责任，力争不发生较大事故，为街道经济发展、社会稳定和人民安居乐业创造良好的环境。对辖区内100多家宾馆、茶楼、网吧、企业等人员密集场所进行安全作业、安全资料、消防知识检查；对街道护城社区、环城社区、龙阳商业广场、好又多超市、各培训机构、学校、小区物业开展义务消防队安全培训演练11次；展开2020年春运、“强执法、防事故”行动，春节、清明、中秋、国庆等烟花鞭炮专项整治行动，组织以“提升基层应急能力，筑牢防灾减灾救灾的人民防线”为主题的2020年第12个防灾减灾宣传日活动、第19个“安全生产月”活动、中小学幼儿园防溺水活动和应急普法竞赛活动；针对街道马路市场实际情况展开马路市场专项整治行动。全年召开安全生产工作会议12次，街道党政领导带队检查78次，安全培训及消防安全演练11次，组织各类安全检查整治行动437次，

2020年3月18日，龙阳街道接收“旺旺”疫情物资捐赠并发放慰问物资

检查人员累计2068人，检查各类生产经营建设单位437家，排查发现安全隐患82处，治理隐患82处，现场检查记录437份，下达整改指令书82份，一般处罚1次，处罚金额8000元，简易处罚8次，处罚金额6000元，处罚金额共计14000元，并和各社区（场）签订安全生产责任状。

【脱贫攻坚】2020年是脱贫攻坚收官之年，街道党工委始终保持高度的政治敏感性和浓厚的民生情怀开展脱贫攻坚工作，贯彻落实县扶贫办“脱贫不脱政策、不脱责任、不脱帮扶”的总要求，确保扶贫工作频道不换、靶心不变、力度不减。

立足主城优势，充分整合社会力量开展脱贫攻坚，实现就业扶贫、教育扶助、产业扶贫全覆盖。推荐就业21人次，开发公益性岗位18个，发放补贴3.672万元；建档立卡贫困户家中在校生无条件纳入街道“关心下一代”扶助范围84人次，发放各类助学金13.2万元；实现贫困人口医保全覆盖，救助重病特困户36人次，共计6.9万元，在产业扶贫和金融扶贫上累计返利67.47万元，受益人数达431人次。

【疫情防控】2020年新冠肺炎疫情发生后，街道社区两级干部从大年初二开始全员上岗，印制各类公告（通知）4版2万余份，悬挂宣传横幅近4000条。排查上报中高风险地区和域外返汉人员1000余人，居家医学观察重点人员近1100名，集中隔离医学观察重点人员230多名，成功守护了龙阳安全，实现新冠肺炎零确诊。

【污染防治】制定《龙阳街道大气污染防治特护期工作方案》，成立秸秆禁烧领导小组，一日一巡查，一巡一记录，严格落实禁烧、降尘、减排制度。召开污染防治专题会议16次，张贴宣传标语600余条（处），劝阻、制止露天焚烧60余次，关停整改散乱污企业5家；落实县生环委和黑臭水体整治办的工作安排，对高低水渠和南郊明渠等多处黑臭水体进行清理和整治。对施工工地进行湿水作业，共有38台工程机械录入环保网络系统。

【环境整治】贯彻落实汉寿县《农村人居环境整治三年行动实施方案》《2020年农村人居环境整治工作方案》，街道党工委按照“三清一改”“一规、一拆、二改、三清、四化”总体要求进行人居环境整治，投入70多万元，清理农村生活垃圾近600吨、沟港渠道漂浮物70吨、“牛皮癣”2000多处；打造南湖渔场和粟公堤社区作为垃圾分类示范村和推广村，修建垃圾分类储存点，购买分类垃圾桶1000余套；重点打造汉岩路、东风路、南湖渔场“两线一点”示范区；发动农民群众投工投劳700多人次；通过标语、横幅、村村通广播、微信平台、LED显示屏、党员大会、群众代表大会、村小组会等各种方式大力宣传人居环境整治，发放《致居民的一封信》1200余份，悬挂永久性标语16条；完成王海坪社区、张家湖社区农户改厕158户。

【龙阳街道召开2019年度工作总结会、2020年半年工作推进会暨干部作风建设整训会】6月28日上午，龙阳街道2019年度工作总结、2020年半年工作推进会暨干部作风建设整训会在县工人文化宫召开。全体机关站所干部、社区（场）干部、党建联络员、退休老干部代表244人参加会议。

（肖采蔿）

辰阳街道

党工委书记	郭立民
党工委副书记、办事处主任	梅　阳
党工委副书记	罗　清
党工委委员、人大工委主任、武装部部长	朱鹏万
党工委委员、政协联络处主任	李伟才
党工委委员、纪工委书记	袁　霞
党工委委员、组织委员（试用期一年）	梁有忠
党工委委员、办事处副主任	刘四友
党工委委员	曾　胜
办事处副主任（无党派）	曹　婷
人大工委副主任	曾德安

【概况】2020年，合并接港渔场、湘莲湖渔场、筲箕洼渔场，成立城北河社区。街道总面积38.6平方公里，总人口3.5万，辖杨旗嘴、双板桥、大杨镇、仓儿总、席家嘴、纽口河、岩屋场、东洲、园林、城北河10个社区，共有党总支7个，党支部27个（其中非公党支部4个），党员921人，街道办事处驻地为大杨镇社区大杨西路78号。

街道党工委、办事处坚持“创省级文明县城，建生态水韵辰阳”目标，干群一心，扎实工作，各项工作得到较好发展。2020年，完成地区生产总值18.5亿元，完成工业总产值15.9亿元，完成固定资产投资1.2亿元，实现公共财政收入3400万元，城镇居民可支配收入57056元，农村居民可支配收入31360元。

【基层党建】强化管理，党的建设成效显现。一是强化党员日常管理。分管组织负责人按照组织部的要求做好党员民主评议、党员冬春训、生活困难党员扶助慰问等工作。二是对社

围堤湖蔬菜基地蔬菜喜获丰收

区远教站点、“慧眼望乡”和“政务一体化”工作进行日常管理和督查，强化干部的服务意识，热心为群众解决好每一件事。三是组织开展农村违规党员排查，并对党员信息进行排查核对和整改。四是启动党员日常管理备案登记制度。制定《党员日常管理备案登记表》，分别对党员履行基本义务、发挥带头作用、践行科学发展、党员流动、当年奖惩、民主评议等六个方面的情况进行详细登记，使党组织考核评级党员有基本的依据。每年年底《登记表》存入党员个人档案，做到有据可查。五是开展主题教育，按照“不忘初心，牢记使命”主题教育“回头看”工作，切实保证街道社区每名党员干部理论学习有收获，思想政治受洗礼，干事创业敢担当，为民服务解难题，清正廉洁作表率。

【意识形态工作】 街道党工委按照四个责任落实、健全领导机制的要求，把意识形态工作纳入到街道中心工作中，把意识形态工作责任制落实情况作为班子成员工作述职考评、民主生活会发言的重要内容；每年召开2次专题分析研判会议，对重大事件、重要情况、重要社情民情进行分析研判，并制定针对性措施加以解决。

坚持把意识形态纳入理论中心组学习中，明确学习内容、专题、要求，严格落实《党工委理论中心组学习制度》。一年来，组织党工委理论中心组学习12次，集体学习6次，大力倡导街道党员干部职工自主自学和集中学习活动。组织引导党员干部通过媒体、网站、“学习强国”APP等渠道强化政治理论学习，切实抓好党员领导干部思想政治教育和理论学习工作。

【项目建设】 项目建设扎实推进。为进一步解决群众热议的民生问题，积极向上级争取项目资金启动保安片区黑臭水体改造工程，对雨污管网进行升级改造，整治项目主管网基本完成；新建污水处理厂进入联调连试阶段；三角塘污水整治工作成效明显；间堤路棚改倒房工作顺利完成。

【招商引资】 街道年初调整充实招商引资领导小组，按照“走出去、请进来”方式，全年引进和利新蔬菜加工项目，冷链物流项目已经进行土地的审批和前期进场的准备工作。

【全域整治】 城区文明创建。以“省级文明县城”复检为契机，结合市、县相关文件要求和会议部署，对存在的重点难点问题进行拉网式梳理，做到不漏过一个细节、不放过一个死角、不出现一个盲点。重点对背街小巷、无物业小区等地段进行综合治理，实行长效管理，切实解决群众反映的热点难点问题，尤其对露天烧烤、出门占道经营进行专项清理整治，改变脏乱差状况，确保文明城市建设各项工作取得实效。

【人居环境整治】 按照“三清四化”要求，积极开展人居环境大整治，重点打造双板桥社区、大杨镇社区、杨旗嘴社区、仓儿总社区样板路，以点带面，全面开花。投资150万元，拆除空心房、钢架棚、广告牌等多处，新建垃圾分类处理站3个，拓宽路面4600米，清理垃圾210车，发放垃圾桶4600个，改造卫生厕所18个。积极开展“文明卫生示范户”评选，对社区环境卫生实行月评、季度评讲评，激发广大居民和社区干部积极主动参与环境卫生整治实践。

【路面保洁工作】 按照网格化管理确定权属，对社区保洁实行网格化管理，按照网格管理及路段包保责任做好全辖区的日常清扫保洁工作。加大平时考评督查力度，确保整个路面保洁工作落到实处。加大宣传力度，增强群众爱护环境卫生的意识，做到定点投放垃圾，不随意丢弃果皮纸屑，对各户和店铺门前垃圾处理实行三包。启动杨旗路、大杨路拆违行动，还路于民，街道更加规范整洁。

【珍珠退养工作】 为切实解决珍珠养殖造成的环境污染问题，根据县委、县政府的统一安排部署，辰阳街道从10月20日至11月10日利用20天时间将3483亩珍珠清理完毕。同时对围堤湖垸内4000多亩精养鱼池尾水进行治理。

【精准扶贫】 街道把精准扶贫、精准脱贫作为基本方略，坚持求真务实、真抓实干，坚决打赢脱贫攻坚战。一是开展“回头看”。通过脱贫成效“回头看”活动，搜集整理问题，分门别类，逐一上报，逐一解决，为年内脱贫攻坚验收打下坚实基础。二是开展“湘女关爱”活动。在18—60岁建档立卡贫困女性中开展“湘女关爱”活动，由财政出资为符合条件的贫困妇女每人购买“湘女关爱保”。对特别困难的建档立卡贫困户开展“户帮户，亲帮亲”活动，为每人送去价值200多元的物资，使他们感受到党和政府的温暖。三是实施“雨露计划”，扶贫与扶智相结合，新增春季雨露计划2人，免费培训贫困生、“两后生”2人，增强贫困人口自身造血功能。四是产业扶贫全覆盖。把产业扶贫作为街道一项重要的中心工作来抓，把街道有意愿、有能力的贫困户9345人全部纳入产业帮扶范围，做到产业扶贫路上不漏一人。

【民生卫键】 一是夯实水利基础。对蔬菜产业园区内的八条主渠道的杂草、垃圾、拦网、边坡进行全面清扫，确保安全度汛。二是织密社会保障网。按照“保基本、兜底线”原则，实现低收入人群应保尽保，现在保障对象455户607人。三是提升计生服务水平。进一步适应人口政策调整新形势，做好计生服务工作，强化人口数据核查，采用数据比对、入户核查、专项清查等方式，对全员人口出生信息进行全面清理，同时，加大二孩宣传力度，简化生育证办证程序，提供便民办证服务，孕妇产前、产后及高危妊娠产前诊断随访服务率100%，卫生、计生知识宣传知晓率100%。

【平安综治】 扫黑除恶工作。不断强化措施，推进网格化管理体系，层层签订管理目标责任书，扎实推进平安建设，全力维护社会稳定。开展“大巡防”专项行动，有效防止各类治安事件和刑事案件的发生。综治办、派出所、司法所等站所集中力量，集中时间，对辖区内重点场所、重点路段、重点矛盾群体进行多次拉网式排查，摸清家底，建立台账，及时将相关信息录入综治大数据平台。

【信访维稳】 对重点人员采取“五包一”的措施，开展党政领导接访活动；对重点问题采取领导分案包干的形式进行处置，接待信访事件42件，收到上级交办件3件，成功化解46件，化解多年积案2起；进一步加强基层人民调解组织的监督管理、教育矫正和适应性帮扶工作，共计调处各类矛盾纠纷43起，全部成功调解，调解率达到100%。

【安全生产】 以安全风险隐患“大排查、大管控、大整治”行动为指导思想，加强安全隐患排查治理和行政处罚力度，全年检查企业和个体工商经营户432家，排查各类安全生产隐患210家，下达隐患整改通知162家，消除安全隐患200余处；一般程序行政处罚2起，简易程序行政处罚18起，罚没入库8700元。

【新时代文明实践】 投资120万元建成1800平方米辰阳街道新时代文明实践所，组建志愿服务分队和志愿服务小队。街道新时代文明实践所秉承“奉献、友爱、互助、进步”的服务理念，打造一支结构合理、德才兼备的文明实践主力军队伍，为文明实践工作提供持续的有力支撑。全街道已组建“新时代文明实践所”、“平安辰阳”等志愿服务队。截至12月底，全街道志愿服务队伍共开展“疫情防控知识宣讲”、“爱国教育活动”、“走访慰问特殊老人”、“秸秆禁烧巡逻”“安全出行宣传走访活动”、“平安创建”法制宣传活动、“守护校园”、“移风易俗”等文明实践活动230余次，志愿者参与人数9000余人次。

【党风廉政建设】 2020年，街道制订下发日常绩效、街村（居）干部脱贫攻坚、文明创建等各项考核办法

辰阳街道园林社区文明实践站开展“禁烧秸秆、美化家园”文明实践活动

（细则），对各项重点工作开展情况逐月进行考核，并与绩效挂钩。执行中央“八项规定”和省、市、区委等要求，扎实开展查处发生在群众身边的“四风”问题、解决群众反映的突出问题等专项教育活动，密切干群关系。不断激发机关干部的智慧和潜能，提高干部素养，锻造干部能力水平。通过督查通报，不断提高街道、社区的大局意识、责任意识和担当意识，确保各项重点工作落到实处，成效明显。坚持党政齐抓共管，“一把手”负总责，分管领导各负其责的原则，严格责任考核和责任追究。建立完善街道党风廉政建设责任制检查考核制度，将党风廉政建设纳入对社区目标工作考核的重要指标，自上而下将责任落实到岗位、到人头。把党风廉政建设和反腐败宣传教育纳入党工委年度宣传工作和干部教育培训工作总体部署中，充分利用干部职工会议、主题教育等活动，对全体干部职工进行作风教育，提醒全体干部职工高度重视党风廉政建设工作，随时绷紧党风廉政建设这根弦不放松。

【党管武装】街道党工委始终把坚持党管武装，加强党对国防后备力量建设作为一项严肃的政治任务来抓，并将其纳入街道发展总体规划。2020年，街道顺利完成“星级武装部”创建达标工作，组建一支素质过硬、能打胜仗的民兵队伍，按要求完成市、县级武装部要求，组织开展民兵训练、应急训练和民兵点验工作；积极开展征兵工作，抓好新兵队伍建设，圆满完成征兵工作任务；街道党工委、办事处主动做好拥军优属、慰问军烈属、退役士兵就业安置等双拥工作，在全力支持国防建设的同时，强化举措、开拓创新，积极开展“双拥”工作。

（曾庆怀）

沧浪街道

党工委书记	李明辉
党工委副书记、办事处主任	刘建国
党工委副书记	饶　晔
党工委委员、人大工委主任	马永新
党工委委员、政协联络处主任	徐立明
党工委委员、纪工委书记	刘　扬
党工委委员、组织委员	帅宏伟
办事处副主任	冷伯钧
党工委委员、武装部部长	李宇靖
党工委委员、办事处副主任	邓建利
人大工委副主任	赵　子

【概况】 2020年，沧浪街道办事处辖13个社区236个组，户籍人口24293人，总面积38.517平方千米。

【基层党建】 街道党工委不断提高政治站位，把党建工作摆在重要位置，通过落实“两学一做”常态化制度化转变工作作风，切实履行抓党建工作职责，夯实党建基础，增强基层党组织的凝聚力、战斗力和号召力。通过2020年社区“两委”换届和优秀后备干部培养，真正打造一支“清白做人、清正干事、清廉成事”的党员干部队伍；严格执行“中央八项”规定精神，按照党建工作管理考核要求，通过智慧党建平台加强对社区干部考勤监管、动态管控，着力提升社区“两委”班子成员工作能力，确保组织生活正常开展、常态开展、有效开展。

充实和加强党的力量，及时吸收在工作中涌现出来的先进分子入党。街道严格按照坚持标准、改善结构、慎重发展的原则发展党员，经过严格考察和筛选，全年共有14人被接收为预备党员。

【意识形态工作】 落实意识形态工作责任制。街道党工委按照守土有责、守土负责、守土尽责的要求，牢牢掌握意识形态主动权、话语权和领导权，把党工委意识形态纳入全街道工作目标责任体系重要内容加以贯彻落实，与中心工作同部署、同落实、同检查、同考核，并将意识形态工作

2020年2月3日，常德市委副书记、市长曹立军（右二）到沧浪街道检查指导新冠肺炎疫情防控工作，县委书记车世忠（左二）参加

责任制落实情况作为班子成员工作述职考评、民主生活会发言的重要内容；每年召开2次专题分析研判会议，对重大事件、重要情况、重要社情民意中的苗头性倾向性问题，及时进行分析研判，并制定措施加以解决。

狠抓党工委理论学习中心组学习规范化、制度化建设。年初，制定《沧浪街道党工委理论中心组学习计划》，明确学习内容、专题、要求，严格落实《党工委理论中心组学习制度》。组织党工委理论中心组学习12次，集体学习6次，促进全街道党员干部职工自主自学和集中学习活动深入开展。组织引导党员干部通过“学习强国”APP等渠道强化政治理论学习，切实抓好党员领导干部思想教育和理论学习工作。

【项目建设】 街道建立党政主要领导联项目、分管领导盯项目、项目领办人员抓项目的工作机制，强力推进项目建设，加快沧浪新城建设。2020年，街道的主要建设项目包括八角西路、40亩（2016-06号储备用地）和纬十六路地块，45.3亩、33.4亩（2020-06号）地块、新一中、恒大二期、纬十五路西延线、深龙液化气站（2019-32储备地块）、湘西北农机市场、亚风物流、6号大道东延线、龙池路、安置小区等近20个建设项目。全年共拆迁房屋160余栋，拆除面积2.6万余平方米，征地1000余亩。

【全域整治】 控违拆违。2020年，街道坚持干群合力、上下联动、组户齐动，做到严控陈留、即查即拆，针对群众反响较大、违建苗头多的社区实施大型控违拆违行动14次，共依法强拆违法建筑50处，总面积3400余平方米，恢复农田近7000平方米，对违建行为进行有力打击和震慑。

【文明创建】 结合省级文明县城迎复检工作，在街道全域大力开展移风易俗、环保宣传、环境卫生整治工作；通过爱国卫生运动“十日冲刺”活动，街道的各项创卫成果、人居环境面貌、居民环保意识、健康意识、“四害”清除成效得到全面的巩固和提升。

【人居环境整治】 加大人居环境整治、大气污染防治、常态化蓝天保卫战秸秆禁烧巡逻。特别是疫情期间，严格落实县防指19号指令，开展村庄清洁行动，彻底清理生活垃圾和卫生死角，全面切断疫情传播途径。全年，各社区累计清理生活垃圾180余吨，清理沟渠2万余米，清理畜禽粪污200余吨，累计植树2万余株，配备分类垃圾桶1200余个，完成厕所改造任务309个，完成辖区企业排污许可登记16家；非工业危险废物产生单位调查摸底22家；处理县长热线环保投诉和蓝天办交办单7起。完成河闸、穿堤涵管改造、大堤护坡工程共6处，一线防汛堤段扫障除杂1.21万余米，完成近3万米渠道清淤和5300米渠道除草清障。

【畜禽退养】 加大对重大动物疫病防控、畜禽水产品质量安全、动物血防、动物卫生监督管理力度，确保街道没有发生重大动物疫情和畜禽水产品质量安全事件。街道全年存栏牲畜、禽类等实施免疫率达100%，持续全面做好非洲猪瘟防控，发放各类告知书、明白卡250份，发放防控非洲猪瘟宣传手册70份、悬挂挂图26份。全面启动网箱和珍珠退养工作，顺利完成网箱退养1万平方米、珍珠累计退养503亩，没有发生一起上访事件。

【脱贫攻坚】 2020年，重点围绕“两不愁三保障、五个一批、六个精准”及上级工作要求，围绕退出标准，完善扶贫举措、提升帮扶效果、落实各项脱贫攻坚政策。一是扎实开展动态调整。开展贫困人口精准识别退出、建档立卡动态调整和档卡规范化建设工作。建档立卡人员和档外五类人员普查率100%，动态调整新识别贫困户2户7人，新纳入1人，删除1人，对于人户不一致的53户87人，均备齐佐证材料。二是多举“增收”确保不返贫。街道从就业、金融、社会保障等扶贫政策中找路子，先后两次安排公益性岗位50个、开发就业岗位58个，预计能为贫困户、边缘户年均增收20万元以上。2020年全街道新增低保户12户，21人，新增残疾98人，对29种大病外的17户重病户申请医疗大病救助。截至年底，街道建档立卡贫困户家庭人均纯收入已在5000元以上。产业扶贫覆盖248户（两户新纳入贫困户除外），享受最低生活保障160人，其中社会保障兜底13户28人，街道贫困劳动力就业240人，设置公益性岗位47个，贫困劳动力就业率达到81%。易地扶贫搬迁11户，搬迁人口33人。危房改造80户，改厨改厕28户，住房安全得到彻底的解决。108名建档立卡贫困学生无一人辍学，教育助学补助基本落实到位。医保、扶贫特惠保，“一站式结算”等健康扶贫政策全部落实到位；贫困户自来水接入率98%，饮水安全100%。

【社会保障】 完成城乡低保、特困供养人员、社会保障兜底对象的专项治理工作，对所有城乡低保对象精准救助初步核算完成。完成城乡居民社会养老保险7737人，征缴金额252.98万元，完成待遇申领人员资格认证3756人次；医疗保险3641人，征缴金额101.948万元；为14名60岁以上低保失能对象申报基本养老服务补贴。年内，新增残疾人办证104人，基本实现残疾人办证全覆盖，并为469名残疾人申请了残疾人补贴。全年完成失业保险征缴，失地农民保险申报2992人。进一步规范农机补贴工作，落实了地力、粮食补贴的发放工作，加强农产品质量安全监管工作，完成了农业保险的征缴和理赔工作。完成15名符合条件的退役军人社保接续工作。

【卫计服务】 2020年，街道对辖区内的人口情况进行摸底，全街道在册总人口数为24293人，流出人口3665人，流入498人，流入人口均进行免费身体健康检查。完成1198人两癌筛查工作，完成率199.6%；生育证办理正确率、社会抚养费征收立案率均达100%。疫情防控工作方面，共排查疫区来县人员近5000人。集中隔离62人，居家隔离医学观察139人，居家医学观察367人。免费发放口罩2万余个，酒精300多斤，消毒液500多斤及手套与防护服等防疫物资。定期广播宣传疫情防控及卫生健康等知识近1300次，下发各类宣传资料5000余份。宣传各类知识横幅2000余条；张贴各类宣传知识海报、健康码、行程码等3000余份。

【乡村振兴】 街道以省、市、县乡村振兴战略为指南，以街道辖区内的德汉大道两厢1000米、长度3300米区域为重点，打造“德汉大道田园风光示范带”。通过拆除移控四措并举，德汉大道沿线有关作物和违章搭建均已移除完毕。示范点建设共动用机械作业31台次、人工100余人次，完成清草除杂、绿化播种6.3334万平方米，生态护坡200余米。实施“四化工程”，彻底解决各社区“厕所、污水、垃圾”三大顽症，严格按照“三面五清”、秀美庭院的建设标准，引入沧浪文化元素，加大乡村振兴宣传力度，着力提升村容村貌，努力打造最美新城门户。

2020年6月5日，沧浪街道新时代文明实践所志愿者在沧浪街道小学开展“禁毒知识进校园 筑牢校园‘毒’墙”中小学生禁毒知识宣传活动

【平安综治】 排隐患保安全。2020年，街道加大安全生产宣传力度，层层落实安全生产责任。结合疫情防控，街道党政班子成员带队对街道辖区内重点领域、重点时段、重点环节开展安全生产大检查50余次，有效排除安全隐患，牢牢掌握安全生产工作的主动权。共排查隐患生产经营单位129家，排查隐患121处，已整改118处。组织安全应急、防灾减灾知识学习宣传和实战演练12次，参与人数上千人。加大马路市场整治巡逻力度，开展排查整治150余次，集中整治行动3次。在农用农机车辆整治方面，彻底整治变型拖拉机11台，注销淘汰小型拖拉机7台，有效防止安全事故发生。扎实开展“安全生产月”宣传暨“五进”活动，发放各类安全宣传单2200余份，悬挂防灾减灾防事故横幅150余条，交通安全劝导800人次。

【促稳控化信访】 大力推进民调创满工作，加大维稳和信访工作力度，街道、社区接访干部共坐班接访89起，调解矛盾纠纷93件，及时把矛盾纠纷化解在萌芽状态，有力的保障“无上访村”建设。6月，街道建立监控研判室，建强“雪亮工程”。街道全域共安装摄像头260个，全部接入市、县综治中心，全面提升群众安全感、满意度，为新城建设创造了和谐稳定的社会环境。

【平安建设】 2020年5月29日，汉寿县沧浪街道平安沧浪志愿者协会注册成立，协会有13个社区分会，平安志愿者400余人。全年协会共开展培育培训5场、平安志愿服务40余场，从2020年9月1日开始，持续开展西湖小学护校行动，得到家长学生的一致好评，“平安沧浪”建设推动了全街道的社会治理创新和群众安全感提升。

沧浪街道高度重视平安建设工作，不断创新工作方式，荣获“三年禁毒大行动先进单位”“安全生产优秀单位”“信访工作先进单位”，玉花桥社区获“市无访社区”，回回社区获“县平安示范社区”，回回、赤岗社区获“县无访社区”等称号。

【新时代文明实践】 投资50余万元建成1200平方米沧浪街道新时代文

明实践所，组建9支街道级志愿服务分队和26支社区级志愿服务小队。街道新时代文明实践所秉承“奉献、友爱、互助、进步”的服务理念，打造一支结构合理、专兼结合的文明实践主力军队伍，为文明实践工作提供持续有力支撑。全街道已组建“新时代文明实践所”“平安沧浪”等9支街道级志愿服务分队和26支社区级志愿服务小队。各级志愿服务队伍共开展“同建绿色家园”、“疫情防控知识宣讲”、“爱国教育活动”、“走访慰问特殊老人”、“惠民文艺表演活动”、“安全出行宣传走访活动”、“平安创建”法制宣传活动、“守护校园”“移风易俗”等文明实践活动172余次，志愿者参与人数12000余人次。

【党风廉政】 坚持狠抓从严治党，全面加强党风廉政教育。履行“一岗双责”，持续抓好廉政文化建设、行政监督监察、纪检监察信访回复、案件查办、绩效考核工作；加大监督力度，加强专项巡察、智慧党建平台对社区干部考勤监管，着力抓好社区“两委”班子成员工作能力建设；集中街道干部开展廉政勤政教育，将开展先进典型示范教育和反面典型警示教育有机结合起来，进一步提高反腐倡廉教育的效果；严格执行便民服务制度，提高办事效率，完善政务公开，保障街道工作公开、透明、阳光运行。

【党管武装】 街道党工委始终把坚持党管武装、加强党对国防后备力量建设的领导作为一项严肃的政治任务来抓，并将其纳入街道发展总体规划。2020年，街道顺利完成“星级武装部”创建，组建一支素质过硬、能打胜仗的村级民兵队伍，按要求完成市、县级武装民兵训练、街道本级应急分队训练和会操，成效显著；积极开展征兵工作，抓好新兵队伍建设，圆满完成征兵任务；街道党工委、办事处主动做好拥军优属、慰问军烈属、退役士兵安置等双拥工作，在全力支持国防建设的同时，强化举措、开拓创新，全面地展示了沧浪街道“双拥”工作的良好风貌。

【2020年汉寿县第一中学异址新建项目在沧浪街道岭湖社区正式开工】 2020年8月8日上午，汉寿县第一中学异址新建项目在沧浪街道岭湖社区举行开工奠基仪式。新建项目选址在汉寿大道西侧，沧浪街道岭湖社区（纬十五路以南、纬十六路以北、沧浪大道以西、经十八路以东），征地275.7亩；办学规模为90个教学班，招收学生4950人；建筑总面积约13万平方米，建设总投资约5.7亿元。

2020年，新一中建设项目共计签约倒房50栋。在新一中建设项目征拆过程中，沧浪街道创新征拆方式，一是全员明责上阵、彰显团队力量；二是腾地“净土”挂牌、改写拆迁记录；三是政策公开透明、力争公平公正；四是问题不推不躲、逐项迎刃而解，刷新了征拆记录，保障所有工程按进度顺利进行。

（范子珺）

株木山街道

党工委书记	丁志刚
党工委副书记、办事处主任	孙　瑜
党工委副书记	史志浩
党工委委员、人大工委主任	杨　智
党工委委员、政协联络处主任、武装部部长	李立新
党工委委员、纪工委书记	熊　军
党工委委员 、组织委员	杨　兴
党工委委员、办事处副主任	邹献辉
党工委委员	杨　彬
办事处副主任 （无党派）	丁　勇
人大工委副主任	徐新兵

【概况】 2020年1月1日，清水湖、中桥、茶家园、施家巷、鸭东、韩文、云台、笑藤港8个建制村由村改为社区，云台山国有林场、株木山茶场合并为云台山林场社区。现总面积52.4平方千米，其中耕地面积2.3168万亩，共5658户2.56万人。街道办事处驻地位于株木山街道新城社区。

【项目协调】 街道党工委、办事处始终把项目建设摆在促进地方经济发展，推动产业转型升级的重要位置，抽调精干力量，集中主要精力为项目建设保驾护航，维护项目建设的良好环境。街道现有规模企业华乐食品有限公司、宗辉木业、宗辉门窗、广通沥青等。有两大在建重点项目，中国汉寿国际旅游度假区、长益常高铁。

中国汉寿国际旅游度假区项目。2017年落户街道，预计总投入15亿元，涉及清水湖村等六个单位3959亩的征地任务。通过街道全体干部职工的共同努力和辛勤付出，自2017年启动至今，街道已完成征地近5000亩，征拆房屋近300栋，迁坟近1万座，处理遗留问题近200余条。2020年，该项目签约房屋55栋、倒房75栋，新征土地385亩，迁坟1000余穴。野生动物园围墙现已建设完成，1号大道的征地和迁坟工作已收尾，安置小区已分配到社区，2号大道已基本通车。该项目建设稳步推进，施工顺利，汉寿县第五届蔬菜文化节开幕式于2020年11月11日成功在野生动物园举行。

长益常高铁项目。自2018年6月国家批准长益常高铁建设项目后，该项目沿线经过株木山街道四个社区，境内全长约7.5千米，已完成签约149

栋，倒房131栋，征地近679亩，迁坟1117座。安置小区建设全面启动，高铁项目工程施工火热，进展顺利。

【农业生产】农业生产。2020年，早稻核心区面积350亩，并实行双季高档优质稻种植，在极端恶劣的天气情况下，平均亩产与其他大面积相比高出50公斤以上，群众满意度高。配合县委迎接省农业农村现场会，抢时翻耕面积3000亩，落实“稻油”“稻稻油”面积2000亩，落实绿肥种植面积2500亩，提高了秋冬作物覆盖率，增加了农民收入。

【生态环保】一是严防死守，杜绝秸秆焚烧。街道、社区两级干部加班加点，守黑夜战高温，发放秸秆禁烧通告3000份，严格实行晴天有人巡、阴天有人盯、雨天有人查的工作机制，及时扑灭火点5处，批评教育燃烧点火农民5人，成为火点监测和县督察巡察零发生的乡镇。二是对街道辖区21家企业进行固定污染源排污许可网上登记，16家企业网上登记管理，5家简化管理企业申请领取排污许可证。对街道70多台非道路移动机械进行网上注册登记，集中对街道2家“散乱污”企业进行全面整改，进行提质改造。街道污水处理厂正施工建设。三是开展渔民退捕工作和禁捕水域打击非法捕捞专项行动的整治活动，对街道区域内所有围网、迷魂阵、拦网以及“三无”船舶进行拆除取缔，并开展日常巡察，加大宣传力度，杜绝拆除工作反弹和捕捞行为，逐步修复生态环境。

【人居环境整治】拆除“空心房”13栋；绿化种植各种树苗2.3万余株、250多亩，投入资金25万余元；清除“牛皮癣”、大小广告400多处；督导各社区疏通大小沟渠30千米；制作发放宣传资料3万余份，条幅悬挂400多条；清理转运垃圾4000多吨；拆除违章建筑20多处；处理通报秸秆禁烧火点3起；打造人居环境示范点2个，垃圾分类回收站点在上年2个的基础上再新建1个，完成新增“厕所革命”任务699户。

【城市管理服务】重点加强集镇农贸市场管理，委托社区明确专人管理，每天安排专人对市场进行消毒，临时小菜摊位定时定点摆放。成立专门队伍重点对集镇沿线车辆乱停乱靠，物品随意摆放，商铺出店经营，乱搭乱建广告牌、遮阴篷，流动商贩进行了整治。辖区内共发现违规建房16起，下达违建通知书14份、拆违14起、停建2起，规外居民建房超面积17起，已全部整改。

【脱贫攻坚】一是保障联动。全街道享受各类教育资助的贫困学生总计226人，发放资助金额18.1025元。进一步提标扩面，实现应保尽保：其中新增低保6人，提标21人，整户兜底6户；残疾人新办证129人，新纳入危改户7户，已全部竣工。二是产业带动。选准专业合作社，采取直接帮扶形式，新增带贫减贫合作社1个，带动贫困户23户86人直接受益，另53户203人由县委派专业合作社直接帮扶，确保株木山街道产业帮扶覆盖率达100%。三是金融撬动。对于有产业发展意愿的贫困户，应贷尽贷，已确定37户贫困户有贷款需求，已办理贷款手续，预计户均每年增收4000元以上。四是就业促动，外出就业贫困人员达730余人，其中通过举办就业培训，“311”帮扶，推荐贫困户320余人外出务工，疫情期间聘请志愿者5人，7人参与到公益性岗位中来。五是项目推动。整合县级部门扶贫资金75万元，主要用于基础设施改善、公共服务提升、产业项目投入，农村水利改善等工程，切实提升群众满意度。

【疫情防控】全员上阵、全面部署，举全街道之力，阻击新冠肺炎疫情。对所有排查的高中风险地区人员及国外返汉人员，均第一时间采取隔离措施、核酸检测及医学观察。抓好

2020年4月30日，县委副书记、县长周功表（左三）到株木山街道调研翻水口水利枢纽工程建设

秋冬季疫情常态化管理工作，配齐公共卫生监督员，并进行业务培训，提升管理水平。储备充足防控物资，做到“宁可备而不用，不可用而无备”。

【民政劳保】 全街道现有城镇低保13户22人，通过排查及低收入认定符合城镇低保政策继续享受。农村低保188户344人；通过入户调查，新增18户34人，现有农村低保200户363人。特困供养182户184人，按照特困供养条件，通过入户调查，新增特困3户3人；社会保障兜底对象10户26人。申报临时生活救助65人，争取救助资金8.5万元，为12名困难精神病患者申请了服药救助，折合0.54万元，减轻了部分困难家庭的经济负担。为残疾贫困人员向上级申请轮椅9把、拐杖8副、盲棍16根。缓解了全街道特殊群体的燃眉之急。对行走不便的贫困残疾人员向上请示上门评残，新增115人重度残疾人，申请每月70元的重度残疾人护理补贴资金近9.6万元。通过残疾人动态数据更新清理排查，死亡人员12人。

完成城乡居保全覆盖扩面任务654人，完成养老保险征缴任务10531人。全面做好就业与再就业工作，对不能及时外出务工人员指导就近务工，组织参加县人社局举办大型招聘会3次，全街道农村就近工厂务工近310人，城镇新增就业122人，城镇下岗无业人员再就业98人，申请公益性岗位7个。全街道省内劳务输出近2500余人。做好贫困劳动力信息维护675余条，职业指导80余次。做好稳岗就业，切实做到为贫困户解决就业难的问题。

【水利管理】 完成水利工程建设项目5处。清淤主干渠道及支渠达3500米，渠道扫障达4000余米。开挖抗旱渠道1处350米，有效减少近300亩干旱水田的灌溉困难问题。改造抗旱机埠1处，维修抗、排电机组23处，大大提高抗旱及排涝能力。收集防汛编织袋达7万余条、防汛木条300余根、棉被150床，防汛块石200余方、防汛沙砾400余立方米。投入近60多万元改造防汛大堤、穿堤建筑物。

【住房保障】 对街道1001多户六类人员住危房进行全面排查摸底，对存在住房安全隐患的20户，逐户调查了解、身份甄别、进行危房危险等级鉴定等，投入资金60多万为20户实施危房改造，全面解决贫困人群住危房问题，确保“危房不住人、人不住危房”的要求。结合县脱贫攻坚空城行动，对所有六类对象住房保障重新进行排查，为6户房屋存在安全隐患申请危房改造，完成2户漏风漏雨、60户旱厕改造任务。

【安全生产】 每周、每月、每季对安全生产各个领域进行安全检查，共计检查290余次，出动人数2300余人次。针对疫情加大企业复工排查，防疫工作。开展以“强执法防事故”和“三年行动整治方案”为重点的专项整治活动，查处隐患180次，处罚金额9000元。查处销毁违禁烟花20箱，关闭一家烟花经营门店。开展减灾防灾和安全生产月活动，大力加强社区、企业、中学安全应急演练，安全知识进企业进社区进家庭。散发安全宣传单5000余份，《安全知识进万家》宣传手册1000余册，组织街道、华乐、广通和中学进行应急演练，在各企业、广场、学校、市场等人员密集场所拉宣传横幅共13条，展板8块；开通“村村响”广播宣传。对所属工贸企业进行了“十三查”“十三看”和安全知识培训，共计培训企业9家，培训人数共600余人。

【扫黑除恶】 街道党工委、办事处高度重视，每季度召开一次党工委会议，每月召开2次干部专题会，专题研究部署此项工作。制作大、中、小型宣传牌195块，制作宣传栏121块，宣传标语9000条，横幅950条，扫黑除恶专项斗争上报线索19条，上级交办线索3条，都已按要求全面规范办理。

【信访维稳】 2020年，信访维稳的时间节点多，管控要求严，项目建设任务重，督查督办紧。全面开展信访法治宣传月活动，发放信访法治宣传资料4.8万份，召开各类会议达29次，处理信访件8份，回复市长热线电话2人次。

【治安防范】 积极构建社会治安防控体系，实现以打促防、以防促打的打防“双赢”。破刑案5起，刑事拘留5人，行政拘留6人，强戒4人，对社区戒毒、社区康复人员进行全面建档，规范管理。另外，对于老百姓反映强烈的“地下六合彩”“农村茶馆”等社会热点问题，坚持重点整治与常态管理相结合来维护社会治安秩序的长治久安。抓获“地下六合彩”人员2人，关闭大小茶馆15家，立案调处矛盾纠纷137起，协助村调处196起。在矫人员18人，全部进行面部识别定位。法律援助案件3件，为当事人挽回经济损失935万元。

【创新基层社会治理】 基层社会治理现代化工作及智慧平安平台社会综治指数提升。街道10个社区雪亮工程建设全面完成。其他各项后续工作正在有条不紊地推进、规范、完善。街道共建综治中心（平安办）10个，现有办公用房30间，每个综治中心（平安办）的面积都在120平方米以上，设立两办四室，购置办公桌椅、档案柜、电脑、电视机等办公用品，制作高标准的制度牌，完善综治中心所有的资料，打造规范的办公环境。依托综治中心，开展建设“无上访村（社区）”“扫黑除恶专项斗争”综治民调、信访维稳、反邪禁毒等基层社会治理现代化工作。通过智慧平安平台，构建综治视联网监控系统，逐步完善网格化管理，录入、收集各类数据9.2万余条，其中人口信息3.76万条，房屋信息1.23万条，综治网格化队伍建设2451条，网格微信群2.83万条。另外，有关矛盾纠纷调处、重点人员信息、信访稳控台账等各项工作信息都及时录入了智慧平安平台。全面规范、完善社会治理指数的整体提升。2020年，作为市试点街道，鸭东社区作为市试点社区，全面坚持示范引领，以点带面，深入推进街道基层社会治理现代化创新工作。

【意识形态】 把意识形态工作纳入党建工作责任制，纳入领导班子、领导干部目标管理的重要内容，纳入领导班子成员民主生活会和述职报告的重要内容，把意识形态工作同经济、社会稳定工作同安排同部署同考评，全力打好意识形态工作主动战。一是加强理论武装。组织党委中心组持续深入学习贯彻习近平新时代中国特色社会主义思想，重点学深悟透《习近平谈治国理政》和《习近平新时代中国特色社会主义思想》，及时学习贯彻习近平总书记最新讲话精神和省委、市委、县委的最新贯彻举措。利用“学习强国”学习平台，让全体党员干部养成“每日必学”的良好习惯，真正用党的创新理论武装头脑、指导实践、推动工作。全年开展党委中心组理论学习11次、专题党课12次、主题党日活动12次；学习强国党员干部激活率100%，学习积分平均10000分以上。二是加强党纪党规教育。狠抓思想作风建设，贯彻落实中央八项规定精神，教育引导广大干部职工增强党性教育，强化规矩意识，树立勤政廉洁、风清气正的良好形象。三是把握导向，规范舆论宣传。健全完善新闻“三审制”，搭建信息互通平台，注重把握不同时期宣传重点，提高舆论引导水平。对重大事件、突发性问题和一些苗头性现象，努力做到早预见、早发现、提前介入，制定应急预案，防患未然，特别注意掌握网络舆情，牢牢掌握新闻报道主动权。

【基层党建】 提高政治站位，落实党建主体责任。坚持把班子建设作为党建工作的重要基础，上半年召开党工委会4次，研究部署党建工作，进一步强化管党治党责任。坚持把党的政治建设摆在首位，进一步树牢“四个意识”，增强“四个自信”，坚决维护习近平总书记在党中央和全党的核心地位，坚决维护党中央权威和集中统一领导。严守政治纪律和政治规矩，自觉向党中央看齐，始终在思想上、政治上、行动上与以习近平同志为核心的党中央保持高度一致。

落实组织建设，开展日常党建工作。积极规范党内组织生活。持续深入推进“不忘初心、牢记使命”主题学习教育常态化，严格落实“三会一课”、组织生活会、主题党日活动等制度，并同步在智慧党建系统录入上传，让党员学习教育在日常，在实际行动中做表率当先锋。智慧党建系统0扣分。按照“控制总量、优化结构、提高质量、发挥作用”的总要求，上半年发展5名党员、为9名预备党员转正。督促党员按时缴纳党费，未出现党员欠缴、漏缴现象。持续整顿软弱涣散党组织。对照存在的不同问题，制定好整改措施，倒排时间任务表，通过抓干部教育管理，强基础设施建设，笑藤港村党支部整顿工作取得显著成效。

突出政治功能，推进基层组织作用发挥。在疫情防控工作中，充分发挥党员先锋模范作用，党员带头到路口值守，踊跃捐款，街道763名党员共捐助6.4万元。扎实开展扫黑除恶专项整治斗争。联合司法、公安、综治等部门对各重点领域进行深入排查，加强宣传，营造氛围，并将工作开展情况纳入各社区考核。

推进全面从严治党，努力锤炼作风。严格执行中央八项规定和省市县委有关实施细则精神，持之以恒纠正“四风”，坚持机关效能建设，严格落实社区干部专职化管理，积极推动基层政务“一门式”服务在株木山落地生根。强化纪律规矩教育引导。组织党员干部认真学习贯彻落实《纪律处分条例》《党内监督条例》等党内法规，积极开展警示教育活动，引导党员干部强化敬畏意识。

（赵倩兰）

岩汪湖镇

党委书记　肖广洲
党委副书记、镇长　邓　慧
党委副书记　朱　勇
党委委员、人大主席　肖　勇
党委委员、政协联络处主任、武装部部长　施满红
党委委员、纪委书记　郑　瀚
党委委员、组织委员（试用期一年）　林　钰
党委委员、副镇长　蒋立君
党委委员　焦　航
副镇长　宋惠勇
人大副主席　张祥付

【概况】 全镇区域面积151.87平方千米，耕地面积130146亩，共辖19个行政村、3个社区，总人口

63432 人。

2020 年，岩汪湖镇下设五办 12 站，即党政综合办公室、经济发展办公室、社会管理综合治理办公室、卫生计生办公室、移民扶贫办公室、财政所、农业和农村经营管理服务站、动物防疫站、民政所、劳动保障站、综合文化站、水利管理站、安全生产监督管理站、林业管理站、城建规划环保站、企业管理办公室、交通运输管理站。

【农业生产】 2020 年，全镇完成农作物播种面积 21.6 万亩，完成集中育秧 9.85 万亩，优质稻种植 8.5 万亩，订单农业落实 9.17 万亩，新增养殖水面 3500 亩、累积 1.85 万亩；甲鱼养殖累积 4000 亩；莲藕种植发展到 6000 亩；稻虾生态种养面积累积达 1.75 万亩，稻鳖生态种养面积 1.15 万亩。

【项目建设】 引资 560 万元的高标准良田项目落户雷神庵村、杨树山村、东向湖村；引资 1800 万元的张家洲至官兴障战备公路建设项目，现已竣工。集镇污水处理厂及管网配套建设项目，完成了集镇雨污分流、污水管网 3.7 千米建设，污水处理厂已全面启动，正常运行，对集镇居民 300 多户实施了改厕。

全域土地综合整治试点项目。涉及水果山村、金盆岭村、陈军堤村、洲头塞村、赫神庙村、雷神庵村、岩汪湖社区等 7 个村（社区），开展农用地综合整治、土地开发、耕地提质改造、农用建设用地整治、乡村生态保护修护、农村人居环境整治。

总投资 3.5 亿元的西洞庭湖生态旅游小镇建设项目。其中西洞庭湖湿地生态旅游建设（一期）项目总投资 2700 万元，已完成对岩汪湖镇集镇区及三角桥、步行街、沅南大堤道路白改黑提质改造，为后期旅游基础设施建设和旅游产品开发打下坚实基础。

【疫情防控】 疫情期间，岩汪湖镇积极利用横幅标语、显示屏、村村响、流动车、微信等媒介广泛宣传疫情防控知识，张贴标语 1500 条、宣传海报 1500 张，悬挂横幅 600 条。深入开展地毯式排查，做好重点疫情发生地区返回人员的追踪、筛查、登记和管控。全镇没有出现疑似和确诊病例。

【环境整治】 深入开展爱国卫生运动，全面加强对市场、垃圾点、卫生死角等区域的消杀消毒和卫生清洁工作。全镇共开展爱国卫生运动 157 次。进一步压实村（社区）的属地责任、行业部门的主管责任、各单位的主体责任、个人和家庭的自我管理责任，当好健康“守门人”，守好“城门”、管住“院门”、看好“家门”。加大日常督导、集中检查、随机暗访力度，组织单位自查、部门督查、定期与不定期抽查，引导群众参与监督，对整改不力出现防控漏洞的追责问责。

西洞庭湖生态旅游小镇建设项目（一期工程）——集镇区道路“白改黑”提质改造

【基层党建】 全年主持召开党建专题研究会议 15 次，党委中心组学习 12 次，党委负责人带头作专题发言 3 次；成功召开“岩汪湖镇庆祝建党 99 周年暨七一表彰大会”；组织班子成员、村党组织书记、镇党代表为党员上党课百余次。健全完善基层党建工作责任综合体系，制定实施系列文件，采取周调度、月考核、季销号等举措，把基层党建各项工作落实到位，带头开展专项督查 4 次，反馈问题清单 18 条，约谈镇村干部 3 人。落实省委全面加强基层建设“1+5”文件精神，党支部“五化”建设、软弱涣散党组织建设和班子成员基层党建联系点制度；整顿转化 1 个后进党组织，完成 51 个支部“五化”建设验收；完成职级晋升 11 人，提拔副科干部 5 名、正科级干部 1 名；圆满完成村（社区）“两委”换届，实现一升一降目标，平均年龄 44.3 岁，高中及以上学历占比 81.6%；配齐镇村政务服务中心硬件设施装备，全年受理便民服务事项 4.6 万余件，按时办结率 100%，好评率 100%。推动基层党建与中心工作深度融合，选派驻村工作队 20 支，挑选 128 名党员干部对 175 户贫困户结对帮扶，全部已脱贫；发动党员积极参与疫情防控，爱心捐款达 17 万余元，积极探索党员积分制管理，金盆岭村被评为全市基层党建示范点。

2020 年 3 月 25 日，常德市委副书记、市长曹立军（右一）走访烂泥湖村扶贫车间，县委书记车世忠（右四）参加走访

【人居环境】 响应“绿化龙阳”三年行动，22 个村（社区）均已开展绿化造林，2020 年种植林木 4.6 万株，涉及主干道占地 420 亩。着力抓好“一线三点”美丽乡村片建设，以点带面，进一步发挥示范引领作用。金盆岭村、陈军堤村被评为“省级美丽乡村”，水果山村被评为“市级美丽乡村”。精准实施行政村生活污水治理，针对金盆岭村、陈军堤村改厕问题，科学规划、统筹兼顾，完成两个村改厕任务销号清零，金盆岭村改厕完成率达到 100%，陈军堤村完成率达 90% 以上。2020 年纳入的水果山村、赫神庙村、新民村、岩汪湖社区、南洋嘴以及哑河治理 8 个村 1723 户改厕任务，统一规划，统筹安排，深入到改厕村进行现场技术指导，改厕任务全面完成。

【环保整治】 全镇累计开展环境卫生集中整治活动 21 次，取缔马路市场行动 4 次，驱赶外来非法商户 45 趟次，劝退出店、占道经营整改 35 户，整治车辆乱停乱放 89 辆，实施定点划线停车 20 多处；清除牛皮癣 1620 处；对村（社区）农村人居环境整治工作开展情况专项检查 5 次，查摆问题 20 项，当场整改 15 项，清理河道沟渠 18 条，清扫村庄道路 198 条。以金盆岭村作为垃圾分类先行试点村实行推广，结合 3 个垃圾中转站，统一协调转运和处理，保洁员负责收集，农户负责自行分类消纳，形成县、镇、村（社区）、组、农户五级工作体系；垃圾分类源头减量取得实效，纳入了陈军堤村、水果山村、新民村、红菱湖村、烂泥湖村、百引障村等 6 个村作为垃圾分类管理推广村；完成岩汪湖哑河（电排口—团和）段 5 千米生态修复工程，岩汪湖泵站电排排水渠 200 米生态修复工程，岩汪湖泵站生活污水治理，污水处理厂及 3300 米管网配套建设，平安村 5100 米、新民村 9100 米、烂泥湖村 7400 米渠道清淤，岩汪湖社区 600 米渠道（污水处理厂）淤泥清理，农业面源污染整治，改厕 657 户，农村黑臭水体整治，畜禽养殖污染整治，天然水域水产养殖污染整治网箱拆除已全部清零，水域内餐饮企业治理，岩汪湖哑河（红菱—方嘴）段生态修复工程等 13 项工作；完成 161 户渔民的精准识别，拆除渔船 342 艘，回收网具 5.8 万公斤，回收虾壕 4.35 万公斤，安排公益性岗位 14 人；退养珍珠 1 万亩；全面完成杨树砍伐任务 8042 亩；在全镇范围内开展河湖“清四乱”专项清理整治行动，对水仙楼旁 7 栋、新堤拐 19 处、沅南大堤 11 栋违章建筑全部清拆到位；对洞庭湖和撇洪河沿线的“僵尸船”进行了全面的清理。

【民生工程】 投资 2400 万元对全镇范围内低水渠和电排渠进行生态护坡，护坡总长 8.1 千米。对全镇底宽 5 米以上上年未清淤的渠道进行登记上报。维修关云山电排、西洲电排、岩汪湖电排。对全镇 11 处取水口坐标进行全面复核，登记上报；对连接岩汪湖哑河的 18 条支流以及全镇 34 条沟渠渠道进行河道清淤、杂草及漂浮物清理、衬砌加固；总投入 1800 万元的张家洲至官兴障战备公路建设项目竣工。投入 350 万元的大南湖社区至东仓铺大桥公路建设项目于 3 月动工，已竣工通车。2020 年全镇争取上级农村公路改造 1.6 千米，投入资金 62 万元，农村公路加宽项目 6.1 千米，投入资金 79.3 万元。争取金盆岭至张家洲公路加宽项目 6.7 千米，计划投入资金 87 万元，该项目正准备开工建设；争取国家公租房配套设施改造资金 270 万元，对集镇街道管网进行提质改造，集镇污水处理厂已落户岩汪湖社区，已完成集镇雨污分流、污水管网 3.7 千米建设，集镇污水处理厂已全面启动，正常运行，对集镇居民 300 多户实施了改厕；新时代文明实践所工作成效显著，吸纳社会志愿者队伍，引领群众参与各类赛事节庆活动，陈军堤村作为全县移风易俗宣传示范点，多次迎接省、市领导调研；对全镇 22 个村级文化中心完善配套设施，落实人员管理、资金配套、队伍建设、活动开展、资料完善等措施。

【脱贫攻坚】 扎实开展脱贫质量"回头看"和"空城行动"，对所有贫困人口开展全面排查，建立致贫返贫风险防控机制，动态监测不稳定脱贫户、边缘户，健全监测预警和动态调整机制。2020 年脱贫 61 户 175 人，全面完成脱贫。2020 年秋季建档立卡学生 584 人均已资助到位；在"回头看"和"空城行动"中排查出的住房安全隐患问题均已整改到位，全镇现有易地搬迁户 232 户 845 人，全部实现通水通电通路通网，产业后续帮扶实现全覆盖。贫困户医保参保率达百分之百，住院先诊疗后付费、报销比例达到 90%，慢病签约工作全部完成。新增 16 个合作社，对 317 户 1213 人贫困户进行利益联结，"两有"人员产业帮扶覆盖率达到 100%。落实解决建档立卡贫困户中符合社会救助的对象 298 户 602 人的救助工作，为全镇建档立卡贫困户中残疾人申请辅助器具 65 件，为建档立卡贫困户残疾人家庭读高中以上 14 位学生申请助学金。2020 年全镇完成小额贷款发放共计 74 笔 365 万，现有扶贫贷款余额 528 万，均用于自身发展生产，应贷尽贷。拓宽农产品和服务消费渠道，年度消费金额达 170 万余元，带动贫困户 248 人。每个行政村均设置公益性岗位，帮助贫困户 112 人就近就业，对 5 名外出务工返乡回流人员进行"311"就业服务。组织开展建档立卡贫困人口饮水安全"清零"工作，实现全镇安全饮水全覆盖。

【民政劳保】 举办退捕渔民技能培训班 2 次；参加全县退捕渔民招聘会 2 次；办理持证专业、无证专业渔民居民基本养老保险 35 人，企业养老保险 3 人。申报公益性岗位 112 人；申报交通补贴 239 人；申报一次性求职创业补贴 313 人；举办贫困劳动力技能班开班 1 次；推荐 6 名建档立卡贫困家庭参加"两后生"技能脱贫培训；推荐贫困劳动力就业 128 人；新增城镇就业 278 人。评残 196 人，其中重度残疾 76 人；残联为贫困残疾人发放辅助器具 51 人，免费为贫困精神残疾人申请药物 34 人，为建档立卡残疾家庭子女申请助学金 14 人，为 5 户贫困残疾户每户发放化肥 150 公斤。

【安全生产】 全镇形成"党政同责、一岗双责"的监督管理机制，层层签订责任状；每季度坚持召开安全生产例会，每月党政领导带队检查安全生产工作，开展安全生产"大排查、大管控、大整治"工作；重要时段开展专项整治行动，集中对交通运输、烟花爆竹、消防、建筑施工、食品药品等生产经营安全进行检查；全面开展安全监管"强执法防事故"行动，现场检查出的安全隐患，立即下发整改指令，限期整改，对安全隐患较大的企业进行现场处罚，共立案查处各类安全生产案件 24 件，处罚单位 24 家，收缴罚款 1.16 万元。对辖区所有生产企业作业管理人员、一线作业员工，按照不同时节进行不同的安全培训；采取多种形式宣传安全生产，共开展应急消防演练 4 场，应安全生产宣讲活动 6 场，发放宣传单 10000 多份，张贴宣传标语 83 张，播放广播 20 多次，悬挂宣传横幅 84 幅。

【综治维稳】 全镇建成标准化镇村综治中心 23 个。镇领导班子等接待来访群众 35 批次 56 人次，当场答复 23 件，协调处理 7 件，清除重大矛盾纠纷隐患 6 起，领导包案 7 件，成功化解 5 件，全镇未发生越级上访事件，未发生进京赴省上访事件，未发生群体性事件。镇综治办牵头全力做好扫黑除恶宣传工作，张贴宣传标语共 1100 余条，悬挂横幅 50 幅，发放各种宣传资料 3 万份，并对辖区内重点人群进行突击检查，坚决做到"黑恶必除、除恶务尽"，确保扫黑除恶专项行动取得实实在在的成效，为全镇提供和谐稳定的社会环境。

2020 年 12 月 22 日，岩汪湖镇武装部在全市星级武装部创建达标活动授牌仪式上被中共常德市委组织部、常德市人力资源和社会保障局、常德军分区动员处授予基层人民武装部全面建设星级达标考核"五星"单位

【社会事业】全镇土地流转面积 3.3124 万亩，签订土地流转合同 485 份，接访土地纠纷 32 起，其中协助有关单位成功调解矛盾纠纷 8 起；清理发包合同 579 份，完善口头合同 17 份，整改年限超长合同 22 份，整改低价合同 77 份，通过合同整改增加效益共 63.4 万元；坚持"规划先行、分类

审批、一户一宅、节约用地”的审批原则，大力开展农村宅基地现状和需求情况统计调查，参与编制国土空间规划和村庄规划，并配合相关部门完成联合审批，对违反农村宅基地管理法律、法规的行为进行监督检查，查处“未批先建”10起、“批小建大”28起。

2020年，全镇完成240人义务献血，超额完成全年任务；卫计监管到位，开展3次巡查，全镇没有无证经营个体诊所；奖励扶助政策落到实处，做到应享尽享；婚检、孕检、基因检测等各项工作均如期完成。教育事业稳中有升。办学条件持续改善，同时狠抓教学质量不放松，营造良好教书育人环境，预计升学人数同比大幅增长。开展兵役登记、征兵体检、政审等工作，党管武装落到实处，多措并举，全面推进基层武装部正规化建设，岩汪湖镇武装部被中共常德市委组织部、常德市人力资源和社会保障局、常德军分区动员处授予基层人民武装部全面建设星级达标考核“五星”单位，镇党委书记肖广洲在会上作交流发言。此外工会、妇联、共青团等其他社会事业都有新进步。

（周丽苹）

沧港镇

党委书记　任智敏
党委副书记、镇长　刘红学
党委副书记　李俊贤
党委委员、人大主席、武装部部长　李爱军
党委委员、政协联络处主任（试用期一年）　李　强
党委委员、纪委书记　何　为
党委委员、组织委员　彭　佩
党委委员、副镇长　杨玉山
党委委员　罗向春
副镇长　李晓赞
人大副主席　范贤颖

【概况】 2020年，沧港镇辖友谊桥村、报国村、小凡洲村、军刘村、八鸽山村、万福村、祝家岗村、凰山村、青山村、北美村、菱湖村、北拐村、风菱村13个行政村，屈原、新兴2个社区，其中凰山村为回维村，共267个村民小组，11513户、45978人；设15个总支，37个党支部，有党员1419人。

【基层党建】 一是切实提高政治站位。始终坚持以习近平新时代中国特色社会主义思想为指导，坚决维护习近平总书记在党中央和全党的核心地位、坚决维护党中央权威和集中统一领导。严守政治纪律和政治规矩，自觉在政治立场、政治方向、政治原则、政治道路上同党中央保持高度一致。二是不断加强村（社区）党组织建设。制定《2020年村（社区）绩效考核方案》等制度，对各村（社区）实行日常工作一季度一考核（各分管线应上级要求按月考核的实行按月考核），一季度一通报，年终汇总排名。深入开展支部“五化”活动，“智慧党建”业务下沉到村，村（社区）干部落实工作日上班、周末值班制度，逐步实现群众办事不出村、不出镇。严格规范“三会一课”等基本制度，广大党员干部旗帜鲜明讲政治的思想自觉和行动自觉切实增强，党员干部队伍自律意识、服务理念逐步增强。三是抓好信息化管理。全镇基层党建工作，坚持自查、互查、指导，利用党建+微网格、微信、我的常德等新手段解决党员信息化管理、组织活动开展等工作难题20余个，保持智慧党建、基层公共服务全覆盖全县靠前水平。

【疫情防控】 成立沧港镇疫情防控指挥部，落实重大突发公共卫生事件一级响应的具体要求；制定《沧港镇新型冠状病毒感染的肺炎疫情防控工作责任包保台账》《沧港镇新型冠状病毒感染的肺炎疫情应急预案》等，强化排查，严防输入，确保管控措施全部落实，数据上报准确及时，管控措施处置得当，人员排查无一遗漏。截至12月底，共有2315人次返乡入境人员，其中湖北455人次，中高风险地区122人次，国（境）外103人次。尤其在年初有1例确诊病例的情况下，及时有效地阻止了疫情的蔓延，取得了阶段性胜利，还涌现了北拐村退休老支部书记刘光新、退伍军人李辉、主动请缨的党建联络员刘芳等一批先进典型。疫情防控成为镇常态化工作，始终保持疫情防控思想不滑坡、精力不分散、管控不松劲。

【精准扶贫】 针对不同致贫原因，因户施策制定帮扶措施。一是立足产业发展实际，开展对口技术帮扶与专项种子、化肥发放，破开产业单一的分红格局，补齐产业短板，发展并巩固贫困户与合作社联结机制，丰富联结方式；发放小额信贷36户、174万元，用于水稻种植、鱼虾养殖等发展。二是面对疫情影响下就业新局面，坚持防疫与脱贫两手抓，通过积极开发防疫公益性岗位51个、动态公益性岗位72个、协助贫困群众复工复产、安置推荐岗位等多种方式，实现就业人口同比增长10%以上。三是坚守“一超过，两不愁，三保障”的脱贫退出底线，动员全镇干部，对全镇建档立卡贫困户进行全面、细致、精准的入户摸排，核查落实保障类问题。通过摸排、落实，在医疗保障方面，实现1639人全部本地参保；教育扶贫方面，保障220人，实现无人因贫辍学；住房保障方面，完成六类对象危房改造38户，实现危房不住人；安全饮水

方面，实现水厂集中供水全覆盖，水质检测合格。完成全面脱贫。

【污染防治】 一是狠抓大气污染防治。召开13次大气污染防治工作专题调度会，部署秸秆、垃圾禁烧工作具体分工，责任到人；成立秸秆禁烧工作巡逻队，严格执行三班倒值班制度，每天至少开展三次无死角巡逻，全面监管；"村村响"广播及流动宣传车播放秸秆禁烧宣传录音，广泛宣传，群众的大气污染防治意识明显加强。二是狠抓污水治理。对辖区内91个行业排污情况进行登记统计，全面清理行业无证排污单位，做到排污许可证应发尽发，对固定污染源排污许可证进行整顿清理及数据摸底，完成镇辖区内41家企业排污许可登记工作。三是狠抓禁捕退捕和珍珠退养工作。通过精准识别，全镇157户渔民基本安置到位；珍珠退养完成所有天然水域退养任务，11月底完成全镇范围5930亩面积的珍珠退养，拆除网箱面积24万多平方米。四是狠抓"2020年夏季攻势"任务落实。完成北美生活污水治理改造全年任务和凰山村、八鸽山村913户农厕无害化改造。

【乡村振兴】 一是完善制度，强化组织领导。成立以党委书记任政委、镇长任指挥长的镇乡村振兴工作领导小组，集中调度，统一部署；制定出台《沧港镇乡村振兴工作的实施方案》，明确发展方向、战略目标和具体举措。二是以点带面，整体推进乡村振兴。以美丽乡村市级示范点军刘村、县级示范点凰山村、北美村、友谊桥村为重点，严格按照"一拆一规二改三清四化"要求，全镇整体推进乡村振兴工作，完成全镇15个村（社区）自来水管网全面升级换新和电网改造，天然气主管网已预埋完毕。打造秀美庭院150户，新增路灯558盏，路面加宽16800米，硬化、衬砌沟渠19200米，艺术墙绘3420平方方，绿化面积4770平方米，拆除违章建筑、空心房84处。军刘村和北美村的玉臂藕、北拐村的吊瓜子、报国村和凰山村的稻虾混养、祝家岗的火龙果、青山村的蔬菜种植等特色产业基地初具雏形。

【乡风文明】 一是强化移风易俗工作。各村（社区）成立环境卫生理事会、移风易俗理事会、财务监督理事会等，将文明节俭操办婚丧喜庆事宜纳入村规民约，从制度和意识上规范约束村民的习俗与行为。提倡喜丧事新办、简办，通过评选"好媳妇、好婆婆""致富光荣户""守法光荣户""环境卫生光荣户""移风易俗光荣户"及星级道德模范农户等，树新风、扬正气，实行党员包路段、包农户责任上牌，充分发挥党员先锋模范作用，调动群众参与社会治理的积极性，引导群众自觉抵制传统不良风俗，2020年劝导违规整酒案例58例。二是积极开展文明创建活动。每月，沧港镇新时代文明实践所及各村（社区）文明实践站至少开展1次志愿服务活动。镇里开展慰问困难群众志愿服务、春耕生产农技科普、"绿色清明·文明祭祀"志愿服务活动、"身边的健康守护者"健康讲座及免费体检志愿服务活动、"平安暑假"安全知识宣讲志愿服务活动、"健康人生·绿色无毒"禁毒宣传志愿服务活动等，全年全镇共开展志愿服务活动130余次，聚集群众需求，解决生活困难，提升幸福感。大力宣传志愿服务精神，传播正能量，树立文明新风尚。三是发动示范村带头作用，将文明建设扩散全镇。军刘村带头先行开展文明创建，6号大道另外3个村同步推进，带动全镇其他村（社区）开展乡风文明建设。军刘村获评2020年度省级文明村。

2020年6月24日，沧港镇新时代文明实践所开展"身边的健康守护者"健康讲座及免费体检志愿服务活动

【项目建设】 先后启动新时代文明实践所（站）建设、污水处理厂建设、河湖连通工程、长益常高速复线等项目，西林路白改黑项目建设、盘湖硭水利组至汉德大道连接线拉通，提升沧港整体形象，方便了群众的出行，盘活沧港的地域经济。5月，完成沧港镇新时代文明实践所建设，配备专门的新时代文明实践志愿者服务岗、办公室、志愿者之家、阅览室、书画室及志愿者培训室，多次接待其

他乡镇县市省考察。2020年增减挂钩项目211亩，涉及祝家岗村、北美村、菱湖村、万福村4个村，项目施工基本完成。旱改水项目400多亩，涉及风菱村、万福村，项目施工全面铺开。高铁拆迁115户，签约倒房户的安置工作基本完成，2个安置小区在组织资料办理用地手续，3个安置点的安置房都已建成，分散安置户的宅基地基本落实。同时，抓好以凰山村、北美村、军刘村、友谊桥村为中心的美丽乡村及沿线旅游设施建设，项目拉动经济发展进入快车道。

【民生事业】 始终把解决好民生问题作为执政为民的头等大事来抓，着力推进社会民生保障不断增强。2020年，完成免费优生健康检查249对，免费产前筛查193例；完成全年无偿献血任务102人；完成两癌筛查1341人，新增农村计划生育家庭奖励扶助52人，特别扶助对象10人，符合政策准确率100%；完成卫计监督执法巡查季度全覆盖，共计176次，配合县卫监执法局对辖区内3家黑诊所进行专项整治。组织干部走访慰问留守儿童、空巢老人、贫困计生家庭、节育并发症患者、失独家庭等，帮助解决具体困难，镇村干部与计划生育特殊家庭开展结对帮扶；加强城乡低保工作规范化管理，2020年新增农村低保38户52人，54人申请农村低保提标，确保把真正的困难群众全部纳入低保范围。严格规范低保申请程序，顶住压力清退不符合低保条件的66人；做好残疾人救助工作，全镇610名残疾人中293人享受两项补贴、城乡低保，317人享受残疾人重度护理补贴，做到应保尽保；对敬老院的老化电路进行更换，消防设备配齐、更新；组织51人参加农村劳动力维修电工培训班，提升群众技能水平，扩宽增收渠道；推进“一门式”全覆盖平台建设与使用，落实“最多跑一次”政策，真正做到便民高效。

【安全生产】 一是安全生产由突击检查转为日常监管，落实安全生产党政同责、一岗双责工作要求，由班子成员带队，每月对全镇各行各业进行至少一次安全生产检查。工作方式方法由“散粗软”转变为“勤细狠”，勤检查，细发现，狠处罚。2020年，开展2次烟花爆竹专项整治，取缔4家烟花爆竹经营户，举行3次消防安全应急演练，检查2所中学、3家幼儿园的食品安全，开展1次校车安全与道路交通安全整治，召开1次校车安全知识培训会，查处2辆非法运载学生车辆，排查1家集中安置小区建筑工地安全生产情况，下达5份用电安全方面整改通知书，督促整改2家企业的用电线路。二是防汛抢险，全镇上下多年来保持优良的防汛传统，汛情将至，镇、村干部就能立即上到岗，组织的劳力就能迅速到位，出现险情第一时间处置，切实保障群众的生命财产安全。

【信访维稳】 一是开展乡镇基层社会治理现代化试点工作，逐步推进综治维稳工作社会管理新格局。以祝家岗村为试点村先行开展，其他各村参照学习的办法，逐步推进基层社会治理现代化各项工作；继续推进雪亮工程建设，新增摄像头25个，以综治大数据平台为重点，形成“党委领导、政府负责、分级包保、村（社区）自治、公众参与、部门协同、多元共管”的综治维稳工作社会管理新格局。二是开展社会矛盾排查整治行动。围绕镇、村（社区）开展不安定因素大排查，最大限度地做到早发现、早化解、早处置，进一步深入开展矛盾纠纷化解工作，努力使倾向性、苗头性问题消化在基层，解决在萌芽状态。三是实行矛盾纠纷调处包案制度。实行干部值班、领导包案制，全面排查梳理在征地拆迁、移民安置、低保办理、土地承包纠纷、特殊上访群体等方面存在的问题，对排查出来的问题，逐一梳理，建立台账，责任到人。随着镇项目建设的增多、珍珠退养、渔民禁捕退捕等工作的开展，带来较大的维稳压力。通过发动全体干群主动作为，各级党员干部带头参与，积极化解矛盾，破除了桔林长期群访的状况，实现了“特护期”零上访，全镇平安创建、民调工作稳居全县第一方阵。四是开展扫黑除恶专项整治行动，以“零容忍”态度，出重拳、下重手，形成对黑恶势力犯罪的压倒性态势，最大限度赢得人民群众对党和政府的信任。

【深化改革】 一是开展农村村民建房改革工作。各村（社区）签订基本农田保护目标责任书，责任到人。农村村民建房严格实行政府派人现场选址、现场放样、现场规划、现场绘图、现场验收，真正做到建房户能够占用劣地建房的决不占用好地建房，有效地保护了耕地，严格控制了用地面积。此外，在全镇进行不定期、不定时的巡查，每周至少对每个村（社区）巡查三次，对公路沿线、重点村加大巡查频率，随时掌握全镇土地使用情况，真正做到把一切乱修、乱建的违法用地问题都处理在萌芽状态。二是开展“房地一体颁证”改革。2020年年末，“房地一体颁证”工作的外业调查已经完成。三是开展村庄规划工作。凰山村、北美村、军刘村、友谊桥村4个“多规合一”村庄规划试点村完成外业调查，余下11个村的村庄规划工作也已经全面的铺开，村庄规划的前期工作均按照上级要求如质如量完成。

【沧港镇军刘村被评为2020年度

湖南省文明村】 2020年，军刘村继续大力加强社会主义精神文明建设，以建设社会主义新农村为目标，以发展诗词之村为载体，科学制订发展规划，开展各项工作，促进经济快速增长，取得明显成效。2021年1月23日，军刘村成功申报为2020年度湖南省文明村。

军刘村地处青泥湖畔，西抵聂家桥乡，距离县城、德山各10千米，沅澧快速干线6号大道在村内穿境而过，区位优势明显。2015年由原青泥村、军刘村、五里塘村三村合并，村支两委7人，党员115人，下辖29个村民小组，共计925户3470人。全村水田面积4770亩，旱土面积1920亩，水面3890亩，总面积10580亩。2017年被常德市评为“诗词之村”，2018年被常德市评为“文明村”，2019年被常德市授予“美丽乡村”。

（许娇玥）

坡头镇

党委书记	李　杰
党委副书记、镇长	陈艳君
党委副书记	陈　明
党委委员、人大主席	李建明
党委委员、政协联络处主任	黎爱平
党委委员、纪委书记	赵奇志
党委委员、组织委员	周志强
党委委员、副镇长、武装部部长	陈列桂
党委委员	杨恒树
副镇长	华　艳
人大副主席候选人	陆翼飞

【概况】 2020年，内江渔场并入鸭子港社区。全镇总面积107.87平方千米，总人口5.19万人，辖坡头、新旨、永丰垸、陈家湾、竹山、明星、中心、联兴、全护、南堤、跃进、太平、丰临、福禄、余家嘴15个行政村和如意、鸭子港2个社区以及群英渔场。全镇经济稳定发展，国民生产总值3.2亿元，比上年增长5.5%；财政收入158万元，比上年增长7.3%；农民人均纯收入8400元，比上年增长3.8%。

2020年，坡头镇获得四项市级荣誉、三项省级荣誉（市级安全生产示范乡镇、平安创建市级优秀乡镇、市级文明单位、安全生产和消防工作市级优秀乡镇、平安农机省级示范乡镇、省级充分就业乡镇、省级星级财政所）。

【基层党建】 重视党员教育，提高党建质量。一是深入学习党的十九大精神和习近平新时代中国特色社会主义思想，各村（社区）都制定了学习计划和方案，开展“十九大”知识测试，并将学习融入到平时的组织生活中。二是注重业务知识培训，就智慧党建、党员管理等方面知识对开展了多次培训，党组织书记、组织委员和党建联络员业务水平都有较大提升。三是积极开展远程教育，充分利用“一网一云”等远程教育平台，丰富党员的学习方式和内容。

积极开展活动，突出党建特色。一是开展“七一”系列活动，除上级规定的内容，还开展“颂党恩，唱红歌”合唱比赛“新时代，新担当，新作为”青年干部演讲比赛，获得镇村干部和群众的一致好评。二是组织各党（总）支部轮播放纪录片《半条棉被》，并受到市委宣传部和市文体广新局的肯定。

【经济发展】 重视传统产业，推动农业发展。2020年，推广种植优质晚稻1.83万亩，占全镇晚稻面积30%，覆盖全镇80%的行政村（社区）；推广种植优质甘蔗3520亩，其中红皮果蔗、青皮果蔗占90%以上；推广机插秧面积6100亩，占全镇总面积的12%，软盘育秧大田播种面积1.32万亩，占总面积33%，机播、机收面积达到了100%。加强农技培训，先后组织农户85人到省市县进行新型职业农民培训，开展对全镇730户建档立卡贫困户的科技培训。全面落实惠农补贴政策，农机购置补贴71台，38户，补贴金额135.22万元。

打造产业集群，发展红色旅游。2020年，全镇百亩以上种粮大户达到62家，其中富红农机专业合作社、百隆农机专业合作社、凯宏龙虾稻田套养专业合作社，太平村福乐多生态农场等获得绿色产品认证。第三产业发展态势良好，坡头集镇和鸭子港集镇共有大小餐馆酒店37家，农贸市场、大型商超、居民生活娱乐场所鳞次栉比。充分整合资源，打造红色旅游亮点，位于陈家湾村帅孟奇故居，被打造成为省级红色旅游区、省级文物保护单位、市级爱国主义教育基地、县党建教育基地、廉政教育基地、中小学生德育教育基地。自2016年6月底以来，市、县、乡镇等300多个部门单位前来故居参观，累计接待参观及开展党建活动人员20万多人次，逐步成为坡头镇的一张红色旅游名片。

【脱贫攻坚】 提高政治站位，精准扶贫脱贫。2020年，坡头镇贯彻落实各项脱贫政策，坚决打赢脱贫攻坚战。现有建档立卡贫困户730户2261人，2020年已全部脱贫，完成脱贫任务；分别于5月、10月进行两次贫困人口动态调整，从2018年年底的730户2306人调整到730户2261人，建档立卡贫困人口数据更加精准化；大力推进精准扶贫、精准脱贫，全面落实贫困户五个精准。2020年，教育助学春季260人、秋季275人，危房改造30户，产业发展730人（其中分贷统还465人、委托帮扶90人、小额贷款49人），技

2020年9月22日，市委副书记、市长邹文辉，副市长龚德汉在坡头镇召开全市三无船舶整治及河长制工作会议

能培训560人，医疗救助266人，低保兜底58人。

多项措施并举，助力脱贫攻坚。与多家企业签订帮扶协议，有效解决贫困户住房条件难、搬迁生活难的问题。产业扶贫做到全覆盖。举办各类实用技术培训23场，累计参与人次553人，各生产合作社、龙头企业累计雇佣贫困户劳动力78人，给贫困户带来约116630元工资性收入。在2020年10月的市检查组巡查过程中，坡头镇脱贫攻坚各项工作完成出色，获得上级各主管部门的肯定。

【生态环保】 重点环保工作，按时保质完成。为全面整治区域内水环境问题，切实改善镇水域生态环境，开展坡头电排口—渡家嘴段4千米水环境整治，污水处理厂及管网配套建设，坡头镇如意社区、新旨村、鸭子港社区综合整治项目，农村面源污染综合治理，农村黑臭水体整治，改水改厕，天然水域水产养殖污染整治，农村生活垃圾治理等工作。

镇低水内江网箱养殖1452口，网箱养殖面积135916.57平方米，其中竹架网箱养殖网箱1190口，网箱面积51435.3平方米；钢架网箱养殖262口，网箱面积84481.27平方米，已全部拆除。

退养珍珠3600亩，三年蚌全部退完，内江渔场、新障湖珍珠退养基本完成，达到珍珠退养计划要求。

自2017年洞庭湖核心区杨树砍伐工作开展以来，坡头镇党委、政府贯彻省、市、县会议精神，积极开展相应工作。在镇党委、政府的组织领导下，2017年仅用4天清除核心区杨树5547亩，进度位居全县第一；2020年，再次仅用7天扫尾清除杨树395亩，再次名列全县第一。2017—2020年，累计清理砍伐杨树1.38万亩，按时如质的完成了任务，为全县全面完成杨树清理砍伐工作作出很大贡献。

建立健全机制，改善城乡环境。成立以镇党委书记为组长、分管领导为副组长、各镇直单位负责人和各村主任为成员的镇环境综合治理工作领导小组，镇政府与各村（社区）签订环境保护目标责任书，层层落实管护责任，环保工作实现常态化、制度化。农村环境卫生整治成效明显，对各村（社区）垃圾填埋场进行清运、消毒、植被恢复，建立垃圾中转站；形成了卫生检查评比（每月）和流动性检查相结合的机制，环卫整治成绩在全县始终保持在前五名。积极开展和宣传秸秆禁烧工作，出动宣传车及巡查车15台，制作横幅185条、标语1890条，禁烧工作受到上级肯定。

【社会稳定】 积极开展检查，狠抓安全生产。深入开展“强执法防事故”安全生产大检查专项行动，镇安监站牵头联合相关部门在全镇范围内深入开展安全生产大检查专项行动。一是企业自查自纠。全镇所有行业、所有企业按照文件要求一律落实隐患自查，开展自查企业累计132家次，自查隐患85条，全部整改到位。二是镇安监站专项检查。镇安监站牵头组织部门力量对本辖区进行全面检查，重点突出对事故易发、频发、多发的企业安全隐患检查。全镇共执法检查次数550次，出动执法人员1120人次，检查各类生产经营单位290家，责令停产停业1家，取缔关闭18家，问责相关人员7人，曝光典型案例9起。2020年坡头镇被评为市级安全生产优秀乡镇。

紧抓综治维稳，确保社会稳定。一是信访维稳处置有效，定期排查影响社会稳定的矛盾纠纷，随时掌握矛盾纠纷的发展动态，及时做好调处化解工作，关键时刻“稳得住，控得牢”，及时有效地处置内江渔场以及群英渔场渔民上访问题。二是综合治理成效显著，建立镇、村、组、户四级信息网络，实现信访维稳信息网络全覆盖，充分运用科技手段，强化社会面控制，打造全镇域“雪亮工程”，工程进度已达100%。三是群众安全感、满意度大大提升，民调工作创佳绩，上半年民调成绩位列全县前列。通过全镇干部及人民群众的共同努力，2020年坡头镇被评为平安创建市级优秀乡镇。

【渔民退捕】 坡头镇境内沅水一线大堤有37千米，共有持证渔民175

户633人，是一个传统的渔业大镇，禁捕退捕工作压力非常大。为落实县委县政府关于长江禁捕退捕的工作要求，引导渔民转产转业，坡头镇党委政府以破釜沉舟的决心，施巧劲，想奇策，采取雷霆手段，取得明显成效：数次代表汉寿县迎接市、省以及国家的督导检查，其中，8月在坡头召开全县禁捕退捕暨三无船舶管理现场会，9月代表县里迎接市政府市长邹文辉的督导检查，10月迎接由省委办公厅牵头的全省检查组的现场检查，12月又作为全县唯一一个现场检查点，迎接国家检查。

【基础设施】 积极争资争项，发展农村基建。农田水利设施不断完善，争取资金和项目维修乔家巷、林家咀、永丰垸、太兴机埠等，翻修三渍口机埠抗旱管；完成大中型沟渠清淤共35千米。完成道路硬化23千米，镇辖区内基本上实现所有通组水泥路。

加强集镇建设，便利居民生活。一是集镇供水工程，基本完成集镇供水主管网的铺设，居民用水难和饮用水安全问题得到有效解决。二是对集镇范围内进行全面污水管网铺设工作，极大的改善集镇居民生活环境。

（朱　稳）

西港镇

党委书记　李海波
党委副书记、镇长　冯启亮
党委副书记　瞿　科
党委委员、人大主席　叶宏发
党委委员、政协联络处主任（试用期一年）　周　敏
党委委员、纪委书记　周　明
党委委员、组织委员　陈　警
党委委员、副镇长、武装部部长　贺　强
党委委员（试用期一年）　张雅倩
副镇长　徐先军　李　盾
人大副主席　郭　宇

【概况】 2020年，西港镇总面积91.55平方公里，其中耕地面积7.49万亩（水田7.15万亩，旱地3453亩）；水域面积4.08万亩，水产养殖面积3.46万亩。共有在编机关事业干部职工56人，下设综合行政执法队、民政和社会保障站、农村综合服务站、水利管理站、农业安全生产监督管理站、农村经营服务站、安全监督管理站、综合文化站7个机构，辖12个行政村（社区），总人口4.01万。

【基层党建】 一是完善基层组织体系。用好用活智慧党建平台，深入推进支部"五化"建设，从严落实"三会一课"。二是推动党组织堡垒建设。在疫情防控、秸秆禁烧、防汛抗洪期间，全镇大力倡导"一个支部就是一个堡垒，一名党员就是一面旗帜"，建立256个微网格，提升基层治理精细化程度。三是全面落实上级指导思想。顺利完成村支两委换届工作，全部实现组织意图，营造风清气正的政治生态环境。全面推进"一门式"政务下沉，全镇12个村（社区）具备开展"一门式"服务能力，每月办证量近500件，为群众小事不出村、大事不出镇提供条件。

【脱贫攻坚】 用非常举措，行非常之力，紧紧锁定"两不愁三保障"，扎实开展脱贫质量"回头看"，全力做实问题整改清零。2020年，全镇522户1570人贫困人口实现稳定脱贫。先后三次组织"三回头"工作，做到不留一户，不漏一人，做到精准发力、精准施策、精准帮扶。完成建档立卡贫困户危房改造57户，实现"人不住危房，危房不住人"；教育扶贫补助207人25.2万元；健康扶贫帮扶800余人次，补助金额515万元；办理扶贫小额信贷到户36户180万元；保障低保贫困户213户302人，整户兜底22户54人，重度残疾111人；贫困户参加医保1573人，实现参保率100%；产业扶贫分红资金20.13万余元，惠及贫困人口697人次；落实378人务工交通补贴资金共计13.2万元，全镇共设立公益性岗位59个，妥善安置返乡回流人员12人；开展社会

2020年6月22日，广东省湖南汉寿商会在西港开展"真情关爱·助力脱贫攻坚"走访慰问贫困户活动

2020年9月4日，县委副书记、县长周功表（前排右一）到西港调研太白湖治理工作，副县长宋万林（左一）参加

扶贫，联合广东省湖南汉寿商会开展“真情关爱，助力脱贫”帮扶活动，捐赠物资10多万元。

【污染防治】 打赢蓝天保卫战。出台《让党旗在秸秆禁烧一线高高飘扬工作方案》，组建党员禁烧先锋队，开展常态化巡查，积极构建不想烧、不能烧、不敢烧的机制，让禁烧理念进一步深入人心，焚烧势头得到进一步遏制。全面推进珍珠退养。实行珍珠退养责任包保，层层压实责任，户户签订协议，共退养珍珠3675.5亩，剩余珍珠1735亩。突出抓好禁捕退捕。严格落实政策，精准识别，精致服务，精细管理，共识别渔民36户，其中专业渔民6户，兼业一类渔民2户，兼业2类渔民28户，渔民识别做到准确无误。严格落实“4包1”渔民结对帮扶工作，保证渔民退得出，稳得住，实现无一户渔民上访。不断加强禁捕水域监管力度，大力开展“四清四无”专项整治，共拆解152条渔船，收缴各类渔具重达13吨。开展太白湖综合治理。牢牢守住“人放天养”总要求，实施全面禁投、综合治理、生态修复等一系列举措。在入湖口安装视频监控，安排专人值守巡湖，在全镇范围内设立了举报箱，严防投肥投饵行为；根据《汉寿县西港镇太白湖花护港片区环境整治实施方案》及专家论证意见，开展花护港片区（第一期）清淤活水、沟渠改造、面源治理和生态修复工程，通过生环局、农业农村局、水利局和西港镇开展一系列整治措施，太白湖水质全年基本维持在Ⅲ—Ⅳ类。

【基础建设】 积极争资争项，改善生产生活条件。农田水利设施不断完善，争取资金和项目维修窑湾、大友、南叉、挂口、新港、油菜港、大码头等7处机埠，完成中大型沟渠清淤42千米，道路硬化28千米。加强集镇建设，便利居民生活。一是完成集镇道路“白改黑”。想方设法筹措资金，修通西港镇第一条沥青路，改写“年年要修路，年年无好路”的历史。二是积极推进集镇“立面美化、街面亮化、路面绿化”，管线杆整治全面完成，户外招牌统一规范改造，集镇秩序进一步改善。三是对西港镇政府、派出所、中学等机关单位院落进行提质改造，全部进行“白改黑”和美化亮化工程，院落面貌焕然一新。

【资源管理】 严格集体建设用地管理。用最严厉的措施抓用地管控，严格规划许可，严肃巡查督查，严把审批关口，乱占乱建现象得到遏制，房地一体确权登记颁证有序推进，集约节约用地习惯正在形成。推进资源资产清理。全镇共清理发包地块580块，清理发包合同425份，清理占用资源155宗，已整改155宗；甄别问题合同41份，其中不规范合同19份，已全部整改完成；年限超长合同3份，已全部整改完成；低价合同1份，已全部整改完成；不合理不合法合同19份，已整改18份。通过资源资产清理，累计增加收入147.4538万元，为推进集体产权制度改革奠定了基础。

【安全稳定】 一是绷紧安全之弦。以“强执法防事故”为抓手，全面开展安全生产大督查。党政班子成员带队检查48人次，职能站所检查125次，发现并整改隐患问题16处，处理违法违规行为37起，确保无一次安全生产事故发生，被评为市级安全生产先进单位；高度重视综治平安建设，以镇矛盾纠纷调解中心为中心，通过结合三调联动，各村调委会整合社会资源，建成镇村两级调解室13个，镇、村两级调解人员共计215人，充分投入到大调解工作中。自调解中心成立，矛盾纠纷调处工作取得良好成效，社会矛盾日益减少，全镇大局和谐稳定。全年，共排查调处各类矛盾纠纷81件，成功80件。二是优化社会环境。扎实开展移风易俗，全力推进乡风文明，全面优化经济社会发展环境，严厉打击阻工闹事等非法行为，确保污水处理厂站、土地增减挂钩等民生项目顺利实施。2020年，随着“平安家庭”创建活动的不断深入，“平安家庭”创建工作取得良好成效。全镇“平安家庭”创建户10885户，覆盖率100%，“平安家庭”创建村12

个，创建村100%，“平安家庭”示范户12户，“平安家庭”达标户9866户，占总户数90.6%。三是守护民政底线。坚持民政为民，劳保为人的服务宗旨，扎实推进民生底线工作。新增低保80多人，残疾人办证129人，发放交通补贴125人，公益性岗位安置60人，大病及临时救助70人次，有效解决底层人民基本生活保障问题，提升了群众幸福感。

（郭　宇）

洲口镇

党委书记	钟毅刚
党委副书记、镇长	邹立雷
党委副书记	曾　咏
党委委员、人大主席	刘　军
党委委员、政协联络处主任	陈光辉
党委委员、纪委书记（试用期一年）	周蔚环
党委委员、组织委员（试用期一年）	刘定国
党委委员、副镇长、武装部部长	朱先才
党委委员	夏孝付
副镇长	杨　逸
人大副主席	王义飞

【概况】2020年，洲口镇总面积111.28平方千米，其中耕地面积7.34万亩（水田5.88万亩，旱地1.45万亩）。辖小河、东风、龙打吉、正龙、小港、太平、侯王、沙嘴、文蔚、华光、明光、维新、杨柳、同兴、前进15个行政村和乌龙港、西脑湖2社区居委会，计343个村（居）民小组，总人口53229人。镇政府下设6个直属站所和1个执法队：农业农村综合服务站、农村经营服务站、民政和社会保障站、综合文化站、安全生产监督管理站、水利管理站和综合行政执法队，派驻机构及事业单位有财政所、派出所、司法所、自然资源所、供电所、中学、中心卫生院、信用社、邮政所、电信分局等。镇机关、站所核定在编在岗工作人员71人。全镇现有中共党员1517名，分属40个党支部，其中“两新”支部2个。

全镇国民生产总值10.95亿元，比上年增长9%，农民人均所得14305元，比上年增长9.2%。

【农业发展】2020年，洲口镇在落实农业生产计划的基础上，努力培育新型经营主体。积极引导农村耕地适度流转，初步形成一批种植大户和农民专业合作社。全镇100亩以内的种粮大户有220户、100—200亩的种粮大户有11户、300亩以上的种粮大户9户；成立不同规模的农民专业合作社20多家，其中省级及以上的龙头企业1户、市县级农民专业合作社3家。注重对种粮大户、科技示范户及部分有条件的村民进行集中培训着重推广种养新品种和水稻、蔬菜种植技术、稻鱼、稻虾综合种养等技术，完成专业化统防统治面积2万亩以上。

【环保工作】镇党委、政府在人居环境整治上定班子、定职责、定措施、定样板，取得一定的实效。由镇政府投资35万元，在龙打吉、东风村打造农村环境卫生整治示范带，为全镇各村树立了农村环境卫生整治样板。

全方位、多角度加强秸秆禁烧和禁炮工作，清明期间，组织镇人居办、安监站、市监所和派出所开展烟花鞭炮联合检查，集中销毁一批无证经营的烟花鞭炮和塑料祭祀用品；分班次在全镇开展秸秆和垃圾禁烧巡查，共发现和处置焚烧秸秆和垃圾人员117人。

对全镇8374.3亩轻中度受污染耕地进行点位核实和近3年以来耕地种植相关信息摸底工作，为安全利用受污染耕地奠定基础。

出实招，下重手，全面开展珍珠退养清零行动。在成立机构、建立台账的基础上，张贴通告，对2020年全镇珍珠退养的目标、范围、时限广而告之，并指定镇村干部实行责任包保。全镇已签订《退养协议》，对不签订退养协议、投喂生鲜肥料的养殖户进行重点打击整治，提前退养。

2020年3月5日，洲口镇三益硚水产养殖专业合作社向疫情重灾区湖北荆州捐献鲜鱼6600斤

2020年9月30日，洲口镇党政主要领导对辖区工厂进行安全生产检查

【脱贫攻坚】 组织镇村干部对贫困群众住房情况进行全面摸排，对15户无安全住房的人家全部进行危房改造，其中建档立卡贫困户6户，其他“五类人员”9户，6月已全部验收合格并拨付到位，拆除板房并就其新建安全房屋20栋，实现全镇“危房不住人，人不住危房”的目标；全镇所有建档立卡贫困户均参加基本医疗保险，对891户2838人建档立卡贫困人员进行家庭医生签约，对485户649人患慢病建档立卡贫困人员进行慢病签约；教育助学全覆盖。全镇建档立卡贫困家庭就读学生389人由县教育局执行“补天窗”政策，确保政策落实无遗漏；对未通自来水的72户免费安装自来水，实现全镇安全饮水全覆盖；依托光伏企业及本土优质稻和蔬菜种植、特种水产养殖等传统优势产业助力脱贫攻坚工作，实现了全镇产业扶贫全覆盖；全镇891户建档立卡贫困户全部由财政供养人员实行结对帮扶，确保户户都有结对帮扶人。

【资源清理】 2020年，按汉政办发2号文件要求，洲口镇继续跟进，强力推行村级集体资源性资产清收，共清收168.75万元，尤其是清收工作最难推动的正龙村，镇长邹立雷亲自坐镇，清收进账24万元。同时，将到期的集体资源性资产推向县产权交易中心进行交易。已有龙打吉、沙嘴等7个村125处到期集体资源面积1892.69亩在县产权交易中心进行了交易，占县产权交易中心交易总面积的80.5%，交易金额209.73万元，占县产权交易中心交易总额的86%。其中4个村对比上一轮承包多收承包款67.6万元。

【项目建设】 3—10月，实施城乡建设用地增减挂钩项目，新增耕地629.05亩，项目总投资630万元；10月，“旱改水”土地整治项目正式启动，整治面积750亩，项目总投资760万元；11月，总投资1200万元的污水处理厂完成验收；12月，总投资389万元的集镇街道改造项目动工。

【防汛抗旱】 7月8日，县防汛抗旱指挥部下达防汛命令后，镇党委、政府立即反应，组织镇村干部奔赴防洪一线，全面开展各项防汛工作。一是严密调度强责任。7月8日18时，召开全体镇干部和村（社区）支部书记会议，对全镇防汛工作进行部署。同时，在县西湖垸分指指导下，进一步细化和强调各责任部门、各责任堤段、各村（社区）责任分工及值班安排，对相关工作倒排时限、责任到人。镇防汛指挥所坚持一天两会商、一天两调度，并严格执行24小时值班制，确保预警监测到位、信息传达到位。二是协力配合强实效。全镇1.735万米外江大堤分为5个责任段，下分29个责任小段，分别由镇党政班子成员和村（社区）支部书记任大小段长。自7月18日上堤，各段长保持战时状态、时刻扛牢责任，定时清点在堤人员，全线堤段始终保持镇村干部103人、劳力1400人，特别是对“半夜时”“用餐时”“换班时”三大易疲惫、易忽视、易松劲的时间节点，重点保值班人数、保巡逻质量。为有效防汛，堤段全线架设照明电线2.1万米，安装防汛灯1000余盏，搭建防汛棚38个，1.74万米堤段砍草除杂工作全线完成，开挖和清理导沥沟160余条，平整防汛路16千米，清理牛晒氹35个，树立大小责任标示牌46个，确保防汛无盲区、查险无死角。三是严格督导强纪律。为确保防汛工作实效，由镇党委牵头，镇纪委、镇派出所联合参与的防汛工作督查组，着力完善联动巡查督查机制、加强巡查督查队伍力量，对堤段巡逻值守情况进行严格督查、定期通报，以持续高压的态势筑牢平安度汛防线。

【意识形态】 2020年，洲口镇突出意识形态领域工作主体责任，紧紧围绕全镇实际，深入学习习近平新时代中国特色社会主义思想，着力思想引领、舆论推动和精神激励，扎实做好意识形态各项工作，不断完善新时代文明实践所（站）建设。一是强化组织领导，落实主体责任。镇党委贯彻落实上级关于意识形态工作部署要求，形成党委统一领导，党政齐抓共管，部门分工负责的工作格局。将意识形态工作纳入党委重要议事日程，纳入年度工作报告和年终综合目标考核，同时将意识形态工作纳入党建工作责任制，成立由党委书记为组长，党政班子成员为副组长，各村（社区）党组织书记为成员的领导工作小组，并明确工作职责。镇党委按照上级有关精神把意识形态工作纳入党组织书记“双述双评”内容，并作为年度单位考核指标，同时也作为党员干部评先评优、选拔使用的重要依据。二是狠抓理论学习，明确意识形态新形式。全年组织全体干部职工召开意识形态工作专题会议，及时传达学习习近平总书记关于意识形态工作的重要讲话；及时传达中央和省、市、县委县政府的重要决策部署及指示精神、认真学习党的十九届五中全会精神，同时将意识形态工作作为民主生活会和述职述廉报告的重要内容。结合全镇实际，制订详细的中心组学习计划，组织开展好政治理论学习和读书活动，引导党员干部学理论、学法规、学业务，倡导干部职工多读书、读好书、善读书。三是加强舆情引导，抓好正面宣传。镇意识形态工作领导小组负责加强对意识形态贯彻执行情况的跟踪问效，定期开展检查督导，确保全镇意识形态工作落到实处。特别是2020年疫情防控期间，切实加强社会舆情和网络舆情的分析、研判、处置，引导党员干部准确认识当前舆论形势，把握舆论主动权；针对网络舆情传播速度较快、覆盖面广、影响力大的特点，实时监控，实时跟进，及时做好舆情监测与上报工作，对存在问题及时采取应对措施。在加强正面教育和引导的同时，加强对重点人物的排查，及时关注并发现干部群众思想问题，妥善处理倾向性和苗头性问题。

【社会事业】 新型“两保”。2020年参保19409人次，参保金额589.65万元。60岁以上居民养老金的按时兑付，群众得到实实在在的实惠。农村医疗保险覆盖面进一步扩大，参保41282人次，参保金额10220万元，全面完成县分配任务。疫情防控。镇党委、政府深入贯彻县委、县政府及县疫情防控工作指挥部决策部署，全面落实严防严控措施，压实主体责任，阻断疫情传播渠道，全镇没有发生一例感染病例，确保全镇人民群众生命健康安全和社会稳定。同时，根据上级复工复产要求，洲口镇在加强监管的同时，采取有力措施，确保了全镇所有工商企业及时有序复工复产。安全生产。进一步强化安全生产工作，制定《洲口镇2020年安全生产工作方案》，成立安全生产工作领导小组，在做好常规工作的基础上，组织14次安全生产检查、隐患排查和2次应急演练，开展烟花爆竹专项整治，下达整改通知79份、处罚14起，收缴罚款10700元，确保全镇安全生产“零事故”。退捕禁捕。全面落实“长江流域退捕禁捕”工作，在宣传政策的基础上，按照湖南省渔民身份认定“五要素”进行摸底甄别，经多轮公示，确定三类渔民66户，拆解渔船157只，渔具全部上收处置，所有渔民全部上岸，所有渔民均与镇政府签订《承诺书》，年内无盗捕情况发生。综治维稳。继续加大综治维稳创平安工作力度，继续深化“平安洲口”创建活动，制订村级“群防群治”工作计划，严格执行村村联防、户户联防的社会治安巡防体制，确保刑释和社区矫正人员帮教到位、信访人员包保稳控到位、矛盾纠纷化解到位、安全隐患排查到位，有效降低治安案件的发生率，为人民群众安居乐业创造良好的环境。同时，加大民调工作力度，全面开展民调宣传，共发放宣传资料2万余份，召开警民恳谈会17场次，镇村干部走访群众9000多户，收集群众意见建议800多条，群众对镇村干部的认可度、满意度进一步提高。

（梅建中）

罐头嘴镇

党委书记	杨友明
党委副书记、镇长	李梦婕
党委副书记	李佳源
党委委员、人大主席	胡远征
党委委员、政协联络处主任	李阳文
党委委员、纪委书记	邓丕勇
党委委员、组织委员	邱　璐
党委委员、副镇长、武装部部长（试用期一年）	李　乘
党委委员	王远明
副镇长	彭晋权
人大副主席	朱英政

【概况】 2020年，罐头嘴镇总面积74.04平方千米，其中耕地6.3万亩，水域4.8万亩。辖张家汉社区、苏家吉村、南赶村、保南村、新联村、太兴村、盘古村、红光村、福兴村、双庆村10个村（居）民委员会，下设199个村民小组，19个居民小组，总人口33425人。全镇共有行政编制数20人，下设三中心一站一队：农业综合服务中心、社会事务综合服务中心、政务服务中心；退役军人服务站；综合行政执法队。

【综治维稳】 自2019年因信访单项工作被市信访局重点关注后，综治办加大信访宣传力度，通过张贴标语、悬挂横幅及进村入户走访的形式宣讲国家法律、法规，引导群众文明上访、理性上访、合法上访。强化责任落实，重点包保稳控，综治办严格落实镇党委政府相关会议精神，重点分析、重点研究、

2020 年 8 月 16 日，汉寿县在罐头嘴镇召开 2020 人居环境现场会

重点化解，对涉田土纠纷，涉渔民上岸，珍珠退养，困难群体等，政法书记带领镇综治办、司法所工作人员加班加点进村入户调查处理，化解矛盾，通过正常渠道，解决好群众的合法诉求，能解决的当场予以解决，不能解决的做好解释，切实做到小事不出村，大事不出镇。2020 年，罐头嘴镇获得常德市市级平安建设优秀乡镇。

【人居环境】 2020 年，从多个方面进行人居环境整治，确立三个垃圾分类试点，加大投入垃圾分类硬件设施，投入重资修建垃圾分类点，完善回收机制。在全镇九个村一个社区建立样板示范区、示范路、样板路。进行大规模改厕运动。全年改厕 500 户，使用率、群众满意率均达 100%。成功召开全县人居环境现场会，举全镇之力打造人居环境优美乡镇。

【乡村振兴】 对各村下达全年粮食生产计划，制定 2020 年度粮食生产考核办法，下发 2020 年推广水稻育插秧机械化技术方案和水稻集中育秧技术方案，与各村签订 2020 年度粮食生产工作目标管理责任书、农机安全生产责任书；完成水稻集中育秧面积机插秧面积 1 万余亩。全年粮食种植面积 10.8 万亩（含复种面积），棉花 0.6 万亩，蔬菜 0.6 万亩，瓜果 0.8 万亩；宣传落实农业保险，农机购机补贴，林业、土壤肥料试验示范，棉花、水稻以及其他作物的病虫害防治等工作；通过产业化经营，调整种养结构，优化农产品布局，在科技示范户服务工作中实现四到位：入户指导到位、技术培训到位、主推品种和技术措施到位、示范辐射到位，全面完成化肥、农药减量增效指标；进一步加强农业病虫测报和防治。印发技术资料，入户指导，指导农户实时防治，病虫害预测预报信息准确率达 100%，病虫害防治情报到户率达 90%，技术指导入户率达到 80%；狠抓农业产业扶贫工作。成立罐头嘴镇产业扶贫领导小组，制定产业扶贫实施方案、农村脱贫攻坚培训方案，农村实用技术培训方案、产业扶贫考核细则，确定各村贫困户产业技术指导员 13 名，开展产业帮扶技术培训。建立贫困人口利益联结台账。2020 年，被省农业农村厅、应急管理厅评为省“平安农机”示范创建和农机安全监理示范岗位标兵。

【环境整治】 严格落实县委、县政府工作要求，做好珍珠退养、畜禽退养、两围整治、杨树清理、合同废除；严格排查农机污染，明确责任做好秸秆禁烧工作；落实河长制，进一步清除外来物种，大小河湖拦网；有序推进畜禽养殖废弃物利用及水环境治理工作。一是退养一批。年内退养牛、猪等 2 个养殖场，攻破了多年来没有攻克的整治堡垒。二是改造一批。对规模养殖户，实行环保设施升级达标改造；对畜禽散养户，推行圈养。全镇 7 家畜禽场水环境治理在全县率先获生环委销号，9 家畜禽场养殖废弃物利用项目如期全面完成建设任务。在县人居环境考核中，畜禽养殖污染整治方面全年没有被扣分。强力开展珍珠退养专项工作。一是摸清底子、

2020 年 4 月 6 日，中央农办督导组到罐头嘴镇福兴村考察落实中央一号文件情况

一户一档。二是制定《珍珠退养工作方案》，明确工作任务和责任。三是高位宣传，采取上户宣讲、集中学习、发放宣传资料、悬挂宣传横幅、安放警示牌、出动宣传车、召开广播会等形式，大力宣传珍珠退养工作。三是严厉打击新扎新增珍珠养殖面积，规范珍珠养殖行为。2020 年全镇成功退养珍珠 1170 亩。被市生态文明局评为常德市首批生态文明建设示范村镇。

【禁捕退捕】 全镇持证渔民 71 户、226 人，分布在 6 个村、社区。禁捕退捕工作稳步推进，中央、省、市领导每次到汉寿专项检查必到罐头嘴，并给予高度肯定，2020 年被评为县先进单位。一是把握“准”字。精准识别渔民身份，在工作程序上走访到位、评议到位、审核到位、公示到位、摸清底子、建立渔民一户一档。二是突出“清”字。彻底清理处置船网。做到外江不留一艘船，家中不藏一条网。全镇共拆解渔船 166 艘，标识“三无”船只 27 艘、安装已标识船只 GPS7 艘、集中封存 10 艘、没收违规停放渔船 4 艘，回收销毁刺网 9469 公斤、虾壕 34796 公斤、流钩 156 公斤，真正做到了“四清”。三是用活“情”字。落实稳控包保责任，镇、村干部对渔民实行“四包一”责任机制，建立连心卡，帮助解决困难，让渔民安心上岸。四是用够“严”字。严厉打击非法捕捞行为。对重点水域日巡查制度，对农贸市场、餐馆、渔网店进行一周一排查，发现问题，从严查处，退捕效果真正达到“四无”。五是用好“暖”字，关心渔民退捕后的民生问题。重点采取授人以渔，用心帮扶，确保“退有温暖”

【安全稳定】 通过显示屏、村村响、微信工作群、悬挂横幅和标语、印发宣传单、组织单位企业群众开展安全生产月宣传活动，普及安全知识，真正做到安全知识进企业、进校园、进机关、进社区、进农村、进家庭、进公共场所，提升广大人民群众的安全意识和事故防范应急能力。2020 年度，全镇共印发安全生产宣传资料 15000 余份，悬挂横幅 200 幅，张贴标语 2000 条，制作安全知识宣传栏 25 块，形成全镇广大群众关注、支持、参与安全监督的良好氛围。召开安全生产工作会议 12 次，镇党政领导带队检查 92 次，组织安全培训及消防安全演练 20 次，组织各类安全检查整治行动 388 次、1940 人次，检查各类生产经营单位 65 家，排查发现安全隐患 52 处，治理隐患 52 处，现场检查记录 486 份，下达整改指令书 52 份，一般处罚案例 7 例，处罚金额 19000 元，简易处罚案例 12 例，处罚金额 5800 元。与各村（社区）签订安全生产暨消防安全责任状。通过开展隐患排查、下达整改清单、整改复查，形成安全生产检查工作“闭环”，确保辖区安全。5 月 18 日，组织中小学校分别举办地震逃生、消防灭火、地质灾害避险等应急演练。6 月 14 日，结合县 6 月安全生产月活动要求，在镇中学开展“消除事故隐患、筑牢安全红线”为主题的现场活动，组织干部、群众、学生、观看安全教育警示片，国财校车公司组织校车开展消防安全逃生应急演练，通过应急演练普及安全防范自救和应急处理能力的相关知识，提升师生、广大群众和应急队伍应急处突能力。

【民生保障】 以加强动态管理为重点，进一步完善低保申请、入户调查、民主评议、审核审批等工作环节和程序，切实做到低保对象有进有出，补差标准有升有降。对因天灾人祸新产生的困难家庭，符合条件的及时纳入保障范围，实现动态管理下应保尽保。几年中，新增 130 余名低保户，取消 300 余名低保户。重视和关心弱势群体生活状况，把低保工作摆上议事日程，将低保制度的落实作为一项重要的“民心工程”来抓，使困难户的生活得到救济和保障，较好地维护了社会稳定，促进了经济发展。提高五保供养水平。提高五保老人的供养标准，开展五保对象普查，严格按照《农村五保供养条例》，按照有关程序重新核定五保供养对象，对不符合五保供养条例的对象坚决予以取消，对符合五保供养条例规定的对象，没有享受五保待遇的做好申报审批工作，通过排查，新增五保对象 40 余人。完善城乡居民临时救助制度。对因病、因灾等各种特殊原因造成基本生活出现暂时困难的家庭，上报县民政局，给予非定期、非定量的临时救助，完成临时救助 400 余人。完善城乡医疗救助制度。按照大病医疗救助相关政策，改进救助方式，采取比例救助与定额救助相结合，事后救助与事前、事中救助相结合，大病住院救助与慢性门诊救助相结合的救助方式，重点救助城乡五保户、低保户、贫困户和优抚对象，使城乡困难群众就医难的问题得到保障，分发医疗器具（手杖和轮椅）、冬被和残疾人辅助器具 60 余件。

（高　蓓）

聂家桥乡

党委书记　解　哲
党委副书记、乡长　刘峻菘
党委副书记　胡小力
党委委员、人大主席、武装部部长　罗长君
党委委员、政协联络处主任　徐　慧
党委委员、纪委书记　曾友彬
党委委员、组织委员（试用期一年）　曾　婵

党委委员、副乡长　　邓伊帆
党委委员　　胡习莲
副乡长　　曾铁平
人大副主席　　罗先政

【概况】 2020年，聂家桥乡辖6个行政村、2个社区，全乡5025户、20134人，总面积4.56万亩，其中水田3.19万亩、旱地面积981亩，水面1.26万亩。设置党政办公室、党建办公室、经济发展办公室（脱贫攻坚办公室）、卫生健康办公室、自然资源和生态环境办公室、社会治安和应急管理办公室。设置政务服务中心（行政审批服务办公室与其合署办公）、社会事务综合服务中心、农业综合服务中心、退役军人服务站、综合行政执法队。共有在编干部职工38人。

2020年，作为全县唯一一个省级全域美丽乡村示范乡镇，聂家桥乡以"生态立乡""交通活乡""产业富乡"为工作思路，以党建引领+全域美丽乡村建设为抓手，以着力优化农村人居环境和完善农村公共基础设施为重点，全体系推进美丽乡村建设，被市委市政府评为农村人居环境整治"十佳"乡镇，全乡8个村（社区）中有4个被评为市级美丽乡村；被评为市级文明镇（乡），武峰村被评为市级社会治理现代化创新工作试点村、市级"无上访村"。

【党建工作】 紧盯一个"实"字，创新党建引领。一是党建示范片工作有力推进。按照"一村一特色、一点一活动"的工作思路，推动阵地建设全面提质，党建活动亮点纷呈，通过点面整推、全力打造，建精示范点，建强示范片。二是一门式服务落地见效。作为"智慧党建"政务下沉暨一门式服务试点单位，全力推动一门式全覆盖工作落实落地。依托"智慧党建"平台，定期开展党内各项工作，实现党务信息数据化，党员管理智能化，党建工作网络化。结合"智慧党建"平台形成党建工作"周调度，旬调研，月通报"的工作制度，全面倒逼各级党组织扎实开展各项党组织生活。以"党建+"模式，打造智慧党建"三务"平台，推动"智慧党建"政务下沉暨一门式服务示范点工作，逐步实现"群众少跑腿，数据多跑路"的目标。乡本级和堤北社区成为全县第一批政务服务下沉事项办理示范点，各村（社区）完成1200多例老年人证办理和100多例残疾人证办理，社保、医保、电费均在各村（社区）智慧党建便民服务大厅设立缴费点。武陵区、临澧县和衡山县来乡参观交流政务下沉工作。三是党建引领基层治理创新推动，新时代文明实践工作成效显著，（所、站）建设取得成效，活动常态化开展，通过整合全乡资源，不断推动新时代文明实践到村、进户、见人、走心。

【扶贫工作】 紧盯一个"赢"字，全力脱贫攻坚。压实责任，乡联点干部、驻村工作组、村支两委"三级联动"抓扶贫，乡党委组织开展脱贫质量"回头看"大检查，提前自查自纠进行专项年度预验收工作，对各村（社区）进行3次大督查，全面核查脱贫结果的真实性和准确性、"两不愁、三保障"实现情况以及政策落实情况等，聚焦家庭收入、低保纳入、危房改造和易地搬迁、残疾办证及教育助学、安全饮水、产业扶贫、就业扶贫等重点，全力推动问题整改清零、扶贫政策落实等工作，现场交办问题，限期清零整改，实现2020年14户39名贫困户人口全面脱贫，高质量打赢脱贫攻坚硬仗。

【产业发展】 紧盯一个"活"字，优化发展环境。大力加强乡内资源清理盘活，充分发挥交通区位优势，一手抓产业发展，一手抓环境优化。特别是在县委、县政府大力支持下，引进岩下荣祺，集中流转群众分散土地近2000亩，打造蔬菜水果种植基地、冷冻库及果蔬采摘观光旅游项目，特色产业加快发展，不仅解决了农村土地抛荒问题，也推进了全乡产业发展，促进了群众增收。

2020年7月10日，市委常委、市委组织部部长梁仲（右一）一行到聂家桥乡体验一门式服务，县委书记车世忠（左三），县委常委、县委组织部部长王君（右二）参加

聂家桥乡美丽乡村建设

【环境整治】 紧盯一个“美”字，建设全域美丽乡村。以“12进6”为目标，成功创建省级全域美丽乡村，全力打造全域美丽乡村示范样板。一是大力完善基础设施。2020年，硬化村组公路共8.5千米，拓宽村组道路12千米，衬砌硬化300亩休闲钓鱼基地，建设文化墙1200平方米，在全乡推广建设乡村大舞台、文化广场、整修山塘水库等一系列基础设施；二是实施绿化美化亮化工程。全乡栽种红叶石楠2000余株，铺设草皮16000平方米，围建花卉护栏12千米，堤北社区在主干道栽花草、植草皮、播撒花草种子，重点打造5千米风景示范带；先锋村重点打造3千米德汉公路连接线，提升乡域整体水平。三是推进厕所革命。完成农村厕所革命试点940户，完成率100%。四是开展集镇整治。先后5次开展集镇集中专项整治行动，重点整治乱搭乱建、乱停乱放、乱摆乱卖、乱堆乱倒、乱贴乱划800余处。投入近200万元，对集镇路面实行“白改黑”。结合主题党日活动开展集镇经营店面专项整治、“牛皮癣”清理等行动，较好地提升了集镇整体形象。在开展全域环境大提升的基础上，全体系推进美丽乡村建设。

【防疫防污】 紧盯一个“防”字，防控防治全覆盖。一是坚决贯彻落实上级关于新冠肺炎疫情防控的决策部署，紧紧围绕“外防输入，内防扩散”要求，全力以赴做好力量配备、宣传引导、排查管控、复工复产等工作，推动疫情防控工作有力有序。二是污染防治“退”“管”结合。坚持刀刃向内，以“分级负责”工作机制强力推进珍珠退养，完成珍珠退养560亩，按进度可如期完成退养任务。加强农业面源污染治理，全力推进蓝天保卫战和河长制工作，以“人防+技防”为手段严控秸秆焚烧，引进高点视频监控项目，全乡域内安装5个红外监控探头，365天24小时不间断巡航，对露天焚烧全方位、全覆盖、无缝隙监管。

【综合治理】紧盯一个“稳”字，深入平安创建。召开各类安全生产工作会议20多次，悬挂复产复工、防灾减灾和六月份“安全生产月”和“安全生产汉寿行”活动宣传横幅80幅，张贴宣传标语300条，制作宣传展板30块。组织长宏液化气站突发事件应急演练活动，增强企业落实主体责任和应对各种突发事故、灾害的能力；组织各类安全检查整治行动15次、检查人员110人（次），检查各类生产经营建设单位57家，排查发现安全隐患5处，治理隐患3处，下达整改指令书30份，现场检查记录230份，简易处罚6起，立案处罚2起。抓实抓牢民调创满，积极围绕基础设施建设、产业兴旺、便民服务提升群众满意率，综治稳定工作多次被县委授予“先进单位”称号。持续开展“无上访村（社区）”创建，居安思危开展安全生产宣传教育、隐患排查、应急演练等，强化汛期值班值守，全乡大局总体稳定。

【文明实践】 紧盯一个“新”字，推动文明实践。在县新时代文明实践中心的领导下，稳步推进新时代文明实践工作，打造县级文明实践工作示范点。乡本级设立聂家桥乡新时代文明实践所，下设8个村级新时代文明实践站和1个实践基地，即常德市圣迪服装有限公司“文明实践+扶贫”实践基地。按照“1+7+N”模式建立了七支队伍，全乡志愿者已达2550人。每月开展主题活动至少1次，全年乡村两级均已开展“疫情防控”、“平安清明”“防溺水宣讲”等大小活动100余次，文明实践所（站）紧紧围绕群众路线，持续推进“七支队伍”建设，传播了红色文化，创造了良好服务。

（张　媛）

毛家滩回族维吾尔族乡

党委书记	李　颖
党委副书记、乡长	黄　娇
党委副书记	王彦桦
党委委员、人大主席	周显慧
党委委员、政协联络处主任、武装部部长	孙卫东

党委委员、纪委书记　余　玲
党委委员、组织委员　李军华
党委委员、副乡长　杨建华
党委委员　刘立军
副乡长　谢丽华
副乡长候选人　聂　迪
人大副主席　黄经纬

【概况】 2020年，撤销牛路村，成立牛路社区。毛家滩回族维吾尔族乡人口4.9万人，面积112.1平方公里，耕地面积5.5万亩，乡村干部及工作人员168人。

【基层基础】 抓好基层党建。一是加强学习教育，不断强化政治引领。巩固“不忘初心、牢记使命”主题教育成果，加强政治理论学习教育，运用智慧党建系统组织全体乡村党员参加冬春训活动、庆“七一”“三重三讲”等系列活动；组织机关党员干部、村（社区）党总支书记、村级后备干部等先后到桃源热市镇农家嘴村、岩汪湖镇金盆岭村等地，参观交流学习乡村振兴、党员群众积分管理、村级集体经济发展等相关工作。二是突出工作重点，切实加强日常管理。以“三会一课”和“主题党日”为主线，各基层党支部定期组织党员开展集中学习、不忘初心牢记使命主题党日、党员义务劳动活动日等活动；认真做好智慧党建及基层公共服务（一门试）全覆盖等各项工作，使互联网+政务服务平台能用、管用、好用，切实解决服务群众最后“一公里”的问题；扎实开展农村发展党员违规违纪问题排查整顿工作，对全乡党的十八大以来发展的党员进行一次全方位“体检”，通过自查、联合筛查等共排查党员违反“四类问题”25人，正按照要求进行整改。三是扎实推进党支部“五化”提质工程，深化党建引领基层治理。全面督导指导党支部“五化”建设，对各村（社区）班子运行情况进行全面考察，做好村（社区）“两委”换届工作；全面推行农村党员“微网格+小承诺+积分管理”管理模式，实现党员积分管理工作全覆盖，通过党员包户、召开“茶叙会”“谈心会”等方式收集社情民意，宣传政策法规、扫黑除恶、乡村振兴、人居环境等工作，实现党风带民风工作全覆盖，进一步激发党组织活力，发挥党员先锋模范作用。四是稳步推进乡村干部队伍建设。关心关爱乡村队伍、党建联络员三支队伍，严格落实年休假、健康体检、教育培训等各项保障政策，举办“创建学习型政府，打造实干型乡村干部队伍”等一系列活动，进一步激发乡村干部队伍的活力。

马涧村糖橙基地

【党风廉政建设】 一是落实党风廉政建设“两个责任”。严格贯彻落实中央“八项规定”、反“四风”等工作要求，对乡村干部值班、坐班、午餐饮酒、民调走访等进行督导检查。进一步开展“治婚丧陋习、刹人情歪风”专项治理工作。全年共开展两同时谈话6次，约谈干部92人次，力求做到谈话精、准、狠，“预防针”常打、“紧箍咒”常念、“婆婆嘴”常说。二是强化监督检查，确保重大项目建设阳光操作。重点项目由乡纪委派专人负责监管，不允许党员领导干部直接管理、干预和插手工程项目建设，对项目的具体情况进行公开、公示，确保工程优质、干部清廉、程序正当。三是开展形式多样的党风廉政宣传教育。开展节假日干部廉洁预防提醒；开展“增强纪律观念，自觉接受监督”主题教育活动，以案说纪；开展“家庭助廉承诺书”活动，机关副科以上干部、村（社区）主要负责人配偶签订“家庭助廉承诺书”活动，教育引导干部家属当好“廉内助”。开展“不忘初心·传廉声”配音活动，提高廉政文化的影响力和感染力。

【干部队伍管理】 加强党性修养。按照“两学一做”工作要求，坚持“三会一课”制度，组织乡、村班子成员和无职党员定期开展集中学习，加强党风廉政教育，开展批评和自我批评，落实党委议事规则、“三重一大”事项集体决策等制度，打造出团结务实的战斗班子，形成统领全乡经济和社会事业的核心力量，凝聚党心、民心。

【制度建设】 为进一步锤炼干部作风，建设风清气正的政治生态环境，乡里完善了财务管理、干部职工上班工作纪律、工会、公务用车管理等制度，编印了制度汇编，机关干部职工人手一册。召开了干部作风建设整训大会，通过学习各项禁令和制度，使全体干部职工的行为得到规范，政治意识、大局意识、核心意识、服从意识得到增强。

【能力培养】 在实际工作中抓好干部的教育培养，突出政治标准，着眼干部成长，放眼经济社会发展，培养推选一批忠诚干净担当的优秀干部，把干部的专业化建设落实到工作的全过程中。

【乡村振兴】 打造现代农业。深入实施乡村振兴战略，践行新发展理念，大力发展现代高效产业，推进农业生产无害化、友好化，探索农业发展的新路径。2020 年，全乡水稻生产面积 3 万亩，总产量 1.2 万吨；油菜生产面积 1.6 万亩，总产量 480 吨。生猪出栏 6500 头，肉牛出栏 1100 头，家禽 5 万羽。蔬菜瓜果种植面积 4500 亩，鲜鱼 320 吨。耕种机械化率超 90%，土地流转率 30%。

【特色产业】 全乡形成以优质稻、糖橙和花卉苗木为代表的优质特色产业。重点推广盛泰优 018 优质稻，形成以省级龙头企业金穗米业为依托的优质稻基地，利用中化集团水稻生产社会化服务平台，推广优质稻面积近 2 万亩。全乡拥有全国最大的集中连片埃及糖橙基地，形成了以马涧村为核心的近 5000 亩糖橙基地，糖橙平均每亩收入 1 万元以上，2018 年扩种金秋砂糖橘近千亩。花卉苗木产业主要集中在 319 国道沿线，全乡有花卉苗木注册企业 4 家，经营花卉苗木面积 2800 亩，花卉苗木产品畅销省内外，年产值超过 5000 万元。全乡有油茶面积 3500 亩。大米加工、埃及糖橙、花卉苗木、优质油茶已成为毛家滩回族维吾尔族乡农民致富增收的特色支柱产业。

2020 年 7 月 21 日，毛家滩回维乡开展消防安全演练

【人居环境】 一是强化领导，建立长效机制。成立农村人居环境整治工作指挥部，制定《毛家滩回维乡农村人居环境整治三年行动实施方案》《毛家滩回维乡人居环境整治示范户评比方案》《毛家滩回维乡人居环境整治“十个最美”评选活动实施方案》等，各村（社区）对应成立农村人居环境整治工作领导小组，层层压实责任，环境整治工作实行月考核、季排名、半年一总结。二是强化宣传，营造良好氛围。通过制作宣传标语、发放宣传单、村广播、微信公众号、召开茶叙会等方式，积极发动党员群众关注、支持、参与到改善人居环境工作中来。全乡累计召开村民小组会、茶叙会、屋场会 330 余场次，发放宣传资料 8000 余份，张贴标语、横幅、宣传栏 3000 余处，营造了浓厚的宣传氛围。三是植树造林。积极响应县委、县政府“绿化龙阳”三年绿色行动的号召，上下齐心，人工打造近 300 余亩油茶林，庭院绿化示范户 209 户；打造路道林 1.8 万亩，种植糖橙经济林 400 亩、沙糖橘 230 亩。四是以点带面，改善人居环境。扎实推进马涧村乡村振兴示范点建设、马涧村省级美丽乡村示范村建设，着力打造毛家滩回维乡“一带一路”（即一小时徒步休闲风光带、沧毛公路），集镇与 319 国道（牛路滩集镇段）沿线整治。集镇完成取缔马路市场、规范店外经营、拆控违章建筑、定点划线停车等工作。坚持日夜巡查秸秆禁烧，全力以赴打赢蓝天保卫战，露天焚烧秸秆的情况基本得到遏制。累计投入人居环境整治资金 200 余万元，拆除空心房 80 余栋，整治河湖山塘 20 口，清理疏浚渠道 18 千米，整修道路 20 千米，改造黑臭水体 5 个，改厕改圈 700 个，开创全乡人居环境整治“百户示范、千人带头、万人整治”的良好局面。2020 年被评为常德市第二季度人居环境整治“十佳乡镇”。

【民生事业】 打造民生工程。投入 500 万元，打造马涧村一小时徒步休闲风光带，助力乡村振兴。申报农村特困人员护理区改造项目，争取资金 40 万元。在牛路社区引进中联重科农业机械化实验基地，占地约 120 亩，正在建设中。加快污水处理厂建设进度，年底前投入使用。妥善安置常益长项目途经村 27 户拆迁户，投资 855 万元，征地 11016 平方米，建设五丰村集中安置小区，并做好“三通一平”、桩基础建设、小区服务等配套项目的建设工作。投资40余万元，在乡集镇街道新建小区污水管网，并与街道主管网连接排水，解决民生问题，促进民生和谐。多方筹措资金近200万元，对小学路面进行修复、窄路加宽等提质改造项目。积极向上级争取“农贸市场升级改造”项目补助资金，并自筹部分配套资金，投入资金200万元，全力推进乡镇农贸市场改造，9月完工，大大改善了乡集镇农贸市场的交易环境。

【基础设施】 全乡村组道路硬化率达90%以上，入户道路硬化率80%，自来水普及率达98%，光纤网络和4G信号覆盖率均为100%。上半年，争取资金20万元，新建了55千瓦李家汉机埠；投入资金12万元，完成了1200多米窑台渠道硬化；投入资金40多万元，完成山塘清淤扩容20口；争取国家资金60多万元，对沧浪河防洪堤东岸堤段处险加固，工程在建。拆除矮围8000多平方米，关停洗砂场两处。

【脱贫攻坚】 全乡2020年退出贫困人口28户、68人，2014至2019年脱贫的309户、1059人均符合脱贫标准，贫困村各项指标符合出列标准。年内，全乡单个新增贫困人口7人，单个减少贫困人口25人，对新纳入贫困人口实行“3+1”前置核查，不让一个问题进系统。一是重点政策落实有力，“三保障”突出问题全面清零。以义务教育、基本医疗、住房安全、饮水安全为重点，开展脱贫质量“回头看”和脱贫攻坚“空城”行动，全乡结对帮扶干部深入现场实地调查走访，全面排查3—23岁适龄人群的就读现状，不让一个贫困学生辍学；利用大数据平台排查贫困户参保状况，不让一个贫困人口漏保；住房安全把放弃户作为重点户排查，不让一个一个贫困户住危房；饮水安全紧盯3个特殊问题，不让一个贫困户没水喝。通过各项举措，最终实现贫困人口100%参加医保，义务教育阶段就学适龄人口无一人失学，同时全面资助贫困学生；对全乡自来水厂实行水管改造，彻底解决因水压不足造成的季节性缺水情况，实现贫困人口100%安全饮水；对全乡的贫困户与“五类对象”进行住房鉴定，彻底解决贫困户房屋功能不全、危房住人等情况，实现贫困人口100%住房安全，产业扶贫全覆盖；金融扶贫严把风险关，力保易地扶贫搬迁对象享受两项后续帮扶措施，实现有劳动力、有意愿的搬迁家庭，至少有1人稳定就业。通过6月集中摸底，全面落实了残疾人政策。截至10月底，农业人口享受护理补贴85人，生活补贴230人。二是社会扶贫助力脱贫攻坚。完成50万元的消费扶贫任务，并坚持户帮户、亲帮亲，按照上级要求将35名未脱贫户、“五类对象”纳入重点帮扶对象，对接帮扶次数10次；贫困人口在社会扶贫网发布需求达到贫困户总户数的2倍以上。

【社会保障】 认真贯彻省、市、县“富民惠民，改善民生”精神，坚持“以人为本，为民解困，为民服务”的理念，切实保障困难群众的基本生活权益，强化农村低保兜底保障，落实落细低保政策，做到应保尽保。年内新增低保58户、121人，取消农村低保13户、24人，新增农村五保6人，取消农村五保11人，确保符合条件的困难群众全部纳入低保兜底保障。强化临时救助政策保障，织密织牢民生保障托底安全网。对遭遇突发事件、意外伤害、重大疾病或其他特殊原因导致基本生活陷入困境、其他社会救助制度暂时无法覆盖或救助之后基本生活暂时仍有严重困难的家庭或个人给予应急性、过渡性的救助。一方面加强与扶贫部门的信息沟通，重点关注脱贫人口、返贫人口、因疫致贫人口以及因疫情陷入临时困境的人员，及时进行救助，共开展临时救助65人次，涉及金额10万元，涉及六类对象。另一方面充分发挥乡临时救助备用金作用，一旦发现基本生活困难群众，立即启动临时救助机制，予以先行救助。强化对特殊群体的关爱帮扶，用足用活救助帮扶政策。开展贫困残疾人服务工作。共计上门为残疾人办证200本，为68人申请残疾人两补近7万元，下村发放残疾人辅助器具30余件；为39名五保申请住院护理补贴近8万元。搜集、入户调查、上报事实无人抚养儿童6名，并完成了基本生活费的发放。

【卫健工作】 一是在疫情防控工作上积极作为。疫情期间，全体乡、村（社区）干部取消休假，全部到岗开展疫情防控工作。成立疫情防控领导小组，制定《毛家滩回维乡新型冠状病毒感染的肺炎疫情防控工作方案》，班子成员带领办点干部进村到组入户对湖北来乡和与湖北有过接触的人员反复进行摸底核查。全乡发放倡议书6000份，悬挂横幅120条，出动宣传车18次，村村响广播不间断滚动播放宣传音频，设置防控执勤点30处，取消或延迟赈酒46次，在湖南文明网、新湖南、湖南红网、政府网站等媒体平台上发出宣传报道40余篇。二是扎实做好群众服务工作。上半年完成孕产妇产前筛查45对，孕前优生遗传检测85对；办理一、二孩服务证96人次；完成城镇奖扶申报调查3人，农村奖、特扶年审646人；对全乡范围内的卫生院、卫生室、诊所、学校、水厂、公共场所共进行了83次巡查和文书填报，发现3家无证黑诊所，协助县卫监执法局进行取缔处罚。

对742名药具使用对象进行定期药具免费发放。在“5·29”计生协活动日开展了对计生慰问金的募捐，走访慰问计生对象3人。

【安全生产】 一是定期进行安全生产检查排查。乡党委政府贯彻落实“党政同责、一岗双责、失职追责”精神，按期按时带队参加检查，遇到问题与隐患处事果断，检查中不留死角。领导带队检查和站、所、办行业检查共280余人、450余人次，检查出安全隐患30余次，立即整改到位的40起，限期整改的25起；依法作出行政处罚2次，并处罚金1500元；立案处罚2次，并取罚金3500元，取缔烟花爆竹经营户5户，取得了全县第一季度“强执法防事故”工作乡镇排名第一的好成绩。二是严格落实安全生产主体责任。年初，乡政府与各村（社区）委会签订《安全生产目标管理责任状》和《消防安全责任书》，各村（社区）与本辖区企事业单位签订《安全生产责任状》，与全乡32户烟花爆竹经营户签订《烟花爆竹（零售）经营安全生产承诺书》，乡城建站与本辖区液化气配送中心和液化气送气工签订《燃气安全生产目标管理责任书》，层层签责。三是扎实开展宣传与检查工作。开展第二届应急普法知识竞赛答题活动，全体乡村干部投入，企事业单位、居民全员参与，为充实和提高全民应急救援工作意识和安全意识打下良好的基础。开展“5·12防灾减灾”相关宣传工作，悬挂安全横幅30条，张贴宣传标语100条，发放宣传资料5000份。6月，邀请湘安消防公益服务中心资深教官对全体乡干部职工、各村党总支书记和安全员开展一次集中培训活动。7月，政府举办大型应急救援演练活动，县应急局领导亲临演练现场指导，模拟火灾现场救援，演练取得较好实效。

【综治维稳】 全面落实“以村为主”信访维稳工作机制，完善《信访维稳包保稳控方案》，采取茶叙会、屋场会等群众喜爱的方式进行民调宣传，征求群众意见建议，妥善处理各类诉求。化解矛盾纠纷55例，制作信访处理意见书5分，大力化解信访矛盾。党政班子成员每周带队对点村的矛盾纠纷排查1次，每月保证4次；干部职工每周对包保的重点对象上门1次。上半年共化解2个信访积案，办理6件来信信访案例，矛盾纠纷排查化解达100%。每月19日为平安志愿者活动日，各村（社区）利用党员先锋队、志愿者，组成义务巡逻队，开展夜间义务治安巡逻活动。推动社会治理和服务重心向村（社区）下移，全面开展“无上访村（社区）”创建工作，巩固扫黑除恶专项斗争成果，强化禁毒工作，严厉打击各类违法犯罪行为，全乡共摸排上报涉黑涉恶线索7条。2020年，信访工作全县网信占比第一名，信访人满意率并列第八名，其他指标排名也均靠前。

（朱艳平）

朱家铺镇

党委书记	杨　芬
党委副书记、镇长	刘伏来
党委副书记	廖　欢
党委委员、人大主席、武装部部长	邱德龙
党委委员、政协联络处主任	廖立民
党委委员、纪委书记	吴　浩
党委委员、组织委员	陈　伟
党委委员、副镇长	吴峙岍
党委委员	李晓玲
副镇长	罗　强
人大副主席候选人	李欣兰

【概况】 2020年，朱家铺镇总户数6519户，总人口26328人。镇域面积80.94平方千米，其中耕地面积2.7万亩，林地面积6.1万亩。辖7个行政村、1个社区，216个村（居）民小组，集镇规划区面积1.8平方千米，建成区面积1.1平方千米。下设六办七站，即党政综合办公室、党建办公室、经济发展办公室、社会事务办公室、自然资源和生态环境办公室、社会治安和应急管理办公室，农业农村综合服务站、民政和社会保障站、综合文化站、水利管理站、农村经营服务站、安全生产监督管理站和综合行政执法大队，共有在编机关事业干部职工39人。

【基层党建】 镇党委、政府牢固树立“围绕中心、服务大局”的理念，注重抓基层打基础、抓班子带队伍、抓亮点求突破、抓创新增活力，全面推动各项工作有序开展。一是强化政治理论武装。学习贯彻习近平新时代中国特色社会主义思想和党的十九大，十九届四中、五中全会精神，持续巩固“不忘初心、牢记使命”主题教育成果。开展2020年全国“两会”精神专题辅导，深化学习理解。落实“三会一课”“主题党日”活动，持续加强党的建设，推动基层党组织全面进步、全面过硬。二是优化党员干部队伍。坚持从严要求，严把入口关。年内，通过基层支部培养考察、党委研究，全镇发展党员12名。开展十八大以来发展党员违规违纪问题排查，对排查出的问题进行整改落实，净化了党员干部队伍，树立了良好的党员形象。三是提前谋划村“两委”换届。对于2021年的村“两委”换届工作，镇党委提前做好计划安排，在全镇展开摸底调查，了解村干部的年龄组成、文化结构等，并建立数据库，同时，在各村（社区）微信群转发公开招募村级后备力量，呼吁广大青年积极报名。扎实开展村（社区）财务清查审计工作，为换届工作打下了坚实的基础。四是基础工作有序推进。落实省委“1+5”文件及市委1号文件相关精神，全面加强基层建设，“支部五化”建设提质，落实村（社区）干部的待遇保障，全力推动智慧党建暨基层公共服务（一门式）全覆盖等。

【脱贫攻坚】 紧紧围绕“一保两防”（保脱贫、防返贫、防致贫）目标，大力开展脱贫质量“回头看”，全面检验“两不愁三保障”实现情况和各项扶贫政策落实情况，实现贫困人口全面清零。一是落地落实各项政策。落实教育助学政策358人，雨露计划32人，送教上门5人；实施危房改造28户，六类人员厕所改造134户；落实公益岗位43个；新增自来水安装6户，贫困户自来水实现全覆盖；实现“两有”人员（139户551人）产业全覆盖；新办残疾证93人，落实残疾人两项补贴103人；走访联系3家农业生产企业、1家劳动密集型加工企业，帮助16人有就业意愿未就业贫困劳动力实现转移就业，已就业贫困劳动力实现稳定就业525人；落实交通补贴171人，发放资金9.8万元；一次性求职创业补贴331人，发放资金9.93万元；“两后生”培训5人。二是对标对表整改问题。开展脱贫质量“回头看”，坚持问题导向，严格对照“一超过两不愁三保障”的核查标准，对全镇所有六类人员进行全面调查，先后两次组织镇村干部开展交叉检查，共核查出5项47个问题。对发现的问题分门别类、建立台账，分析问题产生的原因，采取倒排工期、挂图作战的方式逐项整改、逐一销号，于10月10日全面整改完成。三是抓实抓细巩固成果。通过全面摸底调查，对不同困难程度的贫困户进行分类施策，同时，大力发展扶贫产业，落实了龙灵公司100万2000平方米烘干线及油脂加工厂重点产业项目、众看公司现代农业产业示范项目和德穗米业100亩优质稻种植项目各10万元一般产业项目，采取流转土地、入股分红、劳动力就业等方式直接帮扶贫困人口560人，大大增加了贫困户经济收入。

【人居环境】 一是重点推进示范点建设。按照每周一次巡查、每月一次检查、每季度一次排名的方式，推动人居环境整治工作的展开。指导马家、木兰2个村进行垃圾分类工作。稳步推进“厕所革命”，断堤村、九岭社区的改厕工作有序推进，715户改厕任务完成98%。二是全力打好蓝天保卫战。认真落实秸秆禁烧层次责任，提升群众禁烧意识。实行秸秆、垃圾及杂物焚烧巡查全覆盖，共出动宣传巡逻车310车次，发放宣传资料1.3万余份，处理黑斑15处。春节和清明节期间，通过免费发放新鲜菊花的方式引导群众摒弃烟花爆竹、焚纸点香等习惯，累计发放菊花1万余朵。三是扎实开展污染防治工作。完成固定污染源排污许可证登记工作，共登记发放排污许可证15家。污水处理厂主厂区完成组合池混凝土浇筑，完成主管网2.5千米铺设、支管网12个集中化粪池修建，已通水试运营。大力开展江东市水库饮用水源地综合整治，完成库区800户农村生活污水综合整治及库区2千米防护栏建设；湿地生态修复工程完成土方回填。扎实推进畜禽养殖废弃物资源化利用，对辖区内众看农业、钰兴养殖等规模养殖企业进行资源化利用改造，实现畜牧产业发展和生态环境保护双赢。开展“绿化龙阳”三年绿色行动，完成道路林40千米，新增片林1300亩，新增庭院户115户。

【基础建设】 农业生产。一是抓好粮油生产。按照年初县农业农村局提出“扩面积、保产能、增收益”的粮食生产工作要求，全年早稻种植面积2.2万亩，比上年增加1100亩。推广早稻集中育秧5500亩，推广早稻优质稻1.2万亩，粮食生产病虫害专业化防治面积达75%；大力发展冬季农业生产，种植油菜3500亩，播种绿肥8500亩，其他冬种作物4500亩。二

2020年7月8日，朱家铺镇开展森林防灭火应急演练

是抓好农业科技示范。举办农民田间学校培训2次，培训科技示范户68户，发放技术资料4500份，着力培植新型农业主体，帮助解决生产中的资金和技术难题，引导大户茁壮成长。三是落实农业保险。共落实早稻8000亩、中稻5300亩的农业保险投保工作。其中，发展大户自投早稻1.3万亩、中稻5300亩。四是抓好农产品质量安全。积极联系和配合职能部门，参与重要时段和节假日前的农产品安全检查；做好季节性防蘑菇和食物中毒宣传，张贴宣传标语48余幅，发放宣传海报300余份，悬挂横幅12条；加强农产品投入经营主体的管理和农产品质量安全监督巡查。

水利建设。完成13座小（2）型水库除险加固及10口山塘清淤整修，累计投入资金500万元。4月，准备防汛砂砾2000余方，分发到各水库，为防汛做好准备；开展山洪灾害防御演练一次，发放明白卡500余份，做到山洪灾害隐患防治全覆盖，为防灾工作取得阶段性胜利奠定了坚实基础；定期组织人员开展河湖、沟渠保洁，开展河湖“清四乱”问题摸排，对发现的问题及时整改销号；积极做好中型灌区项目的引进落实工作，配合县水利局做好工程规划设计，为项目的实施做好充分的前期准备工作。

交通建设。落实交通问题顽瘴痼疾集中整治，党政领导牵头集中检查28次，每天开展交通安全宣传和劝导工作；硬化将军村通组公路2450米、富祥村通组公路500米、罗坪村通组公路1500米，全镇公路养护维修18.3千米；拓宽木兰村1300米、断堤村1200米道路；林场村安装护栏1500米。

【民生事业】 民政劳保。完成社会救助类特困人员、最低生活保障人员系统录入，及时更新，涉及对象现存农村低保766人、特困人员287人、全额兜底保障167人。完成退役军人体系建设基础性台账，完成200余名优抚对象生存认证。现场办理残疾人证93人，贫困残疾人无障碍改造22户，落实重度残疾人护理补贴407人、困难残疾人生活补贴292人，较上年分别增长60%、73%。养老服务体系建设，完成镇敬老院床位信息管理录入，涉及32个床位；完成8个村（社区）村规民约（居民公约）法制化审核。60岁以上享受待遇人员5006人，全年累计发放养老金53.1万余元；通过手机生存验证死亡终止待遇113人；2020年共有21343人在本地参加城乡居民医疗保险。利用省平台每周进行“短信推送”，点对点发送岗位信息2366人次；通过包车，有组织的劳务输出22人；宣传组织60余人参加全县的专场招聘会，推荐成功就业12人。

【疫情防控】 成立领导小组，制定工作方案，明确责任、细化分工，采取镇干部包组、村干部包户的方式对重点人员实施管控。通过悬挂横幅、村村响广播、宣传车等形式广泛宣传疫情防控，累计悬挂横幅400余条，发放宣传资料9000余份，劝退赈酒88起，新冠肺炎疫情得到有效控制。

【卫生健康】 办理生育服务证155本。符合政策生育率94.6%，出生率为6.7‰。落实各项节育措施。孕前优生健康检查151对。完成两癌筛查650人。调查核实并下达违法生育执法文书11份。按要求对学校、公共场所、村级卫生室每季度进行一次巡查。取缔非法行医黑诊所2家。按县要求完成每日国外出入境摸排、疫情数据报送等工作。调查核实新增奖扶对象66人。

【安全生产】 年初，与各单位签订《安全生产目标管理责任书》，形成“纵到底”“横到边”的安全管理网络。按照县安委年度工作计划和安全生产“强执法、防事故”的要求，由党政领导带队，安委各成员单位牵头共开展安全生产检查280余次，出动执法人员410人次，检查生产企业230次。组织开展“5·12”防灾减灾日宣教活动，通过悬挂横幅、电子显示屏、“村村响”广播等开展防灾减灾知识宣传，共悬挂横幅、标语80多条，发放宣传海报400余份。组织开展“安全生产月”进校园宣教活动，现场共有200多名学生参加，发放宣传资料1000余份。

【综治维稳】 紧紧围绕上级工作会议精神，以平安建设为主导，以综治维稳为重点，充分履行职责，全面维护社会稳定，维稳及信访工作卓有成效。一是严格落实责任。对上访事件实行责任制，领导包察，明确到人，对重点人员实行村干部每天与其见面、镇干部不定期上户了解情况，成功化解积案四起，无越级非法信访事件发生，信访工作排名全县前列。二是广泛开展宣传。充分利用村村响广播，张贴法制宣传标语，组织宣讲活动，使人民群众的法律意识普遍得到增强。开展两会期间“除隐患、保稳定、保平安”宣传活动，进一普及法治、法律知识，培养居民的国家意识、大局意识、法律意识，增强全国重大活动期间居民的责任感和使命感，培养群众自发的防范意识。8月，组织镇村两级干部开展民调宣讲，悬挂宣传横幅80余条，各村（社区）成立民调宣讲小分队，召开屋场会60余次。三是加强综合治理。组织公安人员、政法干部、村干部联合夜间巡逻巡查80余次，不断提高保障社会公共安全及应对突发事件的能力，使人民群众安全感有了大幅度提高。

（石　伟）

丰家铺镇

党委书记 周　勇
党委副书记、镇长 马发明
党委副书记 张　健
党委委员、人大主席、武装部部长 黄明波
党委委员、政协联络处主任 肖国富
党委委员、纪委书记 彭一斌
党委委员 、组织委员 孙泓赡
党委委员、副镇长 邱志刚
党委委员 邓忠华
副镇长 熊祎男
人大副主席 吴海兵

【概况】 2020年，撤销丰家铺村，成立丰家铺社区。全镇人口5.3万人，总面积146.41平方千米，全镇辖檀木、洞庭、铁甲、柳溪、黄丝、龙潭、鹿溪、顺里、荆竹、包狮、笔架、杨柳、朝阳庵、燕窝、楼背、金牛山16个行政村，龙津、东岳庙、丰家铺3个社区，215个村（居）民小组。耕地面积4.3万亩，森林面积13.6万亩。

【基层党建】 一是全面完成村级换届工作，选优配强村级“两委”班子。全镇19个村（社区）通过换届调整退出村干部45人，其中支部书记9人；新进“两委”班子49人，其中女性支部书记1人，“90后”支部书记1人；村干部平均年龄44.1岁，对比上届下降9.1岁；大专以上学历43人，对比上届增加28人，实现了年龄学历“一降一升”。二是机构改革全面实施到位，优化基层机构编制资源配置。规范设置6个内设机构、5个事业单位，启用年轻站所长6名，盘活了机关干部队伍的朝气。三是强化思想建设，巩固深化主题教育成果。利用“学习强国”“三会一课”、党委理论中心组学习、主题党日活动、党员冬春训、双述双评、入党积极分子培训等平台，采取集中学习、领学宣讲、交流讨论、实地调研等方式，巩固深化“不忘初心、牢记使命”主题教育成果，强化党员干部思想建设，提升党员干部队伍素质。2020年，全镇共组织集中学习12次，实地调研4次，班子成员到所联点村讲党课累计达到20次，镇党建办到村指导多次。四是加强组织建设，规范组织生活。充分利用智慧党建平台，每月15号之前，按时足额缴纳党费，每月25号之前，完成“三会一课”“主题党日”活动的开展及上传工作。

2020年4月14日，丰家铺镇入党积极分子在湖南汉寿竹海国家森林公园开展义务清扫活动

【疫情防控】 新冠肺炎疫情发生以后，第一时间成立疫情防控工作领导小组，镇村干部、党员积极主动作为，突出开展疫情防控。召开调度会议17次，镇纪委牵头开展督查多次，发出疫情通报28期；启动“千人千车”宣传计划，制作宣传横幅1000余条、发放宣传资料3万余份；排查上报湖北及武汉回汉人员558人，查访电话1578人次，排查车辆67辆，境外人员89人，管控和确诊病例密切接触人员8人、境外回汉人员7人、北京（高中风险地区）回汉人员8人；及时对公共场所（宾馆，超市，学校，网吧，药店）进行卫生监督和疫情防控巡查，督促企业复工复查，指导其落实疫情防控要求；办理外出务工人员证明几千余份；组织全镇人员进行健康码注册，做到了健康码注册全覆盖。在县委、县政府的坚强领导下，在全镇党员干部、人民群众，尤其是村（社区）干部、卫生院医护人员、乡村医生的共同努力下，丰家铺镇始终保持新冠肺炎感染率为零的纪录，切实保障了全镇居民的生命安全和身体健康。

【脱贫攻坚】 坚持把脱贫攻坚作为2020年压倒一切的政治任务，严格按照县委、县政府的安排部署，进一步理清思路、强化责任、增添举措，切实在精准扶贫、精准脱贫上努力下功夫。2020年12月，顺利通过省、市、县各级脱贫攻坚工作验收，实现全面脱贫。一是突出脱贫质量，全力保证问题清零。建立全镇扶贫数据库，依托扶贫数据库和13本扶贫台账，对全镇1153户4221名贫困户

2020 年 5 月 26 日，丰家铺镇新时代文明实践所在龙津社区易地扶贫搬迁安置点开展“乐享文化生活，助力脱贫攻坚”公益演出活动

信息进行再梳理，确保贫困户底子清晰；持续推进脱贫攻坚“回头看”常态化，在发现问题整改基础上，坚持举一反三再整改、再落实。二是聚焦脱贫任务，全力保证政策落实。重点关注未脱贫的 58 户 159 人，分类施策，逐户逐人落实帮扶措施，确保全面脱贫；建立覆盖 1153 户贫困户的政策享受一览表，对家庭收入、住房安全、健康扶贫等问题进行重点关注，化解返贫风险。三是稳定脱贫成效，全力保证群众增收。坚持把产业扶贫作为贫困群众稳定增收的重要举措，加大产业扶持力度，进一步完善利益联结机制，确保贫困群众有产业覆盖、有稳定增收。四是强化结对帮扶，全力保证工作开展。结合实际调整结对帮扶队伍，组织开展帮扶责任人培训，有效加强帮扶责任落实和帮扶业务工作的指导，督促结对帮扶责任人全面开展脱贫攻坚“回头看、回头查、回头帮”工作，对贫困户“两不愁、三保障”及饮水安全等落实情况进行了逐一上户核实，做到底数清，情况明。

【民生工程】基础设施不断完善。整修升级小（2）型水库 13 座，清淤除险山塘 26 口，清淤县级河道 7 公里。申请养护资金 28 万元，对所有水库进行集中砍杂，处理了青龙碑、西冲水库险情。完成水库安全鉴定 7 座，对所有小一型水库安装视频雨水情监控系统，打造样板河道二条，对合心垸、龙咀河部分岸坡进行衬砌。总投资 100 万元，对全镇所有的安全饮水遗留问题进行了处理；组织验收了 2019 年和 2020 年的移民扶持项目。

【重点项目】 完成 S224 丰家铺镇集镇段白改黑、下水道改造和人行道新建项目，集镇面貌焕然一新；投资超 265 万元新建龙津农贸大市场，彻底消除马路市场安全隐患，进一步规范农贸市场秩序。在鹿溪、黄丝两村新建 150 亩湘莲基地；在笔架等村发展稻虾、稻鱼、稻蛙养殖 2000 亩；在鹿溪、铁甲等村发展竹笋 500 亩，建立南瓜、辣椒等蔬菜基地 500 亩，开启产业发展新篇章。

【惠民政策】2020 年共落实一次性就业扶贫 83 人、专项资金 25 万元；解决公益性岗位 113 人，落实岗位津贴 42 万；落实建档立卡贫困户交通补贴 216 人、8.5 万元。对医保、养老保险工作启动全员动员、全部建档、全民普查、全员覆盖，使电脑、纸质档、县乡村实现“三线合一”。2020 年医疗保险实现百分之百全覆盖，养老保险进行信息采集 65002 户、51235 人，收缴覆盖 98%，为 2021 年全覆盖打下坚实的基础。

【医疗卫计】 组织对全镇 740 名奖扶人员、80 名特扶人员和 3 名手术并发症对象进行年检；完成两癌筛查 1045 人，超额完成任务；协助卫生监督局对全镇 40 多个卫生室、诊所进行巡查，对黑诊所进行严厉打击和查处；培训指导各村开展生育证网上办理，大大增加育龄群众的获得感和幸福感。

【教育事业】 全年全镇累计教育捐赠数额达 210 万元，位居全县各乡镇第一；镇梅溪教育基金会发展规模持续增大，为丰家铺镇教育事业的发展提供了资金保障，促进了全镇教育质量的提升；2020 年考入汉寿一中学学生 35 人，考上师范生 8 人，实现了历史新高；丰家铺中学被汉寿县教育局评为 2020 年目标管理先进单位，东岳庙中学被汉寿县教育局评为 2020 年常规管理先进单位。

【人居环境】 大力开展村庄清洁行动。组织各村（社区）完成清理各种生活垃圾 5500 余吨；公路沿途除杂砍草约 165 千米，渠道清淤修整近 115 千米，清理山塘水库白色垃圾 77 座，教育处罚露天焚烧秸秆垃圾 37 人次。开展垃圾分类工作，成立丰家铺镇生活垃圾分类工作领导小组，明确专人具体负责组织辖区或者单位开展垃圾分类工作，确保工作有序推进、取得实效；以六个垃圾分类减量村包狮、龙潭、柳溪、笔架、金牛山、丰家铺为试点，进行分类设施配置、沤肥池建设等各项垃圾分类减量工作，有效减少垃圾清运量。大力改善居住环境。在三个示范点村公路沿途绿化带种植苗木8000余棵，种植草皮1.5万余平方米；以示范点村为抓手，以点带面进行大面保洁和最美公路、美丽庭院建设；全面推进“厕所革命”工作，实行改厕729户，累计投入资金58.8万元。

【农业农村】 一是全力保障粮食生产。进行早稻集中育秧，落实上级分配的早稻任务面积；开展全镇耕地污染调查，及时上报各类数据；摸排全镇荒田情况，确保无耕地抛荒现象；核查耕地地力补贴资金违规发放问题并及时进行整改；完成“稻油”模式试点工作的摸底调查和合同签订，共有16个种植大户参与，累计播种油菜3879亩。二是积极推进产业扶贫工作。上报2020年产业扶贫的相关企业，申报2020年产业扶贫资金，完成2020年新增产业扶贫帮扶贫困户的合同签订，完成所有产业扶贫帮扶贫困户2020年度的生产物资及产业分红发放，并对其进行了技术培训与指导。三是集中开展农村集体资源专项巡察活动。由镇经管站和镇纪委牵头对全镇19个村（社区）的集体资源发包情况进行了专项巡察，对发现问题及时进行整改，最终解除口头合同2份，规范合同文本15份，提高经济效益合同一份，有效维护了村级集体利益。

【安全稳定】 加强安全生产宣传力度，营造安全生产氛围。累计投入30多万元，印发宣传单3万余份，宣传画册2万余份，张贴宣传标语2百余条，悬挂宣传横幅100多条，制作大型户外宣传栏10块、小型不锈钢宣传牌120块，基本保证了村村都有宣传栏、组组都有宣传标语；利用村村响广播，在全镇各村社区、学校、企业、家庭、公共场所等广泛宣传自然灾害、事故灾难和公共卫生等应急常识；以“安全生产月”活动为契机，先后出动宣传车80台次，召开大型安全生产宣传会4次，做到家喻户晓。强化应急体系，完善各项预案。制定《丰家铺镇突发事件总体预案》，各站所、村（社区）制定相关预案，在镇安监站备案；与镇武装部一起建立应急队伍，开展森林防火、防汛抢险、山体滑坡、危险化学品应急演练，提高突发事件应急反应配合能力。强力推进信访维稳，确保社会和谐稳定。全年受理县长热线交办件43件，全部办结；办理回应网络舆情3件，受理群众来访46次，网信回访调查满意率达100%；平安创建工作创有新成绩，平安指数每月均在90分以上；雪亮工程新建和维修全部完成，对每个摄像头进行规范命名；禁毒工作有新进展，开展6月禁毒宣传活动月系列宣传活动，在镇机关、丰家铺中学、檀木村分别开展专题活动，对社戒社康和社会面吸毒人员情况进行摸排和梳理，社戒社康人员档案全部建立完善。

（杨　亮）

太子庙镇

党委书记、汉寿高新技术产业园区党工委书记	吕孝胜
党委副书记、镇长	张建军
党委副书记	粟　龙
党委副书记（试用期一年）	蔡元森
党委委员、人大主席	刘开来
党委委员、政协联络处主任	汪　燕
党委委员、纪委书记	杨成梁
党委委员、组织委员	刘　彪
党委委员、副镇长、武装部部长	曾　艺
党委委员	刘大义
副镇长（无党派）	徐纪宏
人大副主席	姚必霞

【概况】 2020年，太子庙镇辖排形、龙津、涂家段、吉庆、永兴、太安6个行政村，太子、倒流坪、左家庵、马嘶桥、竹子碑、天星、黄福7个社区居委会，镇区面积81.38平方千米，总人口3.32万人，集镇常住人口2万人（含企业工人）。镇政府下设党政办公室、党建办公室、纪委办公室、经济发展办公室、社会事务办公室、自然资源和生态环境办公室、社

2020年2月2日，鑫广国际大酒店被设定为太子庙镇与武汉人员密切接触者的集中隔离点

会治安和应急管理办公室、政务服务中心、社会事务综合服务中心、农业综合服务中心、综合行政执法大队和退役军人站，共有在编机关事业干部职工 61 人。

【基层党建】 一是狠抓党员教育管理，通过三会一课、主题党日活动、远程教育等方式，促使党员自觉净化思想，提升政治站位。二是注重后备干部培养。6 月出台《太子庙镇村级后备干部选聘方案》，建立完善的村级后备干部选拔、培养、考核、任用机制，优化村干部队伍年龄结构，解决村级后备干部“后继乏人”的问题。三是深化支部“五化”建设。镇党委严格按照要求对下辖村（社区）党组织运行情况进行排查，对排查出现的问题限期整改。全面推行“党建+微网格”工作模式。四是活用智慧党建平台。继续推进“互联网+政务”下沉事项办理，为基础公共服务“一门式”全覆盖打下坚实的基础，加快实现党务、政务、商务“三务”合一的目标。

【项目建设】 始终把项目建设牢牢抓在手里。截至 10 月底，金康路、龙太路项目完成征地、青苗补偿、倒房等工作，待修建资金明确，即可动工修建。常德市东部生活垃圾焚烧发电厂进厂道路竣工，主厂房正在施工。太子化工二期项目完成腾地。两康家园项目，1—8 栋已陆续开工建设；金康路、龙富路、龙太路完成用地征拆补偿；高铁项目太子庙段完成环保线内的房屋拆迁，将全力以赴协调处理好项目建设中的一切矛盾，营造最优的环境，支持施工队伍尽早完成项目竣工。华乐国家农业产业融合示范园项目，进园道路竣工，核心基地正在建设。

【脱贫攻坚】 年内，进行 4 次贫困户动态调整，共计增加 9 人，其中迁出 31 人、新纳入 40 人。投入 201.92 万元，改造危房 96 户，改厕 149 户，有效保障贫困户住房安全。为贫困户提供 80 个公益性岗位，覆盖 64 户的小额信贷共计 290.5 万元，完成 100 万元消费扶贫任务，完成社会扶贫户帮户、亲帮亲 842 条，“两有”人员实现产业扶贫全覆盖。实现脱贫的贫困户共计 54 户、151 人，贫困人口全面清零。对 2014-2019 年已脱贫户 743 户、2676 人进行全面复核，对已退出贫困村的金孔村、涂家段村进行复核，通过积极探索建立防止返贫监测和帮扶机制，采取针对性措施，保证“脱贫不脱政策”，坚决巩固脱贫攻坚成果，确保高质量完成脱贫攻坚目标任务。

2020 年 3 月 6 日，华乐国家农村产业融合示范园举行开工典礼

【乡村振兴】 基础设施建设及维护。投入 22 万元建设水利工程，修整山塘 30 口，清淤渠道 1.8 千米，养护水库 49 座。投入 23 万余元对 319 国道及周边街道的雨污水井盖等市政设施进行维修。人居环境整治。一是建立明确镇村干部包组、保洁员包路段、党员包农户、农户包房前屋后和田间地头的四级责任包保体系。二是开展有效的专项整治行动。3 月，开展人居环境专项整治月活动，全镇依靠“户分类、村收集、镇处理”的模式清运垃圾 2150 车、2800 吨到压缩站集中处理，基本上做到每天生活垃圾及时清运集中处理；开展“牛皮癣”小广告专项清理工作，通过一个月的清理，铲除墙体广告 650 多处，清理公共设施“牛皮癣”1150 处，收到很好的效果，常德电视台综合频道对此进行了报道。三是吸纳社会力量参与。成立 16 个村级人居环境整治卫生协会，吸收大批五老人员参与，他们对村（社区）环境卫生的监督作出了显著贡献。

【环境保护】 一是重拳整治“散乱污”企业。通过公安、环保、工信等部门联合执法，共端掉 3 家樟脑油生产窝点。二是治理水污染。要求所有企业上环保措施，达到排放标准，对偷排乱排造成污染的企业，镇环保站联合工业、安监、派出所等部门联合执法，予以取缔。

【治理大气污染】 出台蓝天保卫战工作方案与奖惩制度，成立三支巡查队伍，第三方巡查队、镇干部由党政领导带队轮流排班巡查队和村干部摩托车巡查小分队，进行无死角、无间断巡查。逐级签订责任书、分组包片压实责任。发现一个火点处罚当事人五百元，写出检查，并在村广播和微信群播报，扣除包组村干部相应绩效。全年处置火点 145 个，处罚当事人 95 人次，罚款 2.12 万元。

【安全稳定】 平安建设工作常态化，严防重大风险，维护社会稳定，压实责任边界，落实追究制度成为重点工作内容。为防范化解重大风险，坚持例行检查和专项行动两手抓，对涉及群众安全的重点领域进行整治，取得有效成果；疫情防控。年初，接上级通知后，第一时间开展排查走访和出行管制工作，较早地发现首例病例，将影响控制到最小。在随后的三四月份，全力排查返乡人员，没有再发现一例确诊病例。随着秋冬季节的到来，为应对可能出现的第二波疫情，镇里及早部署疫情防控工作，坚决保护人民群众的生命健康；防汛抗旱。年初制定工作方案，对全年工作进行统筹部署。面对汹涌的夏季洪水，镇防指责令专人展开全面摸排，启动防汛应急物资储备工作，有效减少了人民群众生命财产损失；交通建设。积极开展节假日联合执法行动，每逢节假日安排分管领导带领全镇干部和村干部上路巡逻确保道路畅通；校园安全。强化学生安全教育，组织开设学校安全知识教育课，每季度授课 1 次，实现校车接送全覆盖，明确校车管理机制，确保学生出行安全；烟花爆竹管理。严格证照审核，严格按规定要求进行审核，不达标的坚决不发证，同时加大打击非法售卖行为，进行 2 次升空类烟花爆竹专项整治行动，累计收缴价值达 2.3 万元的违法销售烟花爆竹，实现辖区禁售升空类烟花预期目标。

维护社会稳定，对违法犯罪行为进行严厉打击。对信访矛盾采取“研判预防、及早介入、彻底化解”的策略。2020 年是扫黑除恶专项斗争的结尾之年，镇里对照上级工作要求，对重点行业、重点领域深入开展线索摸排，对群众反映强烈、突出的问题进行查实，严防在人员密集场所滋生事端，严控涉黑涉恶案件发生。坚持信访矛盾纠纷调处包案制度。对一些比较突出的矛盾纠纷，落实领导包案制，集中时间、人力，着手解决处理。切实抓好涉稳重点对象的包保稳控工作，做好“特护期”值班备勤工作，严格落实“五包一”责任制，认真组织包保稳控工作。坚持信访矛盾形势分析评估制度，镇综治办坚持每季度对全镇信访矛盾形势进行分析评估，对可能发生的群体上访苗头提前介入，安排人力，努力将矛盾纠纷化解在萌芽状态。

【华乐国家农村产业融合示范园举行开工典礼】 2020 年 3 月 6 日，华乐国家农村产业融合示范园（以下简称“华乐项目”）举行开工典礼。

华乐项目地跨太子庙镇排形村和太安村，规划总占地 5000 余亩，总投资 4.8 亿元，项目建成后预计年营业收入可达 1.46 亿元，能有效推动本地生猪养殖行业发展，促进行业优化升级，同时提供大量就业岗位，增加农民收入，增加地方税收，经济效益和社会效益均较明显。

（杨志伟）

崔家桥镇

党委书记	罗喜美
党委副书记、镇长	邓元祥
党委副书记	李旭震
党委委员、人大主席	邓永良
党委委员、政协联络处主任、武装部部长	王吉文
党委委员、纪委书记	袁　贵
党委委员、组织委员	曾庆明
党委委员、副镇长候选人（试用期一年）	徐　佳
党委委员（试用期一年）	何　航
副镇长	方第元
人大副主席	廖　霞

【概况】 2020 年，崔家桥镇镇域面积 152 平方千米，辖 19 个村、3 个社区，人口 5.8 万。镇政府下设 6 办 7 站 1 大队，即党政办、党建办、经济发展办、社会事务办、自然资源和生态环境办、社会治安和应急管理办、农业农村综合服务站、民政和社会保障站、农村经营服务站、安全生产监督管理站、文化站、水利管理站、退役军人服务站、行政综合执法大队，共有在编在职机关事业干部职工 88 人。

【脱贫攻坚】 崔家桥镇是常德市脱贫攻坚一类乡镇，亦是汉寿县脱贫攻坚主战场。2016 年贫困人口 1160 户 4121 人，2020 年年初贫困人口 91 户 259 人，贫困村 5 个，200 人以上的非贫困村 3 个。镇党委政府坚持按照“识别精准、重在落实、成在持续”的总体原则，狠抓“精准识别、精准帮扶、精准管理”，五年脱贫率达到 93.7%。2020 年全镇 1160 户贫困户 4121 人全部脱贫。一是狠抓“精准识别”，筑牢工作基底。确保识别全覆盖，做到“三个务必保证”：保证不错漏一户贫困户，保证准确识别“六类人员”，保证每一户贫困户达到“两不愁三保障”；确保过程全公开。由镇脱贫攻坚责任组组长牵头，逐一自然村召开群众大会，公开评议、张榜公示，确保群众满意；确保上下全联动。通过开展脱贫攻坚问题专项整改、“空城行动”等活动，采取县、乡、村三级上下联动，帮扶责任人、脱贫攻坚工作队与村组干部集体审核的方式，对户卡、村簿、乡档逐一校对、相互印证，为精准帮扶打牢基础。二是狠抓“精准帮扶”，群众整体满意。易地搬迁有保障。2016年以来，相继建成连家坝、姚家、毓德铺、李家冲4个集中安置点，共安置贫困户260户900人，其中连家坝安置小区为常德市最大易地扶贫安置点。为让贫困户“搬得出、留得下”，为安置点配套健身设施，规划经营店面，划分环保菜地，组织贫困户推选成立管理委员会，把为群众服务落到实处；产业帮扶增收入。大力推广“四带一”“合作社+贫困户+协议”“委托帮扶+贫困户+协议”“劳务输出+贫困户、电商+贫困户+协议”点位扶贫模式，逐步形成“户户有增收项目、村村有主导产业、乡村有特色基地”的扶贫新格局。成立稻虾养殖、林下养鸡、中药材多个农民专业合作社，稻虾养殖规模达3000亩；注册“观云山”牌茶油、土鸡农产品等商标；依托镇电商龙头企业开展的农产品电商销售平台已经开通；红兴集中光伏农场帮扶成效明显，年分红超百万元（第一批75万元、第二批26万元）；新增利君种养合作社等4个产业合作社参与帮扶，签约贫困户300户，贫困户产业发展入股分红覆盖率达到100%，有效促进贫困户增收；结对帮扶强联结。严格压实干部结对帮扶责任，每月每人开展一次以上上户走访，及时了解贫困户日常需求，将各项政策宣传到位，对于常年不在家的贫困户保持电话联系。组织年轻力量，成立贫困监测队伍，全年开展对村（社区）的循环检查，脱贫攻坚各项工作季度排名后三名村（社区）由镇纪委约谈并通报，下达整改通知书落实整改到位。三是狠抓“精准管理”，扶贫成效可持续。筑牢救助体系。进一步完善以最低生活保障、特困人员供养、受灾人员救助为主体，以医疗救助、教育救助、住房救助、就业救助、临时救助为辅助，以社会力量参与为补充的救助体系，增强脱贫攻坚合力；强化政策衔接。会同上级扶贫办对贫困人口进行全面排查，对于家中无劳动力、无经济来源的人群通过增加低保、兜底保障、残疾人办证等政策性落实保障其基本生活，通过增加产业利益联结的方式增加收益帮助脱贫；配强产业建设。对贫困人口100人以上由镇派工作组驻村帮扶的村进一步选优配强工作组，加强贫困村和有驻村帮扶工作队的村集体经济建设，为村集体增收创收，解决了李家冲、连家坝社区没有集体收入的顽固问题，现5个贫困村皆已顺利脱贫摘帽。

【疫情防控】 自年初新冠疫情发生以来，党委、政府始终将疫情防控作为头等大事来抓，自觉打起“守一方平安、促一方发展”的政治责任，坚持把人民生命健康安全放在第一位。一是强化组织领导。迅速成立疫情防控工作领导小组、应急指挥小组，制定联防联控工作方案，建立横向到边、纵向到底的全覆盖责任网络。

二是强化舆论宣传。运用多渠道开展疫情防控宣传，利用“村村响”、“宣传车”、横幅标语、手机短信、微信群等多种形式的宣传手段，广泛开展对疫情知识的健康教育宣传，增强群众对疫情的科学认识和自我防范意识。三是强化措施管控。从1月23日（腊月二十九）开始，全体镇干部、村（社区）干部、卫生院工作人员全部力量下沉，开展地毯式排查，共计排查武汉返乡人员400余人。全力抓好疫情防控常态化工作，下半年，排查重点地区人员100余人。加强宣传，对集镇农贸市场、商场、学校等重点场所的疫情防控工作常抓不懈，安排专人负责，对涉外及高风险地区返乡人员要实行日报告制，加强管控，维护人民群众的生命健康安全，持续做好复工复产工作。

【项目建设】 高铁建设。常益长高铁建设项目作为省市县重点项目，途经镇域大桥、蔺家山、永固和毛家冲四个村，总里程9千米，共计应拆迁房屋90栋，其中红线内43栋，环保线内47栋，红线内应迁坟墓372座。上半年，红线内、环保线内最终确认拆迁房屋59栋，全部签约倒房；下半年，环保线外拆迁31栋，11月所有应拆房屋全部倒房；红线内346.62亩全部交地，红线内应搬迁坟墓全部完成

2020年4月7日，崔家桥镇积极做好学校复学各项工作

迁移。没有统一修建安置点，没有统一购置阴地，全部分散消化，为项目节省了宝贵的资金。小微企业创业园。全镇现有小微企业73家，涉及农副产品加工、电子、服装来料加工、中药材生产与初加工、建材加工等行业。年初，根据市政府、县委主要领导指示，拟在原三和粮站地块打造崔家桥镇小微企业创业园。支持小微企业生产更加规范，规模更加攀升，环境更加优化，信心更加足实，走出一条政府扶持、企业投入、就地放养、带活当地的小微企业发展试点路子。创业园勘测、评估工作已全面完成，涉及13间临街铺面已全部关停搬迁，完成了相关品补，待县产业办组织挂牌出让后就可开工建设。集镇立面改造。改造项目现已经评审、招投标等程序，施工内容包括：039县道、319国道的立面改造，改造内容为外立面门窗改造、规整空调室外机、广告位改造及外墙面改造等，年底全部完成。项目完成后，集镇面貌将焕然一新，店铺经营统一规范、井然有序，成为319国道上的一道亮丽风景。

【农业农村】 一是人居环境整治持续发力。自崔家桥镇被定为常德市人居环境整治试点乡镇以来，全镇上下齐心协力，坚持把农村人居环境整治工作当做第一政治任务来抓，把打造G319生态经济带当作第一目标来抓，把做好人居环境整治试点工作当做第一使命来抓，在全镇内掀起人居环境整治热潮。镇容村貌焕然一新，农村人居环境得到较大改善，农村生产生活条件明显提高，群众生活幸福感、满意感得到大幅度提升。上半年，落实评比常态化，镇人居环境整治办联合相关站所对22个村（社区）开展人居环境整治评比，评比促落实，落实促常态化。督导落实集镇大面保洁，让水更清、草更绿、天更蓝。

崔家桥镇城建站、人居办发动新时代文明实践志愿者开展集镇大面保洁、牛皮癣清理、出店经营、庭院整治等重点工作，重拳出力整治人居环境

二是坚决打赢“蓝天保卫战”。印发崔家桥镇2020年蓝天保卫战工作方案、制定崔家桥镇禁止焚烧秸秆、垃圾专项整治工作实施方案、成立秸秆禁烧巡查小组，镇干部四人一班，利用“村村响”、巡逻车播放宣传音频，全天候、不间断下村入户对群众广泛宣传垃圾分类、秸秆禁烧知识，让群众知晓不能烧、不敢烧。三是稳步推进垃圾分类减量工作。大西村、东花村、蔺家山村、荷花村、和平村、毛家冲村、龙潭村、白鹭寺8个村作为垃圾分类试点村。通过召开党员大会、屋场会，发放垃圾分类宣传单，制作垃圾分类知识栏宣传栏，利用“村村响”等宣传手段进行广泛宣传；配备分类垃圾桶、挖设沤肥池实行垃圾分类减量，对于可回收的垃圾由村保洁员上门回收，各村垃圾明显减少，群众参与度百分之百。8个试点村共配备分类垃圾桶3274个，挖设沤肥池300余个。11月，全镇其余14个村（社区）垃圾分类减量全部纳入推广村。四是全力保障种养业目标任务完成。大力发展粮食生产，全年种植双季稻48200亩，引导农民“压单增双”，提高经济收入，全镇57000亩水田没有抛荒现象；支持兴旺、昌隆牧业，新扩建生猪养殖面积5000平方，完成县下达的两处生猪监测点养殖任务；推动各村（社区）种植花椒3000亩。

【民生工程】 一是劳动保障惠民生。截至11月6日，新增农村就业500余人，新增城镇就业人员275人；发放就业失业登记53本，年审89本；新增创业担保贷款1户15万元，组织5场大型招聘会，发布就业信息300余条。为贫困户申报交通补贴304人8.84万元，一次性求职补贴381人11.43万元。开发扶贫公益性岗位110个，完成贫困家庭两后生技能培训5人，在镇境内组织一场养老护理技能脱贫培训班，帮助41名贫困劳动力掌握了一门技能并推荐工作。对全镇所有贫困户建档立卡劳动力信息1862人再一次进行全面的摸底核查。农村居民社会养老保险参保29695人，其中新增参保541人，已缴20871人，收取保费530万元，待遇人员20000人，发放待遇200万余元。完成养老认证1万余人，解决出行不便及后顾之忧。2020年医疗保险参保50782人，对全镇所有贫困户医保未标示人员进行清理和相关的资料佐证。二是民政救助扶民生。现全镇城市低保共63户73人，农村低保（含兜底）973户1402人，城乡特困人员共561人，新增9名符合特困人员条件人员，为127人上报临时救助，发放救助资金42.94万元。为17名对象申报60周岁以上退伍军人补贴，为2名对象申报带病回乡军人补贴，共为全镇1322名烈军属和退伍军人发放光荣牌。为39名90岁以上老人申报高龄生活补贴，增补符合条件人员49人。截至11月，全镇享受重度护理补贴残疾人682人，享受困难生活补贴残疾人299人。三是卫健工作稳民生。全镇已婚育龄妇女10311人。出生总人口436人，出生率为7.25‰。其中政策内出生415人，符合政策生育率95.18%，出生多孩44人，多孩出生率10.09%。其中政策外多孩21人，违法多孩生育率4.81%。上报2020年新增奖扶28人（特扶6人），奖扶年审844人（特扶60人），将流动人口纳入基本公共卫生和计划生育服务范围。四是社会管理保民生。加强综治中心平台建设，镇村两级已全面建成23个规范化综治中心（镇级1个、村级22个），设置了“一厅五室”办公场所，统一标志标识和制度上墙内容。全镇22个村（社区）已全面建成雪亮工程平台，村级摄像探头195个，利用雪亮工程成功查获案件15起，其中交通事故5起。五是经营管理为民生。完善农民建房审批流程，共申请建房有219户，经各部门进行现场勘查后对照选址要求以及相关规定，共批准建房167户。开展村级财务清查和审计，全镇22个村完成2017年1月1日至2020年7月31日的期间的财务收支、公益事业项目建设等其他经济活动审计，共清查资金收入总额10334.09万元。第七次人口普查，通过前期宣传、中期培训、定期指导、后期核查四个方面的努力，现已摸清全镇共55649人，率先的完成县人普办下达的人口普查前期工作任务。

【基层党建】 发挥党建引领作用和党委凝聚力，积极谋划党建示范片工作。年内，为全面落实美丽镇村建设规划，结合汉寿县打造“党建+微网格”示范点建设工作要求和崔家桥镇实际，在全镇范围内创建党建示范片。党委书记在各村（社区）进行现场调研，了解各村（社区）党建工作情况，就党建示范片工作提出了相关的要求；召开党政联席会议专题研究党建示范片工作，初步形成以党政班子成员为组长的四个领导小组，采取包片的方式进行打造，要求每个片区要有相应的特色并形成自身的具体方案。党员当先锋，积极投身疫情防控。1月，新冠疫情发生后，全镇各村社区纷纷成立党员先锋队，不顾自身安危，在疫情防控初期，协助村支两委，并捐款捐物，积极活跃在疫情防控的工作岗位。利用党员信息平台宣传防控知识，向群众宣传勿走亲访友，在家自我隔离。发动党员主动向社区报告返乡亲友的隔离情况。成立党员先锋队22个，发动全镇2036名党员为武汉捐款，共计捐款近20万元。大力推进“一门式”服务工作。上级单位多次来崔家桥镇调研“智慧党建”政务下沉暨一门式服务工作。各村（社区）已完成多例老年人证办理和残疾人证办理，同时社保、医保、电费均在各村（社区）智慧党建便民服务大厅设立缴费点，正在逐步实现“群众少跑腿，数据多跑路”的目标。开展农村党员整顿排查工作，下半年，开展2012年以来农村发展党员的排查整顿工作，经排查，全镇有54名党员存在“带病入党”问题、严重违反入党程序等问题。

（王　琴）

军山铺镇

党委书记　瞿　富
党委副书记、镇长　杨　雯
党委副书记　王庆国
党委委员、人大主席　刘文兵
党委委员、政协联络处主任（试用期一年）　管乙军
党委委员、纪委书记　余德祥
党委委员、组织委员　王家齐
党委委员、副镇长　温雯博
党委委员、武装部部长　刘秋军
人大副主席、县妇联副主席（挂职）　黄晓慧
副镇长　刘伏芝

【概况】 2020年，军山铺镇总面积70.2平方千米，其中耕地1.8万亩、山林5.8万亩、水域1万亩、水田2.1万亩、旱土约2600亩、水库12座，其中小（二）型11座，中型水库1座。辖王家堤村、万寿桥村、七星桥村、老鸦塘村、祝家仑村、太常山村、青峰村、杏花村和新乐社区，197个村民小组，7233户、26553人。

【党建工作】 坚持党建引领，狠抓队伍建设。一是聚焦主责主业抓落实。强化政治担当，压实主体责任。党委书记认真履行基层党建第一责任人职责，全年主持召开15次专题党委会研究部署党建相关工作，组织业务培训开展工作推进会10次。强化责任担当，落实巡察再整改，对县委、市委巡察组指出的问题进行再整改。严格落实党支部“三会一课”、主体党日活动，着重抓好四项重点措施，党委书记带头参加支部举办的各项活动。开展理论中心学习组集中学习讨论8次，以意识形态为内容讲党课5次，多次组织机关支部党小组学习、组织

2020 年 11 月 1 日，军山铺镇政府全体干部到毛泽东广场开展主题党日活动

镇村党员干部观看学习类视频、理论知识学习等。

【民生工程】 立足实际，因地制宜，发展镇域经济。根据山丘乡镇特色，因地制宜发展绿色、环保特色种养产业、现代农业，依靠发展绿色经济带动群众致富，保护绿水青山。抓住红色旅游发展新机遇，进一步挖掘本镇“汉益沅联区苏维埃政权”红色旅游资源，完善配套设施建设，打造红色文化主题。结合自然资源和民俗文化特点，配套开发文化体验、生态休闲等体验项目，带动农民增收，积极争取项目支持。紧紧围绕国家宏观政策和发展规划，围绕产业发展、基础设施、社会事业、民生工程建设，加强项目储备，抢抓机遇，主动作为，加大与上级部门、单位沟通衔接，争取项目资金，努力破解资金瓶颈，全面推进经济社会发展；完善城乡基础设施。积极向上争资产争项，加大财政投入，扩大基础设施公共服务供给，加强水利、交通、污水处理等基础设施建设。2020 年，对陈家冲、余家冲等 10 座小（2）型水库进行除险加固，继续推进农村公路硬化、扩宽工程 3000 米。

【人居环境】 以“三面五清”为重点，将墙面、路面、水面的垃圾进行彻底清除，推进“厕所革命”，推广垃圾分类，突破三改重点，改厕所，改圈栏，改陋习，从源头减少影响农村人居环境的现象和不文明行为，打下提升镇域人居环境整治的良好基础。注重“三治”焦点，一是治私拉乱搭的管线，二是治乱搭乱建、乱停乱摆的街道，三是整治店外经营、摆摊设点的市场。打造“四化”亮点，即绿化、美化、亮化、净化。在军蒋沿线、319 国道路段集中清除垃圾，提高道路两边绿化面积覆盖率。对全长 19 千米的环镇公路进行护肩、植绿种花，打造农村美丽风景带。打造王家堤、万寿桥村人居环境整治及秀美庭院示范点。在县委、县政府的支持下，开展集镇提质改造。一是进行军山铺互通口整体改造，征地 3.98 亩新建互通口临时休息区，新增出口车道 4 条，缓解互通口节假日拥堵问题。二是开展道路改造提升工程，在军蒋线军山铺集镇路段铺设人行道、下水道，完善绿化、亮化等配套设施。三是开展沿街立面改造提升工程，对高速互通口 54 间店面进行包括门窗更换、招牌改造和规范电力在内的整体立面改造，让街道变宽、变靓，让居民更有获得感。

【脱贫攻坚】 决战决胜脱贫攻坚战，聚焦“五个一批”“六个精准”等措施，做好已脱贫贫困户的“回头看”工作。持续落实教育扶贫、健康扶贫、兜底保障等各项政策，做到脱贫过程扎实、脱贫结果真实、脱贫成效经得住事件和历史的检验。全镇贫困户 552 户 1881 人，其中 2020 年脱贫 30 户 72 人，至 2020 年年底，贫困户全部实现脱贫。2020 年，通过组织村自

汉益沅联区苏维埃政府革命历史陈列馆

查、村级交叉检查等方法着重对“一超过、两不愁、三保障”问题进行彻底清查。共发现并整改完善贫困户人口信息不一致74人次，修缮加固房屋39栋，改厕改厨175户，残疾人新增办证50人，低保新纳入21户41人、提标20户50人，新增产业扶贫127户440人，就业扶贫技能培训49人次，享受务工交通补贴101人。

【污染防治】 牢固树立“绿水青山就是金山银山”理念，继续开展环境突出问题大排查大整治，实现镇村环境整体提升。全力推进污水处理厂建设任务，完成污水处理厂4.98亩征地及青苗品补，新建进场道路，厂区组合池浇筑施工基本完成，主管网建设进展顺利，同步推进农户三格化粪池和配套入户支管网建设。完成青峰村田家湾—王家段组、太常山村合盘洲—后丰湾组两条5千米长的农村黑臭水体改造任务。加大颜家庙水库“千人万吨”级饮用水源保护，对周边76户农户进行改水改厕、垃圾分类，确保农村饮水安全。全力推进万寿桥村422户改厕任务，已完成322户。常态化开展秸秆禁烧和综合利用工作，利用村村响广播、流动宣传车开展秸秆（垃圾）禁烧工作，强化对群众宣教。制定镇秸秆（垃圾）禁烧奖惩办法，压实镇村两级责任。按要求关停散乱污企业6家，并将全镇22家规模养殖户、41家中小专业户纳入粪污资源化利用项目。

【综治维稳】 镇党委、政府从思想上高度重视综治维稳工作。扎实开展扫黑除恶、综治民调、信访维稳工作。深入开展平安乡镇创建工作，严密防范和严厉打击各类违法犯罪行为，全力维护社会和谐稳定。2020年共平息信访案件8起，确保社会稳定。强化安全生产责任，深入开展安全生产大检查，坚决遏制重特大安全事故发生。完善应急管理体系，提升防灾减灾能力。坚持防汛抗旱两手抓，扎实准备，最大限度减轻灾害损失。树立安全生产底线思维，深化隐患排查整治，着力解决突出问题。对农户自产自销形成的马路市场作为整治的重点，按要求予以取缔，并安排日常值班值守，确保群众出行畅通、生命财产安全，被评为2020年常德市安全生产工作先进单位。

（帅　琴）

龙潭桥镇

党委书记	唐宏志
党委副书记、镇长	袁　杰
党委副书记	肖　博
党委委员、人大主席	张先国
党委委员、政协联络处主任	吴定军
党委委员、纪委书记	夏冬贵
党委委员、组织委员	周　韶
党委委员、副镇长	曹立军
党委委员、武装部部长	戴鹏程
副镇长	刘艳丽
人大副主席	匡稷民

【概况】 2020年，月明潭捕捞队并入石板滩社区。全镇总面积132.19平方千米，共辖16个行政村与两个社区，常住人口54200人。镇政府下设6办3中心1站1队，即党政办公室、党建办公室、经济发展办公室、社会事务办公室、自然资源和生态环境办公室、社会治安和应急管理办公室，政务服务中心、社会事务综合服务中心、农业综合服务中心、退役军人服务站、综合行政执法队。

【基层党建】 镇党委、镇政府坚持以党建统揽全局，强化党建引领作用。不断巩固“不忘初心、牢记使命”主题教育成果，组织开展“乡村夜话”“屋场会”73次，解决群众急难愁盼问题102个。聚焦党支部“五化”建设，指导或组织镇村各党支部培训46次，进一步规范“三会一课”、主题党日等活动。加强党员教育管理，组织开展“三重三讲”“党课开讲啦”等线下活动，结合智慧党建线上平台，推动党员教育立体化。2020年，龙潭桥镇智慧党建工作在全市同类党委排名第1。严把发展党员质量关，新发展党员16名，其中大专及以上学历、35岁以下占比88%。重视干部队伍建设，首创乡镇青年论坛，为45名35岁以下镇村年轻干部搭建思想碰撞的平台。2020年，4名年轻干部走上领导岗位或晋升职级。关心关爱镇村干部，贯彻落实省委“1+5”文件，投入40万元，改善食堂条件，严格落实年休假、健康体检等各项保障政策。

村（社区）“两委”换届。2020年12月30—31日，龙潭桥镇各村（社区）相继召开党组织换届选举大会，选举出新一届村（社区）党组织。整体年龄下降10.2岁，大专以上学历人数占比较上届增长20.4%，达到学历、年龄“一升一降”要求。38名同志新晋总支委员，其中35岁以下18人，大专及以上学历21人。10名同志新任村（社区）党组织书记，其中2名同志35岁以下大专学历以上。村（居）委员会换届工作正在有序开展中。

【廉政建设】 2020年，严格查办违纪案件，处置信访举报。通过清理核实，实际信访受理线索9件，2019年信访线索延期2件，办结6件，未结3件。2月，因疫情防控工作不到位，约谈赤港湾村支部书记胡某；3月，因非法采砂问题，约谈兴龙社区支部书记吴某、分管负责人周某，尧嘴村支部书记郭某、分管负责人吴某；

因干部作风问题，约谈浏浃河村干部朱某和朱某；5月，因秸秆焚烧村干部履职不力问题，约谈文武桥村蹲点干部、镇广电站长陈某和党支部书记邓某。同时多篇报道上稿市县级各媒体。

【社会民生】 镇党委、政府始终将人民福祉放在第一位。做好“两保”征缴工作。2020年，龙潭桥镇城乡养老保险参保人数1.75万人，缴费总额545.5万元。城乡居民医保参保人数4.33万人，缴费总额1040.5万元，其中政府。加强农村低保特困供养工作，为农村低保942户1325人，累计发放低保金342.5万元，集中供养特困供养户40人。就业方面，城镇转移就业完成系统中每月70%以上的转移就业任务，实现月月上报，成功为建档立卡贫困人员转移就业13人，交通补贴申报253人，发放金额73300元；创业补贴申报242人，申报金额72600元，创新创业申报3名。以兴水，修路为重点，抓好基础设施建设。清淤整修山塘48口，疏浚各类淤塞垮塌渠道近400千米，投资八百多万元启动向阳垸大堤3000米护坡工程。硬化道路158千米，拓宽道路路基18千米，修补破碎板2500平方，道路拓宽35千米，其中官兴障大桥龙潭桥西接线拓宽建设，惠及龙潭桥镇、岩汪湖镇、崔家桥镇沿线居民，缩短入城时间。大力支持教育事业，响应教育强县号召，呼吁镇各界人士向县教育基金会捐款90.25万，超出捐赠定额50.42%。

【脱贫攻坚】 2020年，龙潭桥镇建档立卡贫困户635户2153人全面脱贫。收官之际，镇党委、镇政府积极开展问题排查、整改、清零行动，集中解决住房、安全饮水、教育、基本医疗等领域突出问题200余个。实现饮水安全、健康扶贫、产业扶贫、驻村帮扶全覆盖，形成以菊花、蔬菜、中草药种植等传统种养业为主导产业的扶贫体系。主要政策措施不刹车，驻村工作队不能撤。现有驻村工作队员41名，其中市派4名，县派21名，镇派16名，继续为全面脱贫与乡村振兴的有效衔接贡献力量。

2020年10月28日，县委书记车世忠（左一）到龙潭桥镇唐家桥村察看桃花岛蔬菜种植基地

【防疫抗洪】 2020年1月，新冠肺炎疫情发生。1月26日，龙潭桥镇村全体干部取消休假，第一时间成立龙潭桥镇新型冠状病毒肺炎疫情防控领导小组，制定《龙潭桥镇新型冠状病毒感染的肺炎疫情防控工作方案》。镇党委、镇政府为全面落实疫情防控各项措施，发动志愿者近120人次，发放宣传资料近5万余份，出动宣传车近800台次，设置服务点60余处，购买防护及消杀用品约15万份。3月，疫情防控取得阶段性胜利。2020年7月9日，汛情爆发，防汛Ⅱ级应急响应启动。全镇共调配镇村干部100余人，组建基干民兵45人，在各大湖垸设立分指，6天7夜不间断巡堤，处理各类隐患、险情20处，取得抗洪全面胜利。

【生态环保】 盯紧环保整改修复。按照时序节点，完成污水处理厂建设、珍珠退养、长江禁捕退捕、秸秆禁烧等环保整改任务。2020年，龙潭桥镇率先完成污水处理厂管建设，完成铺设主管网4940米、支管网5580米。开展规模企业排污许可证网上登记工作。共完成规模养殖企业16户、自来水厂3个、加油站2个、垃圾中转站2个、污水处理厂1个、规模加工企业22户网上排污许可证登记工作。开展“千吨万人”农村集中饮用水源保护区的划定工作，对腊树湾供水厂、龙月集中供水厂、绿源供水厂水源保护区开展生活垃圾、生活污水进行专项整治。压实退养工作责任，镇村与养殖户签订包保协议，全年退养珍珠1052亩。整治违法捕捞行为，清除网箱18口，拦网4条，围网3处23亩。开展秸秆禁烧工作，特别是在5月13日-6月12日特护期间，制作墙体标语220条，签订禁烧承诺书5235份，出动秸秆禁烧宣传巡查车220台次，查处禁烧火点56个，处理违法禁烧人员22人。

【人居环境】 召开党员群众代表会、广播会、屋场会，广泛征求意见建议，每村成立理事会，制定整治方案。因村、因组、因户施策，动员群众自愿捐款。5月，龙潭桥镇共筹集群众保洁费35万元，用于人居环境整治工作。发动能人乡贤为人居环境整治做贡献。动员乡贤捐款，为镇人居环境整治工作和镇村公益事业建设捐资捐物，捐款捐物总价值100万余元。组织镇村干部、党员群众和保洁员清理垃圾死角、控违拆违、打造绿化带、开展改厕改水和垃圾分类工作，促进镇容镇貌提质升级。紧紧围绕“绿化龙阳”三年行动工作目标，修复生态环境，完成道路造林38.7千米，低效林改造2100亩，其中新建油茶片林基地3个，面积达1180亩，四旁植树10万株，庭院绿化70户，其中莲荷塘村纳入第一批国家森林村庄名单。

【基层治理】 稳步推进基层治理现代化试点，社会大局和谐稳定。做好社会维稳工作，在全镇范围内印发《平安建设调查问卷》《守住钱袋子·护好幸福家》等宣传单页共9000余份，张贴平安建设、防范电信诈骗等宣传画共300余份，对黄赌毒、盗采山砂等违法犯罪行为露头就打，其中月亮塘村获市级“无上访村”称号。开展安全生产进村入企宣传行动，组织联合执法3次，成功处置“4.3”2人落水溺亡事件，筑牢安全防线。开展信访积案化解行动，信访老户问题化解取得进展，16户野生动物禁食退养问题稳妥解决，完成47户持证渔民安置工作，落实帮扶举措。建强“雪亮工程”，投入60万元在各村（社区）安装摄像头200余个，全部接入县综治中心，全面提升群众安全感。基层公共服务一门式全覆盖落地生效，各村（社区）均设置好差评服务器。2020年共受理办结事项2000余件，其中城乡居民基本医疗保险参保登记办件900余件、生育服务登记500余件、老年人优待证办理400余件，切实打通基层治理最后50米。

【龙潭桥镇举行“爱心点燃希望 关爱寒门学子”捐资助学活动】 2020年1月20日上午，龙潭桥镇举行“爱心点燃希望 关爱寒门学子”捐资助学活动，县委常委、县委统战部部长李裕军出席活动并讲话。活动现场，龙潭桥中学、月明潭中学的37名优秀贫困学生，获得以广州商会副会长杨宏财为代表的30余名龙潭桥籍在外企业家发放的4万余元助学金。

（朱子建）

百禄桥镇

党委书记	廖秀明
党委副书记、镇长	何　睿
党委副书记	袁　政
党委委员、人大主席	王先明
党委委员、政协联络处主任	张　颖
党委委员、纪委书记	王　琼
党委委员、组织委员	杨恒卫
党委委员、副镇长	田　康
党委委员、武装部部长	李　维
副镇长	丁　权
人大副主席　、团县委副书记（挂职）	邓雅丹

【概况】 2020年，百禄桥镇总面积49.45平方千米，其中耕地面积2.34万亩，林地1.84万亩。全镇辖7个行政村、1个社区、5765户，总人口21321人，其中胭包山中型水库移民人口4268人。

【疫情防控】 新冠肺炎疫情发生后，全镇干部于大年初二全员到岗待命，迅速召开疫情联防联控工作调度会议，成立指挥部，将责任落实到人。一是广泛宣传，确保防控知识家喻户晓，在全镇八个村（社区）与沅江交界处设置劝返点和志愿者服务岗12个。出动宣传车10辆/天，共800余车次。制作横幅标语600余条，宣传单6万份。二是全员摸排，夯实联防联控基础，摸排境外、武汉、中高风险地区返乡人数共108人，实时管控108人，成功劝返76人，按县疫情防控指挥部要求共27人接受隔离。在相邻沅江确诊15例的情况下，百禄桥镇无一例确诊。

【民生事业】 集镇综合提质改造。积极响应县委、县政府号召，斥资三千多万元修建污水处理厂，加大对黑臭水体的治理力度，解决农村生活污水处理难的问题。6月初，破土动工集镇排污195千米主管网、11千米支管网及厂址管网建设，涉及485户农户，其中主管网建设和支管网接入户概算共投入资金140余万元，道路加宽1.5—6米不等，提升集镇整体形象；道路交通工作。登录次数5783次，安全劝导日志全镇录入151条信息，每月召开安全工作例会及部署“村村响”工作，2020年百禄桥中学增加1台校车，严禁校车超载载人的现象出现；改厕工作。全镇三个村一个社区有改厕任务，任务数740个，均已全部完成；集镇道路白改黑工程。已经向上级报备，出具项目可行性研究报告，正在为该工程做前期准备。

【脱贫攻坚】 紧紧围绕“两不愁三保障一达标”关键指标，坚持统筹“安居扶贫、教育扶贫、产业扶贫”等有效措施相结合，截至10月底，全镇脱贫425户、1259人，贫困人口全部清零；基础设施全面夯实。投资80余万元对省级贫困村五里牌村到组公路进行整治改造，建设高标准农田2.1万亩，新建节水灌溉示范工程1处

（八斗丘村），投入 20 万元建设垃圾转运站一座，新建桥梁 2 座，补植防护林树苗 1 万株，机埠改造、新建 12 座，新建排水沟 1100 米；产业扶贫成效明显。投入 10 多万新栽枳壳树 3500 株，采取“合作社+农户（贫困户）”的扶贫模式，通过土地流转收入、劳务报酬所得、种植示范带动等形式，为贫困户户均年收入增加万元以上；引进沅江飞跃农业科技开发有限公司投资 50 万元，种植 300 亩中药材，每年给当地贫困户红利 4.68 万元，签订合同 20 年保本分红；通过发展特色产业种植柑橘、红薯为贫困户增收，其中孔家湖村的“洞庭皇”柑橘成功认证，先后成立三个柑橘协会，成功打造“一镇一品”，为脱贫攻坚保驾护航；特困群众兜底帮扶。2014—2020 年全镇共完成 47 户 166 人易地搬迁，完成危房改造 156 户 357 人。金融扶贫（泰顺冷冻食品有限公司）小额贷款共计 201 户 1005 万元，贫困户 2017—2019 年连续分红 4000 元/年。金融扶贫（农投公司）小额贷款共计 20 户 50 万元，贫困户 2018-2020 年共计分红 3500 元。金融扶贫（户贷户用），2016—2020 年共计 31 户 155 万，贫困户用于发展种养，实现年人均纯收入的增加。健康扶贫三个一批，全镇 425 户 1259 人建档立卡贫困户新农合减免政策全部落实，积极对接后共有 225 名学生享受“雨露计划”政策。经济发展办（镇扶贫办）主任张芙获常德市 2020 年事业单位脱贫攻坚专项奖励。

百禄桥镇党政领导带头为教育捐款

【民政救助】 2020 年，对所有新申请低保人员进行一次经济状况核对，根据核对结果，新增 21 人，取消 19 人。6—7 月对全镇城乡低保、特困人员和社会保障兜底脱贫对象进行专项治理；着力加强镇敬老院的日常管理，做好“三节”慰问，2020 年社会捐助达 5000 元，镇政府每年节日慰问物质达 5000 元。2020 年，全镇有 25 人次申报临时救助。发放城乡医疗救助金 4.8 万元，解决了困难人员的生活状况；进一步贯彻落实孤儿基本生活保障制度，做好全镇孤儿的摸底、救助。2020 年孤儿 2 名，发放孤儿生活补助 1.44 万元，孤儿生活稳定。事实无人抚养儿童 4 人发放生活补助 3.2 万元；积极宣传落实优抚对象抚恤补助相关政策，完善退伍军人信息采集系统的录入工作。及时发放老复员军人、带病回乡退伍军人、病故军人遗属等优抚对象定期补助资金。认真落实现役军人优待金和 60 周岁农村退役士兵生活补助资金等优抚政策。光荣之家牌子全部安装到位。退役军人服务站已经全面建成，通过达标验收并且投入使用。

【卫生健康】 百禄桥镇卫生健康工作均达到或超过既定目标。计划生育自 2016 年全面实施二孩政策以来，在努力提升人口素质和服务水平上下功夫，年出生率达 7.05‰；奖励扶助政策落到实处，做到应享尽享；婚检、孕检、基因检测等各项工作均能按照县要求如期完成。稳步推进医改工作，进行医疗改革，使老百姓得到更大实惠；逐步完善居民健康档案、家庭签约服务项目，建立居民健康档案 17276 人，家庭签约人次 17020 人；做好重大公共卫生服务项目，做好传染病防治工作，国家计划免疫疫苗接种率均在 90% 以上，全面实现孕产妇管理和儿童系统管理；加强乡村一体化工作，现全部建成“规范化乡村卫生室”进一步提高卫生室医疗服务水平。

【经管服务】 清理并核实村级资产总额 656.78 万元，其中流动资产 222.25 万元，固定资产 434.53 万元（经营性固定资产 36 万元），债权 176.23 万元，债务 260.18 万元（流动负债 241.85 万元，长期负债 18.33 万元）。全镇清理并核实集体土地总面积 5.61 万亩，其中集体农用地总面积 5.40 万亩，含耕地 3.37 万亩（未承包到户耕地 0.14 万亩）、林地 1.15 万亩（未承包到户林地 0.03 万亩）、农田水利设施用地 0.39 万亩、养殖水面 0.49 万亩（未承包到户养殖水面 0.49 万亩）。集体建设用地 0.21 万亩，含农村宅基地 0.13 万亩。全镇清理并核实集体经济组织成员 6741 户，22235 人。全镇运用清产核资成果，有 1 个

百禄桥镇中青年党员座谈会

村组建股份经济合作社，以股金形式量化到人，资产总额36万元。其余7个村（社区）设立经济合作社。相关章程、管理制度和成员代表大会、理事会、监事会等管理机构均建立健全，7个经济合作社和1个股份经济合作社全部已在汉寿县农村经营服务站登记注册。

【农业农村】 绿化造林工程循序渐进。新造片林300亩、路道林20千米，杉树抚育面积290亩。完成全镇1.2277万亩公益林补贴重新造册工作。加强林业资源相关政策宣讲力度，境内无滥砍滥伐滥采现象；“合作社+”助推村民增收致富。依托当地丰富的农产品种植优势，利用“合作社+”的模式，开展土地流转，促进土地规模化、集约化经营，不断加快农业现代化进程。合作社让村民变“股民”，采取“合作社+基地+农户”的发展模式，把村里群众和贫困户吸收进来，传授种植技术，实行保底价回收；积极响应还绿水青山的号召，大力开展沅江“四清”行动。全镇有持证退捕渔民55户，共拆解渔船84艘，网具1.6371万公斤，无证专业渔民拆解渔船6艘、网具992公斤；开展胭脂湖及周边水域侵占河湖、养殖污染问题专项清理整治，还“洞庭清波”。全镇有四个村（社区）共计315.3亩侵占胭脂湖天然水域形成的临湖鱼池和830亩珍珠养殖水面，截至2020年7月底，珍珠养殖全部退出，与侵占胭脂湖水面的对象全部签订拆除协议，10月中旬，8处鱼池挖至水平面，河湖贯通，初步通过省、市验收；持续抓好秸秆、垃圾露天禁烧工作，组织开展专项巡查。镇村均成立巡查队伍，严格排班巡查，同时利用无人机在全镇范围进行巡查。

【乡风文明】 按照县疫情防控指挥部要求，利用村村响广播，做好防控知识宣传。1月底起，各村（社区）利用村村响广播，积极宣传疫情防控知识。严格控制聚会人数，开展“治婚丧陋习、刹人情歪风行动”，严格执行赈酒申报制度，婚丧事简办，其他事最好不办，得到广大党员干部群众的一致好评；送戏曲下乡，到各村（社区）进行慰问演出；新时代文明实践中心“软硬件”同步跟进。在镇党委、镇政府的高度重视下，全面完成新时代文明实践所、站阵地建设，建设耗资20余万元，内设单独接待大厅、志愿者之家、图书室、健身房以及文化宣传墙画、一个活动广场。组建16支志愿服务队，共开展志愿者服务活动70余场（次）。

【安全稳定】 安全生产落实到位。坚持“以人为本、安全发展”“安全第一、预防为主、综合治理”的方针，实现连续5年“零事故、零死亡”目标。广泛开展安全生产教育培训和宣传。坚持每月一次安全生产例会制度，每年平均有20名企业负责人和16名安全管理人员接受安全教育培训，切实提高了全镇人民群众的安全生产意识和应急救援能力，开创了全镇人民知安全、懂安全、会安全、要安全的新格局。镇安监站在全县安监系统一季度执法情况排名乡镇第二。

扫黑除恶信访维稳，社会大局和谐稳定。坚持“稳定压倒一切”的指导思想，通过摸清不稳定因素底子，确保责任到位；通过加强制度建设，实行维稳一票否决制、维稳岗位责任制、维稳不力问责制，奖惩到位；通过构建维稳信息网络，做到心中有数，未动先知；通过不断倾心交流，赢得理解与支持；通过加强队伍建设，提高干部的维稳能力。通过治安巡逻、警民恳谈、干部大走访，惩防结合，增强群众的安全感和安全意识。被评为2020年度全市平安建设等3项工作考核评估优秀乡镇。

【法制建设】 坚持按照“七五”普法规划，抓好普法宣传学习工作，各层面广泛宣传，不定期深入调研，在综治宣传日、宪法宣传日等重要节日、纪念日期间，开展不同主题的法治宣传教育活动，公民的法治意识、法治观念得到进一步增强，法治建设工作取得了明显的成效。

【党管武装】 先后两次举行基干民兵点验大会，严整军容、高昂士气和良好的军政素质得到省、市、县领导充分肯定，省领导对镇组建的女子民兵班，评价定位为“湖南女子民兵第一班”。在建好镇民兵连的基础上，按照要求建好每个村民兵阵地，规范整理民兵整组资料，配齐相关器材，组织经常性训练，组织理论学习培训，为建设强大国防贡献力量。

【环境整治】 投入20万元，用于人居环境整治和垃圾分类考核奖惩。投入30多万元，进行村主道路的清理整治。大力推动孔家湖村、梧桐村秀美庭院片区建设，以点带面，改善人居环境。大力推进“厕所革命”项目，新建垃圾桶架500个，新建沤粪池120余个，下发垃圾分类宣传手册1800份，并利用“村村响”广播平台向群众宣传垃圾分类知识，打造美丽整洁村庄。拆除街道违规建筑，整治马路市场，清理僵尸车，规范出店经营，劝导乱停乱靠。5月、8月、10月，组织全镇机关干部，社区干部，学生团体，等700多人次，对集镇牛皮癣、乱停乱靠、马路市场进行专项清理整顿。

【自身建设】 基层党建。全镇共有7个党总支、21个党支部，794名党员。2020年，镇党委不断加强基层党建队伍建设，为经济社会各项事业的全面发展提供坚强的组织保证。一是加强镇党委自身建设。坚持党委中心学习组学习制度，促进镇领导班子思想政治水平提高。坚持“三会一课”制度，党委班子成员定期到联点村上党课。二是加强农村党支部建设。注重后备干部培养，进一步开阔选人视野，拓宽用人渠道，每村选聘一至两名返乡务工能人、回村大学生、致富能手等为后备干部，为村支“两委”换届作准备，优化村干部队伍年龄结构。三是加强党员干部队伍建设。举办党员干部、入党积极分子培训班。5月，在全镇组织召开中青年党员座谈会，同心共谋百禄桥镇的发展。

【作风建设】 坚持从严治党、聚焦中心工作，狠抓干部作风建设。一是以制度管党，扎紧制度笼子。建立和完善《党委议事规则、决策程序》《干部职工管理制度》《机关内务管理制度》等多项制度。二是开展多项检查以政风促民风。对违反中央八项规定存在的问题每月开展自清自查；对“移风易俗，治婚丧陋习”工作开展专项整治行动等；三是建立“清风连心桥”微信监督群，每户至少一人实名加入微信监督群，增加群众参与感，树立文明新风，让风清气正的社会风气蔚然成风。

（邱　巍）

蒋家嘴镇

党委书记	高　俊
党委副书记、镇长	彭　程
党委副书记	李长浩
党委委员、人大主席	周　斌
党委委员、政协联络处主任（试用期一年）	刘　敏
党委委员、纪委书记	刘　鑫
党委委员、组织委员（试用期一年）	李　琴
党委委员、副镇长	肖志勇
党委委员、武装部部长	郭敬峰
副镇长（无党派）	杨　恒
副镇长	侯雨佳
人大副主席	辛观蓁

【概况】 2020年，蒋家嘴镇辖8个行政村（鹿角山村、仙玉村、龙池湖村、袁家湾村、紫阳冲村、金架坝村、七家坝村、康家塘村）以及5个社区（南区社区、北区社区、马家塅社区、莲塘社区、阳南塘社区）。全镇常住人口16597户45718人，其中非农业人口19673人。总面积67.55平方千米，其中耕地2.46万亩，林地2.50万亩，水域3.61万亩。

全镇现有规模以上工业企业9家，其中纺织企业6家，主要工业产品有精干麻、苎麻纱、苎麻布、棉纱、棉布等。城镇建成区面积4.5平方千米。现有综合贸易市场4个，占地280亩，店铺摊位320多个，从业人员1450人；街道门面、店铺900多家，从业人员3720人。

【党建引领】 完成规定任务，按时维护智慧党建和全国党员管理系统，落实“三会一课”制度，及时召开党员大会、党小组会、主题党日会、支委会、组织生活会等，定期组织党建联络员集中培训，切实提升党建工作水平。加强对下属基层党组织党建工作的督导检查，每月进行一次督查，列出问题清单，并在党建工作推进会上进行通报，增强各基层党组织间的自主竞争意识。开展村（社区）“两委”班子运行考察，对13个村（社区）通过选拔程序，明确团委书记（后备干部），为换届选举奠定基础。进行发展党员违规违纪问题整治，核实不符合党员条件的人员发展入党情况，坚决落实上级的部署和要求，取得较好成效。推进“智慧党建”政务下沉工作，推进基层公共服务（一门式）全覆盖，镇村两级累计办理政务事项6000余件，基本实现“让群众少跑腿、让办事不出村”。

【重点项目】 引进华可食品加工厂，盘活南区社区闲置厂房资源，提供1000多个劳动岗位，有效解决退捕渔民等群体的就业问题。多方筹资400多万元，还清新办公楼主体工程

2020 年 8 月 26 日，蒋家嘴镇文化站组织社会群体开展文化展演活动

债务，启动新院子配套工程。完成 3 条通村自然路的硬化，对袁家湾村、龙池湖村多处破损路面进行修整、硬化。投资近 1000 万元，对集镇污水管网改造升级。

【疫情防控】 春节期间，面对突如其来的新冠肺炎疫情，全镇上下迅速行动、积极应对，精准施策。做好疫情源头管控，率先派救护车、民营车辆到长沙车站接人，确保从外回蒋人员下车后直接到县进行核酸检测、集中隔离，坚决阻断疫情输入。做好信息摸排。镇村干部等一线工作人员从正月初二就冲锋在前，开展网格化摸排。在村路口设置卡点 39 个，全天 24 小时加强轮班值守，做好隔离管控。累计对外地返蒋家嘴居家隔离 293 人，在县隔离点集中隔离 239 人次，严格落实镇村两级包保责任。全镇没有发现一例确诊病例，将疫情对蒋家嘴镇影响降到最低，没有引发任何群众恐慌现象。

【脱贫攻坚】 全年全镇退出贫困人口 35 户 105 人。开展已脱贫户和已退出贫困村复核行动，全镇 2014—2019 年脱贫的 462 户 1708 人均符合脱贫标准，贫困村各项指标符合出列标准。除县财政出资外，镇财政还筹资 40 多万元，对全镇 88 户危房进行彻底改造，按时间要求完成五类人员医保购买工作。完成 8 个行政村卫生室进村部工作。开展脱贫质量“回头看”自查整改，“三保障”突出问题全面清零。

【社会保障】 全镇共有 56 人次申报临时救助，发放资金 10.06 万元，申请特困人员丧葬补贴 8 人次，共计发放资金 2.4 万元。为辖区内困难群众、困难优抚对象和百岁老人发放慰问救助资金 24 万余元，惠及困难群众 1000 余人。年内新增城乡低保 68 户 110 人，残疾新办证 335 人，新增特困人员 5 人。为防控新冠疫情，2 月，对敬老院进行封闭式管理，制定防控方案，来人登记备案、体温检查等，敬老院未发生一起病例。对辖区内 60 家公共场所卫生情况、8 所学校（含幼儿园）、4 家饮用水企业、25 家医疗机构进行全面摸底，建立健全巡查对象本底资料。为符合保险接续条件的 18 名退役军人进行社保查档、缴费等工作。对进镇 1200 名退役军人的纸质档案进行分类整理，分类别进行登记。为贫困户和边缘户安排公益性岗位 75 个。

【城乡面貌】 对蒋家嘴镇军蒋线沿路进行专项整治，依法拆除违规广告招牌 300 块，集中整治店外店、马路工厂等 100 多户，纠正各类违章行为 700 多人次。对街道 300 多盏路灯进行维修，确保路灯亮化。制定人居环境整治方案，发挥农村党员干部群众主体作用，坚持以治“脏”为重点，开展人居环境整治。发动党员群众 3000 余人次，清理道路累计 600 余千米，清理沟港渠道 40 余千米，清理生活垃圾 6000 余吨，清理墙体广告 800 余平方米，拆除违章建筑与棚子 26 处，打造秀美庭院 40 户。坚持每月开展人居环境检查，对评比结果及时公

2020 年 6 月 22 日，蒋家嘴镇机关干部开展禁毒法规知识宣传活动

示；开展秸秆禁烧、大气污染防治、蓝天保卫战24小时巡查工作，对露天焚烧现象进行处罚，有效保护蓝天、碧水、净土；投资26万元对莲塘社区宗塘水库进行黑臭水体改造。完成三汊障周边25个精养鱼塘的退养工作。完成全镇960亩珍珠退养任务，全镇珍珠退养任务清零；高质量完成全镇327户渔民禁捕退捕任务，多举措助力禁捕退捕渔民就业转产。为有意愿就业人员开展电工班和焊工班培训，和华可食品加工厂对接，扩大华克食品加工厂招工范围，为退捕渔民提供就业机会。

【信访维稳】 2020年，共接待受理群众来访20件，涉及土地纠纷4件、民政救济5件、民事纠纷8件、其他3件。落实相关领导包案处理5件，按期办结率达到100%。党政领导下访40人次，深入农村基层为群众解决信访热难点问题40件，有效维护群众的合法权益和社会大局和谐稳定。推进无上访村建设，排查群众反映的热点、难点、焦点问题，及时预警，精确调处，化解到位。此外，全镇所有村（社区）均完成雪亮工程建设，224个监控探头覆盖全镇各个路口要处，不断提升农村安防水平。做好防汛救灾等工作，保障人民群众生命财产安全和社会大局稳定。开展民调工作，印制4万份“两书一信”、100多条宣传横幅、50多条固定标语。全镇干部下到村（社区）开展民调大走访，提高群众对综治民调工作的知晓率和满意度。“扫黑除恶”成效显著。2020年，镇扫黑除恶工作领导小组遵照市、县要求，按照宣传造势、线索摸排、集中整治、总结提升的步骤，一一落实开展扫黑除恶专项斗争工作。在全镇范围内开展打击“黄、赌、毒”违法犯罪行为宣传活动，制作宣传横幅，印刷墙体广告14处，配合派出所对辖区内酒店、KTV等重点场所进行情况摸排整治。

【安全生产】 悬挂条标90余幅，永久性宣传标语100幅，办安全宣传专栏6期，安全知识培训6次，发放安全生产明白纸1.5万余份，组织6次大型的安全生产上街宣传活动，对安全生产进行全方位宣传，全镇范围内形成“人人讲安全，时时讲安全，事事讲安全”的气氛。对烟花爆竹、道路交通等开展安全生产隐患排查，共检查企事业单位120余家，发出整改通知书18份，对隐患及时排查整改到位，确保安全生产警钟长鸣。

（曹润超）

洋淘湖镇

党委副书记、镇长（主持工作） 龚　昊
党委副书记 黄尔文
党委委员、人大主席 施毅平
党委委员、政协联络处主任 曾小春
党委委员、纪委书记 罗　芳
党委委员、组织委员 邓丕松
党委委员、副镇长（试用期一年） 刘承汉
党委委员、武装部部长 朱振宇
副镇长（民盟） 邱　星
人大副主席 易彦伶

【概况】 2020年，洋淘湖镇有人口1.68万人，总面积3.8万亩，辖5个行政村、1个社区居委会。

2020年，各项经济指标持续增长，实现地区生产总值2.5亿元、居民人均收入1.5万元，为全面建成宜居、宜业、宜游的候鸟小镇创造了有利条件。

【基层党建】 坚持党建引领，强化干部队伍建设。通过党建工作统揽全局。树立正确用人导向，积极向组织推荐2名班子成员进城任职，2名班子成员被重用，1名女性干部被提拔为班子成员，选拔三名年轻干部担任站所长。在党员管理上从严要求，以“不忘初心，牢记使命”为永恒课题、终身课题，不断加强党员党性锻炼和思想政治建设，组织形式多样的主题党日活动，锤炼党员党性；严把入党关，全面提升党员综合素质，发展党员6名，转正党员7名。通过对各村班子运行情况进行全面考察，补齐结构不优、素质不高等问题短板，全力选拔培养后备村干部在镇机关站所跟班学习，提升其业务水平和专业素养，进一步选优配齐村级班子，确保村支两委换届工作顺利完成。

【民生工程】 农田水利建设。为提升农业耕作条件，强力推进高标准农田建设，积极争取国土资源项目，旱改水田500亩，新增农村土地增减挂钩项目200亩，打造千亩高标准农田示范带，全面推动农业机械化、标准化进程。认真落实“河湖长制”，确保水利建设改造计划稳步推进。积极争取上级资金，维修机埠10多处，完成全镇干、支渠的清淤和护坡工作，提高防洪抗旱功能，确保粮食丰收。

紧紧围绕“一拆、两改、三清、四化”的总体整治目标，全面打响人居环境整治工作攻坚战、持久战。全年共计投入专项资金300万元，对镇村道路进行砍草除杂、植绿补绿。清理河道渠道20千米、牛皮癣小广告近500平方米、生活垃圾2000余吨。总投入2000万元的污水处理厂全面运转，日处理污水量达500吨，大大改善了居民生活环境，在全市乡镇污水处理设施建设现场会上，洋淘湖镇代表汉寿县作典型发言。奋力推进“厕所革命”，新建改建无害化三格式玻璃钢化粪池1000余个，污水支管网接入

2020年11月16日，汉寿县委副书记、县长周功表（左一）到洋淘湖镇视察青山湖候鸟公园花堤项目

495户，加速推动了洋淘湖镇城乡一体化建设进程。

争取项目资金对全镇水、电、路进行改造升级，实施美化亮化工程。筹资200万元彻底整治集镇1000米主排水渠黑臭水体，沿渠边打造休闲文化宣传长廊，进行美化绿化，划定停车位，安装健身器材及宣传栏，兼备文化宣传、居民休闲之用，提升街道的整体形象，增强群众幸福感与获得感。

【生态修复】 响应长江流域“十年禁捕”政策号召，成立禁捕退捕领导小组，稳妥推进“渔民上岸”。明确工作职责，组织召开渔民代表大会，宣传禁捕退捕政策，学习相关文件，上户签订承诺书。通过审定公示等公开透明措施，精准界定退捕渔民身份，让真正合格的渔民享受国家退捕政策。精心组织渔民开展转产转业培训，努力做好退捕渔民的“贴心人”，帮助渔民解决禁捕退捕的后顾之忧，提高其生活本领。全力攻坚珍珠退养，通过细化工作责任，大力实行镇村干部全员包保机制，全面掌握党员干部和公职人员参股及亲属参与情况。将珍珠退养工作纳入镇、村干部绩效考核，进一步压实工作责任，在全镇范围内营造“破釜沉舟”的工作态势，让干部及珍珠养殖户都真真切切感受到责任压力，确保按时清零。

【放管服改革】 以《优化营商环境条例》为指导，督促各服务窗口工作人员提供优质高效政务服务，建立健全岗位责任制、限时办结制、首问负责制等工作制度，全面提升服务水平。通过调查问卷和实地查看市场主体经营情况，与市场主体负责人座谈交流，了解其生产经营、经济效益、产品市场、资金周转以及对项目审批、企业开办、企业纳税、获得信贷等方面的意见建议，针对性地制定重点问题解决方案，有效帮助市场主体排忧解难，持续优化提升全镇营商环境，提升群众的获得感、满意度。

【脱贫攻坚】 全面落实“二不愁，三保障”，确保实现全覆盖，做到应保尽保，不漏一人。科学制定帮扶措施，大力推进产业扶贫，对贫困户进行农业技术培训。大胆实施扶贫工厂，做到全镇企业、合作社与贫困户利益联结全覆盖，进一步巩固全面脱贫成效，顺利实现脱贫攻坚的完美收官。

【社会事业】 医疗卫生。构建完善医疗服务体系，着力加强和改善农村卫生服务设施建设，在各村、社区内建设高标准卫生室，配备专业医护人员，解决农民基本医疗问题。

【疫情防控】 坚持全民参与，严防疫情输入，充分利用村村响广播、流动宣传车、横幅、电子显示屏等各类宣传手段，将疫情防控知识宣传到村、到户、到人，营造良好的宣传氛围。全面落实班子成员包村、镇村干部包组到户的防控责任体系。严格落实活禽、野味交易的管控要求，对全镇范围内野生动物的驯养、运输、贩卖、病死情况进行巡查，对冷鲜产品实行日查验，登记造册，严控严管。

【民政救济】 全年共解决345户低保户的生活困难，集中供养特困人员62人，残疾人两项补贴人员294人，合计发放民政补贴资金400万元。多层次保障体系逐步完善，基本做到群众老有所养，病有所医，住有所居。

【减负惠农】 落实上级政策，做到惠农补贴一卡通发放，确保惠农资金不截留、不挪用。对专项资金的使用进行严格监管，做到专款专用，确保每一笔资金用到实处。2020年累计发放惠农资金400万元。

【扫黑除恶】 明确党政一把手为主要负责人，镇村联动全面投入扫黑除恶专项斗争。制作大型宣传广告，张贴宣传横幅，发放宣传册，利用电子显示屏进行广泛宣传，达得人人知晓、人人参与的效果。严格落实线索摸排移交工作制度，发动全体镇村干部排查、梳理近年来的刑事、治安案件，从中发现“大罪不犯、小错不断”人员，依法处理。

【信访维稳】 强化责任包保，以信访积案化解为突破，确保社会稳定。通过多措并举，无上访村创建工作得到进一步巩固。

【新时代文明实践】 以新时代文明实践所（站）为契机，全面开展新时代文明实践活动，进一步壮大文明实践志愿者服务队伍，在全镇范围内开展乡风文明建设，打通服务群众的“最后一公里”，提升辖区群众幸福感、获得感。

【安全生产】 2020年，镇党委、镇政府严格按照上级部门关于安全生产工作安排和重大事故隐患治理要求，结合县安全生产工作会议精神，不断加强安全生产监管力度。坚持“安全第一、预防为主、综合治理”的方针，大力开展宣传活动，切实把安全生产专项行动摆到日常管理工作中去，夯实安全职责，落实各项安全措施，确保安全生产专项行动达到预期效果。全年共出动宣传车30余次，沿村宣传安全知识，制作宣传横幅100余条，电子显示屏20条，标语500余条，发放宣传手册8000余份，进学校、进村社、进公共场所、进农村、进企业开展安全生产知识宣传教育。通过应急消防演练进一步提高居民安全意识和自我保护意识，确保了全镇安全生产形势持续保持稳定良好局面。在全市年终安全生产和消防工作考核中，被评为“优秀乡镇”。

【文明创建】 深入学习贯彻习近平新时代中国特色社会主义思想，特别是关于精神文明建设方面的重要论述。把理论武装、社会主义核心价值观的培育和践行、“两学一做”学习教育、移风易俗、志愿服务、诚信建设、环境卫生、文明交通、文明家庭、传统文化传承、平安创建、制度建设、争先创优等作为文明创建重要内容，通过开展文明创建，全镇社会治安和谐稳定、镇容村貌日益优美、文化事业持续繁荣、文明新风逐步树立、经济和社会发展迈上了一个新的台阶。2020年，洋淘湖镇东风村被评为市级文明村。

【重点项目】 青山湖候鸟公园花堤项目。该项目位于洋淘湖镇青山垸内，以原青山湖拆围保留的2千米防浪堤为主体进行生态修复，集中打造一条兼具候鸟观赏与保护、群众休闲与科普宣教，防汛保安与生态环保功能的休闲观光长廊。

花堤项目设计由四个节点组成：一是草坪式停车坪。堤段入口处修建草坪式停车坪；二是彩色沥青步行道。2千米堤面采用红黄蓝三种颜色沥青混凝土进行路面硬化，沥青路面宽3.6米；三是休闲广场。堤段入口约600米处，利用原有堤面打造一个小型休闲广场；四是坡面景观布置。按照“通透、生态、自然”的要求对内、外坡面进行除杂和美化绿化，用少量原生植物点缀。项目于11月底全面完工。

（毛　智）

2020年6月24日，县委宣传部在洋淘湖镇组织召开新时代文明实践中心建设现场会

人　物

湖南省中小学高级教师

刘光前　男，汉族，1963年8月出生，汉寿县龙阳街道人，本科学历，中共党员，湖南省首轮实施高中英语新课程"实验带头人"，省首届中小学外语教师园丁奖获得者，省优秀外语教师，市第三届"翦伯赞教育突出贡献奖"获得者，市级学科带头人，市优秀骨干教师，市中学教师系列专业技术职务职称评委，国家基础教育实验中心外语教育研究中心研究员，省中学外语专业委员会会员、理事。任汉寿一中英语教研组组长18年，任教高中英语兼任学校教科室副主任。2020年被评为湖南省中小学正高级教师。

祝世美　女，汉族，1969年11月出生，汉寿县坡头镇人，县东正街小学语文教师。1991年7月毕业于湖南文理学院汉语言文学专业，先后在罐头嘴中学、汉寿县城关联校、汉寿县第一完全小学、汉寿县东正街小学任教。从教34年，担任班主任30年。先后获得过"汉寿名师""汉寿县十佳优秀班主任""汉寿县十佳创新科技人才""常德市小学语文学科带头人""常德市优秀教师""常德市教学研究先进个人""湖南省培训专家""湖南省特级教师"等光荣称号，2020年被评为湖南省中小学正高级教师。

湖南省地理特级教师

田亚玲　女，汉族，1974年8月出生，汉寿一中高级教师，曾立"二等功""三等功"各一次，获得县政府"嘉奖"7次，2016年被评为"汉寿名师""常德市骨干教师"，2020年被评为"常德市师德标兵"，同年被评为"湖南省地理特级教师"。

常德市第四届翦伯赞教育突出贡献奖

连双刚　男，汉族，1976年3月生，中共党员，本科学历，中学高级教师。1998年7月参加工作，2002年从崔家桥镇中学调入汉寿三中任教高三政治，2004年调入汉寿二中，2006年至今在汉寿一中工作。现为汉寿一中政治学科中心主任，高一政治备课组长，班主任。

2016、2019年被评为常德市第三、四届骨干教师，2019年被评为常德市"优秀教师"，2020年获常德市第四届翦伯赞教育突出贡献奖并被《湖南日报》宣传报道。系汉寿县优秀专业技术人才。七次获县嘉奖，两次荣立县三等功，多次被评为县"优秀班主任""师德标兵""课堂教学能手""教研标兵"等。两次担任湖南省高考政治阅卷组核心成员，参与制定湖南省高考政治阅卷评分细则。湖南教科文卫领域唯一省级报刊——《科教新报》曾在头版以《以"百变"谱写杏坛风采》对其进行报道，在全省产生一定反响。

张　敏　女，回族，1977年8月出生，汉寿县毛家滩回族维吾尔族乡人，现任教于毛家滩回维乡中学，中学语文高级教师，二级心理咨询师，汉寿县初中班主任工作坊坊主，省、市、县三级人大代表。1996年毕业于常德师范学校，25年来一直担任初中班主任，且常年担任毕业班语文和历史科目的教学，带班经验丰富，成绩突出。2009年、2013年、2019年分别被记二等功一次，三等功二次；2018年被评为"汉寿县十大师德标兵"，2019年荣获"常德市优秀班主任"称号，2020年荣获常德市第四届翦伯赞教育突出贡献奖；多次获县嘉奖，连年被授予“县教育教学质量优秀教师”荣誉称号。

常德工匠

王荣华 男，汉族，1979年2月出生，康普药业股份有限公司助理工程师。自参加工作以来一直在药品生产一线从事药品生产工作，已有22年的工作经验。2006年取得技工3级资格证书；2009年11月取得药物制剂工（高级）资格证书；2010年12月取得制药工程助理工程师资格证书；2018年2月取得药物制剂工二级资格证书；所带领的固体制剂车间被评为“常德市工人先锋号”“湖南省工人先锋号”“全国工人先锋号”；2020年被评为“常德工匠”。

唐洁锋 男，汉族，1980年2月出生，康普药业股份有限公司制药工程师。自参加工作以来，一直从事药品生产专业技术工作。一边工作一边学习，2006年取得初级药师资格证书；通过成人高考，于2007年顺利拿到湖南师范大学医学院药学专业本科毕业证书；2009年加入中国共产党。2010年12月取得制药工程师（中级）资格证书；2015年10月取得药学执业药师资格证书。所带领的固体制剂车间曾先后被评为“常德市工人先锋号”“湖南省工人先锋号”“全国工人先锋号”。2019年5月获得常德市“常德青年五四奖章”；2019年6月获得常德市“全市优秀共产党员”称号，2020年被评为“常德工匠”。

汉寿县三八红旗手

【服务基层组】彭小年 男，汉族，1974年12月出生，中共党员，大专文化，现任汉寿县岩汪湖镇赫神庙村妇联主席。自2009年担任村妇联主席以来，深入了解全村妇女儿童基本情况，努力做好关爱妇女儿童相关工作；积极化解邻里纠纷，为群众排忧解难；真情关爱留守老人与儿童；为贫困妇女介绍工作，就近务工，带领大家共同致富；积极为育龄妇女和村民开展健康教育和保健服务，宣传落实妇女两癌普查政策。2020年3月5日，被评为汉寿县“三八红旗手”。

童菊花 女，汉族，1968年出生，汉寿县罐头嘴镇福兴村村民。她既是远近闻名的好媳妇、好婆婆，又是深受群众称道的女能人。2013年，她积极参加美丽乡村建设，利用自己的蔬菜种植经验和技术，在本村流转土地200多亩，修建大棚15个，种植蔬菜。她致富不忘乡亲，几年来，不仅照顾村里的贫困户和困难户在蔬菜基地打零工，而且带动周边村群众发展种植业共同致富。2020年3月5日，被评为汉寿县“三八红旗手”。

肖双连 女，汉族，1960年2月出生，中共党员，2017年至今任汉寿县坡头镇全护村党支部书记。2019年获汉寿县“支部书记大比武”优胜奖和坡头镇优秀党务工作者荣誉称号。作为一名女性书记，她处处时时走在前、干在前，赢得了干部群众的信任和尊重。特别是在2020年抗击新冠肺炎和抗洪抢险工作中，表现突出，获得上级部门表彰。肖双连作为全护村的“领头人”，大力改善人居环境，发展乡村文明，实现乡村振兴；狠抓发展，补齐产业短板，带领村民致富脱贫奔小康。2020年3月5日，被评为汉寿县“三八红旗手”。

严　红 女，汉族，1974年出生，2004年入党，汉寿县龙阳街道环城社区党支部副书记。2002年开始到社区工作。她爱岗敬业，勇挑重担，在平凡的岗位上干出了不平凡的业绩。2017年任现职以来，始终抓紧基层党建这根弦不放松，努力提升社区党组织的战斗力，其所分管的国土、城建、棚改、财务管理等工作都成绩突出。2020年3月5日，被评为汉寿县“三八红旗手”。

李琪琪 女，汉族，1993年11月出生，中共预备党员，汉寿县龙潭桥镇赤港湾村党建联络员。2017年年底协助本村扶贫工作，帮助贫困户做好“社会扶贫”APP账号注册及需求发布；2018年通过常德市“互联网+政务服务”一体化平台为村民办理19项为民服务事项；2019年至2020年利用农业银行“金穗惠农通”业务渠道为村民缴纳医保、社保；2020年，参与本村房屋一体化颁证，推广“我的常德”APP，担任本村第七次人口普查指导员和普查员。2020年3月5日，被评为汉寿县“三八红旗手”。

【爱岗敬业组】袁　芬 女，汉族，1981年9月出生，中共党员，中共汉寿县委组织部公务员办主任、四级主任科员。参加工作以来，始终立足岗位、积极履职，在提高思维能力、工作能力上走在前头，在践行为民务实清廉的要求上当好先行。对待工作认真负责，面对复杂烦琐的任务吃得苦、耐得劳，加班加点毫无怨言，从不计较个人得失。忠于党的事业，干一行，爱一行，专一行，时刻以坚强的党性做后盾，以崇高的政治责任感为动力，不因工作时间长而懈怠、不因任务重而撂担子，在平凡的工作岗位上勤勤恳恳、默默奉献，体现了一名党务工作者的高尚情怀。2020年3月5日，被评为汉寿县“三八红旗手”。

朱泌涵 女，汉族，1989年10月出生，中共党员，本科学历，中级审计师，汉寿县审计局领导干部经济责任审计股股长。她业务能力强，从事审计工作近9年，参与过财政同级审、行政事业、领导干部经济责任审计工作，先后担任28个审计项目主审。2013年被湖南省审计厅评为全省地方政府性债务审计先进个人，记“三等功”一次；2015年参与的《新型农村合作医疗管理办公室2014年度新型农村合作医疗基金及财政收支的审计项目》被湖南省审计厅评为表彰项目；2017年主审的《株木山街道办书记主任任期经济责任审计项目》被湖南省审计厅评为优秀审计项目。2012—2018年先后四次获县人民政府“嘉奖”。2020年3月5日，被评为汉寿县“三八红旗手”。

谢丽华　女，汉族，1975年6月出生，大专文化，中共党员，先后任辰阳街道双板桥社区妇女主任、党支部副书记、社区主任、党支部书记等职务，2019年11月，被选拔为毛家滩回维乡副乡长。她多方争资，硬化社区主路，方便群众出行；亲力亲为，带领干部群众开展环境整治，用实际行动共创生态宜居家园；心系群众，用开阔的思路带领群众逐步走向美好，用无私的情怀给每一名需要关心的群众带去温暖和慰藉。曾多次被评为县“优秀共产党员”“优秀妇女干部”“十佳优秀干部”。2020年3月5日，被评为汉寿县“三八红旗手”。

童小江　女，汉族，1982年1月出生，大学本科文化，汉寿县融媒体中心活动栏目部主任。作为一名新闻工作者，在工作中爱岗敬业，不计较个人得失，坚持正确的舆论导向，严格遵守宣传纪律。凭着对新闻事业无比热爱的情感和娴熟的业务技能，多次积极参与完成并县内重大活动的策划及采写工作，有力地宣传了党委的中心工作，得到了领导、同事及社会各界的一致认可。她策划导演的《情涌洞庭大美汉寿2020年春节晚会》、2020年汉寿第五届蔬菜节开幕式《相遇汉寿　品牌汉蔬》等活动、主创的《掌上汉寿手机台》宣传片、《创建文明城市》公益宣传片、《共同长大》MV、《我和我的祖国》快闪歌曲及《蔬菜节宣传片》等作品，以崭新的风格、全新的视角呈现给观众。2020年3月5日，被评为汉寿县“三八红旗手”。

杨秀霞　女，汉族，48岁，本科学历，中共党员，县财政局工会副主席。工作中，她严肃严谨，勤学善思；生活中，她热心热情，大爱无私。无论财政业务、妇女工作、计划生育、综治安全、工会工作等，不管是哪一项，只要她接手，都能做得有声有色。她用贴心的微笑、热情的服务、暖心的行动，深得大家好评，连续多年被评为妇女工作先进个人和财政工作先进个人，多次获得县政府嘉奖。2020年3月5日，被评为汉寿县“三八红旗手”。

【术业有专攻组】邓　华　女，汉族，1971年10月出生，湖南省垄上行食品有限公司董事长。2016年，她投资500多万元在罐头嘴镇红光村一片荒芜的土地上建起厂房，建立抖音网红视频拍摄基地，通过直播带货带动当地经济发展。解决了20多名村民的就业问题，带领100多户贫困户脱贫致富。2020年3月5日，被评为汉寿县“三八红旗手”。

刘　英　女，汉族，1977年9月出生，中共党员，本科学历，汉寿县东润花苑安琪幼儿园园长，常德市第二届民办学校优秀教师，汉寿县学前教育名师工作室成员。她从保育老师、专任教师、一步步成长为园长，在从事幼教工作的19年中，以身作则，事必躬亲，带领全园教职工全面实施幼儿素质教育，落实立德树人根本任务，幼儿园获得了可持续的跨越式发展。安琪幼儿园在她的带领下连续多年获得“汉寿县民办学校优秀管理单位”。2020年3月5日，被评为汉寿县“三八红旗手”。

黄维建　女，汉族，1970年2月出生，中共党员，大专文化，汉寿县崔家桥镇巾帼扶贫基地（千弘中药材种植）创始人。2014年成立千弘中药材种植专业合作社，流转土地756亩，种植10余种中药材，带动近600贫困人口就业创业。2019年被评为“常德市最美扶贫人物”，2020年为武汉抗疫一线的医护人员捐赠物资价值达2万余元。她用专业的技术带领群众打开了致富大门。2020年3月5日，被评为汉寿县“三八红旗手。”

徐爱兰　女，汉族，1967年3月出生，本科学历，汉寿县第一中学教师。她自1992年调入汉寿一中，担任班主任23年，其中有13年担任高三班主任。她严格要求自己，兢兢业业，对学生倾注所有的爱心，被学生亲切地称为“兰姐”。所带学生，阳光开朗，积极向上，努力奋进，爱班如家；所带班级学习成绩名列年级前茅，培养出多名清华大学、北京大学学子。因工作成绩突出，先后30多次被学校评为优秀班主任。2020年3月5日，被评为汉寿县“三八红旗手”。

周宏伟　女，汉族，1979年5月出生，中共党员，大专学历，汉寿县沅南水利会财务股长。参加工作以来，她始终保持良好的政治纪律和工作作风，忠于职守，尽职尽责。她勤奋好学，刻苦钻研专业知识，先后获得水利水电工程建筑工程师、水利工程建设水土保持监理工程师资格。她秉持着“尽责最乐”的座右铭，以敢于担当、乐于奉献的精神，在堤防管养、防汛抢险、财务管理等平凡岗位上勤奋工作、刻苦钻研，创造了优异的工作业绩。2020年3月5日，被评为汉寿县“三八红旗手”。

资政文选

学好用好创新理论　奋力建设环湖强县

中共汉寿县委书记　车世忠

《习近平谈治国理政》第三卷是用习近平新时代中国特色社会主义思想武装全党、教育人民、推动工作的最新教材，是指导我们推动工作的理论指导和实践指南。我们要学好、用好这部著作，把党的创新理论转化为汉寿高质量发展的强大力量，转化为建设“宜居宜业宜游环湖强县”的不竭动力。

一、学好用好创新理论，必须践行人民至上的价值观

习近平总书记指出：“我们的目标很宏伟，但也很朴素，归根结底就是让全体中国人都过上更好的日子。”要牢固树立以人民为中心的发展理念，站稳人民立场，厚植人民情怀，始终把人民放在心中最高位置，真抓实干解民忧、纾民怨、暖民心，让人民群众的获得感、幸福感、安全感更加充实、更有保障、更可持续。

以决战决胜的姿态，打好打赢三大攻坚战。2020年是全面建成小康社会和“十三五”规划收官之年，能否打好打赢三大攻坚战，决定着全面小康的成色。打赢精准脱贫攻坚战。按照“保脱贫、防新贫、防返贫”的目标任务，聚焦“两不愁三保障”突出问题，查缺补漏，补齐短板，确保脱贫攻坚成效经得起时间和历史检验，坚决夺取脱贫攻坚战全面胜利。打赢污染防治攻坚战。最近几年，汉寿投入大量人力、物力、财力清理黑杨、拆除“两围”、关停畜禽养殖场、查处环境违法企业，湿地生态环境明显改善，呈现出“鸟多、鱼多、草多、水好”的喜人局面。当前和今后一个时期，我们要坚定不移打好蓝天、碧水、净土保卫战，统筹推进山水林田湖草系统治理，加强西洞庭湖湿地生态保护和修复，守护一湖碧水，共建美丽家园。打赢防范化解重大风险攻坚战。平衡好稳增长和防风险的关系，着力防范政府性债务风险，坚决遏制增量，积极化解存量，守住“三保”底线，确保不发生系统性风险。

以坚定坚决的态度，破解三大难题。禁捕退捕、农村集体资源巡察问题整改、围堤湖打非治违牵涉范围广，面临阻力大，牵扯精力多，是制约当前汉寿发展的三大难题，需要集中攻坚克难。着力破解禁捕退捕难题。以胸怀大局、面向未来、心系群众的态度抓细抓落脚，扎扎实实做好渔民转产安置和民生保障工作，确保广大渔民“愿意上岸、上得了岸、上岸后能够稳得住、能致富”。着力破解农村集体资源巡察问题整改难题。农村集体资源清理，关系农村改革成败、关系民心向背、关系长治久安。必须下定决心推动问题整改，清理规范发包合同，严肃处理“强占集体资源”等行为，实现农村集体产权交易平台阳光操作，确保农村集体收入大幅提升。着力破解围堤湖打非治违难题。围堤湖是汉寿重要的蔬菜生产基地。非法违章建筑已经成为围堤湖蔬菜公园发展最大的障碍。要强化责任，硬化举措，全力开展围堤湖“打非治违”，加快推进蔬菜公园建设。

以倾情倾力的服务，补齐三大短板。补齐民生短板。盯紧盯牢民生实事，全面强化稳就业举措，加大就业扶贫力度，确保业有所就；做好社会兜底保障，确保困有所助；

尊重劳动，关心劳动者，确保劳有所得；坚持“房子是用来住的，不是用来炒的”的定位，健全多元住房供应体系，有效满足不同层次需求，确保住有所居。补齐配套短板。持续打好教育大会战，强化城区秩序整治，着力提升医疗卫生水平，加快农贸市场建设，切实解决城市“四位”问题（学位、病床位、泊车位、市场摊位），进一步优化公共服务。补齐基础短板。加快城区雨污管网改造、路网提质、黑臭水体治理，全力支持配合长益常高铁、益常高速复线建设，力争“一桥一路”项目（洞庭湖汉寿特大桥项目和G319太子庙集镇改线项目）纳入“十四五”规划笼子。全速推进汉寿万达广场文旅商业综合体项目建设，提升城市吸引力和辐射力。

二、学好用好创新理论，必须增强高质量发展的自觉性

习近平总书记指出：“我国经济已由高速增长阶段转向高质量发展阶段，这是一个重大判断。”我们必须进一步深刻认识转向高质量发展的迫切性和重要性，增强行动的自觉性，从“有没有”转向“好不好”，深化改革创新，推进产业提升，加快推进汉寿高质量发展。

持续深化改革，激发高质量发展潜力。确保“规定动作”见实效。紧跟中央、省委、市委工作部署，持续推进供给侧结构性改革，提高供给体系质量和效率，重点抓好全面深化“放管服”改革、园区改革等重点改革任务，坚定不移破除妨碍发展的体制机制弊端。确保“自选动作”树品牌。坚持问题导向，结合汉寿实际，深化农村集体产权制度改革、西洞庭湖湿地执法改革等自主改革事项，敢抓敢管，敢试敢干，以改革的办法破解高质量发展难题。

坚持创新驱动，培育高质量发展动能。加强创新主体培育。企业是创新的主体，是推动创新的主力军。大力实施“双百资助工程”，引导企业加大科研投入，不断提升自主创新能力；加快科技成果转化，新增一批市级以上研发中心，引进一批高新技术企业，积极争取省、市科技计划项目，争创国家级孵化器。加强人才队伍建设。创新之道，唯在得人。创新驱动实质上是人才驱动，要牢固确立人才引领发展的战略地位，加强人才工作投入，优化人才政策，完善引才用才机制，强化服务保障，确保人才引得来、留得住、用得好。

加快产业提升，打造高质量发展优势。加快发展优势产业。围绕“两主两特”（装备制造、医药化工两大主导产业，蔬菜、食品及农产品加工、电子信息及新材料新能源两大特色产业）持续发力，加大康普、康尔佳、华乐等重点企业培育力度，加快汉寿蔬菜、汉寿甲鱼品牌推介和输出，不断提升市场影响力和辐射力，筑牢产业基础，推动产业提升。推进产业深度融合。以清水湖国际旅游度假区为龙头，以野生动物园、青山湖候鸟公园、蔬菜公园等为主体，打造“三园一线”城市精品旅游线路；推进国家农村产业融合发展示范园、“两市场一中心”（湘西北蔬菜批发大市场、环洞庭湖水产品交易大市场和农产品检验检疫物流中心）等项目建设，实现农业与农产品加工、物流、旅游休闲等产业深度融合，激活县域经济发展“一池活水”。

三、学好用好创新理论，必须坚持底线思维的辩证法

习近平总书记强调：“我们必须始终保持高度警惕，既要高度警惕‘黑天鹅’事件，也要防范‘灰犀牛’事件；既要有防范风险的先手，也要有应对和化解风险挑战的高招；既要打好防范和抵御风险的有准备之战，也要打好化险为夷、转危为机的战略主动战。”领导干部应切实提高辩证思维和底线思维能力，始终绷紧“三根弦”，更好地维护政治安全、社会安定、人民安宁。

绷紧意识形态之弦。意识形态工作是党的一项极端重要的工作。意识形态的斗争归根结底是信仰、主义、制度的斗争。必须旗帜鲜明地坚持正确政治方向、舆论导向和价值取向，用新思想、新理论的“最强音”压制别有用心的噪音、杂音，揭穿图谋不轨的谎言、骗局。深入挖掘汉寿红色文化，大力推介在抗疫一线、脱贫攻坚、乡村振兴中涌现的先进典型，讲好汉寿故事、传播汉寿声音，弘扬主旋律、传播正能量。

绷紧信访稳定之弦。民心是最大的政治。坚持把信访工作作为了解民情、集中民智、维护民利、凝聚民心的一项重要工作，加强领导接访，强化源头治理，坚持和发展“枫桥经验”，把矛盾纠纷化解在基层，处理在初始阶段。深入推进“扫黑除恶”专项斗争，创新完善信息化社会治安防控体系，保持对各类违法犯罪的高压震慑态势，不断提升社会治理能力和管控水平，建设更高水平的平安汉寿。

绷紧安全责任之弦。人民安全是国家安全的宗旨。压实主体责任，牢牢守住安全生产底线，深入实施安全生产专项整治三年行动，加强重点领域、重要区域、重大活动安全隐患排查治理，防范化解重大安全风险，切实维护人民群众生命财产安全。坚持思想不松、机制不变、队伍不散，扎实做好秋冬季疫情防控准备，落实落细常态化疫情防控。巩固“全国粮食生产先进县”地位，进一步确保粮食安全。推进国家食品安全示范城市和国家农产品质量安全县创建，确保人民群众“舌尖上的安全”。

一语不能践，万卷徒空虚。党员干部要学深悟透《习近平谈治国理政》第三卷，真正做到知行合一，担当作为，以抓铁有痕、踏石留印的韧劲抓好落实，奋力建设“宜居宜业宜游的环湖强县”。

以决战之态　打好决胜之仗

中共汉寿县委书记　车世忠

2020年是全面打赢脱贫攻坚战收官之年。在这攻城拔寨的关键时刻，习近平总书记出席决战决胜脱贫攻坚座谈会并发表重要讲话，这为我们决战脱贫攻坚指明了方向。近年来，在全县干群的共同努力下，汉寿县33个贫困村已全部如期退出，11400户38184人顺利脱贫，脱贫攻坚取得阶段性成果。站在脱贫攻坚决战的关键阶段，我们要深入学习贯彻落实习近平总书记关于扶贫工作的重要论述，坚定信心和决心，以强烈的政治责任感和历史使命感，以决战之态，全力以赴打好脱贫攻坚决胜之仗，为如期实现全面小康提供坚实的支撑。

一、目标就是军令，必须提高站位，压实责任

打赢脱贫攻坚战，全面建成小康社会，寄托着中华民族几千年来的希冀，也浓缩着近百年来中国共产党人矢志不移的初心、孜孜以求的情怀。到2020年现行标准下农村人口全面脱贫是党中央向全国人民作出的郑重承诺，我们要以更高的站位，切实扛起这份责任，坚决完成这项任务。

坚持龙头带动，进一步压实领导责任。以“三走访三签字”活动为抓手，推行县级领导包镇包村包户联点帮扶责任制。县委、县政府主要负责人要带头深入点村引导发展扶贫产业，实施整村推进、精准帮扶举措，对接贫困户帮助挖穷根、解难题，带动其他县级领导深入走访贫困户和非贫困户，落实精准帮扶举措，高标准打造引领全县精准帮扶标杆。

坚持中坚驱动，进一步压实部门责任。按照“管行业、管扶贫”“谁分管、谁负责”的要求，强化教育、卫健、住建、民政、人社、交通、水利、农业农村等行业部门职责，压实部门行业扶贫政策落实的主体责任与监管责任。部门负责人特别是“一把手”一律实行全身心出“条”入“块”搞帮扶，撸起袖子抓帮扶，真正实行“工作总体倾向扶贫一线、精力集中投向扶贫一线、服务切实优先扶贫一线”。

坚持主体推动，进一步压实镇村责任。脱贫攻坚重任在基层，重点在乡村，要压实乡镇村主体责任。乡镇党政主职要紧紧扣住拟退出村、拟脱贫户和特殊困难户等重点对象，做到谋事在先、处事在前，落实到位、把关到底，确保脱贫退出各环节工作推进有力、高质高效。村党支部书记、驻村工作组组长无条件、全天候站好第一岗，把好第一关，把脱贫攻坚各项具体任务和党的各项惠民政策一对一、实打实地落实到户到人。

二、时间就是生命，必须只争朝夕，善作善成

脱贫攻坚已经吹响“冲锋号”，进入“倒计时”。我们要把握节点，聚焦重点，拼尽全力，迎难而上，全力攻克最后的堡垒，打好打胜这一仗。

持续发力补齐问题短板。开展全面排查。全面精准掌握脱贫攻坚基本信息、基础数据，强化部门协同及数据信息对接共享，加强“大数据”比对分析，强化贫困对象尤其是未脱贫户、脱贫监测户、非建档立卡边缘户的动态管理与动态监测，按照分类监测、分户施策、分项落实的思路，及早谋划，精准施策，实现稳定脱贫、高质量脱贫。抓实政策落地。全面梳理各类扶贫政策，加大查漏补缺力度，实现“问题清零”，保持扶贫政策总体稳定，确保政策落实无遗漏，执行标准不降低。要加大对无劳动能力特殊贫困人口社会保障兜底，实现应保尽保。搞好脱贫宣讲。结合疫情防控和脱贫攻坚工作，宣传党中央关于脱贫攻坚的决策部署，积极吸纳群众意见，及时改进工作，切实解决扶贫过程中的问题。

多措并举抓好巩固提升。加大产业扶贫、就业扶贫和易地扶贫搬迁后续扶持力度，扩大兜底覆盖面，确保贫困人口稳定脱贫不返贫。全面梳理龙头企业、合作社、特色产业等分类分乡分村带动贫困户情况，瞄准全县重点产业，选准帮扶主体，完善帮扶方式，密切利益联结，以产业发

展支撑贫困户稳定增收。加大就业培训力度，帮助贫困群众实现就近就地就业；加大劳动力转移输出，以贫困人口稳定就业实现贫困户稳定脱贫。加快建设防止返贫和帮扶机制，对脱贫不稳定户加强监测，及时采取帮扶举措，化解返贫危机。

严格把关确保脱贫质量。世间事，做于细，成于严。要科学评估，做到真实、全面准确。要严把退出关，组织开展贫困户收益核算工作，并逐村逐户校准核实，确保收益达标、"两不愁三保障"全面到位、脱贫户满意认可，坚决杜绝数字脱贫、虚假脱贫，使脱贫攻坚成果经得起历史和人民的检验。

三、行动就是力量，必须尽锐出战，合力攻坚

习近平总书记指出："脱贫攻坚，讲的是政治、干的是民生，体现的是大局、反映的是党性。"我们要集中优势资源，凝聚强大合力，决战决胜脱贫攻坚。

筑牢攻坚阵地。要持续加大基层投入，推进村级阵地规范化建设。要注重党建引领，不断优化村（社区）"两委"班子队伍结构，增强软弱涣散基层党组织活力。要强化物资保障，做好基层扶贫干部工作、生活、安全等各方面保障，让他们安下心、扎得住、善攻坚。

提升攻坚能力。积极组织相关行业扶贫部门负责人、驻村工作组（队）长、下派的各乡镇指导组长以及乡镇扶贫办主任、专干开展培训，不断提升扶贫干部队伍精准扶贫、精准脱贫的能力。要精心培养农村致富带头人，促进乡村本土人才回流，打造一支"不走的扶贫工作队"。

强化攻坚作风。习近平总书记指出，脱贫攻坚能否高质量完成，关键在人，关键在干部队伍。要力戒形式主义、官僚主义，切实减轻基层负担，让干部群众把主要精力用在脱贫攻坚上，确保扶贫工作务实、脱贫过程扎实、脱贫结果真实。要加强扶贫领域监督执纪问责，依法严惩违纪行为，坚决遏制腐败现象。

加快园区高质量发展的调研与思考

中共汉寿县委副书记、县长　周功表

高质量发展是中国经济进入新时代的根本要求，园区作为产业经济发展的主阵地，必须争当质量变革、效率变革、动力变革的排头兵和先行者。推动园区高质量发展，将园区建成经济发展的带动区、科技创新的试验区和城市发展的新兴区，对全面提升县域经济核心竞争力具有十分重要的意义。

一、发展现状

汉寿高新区成立于1992年，2012年4月成为省级高新技术产业园区，2017年2月成为常德国家级高新区的拓展区，园区总体规划面积25平方公里，已开发面积7.5平方公里，现有规模工业企业103家。近年来，按照“开放强市、产业立市”战略部署，汉寿高新区加快推进项目建设，着力提升配套能力，不断优化发展环境，园区经济实力不断增强，发展活力有效激发。2020年，汉寿高新区在全省园区综合评价中排第58名，排名前进30名。

1. 具备了良好的区位优势。汉寿高新区紧邻常长高速，到长沙西1个小时，到常德城区15分钟，距清水湖景区1公里，距正在建设的常益长高铁汉寿站5公里，是全省10个承接产业转移发展加工贸易重点工业园区和常德工业走廊重要组成部分。

2. 展现了鲜明的产业特色。通过产业培育和龙头企业的带动，形成了以装备制造产业为龙头，生物医药为两翼，精密电子、食品加工为辅助的多点支撑发展格局，并拥有“中联”“康普”“康尔佳”“中汉”“太子”“三汇”等一大批国家和省市级名优工业品牌。特别是对标湖南省打造国家重要先进制造业高地要求，狠抓园区装备制造业提质升级，形成了通用设备制造、专用设备制造、交通运输设备制造和金属制品制造4条产业链，汉寿高新区2020年荣获全省新型工业化装备制造产业示范基地。

3. 彰显了强劲的发展势头。“十三五”期间，园区规模工业企业由60家发展到103家，工业总产值由143.5亿元增加到241.2亿元，入库税金由1.2亿元增加到3.1亿元。中联、康普、康尔佳、耐美特、徕木电子、太子化工等一批企业发展势头强劲。2020年，中联重科完成产值53.5亿元，上缴税收1.4亿元；康普、康尔佳产值分别达到8.5亿元、5亿元，税收分别达到1亿元、700万元。中联智能装备配套产业园、康普水针车间、鸭了么、亿奉机械、中谟科技、荣祺食品、斯托德医疗器械等一批重点产业项目推进迅速，为园区高质量发展注入了强劲的动力。

4. 形成了有力的工作抓手。2020年以来，着力开展为园区“真兑现、真服务、真解难”活动，形成了一批有力的工作抓手，激发了园区发展活力，提振了企业发展信心。一是“心贴心”靠前服务。建立部门靠前服务园区机制，16个部门力量下沉、责任下沉、服务下沉，为园区企业发展和项目建设提供“保姆式、保镖式、保安式”服务，为企业减免各项税费2746.2万元，争取各类项目资金2427万元，完成审批事项60个，解决企业用工1200人。二是“面对面”交流互动。建立了政企“半月餐叙会”机制，县委或县政府主要领导每半月组织召开一次，一次一个主题，政企相互沟通交流，现场解决企业生产经营难题，协调解决各类问题116个。三是“手拉手”倾情帮扶。积极倡导“汉寿人用汉寿造”，每月举办一次本地产品产销推介会，政府采购率增加50%，促成医药器械、建材装饰、蔬菜食品等本地企业产品达成产销合同21个、金额5.3亿元。四是“实打实”强权活区。深入推进园区一体化改革，区划调整逐步完善，园镇实现深度融合，县财政每年安排预算3000万元作为园区发展扶持资金，各项税费新增部分全额返还园区，为园区发展“输血增氧”。

二、存在的问题

近年来，汉寿高新区发展取得了一定的成效，但与长沙、衡阳等地的园区相比，在园区发展建设中还存在一些较为突出的问题。

1. *要素资源不足*。用地指标有限。全县市政建设、商业开发项目较多，统筹分配给园区的工业用地指标杯水车薪，二类用地调成三类用地手续复杂，项目报批难、项目等地的情况时有发生。建设资金短缺。近年来，县政府持续加大了对园区建设的投入力度，但由于县级财政底子薄，每年安排的建设资金非常有限，无法满足园区建设的需求。比如，金鹏路、金康路等基础配套项目由于资金原因，难以及时推进。同时，受货款回笼慢、技改投入大、产品积压多等诸多因素的影响，大部分企业存在不同程度的资金短缺和融资难等问题。人才严重不够。由于园区生活配套滞后、企业激励机制不强等因素，企业普遍缺乏高端管理人才和专业技术人才，特别缺乏技术工和熟练工，外面的人才“引不进”，现有的人才“留不住”。

2. *产业层次不高*。自主研发能力弱。当前，园区很多企业无自主品牌，无研发中心，无专利产品，抗风险能力弱。除中联重科、康普、康尔佳等重点企业，大部分企业没有自主研发能力，自动化、信息化水平严重滞后，产品关联度不高，产业链难以延伸，很难做到补长取短、抱团取暖。高新技术企业少。103 家规模企业仅有高新技术企业 30 家，大部分企业仍以初级加工、原材料供应粗放式发展为主，技术含量不高，产品附加值低，品牌竞争力弱，导致土地产出强度不高，税收贡献较少，造成要素资源低效利用。集群优势不明显。产业结构类同，产业集群多为同类产品的聚集，而不是产业链各个环节的有机聚合。以装备制造为例，为中联配套的企业多为钢构、钢模生产企业，产业链不长，中联重科汉寿工业园的许多上游产品由外地生产，没有形成实际意义上的产业集群。

3. *基础配套不强*。生活性服务业配套滞后。园区公共交通、住宿餐饮、文体休闲等生活配套设施较为滞后，虽然对企业生产经营影响较小，但直接导致企业职工日常生活不便、生活成本增加等问题，园区的生机与活力难以进一步激发。生产性服务业配套滞后。园区商贸物流网点功能差、档次低，商业集聚和辐射能力弱，金融、保险、研发、咨询、信息、中介等现代服务业发展滞后。特别是在物流方面，现有条件不能承载大流量的货物转运，部分企业原材料从沿海发达地区购进，自主加工后，又转运到沿海地区进行销售或再次加工，导致物流成本过高，影响企业盈利和发展。

三、对策建议

按照园区“十四五”发展规划，“十四五”末，园区规模企业达到 170 家以上，实现工业总产值 500 亿元以上，进出口总额达到 8000 万美元，上缴税金 8 亿元以上，集聚人口 5 万左右。要按照“工业新城、城市新区”的发展定位，做强产业，主攻项目，真正建成规划科学、资源节约、环境优美、社会和谐、经济发达的省级示范园区。

1. *以改革创新激活力*。增强管理权限。赋予园区更多的人、财、物管理权限，进一步明晰园区选人用人、招商引资、开发建设以及行政和社会事务等方面管理职能，切实做到“园区事务园内办”。理顺权责关系。按照精简、高效的原则，着力解决机构重叠、职责交叉等问题，对高新区与产业办等机构的职责进行明晰，确定各自职责和分工，理顺项目管理主体，界定工作范围，提高办事效率。突出创新驱动。汉寿县生产力促进中心升格为国家中小企业公共服务示范平台，科技企业孵化器在争创国家级孵化器，要借助这两个平台，推动企业成为技术创新、研发投入的主体，培育一批技术能力突出的创新型领军企业，推广一批应用面广、示范性强的高新技术成果。

2. *以要素保障夯基础*。强化资金扶持。立足园区管理和发展实际，盘活土地资源，开展资本运作，为园区开发建设夯实资金保障。同时，发挥财政资金杠杆作用，撬动社会资本支持园区企业发展。保障用地需求。加大对园区基础设施、招商引资及新型工业化项目用地指标保障，加快闲置土地清理整顿，采取鼓励技改创新促进转型升级，或依法收回再招商等形式盘活土地资源，确保园区用地需求。灵活引进人才。园区打破身份界限，通过更加灵活的引才方式，引进一批产业发展和项目建设急需的高端专业人才。同时，构建企业、人社、乡镇“三位一体”的服务企业用工模式，开展专门培训、联合培训、自主培训等培训活动，针对企业急需工种进行培训，保障企业用工需求。突出政策帮扶。全面梳理和完善园区现有各种优惠和奖励政策，加大政策的执行力度，对符合政策条件的项目或企业，严格按照相关程序，在规定的时间予以兑现落实。同时，制定帮扶企业政策措施，结合自身财力，在融资担保、发展基金、品牌推广等方面给予企业扶持。

3. *以项目建设增后劲*。精准储备项目。着眼园区的长远发展，做深、做细、做实项目前期工作，认真筛选、论证、储备一批产业带动强、技术含量高的大项目和好项目，厚植园区发展根基。着力争取项目。围绕产业集群壮大、新型动能培育、企业创新成长、产业园区提质等推动产业转型升级方面，积极争取上级项目资金扶持。积极招引项目。紧盯世界 500 强、中国 500 强、民营 500 强，开展集群式招商，重点招引旗舰项目和龙头企业，重点对接长三角、珠三角等区域，重点实施产业链招商、技改扩规招商、专业园区招商和市场化委托招商，推动优势产业、优质项目在汉寿加速集聚。加快推进项目。提高项目落地效率，加快项目建设进程，重点推进续建项目和新上项目的落地建设，集中精力、集中要素、集中力量，确保项目快落地、快建设、快见效。

4. *以产业提升促转型*。培育核心企业。突出企业主体地位，积极培育核心骨干企业，选择综合实力强、市场前景好的企业重点扶持，在科技研发、市场推广等方面精准帮扶。同时，大力实施品牌推广行动，定期组织品牌推介活动，支持企业与知名电商、龙头企业、大型商场开展产销对接和投资合作，推动优势产业、优秀企业、优质产品走出去。打造支柱产业。选择符合自身区位条件和资源禀赋的产业结构，大力发展具有区域比较优势的产业，按照“两主+两辅”的产业发展布局，做大做强装备制造、生物医药等“镇园之宝”产业，坚决淘汰高能耗、低产出的产业，实现新兴产业领跑、高新产业落地、传统产业升级的新格局。加速产业融合。促进先进制造业和现代服务业“两业融合”，以“数字产业化”为方向，推动传统产业向数字化改造升级，打造智慧工厂，培育智能制造、物联网、人工智能等新兴产业，促进产业间延伸融合。

浅议地方人大专委会存在的弊端及制度创新

汉寿县人大常委会主任　袁佑清

地方人大设立专委会，是我国人民代表大会制度进一步发展和完善的产物。专委会作为人民代表大会的常设机构，其工作的好坏直接关系到人大常委会质量的高低。专委会从建立之初，到现在，已经三十多年了，其功绩不言而喻，但是当前也面临一些亟待矫正的弊端，下面，笔者拟就地方人大专委会存在的问题、原因及制度创新取向做些探讨。

一、地方人大专委会存在的弊端

1. 力争上游氛围不浓。资料显示，从人数来讲，地方人大专委会的专职委员和工作人员不多，少的只有2—3人，多的也只有8个左右，当然省一级的人数稍微多点；从年龄来看，一般委员级别以上的领导，年龄普遍偏大，多数是从党委、政府有关部门调整过来，只有工作人员的年龄普遍较轻，但所占比重小，一般只占10%—20%左右。由于专委会领导年龄偏大，求知欲、上进心减退，普遍有“船到码头车到站”的思想，抱着“过点日子就退休”的信念。对年轻一点的工作人员来讲，由于整天疲于应付委里的事务，既无暇思考工作如何争先进，又难于抽出时间沉下去学习，因此，导致地方人大专委会力争上游的氛围不浓。

2. 奖优罚劣机制不全。实践证明，要有效推进工作，必须论功行赏，奖优罚劣。根据笔者调查，作为地方人大的专委会，其奖优罚劣的机制还不是很健全，对干部积极性、主动性、创造性的发挥挖掘不够，使得专委会的工作推进缺乏必要动力支撑，导致专委会的工作韧劲不足，难于出特色、上台阶。

3. 监督约束办法不硬。地方人大专委会在人大代表大会期间，协助人民代表大会开展工作；在闭会期间，接受人大常委会的领导。根据笔者调查，对地方人大专委会的监督，一般只有联系专委会的人大常委会副主任，没有其他人监督，更没有专门针对专委会的监督管理办法，导致“压力”机制难于建立。由于监督办法不多、不硬，如果专委会不作为，也不能做出惩罚处理，难以对其形成威慑效应。

4. 陈规旧习规则难破。地方人大专委会经过30年的发展，无论是组织执法检查、开展调查研究，还是召开联席会议，都形成了固有的规矩和模式，年年如此，循环往复，不敢越雷池一步。从正面来看，认为是好的经验、好的做法，可以好好传承。从负面来讲，有的陈规旧习难破，如果处理方式不当，不仅掣肘工作开展，而且影响班子团结，导致委里关系紧张。

二、原因剖析

1. 意识或行为轨迹锁定。根据诺斯制度变迁理论，如果一种好的行为或好的意识一旦形成，那么它就会沿着它原来固有的轨迹越滑越远，保持一种良好的发展态势；反之，如果是一种不好的行为或不好的意识一旦形成，那么它就会沿着它原来固有的轨迹越滑越远，保持一种不好的发展态势。地方人大专委会多年形成的有些陈规旧习和“老同志不求上进”的思想，按照诺斯制度变迁理论，就是意识或行为轨迹锁定的结果，要想改革创新，必须循序渐进，不可“毕其功于一役”。

2. 体制设计存在缺陷。按照法律规定，人大是国家权力机关，政府是由人大产生，人大对“一府一委两院”进行监督。那么，地方人大专委会作为人民代表大会的常设机构，其工作由谁来监督呢？只能由人民代表大会和人大常委会进行监督，但是现实工作中，前两者很难对专委会形成强有力的监督。就人民代表大会来讲，人大会一年只开一次会议，而且时间短、任务重，根本无暇监督；从平时来看，所有人大代表都分散到各自的岗位，与专委会打交道不多，不能进行有效监督。就人大常委会而言，其本身就是由专门委员会和工作委员会组成，平时每个委室开展工作相对独立，只有开展执法检查、组织视察、举行人大会期间，才能在一起，因此，常委会也很难对其进行监督。由于体制设计存在缺陷，导致对专委会监督的乏力。

3. 动力机制不健全。动力来源奖惩。一方面，地方人大常委会大多数由于没有设计专门的激励制度，导致动力机制难形成，难以调动干部的积极性、主动性，影响专委会工作的有效开展。另一方面，专委会老同志多，工作热情、上进心不足，难以形成干工作的强大动力。

三、地方人大专委会制度创新的取向

1. 创新学习机制。一是要建立“导学”机制。地方各级人大专委会领导干部要率先成为勤奋学习、善于思考的模范，解放思想、与时俱进的模范，勇于实践、锐意创新的模范。要建立开放的学习模式，善于借助社会各种学习资源展开学习。二是要建立“助学”机制。地方各级人大专委会要创造必要的学习条件，确保专委会领导和普通干部学习有其所；建立必要的辅导制度，确保学习无障碍；开展反思式学习、研究式学习，确保专委会领导和普通干部的学习模式得到改善；不断创新载体，确保专委会学习丰富多彩，形式多样。三是要建立“督学”机制。地方各级人大专委会要制定切实可行的学习考评制度，把专委会党支部党员的学习态度、效果作为衡量新时期党组织和党员保持先进性的标准之一，纳入到学习考评的激励约束机制中去，确保学习的连续性、持久性和有效性。

2. 创新激励机制。地方人大专委会要根据各自的特点和实际情况，制定科学、合理的激励机制，推进专委会的工作不断上台阶。一是建立物资激励机制。要结合专委会的工作内容，制定不同等次的物质奖励标准和考核办法，力求调动干部的工作积极性和创造性，推进工作出特色、上水平。二是建立精神激励机制。对委里的同志表现出色的，委里的领导特别是“一把手”不仅要经常给予表扬，而且要推介到人大机关或省委、市委、县委进行表彰。三是建立举荐机制。对地方人大专委会工作出色的干部，专委会及其联系的常委会领导要认真推荐，使其得到提拔重要，形成一种“能干事、敢干事、会干事”的人能够得到提拔的良好氛围。

3. 创新监督机制。一是建立联席会议制度。为强化常委会对专委会的监督，常委会可以委托办公室采取每个月或半个月召开一次委室主任联席会议，会上各委室汇报工作开展情况和下一步工作安排，通过工作调度强化监督。二是建立考核机制。常委会可以委托办公室制定专门的专委会考核制度，细分项目，量化指标，年终评比考核，这样既能强化监督，又能调度专委会的工作积极性。三是建立专委会对口联系人大代表制度。通过召开会议、开展视察、执法检查等活动，进一步增强人大代表与专委会的联系与沟通，增进人大代表对专委会的了解，从而进一步加强对专委会的监督。

强化人民政协建言资政和凝聚共识双向发力功能的探讨

汉寿县政协主席　刘毅翔

2020年5月，全国政协主席汪洋强调："在建言资政和凝聚共识双向发力上搭平台、建机制。"在建言资政和凝聚共识两方面双向发力，是新时代对人民政协制度创立初心的不懈坚守，是人民政协事业继承、发展、创新的生动实践，更是贯彻落实新时代中国特色社会主义思想的使命担当。准确理解和把握这一重要论述，有利于深入贯彻落实习总书记关于加强和改进人民政协工作的重要思想，有利于人民政协制度更加成熟更加定型，进而不断推进政协事业发展。

当前，中国特色社会主义进入新时代，经济社会深刻变革，利益格局深度调整，社会阶层更加多样，思想文化更为多元，国际环境错综复杂，需要人民政协在强化建言资政和凝聚共识上双向发力，为中华民族腾飞集聚广泛正能量。

一、凝共识、聚人心，是增强建言资政能力的基础

做好凝聚思想共识、积聚社会人心的工作，就涉及画圆求同和辩证求异两个方面。

画圆求同、辩证求异是建言资政的思想基础。汪洋主席指出，政协委员及其代表的各个界别群众，思想观念多样化前所未有，表达方式多样化也前所未有。这指明当前人民政协加强思想政治引领工作、夯实共同思想政治基础的重要性，是我们找到最大公约数、画出最大同心圆的所在。近些年来，汉寿县政协把增进思想共识作为主轴，始终与县委同心同向、同频共振。围绕贯彻落实县委、县政府决策部署，将凝聚共识贯穿在政协履职中，主动服从和服务脱贫攻坚、项目建设、招商引资、文明创建等中心工作；协助成立民盟汉寿活动小组、九三学社汉寿小组、民建汉寿小组，搭建合作共事新平台，最大限度地积聚人心，增进共识。

画圆求同、辩证求异是政协组织的独特属性。政协组织在政治上具有巨大的包容性，这种性质决定了政协组织可以存异、鼓励提异、追求化异，但不允许在"尊重多样性"名义下自行其道；有些对改进决策、减少失误大有益处的，不仅要允许存在，还要主动征求。如果把政协看作是一棵大树，坚持求同就是把根扎深扎牢，从土壤中源源汲取养分。辩证求异就是学会修剪枝杈，剪掉坏的、呵护好的，这样才能使建言资政这棵大树根深干壮、枝叶长青。

二、明方向、懂政协，是提升凝聚共识水平的核心

提升人民政协凝聚共识水平，核心是要做到"明方向""懂政协"。

首先是"明方向"。作为马克思主义中国化最新成果，习近平新时代中国特色社会主义思想，回答了坚持和发展什么样的中国特色社会主义这个重大课题，对党和国家全局工作做出了理论分析和政策引领。人民政协明方向，就是紧扣党中央决策部署、围绕国家重大战略布局，找准凝聚共识的切入口和结合点，为党和政府科学决策、合理施策提供智力支撑。

其次是"懂政协"。首先要弄懂新时代建设什么样的人民政协、怎么建设的问题。习总书记关于加强和改进人民政协工作的重要思想，使人民政协制度在新时代更加成熟、更加定型了，同时也对发展党的人民政协理论作出了原创性贡献。政协委员只有也必须弄懂学透这点，善用政协思维、政协话语、政协方法，才能正确有效地提升凝聚共识水平。

三、铭初心、勤作为，是实现双向发力目标的途径

无论当前还是今后，实现建言资政、凝聚共识双向发力目标，应做实以下几点——

*一是统一步调，增强政协三认同。*面对新时代新方位新使命，政协各参与单位和广大委员，应把学习习近平新时代中国特色社会主义思想作为政治责任，守住政治底线，把握时代脉搏，增强政治认同、理论认同、情感认同。

汉寿县政协党组贯彻落实常德市委、汉寿县委的决策部署，把政协工作自觉放到党政工作大局中谋划。如近两年的脱贫攻坚、今年的抗击新冠疫情以及7月份的高洪防汛，县政协都做到围绕中心不偏向、服务大局不动摇、凝心聚力不游离，确保政协工作沿着正确轨迹推进。

*二是精准聚焦，建言资政系民生。*时下人们常说“诗和远方”，就是指心中的理想与向往。近年来，政协组织和委员常想着“边、少、穷”地区群众能否吃上饭、穿上衣？孩子能否读上书？再细点说，就是群众过冬的棉被是否新？饮用的水源是否净？这就是人民政协当前的“诗和远方”，它使得一切理论和书本上的东西都显得苍白。政协组织和政协委员应聚焦小切口，情系大民生，抓热点问题化解，难点问题疏导。2020年，汉寿县政协为推动双向发力，以珍珠退养和农村集体资源清理为重点，向县畜牧水产事务中心、县农村经营管理站、市生态环保局汉寿分局、洲口镇、沧港镇5个单位派驻了民主监督小组，开展集中监督活动33次，反馈意见建议30余条，取得了较好监督实效。

*三是加强合作，凝聚共识赢民心。*首先，要多形式加强团结合作。政协要加强与各民主党派、工商联、无党派和新社会阶层人士的沟通合作，同时引导民族宗教人士，参与发展、支持改革、促进和谐。政协委员要加强与非公有制经济人士的联络，使其关注高质量发展，贡献助推经济社会发展的良策诤言。其次，要多途径扩大有序参与。有事好商量、多商量，众人拾柴火焰高，是双向发力的法宝。政协组织通过联合调研、旁听例会、大会专题发言、协商式监督、远程协商等多种途径，让各界诉求充分表达、各种意见广泛交流、各方利益统筹融合。再次，要多举措构筑社会和谐。如何去构筑？笔者认为，政协委员带头参与脱贫攻坚、“金秋助学”、“冬日送暖”等公益活动，就是最有效的方式。汉寿县政协委员、湖南地本中药材种植公司董事长熊当之，在岩汪湖镇建立千亩枳壳基地，与周边3个村260个贫困户签订产业扶贫合同，带动村民致富。类似熊当之的爱心委员，在全市不计其数，是他们提升着人民政协知名度与美誉度。再如在全省层面，近几年里，省政协开展“三进三助”聚力行动以来，广大委员踊跃参与，走访对接园区、企业、项目近3万个；4万多名新老委员参与“三个一”扶贫行动结对，帮扶贫困家庭6万多户、贫困学生5万多名，解决贫困群众就业11万多人，捐款捐物超过10亿元。

*四是秉持情怀，克难进取求作为。*脚下沾着多少泥土，心中就沉淀多少真情。政协组织和委员应秉持一腔情怀，用履职担当回应期望，保持满满的进取锐气。2017年11月1日，湖南省发出打好洞庭湖生态环境保卫战动员令，规定在当年12月31日前，全部清除湿地保护区核心区黑杨。11月10日开始，享有“中国黑杨之乡”盛誉的汉寿县，集中清除西洞庭湖湿地核心区4.1万亩黑杨，至11月21日全部完成，比省里规定期限提前40天。县政协负责牵头的坡头分指挥部，将清除目标与任务安排到相关村和经营业主，提前11天完成县委指定的任务，比省里规定期限提前47天，且未发生一起利益纠纷。原县政协委员、县杨树协会副会长余青山，在西洞庭湖湿地种植黑杨近2万亩，“清杨”造成他3000万元以上直接损失，他仍带头在规定时间内完成了“清杨”任务。县政协人的情怀与作为，有力推动了全县进程。

“一畦春韭绿，十里稻花香”。春华与秋实，构成大自然绚丽而迷人的景观。各级政协组织及委员，应在高质量发展经济社会的美丽进程中，锚定提质和增效，聚焦主责与主业，勇于做拼搏与推进者；在攻坚克难、有为进取的奋斗中，敢于标注政协印记；在立足岗位、履职尽责的实践中，善于展现委员风采。让政协的全局工作、让委员的履职人生，因“双向发力”而精彩。

绩效评估

中共汉寿县委
汉寿县人民政府
关于2020年度全县绩效评估及机关事业单位工作人员考核结果的通报

汉委〔2021〕3号

各乡镇（街道）党（工）委和人民政府（办事处），高新区，县直和中央、省、市驻汉各单位：

2020年，全县上下坚持以习近平新时代中国特色社会主义思想为指导，认真落实中央、省市各项决策部署，统筹推进疫情防控和经济社会发展，在关键时刻体现了关键担当，在非常之年展现了非凡作为。为表彰先进、鞭策后进，经综合考评，现将2020年度全县绩效评估及机关事业单位工作人员考核结果通报如下：

绩效评估结果

(一)优秀单位

1. 乡镇（街道）区（8个）

坡 头 镇　岩汪湖镇　毛家滩乡　罐头嘴镇
聂家桥乡　太子庙镇　龙阳街道　高 新 区

2. 县直单位（60个）

县委办　县委组织部
县科协　县委宣传部
县委政法委　县妇联
县委统战部　县委编办
县政府办　县财政局
县自然资源局　县农业农村局
县水利局　县交通运输局
县统计局　县农机事务中心
县畜牧水产事务中心　县人社局
县乡村振兴局（县扶贫办）　县行政审批局
县卫健局　县融媒体中心
县司法局　县交警大队
县城管执法局　县消防救援大队
国家统计局汉寿调查队

县税务局
县水文局
县联合财险公司
县气象局
县新华书店
县人保财险公司
长沙银行汉寿支行
农发银行汉寿支行
县人大选举任免联络工委
县人大办
县人大财经委
县政协办
县政协提案委
县政协委员学习联络委
县纪委监委宣传部
县纪委监委党风政风监督室
县纪委监委案件监督管理室
县纪委监委第四纪检监察室
县纪委监委案件审理室
县纪委监委派驻县教育局纪检监察组
县纪委监委派驻县委政法委纪检监察组
县纪委监委派驻县法院纪检监察组
县委巡察办
县委第二巡察组
县西湖水利会
县自来水公司
县人力资源开发交流服务中心
县就业服务中心
县一中
县二中
县疾控中心
县卫计综合监督执法局
县城投公司

(二)良好单位

1. 乡镇（街道）区（8个）

西港镇　洋淘湖镇　朱家铺镇　株木山街道
蒋家嘴镇　崔家桥镇　沧浪街道　辰 阳 街 道

2. 县直单位（51个）

县工商联　团县委
县委党校　县残联
县发展改革局　县供销社
县林业局　县住保中心
县住建局

县信访局
县教育局
县医保局
县民政局
县退役军人局
息风湖湿地公园管理处
县市场监管局
县公安局
县审计局
农业银行汉寿支行
县星龙村镇银行
县人寿保险公司
华融湘江银行汉寿支行
市生态环境局汉寿分局
县移动公司
人民银行汉寿支行
建设银行汉寿支行
中国银行汉寿支行
县住房公积金管理部
县人大监察和司法委
县人大农业农村委
县人大环境与资源保护委
县政协文教卫体和文史委
县政协经科外事委
县纪委监委组织部
县纪委监委第一纪检监察室
县纪委监委第二纪检监察室
县纪委监委第五纪检监察室
县纪委监委派驻县公安局纪检监察组
县纪委监委派驻县政府办纪检监察组
县纪委监委派驻县委组织部纪检监察组
县纪委监委派驻县卫健局纪检监察组
县委第一巡察组
县委第三巡察组
县沅南水利会
县岩马灌区管理局
县特科所
县社会保险服务中心
县五中
县妇幼保健院
县中医院
县农业投公司

机关事业单位工作人员考核结果

(一)机关单位(含参管单位)工作人员考核结果

1. 呈报市记二等功人员（7 人）

黄　杰　邓　慧（政府办）刘凡夫　成晓燕　彭绍峰　李明辉　肖广洲

2. 记三等功人员（94 人）

李桂先　万成斌　郭志刚（组织部）刘少华　郭建湘　彭金明　曾　伟　李　华（人大委办）　李　亚　胡卫东　徐隆祥　罗德军　肖　娟　徐嘉璐　易湘海　高宏松　王　青　肖先爱　朱培升　钟振华　毛小平　金迎春　刘辉杨　剑　波　陈海清　廖金刚　李亚明　曾宇平　杨志林　任小玲　王　浩　徐纪桂　陈精忠　袁定保　王景松　黄　敏　王　亮　文毅君　郭志远　熊俐雯　任全新　张晓静　杨冬英　刘锡初　王众豪　王绪峰　郭志刚（畜水中心）　何桂英　陈　燕　李　进　龙燕丽　杨国清　彭九华　徐　政　何英富　宁瑾玮　何　为　周胜宏　孟振中　曾　健　郭　辉　龙　帅　宏　伟　赵倩兰　邓　慧（岩汪湖）彭　佩　陈艳君　杨友明　李梦婕　解　哲　刘峻菘　黄　娇　石　伟　张建军　刘开来　吴定军　张先国（龙潭桥）　解雪芳　曾小春　杨亮席　方　文　曾文杰　夏梓容　邓颖杰　李红辉　傅功奇　肖　健　黄愈强　蔡　莹　李正坤　邓丕德　胡　勇　金　伶　曾　斌

3. 嘉奖人员（448 人）

乡镇（街道）区（65 人）

周恒超　曾爱华　朱鹏万　梁有忠　李伟才　赵　子　丁志刚　孙　瑜　施满红　林　钰　陈芷怡　何　亮　周丽苹　李爱军　李晓赞　朱雪文　彭　丹　陈　明　杨恒树　陈列桂　张竣杰　李　盾　郭宇叶　宏　发　陈光辉　夏孝付　蒋翱楼　涂学广　张　琼　邱　璐　曾　婵　鄢　红　朱艳平　程湘凡　廖　欢　陈　伟　孙泓赡　印刚男　刘　念　童宗益　胡俊宇　汪　燕　施　敏　曾庆明　刘益松　戴　平　曾　进　王　琴　方第元　廖　霞　刘文兵　王庆国　温雯博　周容惠　高中建　朱子建　袁　政　张　颖　郭照林　郭敬峰　周　斌　夏　文　刘　敏（蒋家嘴）施毅平　黄尔文

县委办系列（6 人）

李　忠　陈　政　姚　娟　黄立龙　陈　敏　骆红勋

纪检、组织、统战系列（23 人）

童成立　杨　丰　丁智辉　黄安怡　易立书　邓丕红　李铁军　郭辉勇　李先进　周　玲　黄立伟　黄　英　薛　斌　刘　斌　夏战新　侯志平　籍晨晖　李鸿飞　严　婷　黄格锋　毛芳莉　蔡明浩　代岳轩

政法系列（77 人）

王艳平　彭　立　安　纯　曾润瑶　杜　程　龚慧慧　李海辉　刘淑珍　刘思琴　吕芃呈　覃　丹　汪　宇　殷　璇　彭小龙　邹　蓉　李　源　吕文伟　邓友佬　胡吉华　王　健　黄　剑　彭海洋　蒋　平　曾　成　李　益　刘卫东　廖帮勇　陈伟杰　雷长青　于　文　谢海波　邱　欢　潘　臣　肖　敏　邹　珏　贺跃龙　黄　荣　张　瑞　龚晓鹏　邓艳华　杨　婵　娄　佳　丁　浩　龙　毅　黄逸云　伍天颖　帅　勇　黎　平　曾　强　姚　健　吴中秋　刘新华　毛光富　刘祥军　张中术　叶　冰　梅新才　范四清　邓　强　王志红　夏泽云　张　炜　朱大胜　刘晓葵　高　莉　肖丽纯　周　龙　刘小红　史美辉　张　蛟　詹　朋　李长玖　曾雪飞　张先国（司法局）杨海娟　杨　辉　聂一平

宣传系列（14 人）

郭少华　刘思驿　周世娥　李志辉　李明德　刘春初　肖忠利　李　理　周　峰　吴　璇　卢　欣　张　霞　梅　军　李建武

农口系列（10 人）

丁立君　祝智辉　尹伊君　蒋永胜　王　敏（畜水中心）　刘旭玲　李　娟　陈小文　郭　治　李顺贵

人大政协委办（14 人）

胡章岭　陈庆铭　黄荣耀　蔡少波　罗　静　曾丽琴　张　玲　龚思思　廖海斌　董　理　刘龙凤　冷建军　周桂保　曾小平

群团系列（4 人）

肖红梅　邓雅丹　龙必军　刘照林

政府办系列（92 人）

卢鹏飞　肖文波　刘　敏　肖达春　何辉军　邓方明　马　玲　彭晋华　刘林红　周　勇　徐新忠　周立文　熊宗毅　王运先　曾娜娜　赵丙泽　彭　军　毛晓红　曾跃坤　曾庆久　向　海　王明星　方　晋　曹剑波　龙　凤　陈晓准　周德林　袁　慧　李　华（市监局）　张国强　林宗恒　叶久文　雷常元　冯爱国　曾昭好　余克富　胡跃红　朱传信　黄宏伟　李国才　赵壮志　蔡建平　彭青松　王贞文　曾高利　刘　虹　袁立新　曾　舸　吴勇平　王　昊　刘文武　符浪前　肖　懿　万朝晖　曾　蓓　赵田立　廖金慧　李璇蔡　琳　玲　童　俊　王胜利　聂　菁　刘　幸　胡绪高　胡小平　吴志明　杨文彬　张　峰　刘慧蓉　张彩霞　徐国富

马文彪　张艺誉　黄桂喜　金梦君　陈　祥　刘文辉
彭全贵　高益华　邹革强　杨洪宇　杨　茜　刘永革
郭若慧　晏　武　丁　珲　郭乃锋　彭　敏（医保局）
潘思佳　袁先海　李　勇　谭芳洁

单列考核机构（143 人）

刘新跃　钟志高　袁成胜　王国华　尹明辉　黄晓慧
陈　峰　聂　辉　李焕新　徐龙前　李波云　袁　健
周金刚　万晓菊　刘　强　李雅虹　邓宜华　胡文耀
吴文启　邓　文　戴学明　胡国安　易倩倩　席建明
王　鹤　杨建星　朱湘萍　梅　敏　范　杰　王克山
杨　军　李立娟　蔺雪如　周光浩　周　静　刘　球
汪维孝　陈彦利　刘　鑫　李　沛　袁　贵　陆　颖
郑　瀚　赵奇志　刘晶晶　毛　智　龚钰洁　李　黎
邹远祥　刘健健　李传富　陈根云　蔡志利　刘赞时
徐小军　陈　波　杨建成　蔡正忠　张建国　杨维刚
黄明新　龚长顺　周星海　颜宗杰　柳海燕　邓湘志
朱世平　曾国泉　王启华　黄会任　魏先明　钟运来
彭开慧　蔺爱政　周振英　万臣豪　任承伟　钟一鸣
刘科生　蔡卫国　姚昌福　伍加富　吴小毛　王立平
肖　灿　周靖丁　刘胜祥　蔡跃齐　杨玉霞　刘长明
邓家富　丁铁军　梅景辉　刘景峰　徐洪波　杨伟益
陈惠文　田立国　粟宗权　何建民　杨　逸　吴亚辉
陈朝霞　童　斌　彭　敏　邹　杰　周　波　曾祥新
方立军　施昌海　张志凡　周　来　方正中　何　静
朱振刚　唐　谊　周庆辉　米庆华　戴中校　朱德才
廖红娟　郭学伍　蔡佳奇　李　洋　杨　智　黄　忠
吴笃义　郭乐平　王　皓　高绪秋　袁　俊　刘道平
罗世友　黄　静　刘江涛　彭焕喜　文　艺　刘应军
涂玉淇　刘立杰　许世伟　曾德安　夏　榕

（二）事业单位工作人员考核结果

1. 记功人员（195 人）

陈　玮　朱爱成　罗深喜　陈建寰　邵艳华　徐　刚
肖介云　龙文芹　崔秋娥　匡朝凌　曾尧生　李井学
杨　杰　章　力　刘　安　朱自刚　廖　勇　潘国祥
刘朋灿　李振君　周维红　杨小兵　罗　强　刘跃军
林　涛　李进雷　文　娟　黄武岭　龙　勇　铁　军
张建清　徐　斌　袁海宽　肖秀峰　潘潜兵　何贤骏
郭龙振　肖广红　胡静波　彭小军　李戈锐　夏孝军
罗玉真　汤世顺　周黎明　邱　实　牟大国　李明波
刘正和　黄　彪　肖　松　马　赢　周　凡　马　毅
帅　波　张　敏　饶志丰　李朝晖　朱培新　童宗伟
周国文　廖海兵　徐爱兰　王晓萌　李丹丹　曾照友
郭培林　贺沐冰　高军民　张　剑　唐柏春　何英浩

廖　杰　王小兵　吴建军　胡　景　刘元元　雷有龙
邹　婧　罗艳波　郭金娥　叶　伟　张国芬　牟　敏
李登高　胡　峰　刘海燕　周　宏　杨先胜　曾　琰
游灿华　夏冬明　李　帆　严定权　张　琪　施凤莲
裴志刚　周　杏　黄娅玲　黄　琼　赵　彬　李丽英
马丽英　袁瑜蔓　刘婉洁　杨开国　徐晓丽　曾嘉丽
金保来　童中英　夏海曙　刘正官　王汝梅　丁仁和
周　扬　刘　傲　罗建强　胡绪初　朱显忠　彭朝辉
毛巧珍　宋福辉　徐　敏（丰家铺）　丁　华　曹德珍
薛冬红　文　辉　谢　佳　符晓黎　刘　喜　曾爱春
张春元　黄　玲　黄　蓉　李国君　陈嘉玲　罗海燕
彭文广　黄翠群　朱梅芳　张　丹　曾琦霞　涂梅芳
朱培干　王　丹　周　殷　胡　强　罗先明　曾　锋
代　明　何英杰　饶红荣　刘先志　王华超　刘治国
朱　威　罗　方　何建军　麦　甜　李盈纯　何羹尧
龚　敏　魏文倩　廖　艺　张　莉　王　琴　黄亚平
曾超超　卢铁华　盛建辉　刘　玲　彭立军　陈　伟
陈丁格　王正德　梁菊祥　周凤梅　林　波　旷冬梅
薛　飞　代金元　蔡志杰　刘振民　马　辉　冯勇刚
邱建华　全　威　刘艳军　蔡晓艳　马永瑛　薛永娟
彭　飞　吴孝红　丁建军　戚家军

2. 嘉奖人员（1971 人）

乡镇（街道）区（142 人）

郭玉龙　冯方遒　罗方立　彭基波　曾宪利　冯爱国
胡立刚　罗美娟　万　娟　高　勇　别　科　蔡赛华
张　方　柯志忠　武朝辉　周必安　张　乐　青光华
刘朝晖　朱济武　曾志祥　陈海波　童成炎　何光明
戴　兵　严进祥　曾宪本　刘晓峰　彭定稳　熊　英
梅　敏　刘景权　李中华　刘其艳　李昭云　李强稳
胡志文　代立忠　李圣林　候云华　熊培佑　王用进
肖　克　袁建红　李　益　李传孝　徐述东　陈生红
张　建　张科健　粟　勇　雷碧莲　曾文柏　童成军
聂国荣　成来喜　陈建文　张　媛　翟玉章　戴建平
周　彪　史中秋　李冬军　廖利红　陈　辉　康绍友
姚　超　徐子亮　雷新东　李　杰　高坤明　李望宏
薛宝军　郭　杰　熊化劲　丁金平　陈　浩　粟永峰
曾庆怀　陈学文　黄建新　刘小波　戴　进　刘　兵
王杰才　施远征　陈　杰　李根初　蔡桂荣　薛长春
余红武　孙文华　王　学　何　城　陈　勇　李　彬
曾　森　罗红亮　黄　敏　曾新文　张　勇　刘起程
青德毅　杨耀辉　钟河艳　田志敏　刘文杰　夏文杰
袁文敬　廖梦华　朱坤山　曾　文　曹湘文　施鸿飞
夏孝冰　刘双喜　杨开元　余志永　李明波　李文锋

邱金湘 张志彪 夏立波 杨伏海 文爱平 王文滔
杨 维 叶跃辉 胡大权 唐政权 匡艳辉 谢正南
田 莉 蒋 灿 李 龙 罗新春 周 斌 刘 铭
李 斌 符拥华 张 芳 童成猛

政法系列（5 人）

胡雅玲 陈文梅 其 述 黄 启 元王霖

宣传系列（433 人）

刘 丹 黄迎春 刘颖萍 薛 燮 叶 智 朱 勇
童 骞 熊春莲 黄婷婷 莫立平 曹同丰 曹培培
周 飞 杨道平 殷良君 袁先平 杨兰芳 孙新华
刘孟利 刘 宏 邓 娟 童文波 朱力琼 艾芸芳
颜 胜 刘 英 莫家南 艾苛芳 刘至富 刘 丽
龚玉祥 陈 蓉 朱全杰 周黛羽 曾卓薛 凯 鸿
何晓芳 张 强 夏孝琴 张 蓉 魏 弘 周 军
梁 敏 周诗怡 张晋维 张 平 李 艳 蔡亚乐
郭照锋 张 佳 毛颖丽 刘景绘 李 蓉 吴 静
梅宇峰 姚旭峰 袁湘玲 吕小超 史 洁 吴欣宇
卢 芳 刘慧容 刘 霞 廖 斌 曾顺兰 徐 媛
吴龙光 胡正霞 陈星如 袁 朋 马 昕 李 君
易建云 邓 维 王小霞 刘 源 王 慧 王 玲
高 琴 沈钰洋 崔 星 刘 华 谭 彦 蒋 烁
冯 杨 曾 群 周 萍 刘 雄 樊思怡 贾 伟
袁 慧 施立枝 熊 芳 胡 丹 邱奇丽 周翠娥
刘 思 胡 蓉 黄旭明 朱清平 陈 丹 王凤令
刘 帅 韩 琴 朱诗娟 双巨红 蔡晋宇 刘明涛
刘 琴 周 波 李 双 邹 容 张晓婧 周燕萍
周文正 刘笑梨 贾蓉春 刘 蓉 葛娅娜 刘 建
王 霞 王 芳 张 红 张小洁 高绪品 艾孟鹤
聂 凤 王顺利 彭 飞 李 华 罗儒超 周远清
任宏良 张志刚 刘立安 曾飞跃 谈映勋 钟永华
鲁亚婷 朱 婷 彭 杰 黄 畅 张蒙蒙 卢 林
曹 雯 易 乐 郑志超 王 莉 彭 玲 麦士荣
曾革非 何思奇 刘 瑜 龙俏丽 陈自强 李金红
曾 挚 杨 珍 戴清利 易志英 黄大联 李光烈
李小波 李菊枝 刘爱娥 邓跃平 史 芹 瞿 慧
周井来 王伏民 周俊良 王银花 唐金玉 许世明
杨红军 游玉学 赵琼欣 孔 苏 唐 芳 姚 娟
王天一 王 鑫 潘冬琴 饶琪姣 帅赞华 刘 群
叶立平 曾红群 谢婉霞 曹林霄 陈志枚 刘建军
全永丽 丁 群 施 伟 马 琴 周 晓 梅丁成
李 欢 戚 和 周 舟 黄林坤 艾祖国 李 军
熊苗苗 康晓玲 周胜来 刘 颖 谢景春 陈 华
袁 宁 陈世发 程红颖 胡传娥 张开国 伍 琴
马植丹 熊汉辉 王益林 谈 英 曾琳梓 周新贵
杨 帆 施 波 黄 琴 魏 龙 王 琼 徐万智
李 哲 廖晓艳 熊 觅 刘丽娟 邱 佩 郭桂年
史春霞 彭莉莉 许贵年 周立云 刘 哲 李 娟
罗 林 鲁 蓉 曾秀娟 王世勇 戚燕妮 黄爱兰
李 华 张晏军 雷 蕾 易小琳 符腊梅 彭进双
赵 华 杨 婷 汪建国 郭 斌 杨 霞 孙 智
胥 龙 高绍红 吴光球 祝瑞芝 邓必武 曾智敏
郭晓华 李红建 胡家庭 黄 萌 任 军 胡建军
李红丽 高 逵 帅琦妮 王芙蓉 彭立峰 杨 玲
邓丕英 袁稳春 夏爱华 王 慧 梁 勇 邹 蓉
王建瑛 刘 芳 周 娟 雷雄飞 张 旬 刘俊男
周新和 刘 明 刘玉蓉 刘冬民 周文财 冯 权
周碧芬 黄云贺 丁 玲 余孝波 刘 佳 陈毅慧
刘 芬 高嘉欣 黄 梅 陈兰洲 李小红 胡 政
肖 萍 伍捷华 孙 博 刘 波 龚长喜 唐新华
戴信华 李 辉 田 旋 夏铁军 刘 英 袁玉文
刘兰花 何新兵 徐红村 黄一娟 郭 婷 李 锐
邓富贵 李艳甫 陈仕田 龚赛男 匡 杰 肖 静
张 鹏 彭凯霞 刘爱菊 廖珊珊 胡玖高 邓荟芳
代冬初 周 翔 梅昌文 王金田 陈佳佳 万桂元
罗小芳 李 岸 李文君 王 剑 史 辉 郑芳青
邓琅月 彭德军 杨文波 曹立勋 牟景辉 蔡建文
薛 芳 高彩云 刘 辉 李厚胜 许小玲 戴善军
王 颖 马小勇 陈勇军 熊 英 苏金晔 刘 敏
张贵荣 龚学政 徐克贵 刘益琼 范鹏飞 李守安
邓兴德 高云毅 余 艳 刘 鹰 黄 丹 钟世平
郭义维 王 彪 徐杰辉 何利琼 康绍宏 韩 维
康思思 王 勤 祝 辉 肖 琪 刘 芳 刘金红
李明勇 陈桂华 魏 嘉 李国卿 李艳红 刘永红
罗正清 陈 霓 李 盈 谢 成 曾 珍 杨 婷
刘 芬 李 前 祝兰英 祝士球 袁 胜 王宇琪
谢敏杰 聂新宏 高顺初 王世斌 青 娟 周志祥
陈贝贝 刘 英 李建球 杨学莉 符 容 张 艳
杨学娟 袁宜权 丁奇峰 吴晓霞 李丹丹 卢荣之
杨思灿 杨小平 黄 勇 李浩琴 史金道 陈开华
刘 万

农口系列（96 人）

朱小明 汤必军 崔文忠 肖 鑫 杨苑艺 邹钦旋
丁小连 刘依依 马 力 李忠彩 杨建波 彭亚龙
蔡林芷 李红峰 夏 亮 蔡美春 林 强 熊 哲
曾建刚 朱书汶 邓明亮 卢建新 罗艳美 武维宝
刘建军 金华英 汪传智 钟艳红 游中文 欧成波

曾新国　黄　伟　陈群英　王　玲　周金成　杨永新
云国顺　高德波　郭学定　熊玉和　胡　玮　饶智莉
曾凡勇　邱　辉　严拥政　罗尚峰　陈　英　肖志勇
何平平　杨　纯　邓生钧　李若飞　杨　辛　周　刚
袁文武　高　旭　彭海峰　陈　林　周　莉　刘卫丰
吴　峰　王博夫　陈建红　王滢钧　张小平　赵寿政
梅方舟　钟　强　周献礼　赵　洁　周　辉　候　奎
黄远来　毛跃军　刘文新　周宏伟　熊玉平　刘再斌
朱玉辉　卢炳胜　刘利民　周金伟　陈焕寿　全春江
李益迁　何业猛　周　辉　张　伟　刘政宏　周铁波
叶　勇　周艳芬　胡传毅　童成杰　曾立新　刘　辉

政府办系列（305 人）

李耶林　代　超　刘　翔　张　龙　李佳伟　曾昭阳
丁天喜　胡志伟　刘　燕　尹少军　高昆明　王永盛
李剑波　凌　浩　叶云刚　粟　军　成德勇　程志祥
周　勇　张勇华　彭　凯　曹海波　金　艳　张启富
薛凯辉　曾昕晨　彭国军　高　浩　胡　娟　刘承君
陈刚平　黄　炜　李捡保　黎彩艳　施荣华　李超国
李凤珍　黄建军　李　林　侯冬进　陈立军　曾德保
黄永强　徐豹毅　张馨月　袁　武　丁　勇　邹　武
袁勇波　易　睿　李振华　戴忠元　雷金科　陈凯文
郭　程　肖　科　曾丽娟　熊　丽　侯中华　李爱国
陈　丹　李祥力　史美道　黄育才　周建红　代中保
廖永忠　刘正明　彭志军　黄安辉　邓碧清　孙　建
鲁智平　黄　辉　陈　杰　刘　畅　朱俊波
陈　勇（融媒体）肖　静　青克勤　童忠平　彭庭毅
童小江　周海波　刘晓燕　曹亚玲　张智峰　黄　婷
全海波　赵婉慧　徐丽娟　刘恩彰　瞿　志　孙德华
丁方巨　熊　磊　王　华　陶武刚　肖春龙　黄志文
肖群英　代跃峰　李　玲　肖业安　童　阳　童运运
彭　浩　郭　俊　张　燕　张济深　蔡　渊　张栩华
刘春香　张　裴　童　威　朱劲旭　孙顺文　周建良
曾蓓蕾　毛绘军　刘新和　刘　勇　金福庭　朱　杰
黄　晶　杨瑞刚　冯德建　姜永忠　曾　凤　曾雅倩
周　敏　陈书先　周应加　冯启华　朱　敏　帅　芳
陈　刚　李　丹　胥湘文　张立芳　盛棉爽　牟婷婷
史　璇　贺　炜　王殊文　黄　振　杨志萍　何　尧
黄　杰　杨开政　罗宇宏　夏新波　杨子建　李　明
胡　强　史习强　聂赟凡　孝　斌　袁新龙　邓丕红
陈　勇（政府办）龙　维　刘翠桥　涂桂瑜　吴　昊
李又辉　朱　琳　李　娜　袁定胜　张义波　彭忠科
周小楠　陈　慈　曾世诚　周　娜　杨政龙　朱泌涵
管　鹏　王　见　蔡　妍　刘小娟　龚　鹏　肖雅文

史秋建　韩　杨　戴　婷　刘　毅　刘易杭　林　艳
廖　煜　彭　慧　罗海兵　邱德佳　杨碧红　陈　琳
周　炼　徐　凯　马　超　李连枝　王　敏　张良广
刘　刚　王　猛　黄宇震　万　伟　张建武　万妮艳
胡　飚　何　健　熊　剑　金志华　曾昭军　喻铭志
李红梅　杨　忠　丁　鹰　熊涌泉　肖志明　雷慧军
葛　璇　龙先春　丁　盛　帅承忠　彭汉平　彭俊杰
刘家龙　李志林　周晓初　童　琳　曾宏伟　胡智辉
陈智勇　杨　杰　周联新　陈　程　涂兴刚　温先枝
龚　慧　刘文英　许丽红　罗　力　熊　辉　徐　毅
陈　桐　张　萃　邓文明　梅其云　叶成方　刘明保
饶永平　刘鹏辉　廖振兴　黄　晋　杨　欣　邱德强
王　勇　梅欣春　江哲强　戴　华　王友权　童辉霞
陈正杰　刘胜利　史毅斌　肖劲松　易　杰　朱　峰
邓生忠　杨开文　曾　勇　陈　勇（市场中心）
李　霜　李跃飞　刘　毅　王云霞　谢志辉　黄云凤
周国华　李文波　郭　灿　解朝华　丁　浩　刘　鹏
刘光新　邹　浩　瞿　哲　高国芳　朱松柏　杜建纯
刘国稳　丁少娟　王志刚　胡蓉蓉　李爱玉　冯德波
郭江宏　曾敏珈　杨子昊　周红娟　汤世金　肖英钧
曾　鹏　彭晋菊　刘明亮　曾　科

其他系列（138 人）

朱麟秋野　周红艳　罗儒仕　刘富贵　刘　瑾　鲁　乐
彭思洋　吴　翔　张　平　夏云峰　张克祥　徐学明
罗　凯　黎淑荣　李　敏　胥国亮　杨智凡　毛维臣
陈永祥　刘　帆　刘　波　贺备战　丁桥友　吴强立
毕　波　陈　彪　肖　松　肖立波　刘良兵　张　姚
戴志丹　徐波勇　胡开文　刘永发　罗向峰　吴赛兵
伍家建　云　凯　王爱华　林　洁　肖立元　童俊杰
张祝辉　黄跃红　肖立新　袁　嘉　彭立雄　黄大舜
朱　琦　蔡　莹　周　鑫　刘　琦　蔡沂霖　张　玲
李旺军　熊颖菱　李丕威　刘　亮　成　浩　黄　鹏
雷碧清　彭　凯　曾　杰　邹　诗　刘　伟　曾令康
李　滨　张　扬　杨李鸣　聂仁少　彭　建　曾宪才
孙煜淋　聂　文　夏晓明　童　伟　王也彤　张　法
严振宇　郭春来　夏文辉　蒋国勇　郑　妃　郭志斌
郭勋桃　周国宏　刘　莉　陈金国　黄首军　黄介忠
胡　伟　唐海娟　石　磊　李志伟　袁新平　罗先圣
熊　娣　吴永建　李桂龙　伍　荣　邹长贵　张建红
周会伦　梅昌红　杨瑞祥　胡　涛　屠阿杰　张吉政
傅　坤　陈　敏　王利友　杨　鹏　胡国斌　张景瑀
危　安　刘爱祥　李建来　饶先开　潘和平　吴　少
胡绪明　张家军　何建民　王用军　刘光宇　刘协堂

肖宏志　金富庭　芮继东　李　鑫　黄四清　陈琼波
刘志勇　谢永锋　彭国初　丁文杰　李进保　李云志

教育系列（852 人）

青先界　刘良艳　戴学文　修方清　杨如意　朱定国
罗红亚　张文远　姚　平　胡　鑫　刘　博　周艳春
余新文　胡建民　曹超勇　王　琼　林宗峰　李　鸾
王孟贤　李维宪　熊　娣　胡　浩　郑永红　李婷婷
李　轶　张　翼　杨美丽　谢　雍　黄丽蓉　姚仁福
陈　舒　周平驰　郑　静　史习容　刘贵华　王建辉
康　璇　唐美绒　徐　颖　丁新华　夏　欢　张美红
王成丽　邹　峰　王　琳（一中）　刘　力　易三龙
李文伟　王云艳　刘　晗　李　娜　杨　玲（一中）
李振刚　钟　健　连双刚　周松柏　贺建安　曾　佳
白绍清　叶永强　刘德安　刘　静（一中）　李玉佩
李培安　郭爱清　王南婷　夏　娟　王玉珍　傅进保
周鼎凡　万顺清　姚绍禹　阳　军　陈　兰　周永忠
刘胜华　邓　辉　黄宏平　徐秀坤　曾　艳　周　娟
李佳萌　姜艳丽　周昌海　熊新春　何英玉　朱志辉
王　琳　李红花　黄海燕　王　维　严嘉宾　朱云飞
曾宪兰　左永香　肖晶馨　徐　群　刘玉美　彭吉祥
颜克辉　龚云南　王千能　陈海鹏　高绍枝　唐云云
贾作田　刘湘雷　邓应权　曾　辉　黄婷婷（二中）
黄春芳　李芳芳　叶　平　曹　璐　龙庭凤　柳会文
杨开保　祝世敏　杨　勇　肖才贵　李明礼　曾双熊
孟　主　王　飞　王　磊　赵良平　饶先念　刘　欢
史爱辉　肖文敏　刘涛钱　诗　瑶　曾立民　李　江
赵　敏　胡小明　童　辉　肖　鹏　曾红霞　张　猛
杨永忠　黄智平　王遵荣　杨　眉　龚　茜　罗红英
郭春洪　郭　菡　伍丽荣　曾　勇　王明秀　荆姗姗
杨丽平　胡　倩（五中）　杨向珍　徐湘陵　刘　纯
赵　锐　郭冬霞　彭建权　王胜斌　刘端初　晏　青
吴青松　龚加友　曾柳英　蔡翠平　宁贞贞　刘卫群
张　艳　蔡　华　龚　婷　龚锦霞　黄科秀　陈亿军
彭　娟　曾思红　熊　旺　刘俊波　戴　瑜　张艳华
曾胜男　李功静　黎墨特　曾　凤　池符绚　覃　琴
徐锦乾　张晓霞　童三元　万晓玲　杨瑞科　扶　璋
鲁　纯　张立刚　梅晓燕　陈建萍　熊文博　李艳辉
袁小华　王丽丽　夏　敏　史建群　毛　立　王赛兰
董爱萍　龙　艺　蓝　珂　周应清　张　超　李　慧
刘　胜　胡艳鸣　张俊萍　陆白媛　袁红英　陈　征
黄自祥　何桂香　吉　琴　成云华　朱永利　夏克明
廖红政　杨作枝　曾　晴　李亚红　王　丹（詹乐贫）
邬　赛　董　炜　黄芳兰　刘春林　彭　研　孙　陈

尚海燕　许　聪　严定梅　徐　君　戴燕敏　焦小桃
胡　倩　雷小刚　万慧敏　罗慧敏　唐　蓉　韩　晶
宋慧兰　吴思琦　鲁小红　黄志波　毛　平　陈　妮
施爱枝　彭建波　童　君　李晓红　孙巨红　刘　佳
武　霞　陈　纲　谢泽华　余　巍　黄小慧　张　黎
曾晓峰　史丽华　金保元　赵　洋　童　阳　曾　琴
宋春华　李　璐　周文丽　邱　丽　徐碧峰　曾雅琴
肖　慧（南岳路）李美园　蔡兰君　王丽云　郭晓兰
彭　璇　胡孟迎　童爱丽　青志祥　赵　青　胡智慧
刘　玲　张继月　张　静　瞿　艳　肖　云　曾小艳
易　璇　邱化平　陈小红　丁　丹　刘德娇　李雪飞
李富贵　史道德　白　杨　裴成开　肖春艳　麦　苗
王海云　曾志勇　刘美华　史永贵　陈中华　曾立群
王明惠　陈小辉　胡丽莉　邱才巨　丁海英　刘翠微
张仲文　陈　慧（辰阳）　何　璇　王文娟　吴明亚
徐亚男　黄世梅　邱　红　黄　毅　曾会军　刘成祥
刘　刚（辰阳）　胡凤娇　马妮莉　代千之　陈爱兵
李国元　裴成先　付　蕾　陈　爽　张　燕　戴小兰
甘正梅　黄程程　彭德枝　何兰凤　陈　辉　刘力伟
严云霓　刘腊枝　胡　玮　汤小舟　刘元香　赵　航
游亚琴　严丽蓉　李　文　吕　剑　刘一苇　张作佳
高格兰　刘　珊　朱志强　张　妮　陈　娟　黎淑珍
邱　萌　叶玉姣　余年华　梁　杰　李圆月　彭亚元
葛爱云　王　茵　高　丹（沧浪）　谭丽萍　刘立明
邱　慧　赵津津　李明红　王　佳　袁勇华　余泽炼
陈定欧　马丽萍　李　斌　曾子惠　李济男　吴美桦
童海波　钟晓霞　管海艳　史智爽　潘金花　江　玲
张正文　孙小年　崔　艳　龚偲琦　周　郴　马　婷
王金娟　杨瑞涛　万群芳　周伶玲　周庆利　李　妍
彭焕清　刘　静　万红娟　付建华　马梓清　潘德凤
康　会　何　练　李月红　周先艳　饶　羽　刘　琪
张　倩　梅　玲　李德华　王　辉　杨　玲（岩汪湖）
唐晶晶　施　玲　刘竹青　曾　玲　戴中云　余绍文
李　甜　曾　珍　曾亚妮　李凤华　康海燕　李　俊
王先桂　帅先明　吴亚利　彭　立　刘勇祥　何沁芷
金保锋　张　强　李　政　彭红英　宋伟林　陈先锋
刘　兴　丁　思　陈如意　易　珊　童思琪　黄　容
刘一帆　戴文君　童成林　余　萍　张　瑛　许　璐
陈　婷　陈　英　严珊珊　张　茜　朱博宇　彭　毅
赵冰峰　廖学猛　伍　斯　李　锴　童　琴　齐莲子
梁　玲　周洪银　张慧娟　黑杨帆　龚　颖　刘永丽
青　婧　李玲慧　黎　华　聂君华　罗淑同　席　姣
廖桃生　李　蓉　龚　爽　汪文忠　李鑫泳　李明政

瞿美珍 曾美高 刘蓉 廖慧 黄启华 王春红
谢红梅 石锦林 曾小芳 夏克勇 曾凡标 梅婷
张腊 陈晶晶 冷玲 叶欢 彭芳 卢维麟
陈金艺 王棋 何英 王浩 童颖星 刘成英
康慧冰 陈香凤 袁益 田湘敏 胡赵勇 王珍科
黄卉 何蓉 丁红梅 李光辉 曾青 徐联香
何群 万志红 侯一进 史道群 何丹 朱卫斌
袁婷 周思瑶 周俞辰 罗磊 周童
罗丽（聂家桥小学） 何英华 聂新云 张桂元
厉雅蝶 徐杨 王连喜 王莲群 滕君华 毛光贵
熊伟 陈也 曾红 邱先艳 杜巧凌 李雪华
张繁平 邓志军 罗红梅 熊冬枝 朱训兰 蔡洵
康志勇 曾杨英 张维维 甘金辉 杜莉 王雅倩
朱杰 伍惠 高苗 刘开国 高柏瑞 代庆波
曾波 高军利 刘庆 田园 刘亮清 杨开平
肖汉清 李佳斯 刘迪敏 王筱羽 李石杰 张瑜
罗芹 李兰兰 吕维 陈昱沛 杨琬 刘晓玲
黄大勇 陈思言 谢方波 丁雨 陈芳 代波
李进超 钟洁 李亚琛 陈慧 袁璐 丁亚兰
周向黔 彭紫玲 周虹言 李丹 李冬来 苏立新
谭巧霞 张和智 张颖 吴鹏 丁美蓉 张雨
许艳婷 康曼妮 肖文娟 胡振婷 唐慧专 肖慧
史亚玲 唐慧 廖颖 龚玉振 黄婷婷 粟忠纯
熊芬 彭清扬 丁慧铭 黄丽 黄娜 李红英
李静 李霞（太子庙） 刘碧华 刘清华 马文波
马勇 潘艳妮 彭娜 彭伊涵 饶娇 施文婧
宋霞 王小云 肖建芝 杨芙蓉 杨洁 杨小帆
易丹 曾妮 周志红 邹敬权 刘立可 李忠春
陈琦 蔡柳 饶思融 章小菊 马玮曼 郭宇
毛晓倩 施立新 刘晶（毓德铺） 曾美芳 欧阳垠
李明义 廖金妙 张蓉 袁珍 徐敏 李伟
杨利辉 何欣 黄清 余丽琴 朱娟 向丽
李虹波 刘芳 高伟 李霞 李利军 沈寒
郭丽萨 李金国 李欣 廖孟琪 刘建平 刘思男
刘雅凤 刘正辉 罗国恩 王振宇 谢美玲 杨瑞祥
杨忠 姚娜茂 游秀英 袁倩 彭立军 彭凤娥
周琼 彭志平 周才艺 张海怡 刘非凡 王新华
余尧阶 熊婉思 丁仁捷 郑凤 杨平 罗思
徐静 彭欢 梅娟 刘佩 蔡新建 毛群晖
贾欣妍 刘梓睿 贺杰 张天 王闻 刘铁稳
朱军 肖惠文 郭璇 龚志明 田婵 彭慧玲
刘婷（军山铺） 涂一平 曹晶 谢敏 刘波
刘玉民 贺芬 崔冬莲 朱海军 李桂华 胡玲
刘国珍 刘先文 向娜 伍玲娟 蔡则成 夏健敏
高丹 杨成 袁从中 黄娟 王启慧 黄静静
杨雅惠 彭琴 张洪发 杨牛清 易立红 康凯
黄立新 张思思 张良民 肖新道 刘光辉 刘艳辉
何莹 刘婷婷 龚雅琼 刘建春 刘婷（月明潭中学）
胡运娥 陈晨 蔡玉婷 周维保 赵奇岳 张芳毅
刘铁 梅粟方 彭千 刘婷（月明潭小学）
郭婷 杨元保 刘亭亭 袁欣 李蓉 肖剑
曾芸 陈浩 刘星恋 袁锐 杨茜萍 吕丹
匡俊敏 肖苏云 万青青 杨梅 蔡彪 张春华
曾琼慧 姚婵娟 谭焱芝 吴婷 杨府 陈沛赵
曼黄佳 范议心 卢晓玮 青光化 刘刚 刘文琳
周馨汝 韩贝 陶纯纯 刘晶 彭文 朱彩霞
万玲 龚钰 魏晶莹 王鹏 刘坚 蔡强
董成霞 卢立春 周继红 高琼 成永立 康政军
罗亚凤 邵剑南 唐可敬 邱婷 张乐 王琨翔
罗茂刚 龚凤莲 麻江容 陈敏 胡佩 李长华
杨昱 童建波 吴美英 廖春秋 王建平 符喜保
伍立辉 蔺娟 吴愈洪 王胜宏 王丽 张铮
廖薇

文献辑要

关于汉寿县2020年国民经济和社会发展计划执行情况及2021年计划（草案）的报告

——2021年4月26日在汉寿县第十七届人民代表大会第六次会议上

汉寿县发展和改革局局长　彭晋华

各位代表：

我受县人民政府委托，向大会报告2020年全县国民经济和社会发展计划执行情况及2021年计划（草案），请予审议，并请各位政协委员和其他列席人员提出意见。

一、2020年计划执行情况

2020年，全县上下深入贯彻落实中央和省市各项决策部署，坚持稳中求进工作总基调，围绕“推进产业提升，奋力建设宜居宜业宜游的环湖强县。”战略目标，克难奋进，砥砺前行，全县经济发展稳中有进，社会大局和谐稳定，较好地完成了县十七届人大五次会议确定的部分目标任务。全年实现地区生产总值316.3亿元，增长4.3%；三次产业结构调整为18.2：35：46.8；实现地方一般公共预算收入9.15亿元，增长9.6%；完成固定资产投资249.6亿元，增长20.9%；居民人均可支配收入达到24956元，增长7.0%。

（一）克服新冠疫情影响，实现经济稳步增长

1. 绿色农业优质高效。粮食生产取得新成效。通过压单扩双、调减经济作物改种水稻、闲置旱土扩种玉米等旱粮、退养区改种水稻等措施，双季稻明显扩面。粮食面积145万亩，增加17.83万亩；总产58.5万吨，增加4.7万吨。新增绿色农产品认证15个、省级龙头企业3家，汉寿甲鱼荣获农业农村部地理标志产品，水稻综合机械化率达82%以上。新增农民专业合作社85家、家庭农场204家，流转土地48.65万亩，清理整改农村资产资源8631处，农村土地抵押贷款突破6亿元，获评全省“平安农机”示范县，成功承办全省春耕生产暨农机装备产业转型升级现场推进会。创建4个甲鱼产业特色产业园、2个省级现代农业特色产业园、1个省级优质农副产品供应基地。加强质量检测，积极创建省级农产品质量安全县，积极培育新型农业经营主体，益农信息社建成县级运营平台和174家村级网点。

2. 工业经济提质增效。规模工业增加值达到61.2亿元，增长7.0%。中联配套产业园加快推进，12家配套企业成功落户，装备制造业产值突破百亿元大关。实施部门靠

前服务园区制度，进一步优化项目审批流程，培育新增长点，对已签约项目实施贴身服务，确定责任单位及责任人，在项目现场设立项目建设指挥部，促进项目尽快落地开工。全年为园区企业减税降费2746.2万元、争取各类项目资金2427万元，行政审批时效缩短至3天。

3. 现代服务业逆势增长。第三产业增加值占GDP比重较上年增加1.5个百分点，完成社会消费品零售总额119.3亿元，下降1.7%。商贸物流持续壮大。抓住电子商务进农村综合示范县的契机，依托电商博览会、淘宝、抖音等直播平台，拓宽农产品销售渠道，助推电商升级。精心包装汉寿甲鱼、汉寿玉臂藕、剁辣椒、黄桃等特色农产品，组团参加中国电商博览会推介活动、特邀网红主播电商直播分享会等活动成效明显。全年新增电商企业21家，交易额达16.5亿。特色旅游夯基垒台。清水湖野生动物园建设正在全力冲刺，并计划新增“冰雪世界”“马戏团”等主题场馆，着力构建“地上—地下、白天—夜晚”的消费全链条。成功举办中国·汉寿第五届蔬菜节，承办第十一届洞庭湖国际观鸟节。清水湖野生动物园、蔬菜公园、青山湖候鸟公园“三园一线”的城市旅游黄金路线即将成型。金融服务实体经济。全年开展“暖春行动”、“部门靠前服务园区”等活动，为园区企业发放贷款12亿元。金融机构落实疫情期间上级金融扶持政策，贷款利率水平同期降幅在0.5%以上，融资担保费均减按0.5%收取，保证了对困难企业做到坚决不抽贷、不压贷、不断贷。

（二）全力推进项目建设，发展动能持续增强

1. 项目建设取得新成效。继续深入推进“项目推进年”活动，全年重点建设项目累计完成投资185亿元，有亿奉高标准冷弯型钢建设项目、湖南中镁铝模板产业园建设项目、力达电杆二期建设项目、荣祺公司食品加工生产厂异地新建项目、斯托德医疗器械生产线建设项目、博溥立纳米陶瓷基高温防氧化材料生产厂等建设项目竣工投产，对扩大有效投资发挥支撑作用。全年组织四次集中开工，共有25个项目集中开工，总投资119.2亿元。其中，产业项目13个，总投资80.3亿元，占比67.3%。

2. 招商引资取得新突破。对应“两主两辅一特色”产业，成立5个专门的招商领导小组，每个小组均由一名县级领导牵头，掀起了招商引资新热潮。全年赴北京、上海、广州、深圳、长沙等地开展招商引资活动30余次，引进2000万元以上项目41个，其中亿元以上工业项目33个，引进内资93.26亿元，到位外资1.13亿美元。

3. 创新发展取得新进展。深入企业开展高新技术企业申报、科技计划项目申报等靠前服务。全年新增周记家具、博特五金、耐美特、华馥生物等6家高新技术企业，高新技术企业总数达31家。全县共组织实施产学研项目22项，牵头组织康普药业、太子化工等企业与湖南中医药大学、湖南农业大学等高校科研院所建立了产学研合作关系，先后有康尔佳与浙江大学合作进行中药配方颗粒的小试生产等8个产学研合作项目取得科技成果。

（三）基础建设全面加强，城市品质持续提升

1. 规划布局持续优化。加快国土空间总体规划编制，整体谋划县城国土空间开发保护格局，统筹推动全县空间资源高效配置。加快推进控规编审进度，基本实现中心城区建设用地控规全覆盖。强化土地要素保障，不断拓展城市发展空间。启动征拆项目24个，征地面积3907亩，新增入库储备土地916亩，批回各类项目建设用地3908亩，有力保障了重点项目用地需求。

2. 基础设施持续夯实。举全县之力配合支持长益常高铁和益常高速复线建设，“一桥一路”工作取得重大进展，汉寿洞庭湖特大桥挤入省“十四五”规划“笼子”，G319太子庙集镇改线前期工作完成用地预审、建设用地审批、规划选址。投入1.09亿元，完成自然村通水泥路77公里、危桥改造3座、窄加宽38公里、安防工程390公里，建成东仓铺至大南湖公路、阎金口至官兴障战备公路，沅水大桥道路全面亮化，长益常高铁及站场建设全速推进，停运10年的汉寿火车货运站即将复运，益常高速复线完成初步设计；投入4.2亿元，除险加固小型水库78座，改造机埠86座，完成马家铺、翻水口泵站新建和赵家河泵站续建，新增排涝装机8960千瓦，防汛抗灾能力不断提升；改造大西湖排水明渠等3处黑臭水体，完成龙阳大道等3个片区雨污分流改造；投入1.8亿元，新建110千伏新城变电站，改造农网43个村，新架10千伏线路105公里。

3. 城市环境持续美化。万达广场项目全速推进，有望年底竣工试运营。城区路网建设、雨污管网改造、老旧小区改造等基础配套加快推进。城区路网建设方面，八角西路建成通车，青阳路、芙蓉东路、菱湖路即将开工建设；龙池路、沅澧路、菱湖南路、龙珠路、茶叶山路、洞庭大道、荆楚路已启动前期。雨污管网改造方面实施了西湖南路、汉寿大道雨污分流改造工程，制定了城市污水管网提质增效三年行动计划。老旧小区改造方面完成棚改733户，改造老旧小区1290户、农村危房1222户，新建公租房527套。完善环卫设施，新增6座公厕套垃圾中转站，常德市东部生活垃圾焚烧发电项目稳步推进。全面开展“清单化、社会化、公开化”城区秩序综合整治，打造城市“最美客厅”。

（四）奋力克难三大攻坚，取得丰硕战果

1. 精准脱贫积极有为。高位推动脱贫攻坚政策落实，

全面推进问题整改清零，脱贫成果持续巩固。扎实开展产业扶贫、就业扶贫等重点工作，全力以赴防致贫、防返贫。开展脱贫质量“问题清零行动”和“空城行动”，排查并整改各类问题782个，全县建档立卡贫困户12159户40285人全部脱贫，历史性地消除了绝对贫困，全面建成小康社会胜利在望。

2. 污染防治推进有序。扎实打好蓝天碧水净土保卫战，狠抓中央、省环保督察“回头看”和“洞庭清波”专项行动等问题整改。深入开展大气污染防治十大专项行动，全县空气质量优良率达到96.7%，达到历年最好水平；整合资金4.9亿元，实施水环境专项治理项目292个；西洞庭湖欧美黑杨实现“清零”，围堤湖精养鱼塘养殖污染及尾水治理完成整改。

3. 债务防控扎实有效。坚决遏制增量，积极化解存量，坚持动态跟踪监控，严控政府债务风险，县本级专项支出压减20%，化解债务6.78亿元，风险缓释政策落地见效，没有发生资金断链和系统性风险。

（五）推进公共服务均衡发展，社会事业更暖民心

1. 民生公共服务全面提质。民生支出达到34.13亿元，完成省市重点民生实事27项；社会保障扩面提质，征缴社保基金6.09亿元，发放社保待遇14.06亿元，减免企业三项社保5650万元；卫生服务更为优质，县人民医院、中医院完成整体搬迁，县妇幼保健院门诊综合大楼、县疾控中心业务用房投入使用，241个村级卫生室全面达标，乡镇卫生院全科医生实现全覆盖；县图书馆、文化馆总分馆和一站式公共数字文化服务平台建成使用，户外24小时自助图书馆为湘西北第一家，帅孟奇故居被评为省级爱国主义教育基地。

2. 教育水平均衡发展。2020年高考600分以上人数较去年翻了一番，一本、二本上线率分别提高了8个百分点，2名学生被北京大学录取。教学条件不断改善，努力推动“汉寿教育大会战”，落实“八校同建”，即新一中、芙蓉学校、西湖小学、特教学校4所学校的新建，詹乐贫中学附小、东正街小学、龙阳小学、沧浪小学4所学校的改扩建。扎实推进农村学校3年行动，新建和改造食堂、教师宿舍、操场，改善办公条件。

3. 就业形势保持稳定。稳妥开发就业岗位，全年城镇新增就业人数4530人，城镇登记失业率控制在2.1%左右。技能培训扎实开展，全年开办各类培训班131个，培训6015人。扶持152人成功创业，带动1532余人就业，发放创业担保贷款百余笔，贷款金额达三千余万元。

此外，安全生产、民族宗教、助残扶残等各项事业协调发展，工会、共青团、妇联等团体在经济建设和社会发展中发挥了更大作用。

总体上看，2020年我县国民经济和社会发展计划执行情况较好，固定资产投资高于计划增速10.9%、地方一般公共预算收入高于计划增速4.6%等指标均好于预期，但同时也存在一些问题和不足。比如，地区生产总值低于计划增速3.2%、规模工业增加值低于计划增速0.5%、居民可支配收入低于计划增速1.5%、社会消费品零售总额低于增速11.7%，四项指标增速均低于预期。究其原因，一是外部环境影响较大。受新冠疫情、全球经济下行等因素影响，企业复工复产、市场开拓较以往难度更大。二是中小微企业抗风险能力较弱。企业竞争力有待提高，受疫情影响部分原材料、防疫等成本仍然较高。三是产业基础能力不够高。企业科技成果转化率不高，创新资源相对薄弱，产业供给服务能力不足，新旧动能转换不够快。四是社会民生短板凸显。稳岗稳就业难度加大，公共卫生应急管理等方面暴露出不少薄弱环节，公共服务与群众期待也还有差距。对于这些问题，都必须在今后的工作中采取有力措施加以解决。

二、2021年计划（草案）

2021年是“十四五”时期第一年，是我国开启全面建设社会主义现代化国家新征程的第一年，是我县转变发展方式和全面深化改革的攻坚时期；是我县受益于长江经济带、中部崛起、“一带一路”、粤港澳大湾区、洞庭湖生态经济区、省委“三高四新”、中国（湖南）自由贸易试验区、市委“一中心两枢纽三基地”等战略实施的机遇期。总体来看，当前经济运行稳中有变，经济下行压力有所加大，部分企业经营困难较多，长期积累的风险隐患有所暴露。面对经济运行存在的突出矛盾和问题，要坚持稳中求进工作总基调，立足新发展阶段，贯彻新发展理念，构建新发展格局，有效应对外部经济环境变化，确保经济平稳运行。因此，全县国民经济和社会发展必须全面贯彻中央、省、市、县经济工作会议精神，认真贯彻省委“三高四新”战略，深入推进市委“开放强市产业立市”战略，紧紧围绕“一四五”发展总体要求，着力推动产业提升，加快建设宜居宜业宜游的环湖强县。

根据宏观形势和我县实际，2021年我县国民经济和社会发展的主要预期目标是：

——地区生产总值增长8%以上。

——固定资产投资增长15%以上。

——地方一般公共预算收入增长7%以上。

——居民可支配收入增长9%以上。

——城镇调查失业率控制在省定目标以内。

——完成上级下达的能耗“双控”目标。

为实现以上目标，重点做好四个方面的工作：

（一）着力推进产业提升，持续增强发展后劲

1. 推进农业特色发展。稳定粮食生产，扛稳粮食安全责任，建设高标准农田 7 万亩，保持粮食生产面积 140 万亩以上、总产 59 万吨以上，确保“一稳两增”，巩固全国、全省粮食生产先进县、“中国好粮油”行动示范县地位。以发展精细农业为总抓手，突出打造优势特色产业，大力发展绿色优质农产品生产和油茶产业规模化经营，倾力打造汉寿蔬菜产业园，争创国家级蔬菜标准园、国家级现代农业示范区，突出打造南瓜、白菜两个区域公共品牌，提升“汉寿蔬菜”品位，稳住全国蔬菜重点县的地位，争创国家级标准化生产基地县。

2. 推进工业聚合发展。大力推动装备制造和医药化工建链补链强链延链工作。壮大高新产业，推动中联智能装备配套产业园，打造全省领先的装备制造示范基地。重点推动亿奉机械中联塔吊生产厂建设项目、世泽中联工程机械储罐等生产项目、中联机械制造生产及物流配送服务项目、康普药业水针车间建设项目、阳泰电缆铜材深加工生产线项目、鸭了么酱卤制品建设项目等重大项目建设，力促金晟机械锻压、中天意成机械、申亿五金紧固件、联达履带吊结构件、国盛搅拌站平台组件、经昌搅拌站控制部件等建设项目开工，以高质量项目支撑工业经济高质量发展。

3. 推进生态旅游创牌。加快推进清水湖旅游度假区建设，确保清水湖野生动物园“五一”开园，整合优化资源，穿点成线、串珠成链，形成以清水湖野生动物园、蔬菜公园、青山湖候鸟公园“三园一线”城市旅游黄金路线，力争“三园一线”在省内创品牌、在全国有影响。按照“一线、三环、四节点、五产业”的整体思路，持续推动德汉大道沿线乡村振兴示范片建设，将德汉大道沿线打造成自然野奢风格的示范样板。

（二）着力城市公共治理，持续提升城乡品质

1. 促进城市扩容提质。持续推进城市扩容提质，增强城区辐射能力。加大征拆力度，加快推出地块，保障市场需求。全力配合常益长高铁和益常高速复线建设，加快推进“一桥一路”建设，不断放大汉寿交通区位优势。加快国土空间规划编制，为城市发展留足空间。完善城区路网、管网、高架桥等设施，建成青阳北路、芙蓉东路延伸线、岭湖路、茶叶山路、龙池路东段，逐年分区域实施雨污分流工程，推进 24 个老旧小区和 2300 余户棚户区改造，确保垃圾焚烧发电厂点火发电，配套建设区域生活休闲和购物场所、停车场、农贸市场、学校、社区卫生室等公共产品，提升人居环境质量和市民生活质量。

2. 加强城市精细管理。推进县域农民“双居住”模式试点，要按照“农民愿意进、城市接得住”的总体原则，出台优价团购、退宅还耕奖补等优惠政策，支持农民进城购房，完善城市教育、医疗、就业等配套措施，切实解决农民进城的后顾之忧，从而加快城镇化进程。加快推进汉寿县综合档案馆建设项目、沧浪街道西湖社区西湖安置小区二期（扩容）建设工程、芙蓉东路延伸线建设项目、芙蓉西路延伸线及配套管网设施建设项目、求索大道（汉德大道—纬十九路）及配套管网设施新建工程等城市基础设施建设。健全城市综合整治长效机制，打造“最美城市客厅”。

3. 深入推进乡村振兴。全域推进美丽乡村建设，注重示范创建，以德汉大道和 319 国道环线为引领沿线推进，以“两纵两横”为带动全域推进，着力推进凰山、北美、军刘、友谊桥、太子、马涧、老鹳树七个村整体化、精品化建设，打造德汉大道、高铁站场田园风光示范带，争创全市优秀乡村振兴示范片。持续抓人居环境整治，创建省、市、县级美丽乡村示范村 35 个以上，形成一批好的机制做法在省市推介，全面开启人居环境整治五年提升行动，争创全省农村人居环境整治工作先进县。投入 1.1 亿元，完成安全防护工程 80 公里、农村公路提质改造 30 公里、危桥改造 5 座，实施资源路、产业路、乡镇通“三级路”建设，争创“四好农村路”示范县。

（三）着力构建新发展格局，持续提升对外开放度

1. 构建开放平台。充分利用国际贸促会和外经贸协会，以及浩通外贸综合服务平台的助推力，优化外贸平台服务水平；鼓励支持外贸企业积极参加中非博览会、亚欧博览会、常德品牌走进东盟、马来西亚等境外展览展会，融入国际市场竞争，提升品牌影响力，不断扩大产品销售渠道。重点抓好华乐食品、岩下荣祺、广源麻业、三建水产食品和利兴农业、汉美蔬菜等公司的农特产品出口，力争新增进出口企业 3 家，全年实现进出口总额 2.18 亿元。

2. 精准招商引资。找准我县承接产业转移的优势，用好用活北京、上海、深圳等招商中心，创新招商方式，聚焦“两主两辅”产业延链补链强链，力争引进中联配套企业 20 家、生物医药企业 10 家以上。要突出专业化招商，支持园区自主招商，组建专业招商团队，按照“有资金、有产品、有市场、有技术”的要求，靶向招商，精准选商，力争全年引进亿元以上项目 25 个以上。积极推动农特产品、工程承包、医疗防护等相关企业互动合作，加强食品加工、防疫用品、机械装备等产业链上下游协作，深化企

业与央企和省内外大型企业对接合作。支持华乐食品、梅百华、康普等企业发展对外贸易，力争新增进出口企业 3 家，全年实现进出口总额 2. 18 亿元。

3. 推动暖企服务。编制《汉寿县工业品名录》，搞好企业的宣传；拓展企业市场，搞好本地名优产品采购对接；关爱企业家，搞好企业家参观考察、学习培训，为企业负责人免费发放健康体检卡、就医绿色通道卡、机场景区 VIP 卡等暖心服务。

（四）着力民生优先优质，持续增进人民群众福祉

1. 做实就业创业服务。推进就业服务全覆盖，推进就业服务和补贴申领在线办理，利用公共就业服务信息平台办理各项就业服务业务。强化常态化管理服务，实施基层公共就业服务平台能力提升计划，加强劳务经纪人队伍建设，建立登记失业人员定期联系和分类服务制度。大力宣传创业就业服务政策，推动形成“政府激励创业、社会支持创业、劳动者勇于创业”的普遍共识，创业带动就业，营造创新创造、宜业兴业的良好环境。全年举办各类招聘会 6 场，完成各类职业技能培训 3000 人次，新增城镇就业 4500 人，实现农村劳动力转移就业 4500 人。

2. 完善社会保障体系。全年征缴各类社保基金 6 亿元，全年三大保险实现参保 62 万人次。加强卫健、民政、公安、疾控等部门的横向贯通，促使大数据交互共享，扎实推进政务下沉到村。搞好工伤预防，努力减少事故伤害，降低劳动力资源损耗；完善社会保障体系，健全分层分类的社会救助体系，发展普惠型养老服务，稳步扩大社会保障和医疗保障覆盖面；健全养老服务体系，逐步实现村（社区）养老服务全覆盖；全面建成责任体系更加健全，体制机制更加完善，全程监管更加科学，“党政同责”、“四个最严”、“四有两责”全面落实，企业主体责任全面履行，社会满意度全面提升的食品安全现代化治理体系，形成企业自律、政府监管、社会协同、公众参与的社会共治格局。有效遏制制假售假、无证经营等行为，杜绝和控制食品安全事故。积极争创省级食品安全示范县。继续推进小作坊、小餐饮和小摊贩综合治理。保持打击食品违法犯罪案件的高压态势，公开违法违规、虚假欺诈产品和企业信息。以落实企业主体责任为基础，推动实现顺向可追、逆向可溯、风险可控的地区食品领域全产业链追溯体系。不断推动食品安全治理体系和治理能力现代化，保障人民群众饮食安全。统筹发展助残、济困、慈善等社会福利事业工作。

3. 提升教育医疗水平。深入实施“教育大会战”，加快建设城区学校，确保新一中和芙蓉学校秋季建成招生；优化城乡教育布局，加快推进东正街小学、詹乐贫小学、龙阳小学提质扩建，规划建设沧浪新城中小学校、幼儿园，投入资金 16 亿元，解决学位 15000 个，配齐学校功能室，全面改善城区学位紧张的现状。完善医疗卫生行业综合监管制度，持续推进医药卫生体制改革，突出健全公卫服务体系，攻关培育一批特色专科，提升医疗服务水平。

4. 优化公共文化基础设施。加强县乡村文化阵地建设，推进帅孟奇生平事迹陈列馆建设，提档升级基层全民健身设施。办好建党 100 周年系列庆祝活动，创作文艺精品节目 4 个以上，深入开展好送文化、送戏曲下乡村、进校园、入企业活动。

各位代表，砥砺奋进铸华章，历史伟业启新程。让我们更加紧密的团结在以习近平同志为核心的党中央周围，在县委、县政府的坚强领导下，在县人大、县政协的监督支持下，同心同德，务实担当，锐意进取，圆满完成各项目标任务，在“推进产业提升，奋力建设宜居宜业宜游的环湖强县”的征途上迈出更加坚实的步伐，向建党 100 周年献礼！

关于汉寿县2020年财政预算执行情况和2021年财政预算(草案)的报告

——2021年4月26日在汉寿县第十七届人民代表大会第六次会议上

汉寿县财政局局长　杨剑波

各位代表：

我受县人民政府委托，向大会报告2020年财政预算执行情况和2021年财政预算（草案），请予审查，并请各位政协委员和其他列席人员提出意见。

一、2020年财政预算执行情况

去年来，我们在县委、政府正确领导下，积极应对疫情和经济下行带来的挑战，全力服务中心大局，切实防范债务风险，守牢财政“三保”底线，统筹抓好脱贫攻坚和民生保障等工作，财政预算执行总体良好。

（一）一般公共预算

收入预算执行情况。全县一般公共预算收入完成152513万元，为预算的103.35%，比上年增长10.97%。其中：地方一般公共预算收入91462万元，为预算的104.04%，比上年增长9.61%；上划中央税收48240万元，为预算的102.86%，比上年增长11.54%；上划省税收12811万元，为预算的100.36%，比上年增长19.26%。

地方一般公共预算收入中，税收收入完成64842万元，为预算的103.41%，比上年增长9.61%；非税收入完成26620万元，为预算的105.62%，比上年增长9.60%。

支出预算执行情况。坚持财政支出以收定支、量力而行，“三保”优先支出，硬化预算约束。全县一般公共预算支出（含上级专项支出）完成553912万元，同比增长8.75%。

收支平衡情况。全县地方财政收入91462万元，加上级补助收入124057万元，加地方政府债券收入15000万元，减去上解支出6053万元后，可用财力224466万元。县级一般公共预算支出为224243万元，结余223万元。

（二）政府性基金预算

政府性基金收入完成21079万元，上级补助收入56744万元，上年结转649万元，收入总计78472万元。

政府性基金支出完成77705万元（含上级专项补助资金），上解支出49万元，支出总计77754万元，结转下年718万元。

（三）社会保险基金预算

全县社会保险基金收入合计完成143238万元，其中保险费收入64069万元，财政补贴76852万元，利息等其他收入2317万元。

社会保险基金支出完成129271万元，其中社会保险待遇支出122795万元，转移支出和其他支出6476万元。

年末结余13967万元。

（四）国有资本经营预算

国有资本经营收入完成14481万元，主要是恒大投资收益1836万元，公园世家投资收益1800万元。

国有资本经营支出完成14481万元，主要是用于平台公司还本付息。

2020年县财政运行总体平稳，财政工作结局圆满，展现了新担当、新作为。

1. 注重深挖潜力，财政收入稳步回升。努力克服新冠疫情和减税降费等因素的影响，整体联动，狠抓财政收入高质量发展。一是加强税收源头控制，完善协税护税机制，防止税收跑冒滴漏，确保“颗粒归仓”。二是规范非税收入征管。县政府多次调度，强化各部门落实财政收入的工作责任。同时着力加强对土地出让金和各项国有资产出租、出售收入的管理，将应当纳入预算管理的资金全部纳入，确保非税收入应收尽收。通过各方面共同努力，2020 年，全县一般公共预算收入完成 152513 万元，增长 10.97%。其中地方一般公共预算收入完成 91462 万元，增长 9.61%；从收入结构看：税收收入完成 125893 万元，增长 11.26%。其中地方税收收入完成 64842 万元，增长 9.61%；非税收入完成 26620 万元，增长 9.60%。地方财政收入中非税收入比重 29.1%，同比降低 0.01 个百分点。

2. 注重统筹调度，重点支出有效保障。按照政府过紧日子要求，县本级专项支出压减 20%，一般性支出压减 10%。全县一般公共预算支出完成 553912 万元，增长 8.75%。其中八项重点支出 341282 万元，占一般公共预算支出的 61.61%。三大攻坚上，紧盯“两不愁、三保障”目标，投入专项扶贫资金 6186 万元，用于支持实施安全饮水、危房改造、雨露计划等项目；投入污染防治资金 12186 万元，用于支持城乡环境整治、垃圾污水污泥处理、“河长制”、生猪禁养、重金属污染治理、畜禽粪污综合治理等工作；通过采取积极措施，我县政府债务风险缓释政策落地见效，债务规模基本适度，结构合理，风险总体可控、综合债务率在可控目标以内。经济建设上，财政投入水利建设资金 2.1 亿元，确保防洪排水体系建设到位。加大城乡综合环境治理资金投入，本级财政安排城乡垃圾一体化项目专项资金 5400 万元，全县生活垃圾收运率和无害化处理率得到了较大提升。帮扶企业上，投入专项资金 1390 万元，用于推动制造业产业优化升级。深化科技体制改革，保障科技三项经费支出。积极落实招商引资政策，共兑现财政扶持资金 11256 万元，支撑了企业平稳发展。支持企业复工复产，为 29 家企业、555 户个体工商户减免租金 389 万元。教育文化上，本级财政安排专项资金 1249 万元，用于家庭经济困难幼儿入园、义务教育阶段贫困家庭寄宿生生活补助、各级助学金等 4 个项目，确保义务教育阶段全覆盖、家庭经济困难学生全覆盖。社会保障上，共安排社会保障和就业资金 6.09 亿元，其中企业养老保险、机关事业养老保险、就业、低保、优抚等配套资金均按政策足额预算。积极开展社会救助工作，保障弱势群体基本生活，共发放城镇低保资金 2031 万元，农村低保资金 5071 万元，城乡医疗救助资金 1537 万元，使困难群众得到了基本生活保障和社会救助。基层建设上，进一步规范“两卡两折”发放管理，确保国家强农惠农政策落实到位，共计打卡发放惠民惠农补贴 5.61 亿元，涉及项目 101 项、129.3 万户次。投入保障性安居工程资金 4353 万元，完成了棚改工程改扩建工作和老旧小区改造任务。支持罐头嘴镇和朱家铺镇开展了农村房地一体确权颁证。依托农村综合改革转移支付资金，不断加强村容村貌整治力度，扎实开展好美丽乡村建设。

3. 注重改革创新，工作局面焕然一新。一是推进财政核心业务一体化系统建设试点工作。积极跟进财政部推进财政信息化建设的改革步伐，组织精干力量学习先进经验，统一思想认识，扎实推进改革措施落实。改革实施后，以统一预算管理规则为核心，以预算管理一体化系统为主要载体，建立一套功能涵盖预算编制、预算执行、财政决算等核心业务，形成财政业务顺向衔接、逆向反馈的“闭环”运行体系，实现环环相扣、相互衔接、有序畅通，全面提升财政财务管理水平。二是推进国库集中支付改革。将县级 139 家改革单位和 9 家代理银行的国库集中支付业务纳入改革范围，取消国库集中支付电子化“双轨并行”管理模式，电子化管理的国库集中支付业务直接通过电子凭证办理。三是推进政府采购领域改革。简化政府采购办理流程，将采购审批改为采购备案，减少采购审批环节，提高采购效率。推广政府采购云平台，开通电子卖场账号 190 户，供应商成功入驻 185 家，电子卖场成功交易 1534 笔。四是推进投资评审改革，实施了政府投资建设项目预决（结）算评审，节约了政府行政成本。累计完成预（结）、决算评审报告 570 个，送审金额 27.79 亿元，审定金额 24.21 亿元，审减金额 3.58 亿元，审减率 12.88%。

4. 注重监督管理，理财水平明显提升。一是推进财政监督检查。集中开展了收支监督检查，对各乡镇财政收支行为、会计法执行、专项资金管理使用方面的违规列支行为进行了行政处罚。配合县纪委核查了个别单位公务油料大量滞留、安乐湖流域水环境综合治理及东江水库饮用水源地污染治理二期工程项目资金使用的情况。深化财政预算公开，推进预算联网监督，让财政资金在阳光下运行。二是推进预算绩效管理。全面实施预算绩效管理，对一般公共预算、政府性基金预算、国有资本经营预算等项目支出全面纳入预算绩效管理范畴。纳入预算绩效监控的项目金额 30.67 亿元。对 25 个财政预算项目开展重点绩效评价，评价资金达到 2.9 亿元。三是加强国有资产资源管理。对未按规定、不及时将国有资源有偿使用收入上缴财政的相关单位下达了《关于上缴国有资源有偿使用收入的函》，督促单位迅速落实。加强平台公司的管理，按照省债管办清理整合融资平台公司的要求，完成了全县投融资平台公司的整合工作。

与此同时，我们也清醒地认识到，我县财政还存在较多的困难和问题：收支矛盾依然突出。虽然 2020 年下半年经济形势开始企稳回升，但是受疫情影响，经济下行的危机仍然存在，而且财政既要执行减税降费政策，又要兜底保障各项民生支出、刚性支出，财政形势非常严峻。偿债压力依然艰巨。随着政府债务还本付息期的持续到来，地方政府债务风险将逐步加大。且根据国发40号文件精神，目前执行“延、展、缓、降”政策仅仅只有商业银行，不能从根本上平滑缓解偿债高峰期的压力。监督绩效任务较重。部分预算单位预算意识不强，部分支出绩效评价力度不大，资金绩效结果运用不够等问题仍然存在。对此，我们将坚定信心、积极应对，努力克服困难，确保财政持续稳健运行。

二、防范和化解地方政府债务风险情况

1. 2020年政府性债务变动情况。全年全口径债务余额128.16亿元，比上年减少0.06亿元。其中增加政府债券债务6.72亿元，政府隐形债务减少3.1亿元，需关注债务减少3.68亿元。

2. 2020年偿还到期债务本金及利息。通过申请专项债券、筹集国有资本经营收入、土地出让收益、增收节支、经营性项目收益、资产处置、依托主管部门向上争取专项资金、筹措其他收入、预算安排等方式组织资金，偿还了到期本金13.96亿元（其中偿还债券本金2.17亿元、偿还隐性债务本金3.1亿元、偿还需关注债务本金3.68亿元、偿还经营性债务5.01亿元），同步支付了对应利息5.94亿元。

3. 2021年应付债务本金及利息。2021年预计偿还债务本金20.03亿元，付息7.38亿元。其中政府债券偿还本金3.4亿元，付息1.41亿元；城投偿还本金11亿元，付息4.2亿元；农投偿还本金4.63亿元，付息0.89亿元；高新投偿还本金1亿元，付息0.88亿元。

三、2021年财政预算（草案）

（一）指导思想

紧紧围绕县委、县政府决策部署，坚持稳中求进、改革创新，继续深化财税体制改革。调整优化支出结构，加大资金整合力度，严控一般性支出，突出重点支出保障，有效盘活存量资金，用好用活增量资金，强化预算执行监督，加强预算绩效管理，更好地为全县社会经济发展服务。

（二）编制原则

坚持以收定支原则、坚持依法合规原则、坚持保障重点原则、坚持讲求绩效原则、坚持防控风险原则、坚持公开透明原则。

（三）一般公共预算收支计划

1. 预算收入计划。2021年一般公共预算收入为162665万元，比上年增加10152万元，增长6.66%。分级次来看，地方财政收入97866万元，比上年增加6404万元，增长7%；上划中央收入51552万元，比上年增加3312万元，增长6.87%；上划省收入13247万元，比上年增加436万元，增长3.4%。

地方财政收入中，税收收入为70030万元，比上年增加5188万元，增长8%；非税收入为27836万元，比上年增加1216万元，增长4.57%。

2. 可用财力安排。地方财政收入97866万元，加上级补助收入129057万元（“省管县”体制补助收入745万元，城镇土地使用税补助基数502万元，增值税和消费税税收返还2431万元，所得税返还560万元，调整工资转移支付13650万元，农村税费改革补助收入9554万元，均衡性转移支付65534万元，义务教育绩效工资转移支付1430万元，村级组织运转经费700万元，县级基本财力保障机制奖补资金22051万元，国家重点生态功能区转移支付资金3161万元，产粮大县奖励资金2434万元，成品油价格和税费改革税收返还531万元，企业军转干部143万元，营改增税收返还3097万元，单位下放转移支付2534万元），加调入资金10000万元，减上解支出6060万元，测算出当年可用财力230863万元。

3. 预算支出计划。2021年一般公共预算支出为230863万元，包含两大项，第一项是人员及公用经费149716.04万元，其中：

①在职人员工资总额：全额拨款单位人员工资按人事部门核定的标准计算确定，差额拨款单位人员工资按差额人数及补助标准计算确定，2021年安排全额单位人员工资69715.15万元，差额单位人员工资214.92万元，共计69930.07万元。

②公务费：四大家按照人年平2.8万元的标准计算确定；消防大队按照人年平7万元的标准计算确定，合同制消防员按照人年平4万元的标准计算确定；110处警人员按照人年平4.3万元的标准计算确定；公安局按照人年平3.5万元的标准计算确定；纪委、森林公安局、交警大队按照人年平3万元的标准计算确定；司法局机关按照人年平2.4万元的标准计算确定，乡镇司法员、法律服务中心人员按照人年平1.6万元的标准计算确定；城管执法局按照人年平2.3万元的标准计算确定；其他行政单位、正科级事业单位按照人年平1.2万元的标准计算确定；副科级及以下事业单位按照人年平1万元的标准计算确定，2021年安排公务费5836万元。

③行政事业单位养老保险经费：2021年安排行政事业单位养老保险经费45340.53万元。

④行政事业单位医疗保险经费：2021年安排行政事业单位医疗保险经费6985.95万元。

⑤一次性抚恤费1000万元。

⑥抚恤经费：根据人社部门审核批准的抚恤对象人数

和标准计算确定，2021 年安排抚恤经费 565.7 万元。

⑦住房公积金：按照工资总额的 12% 测算住房公积金配套资金 8365.79 万元，住房公积金调增预计 500 万元，共计 8865.79 万元。

⑧乡镇工作补贴 4376 万元。

⑨公务员单位、参公单位公务用车补贴 1816 万元。

⑩工资津补贴调资预计 5000 万元。

第二项是按照五个大类安排专项支出，共计 81146.96 万元，其中：

（1）上级配套支出

2021 年共安排上级配套支出 22833.07 万元，如：公共卫生事业、城乡居民养老保险县级配套、城镇居民医疗保险、企业养老保险、城镇独生子女父母奖励、城乡义务兵家庭优待金、重度残疾人护理补贴、退役士兵自谋职业和自主择业一次性经济补助、城市最低生活保障金支出、农村最低生活保障金支出、农村五保供养、教育支出等，这一类支出按照上级考核要求安排资金。

（2）政策性支出

2021 年共安排政策性支出 22632.05 万元，如：新型冠状病毒感染肺炎疫情防控、乡镇运转经费、县乡机构改革补助资金、市场监管、信访救助、动物防疫、农机推广、水源保护水质检测、水上交通安全整治、农产品流通、农村能源建设、安全生产监管、文化市场维护等，这一类支出按照上级及县委、县政府出台的文件要求安排资金。

（3）社会经济发展支出

2021 年共安排社会经济发展支出 11363.8 万元，如：财源建设基金、林业产业发展资金、地方水利建设基金、乡村振兴资金、蔬菜产业发展资金、特色水产扶持资金、农村公益事业资金等，这一类支出按照县委、县政府决策安排资金。

（4）非税收入成本和征收工作经费

2021 年共安排非税收入成本和征收工作经费 22318.04 万元，除纪委、公安局、交警大队、司法局、消防大队、城管执法局外，其他单位按照非税收入计划的 20% 安排工作经费；纪委、公安局、交警大队、司法局、消防大队、城管执法局的经费保障按相关文件执行。

（5）预备费

根据预算法“各级政府预算应当按照本级政府预算支出计划设置预备费，用于当年预算执行中的自然灾害开支及其他难以预见的特殊开支”的规定，2021 年安排预备费 2000 万元。

（四）基金预算收支计划

1. 基金预算收入。完成 7418 万元，比上年增加 1194 万元，增长 19.18%。其中城市基础设施配套费 1455 万元、城市公用事业附加（污水处理费）873 万元、车辆通行费 90 万元、国土基金 5000 万元。

2. 基金预算支出。完成 7418 万元，比上年增加 1194 万元，增长 19.18%。其中城市基础设施配套费 1455 万元、城市公用事业附加（污水处理费）873 万元、车辆通行费 90 万元、国土基金 5000 万元。

（五）社会保险基金预算

1. 社会保险基金收入。完成 150216.29 万元，其中保险费收入 62425.99 万元、财政补贴 84805.54 万元、利息等其他收入 2984.76 万元。

2. 社会保险基金支出。完成 138709.63 万元，其中社会保险待遇支出 132220.42 万元，转移支出和其他支出 6489.21 万元。

当年结余 11506.66 万元，年末滚存结余 128157.78 万元。分险种来看，全县机关事业单位基本养老保险基金收入 45848.53 万元，支出 45841.93 万元，本年收支结余 6.6 万元，滚存结余 150.56 万元；城乡居民基本养老保险基金收入 27098.66 万元，支出 20252.63 万元，本年收支结余 6846.03 万元，滚存结余 69009.29 万元；职工基本医疗保险（含生育保险）基金收入 14634.14 万元，支出 13869.34 万元，本年收支结余 764.8 万元，滚存结余 15212.36 万元；城乡居民基本医疗保险基金收入 58941.87 万元，支出 54873.24 万元，本年收支结余 4068.63 万元，滚存结余 40837.8 万元；工伤保险基金收入 2977.5 万元，支出 2935.64 万元，本年收支结余 41.86 万元，滚存结余 2103.2 万元；失业保险基金收入 715.59 万元，支出 936.84 万元，本年赤字 221.25 万元，滚存结余 844.57 万元。

（六）国有资本经营预算

1. 国有资本经营收入。完成 102893.68 万元，其中建筑施工企业利润收入 2000 万元、国有参股公司股利、股息收入 470 万元，其他国有资本经营预算收入 100423.68 万元。

2. 国有资本经营支出。完成 102893.68 万元，其中社会保障和就业支出 492.24 万元，国有资本经营管理支出 62401.44 万元，调出资金 10000 万元（调到一般公共预算，用作财力），专项支出 30000 万元。

（七）单位部门预算

1. 部门预算收入。2021 年，全县 76 家一级预算单位的预算收入合计 469215 万元。

2. 部门预算支出。2021 年，全县 76 家一级预算单位的预算支出合计 469215 万元，其中基本支出 137635 万元、专项支出 331580 万元。

四、克难奋进，扎实做好 2021 年财政工作

（一）齐心协力、齐抓共管，坚决组织好财政收入。省委经济工作会议强调，今年的经济工作要围绕构建新发展格局来展开，突出服务“三高四新”战略来推进。对此，充分发挥财政在培财源、挖潜力、稳增收方面的引领作用，做实财政收入，提高收入质量，落实落细“提升税收占比三年行动计划”。要强化收入征管，加强对财税收入的调度，对重点税源及时跟踪监督，对零散税源加大稽查力度，做到依法征税，应收尽收。

（二）主动服务、靠前服务，助推经济高质量发展。充分发挥财政职能作用，推进积极财政政策提质增效，支持助力“三高四新”战略落地见效。建立财银担联动机制，继续加强基础设施建设和基础产业发展，加大对产业结构调整和技术改造投入，提高企业自主创新发展能力。以省级打造“135”工程升级版为契机，加快园区转型发展，切实理顺园区管理体制和运行机制，完善园区基础设施和服务配套，夯实涵养财源的“硬基础”。

（三）尽力而为、量力而行，切实保障民生支出。坚持把解决好“三农”问题作为重中之重，持续改善农民生产生活条件，全面推进乡村振兴。落实耕地地力保护补贴政策，支持新型经营主体发展粮食适度规模经营。支持高标准农田和水利设施建设，推动受污染耕地安全利用。落实“四不摘”（摘帽不摘责任、摘帽不摘帮扶、摘帽不摘政策、摘帽不摘监管）要求，推动脱贫攻坚与乡村振兴有效衔接，集中解决一批群众所急、所需、所盼的实事、难事、忧心事。巩固重点水域禁捕退捕成果，大力支持生态文明建设。加大创新创业扶持力度。做好惠及民生的社会保障，扶持社会养老事业发展。支持实施城乡低保、社会救助、残疾人保障水平提标。完善城乡医疗救助机制、临时救助制度，支持深化医保制度改革。优先支持教育事业发展，一体推进城乡义务教育均衡发展，支持深化职业教育改革。

（四）盯住红线、守住底线，切实防范化解政府债务风险。加强政府债务管理，既要积极消化隐形债务存量，坚决遏制债务增量，又要有效增加综合财力，逐步降低债务率。同时严格执行化债方案，加强隐形债务变动审核，对情况异常的开展真实性核查；加强关注类债务管理，甄别划分关注类债务中的经营性债务，确保资金链安全，完成 2021 年化债任务。督导平台公司加快市场化转型步伐，强化自身“造血”功能，从而保障还款来源，化解债务风险。加强专项债券管理，推动债券限额分配与资金使用绩效挂钩，形成对债券资金“借、用、管、还”四个环节的闭环管理。

（五）注重规范、注重效益，全面提升财政管理水平。一是加强预算管理。不断强化预算约束，建立全面规范透明、标准科学、约束有力的预算制度，即预算管理一体化。按省财政厅统一部署，认真做好业务梳理、用户培训和系统使用等工作。二是深化绩效管理。加强预算执行管理和监督，不断提升财政管理绩效和资金绩效。加强事前、事中、事后全过程绩效目标管理，批复部门预算时同步对绩效目标进行批复，做到绩效目标与部门预算“三同步”（同申报、同审核、同批复）。强化结果运用，根据绩效评价结果，大力削减低效无效支出，建立奖优罚劣激励约束机制。探索建立健全财政审核联动机制，推进绩效管理工作与人大、纪检监察等部门信息共享。三是加强资产管理。严格执行《汉寿县国有资产管理办法》规定，将资产管理与预算管理、政府采购有机结合，细化购置预算，加强动态监测管理，确保国有资产效益最大化。四是严格支出监管。切实加强投资评审、政府采购等管理，提高财政支出监管水平。

汉寿县“十三五规划”完成情况

“十三五”时期，面对错综复杂的宏观环境和经济下行压力，全县上下深入贯彻落实上级各项决策部署，经济平稳健康发展，民生民利持续改善，总体完成了“十三五”规划确定的目标任务。

一、经济总量持续攀升，综合实力不断提升

2015 年地区生产总值为 217.3 亿元，2016-2020 年，全县地区生产总值分别为 245.95 亿元、279.71 亿元、297.73 亿元、303.08 亿元、316.3 亿元，年均增速为 7.6%，地区生产总值登上 300 亿元台阶。全社会固定资产投资年均增速达 17.3%；一般公共预算收入和地方财政收入由 2015 年的 8.57 亿元、5.86 亿元，增长至 2020 年的 15.25 亿元、9.15 亿元，年均增长分别为 12.2%、9.3%；全社会消费品零售总额由 2015 年 66.1 亿元增加至 2020 年的 119.3 亿元，年均增长 12.5%，经济社会发展保持稳中有进、进中向好的良好态势。

二、产业发展势头良好，产业结构不断优化

农业与二三产业融合发展，制造业与现代服务业双轮驱动，产业结构调整取得显著进展，三次产业结构进一步优化，由 2015 年的 20.8：32.1：47.1 调整为 2020 年的 18.2：35：46.8，二、三产业比重逐步提高。一是现代农业蓬勃发展。主要农产品稳量提质。稳定耕地保有量 6.5 万公顷，粮食播种面积 165 万亩、总产 59.3 万吨，建成 120 万亩高中档优质稻基地；稳定蔬菜播种面积 42 万亩、总产 120 万吨，围堤湖蔬菜产业园成功创建省级标准化示范区；油茶、特色水产品、生猪、家禽等农产品产量均实现稳步增长。经营主体不断壮大。流转土地 48.67 万亩，现有种养大户 3500 多户、农民专业合作社 701 家、家庭农场 401 家、星级休闲农庄 7 家、农村电商企业 126 家，省级农业产业化龙头企业华乐食品连续 5 年荣登常德市出口创汇企业榜首，并成功申报国家级龙头企业。农村产业融合发展取得新突破，成功申报国家农村产业融合发展示范区。品牌效应不断显现。农产品标准化覆盖率达到 70% 以上，87 个农产品获“三品一标”认证，“餐餐见”、“仙湖”等 10 个产品被认定为湖南省著名商标，“汉寿甲鱼”入选湖南省“十大特色农产品品牌”，连续 5 年举办汉寿蔬菜文化节，汉寿蔬菜、汉寿甲鱼、华乐烤乳猪等品牌影响力不断提升。二是新型工业快速发展。工业总量增长明显。2020 年，全县规模工业完成总产值 297 亿元，为“十二五”末期的 1.5 倍，规模工业增加值占工业增加值比重达 75.5%，规模企业达到 149 家，完成工业固定资产投资 149 亿元。质量效益显著提升。2020 年，全县规模工业完成主营业务收入 286 亿元，是“十二五”末期的 1.7 倍；完成利税总额 25 亿元，其中利润 22.7 亿元，分别是“十二五”末期的 1.7 倍、1.8 倍。“两化融合”得到更广泛的重视，一批重点骨干企业的信息化水平得到提升。淘汰落后产能与节能降耗工作取得实效，全县关停苎麻脱胶企业 4 家，粘土砖厂 57 家，纸厂 1 家。主导特色产业来势较好，“重点支撑、多点推进”的产业发展格局基本显现，形成了装备制造、医药化工为主，农产品加工、电子信息为辅，新材料、新能源为重要补充的现代产业体系。三是现代服务业稳健发展。旅游产业发展成效明显。积极开展国家全域旅游示范县申报工作，扎实推进环洞庭湖精品旅游线路重点县建设，已初步形成清水湖野生动物园，蔬菜公园、青山湖候鸟公园为重点的“三园一线”的精品旅游线路。随着清水湖五星级酒店、清水湖野生动物园等项目陆续推进，2020 年共接待国内外游客 410 万人次，实现旅游综合收入 37.5 亿元。商贸流通繁荣活跃。大力推进全国电子商务进农村综合示范县创建，建立 272 家电子商务公共服务站点，乡村覆盖率达到 100%。外贸主体培育初具成效。进出口和外资企业由 35 家发展到 53 家，累计出口创汇 57081 万美元，年递增率为 19%。连续十二年获得全市“出口创汇先进单位”、“加工贸易先进单位”，连续五年获得省商务厅授予的“湖南省出口基地县”、“外贸强县”、“湖南省农产品出口基地县”、“湖南省外贸工作先进单位”等称号。此外，冷链物流、健康养老、文化创意等新兴服务业保持快速发

汉寿县2015-2020年GDP总值及增长率

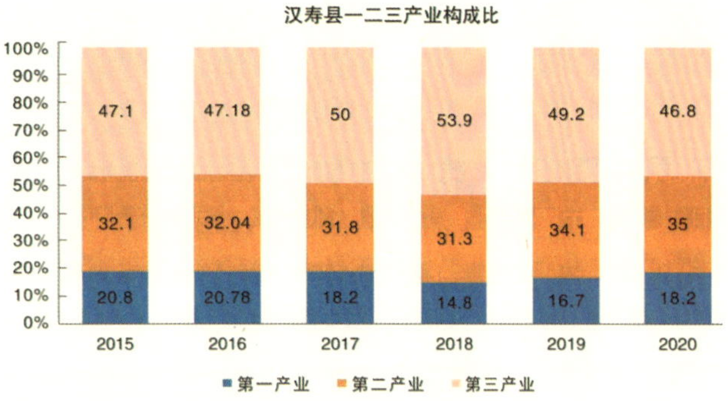

展态势。

三、改革创新稳步推进，发展活力不断增强

自主改革亮点纷呈。党政机关机构改革全面完成，放管服改革取得成效，农村土地“三权分置”改革和农村集体产权制度改革稳步推进，承包经营权确权登记颁证工作基本完成；在全国率先自主研发“微信报警、举报服务平台”；西洞庭湖湿地保护管理机制改革被评为全省生态文明体制改革创新案例；连续四年获评全市改革工作先进单位。其他各项改革扎实推进。社会保障、医疗卫生、行政执法、国企国资、融资平台转型发展、环境治理、殡葬管理、工程建设项目审批等领域体制机制改革有序推进。创新能力稳步增强。高新技术企业数量、产量逐年增长，省级研发中心达 6 家，高新技术企业达 31 家，高新技术产业增加值达 40 亿元，占 GDP 比重达 12.2%。研发创新硕果累累。科技孵化器成为常德市唯一一家 A 类省级科技企业孵化器，在孵企业达到 61 家。全县发展环境不断优化，发展势能不断积蓄，创新创业蔚然成风。

四、城乡建设步伐加快，基础设施不断完善

城乡面貌明显改善，城镇化率达 49.1%。坚持建管并举，推动县城“南移西拓，扩容提质”，荆楚路、环湖路、滨湖路等一批市政路网相继建成；完成县城区供水管网改造及供水调度中心建设，保证县城区供水水质；采用截污纳管、清淤疏浚、生态修复等措施，消除县城区龙珠渔场、小银水湖等多处黑臭水体，改善城区水环境质量；完成县城污水处理厂二期扩建及提质改造、汉寿大道污水管网建设，新增污泥处理中心；启动蒋家嘴、罐头嘴等 19 个乡镇（街道）污水处理厂建设，实现乡镇污水处理设施全覆盖；实施城建项目 73 个，完成棚户区改造 2 万余户、农村危房改造 13954 户，恒大、碧桂园等世界 500 强企业入驻汉寿。强力推进城区秩序综合整治，打造城市“最美客厅”，市容市貌焕然一新。完成多条小街小巷改造，以及屈原广场、芙蓉广场、三联广场等区域林荫停车场升级改造等工程；开展蒋家嘴美丽城镇、朱家铺省级特色镇、罐头嘴和太子庙重点中心镇以及其他乡镇的基础设施建设工作。交通基础设施大力改善。累计完成交通固定资产投资约 35 亿元，比“十二五”增加 15 亿元，全县公路总里程达到 2320 公里，比“十二五”新增 700 余公里。共完成国省干线改造 80 公里，新建农村通畅公路 326 公里，拉通断头路 300 公里，完成危桥改造 76 座，渡改桥 6 座，实施农村公路安保工程 800 公里，实现了乡镇通畅与行政村通达“双百”目标。

五、三大攻坚成果显著，发展条件不断改善

持续打好防范化解重大风险、精准脱贫、污染防治三大攻坚战，全面夯实高质量发展基础。风险防控坚决有力。落实国务院《政府投资条例》，加强投资项目管理；进一步完善政府隐性债务化解方案，加快推动融资平台转型，全县政府债务风险总体可控；推进金融安全区建设，严厉打击非法集资等违法违规金融活动，金融生态环境不断优化。全面完成脱贫攻坚。以“两个确保、两个完善”为目标，紧盯“一超过、两不愁、三保障”，全县 33 个贫困村全部如期退出，全县建档立卡贫困户 12159 户 40285 人全部脱贫，易地扶贫搬迁对象 2124 户 7569 人全部搬迁入住，实际搬迁入住率 100%，产业扶贫、健康扶贫、教育扶贫全面到位。污染防治全域发力。县政府相继出台了《汉寿县污染防治攻坚战三年行动计划（2018–2020）》、《汉寿县“碧水保卫战”实施方案（2018–2020）》、《汉寿县 2018 年污染防治攻坚战及“夏季攻势”实施方案》、《污染防治攻坚战“2019 年夏季攻势”任务清单》等文件，将任务分解到相关部门、乡镇（街道），明确了工作目标和工作责任，落实环境保护“党政同责”和“一岗双责”制度，单位 GDP 能耗降低到 0.312 吨标煤、万元产值水耗降低到 72.24 立方米、城区污水处理率达 88%、工业固体废物处置利用率达 98%；以“河湖长制”为抓手，以西洞庭湖、沅澧二水为主战场，深入实施洞庭湖生态环境整治三年行动计划，累计清理黑杨 10.8 万亩，达标拆除矮围网围 42 处，面积达 6 万亩，完成 67 处砂石码头及碎石场关停清场，全面实施禁捕退捕，湿地生态呈现出“三多一好”（鸟多、鱼多、草多，水质好）的喜人局面，受到省委省政府领导充分肯定，并被中央电视台、新华社、人民日报社点赞；通过三级网络日常巡查，大气环境质量明显提升；深入持续开展国土绿化行动，森林覆盖率达 30.28%，城镇建成区绿化覆盖率达 32%，森林蓄积量达 289.3 万立方米。

六、社会事业全面进步，民生福祉不断增进

教育事业稳步提升。“义务教育发展基本均衡县”顺利通过国家实地评估验收，教育三年攻坚圆满收官，累计投入达 2.45 亿元。詹中附小扩建、龙阳小学扩建、芙蓉中学新建、沧浪中学新建、新一中迁建等项目陆续推进，今年西湖小学建成招生；网络联校成功申报试点，有力促进了优质资源共建共享。医疗卫生事业取得突破。新冠疫情防控得力，累计8个多月无新增病例，确保了确诊病例零死亡、聚集性疫情零发生、医务人员零感染目标的实现；高标准完成县人民医院、县中医医院整体搬迁和妇幼保健院门诊综合楼建设；成立健康扶贫“一站式”结算服务中心，医保覆盖面不断扩大，参保率稳定在95%以上。文体事业繁荣发展。马栏嘴遗址成功申报全国文物保护单位，青文胜墓成功申报湖南省文物保护单位，一批标志性文化惠民工程顺利实施，常德高腔《帅孟奇》相继在北京中国评剧院、省、市、县城区和部分乡镇进行20多场公演，受到中宣部、文化部、北京各界及群众赞赏，并斩获田汉新创剧目奖、“省五个一工程”奖。全民健身事业蓬勃发展，竞技体育取得良好成绩，共计斩获湖南省青少年体育锦标赛14枚金牌，市第七届运动会176枚金牌，省运会21枚金牌，先后为市队输送队员14人，省队输送了7人，体育强县品牌得到巩固。其他各项社会事业协调发展。居民就业得到充分保障，城乡居民生活水平不断提高，城镇登记失业率低于2.07%，城镇居民和农民人均可支配收入分别达34771元、19264元；城乡居民医保财政补助标准、企业退休人员养老金待遇、城乡基础养老金最低标准不断提高，保障性住房建设稳步推进；计生事业健康稳定发展，人口自然增长率为4‰；审计、统计、粮食、人防、气象、地震等工作取得新进展；城市应急、安全生产、食品药品安全、自然灾害防治、国防建设等不断加强。

“十三五”期间，我县经济社会各项事业取得了较大的成就，但部分领域还存在短板，尤其是在国内外环境复杂多变，单边主义、中美贸易摩擦加剧、新冠肺炎疫情长期存在等一些不确定风险的背景下，农业农村发展不平衡不充分的问题依旧突出，城乡收入、基础设施、公共服务、科技创新等方面的问题与挑战仍然较大。

专栏1 “十三五”规划《纲要》主要指标完成情况

类别	序号	指标名称	2020年目标值	2020年实际值	年均增速(%)	进展评价	属性
经济发展	1	地区生产总值(亿元)	350	316.3	7.6	滞后	预期性
	2	一般公共预算收入(亿元)	14.4	15.25	12.2	完成	预期性
	3	地方财政收入(亿元)	8.2	9.15	9.3	完成	预期性
	4	全社会固定资产投资(亿元)	400	—	17.3	滞后	预期性
	5	社会消费品零售总额(亿元)	115	119.3	12.5	完成	预期性
结构调整	6	三次产业结构	10:40:50	18.2:35:46.8	—	滞后	预期性
	7	高新技术产业增加值占GDP比重(%)	20	12.2	—	滞后	预期性
	8	园区规模工业增加值占全部规模工业增加值比重(%)	87	82	—	滞后	预期性
	9	城镇化率(%)	50	49.1	—	滞后	预期性
群众生活	10	城镇居民人均可支配收入(元)	35000	34771	—	滞后	预期性
	11	农民人均可支配收入(元)	20000	19264	—	滞后	预期性
	12	城镇登记失业率(%)	4.5	2.07	—	完成	预期性
	13	人口自然增长率(‰)	7.6	4	—	完成	约束性
生态文明	14	单位GDP能耗(吨标煤)	<0.6	0.312	-7.5	完成	约束性
	15	万元产值水耗(立方米)	78	72.24	—	完成	约束性
	16	城区污水处理率(%)	100	88	—	滞后	预期性
	17	工业固体废物处置利用率(%)	98	98	—	完成	预期性
	18	森林覆盖率(%)	29.18	30.28	—	完成	约束性
生态文明	19	城镇建成区绿化覆盖率(%)	26	32	—	完成	预期性
	20	森林蓄积量(万立方米)	350	289.3	—	滞后	约束性
	21	耕地保有量(公顷)	60554	65947	—	完成	约束性

汉寿县人民政府
关于公布实施新一轮城镇基准地价的通知

汉政发〔2020〕1号

各乡镇（街道）人民政府（办事处），湖南汉寿高新技术产业园区管委会，县直各单位：

根据省国土资源厅办公室《关于限期完成城镇基准地价更新工作的通知》（湘国土资办发〔2018〕115号）要求，我县已完成新一轮城镇土地定级和基准地价更新调整，并经《湖南省自然资源厅关于同意公布实施汉寿县城镇基准地价更新成果的函》批准公布实施。现将更新后的汉寿县城镇土地定级和基准地价予以公布实施，并将有关事项通知如下：

一、基准地价是政府进行土地资产管理、调控土地市场价格、

规范土地出让等交易行为的基础，也是政府制定各种土地税费政策、控制出让底价，进行宗地地价评估的主要依据。最低出让价格不得低于基准地价的70%，工业用地不得低于国家规定的最低标准；原划拨国有土地使用权转让、出租、抵押，经依法批准可以协议方式补办出让手续的，工业用地、住宅用地、商业用地分别按不低于评估地价的25%、40%、50%的标准补缴；土地年租金的收取标准按基准地价的2%执行；因改变土地用途、容积率等土地使用条件及其他情形需补缴土地出让收益和土地价款的，以新的基准地价为基础，根据宗地具体情况修正评估的具体价格为依据，按照国家相关规定办理。

二、从本通知印发之日起，经依法批准调整土地用途的按不同级别土地用途评估现值差全额补缴，调整容积率的按批准调整时评估核定的土地市场楼面地价全额补缴；未制定基准地价的建制镇参照四等镇的基准地价执行；公共管理与公共服务用地和不在基准地价覆盖区域内的其它区域，以中介机构的现时评估地价为主，经集体研究确定。

三、原《汉寿县人民政府关于公布实施新一轮城镇基准地价的通知》（汉政发〔2016〕4号）自本通知发布之日起停止执行。

汉寿县人民政府

2020年1月2日

汉寿县人民政府
关于印发《汉寿县政府合同管理规定》的通知

汉政发〔2020〕5号

各乡镇（街道）人民政府（办事处），湖南汉寿高新技术产业园区管委会，县直各单位：

现将《汉寿县政府合同管理规定》印发给你们，请认真贯彻执行。

汉寿县人民政府

2020年4月8日

汉寿县政府合同管理规定

第一章 总 则

第一条 为规范政府合同管理，防范合同风险和减少纠纷，保障国有资产、财政资金的安全和自然资源、公共资源的有效利用，根据《中华人民共和国合同法》《湖南省行政程序规定》《湖南省政府服务规定》等有关法律、法规、规章，结合本县实际，制定本办法。

第二条 本办法所称政府合同，是指县人民政府及其县直财务独立单位（含县属党政群机关、事业单位和县属国有资产经营公司、国有投融资公司，以下简称县直单位）和各乡镇（街道）人民政府（办事处）、高新区管委会在行政管理、公共服务及民事经济活动中，作为一方当事人所订立的涉及财政资金、国有资产使用和自然资源、公共资源利用的合同、协议、意向书、承诺书等契约性法律文件。包括下列类型：

（一）国有或者集体土地、滩涂、河道、湖泊、森林、山岭、荒地、矿藏等自然资源使用权的出让、转让、出租、承包合同；

（二）城市基础设施等国有资产（包括无形资产）的投资、建设、承包、养护、租赁、买卖等合同；

（三）行政征收、征用、委托合同；

（四）市政公用事业的特许经营合同；

（五）招商引资合同；

（六）借款、资助、补贴合同；

（七）经工程建设招投标、政府采购等程序签订的合同；

（八）重大公共课题研究项目招标合同；

（九）其他政府合同。

第三条 本办法适用于县政府及县直单位、乡镇（街道）人民政府（办事处）、高新区管委会订立、履行和管理政府合同的活动，法律、法规、规章另有规定的，从其规定。

因应对突发事件而采取应急措施，订立合同的，不适用本办法。

第四条 县直单位和乡镇（街道）人民政府（办事处）、高新区管委会应当根据本办法和本单位的实际情况，完善合同管理工作制度，加强对合同行为的管理。

第五条 政府合同的订立和履行，应当遵循合法、合理、公平、公开和诚实信用的原则。

政府合同管理应当遵循权责相适应的原则，县人民政府为一方当事人订立的政府合同，由县人民政府管理，县直单位、乡镇（街道）人民政府（办事处）、高新区管委会为一方当事人订立的政府合同，由县直单位、乡镇（街道）人民政府（办事处）、高新区管委会管理。

政府合同遵循事前法律风险防范、事中法律风险控制为主和事后法律监督、补救为辅的原则。

第六条 政府合同订立由合同承办单位负责组织实施。属于较大政府合同的，合同承办单位应当邀请县司法行政机关参与调研、谈判、起草、签订合同等事项。

政府合同应当采用书面形式订立，一般应遵循调研、评估、协商、拟订、审查、报批、登记、签订、备案等程序。

涉及《湖南省行政程序规定》规定的重大行政决策事项的政府合同，应当按照《湖南省行政程序规定》的规定，遵循公众参与、专家论证、风险评估、合法性审查和政府常务会议讨论决定的决策程序。

第七条 订立政府合同，禁止下列行为：

（一）违反法定程序和条件订立合同；

（二）违反法律、法规的规定提供担保；

（三）滥用职权、超越职责和使用范围，将财政资金、国有资产转借给其他单位或者个人；

（四）在土地征收、征用或房屋租赁、国有土地上房屋征收与补偿过程中，损害国家、集体或者第三人利益；

（五）临时机构、议事协调机构或内设机构作为一方当事人订立政府合同；

（六）未经承办机构集体研究决定并依照本办法进行合同审查，擅自订立合同；

（七）承诺合同对方当事人或者第三人提出的不合法要求；

（八）在合同中约定其他违反法律、法规、规章或者损害国家、集体、社会公共或者第三人利益的内容。

第八条 政府合同内容涉及国家秘密和商业秘密的，应就有关保密条款做出约定，并按照法律、法规规定采取必要的保密措施，相关单位和人员应当履行保密义务。

第九条 县司法行政机关为县政府合同监督管理部门，负责本办法的组织实施。

县财政、审计、发改等部门应按照各自职责，协助和配合做好本办法的实施工作。

第二章 合同的审查机构和承办单位

第十条 县司法行政机关和县直单位、乡镇（街道）人民政府（办事处）、高新区管委会的法制机构是政府合同的审查机构。合同审查机构的主要职责：

（一）指导、协助、参与合同谈判及拟订、签订、履行、修改合同；

（二）对报送的合同依法审查，并出具书面审查意见；

（三）对合同的履行情况进行监督、检查；

（四）指导、代理或协助参与合同纠纷的协商、调解、仲裁、诉讼活动；

（五）根据情况需要，组织专家对合同中涉及的法律问题及法律风险等问题进行评估论证。

第十一条 订立政府合同，应当明确承办单位和承办人，由其具体负责合同的谈判、起草、报审、签订、履行、争议解决等事宜。

县人民政府作为一方当事人时，承办单位为具体负责合同前期工作的县直单位。

在以县直单位、乡镇（街道）人民政府（办事处）、高新区管委会为一方当事人的合同中，县直单位、乡镇（街道）人民政府（办事处）、高新区管委会的内设机构或者下属单位为承办单位。

合同承办单位的主要职责：

（一）负责合同项目的调研、评估、提供初步意见；

（二）审查合同相对方的主体资格、资信、履约能力；

（三）负责订立合同的协商与谈判，合同文本的拟订与修改；

（四）将合同文本等资料报本合同审查机构进行合法性审查；

（五）负责合同履行，对合同履行过程中发生的纠纷和发现的问题进行调查处理；

（六）负责合同纠纷的协商、调解、仲裁、诉讼等活动；

（七）保管合同文本及与履行、变更、解除合同有关的文件资料，并负责按规定整理、移交。

第三章 合同的起草

第十二条 县人民政府及县直单位、乡镇（街道）人民政府（办事处）、高新区管委会应当按照法律、法规规定的程序和条件确定合同对方当事人。

采用政府采购、招投标方式确定合同对方当事人的，应当遵守《中华人民共和国政府采购法》《中华人民共和国招标投标法》等法律、法规的规定。

第十三条 政府合同由承办单位负责起草。起草合同过程中，合同各方当事人应当进行充分磋商。

国家、省有关部门已印制格式合同文本的，应当使用格式合同文本，在格式合同文本的基础上进行磋商。

第十四条 政府合同一般应当具备以下条款：

（一）合同当事人的名称或姓名和住所等基本情况；

（二）合同的标的、数量、质量、价款或报酬等情况；

（三）合同当事人的权利和义务；

（四）合同履行期限、地点和方式；

（五）合同违约责任及损失赔偿额的计算方式；

（六）合同变更、转让、解除及权利义务终止的情形或条件；

（七）解决争议的办法；

（八）合同生效条件、签订日期；

（九）法律、法规规定应当具备的其他条款。

第十五条 在政府合同磋商和起草过程中，承办单位应当从合同的法律、经济、技术和社会稳定等方面进行风险评估。

涉及重大、疑难问题或者风险较大的政府合同风险评估，应邀请有关专家参加论证。

第十六条 在政府合同磋商和起草过程中，承办单位应当对对方当事人的资产、资质、信用、履约能力、知识产权等资信状况进行调查，收集有关材料。资信调查也可以委托其他部门或者中介机构承担，相关单位或个人应当积极予以配合。

第十七条 政府合同涉及其他单位职责、增设其他单位权利义务的，承办单位应当征求相关单位的意见。

相关单位对政府合同提出重大分歧意见的，承办单位应当进行协调。

第十八条 涉及重大社会公共利益的合同磋商、起草时，合同承办单位应当及时与县司法行政机关沟通，听取法律意见。

第四章　合同的合法性审查

第十九条 订立政府合同，应当依本办法规定进行合法性审查。

未经合法性审查，财政部门不得划拨相关财政资金，国有资产管理部门不得处置相关国有资产，县人民政府及县直单位、乡镇（街道）人民政府（办事处）、高新区管委会不得订立政府合同。

需要通过招标、拍卖、挂牌等法律程序订立政府合同的，承办单位应当在招标、拍卖、挂牌前将相关法律文书报送政府合同的审查机构进行审查。

政府合同合法性审查所需经费列入年度财政预算。

第二十条 下列政府合同为较大政府合同，由县司法行政机关负责合法性审查：

（一）以县人民政府为一方当事人订立的政府合同；

（二）县直单位、乡镇（街道）人民政府（办事处）、高新区管委会订立的合同标的额为人民币50万元或以上（建设工程项目合同标的额为人民币300万元或以上）的合同；

（三）以县直单位、各乡镇（街道）人民政府（办事处）、高新区管委会为一方当事人订立的标的额在50万元以下（建设工程项目合同标的额人民币300万元以下），但涉及事项较为复杂、法律风险较大，县人民政府认为需经县司法行政机关审查的合同；

（四）投资项目合同所涉事项列入或者拟列入县级以上人民政府重大项目、重点工程的。

上述第（二）、（三）、（四）项采用国家、省有关部门印制的格式合同文本并且对主要条款没有进行修改、调整的政府合同，不适用前款的规定。

以县直单位、乡镇（街道）人民政府（办事处）、高新区管委会为一方当事人订立的，除较大合同以外的合同为一般政府合同，由本单位负责法制工作的机构或指定的其他内设机构负责合法性审查。

在上述审查的过程中，可以委托专业法律服务机构提出咨询意见。

第二十一条 承办单位将政府合同送审查机构审查时应当一并提交下列材料：

（一）送审的公函；

（二）拟签订的合同文本及附件；

（三）承办单位对法律、经济、技术和社会风险等方面提出的分析、论证材料；

（四）合同对方当事人的资产、资质、信用、履约能力、知识产权等资信状况的调查材料；

（五）合同磋商材料和政府其他相关单位的意见；

（六）合同订立的依据、批准文件；

（七）合同审查机构认为需要提供的其他材料。

较大政府合同在送县司法行政机关审查时，合同承办单位还应提供本单位审查机构提出的合法性审查意见及县司法行政机关认为需要提供的其他材料。

提交的审查材料不齐全或者不符合规定的，合同审查机构可以要求承办单位在指定的期限内提交补充材料；未在指定期限内提交的，合同审查机构可以将送审材料退回承办单位。

第二十二条 对送审的政府合同，合同审查机构应当对以下内容进行审查：

（一）合同主体是否适格；

（二）合同内容是否合法；

（三）合同订立是否符合法定程序；

（四）合同主要条款是否完整、有效；

（五）是否有本办法第七条规定的情形；

（六）是否有《中华人民共和国合同法》第五十二条规定的情形；

（七）是否有其他违反法律、法规规定的情形。

采用国家、省有关部门印制的格式合同文本并且主要条款没有进行修改、调整的政府合同，主要审查合同主体是否适格、订立的程序是否合法、争议解决机构的选择是否符合规定等内容。

必要时审查机构可以对合同内容的合理性提出意见。

第二十三条 县司法行政机关审查政府合同过程中，可以征询财政、审计、发改、自然资源、住建等相关部门意见，被征询部门应当及时反馈。

第二十四条 县司法行政机关可以委托县重大行政决策专家咨询委员会专家委员、县政府法律顾问提出咨询意见或进行合法性审查。

第二十五条 审查机构可以就送审合同有关问题向承办单位提出询问或者提取材料，承办单位应当在5个工作日内书面答复询问或者提供材料。承办单位不能按时答复或者提供材料的，审查时限顺延。

第二十六条 审查机构对承办单位送审的政府合同，应当在收齐送审材料之日起10个工作日内书面审查完毕，并将审查意见书面通知承办单位。但需要核查、评估和论证及审查机构向承办单位提出询问的，相应时间不计算在内。审查通过的合同文本由审查承办人签名。

因送审合同争议较大、内容复杂，在前款规定期限内不能审查完毕的，经审查机构负责人批准，可以适当延长审查期限，并应当将延期理由告知承办单位。

第二十七条 送审合同经合法性审查后，承办单位应当根据合法性审查意见对其进行修改，并与合同对方当事人进行磋商，形成合同正式文本；经合法性审查后，承办单位在与对方当事人磋商过程中，对合同内容进行实质性变更的，应当将变更后的合同文本报审查机构再次审查。

对合法性审查意见有异议的，承办单位应当及时向审查机构反馈意见；对涉及合同实质性内容的审查意见有异议的，可以向审查机构申请复审。

第五章 合同的签订和履行

第二十八条 建立政府合同登记编号制度。签订政府合同应当统一登记、统一编号。未编制政府合同登记号的，不得签订和履行。

县人民政府及县直单位、乡镇（街道）人民政府（办事处）、高新区管委会拟签订的合同，统一由县司法行政机关负责编制政府合同登记号，登记号应在正式签订的政府合同文本上标注。

第二十九条 合同承办单位根据合法性审查意见对合同草拟稿进行修改，形成合同正式文本后，送县司法行政机关统一登记、统一编号。政府合同编制登记号后，由县人民政府及县直单位、乡镇（街道）人民政府（办事处）、高新区管委会的法定代表人、主要负责人或者其授权的其他负责人签署。合同签订时，应当加盖行政公章或者合同专用章。

法律、法规规定应当办理批准、登记、备案或者会同办理等手续生效的，依照其规定。

第三十条 合同订立后或者履行过程中需要订立补充合同或者变更、解除合同的，合同承办单位应当按照本办法合同订立的有关程序办理。

第三十一条 合同签订生效后，合同承办单位应当根据合同约定予以全面履行，未经本办法规定程序予以变更的，不得改变合同约定内容，不得转让合同。

第六章 合同纠纷的处理

第三十二条 发生以下情形，可能影响合同履行时，承办单位应当及时进行风险预警，采取合理预防措施，应对合同风险的发生：

（一）出现不可抗力；

（二）合同依据的法律、法规修改或者废止；

（三）订立合同时的客观情况发生重大变化；

（四）对方丧失或者可能丧失履约能力；

（五）对方逾期违约或者出现其他可能存在合同风险的情形。

较大政府合同在履行过程中发生第一款情形的，合同承办单位应当及时向县人民政府提交预警报告，并抄送县司法行政机关。

第三十三条 政府合同在履行过程中产生纠纷，合同承办单位应当及时处理，充分收集证据材料，并提出处理方案；较大政府合同报县人民政府同意后施行。

较大政府合同承办单位可以邀请县司法行政机关参与合同纠纷的协调和处理。

第三十四条 政府合同发生纠纷时，应当首先采取协商、调解方式解决。经协商或者调解达成一致意见的，应当签订书面协议。

经协商或调解未达成一致意见的，合同承办单位应当及时按照约定的争议解决方式解决，并按照有关时效的要求，全面收集证据，做好应对工作，防止因应裁、应诉不当而导致不利后果。必要时可以聘请律师或者委托县司法行政机关处理。

第三十五条 在处理较大政府合同纠纷过程中，未经县人民政府同意，合同承办单位不得放弃属于政府一方享有的合法权益。

在处理一般政府合同纠纷过程中，未经集体讨论同意，任何机构和个人不得放弃属于政府一方享有的合法权益。

第七章　合同的备案与归档

第三十六条 政府合同正式签订后，承办单位应当在10个工作日内将政府合同正式文本报送县司法行政机关备案。

第三十七条 政府合同订立、履行过程中形成的下列档案材料，合同承办单位应当及时予以整理归档：

（一）合同正式文本、补充合同；

（二）合同对方当事人的资产、资质、信用、履约能力、知识产权等资信状况的调查材料；

（三）合同谈判、协商材料；

（四）合同订立的依据、批准文件；

（五）合法性审查意见；

（六）法院裁判文书、仲裁机构裁决文书、调解文书等合同纠纷处理过程中形成的材料；

（七）其他需要整理归档的材料。

第八章　监督检查与责任追究

第三十八条 县司法行政机关和督查部门每年组织一次以上政府合同管理工作专项督查并通报，督查结果作为县委、县人民政府年度绩效评估、依法行政考核的依据。

第三十九条 在政府合同管理过程中，政府工作人员违反本办法规定，有下列行为之一的，由主管机关责令改正；造成经济损失的，由任免机关、监察机关或者其他有权机关依法依纪追究责任，责令责任人承担部分或全部损失；涉嫌犯罪的，依法追究刑事责任。

（一）应当采纳而未采纳审查机构的合法性审查意见、未经合法性审查或者经审查未通过即擅自订立合同的；

（二）在合同订立、审查、履行过程中与他人恶意串通、损害政府一方的合法权益的；

（三）在合同订立、审查、履行过程中玩忽职守、滥用职权、收受贿赂的；

（四）违反本办法第七条规定订立政府合同的；

（五）擅自放弃属于政府一方享有的合法权益的；

（六）未按规定保守秘密的；

（七）违反本办法规定，政府合同未报送备案，或者未妥善保管政府合同资料及档案材料的；

（八）其他应当追究责任的行为。

第四十条 在政府合同管理过程中，审查机构及其工作人员出现重大过错造成较大经济损失的，由任免机关、监察机关或者其他有权机关依法依纪追究责任；涉嫌犯罪的，依法追究刑事责任。

第九章　附　则

第四十一条 县直各单位、各乡镇（街道）人民政府（办事处）、高新区管委会应参照本办法制定本单位本地区的政府合同管理制度，并对所辖二级机构、事业单位、村、社区对外签订的涉及财政资金、国有资产使用等，标的额较大的合同（具体标准由各单位自行确定）进行合法性审查，具体工作由其法制机构、当地司法所或者聘请法律顾问承担。

第四十二条 县属国有企业应当根据本办法和企业的实际情况，制定合同管理制度，加强对企业订立和履行合同的管理。

第四十三条 本规定自公布之日起施行。

汉寿县人民政府办公室
关于印发《汉寿县行政诉讼应诉工作规定》的通知

汉政办发〔2020〕3号

各乡镇（街道）人民政府（办事处），湖南汉寿高新技术产业园区管委会，县直各单位：

《汉寿县行政诉讼应诉工作规定》已经县人民政府同意，现印发给你们，请遵照执行。

汉寿县人民政府办公室

2020年4月8日

汉寿县行政诉讼应诉工作规定

第一条 为规范行政诉讼应诉工作，提高行政应诉案件办理质量和行政诉讼应诉工作水平，促进法治政府建设，根据《中华人民共和国行政诉讼法》等规定，结合本县实际，制定本规定。

第二条 本规定所称行政诉讼应诉即行政应诉，是指行政机关和法律、法规、规章授权的组织（以下统称行政机关）在行政诉讼案件中作为诉讼参加人，依法行使诉讼权利、履行诉讼义务的活动。

第三条 本县行政区域内行政机关的行政应诉活动，适用本规定。

第四条 行政应诉由被诉的行政机关负责。

以县人民政府的名义作出行政行为引起的行政诉讼，除政府指定司法行政机关应诉的外，由实施涉诉事项的行政机关应诉。

第五条 县司法行政机关负责本行政区域内行政应诉工作的监督、指导和协调。行政机关的法制机构承办本单位行政应诉的具体事项。

第六条 行政机关行政应诉工作机构在行政应诉工作中应当履行以下职责：

（一）接收或领取法院的应诉通知书、起诉状副本等法律文书；

（二）组织、联络涉诉案件相关的工作部门（机构）和应诉代理人，并负责与法院关于诉讼案件的联系工作；

（三）审查行政应诉案件的有关情况；

（四）按法院的要求提交答辩状及相关证据材料，组织做好行政应诉工作；

（五）对认为有错误的判决或裁定提起上诉或申诉；

（六）其他应由行政应诉工作机构承担的应诉事项。

第七条 下列行政应诉案件，行政机关负责人应当出庭应诉：

（一）疑难复杂或社会影响较大的案件；

（二）对行政执法具有指导意义的案件；

（三）法院要求行政机关负责人出庭应诉的案件；

（四）其他需要行政机关负责人出庭应诉的案件。

第八条 行政机关可以委托1至2名代理人出庭应诉。

行政机关委托律师为诉讼代理人的，委托代理权限为一般代理，同时须委托本单位一名工作人员为特别授权代理人。

第九条 行政机关应诉工作机构在收到起诉状后，应当对涉诉行政行为的以下内容进行合法性、合理性审查，并提出处理建议：

（一）行政行为认定的事实是否清楚，证据是否确凿、充分，证据的取得及效力是否符合法律规定；

（二）对涉案事实的定性是否准确，行政行为的内容是否适当；

（三）行政行为适用法律、法规是否正确；

（四）行政行为是否符合法定程序，有无越权执法或滥用职权等问题。

第十条 应诉行政机关收到起诉状后，在答辩期限内将答辩状、证据及依据全面及时地提交法院。

应诉行政机关对法院的管辖权有异议的，应当及时向法院提出异议。

第十一条 行政应诉人员应当及时参加法院组织的诉讼活动，并自觉遵守法庭秩序，认真履行举证、答辩等诉讼义务。

第十二条 应诉行政机关在一审诉讼期间发现原行政行为违法或者不当的，应当采取变更、撤销或者部分撤销等方式予以纠正，并书面告知原告和法院。

第十三条 在上诉期限内，应诉行政机关对一审判决或裁定不服决定上诉的，经行政机关负责人同意，由行政机关办理好上诉事宜。

对法院作出的已经生效的判决或裁定，如果认为违反法律、法规及规章规定的，应诉行政机关应当向上一级法院提出申诉，或者依法向人民检察院申请抗诉。

第十四条 法院作出的已经生效的判决、裁定要求行政机关履行行政赔偿等相应义务的，行政机关应当积极履行；法院对行政机关送达的司法建议书，行政机关应当采取措施，认真处理和落实，并在规定期限内将处理落实情况函告法院。

行政机关对法院判决本单位行政赔偿的案件，司法行政机关应当会同监察、审计等部门对涉诉工作部门（机构）及其工作人员的故意或重大过失的行为进行审查，提出处理意见。应当对有关责任人员追偿的，依法进行追偿。

行政机关对法院驳回原告诉讼请求的判决或驳回起诉的裁定，原告拒绝履行原行政行为的，应当在法定期限内依法强制执行或者申请法院强制执行。

第十五条 行政机关行政应诉工作机构在诉讼活动结束后，应当按照档案管理的要求对相关诉讼文书和材料进行收集整理，并立卷归档。

第十六条 行政应诉案件有下列情形之一的，行政机关应当自行政判决书、裁定书生效之日起30日内，报政府司法行政机关备案：

（一）撤销或者变更行政行为的；

（二）确认行政行为违法或者无效的；

（三）责令履行法定职责的；

（四）在行政诉讼中因改变行政行为，原告申请撤诉的。

应当报备案件的材料包括：涉诉行政行为的文书、原告的起诉状副本、应诉机关的答辩状、法院的行政判决书或裁定书等的复印件。

第十七条 建立行政应诉统计报告制度。行政应诉情况每季度报告一次，政府工作部门向政府司法行政机关报送应诉统计情况。

第十八条 行政机关未按本规定出庭应诉、进行报备的，由政府司法行政机关责令限期整改；逾期不整改的，给予通报批评。

第十九条 行政机关行政应诉工作纳入本县依法行政考核内容。

第二十条 行政机关应当提供行政应诉必需的工作保障条件。

第二十一条 本规定自公布之日起施行。

汉寿县人民政府关于印发《汉寿县农民集体所有土地用地管理暂行办法》的通知

汉政发〔2020〕6号

各乡镇（街道）人民政府（办事处），湖南汉寿高新技术产业园区管委会，县直各单位：

《汉寿县农民集体所有土地用地管理暂行办法》已经县人民政府同意，现印发给你们，请结合本地实际，认真贯彻落实。

汉寿县人民政府

2020年4月17日

汉寿县农民集体所有土地用地管理暂行办法

第一章　总　则

第一条　为进一步完善我县农民集体所有土地管理体系，探索土地管理新机制，规范农民集体所有土地用地行为，提高我县农民集体所有土地管理水平，根据《中华人民共和国土地管理法》《中华人民共和国城乡规划法》《中华人民共和国建筑法》《中华人民共和国矿产资源法》以及《违反土地管理规定行为处分办法》（监察部、人力资源和社会保障部、自然资源部第15号令）、《农业农村部自然资源部关于规范农村宅基地审批管理的通知》（农经发〔2019〕6号）、《湖南省农村住房建设管理办法》（湖南省人民政府令299号）、《湖南省实施〈中华人民共和国土地管理法〉办法》，结合我县实际，制定本办法。

第二条　本办法所称农民集体所有土地是指本县范围内所有非国有土地。县域内国有农场、林场、渔场区域内的国有农用地的使用参照本办法执行。

第三条　使用农民集体所有土地建设应当符合国土空间规划及用途管制，尽可能利用存量集体建设用地、荒地、空闲地、废弃地等进行建设。

建设用地项目选址应避开地质灾害易发地段和地下采空区。严禁在永久基本农田保护区、生态资源保护区、饮用水源一级保护区、历史文化核心保护范围、电力设施管控范围、水利工程管理范围和公路两侧建筑控制区进行用地建设，其建设不得影响自来水、天然气、国防光缆和通信网络设施。严格控制占用农用地，需占用农用地的，应当纳入土地利用年度计划，依法办理农用地转用审批手续。

第二章　职能职责

第四条　县人民政府对乡镇（街道）人民政府（办事处）农民集体所有土地用地管理工作实行绩效考核和约谈问责制度，考核办法另行制定。

第五条　按照县级主导、乡镇（街道）主责、村级主体的原则，明确各级部门职责。乡镇（街道）人民政府

（办事处）是本辖区内农村集体土地用地管理工作第一责任主体。主要职责为负责国土空间规划的严格落实，并严格履行农村建房规划许可制度和动态巡查制度；负责农村村民住宅用地的选址、建筑方案的审批、定点放样、施工监督、质量安全监管、动态巡查和竣工验收；负责违法用地和违法建设的及时发现、制止、上报，并依法组织整治整改工作。农村村民住宅用地由乡镇（街道）人民政府（办事处）审核批准，与农业农村、自然资源部门建立协调共享机制落实属地管理责任。其他各类建设项目用地（含农村村民住宅用地）涉及占用农用地的，依照《中华人民共和国土地管理法》第四十四条的规定办理农用地转用审批手续。

县自然资源局：负责对乡镇（街道）的农民集体所有土地用地管理工作进行监测监管、指导督导；负责国土空间规划、土地利用计划和工程规划许可等工作，统筹安排宅基地用地规模和布局，依法办理农用地转用审批和规划许可等相关手续。审查农村村民建房的是否符合国土空间规划、用途管制，进行农用地转用后、核发乡村建设用地规划许可证和进行房地一体权属登记等监督管理服务工作。

县农业农村局：负责农村住房建设的宅基地监督管理服务工作，负责农村宅基地改革和管理工作，建立健全宅基地分配、使用流转、违法用地查处等管理制度，完善宅基地用地标准，指导宅基地合理布局、闲置宅基地和闲置农房利用，组织开展农村宅基地现状和需求情况统计调查，及时将农民建房新增建设用地需求报县自然资源局，并参与国土空间规划和村庄规划的编制。具体负责审查申请人条件、用地是否符合宅基地布局要求和面积标准、宅基地和建房（规划许可）是否经过村组公示，并提出审批意见。

县住建局：负责综合指导、协调小城镇建设发展工作；突出我县湖湘特色和传统民风，向村民免费提供建房标准图集；负责农村建筑工匠的技能培训；负责组织编制乡镇污水处理方案并指导方案的实施。

县工信局：负责推广应用新型墙材、节能门窗等绿色建材产品，加大对非环保建材生产行为的打击和取缔的力度。

县财政局：负责将农民集体所有土地管理工作考核经费、考核考评资金纳入年度财政预算并给予保障。

县城管执法局：负责加大城乡环卫一体化的推进力度，逐步完善乡村环境卫生设施的配套。

生态环境局、交通、公路、水利、电力、林业、通信等部门要根据各自法定职责，积极依法履职，本着高效、便民的原则，密切配合乡镇（街道）人民政府（办事处）对农村集体土地用地管理履行前置审批监管职责。

村（居）民委员会：村（居）民委员会在乡镇（街道）人民政府（办事处）指导下拟定有农村住房建设自治管理内容的村规民约，经村民会议讨论通过后实施；指导村民办理或者为村民代办农村住房建设审批手续，指导村民依法依规开展农村住房建设活动；对农村住房建设中的违法行为及时劝阻，并向乡镇（街道）人民政府（办事处）报告。

第三章　规划控制

第六条　乡镇（街道）人民政府（办事处）要按照“规划先行、因地制宜、生态环保”的要求，配合做好国土空间规划编制工作，要引导村民委员会及其村民全程参与，充分尊重村民意愿，实行集体讨论表决制度。

第七条　农民集体所有土地建设用地规模应当严格控制在国家用地定额标准范围内。农村村民建房必须坚持“一户一宅”的原则，村民建房用地使用耕地的不超过130平方米；使用荒山荒地不超过210平方米；使用其他土地不超过180平方米。

第八条　乡镇（街道）人民政府（办事处）和村（居）民委员会根据实际情况，建立中心村和集中居民点内农村土地承包经营权的调配机制，确保乡村规划的推进与实施。

第九条　使用农民集体所有土地的建设用地的选址和建设应当符合交通、水利、电力、通信等专项规划的要求，严格执行前置审批和监管制度。

第四章　用地管理

第十条　新增乡镇、村公共设施和公益事业用地，乡镇企业等用地的审批按照《湖南省实施〈中华人民共和国土地管理法〉办法》相关规定，在符合国土空间规划、国家产业政策和用地政策的前提下，由乡镇（街道）人民政府（办事处）或用地人，按要求组织资料后，由县自然资源局按审批权限报有权批准的人民政府批准。

第十一条　农村村民建房占用耕地实行年度计划指标管控。县人民政府年初确定农村村民建房年度占用耕地计划指标，分解下达给乡镇（街道）。乡镇（街道）人民政府（办事处）以及村（居）民委员会负责对年度农村村民建房占用耕地情况进行调查摸底，分期报批，先批后建。

第十二条　乡镇（街道）人民政府（办事处）要根据工作需要建立健全农民集体所有土地用地管理工作机制，因地制宜制定农民集体所有土地用地管理制度，包括领导机构、许可事项、建设质量、安全监管、动态巡查、控违拆违、建新拆旧、竣工验收、绩效考核、宣传教育、投诉举报奖励、责任追究等内容。要积极开展动态巡查，每月不少于2次全覆盖的动态巡查。

乡镇（街道）人民政府（办事处）要把规范农民集体所有土地用地管理工作列入重要议事日程，重点解决当前表现突出的外来人口买地建房、乱占耕地建房、一户多宅、超批准面积建房和妨碍占用水利等基础设施用地的违法行为。

第十三条 使用农民集体所有土地的项目建设用地申请人应符合法律政策规定的资格要求，严禁以兴办“乡镇企业”“乡镇、村公共设施和公益事业建设”为名，非法占用（租用）农民集体所有土地进行非农业建设。

第十四条 农村村民申请建房必须是本集体经济组织成员，承担本集体经济组织成员义务，并符合下列条件之一：

（一）具备分户条件，确需另立户建设住宅的；

（二）现有住房属于危旧房需要拆除重建的；

（三）原有住房因灾毁需要重建的；

（四）因国家、集体建设需要迁建或者按政策实行移民搬迁的；

（五）法律、法规、规章规定的其他情形。

第十五条 村民申请建房，有下列情形之一的，不予批准：

（一）不是本集体经济组织成员的；

（二）不符合村庄规划的；

（三）不符合一户一宅规定的；

（四）原有住房出卖、出租、赠予他人或者改作生产经营用途的；

（五）所申请的宅基地存在权属争议的；

（六）法律、法规、规章规定的其他不予批准的情形。

第十六条 禁止在下列区域建房：

（一）永久基本农田区域；

（二）饮用水水源一级保护区；

（三）河道湖泊管理范围；

（四）公路两侧建筑控制区；

（五）法律、法规规定的其他禁止建房区域。

第十七条 村民申请建房，应当提交下列申请材料：

（一）建房申请书；

（二）建房审批表；

（三）申请人身份证和户口簿；

（四）住宅建设工程设计方案或者政府免费提供的设计图。

拆旧异地新建房屋的，需提供原宅基地使用权证明和同意自愿退出原宅基地、按规定复垦并交由集体经济组织调剂处理的承诺书。

允许进城落户的村民依法自愿有偿退出宅基地，鼓励农村集体经济组织及其成员盘活利用闲置宅基地和闲置住宅，并建立健全相应的激励机制。

第十八条 建设用地涉及农用地转用的按照法律法规规定办理农用地转用和未利用地使用审批手续。乡镇（街道）人民政府（办事处）应当组织乡镇（街道）农业农村、自然资源管理部门和村（居）民委员会对集体建设用地实行踏勘选址、定位放线和竣工实地检查“三到现场”动态监管。其中，农村村民使用宅基地建房按照下列程序办理规划和用地审批手续：

（一）申请：农村村民建房，应当向村（居）民委员会提出书面申请，由村（居）民委员会讨论通过。

（二）初审公示：村（居）民委员会在收到申请后3个工作日内，对申请人的建房资格、申请宅基地面积和选址情况进行初步审查，及时召开村民会议或者村民代表会议进行讨论。讨论通过后，将初审意见在申请人所在村民小组张榜公示5个工作日，公示期满无异议的，出具书面意见报乡镇（街道）人民政府（办事处）审核。

（三）受理审批：乡镇（街道）人民政府（办事处）应当自收到村民申请建房相关材料之日起5个工作日内，组织有关单位和人员进行现场核查。经核查符合批准条件的，由乡镇（街道）人民政府（办事处）依法办理规划许可、用地审批手续。对涉及农用地转用的依照相应规定按批次上报县、市人民政府审批。

规划许可核发分为利用原有宅基地、新增建设用地、占用耕地情形，与农用地转用审批、新增建设用地计划等工作有效衔接。符合规划且不占用农用地的，乡镇（街道）人民政府（办事处）直接审批；不符合规划、需占用农用地的，乡镇（街道）人民政府（办事处）按批次及时报县自然资源局按程序办理农用地转用审批手续后，再核发乡村建设规划许可，占用耕地的，需完成补充耕地方案，并缴纳占用耕地税费。

（四）定位放线：乡镇（街道）人民政府（办事处）应当在建房申请人办理完毕建设规划和用地审批手续后5个工作日内，会同村（居）民委员会到现场进行免费定位放线。定位放线后，村民住房建设方可开工。

（五）开工建设：申请建房的农村村民应当在准备开工5个工作日前提出开工申请，乡镇（街道）在接到开工申请后3个工作日内组织村（居）民委员会对开工建设全过程进行动态监管。

（六）竣工验收：房屋竣工后，建房村民应当将竣工验收时间提前告知或者经由村（居）民委员会告知乡镇（街道）人民政府（办事处），并提出用地和规划核实申请。乡镇（街道）人民政府（办事处）应当在收到核实申请之日起5个工作日内，及时安排工作人员到场检查核实。核实合格的，出具核实证明。

建房村民收到核实证明后，负责组织农村建筑工匠或者建筑施工企业对农村住房进行竣工验收。委托设计、监理的，设计、监理单位或者人员也应当参加竣工验收。农村住房验收不合格的，不得入住。

竣工验收合格的，建房村民应当将建房资料在15日内报村（居）民委员会，由村（居）民委员会统一报乡镇（街道）人民政府（办事处）存档，并按照规定申请办理不动产登记。

第十九条 村民住宅原址重建的，除保留施工期间必要的生活用房外，应先拆除旧房后方可开工建设，保留的生活用房，应在新房建成3个月内拆除。异地新建的，必须上在新房建成6个月内拆除全部旧房。村民应与乡镇（街道）人民政府（办事处）签订协议，承诺在规定时间内自行拆除旧房，逾期不拆除的，由乡镇（街道）人民政府（办事处）依法组织拆除。

第二十条 乡镇（街道）人民政府（办事处）分批次申请农民建房农用地转用手续，应当提交下列申请材料：

（一）农村村民建房花名册；

（二）乡镇（街道）人民政府（办事处）审查意见；

（三）标注本批次村民建房的规划图；

（四）法律法规规定应提交的其他材料。

第二十一条 相关职能部门和乡镇（街道）人民政府（办事处）应当依法公开使用农民集体所有土地相关收费项目、标准和政策依据，不得乱收费，乡镇（街道）要探索设立“一站式”服务窗口、多部门联动的宅基地联审联办制度，方便群众办事。

第二十二条 未取得合法用地手续的建设项目，电力部门和市政公用企业不得办理通电、通水、通气，未依法办理农用地转用审批手续占用农用地设立企业的，建议工商部门延缓登记。

第二十三条 逐步建立和推行法人单位违法用地和违法建设不良记录登记制度。

第五章　监督检查

第二十四条 未经批准或者非法批准农用地转为集体建设用地的，依照《中华人民共和国土地管理法》《违反土地管理规定行为处分办法》等相关法律、法规、规章的规定进行处理。

第二十五条 村民在禁止建房区域建房或者未经审批擅自建房、未依据审批要求建房的，由乡镇（街道）人民政府（办事处）及相关主管部门责令限期改正，逾期不改正的，依法组织拆除。

第二十六条 农村建筑工匠或者建筑施工企业进行农村住房施工时，有下列情形之一的，由县住建部门、乡镇（街道）人民政府（办事处）责令限期改正；情节严重的，处以2000元以上10000元以下的罚款；造成损失的，依法赔偿损失；构成犯罪的，依法移送司法机关处理：

（一）未按照建设规划、设计图纸、施工技术标准和操作规程施工的；

（二）未取得规划许可、用地审批或者违反规划许可、用地审批规定的农村村民进行住房建设的；

（三）偷工减料或者使用不合格的建筑材料、建筑构（配）件和设备的。

第二十七条 经批准后的建设用地闲置的，由县自然资源局责令限期改正；闲置用地使用权所有者对土地闲置负有直接责任的，在土地闲置状况改正之前，县自然资源局可依法采取限制新增加建设用地、促进闲置土地开发利用的措施。

第二十八条 将农民集体所有土地用于商品房开发和城镇居民住宅建设的，由县自然资源局责令改正，拒不改正的，依照相关法律法规处理。

第二十九条 乡镇（街道）人民政府（办事处）应当严格村（居）民委员会农民集体所有土地管理责任追究，制定相应的管理和考核制度，对在农民集体所有土地管理工作中失职、渎职的村（居）民委员会主要负责人和直接责任人给予组织处理或纪律处分。

第三十条 乡镇（街道）人民政府（办事处）履职不到位，违法用地未及时发现、制止并上报查处，阶段考核期内出现2起以上的（含2起）予以通报批评；虽及时发现、上报但制止不力，导致违法事实形成，阶段考核期内出现3起以上的（含3起），对分管负责人进行谈话提醒；年度内出现3起以上（含3起）且未及时落实整改的，对乡镇（街道）主要负责人予以诫勉，问题严重的依法依规予以处理。

第三十一条 电力、燃气、自来水、广播电视、通信网络等市政公用企业要尽快出台相应的管理办法，对违反本办法规定办理立户接入手续的相关责任人进行警示约谈，责令限期改正；情节严重或者拒不改正的，县人民政府将按照有关规定，对部门和企业的主要负责人以及其他直接责任人员给予组织处理或纪律处分。

第三十二条 相关职能部门、乡镇（街道）人民政府（办事处）、村（居）民委员会有下列情形之一的，对直接负责的主管人员和其他直接责任人员，给予纪律处分，构成犯罪的，依法追究刑事责任：

（一）违规办理行政许可、登记等事项；

（二）前置审批部门不作为、乱作为的；

（三）违规出具审查、审核、审批意见或虚假证明材料的；

（四）违规乱收费的；

（五）未认真履行监管职责，致使违法用地或违法建设行为未及时发现制止或发现后不按规定查处的；

（六）不配合相关执法部门依法开展执法活动，甚至干扰、妨碍、抗拒依法执行公务的行为；

（七）其他玩忽职守、滥用职权、徇私舞弊的行为。

第三十三条 对阻碍相关行政主管部门工作人员依法执行公务的违法行为，由县公安机关依法进行查处；情节严重、构成犯罪的，依法追究刑事责任。

第六章 附 则

第三十四条 本办法自发布之日起施行，原有规定与本办法不一致的，以本办法为准。

汉寿县人民政府
关于规范划定和管理畜禽养殖禁养区的通告

汉政通告〔2020〕5号

为了进一步规范畜禽养殖禁养区的划定和管理工作，促进畜禽养殖可持续健康发展，根据《国务院办公厅关于稳定生猪生产促进转型升级的意见》(国办发〔2019〕44号)、《生态环境部办公厅农业农村部办公厅关于进一步规范畜禽养殖禁养区划定和管理促进生猪生产发展的通知》(环办土壤〔2019〕55号)、《中共湖南省委湖南省人民政府〈关于印发湖南省环境保护工作责任规定〉和〈湖南省重大环境问题（事件）责任追究办法〉的通知》(湘发〔2018〕4号)和《湖南省生态环境厅湖南省农业农村厅〈关于进一步规范我省畜禽养殖禁养区划定和管理工作〉的通知》(湘环函〔2019〕189号)等文件精神，结合我县实际，县人民政府决定对全县畜禽养殖禁养区进行规范划定和管理。现将有关事项通告如下：

一、禁养范围：总计禁养区46处，面积244.38平方公里。

（一）饮用水水源保护区。禁养区26处，面积59.31平方公里。具体包括：

1. 已划定为饮用水水源保护区的范围，禁养区18处，面积50.27平方公里。即7处集中式地表水饮用水水源保护区和11处地下水饮用水水源保护区，分别为：汉寿县城地表水厂、汉寿县沅江坡头段、汉寿县朱家铺镇江东市水库、汉寿县颜家庙水库、汉寿县肖家冲水库、汉寿县斋家冲水库、汉寿县火烧冲水库、杨树山集中供水厂（岩汪湖镇杨树山村）；周文庙集镇集中供水厂（岩汪湖镇周文庙社区）；军刘集中供水厂（沧港镇军刘村）；蒋家嘴集中供水厂（蒋家嘴镇阳南塘社区）；岩汪湖电排集中供水厂（岩汪湖镇岩汪湖社区）；大南湖集中供水厂（岩汪湖镇武竺山村）；聂家桥集中供水厂（聂家桥乡十甲山社区）；龙月集中供水厂（龙潭桥镇潘家桥村）；毛家滩集中供水厂（毛家滩乡向阳社区）；百禄桥集镇集中供水厂（百禄桥镇百禄桥社区）；腊树湾集中供水厂（龙潭桥镇莲荷塘村）。

2. 未划定为饮用水水源保护区的农村饮用水取水点，禁养区8处，面积9.04平方公里。即宝塔河集中供水厂（龙阳街道宝塔河社区）；新兴集镇集中供水厂（沧港镇新兴社区）；伍家冲集中供水厂（蒋家嘴镇金架坝村）；康家塘集中供水厂（蒋家嘴镇康家塘村）；金家坝集中供水厂（蒋家嘴镇金架坝村）；洋淘湖集镇集中供水厂（洋淘湖镇游巡塘社区）；洋淘湖胜利集中供水厂（洋淘湖镇建设村）；纸料洲集中供水厂（龙潭桥镇纸料洲村）。地下水饮用水水源地以开采井为中心，半径100米的圆形区域为一级保护范围；一级保护范围边界周围半径不小于500米的区域为二级保护范围。

饮用水源二级保护区内已经实现粪污全量资源化不排放污染的养殖场不作为禁养对象。

（二）自然保护区。湖南西洞庭湖国家级自然保护区的核心区和缓冲区，禁养区面积152.26平方公里。核心区包括老鹳湖、东洼、淤洲、朱家山等；缓冲区包括花园嘴、清明洲、茅镰洲以及与南洞庭湖湿地东面邻接区域等。

（三）城镇居民区和文化教育科学研究区等人口集中区。城市建成区、镇政府所在地建成区域范围。禁养区19个，禁养区面积32.81平方公里。具体包括：县城建成区（四个街道办）；西港镇政府所在地建成区域；坡头镇政府所在地建成区域；洲口镇政府所在地建成区域；罐头嘴镇政府所在地建成区域；沧港镇政府所在地建成区域；朱家铺镇政府所在地建成区域；太子庙镇政府所在地建成区域；丰家铺镇政府所在地建成区域；崔家桥镇政府所在地建成区域；龙潭桥镇政府所在地建成区域；军山铺镇政府所在地建成区域；蒋家嘴镇政府所在地建成区域；洋淘湖镇政府所在地建成区域；岩汪湖镇政府所在地建成区域；百禄桥镇政府所在地建成区域。

（四）法律法规规定的其他禁养区域。

二、饮用水水源保护区、自然保护区的核心区和缓冲区、风景名胜区、城镇居民区和文化教育科学研究区等人口集中区、法律法规规定的其他禁养区域，禁止从事规模畜禽养殖活动。禁养区内现有不符合要求的养殖场（小区），应立即予以整改。

三、凡法律法规对畜禽养殖禁养区划定有新规定时，从其规定执行。

四、在上述禁养区域违反本规定的，由水利、农业农村、生态环境、公安等部门依法查处；构成犯罪的，依法追究刑事责任。

五、本通告自公布之日起施行，《汉寿县人民政府关于调整〈汉寿县畜禽养殖禁养区划定方案〉的通知》（汉政发〔2020〕2 号）同时废止。

特此通告。

汉寿县人民政府

2020 年 4 月 20 日

汉寿县人民政府办公室关于印发《汉寿县生态文明建设示范县规划(2019—2025年)》的通知

汉政办函〔2020〕17号

各乡镇（街道）人民政府（办事处），湖南汉寿高新技术产业园区管委会，县直各单位：

《汉寿县生态文明建设示范县规划（2019—2025年）》已经县人民政府同意，现印发给你们，请认真组织实施。

汉寿县人民政府办公室

2020年5月29日

第一章　规划总则

第一条　指导思想

以习近平生态文明思想为指导，按照国家、省和市的统一部署，牢固树立“绿水青山就是金山银山”发展理念，紧紧围绕“全省三十强、环湖前十强”目标，加快推进“一五五”战略，通过生态制度、生态安全、生态经济、生态空间、生态生活、生态文化建设，打好三大污染防治攻坚战，持续改善人居环境，保持经济持续健康发展和社会大局稳定，把我县打造成为生态安全和谐、空间集约高效、经济绿色低碳、生活和谐幸福的洞庭湖水上明珠。

第二条　规划原则

（一）保护优先、协调发展。树立尊重自然、顺应自然、保 护自然的生态文明理念，正确处理环境保护与经济发展和社会进 步的关系，尊重自然规律，将生态环境承载力作为经济社会发展 的重要前提，中大生态环境保护力度，保护优先、节约优先，以 环境优化经济发展。

（二）整体优化、相互衔接。生态文明建设示范县规划既要 和国家、省、市、县的相关规划协调一致，又要对各部门规划具有一定的指导作用，充分发挥其社会经济环境协调性规划优势，促进生态文明建设示范县创建工作。

（三）因地制宜、突出特色。科学分析县生态文明建设示范 县创建的有利条件和制约因素，根据县资源禀赋、生态环境、人 文社会、经济基础等地域特征，充分汉寿县生态文明建设特点的 发展重点，科学指导县生态文明建设。

（四）政府主导、社会参与。坚持政府主导，把生态文明建 设提上各级政府的重要议事日程，切实发挥组织领导、规划引领、资金引导的作用。着力强化企业生态意识和社会责任意识，加强环境保护，控制污染排放。倡导公众积极参与，引导全民共建共 享，形成生态文明建设的强大合力。

第三条　规划范围 我县所有行政区域范围，包括蒋家嘴镇、岩汪湖镇、坡头镇、 西港镇、洲口镇、罐头嘴镇、沧港镇、朱家铺镇、太子庙镇、崔家桥镇、军山铺镇、百禄桥镇、洋淘湖镇、丰家铺镇、龙潭桥镇15个镇，聂家桥乡、毛家滩乡2个乡，龙阳街道、辰阳街道、 沧浪街道和株木山街道4个街道，1个国家级高新技术产业园区， 共281个行政村（社区），总面积2021平方公里。

第四条　规划时段 2018年为基准年，规划时段为2019—2025年。

（一）第一阶段。2019—2021年为创建省级生态文明建设示范县阶段。

（二）第二阶段。2022—2023年为创建国家生态文明建设示范县阶段。

（三）第三阶段。2024—2025年为国家生态文明建设示范县建设巩固与提升阶段。

第二章　规划目标与指标

第五条　总体目标

以习近平生态文明思想为指导，依托我县生态与人文资源优 势，牢固树立“绿水青山就是金山银山”，坚持绿色、循环、低 碳发展新理念，以生态文明建设示范县创建为抓手，构建“生态 制度、生态安全、生态空间、生态经济、生态生活、生态文化” 六大体系，变生态优势为经济优势、发展优势，把握新方向、找准新坐标、探寻新路径、实现新跨越，把我县建设成为生态安全 和谐、空间集约高效、经济绿色低碳、生活和谐幸福的洞庭湖水上明珠。

第六条 省级生态文明建设示范县创建阶段目标

以湖南省生态文明建设示范县建设指标为标准，重点突出， 全面推进，立足优势，补齐短板，对不达标考核指标，在建设领 域、重点任务中优先支持项目与资金，初步建立生态制度、生态 安全、生态经济、生态空间、生态生活、生态文化六大体系，大 气、水、土壤、声环境质量状况良好，空间开发格局合理，循环、低碳、绿色的生态产业初步形成，逐步防范生态环境风险，居民 生产、生活、消费方式日益绿色化，初步树立特色生态文化观。2020 年全面建成小康社会，2021 年前成功创建省级生态文明建设示范县。

第七条 国家生态文明建设示范县创建阶段目标 在成功创建省级生态文明建设示范县的基础上，优化空间开 发格局，循环、低碳、绿色的生态产业进一步发展壮大；有效防范生态环境风险；生态制度健全与完善、生态文化氛围浓厚、全社会生态文明理念基本形成；2023 年前成功创建国家生态文明建设示范县。

第八条 生态文明建设全面推进与提升阶段

一是巩固国家生态文明建设示范县创建成果。二是深化与全面推进生态文明建设，推动我县生态文明建设迈上新台阶，绿色、 生态、循环、低碳产业成为支柱产业，提供更多优质生态产品， 不断满足人民群众日益增长的优美生态环境需要。生态制度全面执行，生态环境知识普及，生态文化蔚然成风，生态文明建设在全国处于领先水平，为全国推进生态文明建设发挥示范作用。

第九条 规划指标体系 依据《国家生态文明建设示范市县指标》《湖南省生态文明 建设示范市县指标》《汉寿县国民经济和社会发展“十三五”规 划指标》，以 2018 年为基准年，确定我县生态文明建设示范县规划指标体系（附件 1）。

第三章 促进体制机制改革，健全完善生态制度

第十条 成立生态文明建设领导机构

（一）成立创建省级生态文明建设示范县领导小组，县长任 组长，县人大、县政府、县政协相关领导任副组长，县纪委县监 委、县政府办、县发改局、市生态环境局汉寿分局、县财政局、 县自然资源局、县农业农村局、县林业局、县畜牧水产事务中心、 县水利局、县住建局、县卫健局、县审计局、县统计局、县城管 执法局、县文旅广体局、县工信局、县教育局、县交通运输局、 县商务局、县扶贫办、高新区、保护区管理局等为成员单位。领导小组下设办公室，办公地点设在市生态环境局汉寿分局，负责日常创建与协调工作。

（二）强化人大、政协对规划实施的监督。县人大、县政协 对生态文明建设示范县规划的实施过程、进展、完成情况进行监督、指导；对生态文明建设示范县规划实施成效进行评估等。

第十一条 制定生态文明建设规划，做好顶层设计

按照《中华人民共和国城乡规划法》《国家生态文明建设示 范市县建设指标》《湖南省生态文明建设示范市县指标》相关法 律法规及文件要求，编制《汉寿县生态文明建设示范县规划（2019 —2025 年）》，经省生态环境厅组织的专家评审后组织实施。

第十二条 完善生态文明建设重大目标任务部署制度

健全县、乡两级领导干部定期学习贯彻落实习近平生态文明思想制度；健全对国家、省、市有关生态文明建设决策部署和重 大政策的贯彻落实与执行机制；健全中央生态环境保护督察与生 态环境部、省生态环境厅各类专项督查问题落实与解决制度；健全县域内生态文明建设突出问题的研究、解决机制。

第十三条 健全生态文明镇村创建制度

生态文明建设示范镇、村创建是生态文明建设示范县创建的 细胞工程。从 2019 年开始，按照《常德市生态文明建设示范村镇管理规程》《常德市生态文明建设示范镇村建设指标》，有序开展生态文明建设示范镇村创建工作。

第十四条 健全“三线一单”生态环境防控与管理制度

将生态保护红线、环境质量底线、资源利用上线的约束落实 到生态环境管控单元。根据各管控单元生态环境特征，发展定位及突出生态环境问题，提出针对性的生态环境准入清单。对明确了需要优先保护的生态空间，依法禁止或限制大规模、高强度的工业、城镇无序建设；重点管控单元主要在空间布局、污染物排 放、环境风险、资源利用等方面加强生态环境管控，稳步改善生态环境质量；优先保护单元与重点管控单元之外的其他区域为一般管控单元，落实生态环境保护的基本要求。

第十五条 建立健全自然资源资产评估机制

启动自然资源资产负债表编制工作，以资产核算账户的形式对我县主要自然资源资产的存量及增减变化进行分类核算，准确 把握经济主体对自然资源资产的占有、使用、消耗、恢复和增值活动情况，全面反映经济发展的资源消耗、环境代价和生态效益，从而为环境与发展综合决策、政府生态环境绩效评估考核、生态环境补偿、生态环境损害责任追究等提供重要依据。同时，综合反映县域自然资源资产的增加和减少及其平衡关系，明确县域年度内、规划期内、政府届内或领导干部任期内的自然资源资产的变化及使用等情况，并将其作为对领导干部实行自然资源资产在任离任审计的重要科学依据。

第十六条 依法开展规划环境影响评价制度

依据有关生态环境保护标准、环境影响评价技术导则和技术规范，开展规划环境影响评价。2019 年开始，对国家级高新技 术产业区规划、农业项目规划等相关规划进行环境影响评价。

第十七条 建立并全面推行河（湖）长制

全面建成县、乡、村三级河（湖）长体系，及时调整县乡村 三级河（湖）长；编制完成《汉寿县“一河（湖）一策”实施方 案》《汉寿县“生态龙阳”三年行动方案及各年度任务》；落实 洞庭湖生态环境专项整治“三年行动计划”；在全县范围内集中 完成“两围”整治、黑臭水体治理等工作；全面实行巡河 APP 打卡制，全面启动各级河（湖）长 APP 巡河，及时上传并处理巡 查中发现的问题，落实河（湖）长制专项督查，并将 APP 巡河常 态化；加大宣传力度，拓展宣传形式，全面普及河（湖）长制知 识，动员社会力量积极参与治污治河；河（湖）长制工作纳入绩 效考核内容，构筑横向到边、纵向到底的责任体系。

第十八条 建立完善污染物排放许可制度

按照国家相关规定，统筹考虑水污染物、大气污染物、固体废弃物等要素，对全县所有固定污染源的企业开展固定源排污许可证核发工作，实行排放许可制，依法核发排污许可证，实行持证排污，禁止无证排污或不按许可证规定排污。形成以排污许可 制度为核心，有效衔接环境影响评价、污染物排放标准、总量控制、排污权交易、排污收费等环境管理制度的“一证式”固定源 排污管理体系。

第十九条 健全生态环境信息公开制度

依据《生态环境部政府信息公开实施办法》，通过汉寿县人民政府门户网站、电视台等媒体和微博、微信等平台，对政府的相关环保决策、环保行动、环保规划及企业的环保信息进行公开， 包括涉及民生且社会关注度高的大气、饮用水、地表水、土壤等 环境质量、建设项目环评审批、重点企业污染物排放的环境信息 公开。2019 年开始公开率达到 100%。

第二十条 健全公众参与和监督制度

一是通过访谈、通信、问卷、热线电话和召开听证会、座谈会等形式，完善公众参与制度，保障人民群众依法有序行使环境监督权。二是落实《环境信访办法》，畅通环境信访渠道，提高信访办结率。三是开展“生态汉寿”环保义务监督行动，在全县范围内公开招聘生态环保义务监督员，生态环保义务监督员直接 向环境监察部门举报违法排污行为，并监督环境执法人员是否严格执法。

第二十一条 建立生态文明建设党政领导干部实绩考核制度。

考核对象为乡镇（街道）、部门党政领导干部，考核内容主要是生态文明制度建设和体制改革、生态环境保护、资源能源节约、绿色发展等方面。县委组织部牵头完善领导干部绩效考核指标体系与考核办法，把生态文明建设工作纳入领导干部绩效考核内容。通过强化考核，建立生态文明政绩考核机制，充分运用考核结果，推动生态文明创建工作，把生态文明建设工作任务落到实处。2020 年开始生态文明建设工作占党政实绩考核比例达到 20% 以上。

第二十二条 健全领导干部自然资源资产在任离任审计制度

依据《湖南省开展领导干部自然资源资产离任审计试点实施方案》和《汉寿县领导干部自然资源资产离任审计暂行办法（试 行）》，对领导干部履职前后所在地区土地、水、森林等自然资源资产，矿山生态环境治理，大气、水和土壤污染等重要环境保护领域进行审计，认真摸清区域内水、土地、森林和矿产等自然资源资产总量，掌握自然资源资产实物量变化情况。

第二十三条 执行生态环境损害责任终身追究制

依据国家、省、市党政领导干部生态环境损害责任追究法律 法规和自然资源资产离任审计结果、生态环境损害情况，明确对 各级党委和政府、部门相关负责人的追责情形和认定程序。区分情节轻重，对造成生态环境损害的，予以诫勉谈话、责令公开道歉或党纪政纪处分，对构成犯罪的依法追究刑事责任。对领导干部离任后出现重大生态环境损害并认定其需要承担责任的，实行终身追责。

第二十四条 建立生态环境损害赔偿制度

强化生产者环境保护法律责任，大幅度提高违法成本。健全生态环境损害赔偿方面的法律制度、评估方法和实施机制，对违反环保法律法规的，依法严惩重罚；对造成生态环境损害的，以损害程度等因素依法确定赔偿额度；对造成严重后果的，依法追究刑事责任。

第四章 严格保护生态环境，确保区域生态安全

第二十五条 加大水污染防治力度

（一）县城污水处理厂提质升级改造工程。扩建 2 万立方米/ 天污水处理二期工程，对一期工程进行提标升级，出水水质达到《城镇污水处理厂污染物排放标准》（GB18918—2002）一级 A 标准。

（二）2020 年全县所有乡镇（街道）建成区要建设集中式 污水处理设施，具备污水收集处理能力。2022 年污水处理设施 全部配套完成。规模较大村庄采取厌氧生物处理+好氧生物处理+ 自然处理污水处理模式；居住比较分散、污水处理设施不完善的村庄可因地制宜采取分散式、低成本、易管理的方式进行处理。 城镇污水处理率达到 88% 以上。

（三）强化工业水污染治理。推进高新区水污染治理，2019 年扩建完成并投入运行污水处理厂 1 万立方米/天二期工程，出水水质继续保持《城镇污水处理厂污染物排放标准》（GB18918 —2002）一级 A 标准。2020 年完成各类工业水污染源超标问题整 治工作。

第二十六条 城市黑臭水体整治 采取控源截污、垃圾清理、清淤疏浚、生态修复等措施，加大城市黑臭水体治理力度；完成水体排查，公布黑臭水体名称、 责任人及达标期限，2020 年基本消除城市黑臭水体。

第二十七条 饮用水水源保护地污染防治 对已经划分饮用水水源保护区的饮用水水源严格执行《饮用水水源保护区污染防治管理规定》中对不同级别保护区的相关规 定，2020 年完成已经划分饮用水水源保护区的污染防治任务。

第二十八条 洞庭湖区域水污染治理工程

（一）加快水产养殖环境污染综合整治及养殖水域生态修复 工程，按照《汉寿县珍珠退养工作实施方案》《西洞庭湖国家级 自然保护区试验区精养鱼塘污染专项整治工作实施方案》《汉寿 县养殖水域滩涂规划（2018—2030 年）》要求，2020 年全面落实水域滩涂养殖许可证制度，规范河流、湖泊、水库等天然水域水产养殖行为，禁止天然水域投饵投肥养殖，严格控制内河、湖泊珍珠养殖，全面拆除天然水域网箱和拦网养殖，加快推进河湖矮围网围清理整治行动，矮围网围全部清理拆除。

（二）加快安乐湖、太白湖、龙池湖、青泥湖、滑泥湖、清 水湖、堵口湖、青山湖“八湖”流域水环境综合治理工程及江东 市水库饮用水水源地保护工程。

（三）加快城镇生活污水处理设施建设，完善污水收集管网， 城镇生活污水集中收集处理后达标排放。

（四）加强洞庭湖区域水质监测及周边重点污染源的监督性 监测，建立洞庭湖水环境管护的长效管理机制。

第二十九条 水环境质量保持稳定与持续改善

通过水污染防控与有效管理，2019—2025 年水质与 2018 年 比较，达到或优于Ⅲ类比例提高幅度、劣Ⅴ类水体比例下降幅度、 黑臭水体治理比例完成上级规定的考核任务，水质保持稳定与持续改善。

第三十条 进行结构性调整，优化产业、能源与交通结构与布局

（一）优化区域产业结构和布局，优化区域工业布局。

（二）推进“散乱污”企业整治。2019 年 9 月已完成列入淘汰类的涉大气污染物排放“散乱污”企业整治，并依法依规进行关停取缔。

（三）优化能源结构调整。加快推进“气化湖南”工程建设， 加快清洁能源替代利用，逐步淘汰分散燃煤锅炉。2020 年天然气在一次能源消费结构中占比达到 6% 以上。到 2021 年，全县非化石能源占一次能源消费比重达到 18. 5% 以上。

（四）推动交通结构调整。2020 年，完善乡镇（街道）、村（社区）公共交通体系。完善行政村客运班线，通过“公管民 营”的管理方式，做到具备通车条件的行政村通达率 100%。鼓励开发和使用清洁燃料，每年推广新能源汽车占本地当年新增及更新汽车总量比例不低于 2%。推进共享单车、电动汽车的使用，方便民众出行，减少汽车尾气排放。

第三十一条 全面整治大气污染，减少大气污染物排放

（一）全面完成工业污染源达标排放和按年度计划发放排污 许可证，2020 年，完成全县所有固定污染源的排污许可证的核发，实现排污许可“一证式”管理。

（二）加强高新区大气污染防治。2020 年完成高新区燃煤 小锅炉淘汰，使用清洁能源。

（三）实施重点行业全面升级治理行动计划。2019 年 10 月 1 日起，县城区和水泥行业执行特别排放限值。

（四）全面推进工业 VOCs 综合治理。严格建设项目环境准 入，强化源头管控、强化末端治理、积极开展油罐车、储油库、 加油站油气回收治理工作，并保证油气回收设施稳定运行。2020 年底前，完成治理任务，实现重点 VOCs 排放企业在线监控设施的全覆盖，24 小时监控 VOCs 排放情况。

（五）严禁秸秆、生活垃圾露天焚烧。2020 年建立秸秆、生活垃圾禁烧网格化监管机制，落实乡镇（街道）、村（社区） 属地管理责任制，实现对辖区内秸秆、生活垃圾禁烧进行全方位、 全覆盖、无死角监管，做到人员、责任、措施、奖惩到位。

（六）积极推进油烟污染防治。2020 年底前，城区禁止

露天烧烤，3 个灶头以上餐饮业安装高效油烟净化设施，6 个灶头规模以上餐饮企业污染物排放自动监测。

（七）严格控制烟花爆竹燃放，任何单位和个人不得违反县人民政府通告的相关规定燃放烟花爆竹，特护期加强巡查。

第三十二条 治理扬尘污染，净化大气环境 加强建筑施工、道路扬尘、工业堆场扬尘污染控制与综合整治。2021 年全县扬尘污染整治达标率达到 100%。

第三十三条 强化移动源污染防治

（一）机动车的污染防治与管理。加强机动车管理；加强在用机动车尾气治理力度；加大高排放车辆淘汰力度，到 2019 年底前，淘汰全县范围内注册登记的公共交通高排放车辆；加大机动车尾气检测力度。通过检测，对尾气排放不达标的“黄标车”实行淘汰。

（二）加强非道路移动机械和船舶污染管控。2020 年前，全县完成工程机械等非道路移动源和船舶排放调查，建立分类管理台账。

（三）提高燃油品质，加强油气回收治理。2019 年全面供应国Ⅵ标准汽油、柴油，加强加油站的油气回收治理工作。

（四）加快绿色交通体系建设。制定年度节能与新能源汽车推广使用工作计划，引导营运车船向清洁化发展，积极创建绿色航运示范区，每年推广新能源汽车数量占本地当年新增及更新的汽车总量比例不低于 2%。加快电动汽车充电基础设施建设，建设充电桩，到 2020 年，城市公共交通基本实现清洁能源替代。

第三十四条 建立健全大气环境管理体系

（一）2020 年完成大气污染排放源清单编制工作。

（二）实施城市空气质量达标规划。

（三）提升大气污染监测预警能力。2020 年建立区域灰霾天气监测、预测、预警体系，尽量降低灰霾危害。

第三十五条 环境空气质量保持稳定与持续改善

通过大气污染防控与有效管理，2019—2025 年环境空气质量优良天数比例、PM2.5 浓度下降幅度完成上级规定的考核任务，环境空气质量保持稳定与持续改善。

第三十六条 加强土壤环境基础性工作

开展土壤污染状况调查，掌握全县土壤环境质量总体状况及其变化趋势，查明土壤遭受污染的重点区域、污染程度及其成因。2020 年底前完成重点行业企业用地调查，掌握重点行业企业用地污染地块分布及其环境风险情况，开展重点地区污染场地和土壤修复试点。

第三十七条 加强重点区域、重点行业土壤污染防治

（一）加强日常环境监管。2019 年起，市生态环境局汉寿分局定期对重点监管企业和工业园区周边开展监测，数据上传全国土壤环境信息化管理平台。

（二）加强涉重金属行业污染防控力度。2020 年，全县重点行业的重点重金属排放量要比 2013 年下降 12%。

（三）全面开展各种工业固体以及废水、废气处理产生固体废物的堆存场所排查。2020 年完成丰家铺镇笔架村历史遗留选金尾砂风险管控工程。

第三十八条 加大绿化造林，稳定或提高森林覆盖率 着重抓好现有 22 万亩生态公益林管护，建设湖南汉寿竹海国家森林公园，大力开展秀美村庄建设，通过村旁、路旁、水旁和房前屋后的绿化美化，80% 的村庄达到秀美村庄的标准，2020 年森林覆盖率稳定达到 29.5% 以上。

第三十九条 生物多样性保护工程

（一）保护国家重点保护野生动植物依照《中华人民共和国野生动物保护法》《中华人民共和国野生植物保护法》，依据保护录入《国家重点保护野生动物名录》和《国家重点保护野生植物名录》的国家一、二级野生动植物，禁止对野生动植物资源进行乱捕乱采和破坏。2019 年开始保护率达到 100%。

（二）外来物种入侵防控控制一枝黄花、美洲斑潜蝇，选择福寿螺、大薸、凤眼莲等重大外来有害入侵生物高发的区域，建设 3 个外来入侵生物综合防控监测点，综合防控监测点主要配套灭除设施、防控药物、器械库以及相关运输工具，配备日常管护设施和监测设备等。结合息风湖生态环境保护项目——湖面漂浮物清理工程，建立长效管理机制，确保全县 2019 年以后外来物种入侵不明显。

（三）特有性或指示性水生物种保护 全县水生生物保护区水域实行全面禁捕，包括境内沅水、澧水及西洞庭湖等天然水域，保护全县特有性或指示性水生物种。特别是对特有性或指示性水生物种中华鲟（*Acipenser sinensis*）、胭脂鱼（*Myxocyprinus asiaticus*）进行重点保护。2020 年水域特有性或指示性水生物种保持率达到 100%，做到全县特有性或指示性水生物种保持率不降低。

第四十条 加强生态系统保护与建设，EI 指数稳定提高 加大森林生态系统、草地生态系统、湿地生态系统保护力度，开展绿化造林，逐步减少裸露地，提高林草覆盖率；加大植被覆盖，控制水土流失，提高土壤肥力，保护土壤生态系统；加大河湖连通工程，提高河网密度指数；加大污染物治理力度，减少污染物排放；有效防范生态环境风险，防止突发环境事件和重特大生态破坏环境污染事件发生，稳定与改善生态环境状况，2020 年开始生态环境状况指数达到 75.5 以上，并逐年提高。

第四十一条 利用处置危险废物

（一）定期对企业危险固体废物的记录情况进行检查，

实行危险废物转移联单制度。引导企业合理选择危险废物处理点，2020年工业危险废物利用处置率应达100%。

（二）全县医疗机构产生的医疗废物均由有处理资质的单位进行无害化处置，并且每年合同签订率、无害化处理率均达100%。

第四十二条　执行建设用地土壤污染风险管控和修复名录制度

开展建设用地调查评估。根据《中华人民共和国土壤污染防治法》，2019年开始建立并执行建设用地土壤污染风险管控和修复名录制度，明确管理措施，落实监管责任。进一步完善部门联动监管机制，信息沟通机制，实行自然资源、住建、生态环境等部门联合监管。对存在有风险隐患的建设用地地块，未完成风险管控或修复措施的，严格准入管理。不得发生因建设用地开发利用不当，造成社会不良影响的“毒地”事件。

第四十三条　建立健全突发生态环境事件应急管理机制

制定生态环境应急预案，包括突发性生态环境事件应急预案、生态环境监测应急预案、生态环境信访应急预案等，完善预案体系。2019年开始开展突发生态环境事件风险控制、应急准备、应急处置、事后恢复等工作，并建立突发生态环境事件应急管理机制，以预防和减少突发生态环境事件的发生，控制、减轻和消除突发生态环境事件引起的危害，规范突发生态环境事件应急管理工作。保证规划期内无国家或相关部委认定的资源环境重大破坏事件，无重大跨界污染和危险废物非法转移、倾倒事件。

第五章 优化县域空间格局，构建有序生态空间

第四十四条　严守生态保护红线生态保护红线

分布范围为：湖南西洞庭湖国家级自然保护区、湖南汉寿竹海国家级森林公园核心区和保育区、汉寿县江东市水库周边林地和水域、汉寿县颜家庙水库周边林地和水域以及经科学评估的重点生态功能区、生态敏感区（该区域主要分布于崔家桥镇、军山铺镇境内），生态保护红线面积为384.83平方公里，占国土总面积的18.41%。生态保护红线区域实行一根红线管到底，实行最严格的管控措施，严禁一切形式的开发建设活动。确保生态保护红线面积不减少、性质不改变、功能不降低。生态保护红线划分及管控措施见附件2。

第四十五条　编制与落实“三线一单”

配合长江经济带战略环境影响评价，编制“三线一单”（生态保护红线、环境质量底线、资源利用上线和环境准入负面清单），构建覆盖全县的分区环境管控体系。2019年形成“三线一单”编制初步成果，配合建立数据共享平台，2020年配合建立全市“三线一单”数据应用管理平台，落实“三线一单”成果。

第四十六条　坚守耕地（永久基本农田）保护红线

坚持最严格的耕地保护制度和最严格的节约用地制度，守住耕地保护红线，严格保护永久基本农田。我县永久性基本农田为51285.63公顷，必须确保基本农田保护面积不减少、性质不改变、功能不降低。

第四十七条　严格保护自然保护地

自然保护地分别为湖南西洞庭湖国家级自然保护区、湖南汉寿竹海国家森林公园、湖南汉寿息风湖国家湿地公园，面积分别为30044公顷、6309.51公顷、1836.53公顷，自然保护地总面积为38190.04公顷，占国土总面积的18.89%。2020年开始严格保护自然保护地，确保自然保护地面积不减少、性质不改变、功能不降低。

第四十八条　河湖岸线保护

根据水利部《河湖岸线保护与利用规划编制指南（试行）》（办河湖函〔2019〕394号），启动河湖岸线保护与利用规划，明确划入岸线保护区、岸线保留区、岸线控制利用区及岸线开发利用区的岸段名称、长度，同时调查勘定河湖岸线总长度。2020年开始，划入岸线保护区、岸线保留区的岸段长度与河湖岸线总长度的比例要达到省水利厅、市水利局下达给我县的管控目标。

第四十九条　环境空气质量功能区划分

环境空气质量功能分为两类：一类区为湖南西洞庭湖国家级自然保护区、湖南汉寿竹海国家森林公园、湖南汉寿息风湖国家湿地公园；其他地区为二类区，包括居住区、商业交通居民混合区、文化区、工业区和农村地区。一类区、二类区分别执行国家《环境空气质量标准》（GB3095—2012）中的一级、二级标准。2020年环境空气质量按功能分区分别稳定达到国家《环境空气质量标准》（GB3095—2012）中的一级、二级标准（附件3）。

第五十条　水环境功能分区

根据《水环境功能区划分技术规范》（GB/T15190—2014）、《水功能区划分标准》（GB/T15190—2014）、《地表水环境质量标准》（GB3838—2002），结合我县社会经济发展、生态环境保护需求，在《湖南省主要水系地表水环境功能区划》（DB43/023—2005）成果基础上，按照水域使用功能不同，科学划分水环境功能区（附件3）。

第五十一条　声环境功能分区

根据《声环境功能区划分技术规范》划分我县声环境功能区（附件3），不同声环境功能区执行《声环境质量标

准》（GB3096—2008）不同类别标准。

第五十二条　生态功能分区

依据区域生态系统服务功能的不同，生态敏感性的差异和人类活动影响程度，参考《湖南省生态功能区划》，将全县划分为生态调节功能区、产品提供功能区与人居保障功能区三个生态功能一级区。在生态功能一级区的基础上，依据生态系统功能重要性划分生态功能二级区和三级区。生态调节功能区包括 7 个生态功能二级区；产品提供功能区包括 5 个生态功能二级区；人居保障功能区包括 2 个生态功能二级区（附件 4）。根据不同的生态功能分区，实施分区生态环境管理，保护与改善区域生态环境。

第六章　实施绿色循环发展，发展高效生态产业

第五十三条　节能降耗、提高能源利用效率

优化全县能源结构，健全节能监督体系，加强重点领域、重点行业、重点企业节能监测评估，全面推行阶梯电价、燃气价。积极推广和应用新能源，鼓励引导清洁能源、可再生能源生产和消费。2019 年起单位地区国内生产总值能源消耗保持稳定或持续下降，全面完成上级规定的能耗目标任务。

第五十四条　全面实施节水工程，提高水资源利用效率

（一）工业节水工程。一是优化产业结构，逐步淘汰耗水量大的产业，即结构性节水工程。二是建立和完善循环用水系统，实现水的循环利用。三是改进企业用水生产工艺，提高工业用水效率。四是加强企业用水管理。五是运用经济杠杆节水，促进工业企业自主节水。2019 年起全面达到上级规定的工业用水目标任务，全县重点工业企业全部达到节水型企业标准。

（二）持续推进农业节水。一是实施测土配方灌水施肥。二是精细整地和蓄水保墒。三是地膜覆盖保水。四是土壤深松保水。五是秸秆粉碎还田减少需水。六是推广使用喷灌、滴灌设施，建设节水设施农业。2021 年节水农业覆盖面达到 90%，农田灌溉有效系数达到 0. 55。2019 年起农业用水量达到上级规定的目标任务。

（三）加大城乡生活节水。一是推广使用节能节水器具。二是加快管网改造，降低管网漏失率。三是加大城市污水回用力度。四是积极开展节水型单位、家庭创建活动。2019 年起单位地区生产总值用水量达到上级规定的目标任务，能保持稳定或持续改善。

第五十五条　实施产业园区化集群化，提高单位建设用地产出效能

以高新区为载体，引导产业向园区聚集，园区向高端化、集约化、专业化发展，切实形成“一区两园”的工业发展布局。重点打造以工程机械和汽车为主的装备制造产业集群、农副产品加工产业集群、纺织服装产业集群，大力发展生物医药、精细化工、电子信息产业，提高建设用地产出效能。2019 年起单位国内生产总值建设用地使用面积下降率大于 4. 5%。

第五十六条　工业固体废物资源化利用工程

坚持以发展循环经济为主线，自觉保护环境和实现生态平衡，减少物料消耗，做到废物减量化、资源化和无害化。严格执行“三同时”制度，企业固废处理设施必须与主体工程同时设计、施工与投产使用。严格监管重点污染企业工业固体废物排放。2019 年建立工业固体废物回收与资源化利用体系，包括废旧电子电器、废旧机电机械设备、工业固体废渣等，建立废旧工业废物收集网络。各乡镇（街道）至少设置一个废旧废物的收集点，到 2020 年底前建立完善的工业固体废物资源化利用体系，2019 年起一般工业固体废弃物综合利用率达 90% 以上。

第五十七条　农业废物资源化利用

（一）农作物秸秆综合利用。一是坚持“政府扶持、市场运作、自主经营”的原则，建立标准化秸秆收储中心、收储点。二是利用现有秸秆资源，组织实施秸秆肥料化、饲料化、燃料化、基料化、原料化利用五大重点工程。全县基本形成布局合理、规模经营、多元高效的秸秆产业化利用格局，秸秆资源化利用的关键和共性技术有较大突破，秸秆综合利用水平显著提高，2019 年起秸秆综合利用率达 90% 以上。

（二）畜禽粪便综合利用。按照《汉寿县畜禽粪污资源化利用整县推进项目实施方案》，推进粪污资源化利用。2019 年起畜禽粪污综合利用率达到 75% 以上。

（三）农膜回收利用。建立废旧农膜回收企业，各乡镇（街道）选择重点区域建立废旧农膜回收网点，2019 年起全县农膜回收率达到 80% 以上。

第五十八条　推进农药化肥使用零增长

大力推广水肥一体化技术。继续实施农作物病虫害专业化统防统治，主要农作物病虫害生物、物理防治覆盖率达到 30% 以上，农作物病虫害专业化统防统治覆盖率达到 40% 以上。2019 年起全县农药使用强度控制在 3. 5 公斤/公顷以内，呈逐年下降趋势；化肥施用强度控制在 300 公斤/公顷以内，呈逐年下降趋势。

第七章　持续改善人居环境，创造幸福生态生活

第五十九条　实施水源保护工程，确保饮用水水源水

质安全

依据《饮用水水源保护区划分技术规范》（HJ338—2018）和《生态环境部关于推进乡镇（街道）及以下集中式饮用水水源地生态环境保护工作的指导意见》（环水体函〔2019〕92号）的要求，科学划分汉寿县城地表水厂、汉寿县沅江坡头段、汉寿县江东市水库、汉寿县颜家庙水库、汉寿县肖家冲水库、汉寿县斋家冲水库、汉寿县火烧冲水库7个地表水集中式饮用水水源保护区，杨树山集中供水厂（岩汪湖镇杨树山村）；周文庙集镇集中供水厂（岩汪湖镇周文庙社区）；军刘集中供水厂（沧港镇军刘村）；蒋家嘴集中供水厂（蒋家嘴镇阳南塘社区）；岩汪湖电排集中供水厂（岩汪湖镇岩汪湖社区）；大南湖集中供水厂（岩汪湖镇武竺山村）；聂家桥集中供水厂（聂家桥乡十甲山社区）；龙月集中供水厂（龙潭桥镇潘家桥村）；毛家滩集中供水厂（毛家滩乡向阳社区）；百禄桥集镇集中供水厂（百禄桥镇百禄桥社区）；腊树湾集中供水厂（龙潭桥镇莲荷塘村）集中式饮用水水源地11个地下水集中式饮用水水源保护区，并开展饮用水水源保护区规范化建设。2019年起集中式饮用水水源水质达标率均达到100%。

第六十条 村镇安全饮水工程

推进江东湖供水片区、沅泉大水厂供水片区、县城地表水厂、县域东部供水片区等集中供水工程等，扩容提质解决农村人口饮水安全，2019年起县村镇饮用水卫生合格率均达到100%。

第六十一条 加快城镇污水处理设施建设

规划期内建成西港镇污水处理厂、坡头镇污水处理厂、岩汪湖镇污水处理厂、清水湖污水处理厂、军山铺镇污水处理厂、洲口镇污水处理厂、沧港镇污水处理厂、朱家铺镇污水处理厂、百禄桥镇污水处理厂、聂家桥乡污水处理厂、株木山街道污水处理厂、毛家滩乡污水处理厂、文蔚社区污水处理厂、鸭子港社区污水处理厂、新兴社区污水处理厂、东岳庙社区污水处理厂、毓德铺社区污水处理厂、三和社区污水处理厂、月明潭社区污水处理厂、周文庙社区污水处理厂、陈军堤新区污水处理厂、大南湖社区污水处理厂、岩嘴社区污水处理厂、堤北新区污水处理厂、牛路新区污水处理厂、分家渠污水处理厂并投入运行。2019年起城镇污水处理率均达到85%以上。

第六十二条 全面推进城镇生活垃圾无害化处理

实现全县城镇生活垃圾集中收集、储运、压缩、转运设施全覆盖，城镇生活垃圾转运至常德市东部生活垃圾焚烧发电厂资源化利用，无害化处理。2019年起城镇生活垃圾无害化处理率均达到80%以上。

第六十三条 农村无害化卫生厕所改造工程

2019年“厕所革命”12296户已全部完成，2019—2025年农村无害化卫生厕所普及率完成规定的目标任务。

第六十四条 大力推行绿色建筑

按照《绿色建筑评价标准》（GB/T 50378—2019）积极推进绿色建筑发展，节约资源、保护环境、减少污染，提供安全耐久、健康舒适、生活便利、资源节约、环境宜居的高质量建筑，2019年、2021年、2025年全县城镇新建绿色建筑比例分别达41%，51%、51.5%。

第六十五条 全面推进生活废弃物综合利用

（一）全面推进城镇生活垃圾分类减量化行动。按照《住建部关于加快推进部分重点城市生活垃圾分类工作的通知》（建城〔2017〕253号）要求，出台《汉寿县城镇生活垃圾分类减量行动方案》，2020年探索建立宣传发动、收运配套、设施建设等方面的工作机制，2019—2025年城镇生活垃圾分类管理主体责任全覆盖，生活垃圾分类类别全覆盖，生活垃圾分类投放、收集、运输、处理系统全覆盖“三个全覆盖”。

（二）全面推进农村生活垃圾集中收集储运。2020年建设全县农村生活垃圾集中收集、储运、压缩、转运体系，2019—2025年全面实施农村生活垃圾集中收集储运。

第六十六条 加大政府绿色采购力度

建立绿色采购标准，发布绿色采购清单，要求政府采购机关就采购政策进行实际采购活动，定期报告执行结果。形成稳定的绿色产品供应链，通过“绿色采购查核表”“办公室家具查核表”，对拟采购物品的设计、使用与维护、废弃处置等方面加以评估。公开绿色采购信息，完善监督机制，将环境诚信企业产品列入政府绿色采购目录，在同等条件下优先采购；企业环境违法，下游企业不采购其产品。2019年起政府绿色采购比例达80%以上。

第八章 实施生态文明教育，弘扬特色生态文化

第六十七条 党政领导干部及社会公众生态文明教育

（一）每年安排副科级以上实职党政领导干部参加生态文明教育，包括生态文明专题培训、辅导报告、网络培训等。2019年起党政领导干部参加生态文明培训的人数比例达到100%。

（二）通过全日制学校（中小学）、职业教育学校、培训学校、农村环境保护学校、生态环保协会，以及各种宣传媒体，对广大城乡居民进行生态与环境保护知识培训，普及生态环境知识，宣传生态文明建设。

第六十八条 社会公众积极参与，推动绿色生产绿色消费

以节能、降耗、减污为目标，以污染物排放量最小化的生产方式推进工业、农业、第三产业绿色化。鼓励绿色消费，节约资源，减少浪费，消费对环境有利的绿色产品，不使用不可降解的塑料制品和一次性物品，减少对环境的影响，分类回收，重复使用，循环再生。通过分类回收系统使生活垃圾资源化，使垃圾分类与回收利用成为一种社会风尚，使人们的生活方式绿色化，减少人们对生态系统的破坏和干扰，保护生物多样性，使生态系统结构与功能协调。通过推动绿色生产、绿色消费，人人参与生态文明建设，逐渐形成一种以绿色生产绿色生活为时尚的生态文化。2019 年起社会公众对生态文明建设的参与度达到 80% 以上。

第六十九条 生态为民利民惠民，提高人民群众满意度

开展生态文明建设，就是让群众能呼吸新鲜的空气、喝上干净的水、吃上放心的食物。通过大力推进生态文明建设，提供更多优质生态产品，不断满足人民群众日益增长的优美生态环境需要。通过生态文明建设示范县创建，2019—2025 年每年社会公众对生态文明建设的满意度达到 80% 以上。

第九章　重点工程、资金需求与效益分析

第七十条 重点建设任务

根据汉寿县生态文明建设示范县的总体目标，规划在生态制度、生态安全、生态空间、生态经济、生态生活和生态文化 6 大领域，目标责任体系与制度建设、生态环境质量改善、生态系统保护、生态风险防范、空间格局优化、资源节约与利用、产业循环发展、人居环境改善、生活方式绿色化、观念意识普及 10 大建设任务中集中建设一批重点工程，共计 49 个项目，总投资约 18.3 亿元，其中 2018 年—2021 年完成投资 6.83 亿元；2022—2023 年完成投资 7.83 亿元；2024—2025 年完成投资 3.64 亿元。具体情况详见附件 5、附件 6。

第七十一条 财政支持

2019—2025 年需投资 3.5 亿元，占投资总需求的 19.1%，以政府投入为主。

第七十二条 企业投资

鼓励项目带资、企业投资，用于生态环境基础设施建设、废物资源化利用、节能降耗技术改造和生态产业发展等。2019—2025 年需要投资 10.27 亿元，占总投资总额 56.1%。

第七十三条 社会投资

利用股份制、合同制等形式吸纳民间闲散资金，组织农村剩余劳动力投工投劳。2019—2025 年需社会投资 4.54 亿元，占总投资总额 24.8%。

第十章　规划实施的保障措施

第七十四条 组织保障

成立汉寿县生态文明建设示范县创建领导小组及其办公室。负责生态文明建设示范县创建的日常工作，包括创建工作的组织实施、综合协调和督查考核。同时建立乡镇（街道）、部门生态文明建设示范县创建领导机构，形成全县分级管理、上下互动的良性推进机制。

第七十五条 制度保障

在省、市统一部署的制度推进框架下，贯彻落实习近平生态文明思想、党中央生态文明决策制度，中央、省生态环境督察落实与反馈整改制度，领导干部政绩考核制度、河长制等，积极探索、勇于示范，全面推行。在资源节约、生态补偿、空间严控、过程严管、损害严惩、城乡治理一体、创新第三方治理、主动作为和国内国际合作相结合等方面出台特色制度，并细化成明确的管理执行标准。

第七十六条 管理保障

（一）管理平台。在汉寿县人民政府网站开设生态文明建设示范县创建专栏，集中发布生态文明建设示范县创建及其实施方案；发布年度工作计划；发布年度考核结果；向公众发布和宣传重要生态文明建设信息；链接其他政府管理系统。

（二）督察管理。建立汉寿县生态文明建设示范县创建工作督查管理办公室。成立由县人大办、县政协办组成的生态文明建设示范县创建督查办公室，对生态文明建设示范县创建过程进行检查、评比、督办，按照《汉寿县生态文明建设示范县创建规划实施方案及实施细则》进行创建工作的定期督查，并将督查结果在全县通报。

（三）考核管理。将生态文明建设示范县创建工作纳入县绩效考核。将汉寿县生态文明建设示范县总体目标、阶段目标、建设指标、工程项目进行责任分解，落实到县直相关部门与乡镇（街道），明确牵头单位和责任单位，根据督查结果进行评分。

第七十七条 资金保障

（一）县财政支持。将生态文明示范县建设资金列入财政预算，发挥公共财政的引导作用。

（二）国家、省、市财政转移支付资金优先安排生态文明建设重点工程项目。整合新农村、生态建设、环境污染治理、水利建设等专项资金，向生态文明建设重点项目倾斜。农村人居环境综合整治资金、主要污染物减排专项资

金、节能专项资金、清洁生产和循环经济发展专项资金、节能产品惠民工程专项资金等。同时积极整合中央、省里相关涉农、涉水、涉环保、涉工等专项资金。

（三）建立多种形式的社会投资渠道，积极探索市场化多元投入，建立项目融资、银行贷款、证券市场等多元化的投资融资机制，鼓励和引导社会资金转向生态文明建设领域。

（四）制定财政补贴、绿色金融等优惠政策，积极引导和鼓励企业和民众对生活垃圾分类回收、农业废物资源化利用、一般工业固体废物资源化利用、废水资源化利用、生态种养平衡等项目进行投资。

（五）建立有效的资金监管制度。包括资金的来源、使用申请和审核、使用过程监督、使用效率审核、责任追究等方面，并将制度落实到实处。

第七十八条　技术保障

（一）与高校科研机构开展校地合作，开发和引进废物资源化利用、生态水产养殖、生态种养、循环利用等方面的各类新技术、新工艺、新产品。

（二）制定和完善生态文明建设专业人才稳定、引进和培养制度。培养一支懂业务、善协调、会管理的生态文明建设专业队伍。

（三）积极推进“互联网+”绿色生态建设，线上销售特色农产品、特色水产品、旅游产品与旅游资源，探索废品在线交易。

汉寿县人民政府
关于清理整治住宅小区乱搭乱建的通告

汉政通告〔2020〕6号

为规范我县住宅小区管理，有效打击住宅小区乱搭乱建行为。根据《中华人民共和国城乡规划法》《城市市容和环境卫生管理条例》《湖南省物业管理条例》等法律法规，县人民政府决定对城市规划区内住宅小区各类乱搭乱建行为依法开展清理整治。现将有关事项通告如下：

一、整治范围

县城规划区内所有住宅小区，物业小区、开放式小区、安置小区等。

二、整治内容

（一）占用、堵塞、封闭疏散通道、安全出口、消防通道、消防登高面等公共区域，违法搭建的各类建（构）筑物和附属设施；

（二）侵占、损坏共用的屋顶、地面架空层、阳（晒）台等区域，擅自搭建的各类建（构）筑物和附属设施；

（三）擅自改变房屋外观、承重结构、主体结构，抬高或降低底层地面高度；

（四）改变公共场地、公共绿地等公共区域功能，擅自种植蔬菜、花卉、苗木及饲养家禽家畜；

（五）其他法律法规禁止的建（构）筑物以及附属设施。

各类建（构）筑物和附属设施包括砖混房、彩钢板房、阳光板房、铁皮房、玻璃房、圈地的围栏（墙）、动物圈舍（笼）等。

三、整治措施

（一）自行整改。全面清理住宅小区内各类乱搭乱建，对严重影响城区规划、城市容貌、消防安全的，由相关行政执法部门依法依规依程序对当事人及小区物业公司下达整改文书，要求限期自行整改到位。

（二）依法整治。逾期未自行拆除的，由行政执法部门依据相关法律法规依法强制拆除，并处罚款。

四、法律责任

（一）凡拒不执行本通告，阻碍执法人员依法执行公务的，由公安机关依照《中华人民共和国治安管理处罚法》予以处罚；涉嫌犯罪的，依法移送司法机关追究刑事责任。

（二）党员干部拒不执行本通告的，同时按照党纪、政纪和《中华人民共和国公职人员政务处分法》的相关规定追究责任。

五、实施时间

本通告自发布之日起施行。

汉寿县人民政府

2020年7月28日

汉寿县人民政府办公室关于印发《汉寿县城市二次供水管理办法》的通知

汉政办发〔2020〕5号

各乡镇（街道）人民政府（办事处），湖南汉寿高新技术产业园区管委会，县直各单位：

《汉寿县城市二次供水管理办法》已经县人民政府同意，现印发给你们，请认真贯彻执行。

汉寿县人民政府办公室

2020年8月7日

汉寿县城市二次供水管理办法

第一条 为加强城市二次供水管理，保证城市二次供水水质、水压和供水安全，保障公众身体健康，根据《城市供水条例》（国务院令第158号）、《湖南省实施〈城市供水条例〉办法》（省政府令第160号）、《常德市城市二次供水管理办法》（常政办发〔2014〕32号）等有关规定，结合我县实际，制定本办法。

第二条 本办法所称二次供水，是指当民用与工业建筑生活饮用水对水压、水量的要求超出城镇公共供水管网能力时，通过储存、加压等设施经管道供给用户的供水方式；本办法所称二次供水设施，是指为二次供水设置的泵房、水箱（池）、水泵、阀门、电控装置、消毒设备、压力水容器、供水管道等设施。

第三条 县城规划区城市公共供水区域内二次供水设施的设计、建设、监理、管理维护、清洗消毒、使用以及对二次供水的监督管理，适用本办法。

第四条 县住房和城乡建设行政主管部门是全县城市公共供水区域内二次供水的行政主管部门。县卫生行政主管部门是全县城市公共供水区域内二次供水卫生监督检查的行政主管部门。县卫计综合监督执法局负责城市公共供水区域内二次供水日常卫生监督检查工作。县财政、住建、环保、住保、发改、消防、市场监管等部门按照职责分工，负责全县二次供水的相关监督管理工作。

第五条 二次供水列入城市供水企业的服务范围。由城市二次供水专营企业负责城市二次供水设施的安装、运行和维护管理，实行建管合一。

第六条 新建、改建、扩建工程，城市公共供水管网正常压力不能满足用户用水需要的，应当设置二次供水设施，二次供水设施应当与主体工程同时设计、同时施工、同时交付使用。二次供水设施的工程建设投资，应当包括在建设工程项目总造价中，由建设单位承担。

第七条 二次供水工程的设计、施工，应由具备相关资质的二次供水公司承担，并执行国家、省有关二次供水工程的技术标准和规范。鼓励选用列入住房和城乡建设行政主管部门推荐名录的工艺设备。

第八条 市场监管、住房和城乡建设行政主管部门要加强对二次供水设施设备产品质量、售后服务监管，建立企业信用信息管理制度；县市场监管行政主管部门对二次供水公司所使用的二次供水专用设施设备的产品质量进行监管。

第九条 二次供水工程竣工后，须经住房和城乡建设、卫生行政主管部门验收合格，并发给《二次供水设施合格证》和《二次供水卫生许可证》，方可投入使用。

第十条 二次供水设施所有权人可以委托专业的二次供水公司，对二次供水设施实施管理和提供二次供水服务，并签订书面合同明确相关内容。

第十一条 新建的房地产开发小区，由开发企业委托专业的二次供水公司实行统一设计、建设、运营管理。二次供水设施需要更新改造的，所需费用居民小区可在本小区房屋维修资金中列支，或者依合同约定执行；非居民小区的，由二次供水设施所有权人承担。

第十二条 由二次供水公司提供二次供水服务的用户应按照县价格主管部门核定的标准向二次供水公司缴纳二次供水服务费。

第十三条 二次供水公司应当实行不间断供水，并在小区公布维修电话。因工程施工、设备维修等原因确需停止供水的，应当提前24小时通知用户；因发生自然灾害或者突发事故不能提前通知的，应在抢修的同时通知用户，尽快恢复供水，并报告住房和城乡建设行政主管部门。

第十四条 二次供水公司应当建立二次供水设施管理制度，确定专（兼）职人员负责设施的维护和管理，保持设施正常运行。

第十五条 二次供水公司应当建立二次供水水质监管制度，并履行下列职责：

（一）建立水质检测、清洗消毒等规范性台账；

（二）对水箱（池、塔）进行清洗、消毒，每半年不得少于一次；

（三）在住房和城乡建设行政主管部门的组织下，每月对供水水质进行常规检测，并向用户公示水质检测结果；

（四）发现水质受到污染或出现异常情况时，应立即采取控制措施，并及时报告二次供水、卫生、生态环境行政主管部门。

第十六条 二次供水的水质必须符合国家生活饮用水卫生标准，不得含有危害人体健康的有毒有害物质。卫生行政主管部门负责对二次供水公司进行卫生监督和水质卫生监测，每季度不得少于一次。对监测结果不符合《生活饮用水卫生标准》的，应当责令二次供水公司限期整改，水质监测和整改结果应向相关业主通报。

第十七条 二次供水公司和从事二次供水设施清洗、消毒的专业单位，应当接受住房和城乡建设、卫生行政主管部门的监督。进行二次供水设施清洗、消毒的，实施单位应提前3日告知住房和城乡建设行政主管部门，住房和城乡建设行政主管部门应及时派出人员实施现场监督。

第十八条 禁止从事下列活动：

（一）在二次供水设施的地面和地下的安全保护范围内挖坑取土或者修建建筑物、构筑物等，危害供水设施安全；

（二）擅自改动、拆除、损坏和侵占二次供水设施；

（三）未经许可将二次供水设施与城市供水管网直接连通；

（四）擅自向其他单位或个人转供水。

第十九条 违反本办法的，住房和城乡建设、卫生及其他相关行政主管部门按照国家有关法律法规和规章进行处罚。

第二十条 住房和城乡建设、卫生及其他相关行政主管部门的工作人员玩忽职守、滥用职权、徇私舞弊的，依法给予行政处分；构成犯罪的，依法追究刑事责任。

汉寿县人民政府
关于规范禁捕水域垂钓行为的通告

汉政通告〔2020〕10号

为贯彻落实中央、省、市关于长江流域重点水域禁捕工作的决策部署，有效恢复我县水生生物资源，加大水环境治理力度，根据《中华人民共和国渔业法》、《中华人民共和国环境保护法》、《中华人民共和国水污染防治法》、《水产种质资源保护区管理办法》(农业部令〔2011〕第1号）和《农业农村部关于加强长江流域禁捕执法管理工作的意见》(农长渔发〔2020〕1号)、《农业农村部长江流域渔政监督管理办公室关于加强和规范长江流域垂钓管理工作的通知》(长渔发〔2020〕12号）等法律法规和文件规定，经县人民政府研究，现就规范禁捕水域垂钓行为的有关事项通告如下：

一、规范范围

（一）禁钓区范围：汉寿县西洞庭湖水生野生动植物自然保护区（范围与西洞庭湖国家级自然保护区区域一致)。具体位置为：东经111°57′22″—112°17′13″，北纬28°47′52″—29°07′21″之间。保护区边界自汉寿与南县县界交汇处（112°15′02″E，29°06′05″N）起，沿县界向南至龙王庙（112°17′13″E，28°49′41″N)，沿龙池湖湖岸线向西经雷家嘴堤坝至蒋家嘴水闸，沿安乐湖东岸线、南岸线、西岸线至阁金口大堤，沿阁金口大堤向西经新堤拐、马家铺、太阳堤至东洲大堤（111°56′40″E，28°55′58″N)，沿东洲大堤向北经北拐、沅水河至鼎城（111°55′16″E，28°58′31″N)，沿防洪大堤向东经小港至坡头（112°07′19″E，28°54′57″N)，向北经丁家拐、牛角尖、赵家河至柳林嘴（112°12′35″E，29°06′41″N)，经澧水河道至张家湾口上（112°12′18″E，29°07′21″N)，沿县界向东至起点。

（二）限钓区范围：禁钓区外的其他禁捕水域。

二、限钓措施

（一）禁钓区范围禁止垂钓。

（二）限钓区范围须遵守以下规定：

1. 垂钓者应“一人一杆、一线一钩”休闲垂钓，禁止采取一人多杆、多线多钩、长线多钩、单线多钩等方式进行垂钓。

2. 禁止使用各类探鱼设备和视频装置进行垂钓。

3. 禁止使用船艇、排筏等水上漂浮物进行垂钓。

4. 禁止使用含有有毒有害物质的钓饵、窝料和添加剂及鱼虾类活体水生生物饵料进行垂钓。

5. 禁止任何渔获物买卖交易。

6. 误捕误钓小于最低可捕标准的幼体及禁捕品种，必须及时放回原水体（外来入侵物种除外)。

7. 垂钓者应注意自身安全，服从、配合有关单位和垂钓水域所在乡镇（街道）管理，及时收集处理垂钓废弃物，避免污染环境。

各乡镇（街道）和县直有关单位要各司其职，坚持日常巡查，及时发现、劝止、处罚违法违规垂钓行为，共同规范垂钓行为。

三、法律责任

凡违反本通告规定的，由县渔政执法部门和乡镇（街道）综合执法机构依法采取没收渔具、罚款等方式进行处罚；凡在执法过程中妨碍公务的，由公安机关根据《中华人民共和国治安管理处罚法》有关规定进行处罚；构成犯罪的，依法追究刑事责任。

请广大人民群众自觉遵守本通告规定，及时举报违法违规垂钓行为，举报电话：

县渔政监督管理站：0736—2862775

龙阳街道：0736—2861463

辰阳街道：0736—2028826

沧浪街道：0736—2352788

株木山街道：0736—2090011

岩汪湖镇：0736—2466011

沧港镇：0736—2111021

坡头镇：0736—2488028

西港镇：0736—2411012

洲口镇：0736—2300018

罐头嘴镇：0736—2322011

龙潭桥镇：0736—2244088

百禄桥镇：0736—2022043

蒋家嘴镇：0736—2870199

洋淘湖镇：0736—2030013

四、实施时间

本通告自发布之日起施行。

特此通告。

汉寿县人民政府

2020年8月10日

汉寿县人民政府
关于划定禁止使用高排放非道路移动机械
区域的通告

汉政通告〔2020〕7号

为进一步改善我县环境空气质量，减少非道路移动机械污染物排放，根据《中华人民共和国大气污染防治法》《国务院关于印发〈打赢蓝天保卫战三年行动计划〉的通知》（国发〔2018〕22号）、《常德市人民政府关于印发〈常德市污染防治攻坚战三年行动计划（2018—2020年）〉的通知》（常政发〔2018〕15号）等文件精神，县人民政府决定划定禁止使用高排放非道路移动机械区域。现将有关事项通告如下：

一、禁止使用高排放非道路移动机械种类

本通告所指“非道路移动机械”是装配柴油发动机的工程机械和材料装卸机械，包括但不限于以下机械类型：装载机、推土机、挖掘机、打桩机、铲车、压路机、沥青摊铺机、叉车、旋挖机、空气压缩机、发电机组、水泵、农业机械等。本通告所指“高排放非道路移动机械”是达不到《非道路移动机械用柴油机排气污染物排放限值及测量方法（中国第三、四阶段）》（GB20891—2014）中规定的排放标准的非道路移动机械。

二、禁止使用高排放非道路移动机械区域

龙阳街道、辰阳街道、沧浪街道、株木山街道辖区。因应急抢险工程使用的高排放非道路移动机械不受上述使用区域限制。

三、监督管理

（一）不符合低排区排放标准的非道路移动机械通过按规定加装、更换污染控制装置，经具备资质的检测机构检测，其尾气排放符合低排区排放标准的，可以在上述区域内使用。

（二）在划定的禁止使用高排放非道路移动机械区域内，鼓励优先使用新能源或清洁能源非道路移动机械。

（三）常德市生态环境局汉寿分局要定期组织实施非道路移动机械的排气检测有关工作，对非道路移动机械实施编码登记管理，并向社会公布。

（四）在禁止使用高排放非道路移动机械区域使用高排放非道路移动机械的，由常德市生态环境局汉寿分局依法处理。县交通运输局、县住建局、县农业农村局、县林业局、县水利局等主管部门按照各自职责对非道路移动机械大气污染物排放实施监督管理。

四、实施时间

本通告自发布之日起施行。

特此通告。

汉寿县人民政府

2020年8月26日

汉寿县人民政府
关于统一开山收摘油茶果的通告

汉政通告〔2020〕8号

为了有组织、有秩序地收摘油茶果，提高油茶林的经济效益，保障油茶经营者的合法权益，现将有关事项通告如下：

一、统一开山时间。全县寒露籽油茶开山收摘时间统一定于10月5日（寒露前3天），霜降籽油茶开山收摘时间定于10月25日。任何单位或个人不得以任何理由提前进山收摘。

二、坚持维护林权。按照山林定权发证时明确的权属范围，谁管的油茶林归谁收摘。任何单位或个人不得以“翻冷山”“拣野茶果”“搞小秋收”等为借口，冲山越界，特别是对跨乡、跨县的插花油茶林要予以重点保护。对违法侵犯林权所有者利益的行为，视其情节轻重，依法查处。

三、保护油茶林资源。收摘油茶果时，不准乱砍滥伐，不准砍枝打丫，不准损坏林地农作物。收摘后要加强油茶林培管，抓好油茶低效林改造，保证油茶稳产高产。

四、切实加强组织领导。各有关乡镇（街道）、高新区在油茶果采收期间要明确专人负责做好收摘前的管理工作，协调、组织好本区域的油茶果采收工作，维护好开山收摘秩序。

特此通告。

汉寿县人民政府

2020年9月25日

汉寿县人民政府
关于划定高污染燃料禁燃区的通告

汉政通告〔2020〕9号

为有效防治大气污染，改善大气环境质量，保障人民群众身体健康，根据《中华人民共和国大气污染防治法》《湖南省大气污染防治条例》以及原环保部《关于发布高污染燃料目录的通知》（国环规大气〔2017〕2号）的有关规定，经研究，决定重新划定我县高污染燃料禁燃区（以下简称禁燃区）。现将有关事项通告如下：

一、高污染燃料种类

（一）燃用的煤炭及其制品（包括原煤、散煤、煤矸石、煤泥、煤粉、水煤浆、型煤、焦炭、兰炭等）。

（二）石油焦、油页岩、原油、重油、渣油、煤焦油。

二、禁燃区划定范围

县城规划区内，范围北抵太阳堤，南抵沧浪河，东抵青阳路、辰阳南路延伸线，西抵求索大道、汉寿大道以西500米。

三、禁燃区管理

（一）禁止新建、改建、扩建燃用高污染燃料的单台出力大于等于20蒸吨/小时锅炉（集中供热和热电联产锅炉除外）。

（二）禁燃区现有燃用高污染燃料的生产和生活燃烧设施，应当在2020年12月31日前予以拆除或改造，改用天然气、液化石油气、电或其他清洁能源。逾期继续使用高污染燃料的，由常德市生态环境保护局汉寿分局依法责令拆除或者没收燃用高污染燃料的设施。

（三）禁燃区内依法禁止销售高污染燃料。

四、职责划分

县发改局、县工信局、县住建局、市生态环境局汉寿分局、县市场监管局、县城管执法局等相关部门应当根据各自职责，加大清洁能源的应用推广力度，加快相关基础设施的规划和建设，积极鼓励、引导区城内单位和个人自行淘汰高污染燃料，依法查处新建、改建、扩建燃用高污染燃料燃烧设施以及违法销售、使用高污染燃料行为。

五、实施时间

本通告自发布之日起实施。

特此通告。

汉寿县人民政府

2020年9月26日

汉寿县人民政府办公室关于印发《汉寿县规范城市养犬管理工作方案》的通知

汉政办函〔2020〕48号

龙阳街道办事处、辰阳街道办事处、沧浪街道办事处，县直有关单位：

《汉寿县规范城市养犬管理工作方案》已经县人民政府同意，现印发给你们，请认真组织实施。

汉寿县人民政府办公室

2020年10月28日

汉寿县规范城市养犬管理工作方案

为进一步规范城市养犬行为，加强和改进养犬管理工作，切实保护人民群众合法权益，根据《中华人民共和国治安管理处罚法》《中华人民共和国传染病防治法》《中华人民共和国动物防疫法》等法律法规和《国务院办公厅转发公安部等部门关于进一步加强和改进城市养犬管理工作的意见》（国办发〔2019〕19号）等文件规定，结合我县实际，特制定本方案。

一、工作目标

通过广泛宣传发动、集中免疫登记、强力整治规范，倡导依法、文明、科学养犬，切实解决违法违规养犬、不文明养犬等问题，保护人民群众的人身安全和合法权益，维护良好社会秩序，营造安全、健康、和谐的社会环境。

二、组织架构

成立由县政府分管公安工作的副县长任组长，县政府办联系该项工作的副主任任副组长，县委政法委、县委宣传部、县网信办、县公安局、县农业农村局、县畜水中心、县卫健局、县城管执法局、县财政局、县市场监管局、县司法局、县住建局、县信访局、县教育局、县交通运输局、县商务局、县住保中心、团县委、龙阳街道办事处、辰阳街道办事处、沧浪街道办事处等单位分管负责同志为成员的汉寿县规范城市养犬管理工作领导小组。领导小组办公室设在县公安局，县公安局分管副局长任办公室主任，县公安局治安大队大队长任办公室副主任，办公室具体负责全县城市养犬管理工作的组织实施、综合协调、考核监督。龙阳街道、辰阳街道、沧浪街道要建立相应工作机构，负责本辖区城市养犬管理工作的具体组织实施。

三、工作步骤和内容

（一）宣传发动阶段（2020年10月底前）。印发《关于规范县城区养犬行为的通告》，广泛发放科学养犬手册、倡议书等宣传资料。组织媒体对不科学养犬、不文明养犬的典型案例进行公开曝光，增强群众依法、文明养犬的自觉性。（责任单位：各成员单位）

（二）集中整治阶段（2020年10月—12月）。坚持问题导向、属地管理，以龙阳街道、辰阳街道、沧浪街道为主体，组织社区居委会开展集中整治工作。坚持公安部门牵头联合执法与各职能部门根据工作需要单独执法相结合，及时组织开展城市养犬专项治理。

1. 开展集中登记。一是建设信息平台。建设汉寿县养犬管理服务信息系统，以采集录入养犬管理过程中形成的相关信息，实现信息共享。二是录入犬只信息。由养犬人携犬只至公安机关指定、畜牧水产事务中心认定合格的登记点进行登记，将养犬人和犬只基本情况录入汉寿县养犬管理服务信息系统。三是强化规范免疫。养犬人携犬只至县农业农村局、县畜水中心设置的免疫点（地点与登记点相同）进行检查，对检查合格的进行狂犬病免疫接种，发放犬只免疫证明；对检查不合格的犬只由养犬人送至诊疗机构进行诊疗处理。免疫点及时将有关免疫情况录入汉寿县养犬管理服务信息系统。四是发放证明牌照。对完成登记、免疫接种的犬只，发放养犬证明，植入电子标识，发放智能犬牌。（责任单位：各成员单位）

2. 开展专项治理。一是对违法违规养犬和不文明养犬行为进行专项执法检查。组织执法力量对城区犬患突出的重点区域加强巡查，对犬只登记、免疫情况进行抽检，对遛犬不栓犬绳、不及时清理犬只排泄物等行为进行纠正并作出相应处理，对流浪犬进行收治，对病（狂）犬及时进行处置和无害化处理。二是采取有效措施解决犬吠扰民问题。对群众举报的犬吠扰民问题要认真核查，系违法违规养犬的，要及时依法依规作出处理；系合法养犬的，要督促养犬人采取有效措施进行整改，拒不整改的，要依法依规对养犬人作出处罚。三是集中整治涉犬经营单位。对违规从事犬只养殖、交易经营的行为进行集中清理，查处无照无证经营行为。（责任单位：县公安局、县农业农村局、县畜水中心、县卫健局、县城管执法局、县市场监管局、县住建局、县住保中心、龙阳街道办事处、辰阳街道办事处、沧浪街道办事处）

3. 设立犬只留检场所。龙阳街道、辰阳街道、沧浪街道根据收容量设立好犬只留检场所，落实人员、经费保障。犬只留检场所负责接收和处理扣押、没收、弃养、无主的犬只。（责任单位：县农业农村局、县畜水中心、县财政局、龙阳街道办事处、辰阳街道办事处、沧浪街道办事处）

4. 开展犬只留检。对违法违规饲养烈性犬、大型犬等危险犬只的，由公安机关责令限期自行处理，逾期不处理的要及时依法依规处置；对在规定期限内不实施免疫的，要将犬只及时依法依规处置。（责任单位：县农业农村局、县畜水中心、县公安局、县城管执法局、龙阳街道办事处、辰阳街道办事处、沧浪街道办事处）

（三）长效管理阶段（2021 年 1 月起）。积极推进养犬管理社会化进程，切实形成齐抓共管、统一高效的城市养犬管理长效机制。（责任单位：县公安局、县农业农村局、县畜水中心、县卫健局、县城管执法局、县财政局、县市场监管局、县司法局、县住建局、县住保中心、龙阳街道办事处、沧浪街道办事处、辰阳街道办事处）

四、职责分工

（一）县委政法委：负责将城市养犬管理工作纳入平安建设（综治工作）目标管理考核范畴。

（二）县委宣传部：负责通过多种形式开展依法、文明、科学养犬宣传，曝光违法违规养犬、不文明养犬行为，并将工作开展情况纳入文明单位评选内容。

（三）县委网信办：负责对涉犬网络舆情进行监测、搜集、研判及负面舆情的管控等工作。

（四）县公安局：在政府的统一组织下，负责城市养犬的登记管理；查处打击因犬只引发的违反治安管理和犯罪行为；捕杀狂犬，处置烈性犬、大型犬等危险性犬只，会同有关部门开展相关执法和应急处置工作。

（五）县农业农村局、县畜水中心：负责犬只留检和犬类狂犬病等疫病免疫、疫情监测，疫病防治，发放犬类免疫证，并做好犬只留检所和无害化处理等场所以及犬诊疗机构的审查许可工作，对犬只饲养场加强动物防疫条件审查，对违法违规经营行为进行查处。

（六）县城管执法局：查处影响城市市容和环境卫生的养犬行为；查处违法占道进行犬只经营的行为；指导和监督公园、广场等公共场所设置犬只禁入标识；法律、法规规定的其他职责。

（七）县住建局、县住保中心：负责指导和监督居民住宅小区物业服务企业协助有关部门开展养犬管理工作。

（八）县市场监管局：负责对涉犬经营单位依法进行登记，依职责对涉犬经营单位进行监督管理。

（九）县交通运输局：负责在公共交通工具、站台设施上开展文明养犬宣传；引导、劝导、制止乘客不携犬只乘坐公共交通工具，对乘客携带犬只乘坐公共交通工具的行为予以制止。

（十）县信访局：负责协调处理养犬管理工作有关的信访事项。

（十一）县教育局：负责在中小学校组织开展“文明、科学”养犬知识普及教育，组织开展学校校区及家属院的养犬法规宣传，督促落实规范城市养犬管理的规定。

（十二）县司法局：负责为城市养犬管理工作提供法制保障。

（十三）县财政局：负责保障养犬管理工作及建设经费。

（十四）县商务局：负责指导犬类交易（批发）市场的规划。

（十五）县卫健局：负责人用狂犬病疫苗的注射、犬伤处置、狂犬病人的抢救治疗、人类狂犬病疫情监测及卫生宣传教育工作，加强犬伤规范化处置。

（十六）团县委：组织、发动志愿者和团员青年开展形式多样的宣传、劝导活动，引导广大市民自觉遵守城市养犬管理规定。

（十七）街道办事处：负责组织好本辖区养犬管理工作，组建文明养犬志愿者队伍对违法养犬行为予以劝阻。

（十八）社区居委会：负责协助开展养犬管理工作，就本区域内养犬有关事项制定公约并组织实施。

（十九）小区业主委员会、物业服务企业：负责协助有关部门开展养犬管理工作，就本区域内养犬有关事项制定公约并组织实施。

（二十）公园、绿地、广场等公共场所主管部门：负责协助有关部门开展养犬管理工作，协助处理违法违规养犬和不文明养犬行为。决定是否允许携带犬只进入其管理场所，设置犬只禁入标识并明确专人负责管理。

（二十一）机关、企（事）业单位：负责明确主管部门做好本单位院落养犬管理工作。

（二十二）其他基层组织以及志愿者：共同参与做好城市养犬管理工作。

五、依法处罚

（一）城市管理部门依据《城市市容和环境卫生管理条例》等有关法律法规的规定，对携犬人未及时清除犬只在公共场所产生的排泄物，造成影响市容和环境卫生的行为予以依法处罚。

（二）县农业农村局、县畜水中心依据《中华人民共和国动物防疫法》等有关法律法规的规定，对以下行为予以处罚：

1. 养犬人未将饲养犬只送动物防疫机构注射狂犬病疫苗，取得犬只免疫证明的。

2. 发现犬只患有、疑似患有狂犬病或者其他严重人畜共患传染性疫病，未立即向动物卫生监督机构报告的。

3. 从事犬只经营活动，不符合国家规定的动物防疫条件的。

4. 参加展览、演出和比赛的犬只，未按规定取得检疫证明的。

5. 随意抛弃病死或者死因不明犬只尸体的。

6. 未取得动物防疫条件合格证开设犬只养殖场所的。

7. 未取得动物诊疗许可证从事犬只诊疗活动的。

（三）公安机关依据《中华人民共和国治安管理处罚法》的有关规定，对以下行为予以处罚：

1. 饲养动物，干扰他人正常生活的。

2. 放任动物恐吓他人的。

3. 驱使动物伤害他人的。

4. 阻碍执法人员依法执行公务的。构成犯罪的，公安机关依据《中华人民共和国刑法》之规定依法追究刑事责任。

六、工作要求

（一）提高认识、加强领导。城市养犬管理工作事关人民群众切身利益和社会和谐稳定，各有关部门要充分认识加强城市养犬管理工作的重要性和必要性，切实加强组织领导，动员多方面的力量，提高管理服务能力，解决养犬产生的各类问题，积极稳妥推进城市养犬管理工作，为人民群众创造良好的生活环境。

（二）部门合作、明确责任。公安部门作为城市养犬管理牵头部门，要会同相关部门和其他基层组织，积极开展城市养犬管理服务工作。各职能部门分工合作，主动作为，密切配合，各司其职，各尽其责，协同联动，切实形成齐抓共管、统一高效的城市养犬长效机制。

（三）严格管理、服务规范。按照“从严限制、严格管理、禁限结合”的原则，坚持问题导向、需求导向，坚持疏堵结合、寓管理于服务，周密部署、积极推进，切实提升城市养犬管理水平和人民群众的满意度、获得感、幸福感、安全感。

索 引

数 字

A

B

C

H

J

K

P

Q

R

S

T

W

Z